發掘과 思索 청동기시대

發掘과 思索 청동기시대

이수홍 지음

서경문화사

들어가며

    필자가 박사학위논문(2012년)으로 첫 번째 단행본을 발간(2015년)한 지 10년의 시간이 흘렀다. 이 책은 박사학위논문 이후에 주로 작성한 논문 23편을 모아서 엮은 것이다.

    책을 발간하였다는 만족감보다 표현하기 어려운 자괴감이 앞선다. 그런데도 굳이 세상에 내놓는 건 내가 쓴 글과 한 번은 정면에서 마주 봐야 할 때가 되었기 때문이다. 뭔가 한번 짚고 넘어가야 할 시점이다. 올바르게 앞으로 나아가기 위해서는 과거를 똑바로 바라볼 수 있어야 한다는 게 평소 지론이다.

    각 논문을 커다란 주제 아래 장기적으로 계획을 세워 쓴 것이 아니라 발표 의뢰 들어온 대로 작성하였기 때문에 막상 23편을 모아보니 중구난방 그 자체였다. 웬만하면 원문 그대로 발간하려고 하였으나, 다시 읽어보니 도저히 그럴 수 없었다. 그동안의 논문에서 맥락이 통일되지 못한 점, 처음 작성할 때 신중하지 못했던 점 등 비판받을 부분이 있다. 하지만 틀린 생각을 고수하는 것보다 인정하고 정정하는 것이 낫다는 생각에 내용을 수정한 부분이 많다. 또, 독자의 이해를 돕기 위해 도면이나 표가 중복된 곳도 있고, 표현이 반복된 경우도 있다. 재미없는 글을 모두 읽는다는 게 여간 힘든 게 아니다. 각 장의 앞부분에 요약문을 두었다.

    이 책의 시기 구분은 조기(미사리유형)-전기(가락동유형 · 흔암리유형)-후기(송국리유형 · 검단리유형)의 3분기 설을 따랐다. 더 좋은 안을 찾으려고 했지만, 더 이상 감정을 쏟기 힘들었다.

    그런데 들여다보면 조기와 전기의 내용은 거의 없고, 청동기시대 후기에 대한 것이 대부분이며 초기철기시대의 내용이 30% 정도 차지한다. 실상은 송국리 · 검단리문화와 초기철기시대의 내용이다. 필자는 주거와 무덤이 군집하는 이 책에서의 후기와 초기철기시대가 진정한 의미의 청동기시대가 아닌가 하는 생각을 갖고 있다. 마침 요즘은 송국리 · 검단리문화 단계를 중기라 하고, 원형점토대토기 단계까지 청동기시대로 보는 경향이 많은 것 같다. 철기가 발생하는 삼각형점토대토기단계부터 초기철기시대라는 것이다. 철기에 방점을 둔 좋은 안이지만 필자는 반대한다. 발굴조사가 주 업무인 우리 같은 이는 조사 종료 후 보고서를 발간해야 하고 그 보고서는 고찰 내용을 포함하여 전문가에게 평가를 받는다. 그런데 실제 초기철기시대 유적을 조사하면 철기는 없고, 토기가 파편으로 출토되는 사례가 너무 많아서 점토대토기 단계 유물이 확실한데 원형점토대토기 단계인지 삼각형점토대토기 단계인지 명확하게 판단하기 어려운 경우가 너무 많다. 그렇다면 청동기시대의 유구인지, 초기철기시대의 유구인지 판정할 수 없다. 유구 별로 어떤 수혈에서는 원형점토대토기 관련 유물이, 어떤 수혈에서는 삼각형점토대토기 관련 유물이 출토된다면 그 유적은 청동기시대와 초기철기시대에 걸치는 유적이라고 할 수 있을까. 그 유적에서 유물이 출토되지 않은 유구는? 동일한 유적에서 조사된 비슷한 성격의 유구 둘을 전혀 다른 시기로 판정할 수도 있다.

그렇다면 원삼국시대 직전까지 청동기시대라고 하는 방안도 있다. 사실 청동기시대 연구자의 입장에서 보면 초기철기시대 전체는 청동기시대의 이미지이다. 하지만 한국사 전체를 두고 본다면 시대의 구분은 어떤 시대가 존속하는 것보다 시작하는 것에 더 큰 의미를 두어야 한다. 원형점토대토기와 세형동검 문화의 시작은 시대를 가를 수 있는 큰 사건이고, 유구 · 유물에서도 기존의 청동기시대와 뚜렷이 구분되기 때문에 그 시점에서 하나의 획기를 두는 것이 좋다고 생각했다.

시대구분 안이 통일되어 모든 보고서를 동일한 기준으로 발간하는 게 좋다는 생각을 가지고 있다. 학계 구성원 대부분이 동의하는 안이 있다면 필자는 당연히 따를 것이다. 시간이 걸릴 것 같다. 다소 장황하게 시대구분 문제를 언급한 것은 고민만 하고 해결책을 못 내놓았기 때문이다.

단행본을 발간하는데 어려웠던 점 중 하나가 예상 외로 참고문헌을 정리하는 작업이었다. 그러면서 이미 먼저 발표된 누군가의 논문 내용을 인용하지 않았으면 어쩌지 하는 걱정이 많았다. 특히 원래 논문 발표 후 현재까지의 연구사는 제대로 챙기지 못했다. 요즘은 논문 작업할 때 제일 염려되는 부분이다. 갈수록 연구사 정리가 힘들어진다. 발간되는 논문집이 너무 많기 때문이 아니라 필자의 꼼꼼함이 부족해서이다. 이 부분은 오롯이 필자의 책임이다. 선행연구를 전부 검토했다고 장담할 수 없어, 미처 인용을 못 한 실례를 범했을 것이다. 양해를 부탁드린다.

고고학은 옛것을 탐구하는 학문인데, 역설적으로 새로운 자료가 매일 쏟아져 오래된 논문이 금방 비판받고, 잊혀진다. 옛것이 무조건 존중만 받는 환경은 경직되어 바람직하지 않다. 하지만 요즘은 너무 빨리 변하는 것 같다. 오래된 것은, 결코 과거에 흘러간 물이 아니라 옛날부터 지금까지 주욱 흘러온 물이다. 가끔, 요즘은 현장에서 사라진 사다리, 평판, 50m 줄자, 추, 방안사 감기, 공중 사진 용 에드벌룬, 그리드용 말목, 니콘 FM2, 개토제, 치열한 미팅, 단체 목욕, 비 오는 날의 달콤한 휴식이 그리울 때가 있다. 돌아가고 싶지는 않지만. 필자가 나이 들었음이 분명하다.

이 단행본을 발간하기까지 많은 선생님, 선후배, 동학들께 배움을 받았다. 모든 분들께 감사를 표함이 당연하나 그런 분이 너무나 많기에 행여 누락의 결례를 범할 것 같아 여러분들의 존함을 생략하였다. 책 발간 후 개별적으로 인사를 전하겠다. 논문의 아이디어 대부분은 조사 현장에서 떠오른 것이다. 동고동락하면서 발굴 현장을 지킨 여러분들께 특히 고마운 마음을 갖고 있다. 책을 발간할 수 있도록 지원해 준 우리 연구원은, 지나고 돌이켜보니 부족한 본인을 세상에 나가게 하였고 현재를 만들어 주었다. 직장이 나에게 세상을 가르쳐 준 것 같다. 우리 연구원은 소속된 구성원의 논고로 학술총서를 발간한다. 이 책이 학술총서 제6권인데, 매년 한 권씩 발간할 수 있도록 동료 여러분들의 분투를 바라마지 않는다. 예전 밤늦게 불 켜진 연구실이 그리울 때가 있다. 인기 없는 책을 발간해 주신 서경문화사 사장님, 꼼꼼하게 교정을 봐주신 분, 도면 작업을 도와준 여러분께도 감사의 마음을 전한다.

집 밖의 일과 집안일이 겹칠 때, 항상 집 밖의 일이 우선이었다. 은퇴할 때까지 그럴 것 같다. 가족들에게 미안한 마음을 갖고 있다.

2025년 3월 어느 휴일 오전
사무실에서

목차 contents

Chapter 3 취락 - 굴립주와 환호

Chapter 4 취락 - 마을

Chapter 5 무덤 - 구조

Chapter 8 토기

Chapter 9 종말 – 새로운 시작

Chapter 1

1541

시간

1596

I. 청동기시대 전·후기 획기의 기준에 대한 검토

II. 대구 월배지역 송국리문화 유입 시점

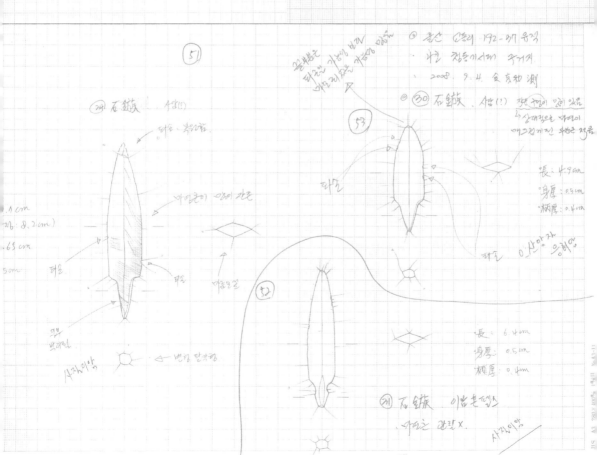

울산 상천리유적 출토 석촉(위)과 울산 교동리 192-37유적 출토 석촉(아래)

청동기시대 전·후기 획기의
기준에 대한 검토

청동기시대 전기(가락동유형 · 흔암리유형)와 후기를 가르는 기준에 대해 검토하였다.

그동안 전기로 편년된 복합문이 시문된 심발형토기 중 일부, 무경식석촉, 이단병식석검은 후기의 이른시점까지 제작되었다. 전기로 보고된 화성 쌍송리유적의 환호는 후기에 해당되며 밀양 금천리유적과 울산 무거동 옥현유적, 야음동유적의 수전도 후기에 조성되었다고 하였다. 전기와 후기를 구분하는 획기의 기준은 단수의 노지를 갖춘 주거, 무덤과 주거의 군집화, 수전과 환호의 확산이 첫 번째 기준이 된다. 이것은 인구의 증가, 유력개인의 등장 등 당시 사회의 급격한 변화가 반영되었거나 변화를 유발하는 요인이 되었을 것이다. 지역에 따라 송국리문화의 발생도 중요한 지표이며, 유물에서는 일단경식석촉의 출현은 명확한 근거가 된다.

이런 획기의 기준을 검토하면서 일본 야요이시대 신연대관에 대입해 보았다. 자연과학분석을 이용한 야요이시대 신연대관에 의하면 한반도의 청동기시대도 그 연대가 같이 올려져야 한다. 하지만 야요이시대의 개시 연대가 한반도 남부지역의 청동기시대 전기말까지 혹은 송국리문화 초창기까지 올라가는 것에 대해서는 보다 신중하게 검토가 이루어져야 한다.

1. 머리말

1970년대 점토대토기 후기, 그 외 무문토기 전기라는 2시기 구분 이후 송국리유적, 미사리유적, 대평리유적 증 중요한 유적이 조사되어 신자료가 축적될 때마다 새로운 안이 제시되어 왔다. 큰 흐름은 표 I -1과 같다.

표 I-1. 한국 청동기시대~삼한시대 시기구분안의 변화

李白圭 외(1974)	청동기시대 전기			청동기시대 후기		원삼국시대	
藤口健二 외 (1986)	청동기(무문토기)시대 전기		중기	청동기(무문토기)시대 후기			
李弘鍾(1996)	무문토기시대 전기		무문토기시대 후기				
	청동기시대			삼한시대			
				전기		후기	
安在晧(2001)	조기	전기	후기	전반	후반	전반	후반
이형원(2010) 외 다수	조기	전기	중기	후기	초기철기 시대	원삼국시대	
토기	돌대문	가락동식 흔암리식	송국리식 검단리식	원형점토대	삼각형 점토대	고식와질	신식와질

2000년대 초 안재호에 의해 조기-전기-후기의 3시기 구분안이 주장된 이후 일정기간 많은 연구자가 그의 안에 따랐다. 하지만 최근에는 원형점토대토기 단계를 청동기시대 후기로 두는 조기-전기-중기-후기의 4시기 구분안이 대세인 듯하다. 또, 조기설정에 대해 많은 반론이 있는 것도 사실이다. 안재호의 3분기설 이후 현재까지 청동기시대 시기구분에 대한 견해는 다양한데, 대표적인 것은 아래와 같다.

①조기설정에 대한 회의론(김장석 2008a; 이기성 2012).

②조기는 인정하되 원형점토대토기 단계를 후기로 하고 송국리단계를 중기로 하는 종래의 안으로 회귀. 철기가 공반하지 않는 점토대토기 단계를 청동기시대 후기로 설정하여 조기(미사리유형)-전기(가락동유형·역삼동흔암리유형)-중기(송국리유형)-후기(수석리유형)로 구분하는 4시기 구분안(이형원 2010; 이창희 2010 등).

③위의 ②번안에서 후기에 이어지는 초기철기단계를 청동기시대 만기로 설정하여 조기-전기-중기-후기-만기로 구분하는 5시기 구분안(이형원 2010).

④청동기시대 전기에서 전기 말을 분리하여 중기로 설정. 송국리단계는 후기. 조기-전기-중기-후기의 4분기설(배진성 2011).

⑤조기(신암리 I 기)-전기(신암리 II 기)-중기(공열문 출현, 가락동식·역삼동식·흔암리식 공존)-후기(송국리 문화 출현)-만기(원형점토대토기 문화 유입)로 구분하는 5시기 구분안(안재호 2024).

본 고는 조기-전기-후기의 3시기 구분안을 따라 진행하겠다. 초기철기시대를 청동기시대 후기로 두는 안 역시 그만큼 청동기시대 문화가 지속되었기 때문일 것이다. 필자는 원삼국 시대까지 청동기시대 문화가 지속적으로 이어진다고 생각한다. 하지만 새로운 문화의 출현이 시대구분의 기준이 되어야 한다는 점에서 초기철기시대를 청동기시대에서 제외하였을 뿐이다. 이 책 내내 초기철기시대를 언급하지 않을 수 없는 이유이다.

아무튼 시대구분에 대한 다양한 견해는 각각 장단점이 있기 때문에 학계에서 하나의 안으로 통일되기는 쉽지 않아 보인다. 상호간의 견해를 존중하는 것이 오히려 바람직하다. 단어떤 견해를 제시하거나 따르더라도 시기구분의 기준이 뚜렷이 제시되어야 한다. 필자는 장기적으로 청동기시대 각 분기별 전환기의 고고학적 양상에 대해서 구체적으로 검토할 계획을 가지고 있다. 본 장에서는 청동기시대 전기(가락동 · 흔암리유형)-후기(송국리 · 검단리유형)의 전환기 양상과 기준에 대해서 살펴보겠다.

2. 문제 제기

고고학에서 시대 혹은 시기를 구분하는 것은 연속적인 문화를 절단하기 위한 것이 아니라 커다란 문화적인 변화를 통해 구분하여 각 분기별 문화적인 특징을 잘 이해하기 위한 것이다(최성락 2014). 따라서 어떤 특정한 고고학적 유물이나 유구의 변화가 획기의 기준이 되겠지만 실제 중요한 것은 어떤 사회적 현상이 고고학적인 유물 혹은 유구를 그렇게 변화하게 했는가 일 것이다. 이런 점에서 시기구분의 어려움이 있다. 고고자료는, 그 중에서도 특히 선사시대의 자료는 시원-증가-정점-감소-소멸의 과정을 거치는데(이선복 1998) 시원-증가하는 기간은 앞 시기 자료가 감소-소멸하는 기간과 중복되기 때문이다.

본 장에서 다루고자 하는 청동기시대 전기와 후기의 전환기도 마찬가지이다. 전기와 후기의 획기는 단연 송국리문화의 발생이 기준이 되었고 이점은 학계에서도 이견이 없는 듯하다. 하지만 여기에도 문제점이 없는 것이 아니다. 그것은 첫째, 송국리문화가 한반도 전역에 분포하지 않는데, 송국리문화 비분포권에서는 유구 · 유물의 급격한 변화가 일어나지 않기 때문이다. 둘째, 어떤 고고자료가 변화하더라도 그러한 변화가 한반도 남부지역에서 일시에 동시다발적으로 일어나지 않았을 것이다. 즉 어느 한 지역이 후기사회로 전환되었을 때 어떤 지역은 당연히 아직 전기사회의 양상을 유지하였을 것이기 때문이다.

송국리문화 발생이 후기 시작의 뚜렷한 획기가 된다면 그림 I-1의 y지점이 될 것이다. 이단병식석검이나 무경식석촉은 전기 즉 A구간의 표지적인 유물이다.[1] 하지만 후기가 되었다고 제작이 갑자기 중단되지는 않았을 것이다. 실제 B구간의 시기에 제작되었는데, 이단병식석검이나 무경식석촉이라는 이유로 A구간에 해당되는 것으로 해석되어 청동기시대 전기 말의 사회변화가 너무 강조된 경향이 있다는 생각을 가지고 있다. 다음 장에서는 구체적인 사례를 검토하겠다.

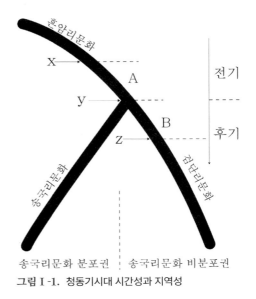

그림 I-1. 청동기시대 시간성과 지역성

3. 고고학적 사례의 검토

전기의 표지적인 유물이라면 채문토기, 복합문이 시문된 심발형토기, 이단병식석검, 무경식석촉 등이다. 후기의 획기가 되는 유구와 관련된 고고자료는 무덤의 군집화, 단수의 노지를 갖춘 주거의 확산, 수전의 확산, 환호의 발생과 확산 등이다. 본 절에서는 그 동안 전기로 인식되었던 유물과 유구를 출토유물의 공반관계 등을 통해 종합적으로 검토해 보겠다.

1) 유물

(1) 채문토기

하인수는 채문토기의 형태변화가 전형적색마연토기와 괘를 같이하는데, 제작 시기는 대체로 전기에 속하며 경주박물관 소장품과 같은 일부 유물은 후기 전반까지 이어진다고 하였다(하인수 1989). 그 후 채문토기는 전기의 표지적인 유물로 간주되어 왔다. 2000년대에 들어서 경남지역의 채문토기를 검토한 우지남은 채문토기를 I~III식으로 형식분류하여 I식

---

1) 따라서 정확한 편년 작업을 위해서는 유물 뿐만 아니라 유구 및 주변 유구의 정황, 입지 등 모든 고고학적 양상을 고려해야 한다.

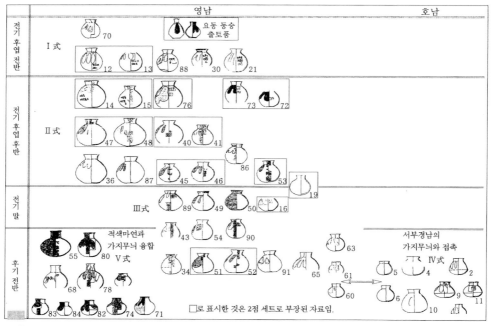

그림 I-2. 平郡達哉의 채문토기 편년표(2012)

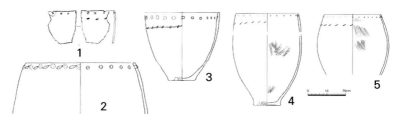

그림 I-3. 동남해안지역 후기의 복합문(1:무거동 옥현유적, 2:매곡동유적 I 지구 9호, 3:매곡동
유적 III지구 3호, 4·5:다운동 436-5유적 7호)

과 II식을 전기, III식을 후기로 편년하였는데 III식의 하한을 점토대토기 전단계까지 설정
하여 연대의 폭을 넓혔다(禹枝南 2000). 平郡達哉는 형식학적으로 동체는 원형→타원형으로
변화하며 동최대경의 위치는 위에서 아래로 내려가며 가장 늦은 단계는 적색마연토기에 가
지문이 시문된 것으로 파악하였다. 채문토기를 I~V식으로 분류하였는데 IV·V식은 후기
에 해당된다고 하였다(平郡達哉 2012).

즉 위의 선행연구를 참조한다면 채문토기가 출토되었다고 하더라도 무조건적으로 전기
로 편년할 수 없다는 것을 알 수 있다.

(2) 복합문이 시문된 심발형토기

가락동식토기와 흔암리식토기가 전기의 표지적인 유물이라는데에는 이견이 없다. 하지만 역삼동식토기는 송국리문화비분포권 특히 한강유역에서는 후기에도 출토되는 것으로 알려져 있다(김한식 2006).

동남해안지역에는 공열문(대체로 돌류문)+단사선문(낟알문)이 복합문으로 간주되어 종종 전기의 유물로 보고되기도 하였다. 하지만 이 유물은 반관통된 돌류문과 동남해안지역 후기의 표지적인 문양인 낟알문이 결합된 것이다. 즉 후기에 단순문양화 한 문양이 서로 결합된 것으로 전기의 흔암리식토기나 가락동식토기와는 무관한 것이다. 이 토기가 출토된 주거지는 모두 단수의 노지를 가진 전형적인 '검단리식주거지(종래의 울산식주거지)'이다. 그림Ⅰ-3의 3은 매곡동유적 Ⅲ지구 3호 주거지 출토품이다. 본 주거지 역시 단수의 노지를 갖춘 방형주거지인데 무경식석촉과 함께 출토되었기 때문에 전기말로 편년되었다. 매곡동유적 Ⅲ지구는 이 3호 주거지와 같이 울산식주거지에서 무경식석촉 등이 출토된 것이 편년의 근거가 되어 전기말에 검단리식주거지가 출현하고 취락에서 마을의 수가 급증하는 것으로 알려지게 되었다(李秀鴻 2008). 하지만 이후 구릉 아래쪽에서도 발굴조사가 이어졌는데 주위의 주거지와 발굴결과를 검토한다면 실제 후기에 속하는 것으로 이해되어야 보다 자연스럽다.

일반적으로 시간성과 지역성을 나타내는 특징적인 주거지의 명칭은 가락동식주거지, 둔산식주거지 등 유적명을 명시하는 것이 일반적이다. 유독 동남해안지역의 청동기시대 후기 주거지만 지역명을 이용해 '울산식주거지'라고 부르고 있다(조현정 2001; 김현식 2006). 이 지역 동시기의 대표적인 토기명칭이 '검단리식토기'라 불리는 것과 대비된다. 또 유적명을 사용해 '천상리식주거지'라고 불리기도 한다(안재호 2006). 매곡동유적 Ⅲ지구 3호 주거지와 같이 단수의 노지를 갖춘 주거지에서 무경식석촉이 출토되었기 때문에 전기로 편년되어 검단리식토기와 시기차이가 발생하는 것을 암묵적으로 염두에 두었기 때문이다. 하지만 본 장의 의도대로 울산식주거지가 후기의 표지적인 유구라고 한다면 토기명과 마찬가지로 '검단리식주거지'라고 불러도 무방할 것이다.[2] 이하 이 책에서는 기존의 '울산식주거지'라는 명칭

---

2) 검단리유적 보고서(1995)에 '검단리식주거지'라고 명명된 주거는 울산지역에 드물게 확인되는 평면 원형에 작업공이 있는 소위 송국리형주거지였다. 이 주거지를 '검단리식주거지'라고 먼저 명명하였기에 이후에 이 지역의 대표적인 유적인 검단리유적과 검단리식토기가 있음에도 '검단리식주거지'라는 용어를 사용하지 못했다.
  (장)방형주거가 전기 후엽에 출현하였다고 하더라도 대부분 후기의 표지적인 유구이고, 울산지역에 보이는 극소수 송국리형주거를 '검단리식주거지'라고 부르지 않으니 이제는 동남해안지

대신 '검단리식주거지'라고 한다.

(3) 무경식석촉 및 이단병식석검

검단리식주거지에서 무경식석촉이 출토되어 전기말로 편년된 사례에 대해서는 앞에서 살펴보았다. 하지만 아직까지 전기의 주거지에서 전형적인 일단경식석촉이 출토된 사례는 없다. 따라서 일단경식석촉은 후기의 표지적인 유물이라고 할 수 있다. 울산 조일리유적에서는 청동기시대 할석형석관묘가 1기 조사되었는데 일단경식석촉과 이단병식석검이 공반되어 출토되었다. 이 무덤은 구릉에서 1기만 확인되었기 때문에 분포양상을 고려한다면 전기에 속한다고 할 수 있다. 하지만 울산을 비롯한 동남해안지역은 후기에도 군집하는 사례가 드물기 때문에 무덤의 분포양상만으로 시기를 속단할 수 없다.[3] 전형적인 일단경식석촉이 출토되었기 때문에 이 무덤은 후기에 속한다고 할 수 있고 그렇다면 이단병식석검이 출토되더라도 무조건적으로 전기라고 할 수는 없을 것이다.

2) 환호

현재까지 한반도 남부지역에서 청동기시대~삼한시대의 환호는 약 50여 유적에서 조사되었다. 그중 전기로 보고된 환호 4곳에 대해서 살펴보겠다.

(1) 울산 방기리유적

울산 방기리유적의 환호는 보고서에도 기술되어 있듯이 바닥인 7층에서 백자편이 검출되었다. 또한 잔존 폭이 120~320㎝인데 비해 최대 깊이가 50㎝로 폭에 비해 깊이가 너무 얕다. 단면 역시 위가 넓은 U자형으로 청동기시대의 일반적인 환호 단면인 Y자나 V자형과는

역 후기 주거의 명칭도 유적명을 넣어 '검단리식주거지'라고 부르는 게 좋을 것 같다(김권중 등 2019). 한국고고학전문사전(2022)에서도 '검단리식집자리'가 동남해안지역에서 청동기시대 후기에 축조된 (장)방형주거라고 하고 있다(이수홍 2024).

3) 세 차례에 걸쳐 조사된 울주 덕신리유적(울주 덕신리유적, 울주 덕신리 572-6유적, 울주 덕신리 572-8유적)은 한 구릉에서 모두 16기의 청동기시대 무덤이 조사되었다. 울산으로 범위를 좁힌다면 매우 드문 현상이다. 울산의 남쪽과 서쪽 일부유적에서는 송국리문화와의 교류 흔적이 확인된다. 송국리식주거지가 검단리유적, 양산 신평유적, 울주 교동리 192-37유적에서 1기씩 확인된 것이다. 덕신리유적 일대도 송국리문화와 검단리유형의 접경지역에서 나타나는 현상으로 생각된다.

차이가 있다. 따라서 본 유적의 구는 청동기시대의 환호가 아니라 조선시대의 구 시설일 가능성이 높다.

(2) 화성 쌍송리유적

화성 쌍송리유적의 환호에 대해 필자는 AMS연대측정자료, 환호의 평면형태가 원형으로 정형화한 점, 양쪽에 출입구 시설이 마련된 점, 환호에서 신부가 능형인 석촉이 출토된 점 등을 근거로 후기라고 주장하였다(이수홍 2015). 하지만 이후 구리 토평동유적, 당진 수청동 고실유적에서 평면형태가 원형으로 정형화한 전기의 환호가 발견되었기 때문에 정형화한 환호는 후기에 발생한다는 필자의 견해가 잘못되었음을 인정한다.[4] 2015년도에 조사된 구리 토평동유적에서 조사된 환호에서 이중구연토기, 이중구연단사선문토기가 출토되었고, 2020년도에 조사된 당진 수청동 고실유적의 환호에서는 이중구연+단사선+구순각목이 새겨진 심발형토기 구연부와 대부소호의 대각편이 출토되었다. 이 두 유적은 청동기시대 전기에 축조된 것이 확실하기 때문에 전기부터 고소에 정형화된 환호를 축조하였음이 명확해졌다.

쌍송리유적의 환호는 이 두 유적의 환호와 평면형태 규모가 유사하지만 후기에 축조되었다는 필자의 기존 견해에는 변함이 없다. 환호는 구릉의 정상부를 원형으로 감싸는 형태인데 구릉 아래쪽에는 세장방형주거지 3동과 방형계 주거지 30여 동이 분포한다. 주거지 간

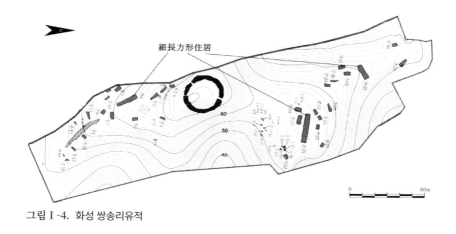

細長方形住居

그림 I -4. 화성 쌍송리유적

---

4) 환호의 연대 문제와 성격 등에 대해서는 Ⅶ장에서 보완하겠다.

에는 시기 차이가 있을 것으로 판단되는데, 보고자는 환호의 출토유물을 근거로 주거지와 환호를 동시기로 파악하였다. 필자는 주거지 간에 당연히 시기 차이가 있으며 환호는 상대적으로 늦은 방형계 주거지와 동시기라고 생각한다. 환호에서 단면 능형의 석촉이 출토되었고 표 I -2와 같이 AMS측정결과도 유적에서 환호가 가장 늦은 시기에 축조되었다는 것을 알려준다. 환호는 정형화된 평면형태를 통해서 볼 때 청동기시대 후기에서도 늦은 시기에 해당될 것이다.

표 I -2. 쌍송리유적 주거지와 환호 AMS연대 측정값

유구	측정연대(BP)	유구	측정연대(BP)
1호주거	2860±50	25호주거	2640±50
3호주거	2660±50	26호주거	2750±50
6호주거	2890±50		2710±50
	2770±50		2740±50
9호주거	2780±50	28호주거	2760±50
13호주거	2740±50	29호주거	2630±50
14호주거	2640±50	33호주거	2780±50
15호주거	2900±50		2840±50
20호주거	2720±50	34호주거	2920±60
21호주거	2850±50	35호주거	2700±50
23호주거	2760±50	환호	2620±50

(3) 진주 이곡리유적

진주 이곡리유적은 주거, 무덤과 함께 말각방형의 환호, 환호로 연결되는 직선의 구 등이 조사되었다. 발굴조사 현장설명회 자료에는 환호로 연결되는 직선의 구를 전기의 환호, 말각방형의 환호를 후기의 환호라고 보고되었다. 이 후 정식으로 간행된 보고서에는 환호로 연결되는 직선의 구를 대형구라 명명되었다. 대형구가 끝나는 지점에 환호가 굴착되었기 때문에 보고자도 언급하고 있듯이 중복관계가 아니라 환호를 굴착할 때 대형구의 존재를 인식하고 있었을 가능성이 높다. 따라서 2차 보고서의 견해와 마찬가지로 환호와 대형구는 대형구→환호의 순서로 축조되었겠지만 동시기로 보아야 한다. 이곡리유적에서 원형의 송국리식주거지는 확인되지 않았기 때문에 말각방형의 환호는 휴암리식주거지 단계인 후기 전반이라고 할 수 있다. 무덤을 포함한다면 보고자는 대형구→환호·주거·분묘의 순으로 파악하였다(배덕환 2010). 무덤은 대형구 상부에 일부 중복되었는데 대형구가 폐기된 후 축

조된 것은 분명하다. 30호
지석묘는 이단병식석검이
출토되어 전기중반~후기의
이른시기로 보고되었는데
(이해수 2007) 무덤 역시 후기
의 이른 단계에 해당된다고
할 수 있다. 즉 이곡리유적
의 환호와 대형구, 지석묘
의 중심연대는 모두 후기이
며 그림 I-1의 B구간에 해
당된다고 할 수 있다.

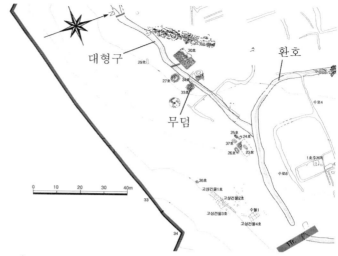

그림 I-5. 진주 이곡리유적의 무덤, 환호, 대형구

(4) 청원 대율리유적

청원 대율리유적의 환호는 구릉의 정상부에 위치하는데 3중의 환호가 등고선을 따라 설
치되었다. 환호 내외에 주
거지 9기가 분포하는데 환
호와 주거지에서 이중구연
+단사선이 새겨진 심발형
토기와 함께 이중구연내
에 거치문, 이중의 점열문
이 시문된 토기 등이 출토
되었다. 이중구연+단사선
토기 역시 기존의 가락동식
토기와는 이질적이다. 단면
凹狀의 단신촉은 중국동북
지방 석기의 특징이라고 한
다. 즉 대율리유적을 조성
한 사람들은 재지민이 아니
라 중국 동북지방에서 직접

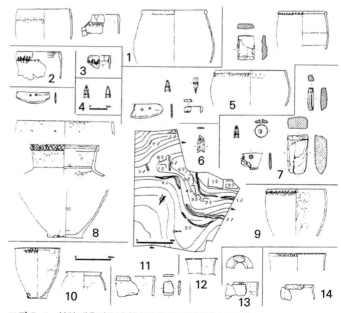

그림 I-6. 청원 대율리유적 환호와 출토유물(안재호 2009)

이주한 집단이라는 견해이다(安在晧 2009). 토기의 문양과 석기의 조성을 통해서 볼 때 타당한 견해라고 생각된다.

현재까지 명확하게 전기에 축조되었다고 할 수 있는 환호는 청원 대율리유적과 앞서 언급한 구리 토평동유적과 당진 수청동 고실유적, 완주 구암리유적 등 네 곳이다. 청원 대율리유적의 환호는 중국동북지역에서 직접 이주한 이주민에 의해 조성되었다는 견해를 받아들이고 평면형태 등을 고려하면 우리가 알고 있는 환호의 이미지와는 조금 이질적이다. 완주 구암리유적의 환호는 주구묘에 가까운 형태이다.

그 외 두 유적에서 정형화한 환호가 확인되어 청동기시대 전기부터 구릉의 고소에서 천신제사를 지냈다는 것이 명확해졌다. 아직까지 환호유적의 수를 고려한다면 마을을 둘러싸는 환호가 축조되고, 환호가 남부지역 전역에 확산되는 것은 청동기시대 후기에 들어서 본격적으로 나타나는 현상이라고 할 수 있다(이수홍 2015).

3) 수전

한반도 남부지역에서 청동기시대의 수전유적은 25곳에서 조사되었다(윤호필 2013). 생산 및 소비 등 경제활동을 알려주는 경작유구의 고고학적 중요성에 대해서는 이루 말할 수 없겠지만 고고학자료로서 약점이라고 한다면 출토되는 유물이 적고 파편이기 때문에 시기를 정확하게 단정하기 어렵다는 점이다. 주변에 분포하는 주거지와 연관시켜 시기를 가늠할 수밖에 없는데 주거지가 없이 수전만 조사된 사례가 오히려 더 많다. 주거지가 동시에 조사되었다 하더라도 실제 수전이 조사되는 유적의 환경은 삭평이 이루어지지 않는 충적지가 대부분인데 그러한 충적지에는 주거지 역시 여러 시기의 것이 동시에 존재하는 예가 많기 때문이다. 25곳의 수전유적은 대부분 후기에 속한다고 보고되었지만, 그중에서 몇 곳은 조기 혹은 전기로 보고된 유적도 있다. 조기·전기로 보고된 수전에 대해서 살펴보겠다.

(1) 밀양 금천리유적

밀양 금천리유적은 발굴조사 후 조사단에 의해 청동기시대 초기의 수전으로 보고되어 청동기시대 이른 시기에 이미 완성된 형태의 수전이 조성된 것으로 알려졌다(이상길·김미영 2003). 김병섭은 초현하는 논의 형태가 관개시설까지 완벽하게 갖춘 것에 의문을 제기하고 금천리유적의 논은 오히려 점토대토기단계에 포함되어야 한다고 주장하였다(김병섭 2013). 금

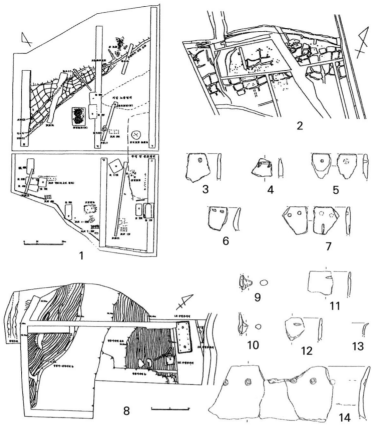

그림Ⅰ-7. 전기로 보고된 수전유적(1:밀양 금천리, 2~7:울산 무거동 옥현, 8~14:울산 야음동)

천리유적의 정확한 시기에 대해서는 검토가 필요하겠지만 적어도 청동기시대 이른 시기의 논이 아니라는 점에서는 필자도 같은 견해이다. 논과 배후습지의 위치를 고려한다면 김병섭의 견해와 같이 점토대토기 관련 유물이 출토되는 배후습지와 논이 연결될 가능성이 오히려 더 높을 것이다. 금천리유적에서는 조기의 주거지와 함께 원형의 송국리식주거지도 함께 조사되었다. 수전은 송국리식주거지와 동시기 혹은 점토대토기 단계에 조성되었을 것이다.

(2) 울산 무거동 옥현유적

울산 무거동 옥현유적과 울산 야음동유적이 발굴조사 당시 전기로 보고되었다. 울산지역은 송국리문화가 분포하지 않는 곳으로 후기에도 전기의 방형계 주거가 계속 이용된다는 견해가 현재는 일반적이지만, 1990년대 말~2000년대 초에는 송국리식주거지가 확인되지 않고, 방형계 주거지가 확인되면 송국리문화에 선행하는 전기말 혹은 늦어도 후기초라는 견해가 우세하였다. 무거동 옥현유적이나 야음동유적도 발굴조사 당시 그러한 선입견에 의해 시기가 확정된 면도 있는데 많은 연구자가 아직도 발굴 당시 발표된 자료를 아직도 그대로 인용하기도 한다. 구체적으로 출토유물을 살펴보겠다.

그림 Ⅰ-7의 3~5는 수전에서 출토된 유물이고 6·7은 수전으로 물을 공급하는 등고선에 직교하게 일직선으로 굴착된 구에서 출토된 유물이다. 구가 수전으로 물을 공급하는 시설이라고 판단되기 때문에 구와 수전은 동시기가 확실하다. 3은 구연단 아래에 끝이 둥근 도구로 살짝 찍은 공열문인데 다양한 공열문 중에서도 가장 시기가 늦은 편에 속하는 유물이다. 4는 사방향의 낟알문으로 추정된다. 낟알문 사이의 횡침선문에 대해서는 의문이 있지만 낟알문으로 보아도 무방한 유물이다. 5는 돌류문인데 돌류문은 청동기시대 문양 중에서도 연대의 폭이 넓은 것이다. 전기에서 후기까지 이어지는데 3, 4의 유물을 감안한다면 후기에 제작된 유물로 보는 것이 타당하다. 따라서 무거동 옥현유적의 수전은 후기에 속하며 오히려 후기 중에서도 늦은 단계일 가능성이 높다.

(3) 울산 야음동유적

그림 Ⅰ-7의 9~14는 야음동유적 출토품이다. 보고서에는 논유구 제토 중 출토유물이라고 명기되어 있다. 논이 매몰되는 시간을 감안한다면 논 면 바로 위에 쌓인 퇴적토는 논과 동시기로 보아도 무방할 것이다. 14는 호형토기 구연부편인데 외→내면으로 반관통된 공열문이다. 11과 12는 횡방향의 낟알문, 9와 10은 꼭지형 파수이다. 모두 청동기시대 후기의 표지적인 유물이다. 따라서 야음동유적도 후기에 속한다고 할 수 있다.

즉 현재의 자료를 통해서 볼 때는 조사된 25곳의 수전유적은 모두 후기에 속하고 수전경영의 시작이 후기의 지표가 될 수 있다. 물론 흔암리유적과 같이 청동기시대 전기주거지에서도 탄화미가 출토된 사례가 있기 때문에 전기에 벼농사가 이루어졌음은 틀림없다. 청동기시대 전기에 확인되는 벼에 대해서는 밭에서 생산되었다는 견해도 있다(김도헌 2010). 현재까지 전기에 속하는 수전유적이 조사된 예가 없는 것으로 볼 때 타당한 견해라고 할 수 있다. 그렇다면 본격적인 수전경작은 청동기시대 후기에 이루어졌다고 할 수 있다.

4) 무덤

배진성(2011)에 의하면 현재까지 청동기시대 전기의 무덤으로 알려진 유적은 40여 곳에

이른다. 이 외에도 무경식석촉
과 이단병식석검이 출토되어 전
기로 보고된 유적을 포함하면
50여 곳 이상이 될 것이다. 보고
자가 전기로 판단한 기준은 사
실 내부에서 출토된 무경식석
촉, 이단병식석검이 전부라고
할 수 있다. 즉 합천 저포리유적
E지구의 지석묘, 진주 이곡리유
적의 지석묘, 용담동 수몰지구
에서 조사된 일부 지석묘에서
이단병식석검이나 무경식석촉
이 출토되었지만 이러한 묘역식
지석묘 군집하여 축조되는 사회
는 후기의 양상(배진성 2011)이라
는 것인데 필자도 전적으로 동
의한다. 필자 역시 합천 저포리
E지구 5호 지석묘에 대해 전기
에 축조되었다고 하였지만(이수

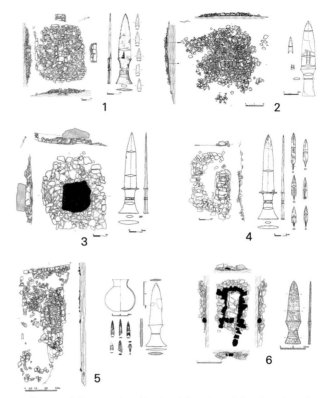

그림 I-8. 전기로 보고된 무덤(1:진안 안자동 1호, 2:진안 수좌동 1호, 3:진
안 여의곡 3호, 4:同 30호, 5:합천 저포 E지구 8호, 6:진주 이곡동 30호)

홍 2007) 공동묘지화된 무덤은 역시 후기에 출현한다고 보는 것이 자연스럽다.

　단 합천 저포리유적 E지구의 지석묘, 진주 이곡리유적의 지석묘, 용담댐 수몰지구의 지
석묘는 공통점이 있다. 저포리유적 E지구 5호는 매장주체부의 위치가 완전한 지상식이다.
벽석을 쌓으면서 부석을 같이 쌓아 올려 서로 맞물린 형태이다. 진주 이곡리 30호는 매장주
체부의 깊이는 58㎝이지만 실제 묘광의 깊이는 20㎝ 정도인데 이것도 주변의 레벨을 맞추
기 위한 것으로 굴착되지 않은 면이 있는 것으로 볼 때 지상식이라고 해도 무방하다. 진안
안자동 1호, 수좌동 1호, 여의곡 3호, 30호 모두 묘역식지석묘인데 매장주체부는 지상에 노
출된 반지상식 혹은 지상식이다. 묘역식지석묘 중 매장주체부가 지상식 혹은 반지상식인
형태가 시기적으로 이른 시기부터 나타났다는 것은 분명하다. 또 저포 E지구 5호와 8호, 진
주 이곡리 30호는 한쪽 단벽 쪽의 형태가 마치 삼국시대 횡구식석실묘와 유사하게 제일 마
지막에 채워 넣은 형태인데 이것도 이른 시기에만 보이는 특징일 수 있다. 즉 그림 I-8의 무

덤은 후기 중 이른 시기에 축조된 것이라고 할 수 있다.

4. 전·후기 획기의 기준과 야요이시대 신연대

청동기시대 전기에서 후기로의 변화는 사회가 복잡화되고 계층화되는 과정이며 그 과정 속에 유력개인이 출현하는 것으로 알려져 있다. 본 절에서는 그러한 의미와 전·후기 획기의 기준이 야요이시대 신연대관과 어떤 관련이 있는지에 대해서 간략하게 살펴보겠다.

1) 전·후기 획기의 기준과 의미

앞 절에서 살펴본 바와 같이 무경식석촉, 이단병식석검이 출토되었다고 무조건적으로 전기로 편년하는 것은 바람직하지 않다. 1,500년 정도 지속된 청동기시대[5]를 획기로 구분하기 위해서는 우선적으로 사회변화의 결과물이 적용되어야 한다. 필자가 가장 중요하다고 생각하는 점은 단수의 노지를 갖춘 주거지, 주거지와 무덤의 군집화, 수전과 환호의 확산이다. 유물은 일단경식석촉의 출현을 들 수 있다. 무경식석촉에서 일단경식석촉으로의 변화는 단순한 형태변화가 아니라 석기생산의 패러다임이 변했다고 할 수 있기 때문이다(황창한 2003).

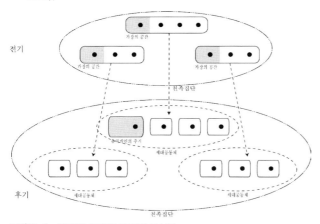

그림 I -9. 전기와 후기의 주거군 모식도

편년 작업을 할 때 고고자료로서 유물과 유구가 상반되는 결과를 나타낸다면 유구를 취해야 한다고 생각한다. 청동기시대 후기 주거변화의 원인에 대해서는 이미 선학들의 연구사례가 있다. 그것이 핵가족화이건(안재호 2006), 거주형태가 공동거주형에서 독립거주형으로 바뀌었던(김승옥 2006) 간에 사회의 패

---

5) 최근에는 AMS연대관을 받아들여 청동기시대 조기의 시작연대를 기원전 16·15세기까지 올려 보기도 하여 청동기시대 연대폭이 대폭 넓어지는 추세이다(안재호 2010; 이창희 2011).

러다임이 크게 변화한 것을 반영하는 것이다. 그림 I-9와 같이 실제 2~4동의 세장방형주거지가 이루는 하나의 마을에서 단수의 노지를 갖춘 10동 내외의 주거로 바뀌는 것은 구성원의 숫자에는 큰 차이가 없다. 하지만 전기에 점상으로 분포하는 마을이 후기에는 서로 인접해 분포하고 이것은 인구의 증가를 반영하는 것으로 파악하였다(이수홍 2014). 수전과 환호의 확산, 군집묘의 등장은 모두 인구증가와 연동할 것이며 이러한 상황에서 필연적으로 하나의 마을 내부뿐만 아니라 마을과 마을을 아우르는 유력개인이 등장하였을 것이다.

　　대평리유적을 통해서 청동기시대 도시의 등장이 거론(이상길 2002)되기도 했고 청동기시대 후기무덤의 부장양상을 검토하여 국의 등장이 제기(배진성 2006)되기도 하였다. 인구의 증가와 이에 수반하는 사회적 변화를 볼 때 청동기시대 후기야말로 진정한 의미의 청동기시대로의 진입이라고 할 수 있겠다.

표 I-3. 歷博의 야요이시대 신연대(최성락 2014에서 재인용)

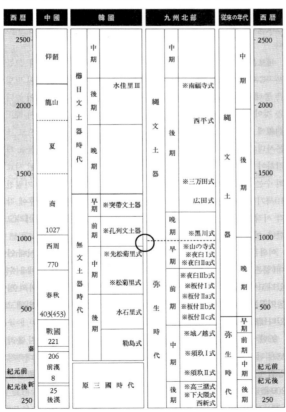

*은 연대를 계측한 토기형식

2) 야요이시대 신연대와 관련하여

2000년대 초 일본역사민속박물관팀(이하 역박팀)에서 AMS연대를 이용해 야요이시대의 절대연대를 대폭 상향조정 하였다. 야요이시대 조기의 시작을 기원전 930년까지 올려 보게 된 것이다. 일본 야요이시대만의 문제가 아니라 우리의 청동기시대 연대와 밀접하게 관련되는 사항이다. 자연과학분석을 통한 획기적인 연대관에 일본에서도 찬반양론이 팽팽하게 전개되었으며 우리학계에서도 AMS연대 측정결과의 신뢰성에 대해서는 의견이 분분하다. 필자는 여기에서 AMS연대의 신뢰성 여부를 논하자는 것이 아니라 앞 장에서 검토한 편년 혹은 획기의 정확한 비정이 야요이시대 시작 연대와 밀접한 관련이 있기 때문에 우선 한반도 남부지역의 수전과 환호, 무덤의 시기를 철저하게 검증할 필요가 있다는 것을 말하고 싶다. 가장 민감한 부분은 청동기시대 후기 시작 시점과 야요이시대 시작 시점의 병행관계이다. 역박팀의 주장은 야요이시대의 시작이 우리의 청동기시대 후기 시작보다는 이르고 전기말과 일정기간 병행한다는 편년관이다(歷博 2004, 표 I-3의 둥근 원형 부분 참조).

일본 야요이시대의 시작의 지표는 수전경작의 개시이며 일본의 수전경작은 한반도에서 건너간 도해인[6]들의 영향이라는 데에는 일본에서도 이견이 없다. 그런데 수전경작을 배경으로 급속하게 확산되었다고 여겨지는 송국리문화보다 선행하는 청동기시대 전기에 이미 야요이시대가 시작되었다는 것에 대해서는 신중하게 접근할 필요가 있다. 북부구주에서 조사된 대륙계 마제석기를 가진 도해인들의 주거지 중 한반도 남부지역 전기의 주거지와 유사한 형태는 확인되지 않고 있다. 뿐만 아니라 도해인들의 주거지가 방형계인 휴암리식주거지가 아니라 원형계의 송국리식주거지인 것도 수전경작에 영향을 줄 정도로 직접적인 영향을 준 이주민은 적어도 청동기시대 후기의 이른 단계가 아닌 늦은 단계[7]라는 것을 알려준다.

이에 대해 안재호(2024)는 야요이시대 조기가 기원전 10세기 후반에 시작되기 때문에 한반도에서 송국리문화는 이보다 이른 10세기 중엽에 시작되었다고 하였다. 그런데 야요이문화의 발생 시점이 송국리문화의 발생보다 이를 수는 없을 뿐만 아니라, 송국리문화가 시작

---

6) 이형원은 '渡來人'이란 표현보다는 한국의 관점에서 '渡海人'이라는 용어를 사용한다고 하였다(李亨源 2014).

7) 방형계인 휴암리식주거지와 원형계인 송국리식주거지간의 선후관계에 대해서는 이견이 있으나 중복관계, 토기의 형식학적 변화 등을 고려한다면 일정기간 공존하는 기간이 있을 수 있겠지만 휴암리형-先, 송국리형-後라는 것이 타당하다.

된 초창기에 일본으로 건너가 야요이문화 발생에 영향을 미쳤다는 것에도 의문을 의문을 가지고 있다. 방형의 휴암리식과 원형의 송국리식의 선후관계와 관련이 있다.[8] 휴암리식과 송국리식의 선후관계는 송국리문화 발

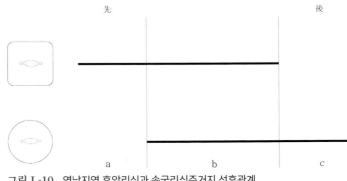

그림 I-10. 영남지역 휴암리식과 송국리식주거지 선후관계

생 원인에 대한 이견과도 관계가 있다. 송국리문화 자체 발생설은 방형(휴암리식)→원형(송국리식), 외부유입설은 원형→방형으로 변화한다는 견해이기 때문이다. 최근에는 방형과 원형이 장기간 공존하는 것으로 보는 듯 한데 그렇다고 하더라도 영남지역 유적에서 중복관계를 고려한다면 상대적인 순서는 그림 I-10과 같이 방형이 원형보다는 상대적으로 이른 것은 확실하다.

한반도 남부지역의 주 분포권을 벗어난 곳에 송국리문화가 확인되는 곳은 제주도, 강원 영동지역, 북부구주지역이다. 당연히 주 분포권에서 사람이 이동했을 것이다.

최근 야요이시대 연대가 상향조정되면서 송국리문화 시작 시점부터 구주지방으로 한반도의 주민이 이동했다고 받아들이는 것 같다. 물론 한반도에서 이주한 지역은 경남 남해안지역이 유력할 것이다. 그런데 왜 구주지역에 방형의 휴암리식(작업공 내에 기둥이 있는 대평리식)주거지는 전무하고 원형주거지 일색(유병록 2010a)인지 이해하기 어렵다. 그렇다면 이주 시점은 그림 I-10의 c 시점일 것이다. 역시 구주지역에서 처음 보이는 송국리문화 요소는 점토대토기가 등장하기 전 가장 늦은 시점의 주거지와 유물 조합이 아닌지? 송국리문화 초기부터 일본으로 진출했다면 이단병식석검이나 무경식석촉이 소수라도 확인되어야 할 것이고, 특히 유절병식석검도 없이 오로지 일단병식석검이라는 점도 늦은 시기라는 것을 반영하는 것이다. 그렇다면 야요이시대 개시 연대, 한반도에서 이주 시점 등을 전면적으로 재검토할

---

8) 송국리문화 분포권의 주거를 평면형태와 작업공·기둥의 위치 및 유무에 따라 가장 세분한 연구자는 유병록(2019a)이다. 방형계를 휴암리식, 대평리식, 하촌리식, 서변동식으로, 원형계를 송국리식, 오곡리식, 효자동식, 동천동식, 지좌리식으로 분류하였다. 필자는 유병록의 세분안에 동의한다. 단 본 장에서는 이해를 쉽게 하기 위해 작업공이 있는 주거지 중 평면형태가 방형계인 것을 휴암리식, 원형계인 것을 송국리식으로 단순하게 2대별해서 진행하겠다.

필요가 있지 않을까?

환호와 수전의 정확한 연대파악이 한반도 청동기시대와 일본의 야요이시대의 병행관계 파악에도 매우 중요하다고 할 수 있다.

5. 맺음말

이글은 2015년도에 작성하였다. 10년밖에 지나지 않았는데 지금 보니 사실관계가 틀린 부분도 있고, 내용 자체가 올드한 느낌이 있다. 단행본 내용에서 제외할까 고민했지만, 필자가 주로 다루는 내용이 송국리 · 검단리문화 단계인 후기이기 때문에 부끄러운 마음을 가지고 첫 장에 넣었다.

야요이시대 신연대관에 대해서는 본 장의 내용과 직접적인 관련이 있지 않아 다소 엉뚱한 느낌이 있다. 일본 구주지역에서 도래인의 주거는 원형의 송국리식만 발견되는 것을 볼 때 기존의 편년에 큰 선입견이 작용한 게 아닌지 늘 궁금했다. 물론 필자가 답을 제시하지는 못하지만 앞으로 이 부분에 대한 논의가 필요하다고 생각되어 무리하게 삽입하였다.

※ 故 이상길 선생님 추모집에 실린 글이다. 이상길 선생님 하면 正面突破, 單刀直入 등의 단어가 떠오른다. 2008년 경남대학교에서 개최된 제2회 한국청동기학회 학술대회 후의 회식 자리에서 밀양 금천리유적이 조기에 해당되는 근거에 대해 선생님께 개인적으로 질문을 드리고 답변을 들을 수 있었다. 이글의 내용은 오히려 선생님과 다른 의견이다. 고인의 추모집에 반대되는 견해를 제시하는 것에 대해 결례가 아닐까 하였지만, 필자가 가지고 있는 선생님의 이미지인 正面突破, 單刀直入을 생각한다면 너그러이 봐주실 것이라 감히 생각했다. 고인이 되신 선생님의 명복을 빈다.

대구 월배지역 송국리문화 유입 시점

대구 월배지역에 분포하는 유적에서 조사된 주거지를 분석하여 청동기시대 편년을 재검토하였다. 그 결과를 근거로 월배지역에 송국리문화가 유입된 시점과 후기시작의 고고학적 지표를 살펴보았다.

월배지역에서 조사된 주거지는 모두 209동인데 그중 명확하게 후기로 알려진 휴암리식·송국리식 주거지를 제외하면 노지가 없거나 1개인 방형계 주거지는 83동이다. 83동 잔존상태가 양호해 규모를 파악할 수 있어 분석의 대상이 되는 것은 53동이다. 선행연구에 의하면 노지가 있는 주거지는 모두 전기의 표지적인 유구였지만, 53동의 주거지를 검토하여 이런 주거가 전기뿐만 아니라 후기에도 계속 이용되었던 것을 확인하였다.

월배지역의 송국리문화 단계에는 방형의 휴암리식주거지가 1기도 없고, 원형의 송국리식만 확인된다. 월배지역은 송국리문화가 늦게 유입되었는데, 이때는 이미 이곳이 후기사회로 진입한 이후였다.

청동기시대 후기 시작의 제 1지표는 송국리문화의 유입(전파)이 아니라 단수의 노지를 가진 주거가 군집하는 것이다. 주거지 규모 축소는 모든 유적에서 나타나는 현상으로 사회 전반의 변화를 반영하는 것이다. 월배선상지는 배수가 용이한 지형적 특징으로 인해 밭농사가 주로 이루어졌을 것이다. 수도작이 용이하지 못한 지형적인 특색은 발생지에서의 거리, 이 지역 전기문화의 전통성과 함께 송국리문화가 늦게 전파된 이유의 하나이다.

1. 머리말

청동기시대에 대한 연구는 자료가 폭발적으로 증가하면서 편년, 지역성 등 시·공간과 관련되는 큰 줄기의 윤곽이 어느 정도 드러나고 있다. 하지만 자료가 많아졌기에 전국을 하나의 단위로 설정하여 세밀한 분석을 하는 것이 불가능해진 면도 없지 않다. 대신 지역적인 연구가 활발해졌다.

대구지역 역시 2000년도 이후 지역적인 연구가 꾸준히 진행되어 왔다(동진숙 2003; 황현진 2004; 하진호 2008; 류지환 2010; 류선영 2013). 자료가 증가할수록 편년이 세분화 되었고, 점차 대구 지역 청동기시대 사회구조의 탐구로 연구의 영역이 확대되고 있다(유병록 2000 · 2015; 조미애 2016; 방선지 2017; 우명하 2017; 이수홍 2017; 윤형규 2017 · 2018; 하진호 2018).

월배지역은 취락유적이 밀집되어 분포하는 곳으로 주거지뿐만 아니라 지석묘를 비롯한 각종 무덤, 입석, 수혈, 적석유구, 야외노지, 구 하도 등 다종다양한 유구가 조사되어 당시 사회의 일면을 엿볼 수 있는 곳이다. 또 이른 시기부터 늦은 시기까지 지속적으로 유구가 축조되었기 때문에 편년 연구의 기초가 된다. 무엇보다 발굴된 유적은 대부분 보고서가 간행되었기 때문에 자료 이용이 용이하다. 검토 중 방형계 주거지의 편년, 송국리문화가 월배지역에 유입된 시점 등에 대해 다시 생각하게 되었다. 본장에서는 월배선상지에 분포하는 방형계주거지의 편년적 위치를 재검토하여 송국리문화의 유입 시점에 대해서 살펴보겠다. 또 그것을 바탕으로 청동기시대 전 · 후기 획기의 기준 즉 사회 변화의 계기에 대해서도 살펴보겠다.

2. 선행연구 검토

본 절에서는 대구지역 편년과 관련한 연구사를 살펴보겠다. 2000년도 초반부터 현재까지의 연구 성과를 살펴보면 선행연구의 공통점과 연구의 흐름을 파악할 수 있다. 대구지역 청동기시대 편년에 관한 대표적인 연구는 아래와 같다.

대구지역 청동기시대 유적의 편년은 동진숙(2003) · 황현진(2004)에 의해 처음으로 이루어졌다. 주거지와 유물의 큰 변화는 아직까지 텍스트로 이용될 수 있을 만큼 일반적인 변화양상을 잘 파악하였다. 방형주거지는 전기의 전시기에 이용되는 것으로 파악하였다.[1] 동진숙

---

1) 본 장에서는 돌대문토기와 이중구연토기를 조기의 표지적인 토기로 삼고자 한다. 월배지역에서 돌대문토기가 출토되지 않았기 때문에 이중구연토기가 조기를 대표하는 유물이라 할 수 있겠다. 위석식노지는 연대폭이 넓은 것으로 밝혀졌기 때문에 더 이상 조기를 단정 짓는 속성이 될 수 없다. 이창희(2016)에 의하면 미사리계토기의 하한은 2800 ^{14}C BP이며 가락동 · 역삼동계토기의 상

은 청동기시대 후기를 휴암리식단계와 송국리식단계로 구분하였다. 황현진은 전반적으로 동진숙의 견해와 유사하지만 후기 단계를 세분하지 않았다. 이 후 자료가 급격하게 증가하였는데 증가한 자료를 바탕으로 하진호(2008)는 보다 세밀하게 분류하였다. 상대편년은 앞의 연구와 유사하지만 큰 차이점은 전기의 전 기간에 다양한 형태의 주거가 존재했다고 파

표 II-1. 동진숙 시기구분안(2003)

		전기		후기	
		I	II	III	IV
주거지	형태	세장방형 · 장방형 · 방형	장방형 · 방형	장방형 · 방형	방형 · 원형
	규모	대형	중형 · 소형	중형 · 소형	소형
	시설	위석식 · 무시설식노지	위석식 · 무시설식노지	중앙수혈, 대구형	중앙수혈
출토 유물	토기	이+단 공 구	이+단 공+구 공 구	공 공+구 구	구
	석촉	무경식석촉	무경식 · 이단경식석촉	일단경식석촉	장신의 유경촉
	석검	이단병식석검	이단병식석검	일단경식석촉	일단병식석검

표 II-2. 황현진 시기구분안(2004)

		전기		후기
		1기	2기	3기
주거지	형태	세장방형 · 장방형	장방형 · 말각방형	말각방형 · 원형
	규모	대형	중형	중형 · 소형
	시설	1~4개의 노지	1개의 노지, 노지없음	작업공+주혈2
출토 유물	토기	이+단 이+단+구 공+구 구 공+단	구 공+단	무
	석촉	무경식석촉	일단경식석촉	일단경식석촉
	석검	이단병식석검		

한은 3100 ^{14}C BP이다. 결국 3100 ^{14}C BP와 2800 ^{14}C BP 사이에 해당되는 유구는 유물 혹은 유구의 검토를 통해 주관적인 판단을 해야 한다. 또 그는 조기의 하한에 대해 2960 ^{14}C BP라는 견해를 제시하기도 하였다(이창희 2013). 본 장에서는 이중구연토기를 조기 판정의 제 1기준으로 삼았다.

표 II-3. 하진호 시기구분안(2008)

		전기			후기	
		전엽(I기)	중엽(II기)	후엽(III기)	전반(I기)	후반(II기)
주거지	형태	방형 · 장방형	방형 · 장방형 · 세장방형	방형 · 장방형	방형 · 말각방형	말각방형 · 원형
	규모	대형 · 중형 · 소형	대형 · 중형 · 소형	중형 · 소형	소형	중형 · 소형
	시설	판석위석식노지 위석식노지 수혈식노지 단수의 노지	위석식노지 수혈식노지 복수의 노지 저장공	수혈식노지 단수의 노지 저장공	수혈식노지 작업공+주혈2	작업공+주혈2
출토 유물	토기	이중구연토기	이+단 이+단+구 이+단+공 이+단+공+구 이+공+구 이+구	이중구연소멸 공+구 공+단 공 구	무 구 파수부토기	무 구 파수부토기
	석촉	무경식석촉	무경식 · 이단경식	이단경식석촉 일단경식석촉	일단경식석촉	일단경식석촉
	석검		이단병식석검	이단병식석검		

표 II-4. 류지환 시기구분안(2010)

		전기					후기	
		A1	A2	A3	B1	B2	C1	C2
주거지	형태	장방형	장방형	장방형	세장방형	방형	방형	원형
	규모	소형	중형	대형 · 중형	대형	소형	소형	소형
	시설	?	무시설식노지	위석식 · 무시설식노지	위석식 · 무시설식노지	무시설식노지	작업공	작업공
출토 유물	토기	이	이 이+단	이 구 이+구 이+단+구 이+단+구+공 공+단	단 구 단+공	공 구 낟 공+구		구
	석촉		이단경식석촉			무경식 · 일단경식석촉		
	석검		이단병식석검			이단병식석검		

34 34   發掘과 思索 청동기시대

표 II-5. 류선영 시기구분안(2012)

		전 기								
		I				II	III			
		1	2	3	4		1	2	3	4
주거지	형태	(장)방형	(장)방형	세장방형출현	(세)장방형	(세)장방형	장방형			
	규모			대형출현	소형소멸	소형×	소형↑			
	시설	1개의노지	복수의노지	위석식노지출현		위석식노지비율↑		노지1~2개위석식↓	위석식잔존	
출토유물	토기	이 이+구 이+단	이 이+구	이+구+단 이+단	이+단+구+공 이+단+구	이+단 이+단+공 이+공+구	단+공	단+구	공	공+구 공
	석촉	삼각만입촉	삼각만입촉	삼각만입촉·이단경식	무경식	무경식			일단경식출현	
	석검	이단병식							일단병식석검	

악한 점이다. 또, 전기의 가장 이른 시점에 대형이 아닌 중소형의 방형주거기가 우세하다고 본 점이 특징이다. 류지환(2010)은 보다 더 세분하였는데 하진호와 마찬가지로 전기의 가장 이른 시점에 소형의 장방형주거지가 존재했던 것으로 파악하였다. 류선영(2012)은 대구지역 전기유적만을 검토하였는데 역시 전기의 전기간에 다양한 형태의 주거지가 존재했었다고 파악하였다.

위에서 검토한 선행연구의 공통점은 후기 시작의 기준이 송국리문화 발생(유입)이라는 점 이다. 즉 노지가 없고 작업공이 설치된 휴암리식, 송국리식(혹은 동천동식)이 후기의 표지적인 주거지이고, 노지가 있는 방형계 주거지는 전기의 지표가 되었다. 또 후기에는 방형의 휴암 리식에서 원형의 송국리식으로 변화가 인정된다. 주거지 변화의 큰 흐름은 평면형태의 경우 세장방형→장방형→방형, 규모는 대형→중형→소형, 노지의 수는 복수→단수→無(작업공), 노지 형태는 위석식→무시설식의 변화를 보인다.

하지만 자료가 증가하면서 점차 전기의 전 기간에 방형계의 다양한 주거가 존재했던 것 을 알 수 있다. 즉 이른 시기에도 소형 주거지가 존재했기 때문에 평면형태가 세밀한 편년의 기준이 될 수 없게 되었다. 노지의 형태와 수 역시 다양함을 알 수 있다.

여기서 몇 가지 의문점이 있다. 첫째, 송국리문화가 시작되면서 노지가 설치된 방형계주 거지는 일시에 소멸되었는가? 둘째, 후기가 되면 대구지역은 휴암리식주거지의 숫자가 송

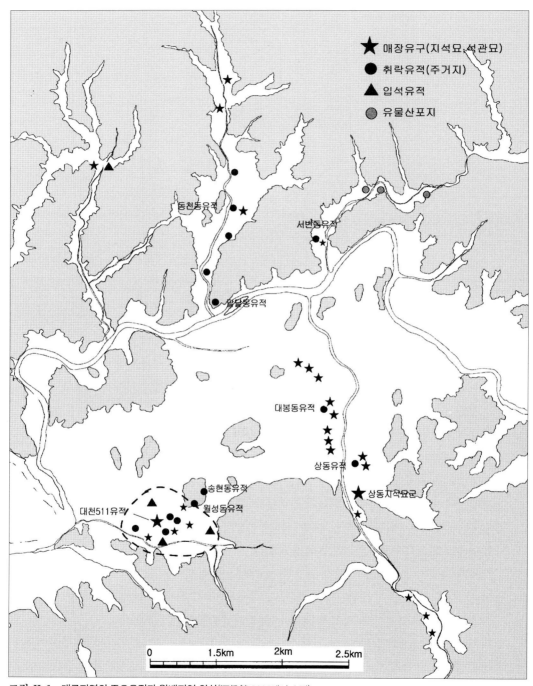

★ 매장유구(지석묘,석관묘)

● 취락유적(주거지)

▲ 입석유적

● 유물산포지

동천동유적

서변동유적

팔달동유적

대봉동유적

상동유적

상동지석묘군

송현동유적

대천511유적   월성동유적

0   1.5km   2km   2.5km

그림 II-1. 대구지역의 주요유적과 월배지역 위치(河眞鎬 2008에서 수정)

국리식주거지에 비해 적은데, 특히 월배지역에는 휴암리식주거지가 1기도 확인되지 않았다. 월배지역의 남쪽에 해당되는 청도지역은 송국리식주거지보다 휴암리식주거지의 숫자가 많은 것과 대조된다. 이하 전기의 표지적인 유구인 노지가 있는 방형계 주거지를 검토해서 이러한 의문점을 풀어보고자 한다.

3. 방형계 주거지 검토

2절에서 선행연구를 다소 장황하게 살펴보았는데 주거형태 변화의 큰 흐름은 세장방형→장방형→방형이지만 실제 다양한 버라이어티가 존재하는 것을 확인할 수 있었다. (장)방형주거지가 전기의 전기간에 이용되었기 때문이다. 문제는 이러한 (장)방형주거지에서 후기의 표지적인 유물도 출토되며, 실제 AMS분석결과 후기에 해당되는 것도 다수 확인된다는 점이다. 더 이상 노지가 설치된 방형계주거지가 전기의 표지적인 유구가 아닌 것이다. 복수의 노지가 설치된 주거가 전기에 해당된다는 것은 아직 이견이 없기 때문에 본 장에서는 월배지역에서 조사된 209동의 주거 중 명확하게 후기라고 알려진 휴암리식 · 송국리식주거지를 제외하고, 노지가 1개이거나 없는 방형계 주거지만을 검토하겠다. 규모 역시 중요한 속성이기 때문에 최소 두 벽면이 잔존하여 규모를 알 수 있는 주거지로 한정하였다. 209동의 주거지 중 휴암리식 · 송국리식주거지를 제외하면 노지가 1개이거나 없는 방형계 주거지는 83동이며 그 중 규모를 알 수 있는 검토대상 주거는 53동이다.

1) 주거지의 분류

표 II-6. 월배지역 주거지 분류안

분류	모식도	비고	분류	모식도	비고
I A		세장방형 복수의 노지	I B		방형 · 장방형 단수의 노지
II A		노지 無, 작업공 (휴암리식주거지)	II B		노지 無, 작업공 (송국리식주거지)
IIIA		방형, 노지 無 한변 4m 이내 소형	IIIB		원형, 노지 無 직경 4m 이내 소형

주거지의 편년을 검토하기 위해 월배지역에서 조사된 주거지를 표 II-6과 같이 분류하였다. I식은 노지가 있는 주거, II식은 노지 대신 작업공이 있는 주거, III식은 노지와 작업공이 모두 없는 주거이다. IA식은 복수의 노지가 설치된 주거, IB식은 단수의 노지가 설치된 주거, IIA식은 방형의 휴암리식주거, IIB식은 원형의 송국리식주거, IIIA식은 평면형태가 방형계, IIIB식은 평명형태가 원형이 주거이다. 대분류인 I~III식은 하진호(2008)의 분류안을 따랐고 A·B로 세분한 분류안은 필자가 제시한 것이다. 대구지역에는 모식도를 벗어난 주거형태가 있지만 무덤과 주거지의 관계를 파악하기 위한 개략적인 안을 제시하였다. 월배지역 각 유적에서 조사된 주거지의 양상은 표 II-7과 같다.[2]

표 II-7. 월배지역 유적의 주거지와 무덤의 수(( )안의 숫자는 적석된 주거지의 수)

유적명	기관	1기		2기		불명		무덤	상석	적석	목관
		IA	IB	IIA	IIB	IIIA	IIIB				
상인동 87	영문연		2(2)		5	6	5	3		8	
상인동 87	경북연				1	5(1)	8(1)	2			
상인동 128-8	삼한	8(3)	3(1)		2	2(1)	2(1)	9	3		1
상인동 112-3	삼한	2(1)	1			2	1				
상인동 152-1	영문연							5	1	3	
상인동 171-1	영문연				2			6		2	
상인동 123-1	영문연	8(4)	5(2)		3	3	4(1)				
상인동 119-20	대동	2	2		6			2			
상인동 98-1	대동	6(3)	3		1	1		12			
상인동지석묘 I	경북대								1		
상인동지석묘 II	경북대								5		

2) 표에서 I식 주거는 1기, II식 주거는 2동으로 구분한 것은 II장에서 검토한 선행연구의 결과에 따른 것이다. 출토유물이 빈약해 시기를 특정할 수 없고, III장 2절의 검토결과를 명확하게 하기 위해 선행연구 성과를 차용하였다. III식 주거의 경우 초기철기시대의 가능성이 있지만 단정할 수 없기 때문에 불명으로 기술하였다.
주거지가 유실되었거나 바닥이 전면 경화되었을 경우에는 IB식인지 IIIA식인지 구분이 모호한 경우가 많다. 그러한 주거 중 대체로 규모가 4m 이상인 주거지는 IB식으로 분류하였다.
동천동식주거는 월배선상지에서 확인되지 않아서 세분하지 않았다. 작업공과 주혈의 위치에 따라 IIA식과 IIB식 주거지도 세분되지만 본 장에서는 주거지의 평면형태가 방형인 경우와 원형인 경우로 대별하였다.

유적명	기관	1기		2기		불명		무덤	상석	적석	목관
		ⅠA	ⅠB	ⅡA	ⅡB	ⅢA	ⅢB				
월성동 585	영남대	5			1			4		3	
월성동 1275	영남대		7(1)		6	4(1)		1			
월성동 1300	영남대				8(1)			4			
월성동 498	경북연	2(1)	5		3(1)	1		3			
월성동 777-2	경북연	1	4			3		2			19
월성동 1412	경북연		3					1			
월성동 591	성림	4	1		1	1		1			
월성동 1363	대동				5					3	
월성동 1396-1	대동				1						
월성동 600	대동	3(1)	4		1	2		1			
월성동 566	대동	2	4			2					
월성동지석묘 Ⅰ	경북대								2		
월성동지석묘 Ⅱ	경북대								1		
월성동지석묘Ⅲ	경북대								9		
월성동지석묘Ⅳ	경북대								5		
대천동 511-2	영문연	3	5		8			68		2	
대천동	경주대				2		1				
대천동 497-2	영문연					1(1)				2	
유천동 103	대동		1		4			6		1	
합 계		46(13)	50(6)		60(2)	33(4)	20(3)	130	27	24	20

2) ⅠB · ⅢA식 방형계주거지 검토 결과

월배지역에서 조사된 209동의 주거지 중 ⅠB · ⅢA식은 83동이다. 83동의 주거지 중 두 벽면이 잔존해 규모를 알 수 있는 것은 53동이다. 그 53동의 주거에 대한 상세는 표 Ⅱ-8과 같다. 문제는 주거지에서 출토된 유물이 너무 빈약해서 유물을 통해서 시기를 판정하기 어렵다는 점이다. 본 장에서는 출토유물에 대한 검토와 함께 AMS분석을 활용하고자 한다. 출토유물, AMS분석결과를 이용하면 53동의 주거지 중 명확하게 시기가 판정되는 주거지는 14동이다. 숫자가 소략하지만 이 14동의 주거지를 통해 각 시기별 ⅠB · ⅢA식 주거지의 시기 변화에 따른 특징을 살펴보겠다.

표 II-8. 노지가 1개이거나 없는 방형계주거지(I B · IIIA식) 명세표(토기문양 이:이중구연, 구:구순각목, 단:단사선, 공:공렬, 무:무문양, **짙은 글씨**는 <u>편년의 근거</u>)

유적	호수	평면형태	규격(장·단은 cm, 면적은 m²)				노지	출토유물		AMS 측정결과	비고	시기
			장	단	장단비	면적		토기문양	석촉 및 석검			
상인동 87 (영문연)	7	장방형	616	392	1:1.57	24.1	×				주상편인석부 출토	
	11	장방형	350	236	1:1.48	8.3	×					
	18	방형	236	215	1:1.08	5.1	○					
	수2	방형	365	330	1:1.11	12.0	?					
상인동 87 (경북역)	수3	부정형?	368	360	1:1.02	13.2	×				**출토된 무경은 초기철기시대**	초기철기
	수5	방형	221	216	1:1.02	4.8	×	공				
	수10	장방형	580	318	1:1.82	18.4	×				내부에 적석	
	수12	장방형	380	213	1:1.78	8.1	×	구			내부에 적석. 유물은 편으로 수습	
상인동 128-8 (삼한)	3	방형	321	234	1:1.37	7.5	○	이+단, 구				
	9	방형	358	277	1:1.29	9.9	○	무				
	10	방형	425	303	1:1.40	12.9	○	구+공				
	수1	방형	240	168	1:1.43	4.0	×	무				
	수2	장방형	326	185	1:1.76	6.0	×	공, 무			내부에 적석	
	2	장방형	716	362	1:1.98	25.9	×?	무			내부에 적석	전기
	3	장방형	678	498	1:1.36	33.8	×?	**이+구+단**	**이단병식석검**			전기
상인동 123-1 (영문연)	7	방형	384	308	1:1.25	11.8	×				중앙수혈=노지?	
	19	장방형	403	276	1:1.46	11.1	×				중앙수혈=노지?	
	21	장방형	500	348	1:1.44	17.4	×				내부에 적석	
	22	방형	600	516	1:1.16	30.7	○					

| 유적 | 호수 | 평면형태 | 규격(장·단은 cm, 면적은 m²) | | | | 노지 | 출토유물 | | AMS 측정결과 | 비고 | 시기 |
			장	단	장단비	면적		토기문양	석촉 및 석검			
상인동 119-20(대동)	4	방형	275	250	1:1.1	6.9	○	구		2640±50BP		후기
상인동 98-1 (대동)	1	장방형	632	324	1:1.95	20.5	○	구		3070±50BP		조기
	3	장방형	497	360	1:1.37	17.9	○	무		2740±50BP	꼭지형 파수	후기
	6	방형	400	366	1:1.09	14.6	○	구				
	9	방형	464	400	1:1.16	18.6	×	구			중앙 수혈	
	5	장방형	315	168	1:1.88	5.3	×	이+구+(단?)		2920±80BP	바닥에 타원형수혈. 적석	조기
월성동 1275 (영남대)	11	방형	370	270	1:1.37	10.0	○					
	12	방형	364	320	1:1.14	11.6	×				내부에 적석	
	13	장방형	365	230	1:1.59	8.4	×					
	16	장방형	363	245	1:1.48	8.9	×	이		2920±80BP	바닥에 타원형수혈	조기
	17	방형	355	310	1:1.15	11.0	○?			2460±50BP	장축에 노지+수혈?	후기
월성동 498 (경북연)	I-5	장방형	350	218	1:1.61	7.6	○					
	I-6	방형	305	225	1:1.36	6.7	○	무				
	II-수1	장방형	354	243	1:1.46	8.6	×					
월성동 777-2 (경북연)	II-2	방형	382	320	1:1.19	12.2	○	구+공, 단			모서리에 노지?가 위치	
	II-3	방형	412	400	1:1.03	16.5	?				벽면에 이공이?	초기철기
	II-4	방형	512	433	1:1.18	22.2	○	무			저장공	
	II-수2	방형	380	374	1:1.02	14.2	×					
	II-수4	방형	510	372	1:1.37	19.0	×?				노지 위치에 소토흔	

유적	호수	평면형태	규격(장·단은 cm, 면적은 m²)				노지	출토유물		AMS 측정결과	비고	시기
			장	단	장단비	면적		토기문양	석촉 및 석검			
월성동 1412 (경북연)	I-2	장방형	824	412	1:2.0	33.9	○	무		**2840±50BP**	벽쪽으로 파열된 돌이 놓여 있음	전기
월성동 591 (성림)	5	장방형	386	247	1:1.56	9.5	○?	구, 무	편평무경식석촉		벽쪽에 돌을 이용한 취사시설	
	7	장방형	344	190	1:1.81	6.5	×			**2870±50BP**		전기
월성동 600 (대동)	1	장방형	572	387	1:1.48	22.1	○					
	3	장방형	510	317	1:1.61	16.2	○	무			모서리에 수혈(저장공?)	
	5	장방형	673	391	1:1.72	26.3	○				장축 중앙을 따라 주혈3	
	7	장방형	339	246	1:1.38	8.3	×					
	8	장방형	337	264	1:1.28	8.9	×					
월성동 566 (대동)	가-4	장방형	657	428	1:1.54	28.1	×?				바닥전면에 점토다짐	
	가-수2	방형	349	311	1:1.12	10.6	×					
	4	방형	284	280	1:1.01	8.0	○	무			모서리에 주혈4. 장방형석도	
대천동 511-2 (영문연)	8	장방형	804	520	1:1.55	41.8	○	이				조기
	12	방형	306	288	1:1.06	8.8	○					
	14	장방형	800	456	1:1.75	36.5	○					
유천동 103 (대동)	C-1	장방형	672	415	1:1.62	27.9	○				구연단이 외반하는 심발	전기

(1) 조기의 ⅠB·ⅢA식 방형계주거지

모두 4동이 조기에 해당되는데 시기판정의 근거는 다음과 같다.

상인동 98-1유적 1호 : AMS결과, 월성동 1275유적 5호 : AMS분석결과,[3] 同 16호 : 이중구연토기와 AMS분석결과, 대천동 511-2유적 8호 : 이중구연토기.

대천동 511-2유적 8호 주거지는 평면형태가 장방형인데 면적이 41.8㎡에 이를 정도로 대형이다. 월성동 1275유적 5호와 16호 주거지는 면적이 10㎡ 이하로 소형인데 내부에서 각각 이중구연+단사선문, 이중구연토기가 출토되어 월배지역에서 가장 시기가 이른 주거지일 가능성이 있다. 이 두 주거지는 모두 주거 중앙 혹은 한쪽으로 치우친 곳에 타원형의 수혈이 굴착되어 있다. 최초 굴착할 때 바닥이 편평하지 않았는데 굴착된 수혈을 다시 채워 편평하게 사용한 듯 하다. 진주 대평리유적 조기에 해당되는 일부 주거지에서 최초 굴착 후 편평하게 메우고 사용한 사례가 있는데 관련되는 행위일 수 있다.

표본이 적지만 면적이 대형 혹은 초대형인 주거에서 이중구연토기가 출토되거나, 소형주거지의 경우 바닥에 부정형 수혈이 굴착된 주거가 월배지역의 조기주거지이다.

(2) 전기의 ⅠB·ⅢA식 방형계주거지

모두 5동이 전기에 해당되는데 시기판정의 근거는 다음과 같다.

상인동 123-1유적 2호 : 이단병식석검, 同 3호 : 토기문양, 월성동 1412유적 Ⅰ-2호 : AMS결과, 월성동 591유적 7호 : AMS결과, 대천동 511-2유적 14호 : 구연단형태(구연단이 외반하는 심발).

위 결과를 근거로 하여 전기주거지의 특징을 살펴보면 첫째 평면형태는 1:2에 가까운 세장방형과 유사하다. 둘째 규모는 월성동 591유적 7호 주거를 제외하면 모두 25㎡ 이상의 대형급이다.

이상의 특징을 감안한다면 노지가 1개 설치된 주거 중 세장방형에 가까운 평면형태, 규모면에서는 대형인 점이 부각된다.

---

3) 월성동 1275유적 5호와 16호 주거의 AMS분석결과는 모두 2920±80 BP로 동일하다. 월성동 1275유적 5호와 16호 주거는 출토된 이중구연토기를 근거로 본 장에서는 조기에 축조된 것으로 보고자 한다. 이창희(2013a)가 미사리계토기의 하한이 2960±80 BP라고 하였으나 조기 자체의 연대폭이 넓기 때문에 이중구연토기를 표지적인 유물로 판단해도 무방하다.

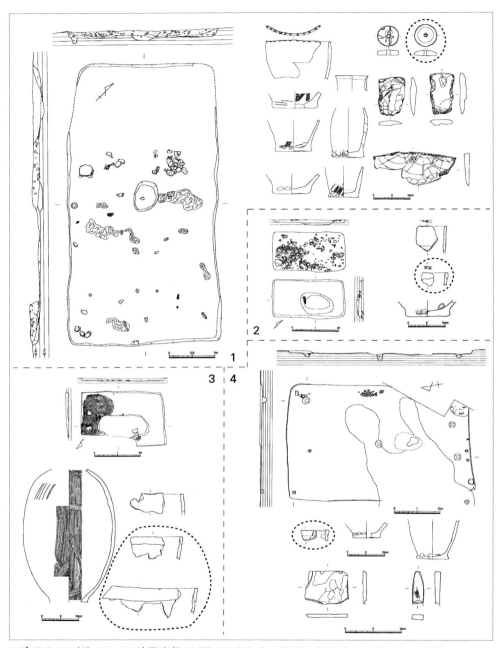

그림 II-2. 조기의 ⅠB · ⅢA식 주거지(1:상인동 98-1유적 1호, 2:월성동 1275유적 5호, 3:同 16호, 4:대천동 511-2유적 8호)

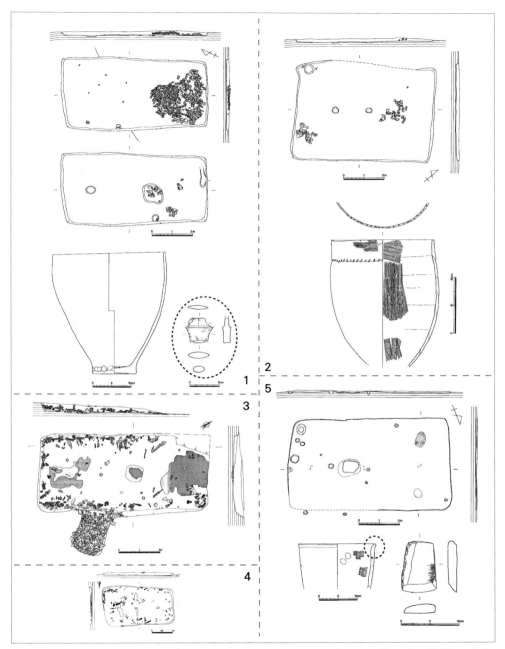

그림 II-3. 전기의 ⅠB·ⅢA식 주거지(1:상인동 123-1유적 2호, 2:同 3호, 3:월성동 1412유적 Ⅰ-2호, 4:월성동 591유적 7호, 5:대천동 511-2유적 14호)

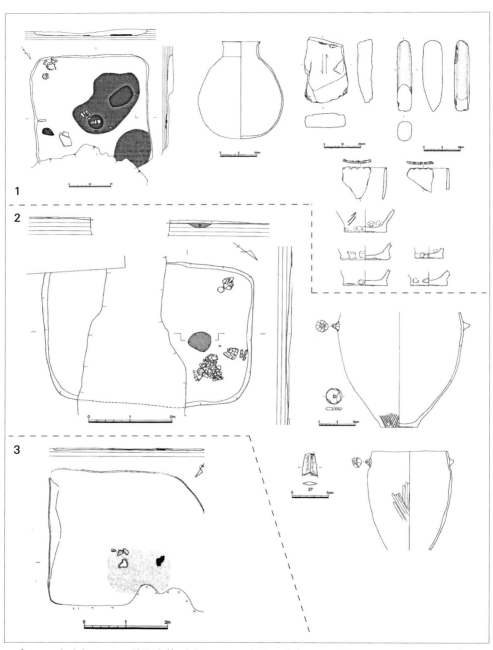

그림 II-4. 후기의 ⅠB·ⅢA식 주거지(1:상인동 119-20유적 4호, 2:상인동 98-1유적 3호, 3:월성동 1275유적 17호)

(3) 후기의 ⅠB·ⅢA식 방형계주거지

3동이 후기로 판정되었는데 근거는 다음과 같다.

상인동 119-20유적 4호 : AMS결과, 상인동 98-1유적 3호 : 꼭지형 파수가 부착된 토기와 AMS결과, 월성동 1275유적 17호 : AMS결과.

위 결과를 근거로 본다면 규모는 6.9~17.9㎡로 소형인데, 가장 일반적인 주거지 형태이다. 상인동 98-1유적 3호 주거지에서 출토된 꼭지형 파수가 부착된 토기는 청동기시대 후기 중에서도 늦은 시기까지 출토되는 유물인데, 송국리문화가 전파된 시점 이후에도 노지가 설치된 방형계 주거가 계속 축조되었을 가능성이 있다. 사실 유물이 출토되지 않아 시기를 판단할 수 없는 대부분의 주거가 이 형태에 해당되기 때문에 실제 후기에 속하는 주거의 숫자는 훨씬 많을 것이다. ⅠB식 주거지는 울산을 비롯한 동남해안지역에서 후기의 표지적인 유구인 '검단리식주거지'와 평면 플랜이 동일하다. 송국리문화 비분포권에서 후기의 표지적인 유구인데, 대구지역에서 휴암리식·송국리식주거지가 아니라는 이유로 동일한 플랜의 유구가 전기의 표지적인 유구가 될 수는 없다.

(4) 초기철기시대의 ⅠB·ⅢA식 주거지

2동이 초기철기시대로 판정되었는데 근거는 다음과 같다.

상인동 87유적 수혈 3호 : 출토된 토기 중 뚜껑, 월성동 777-2유적 Ⅱ-3호 : 벽면에 아궁이 설치.

상인동 87유적 수혈 3호는 평면형태가 방형에 가까운 부정형이며 내부에서 아무런 시설

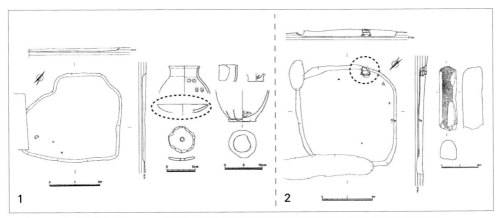

그림 Ⅱ-5. 초기철기시대의 ⅠB·ⅢA식 주거지(1:상인동 87유적(경북연) 3호, 2:월성동 777-1유적 Ⅱ-3호)

도 확인되지 않았다. 상부에서 출토된 무문토기는 접시로 보고되었지만 蓋일 가능성이 높다. 울산 검단리 마을유적 107호 출토품과 동일한데 이 유물은 초기철기시대의 것으로 알려져 있다(申英愛 2011). 월성동 777-2유적 II-3호 주거지는 벽쪽에 아궁이가 설치되어 있다. 벽부 아궁이는 삼각형점토대토기 단계에 출현(金賢 2006a)하기 때문에 본 주거지는 초기철기시대의 것이 확실하다.

내부에 아무런 시설이 없는 IIIA식 주거에 대해 하진호(2008)는 취락 내 특수용도의 가옥으로 파악하고 시간성을 반영하지 않는다고 하였다. 인근 경산 하양리유적에서도 동일한 형태의 주거지에서 점토대토기가 출토되는 등 사례가 증가하고 있기 때문에 한변이 3m를 초과하는 방형계 주거지 중에서도 점토대토기 단계에 해당되는 예도 있을 것이다. III식 주거는 II식 주거와 동시에 공존하였겠지만 일부는 점토대토기 단계에 해당된다고 할 수 있다.

3절의 검토를 통해 송국리문화의 표지적인 주거지인 휴암리식(IIA식)·송국리식(IIB식) 이외에 다양한 형태의 주거가 전기부터 후기까지 이용되었고, 일부 주거는 초기철기시대까지 존속한 것을 알 수 있었다.

4. 월배지역 송국리문화 유입 시점

본 절에서는 월배지역에 송국리문화가 유입된 시점 대해서 살펴보겠다. 시점의 검토는 전기와 후기의 주거 숫자의 비율을 검토하는 방법으로 접근하였다. 또 인근의 청도지역과도 비교해 보겠다.

앞에서 살펴보았듯이 노지가 없거나 1개인 주거의 연대 폭이 넓은 것을 알 수 있다. IB식 주거는 가장 보편적인 형태이며 상당수는 후기에 축조되었다. III식 주거의 경우 전기부터 후기를 거쳐 초기철기시대까지 지속적으로 이용되었는데 한 변의 길이가 4m 이하의 소형인 경우 초기철기시대에 속할 가능성이 많다. 각 형식별 주거지의 숫자는 아래와 같다.

IA식 : 46동, IB식 : 50동, IIA식 : 0동, IIB식 : 60동, IIIA식 : 33동, IIIB식 : 20동.

앞서 언급하였듯이 IIA식(휴암리식)의 주거지가 1동도 없는 것이 특징이다. 송국리문화 유입이 후기의 지표가 된다면 월배지역은 원형의 송국리식주거 단계에 송국리문화가 유입된 것이다.

2절에서 확인한 선행연구에 따라 시기별로 주거지의 수를 파악해 보면 다음과 같다. III식 주거지에 대해서는 선행연구에서도 명확하게 제시된 바가 없기 때문에 여기에서는 제외하고 검토하겠다.

I식(노지가 있는 방형 주거)을 조기 혹은 전기라고 가정했을 때 주거지는 96동이고, II식(휴암리식·송국리식)을 후기라고 가정했을 때 주거지는 60동이다. 선행연구의 편년에 의하면 전기에 비해 오히려 후기에 주거지의 숫자가 62.5%로 감소한다. 전기의 세장방형주거지가 대가족체(安在晧 2006) 혹은 공동거주형주거(김승옥 2006a)라면 주민의 숫자는 더 감소되는 것이다. 이러한 부자연스러운 현상은 결국 전기로 편년된 많은 주거가 실제 후기에 속하는 것이고 그 대표적인 것이 노지가 1개인 (장)방형주거인 것이다.

후기에는 무덤의 숫자도 압도적으로 많아지기 때문에 월배지역의 주민이 타지역으로 이주했다고 할 수도 없다. 간략하게 월배지역 무덤의 편년에 대하여 살펴보겠다.

청동기시대 기간 중에는 매장주체부의 구조가 무덤의 편년을 반영하지 않는다는 점이 일반적인 견해이다. 따라서 전기무덤의 판단기준은 분포상황으로 본다면 2기 내외가 독립되어 배치되어 있다는 점이고(裵眞晟 2011) 출토유물을 근거로 한다면 이단병식석검, 무경식석촉, 이단경식석촉이 출토되는 것이다. 문제는 무덤에서 유물이 출토되지 않는 사례가 더 많기 때문에 유물만으로는 시기를 판단할 수 없다는 점이다. 또 대구지역에서 이른 시기라고 인정된 무덤에서 출토된 이단병식석검은 전형적인 것이 아니라 거의 유절병식화 된 것으로 이런 형태의 석검은 후기에 출현한다는 견해가 있다(황창한 2015a). 따라서 전후기의 구분은 출토된 유물로 단정할 수 없고 배치상태로 파악할 수밖에 없다. 유물을 통해 전기로 확정할 수 있는 무덤은 월성동 600유적 1호 수혈 1기뿐이다. 이 유구는 수혈로 보고되었지만 토광묘로 보고된 울산 굴화리 II-2호묘와 규모가 유사하고 출토유물 또한 동일하기 때문에 토광묘일 가능성이 높다.

선행연구에 의하면 이른 시기에 단독으로 배치된 무덤에 점차 연접하여 무덤을 축조하여 대규모 공동묘지군이 형성된다고 한다. 즉 단위 무덤군을 세밀하게 편년한 결과에 의하면 그 공동묘지에서 가장 이른 무덤은 전기에 축조된 것이며 한 곳에서 후기까지 계속해서 무덤이 축조된 것으로 파악하고 있다(류지환 2015; 조미애 2016). 하지만 무덤군에서 가장 이른 시기로 편년된 무덤에서 출토된 석검이 유절병식이기 때문에 후기의 이른 시기에 축조되었을 가능성이 있다. 즉 전기의 무덤과 후기의 무덤은 공간적으로 분리되고, 현실적으로 전기무덤을 특정 짓는 기준은 2~3기씩 독립되어 배치되는 입지의 차이, 전형적인 이단병식석검의

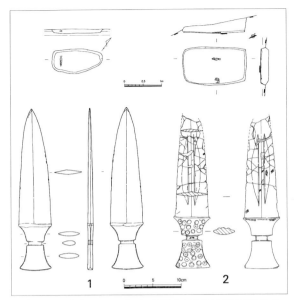

그림 Ⅱ-6. 월성동 600유적 1호 수혈(1)과 울산 굴화리유적 Ⅱ-2
호 토광묘(2)

출토, 이 두 가지 요소라 생각한다.

후기에 주거 숫자가 줄어드는 것이 타지역으로 이주했던 결과가 아니라 편년을 재검토할 필요가 있음을 강조하기 위해 다소 장황하게 무덤의 편년에 대해 필자의 의견을 밝히게 되었다.[4]

월배지역의 남쪽에 인접한 청도지역과 주거지의 숫자를 비교해 보겠다. 청도지역은 대구와 인접해 있지만 낙동강으로 흘러가는 밀양강의 지류인 청도천유역에 해당되는데 대구지역과는 비슬산(1,083m)과 최정산(905m), 용지봉(634m), 용각산(693m)에 가로막혀 실제 문화 양상에서 차이가 있다. 청도천유역은 오히려 남강유역과 유사한 면이 많다.[5] 강지원은 표 Ⅱ-9와 같이 청도지역 주거지를 분류하고 주거지 별 숫자를 표 Ⅱ-9의 오른쪽과 같이 파악하였다.

휴암리식주거지 : 송국리식주거지의 숫자가 월배선상지는 0 : 60인 반면 청도지역은 63 : 39이다. 청도지역이 휴암리식주거지의 숫자가 송국리식주거지의 숫자보다 많은 점은 진주 대평리유적과 동일한 양상이다. 유독 월배지역에 휴암리식주거지가 분포하지 않는 것은 그만큼 송국리문화의 전파가 늦었다는 점을 반영한다.

---

4) 필자는 舊稿(2017)에서 단독으로 분포하는 무덤이 전기라고 판단하여 월배지역에 전기 무덤이 24기라고 하였다. 재검토 결과 보고서 배치도에 단독으로 분포하는 것이라도 주변 유적과 배치도를 연접하면 군집하는 사례가 있다. 구고의 무덤 숫자에 오류가 있음을 밝힌다. 그렇다면 후기의 무덤 숫자는 더 줄어들 수 있다. 이 문제는 유절병식석검의 편년과 관련된 문제이다.

5) 강지원(2018)은 전기주거지에도 청도지역과 밀양지역의 유사성이 인정된다고 하였다. 필자는 주거형태, 출토유물 등을 고려한다면 낙동강의 지류인 남강유역, 밀양강유역, 낙동강하류역의 고고학적 양상이 유사하고, 이 지역은 금호강유역과 낙동강 중상류역과 약간의 차이를 보이는 것으로 생각한다. 이점에 대해서는 별고를 통해 검토하겠다.

표 II-9. 청도지역 주거지 분류안과 형태별 주거지 수(강지원 2018)

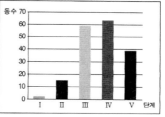

5. 청동기시대 전·후기의 획기와 송국리문화의 영향

2절에서 살펴본 선행연구에서 보듯이 청동기시대 후기의 시작은 송국리문화의 유입이라는 것이 일반적인 견해였다. 월배지역에 송국리문화가 늦게 유입되었다면 후기의 시작시점도 늦었다고 볼 수 있는지에 대해서는 의문이다. 송국리문화 비분포권을 모두 문화지체지역으로 볼 수 없기 때문이다.

송국리문화 발생에 대해서는 전기문화에서 변화한 자체발생설(安在晧 1992; 宋滿榮 2004; 김장석 2006; 이형원 2006; 羅建柱 2009; 김현식 2013a 등)과 외래에서 유입되었다는 외래유입설(李弘鍾 2002; 禹姃延 2002 등), 외래에서 유입되어 재지 문화와 융합되었다는 절충형(安在晧 2019)으로 나누어진다. 자체발생설이건 외래유입설이건 절충형이건 한반도 남부지역에서 동시다발성으로 발생하지 않았다면, 모두 발생지(혹은 전파지)에서 남부지역 전역으로 확산되었다는 전파론에 바탕을 둔다. 현재까지 발생지는 호서지역이라는 견해가 많고 외래유입설이라고 하더라도 호서지역을 통해 한반도 남부지역으로 전파되었다는 견해가 우세하다. 그렇다면 역시 월배지역은 최초 발생지(전파지)에서 송국리문화가 유입될 때까지는 어느 정도 시간이 경과했을 것이다.

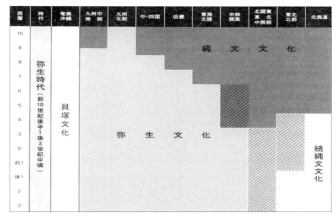

그림 II-7. 일본열도 지역별 야요이시대 개시연대(國立歷史民俗博物館 2013)

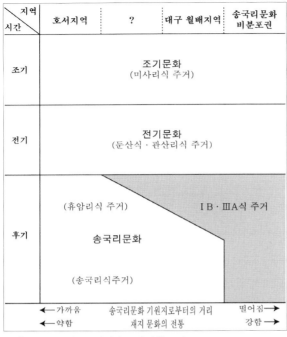

그림 Ⅱ-8. 시기별 · 지역별 주거 변화 모식도

그림 Ⅱ-7은 일본열도의 지역별 야요이시대 시작을 나타낸 것이다. 야요이시대의 시작이 계단식으로 연대 차이가 나는 것은 '수도작의 시작'이라는 야요이시대 개시의 기준이 명확하기 때문이다. 한반도에서 전파된 수도작이 북부구주에서 동쪽으로 전파되어 북해도지역에 이르기까지는 당연히 몇 백 년의 시간이 경과되기 때문이다.

그림 Ⅱ-8은 한반도 남부지역의 청동기시대 후기 개시기에 대한 모식도이다. 송국리문화의 발생지(전파지)에서 거리가 멀수록, 또 그 지역의 재지문화 전통이 강할수록 송국리문화를 받아들이는데 시간이 소요될 것이다. 수도작의 가능여부와 관련된 지형적 · 기후적 특징도 중요하게 작용했을 것이다. 그렇다면 그림 Ⅱ-8과 같이 송국리문화가 전파되기 전의 짙은 망 부분은 모두 전기로(일본열도에서 죠몽시대인 것처럼) 파악해야 할까? 즉 계단식으로 편년이 되는 것인지에 대해서는 역시 후기 개시의 기준이 무엇인가를 살펴보아야 한다.

일반적인 관점에서 한반도 남부지역 청동기시대 후기의 고고학적 양상은 다음과 같다.
①송국리문화의 발생(전파)
②주거지 규모의 축소(복수의 노지→단수의 노지)
③대규모 취락의 발생
④무덤의 공동묘지화. 더불어 대규모 구획묘 등장
⑤환호, 수전, 대형고상가옥 등 대규모 토목공사
⑥이단병식석검→일단병식석검으로의 변화
⑦무경식석촉→일단경식석촉으로의 변화
⑧심발형토기 문양 중 복합문의 소멸

송국리문화의 발생(유입)이 청동기시대의 중요한 사회변동이 되는 것은 분명하다. 하지만 송국리문화의 발생(유입)이 반드시 위의 ②~⑧의 고고학적 양상을 직접적으로 견인하는 것은 아니다. 송국리문화 비분포권인 하남 미사리유적, 춘천 중도유적, 울산 신화리유적 등에서도 이러한 변화상이 나타나기 때문이다. 환호, 수전, 대형 고상가옥의 축조 등도 중요한 근거임에는 틀림없으나 모든 유적에서 확인되는 것이 아니기 때문에 시기구분의 제 1기준이 될 수 없다. 필자는 역시 ②항 주거지 규모가 축소되고 단수의 노지가 설치되는 것이 커다란 변화의 시작 혹은 변화의 계기라고 생각한다. 주거지 규모의 축소는 단순히 공동거주형에서 개별거주형으로 주거형태가 전환되는 것이 아니다. 주거의 규모가 축소되면서 규격이 표준화된다(안재호 2006). 그림 I-9와 같이 전기의 가부장적지도자에서 후기가 되면 유력개인의 등장을 암시하는 것이다. 전기에는 세대공동체가 생산, 생활, 소비의 기본 단위였는데 후기가 되면 대가족체의 결속력이 약해지고, 점차 세대공동체의 범위를 벗어나는 대규모의 공동노동이 이루어졌을 것이다. 인구의 증가도 충분히 상정할 수 있다. 이러한 공동노동이 바로 대규모 취락의 발생을 견인한다. 이때부터 무덤 역시 군집화하여 공동묘지화 된다. 대천동 511-2번지 유적은 후기의 역동성을 보여주는 대표적인 무덤유적이라고 할 수 있겠다. 월배지역에서 조사된 노지 1개인 후기의 주거지, 대규모 취락의 발생이 이러한 현상을 나타내는 고고학적 증거이다. 또 위의 후기 개시 지표 중 주거지 규모 축소는 모든 유적에서 나타나는 현상으로 사회의 가장 밑바탕에서의 변화를 상징하는 것이다. 즉 새로운 이데올로기의 탄생을 웅변하는 것이다.

월배지역은 (장)방형계 주거지를 이용하는 재지인들에 의해 이미 전기 사회의 이미지를 탈피하여 후기화 하였음을 알 수 있다. 그 후 원형주거지 단계의 송국리문화가 월배지역에 유입된 것이다. 대천동 511-2번지 유적에서 조사된 군집된 무덤군 등에서 출토된 유절병식석검 등을 통해서 볼 때 이미 송국리문화가 전파되기 전 주거의 소형화와 군집화, 무덤의 군집화 등 청동기시대 후기의 고고양상이 유적과 유구에서 드러나고 있다. 앞서 검토한 IB식 주거는 사실 송국리문화가 분포하지 않는 곳에서는 후기의 표지적인 유구이다. 이러한 주거와 무덤의 군집현상은 송국리문화가 분포하지 않은 곳에서도 나타나듯이, 월배지역 후기 초반의 양상은 한반도 남부지역 전역과 동일하다고 할 수 있다.

유독 월배지역에 송국리문화의 파급이 늦은 것은 원인이 무엇일까? 필자는 송국리문화 발생지라고 알려진 호서지역과의 물리적인 거리, 앞 시기의 생활양식이 유지되는 전기문화의 지속성과 함께 월배선상지라는 지형적인 특징도 하나의 원인이라고 생각한다. 송국리문화는 수도작을 바탕으로 남부지역에 급속하게 확산되었다는 것이 학계의 일반적인 견해이다. 그런데 선상지는 집수보다는 배수가 용이한 지형이기 때문에 관개시설이 갖추어지지 않으면 수도작에 불리하다. 현재까지 조사된 유적에서 관개와 관련된 시설이 확인되지 않았기 때문에 수도작으로의 전환이 이루어지지 못하고 전기의 밭농사가 지속되었을 가능성이 높다(이진주·고용수 2006).[6] 송국리문화 분포권 역시 대규모의 밭농사가 병행되었을 것이지만 월배선상지에 송국리문화가 늦게 유입되는 이유 중의 하나로 선상지라는 지형적인 특징도 간과할 수 없다.

6. 맺음말

이상으로 월배지역에 분포하는 주거지를 검토하여 방형계 주거지의 편년, 송국리문화의 파급 시점과 후기 시작의 의미 등에 대해 살펴보았다.

월배지역에 분포하는 노지가 한 개인 방형계 주거지는 종래 모두 전기로 편년되었지만 많은 수가 후기에 속할 가능성이 있음을 확인하였다. 송국리문화의 발생 혹은 유입만이 후기 시작의 지표가 되는 것은 재고해야 한다. 월배지역은 송국리문화의 전파가 늦은 지역이며 이미 재지사회가 후기사회로 진입하였다고 할 수 있다. 월배지역에 송국리문화가 늦게 유입되는 것은 송국리문화 발생지와의 물리적인 거리, 앞 시기의 양식을 유지하려는 전통성과 함께 배수가 잘 되어 수도작에 적합한 토양이 아닌 것도 하나의 원인으로 파악하였다.

월배지역은 주거, 무덤, 적석유구, 수혈, 구하도 등 다양한 유구가 조사된 청동기시대 유적의 보고라고 할 수 있다. 앞으로 월배지역 유적에 대한 정치한 분석과 그것을 바탕으로 한 전면적인 재검토가 필요하다. 또, 대구분지 내 다른 지역과의 비교 작업을 통해 월배선상지만의 현상인지 대구권 전역에 적용할 수 있는지도 살펴봐야 한다. 하지만 취락의 성격을 밝히기 위해서는 무엇보다 편년작업이 우선되어야 하는데 유물이 출토되지 않은 유구가 너무 많다. 항상 제일 고민되는 부분이다.

---

6) 선상지와 수도작의 관계 등 월배선상지 유적에 대한 전반적인 부분에 대해서는 사석에서 이성주 선생님과 대화를 나눌 기회가 있었다. 본 장을 작성하는데 많은 도움이 되었다.

Chapter 2
취락 - 주거

나주 풍산리 은사유적 1호 주거지(위)와 울산 교동리 456유적 3호 주거지(아래)

취락의 입지

청동기시대 유적의 입지를 평지(충적지)와 경사지(구릉)로 구분하였다. 평지는 인위적인 훼손이 없었다면 당시의 문화층이 잔존하는데, 강변 충적지가 대표적이며 자연제방, 범람원, 배후습지, 하안단구가 포함된다. 경사지는 자연적인 원인으로 침식되어 삭평되는데 구릉, 산지가 대부분이다.

조기에는 강변 충적지에 마을을 이룬다. 돌대문토기가 출토되는데, 밭농사를 주로 하였을 것이다. 전기에는 한반도 전역에 유적이 분포하는데 하천변 충적지와 구릉에 모두 유적이 입지한다. 구릉의 경우 능선에 주거가 배치되는데 소수의 주거가 하나의 마을을 이룬다. 후기가 되면 유적의 분포범위가 넓어진다. 충적지에 대규모 마을을 이룬다. 구릉에도 큰 마을이 들어서는데 능선은 비워두고 사면에 배치되는 사례가 많다. 초기철기시대는 고지성취락이 등장한다. 주거의 구조가 부정형한데 장기간 체류 한다기 보다 임시 가옥의 성격이 강하다.

거점 취락의 요건은 대규모 취락, 장기존속, 다양한 유구의 존재, 묘지나 제사유구의 존재 등 다양한데, 필자는 환호유적이 거점취락의 지표가 된다고 하였다.

1. 연구사

우리가 일반적으로 알고 있는 선사시대 취락(유적)의 입지는 경사지(구릉)와 평지(충적지)로 대별된다. 지형학에서 보다 세분되게 구분하지만, 경사지와 평지는 현상적으로 청동기시대 모든 유적의 입지에 해당되기 때문에 두 가지로 구분하는 것이 틀렸다고는 할 수 없겠다.

청동기시대인들이 취락을 구성할 당시(유적의 형성)가 아닌 현재 유적을 조사하는 입장에서 구릉과 평지의 가장 큰 차이는 전자가 침식이 주로 되는 곳이고 후자는 퇴적이 주로 되는 곳이라는 점이다. 전자는 현재 임야, 구릉사면의 밭으로 이용되는 곳이 많으며 후자는 논이나 평지의 밭으로 경작되거나 혹은 이미 도시화가 진행된 지역이 많다. 전자는 여러 시대의 유구(또는 청동기시대 내에서도 시간 폭이 있는 유구들)가 동일한 층에서 조사되기 때문에 중복이 아니면 유구의 현상만으로는 선후관계를 알 수 없고 후자는 누세대적으로 퇴적되기 때문에 상하중복되어 동시대에서도 선후관계의 파악이 가능하다. 물론 후자의 경우에도 경지정리 등으로 상부가 삭평되어 동일한 층에서 유구가 확인되는 경우가 더 많은 것이 현실이고 그렇다면 역시 유구간 중복되지 않는 한 선후관계를 층위적으로 밝힐 수는 없다.

　청동기시대 입지에 관심을 가지게 된 계기는 여러 가지가 있겠지만 1990년대 이후 댐 건설과 관련하여 수몰지구의 발굴조사 자료가 증가한 것이 큰 원인이라고 할 수 있다. 이로써 입지를 분류하고 분석하여 입지와 생계경제와의 관계로까지 연구의 결과가 넓어졌다.

　하지만 입지에 대한 연구가 주거지나 토기 등의 연구에 비해 그다지 많은 편이 아니다. 지형학과 관련되는 부분이 많으며 취락 전체가 조사되는 대규모 발굴조사가 시작된 지 아직 20년이 안 되는 상황도 이유가 될 것이다. 입지에 대한 선행연구의 공통점은 대부분 생업과 연관시키고 있다. 선사시대인들이 자기의 생활터전을 마련하고 가옥을 축조하는 위치를 결정하는데 생업은 불가분의 관계일 것이다. 현재까지의 연구성과를 살펴보겠다.

　선사시대 입지에 대해서는 정징원의 연구(1991)가 선구적이었다. 그는 입지를 저지성유형, 구릉성유형, 고지성유형으로 구분하였다. 자료가 축적되지 않았을 시점이기 때문에 현재의 관점과는 차이가 있다. 청동기시대 전기에는 구릉성유형만 확인되고 중기에 저지성유형이 나타난다고 하였다. 후기는 수도경작에 필요한 가경지의 획득, 수리시설의 확보를 둘러싼 긴장이 높은 시기로 방어시설인 환호가 등장한다고 하였다. 하천 충적지에 취락이 입지하는 저지성유형의 출현을 무문토기사회의 대변혁이라고 하였다. 초기철기시대에는 고지성유형이 등장하는데 방어를 목적으로 출현하였다고 한다.

　김현준(2006)은 청동기시대 취락의 입지를 구릉성유형, 저지성유형, 고지성유형, 해안성유형으로 분류하고 유형에 따른 생업의 특징을 연구하였다. 하천변의 저지성유형은 자연적 재해가 많으나 편리한 환경조건이며 농경, 어로, 수렵 활동이 골고루 행해졌고 비교적 어로 활동이 활발했다고 하였다. 구릉성유형은 자연적인 재해는 적고 농경이 주된 생업수단이라고 하였다. 고지성유형은 보령 교성리유적의 사례를 참조하여 석촉의 출토량이 많아 방어적인 측면이거나 임시거주처로서의 성격으로 추정하였다. 해안성유형은 해안의 소평야의 구릉과 섬으로 패총과 주거유적으로 분류하였다. 해안유형 중 구릉에 위치하는 경우는 농경, 어로, 수렵을 병행하였고 섬에 위치하는 경우는 어로의 비중이 크며 외래문화요소로 보이는 유물이 출토되어 해양을 통한 교류를 추정하였다.

안재호(2000)는 유적에서 출토된 석부의 출토량을 근거로 유적의 입지는 농경의 형태와 관련된다고 하였다. 유적의 입지를 평지형, 산지형, 구릉형으로 분류하였다. 진주 대평리유적의 사례를 근거로 평지형취락에서는 산지나 습지에서 사용하기 불리한 타제석부가 많이 출토되었는데 이 타제석부를 굴지구로 판단하였다. 즉 타제석부는 강안의 퇴적층을 경작하는데 용이하기 때문에 평지형취락은 전작이 중심이 되었다고 한다. 천안 백석동유적의 사례를 근거로 산지형취락에서는 벌목용 합인석부가 많이 출토되었기 때문에 화전경작이 중심이 되었다고 한다. 부여 송국리유적의 사례를 근거로 구릉형취락에서는 편인석부가 많이 출토되었는데 이 편인석부의 용도는 목제 농구를 제작하기 위한 것으로 판단하였다. 따라서 평지에 연한 구릉형취락에서는 평지의 수전경작이 중심이 되었다고 한다.

최헌섭(1998)은 한반도 중·남부 지역 선사취락의 입지를 검토하였는데 입지유형을 하천형과 구릉형, 해안형으로 구분하였다. 하천형은 자연제방, 하안단구, 선상지로 세분하였는데 자연제방은 물의 확보에 유리하고 어로와 포획을 통한 경제적 배경과 방수문제가 입지인자로 고려되었다고 한다. 하안단구는 홍수에 대한 안전성과 타지역과의 교통에 유리한 점이 입지인자로 고려되었으며 선상지는 용수의 확보가 중요한 입지인자로 고려되었다고 한다. 구릉형은 정상부와 능선과 사면으로 세분하였는데 구릉에서 가장 중요한 입지인자는 물의 확보와 충적지와의 관계라고 한다. 해안형은 사주, 연안도서, 해안구릉으로 세분하였는데 해안입지유형에서 가장 중요한 인자는 바다와의 관계이다. 해안 사구는 하천변의 자연제방 입지유형과 유사하다고 한다. 그는 세분된 입지유형별로 입지선정에 고려된 입지인자에 대해 설명하고 각 입지의 장단점을 분석하였다. 또 신석기시대부터 청동기시대까지 시기별로 입지유형의 변화에 대해서 설명하였다.

김도헌·이재희(2004)는 울산지역 청동기시대 취락의 입지를 분석하여 입지유형에 따른 생업형태를 파악하였다. 울산지역은 평지에서 확인된 유적의 숫자가 적고 대부분 구릉에 유적이 입지하기 때문에 미지형에 따라 구릉능선형과 구릉사면형으로 분류하였다. 구릉능선형은 전작이 중심이었고 구릉사면형은 수도작과 전작이 결합된 형태의 농경이 이루어졌다고 하였다. 또 수렵과 채집, 어로 등의 생업활동은 자주 이동할 필요가 있으며 교통이 편리한 곳이 유리한데 구릉 능선형이 구릉사면형에 비해 채집, 어로, 수렵 활동에 유리하다고 하였다. 울산을 비롯한 동남해안지역이 다른 영남지역에 비해 취락의 존속기간이 짧았는데 그것은 가경지가 좁은 동남해안지역의 지형적 특징이 원인이라고 하였다.

이홍종·손준호(2012)는 항공사진을 이용하여 고지형을 분석하는 새로운 방법을 제시하였다. 그런 방법을 통해 한반도 남부지역의 충적지유적을 지역별로 구분해 지형과 시기를 정리한 후 충적지의 환경변화와 취락의 집중시기에 대한 상관성을 검토하였다. 충적지 취락의 점유양상이 기후변동과 연동하는 것을 밝혀 환경변화가 토지이용에 가장 큰 영향을 미쳤다고 하였다. 즉 온난기에는 해수면 상승이 영향을 주어 하천을 범람시키는데 반해 한냉기에는 범람에서 벗어나 선상지와 단구, 자연제방의 이용이 극대화되어 농경지로 적극 활용되었다는 것이다.

2. 유적의 입지 구분[1]

선행연구에서는 입지를 주로 구릉형, 평지형, 해안형으로 분류하였다. 구릉형은 구릉형과 산지형으로 세분되기도 한다. 하지만 구릉형과 산지형의 구분이 명확하지 않은 경우가 많다. 평지형은 자연제방이나 범람원, 배후습지로 분류된다. 선상지는 구릉형이라는 견해도 있으며 평지형이라는 견해도 있다. 해안형은 적어도 청동기시대에는 구릉형과 동일하다. 신석기시대와 같이 해안사구형이나 도서연안형의 사례가 적기 때문에 실제 청동기시대에 해안형으로 분류된 예는 그 유적이 입지하는 지점의 양상이라기보다는 해안까지의 거리가 반영되었던 것이다. 즉 구릉에 입지하는 경우에도 해안에 가까우면 해안형으로 분류되었기 때문에 구

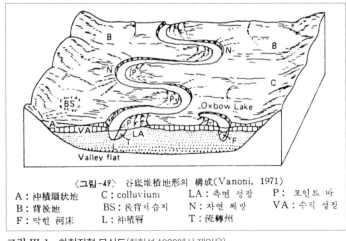

〈그림-49〉 谷底堆積地形의 構成(Vanoni, 1971)
A : 沖積扇狀地　　C : colluvium　　LA : 측면 성장　　P : 포인트 바
B : 背後地　　　BS : 後背러습지　　N : 자연 제방　　VA : 수직 성장
F : 막힌 河床　　L : 沖積腎　　　T : 流轉州

그림 III-1. 하천지형 모식도(최헌섭 1998에서 재인용)

---

1) 2절의 지형에 대한 설명은 권동희의 글(2012)을 참고하였음을 밝힌다.

릉형과 구분이 모호한 경우가 많다.

청동기시대인들이 취락의 위치를 선정할 때 그 지형이 형성된 성인을 고려하지 않았다면 평지와 경사지로 구분하는 것이 가장 단순한 첫 번째 분류방법이라고 할 수 있다. 물론 선상지나 해안단구와 같이 평지인지 경사지인지 모호한 경우도 많다. 필자는 청동기시대 당시의 문화층 그 면이 잔존한다면 '평지', 자연적인 원인으로 침식되어 삭평되었다면 경사지로 분류하는 것도 하나의 방법이라고 생각한다. 물론 후대의 경작, 도시개발과 같은 인위적인 요인에 의한 삭평은 당연히 제외해야 한다.

선사시대인들의 입지선정에는 여러 요소가 반영되었겠지만 본 절에서는 입지를 평지와 경사지로 2대별하고 그 분류에 따라 입지와 관련된 지리학용어를 정리해 보겠다. 평지와 경사지는 퇴적지형과 침식지형이라는 큰 차이가 있다. 평지는 강변의 충적지가 대표적이다. 평지에는 자연제방, 범람원, 배후습지와 하안단구가 포함된다. 경사지는 구릉, 산지가 대부분일 것이다.

1) 평지

평지라고 하면 제일 먼저 떠오르는 것이 평야일 것이다. 평야란 기복이 작고 평탄하며 고도가 비교적 낮은 지형으로 지표면 경사는 5도 이하인 곳을 말한다. 산지가 많은 우리나라는 넓은 평야가 드물며 대부분 대하천의 하류에 발달되었다. 청동기시대 유적이 밀집하는 강변의 충적지는 충적평야를 말하여 그 중에서도 하곡평야라고 할 수 있다.

신석기시대와 같이 해안사구에 유적이 입지하는 예가 없기 때문에 평지라면 강변의 충적지가 대표적이다. 우리나라의 큰 하천은 두만강을 제외하고 모두 서해와 황해로 흘러 들어간다. 특히 남부지방의 경우 동쪽은 태백산맥이 동해안을 따라 남북으로 뻗어 있어 충적지가 발달하지 못하였다. 우리나라의 하천은 대부분 하구까지 구릉지가 하천 양안에 인접해 있다.

범람원은 하천의 하류 지역에서 하천의 범람으로 운반 물질이 하천 양안에 퇴적되어 형성된 평탄 지형을 말한다. 우리나라의 대하천 하류에 발달한 대부분의 범람원은 후빙기 해수면 상승과 관련하여 하천의 퇴적 작용이 활발히 진행되는 과정에서 생겨난 것들이다. 범람원은 크게 자연 제방과 배후 습지로 구성된다.

자연제방은 하천 상류로부터 운반되는 토사가 홍수 때 범람으로 인하여 하천 양안을 따라 퇴적된 지형을 말한다. 좁고 길게 형성된 자연제방 뒤에는 상대적으로 고도가 낮은 배후습지가 나타난다. 河道에 가까운 자연제방은 물이 넘칠 때의 유속이 비교적 빠르므로 모래 같은 조립물질이 퇴적되며 하도에서 떨어진 배후습지는 유속의 감소로 실트나 점토 같은 세립물질이 퇴적되고 또 그 양도 적어진다. 이러한 퇴적작용이 반복되면 자연제방은 배후습지보다 상대적으로 고도가 높은 지형으로 발달된다.

그림 III-2. 하안단구(권동희 2012)

배후습지는 범람원 지역에서 자연제방의 배후에 나타나는 저습지를 말한다. 배후습지의 퇴적물은 자연제방이나 사구의 물질보다 세립물질로서 점토가 대부분이다. 이것은 범람원의 경우 하천 범람 시 유속이 빠른 자연제방 근처에서는 모래 등과 같은 조립물질이 퇴적되지만 하도에서 멀어질수록 유속이 늦어지기 때문이다. 평지가 적은 우리나라의 경우 배후습지대는 오래전부터 경지나 주거지역으로 개발되었기 때문에 자연상태의 범람원은 거의 존재하지 않는다고 한다.

하안단구는 과거의 하천 하상이 현재의 하상보다 높은 곳에 위치하는 지형을 말한다. 하천변을 따라 비교적 평탄한 면이 연속되는 곳은 대부분 단구면에 해당되는데 중하류지역에서는 범람원과 구별이 잘 안되는 경우가 많다.

2) 경사지

한반도는 70%가 산지 지형이지만 대체로 저산성산지이다. 북동부지역이 높고 험준하며 남서부지역은 구릉성 산지가 발달하였다.

산지는 산맥이 모여 구성되어 기복이 크고 경사가 가파른 사면을 가진 곳이다. 해발 몇 m 이상은 산지라고 한다라는 일정한 기준은 없으나 대체로 수백미터 이상은 산지라고 부른다. 구릉은 산지가 풍화와 침식을 받으면서 평원화되

그림 III-3. 산록완사면(권동희 2012)

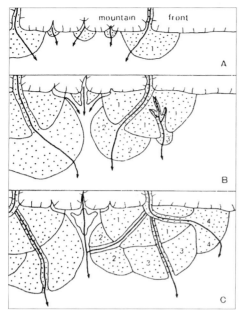

그림 Ⅲ-4. 선상지 모식도(최헌섭 1998에서)

는 과정에 나타나는 지형으로 한국에서는 16km 거리 내의 地方起伏이 100~600m의 지역을 말한다. 즉 산지가 平原化되어 가는 과정에 나타나는 漸移的인 성격을 지닌 것이다. 또 상대적으로 평지보다 높고 산지보다 낮은 지형이라는 견해도 있다.

위의 견해대로라면 우리나라 청동기시대 취락의 입지는 대부분 구릉에 해당된다. 특히 평지에서의 비고를 중심으로 한다면 충적지 유적을 제외하면 모두 구릉에 입지한다고 할 수 있다.

또한 구릉지 중 완만한 경사면을 가진 곳을 완경사지형이라고 한다. 완경사지형이란 말그대로 산록에 발달한 완경사의 지형면을 지칭하며 산록완사면과 선상지가 포함된다. 산록완사면과 선상지의 구분은 모호하다. 출화층이 삭박된 면은 산록완사면이고 배후산지의 풍화물질이 하천에 의해 운반된 퇴적층이면 선상지라는 견해도 있으나 오히려 이러한 구분이 무의미하다는 주장도 있다. 산록완사면은 물리적 풍화가 우세한 고산악지의 산록에서 볼 수 있는 완경사 준평탄지를 말하며 토심은 깊지 않다고 한다. 말 그대로 완경사의 사면을 뜻한다. 선상지는 산지와 평지 사이의 경사 급변점에서 유속의 감소로 인하여 모래와 자갈 등의 토사가 쌓여 형성된 부채꼴 모양의 퇴적 지형을 말한다. 선상지는 크게 곡구 인근 지역의 선정, 중앙 지역의 선앙, 말단 지역의 선단으로 나뉘는데 선단지역에 물이 스며나오는 곳을 따라 취락이 형성되는 경우가 많다.

그림 Ⅲ-5. 해안단구 - 포항 삼정리유적

많은 연구자들이 유적의 입지를 분류하는데 들어가는 유형 중 하나가 해안형이다. 청동기시대의 해안형은 바다와 관련된 생활 패턴을 보여주는 것이 아니라 단지 해안과 가까운 거리에 해당되는 입지유형이라고 해도 과언이 아니다. 해안과 거리가 가까운 곳에 위치하는 유적에서 어로와 같은 바다 생활과 관련된 유물의 출토량이 급격히 많지 않기 때문이다. 따라서 현재 해안형으로 분류된 입지유형이 실제로는 구릉형과 큰 차이가 없다. 그동안 바다쪽으로 뻗어 내린 구릉의 능선과 사면에 입지하는 유적이 해안형으로 분류되었기 때문이다.

해안지형은 사빈(모래해안), 해안사구, 해안단구 등이 있지만 사빈이나 해안사구는 선사시대 취락이 입지하기 어려운 지형이다. 따라서 청동기시대에 해안과 가까운 곳에 위치하는 취락은 대부분 해안단구에 입지하는 경우가 많다. 해안단구는 침식이 되었던, 퇴적이 되었던 과거 해면과 관련하여 형성된 해안의 편평한 땅을 말한다. 오랜 세월에 걸쳐 파랑에 의하여 침식되어 형성된 넓은 파식대가 지반의 융기나 해수면 하강으로 인하여 육지화된 계단상의 평탄 지형으로 나타난다. 넓은 단구면은 농경지와 교통로로 이용되어 선사시대부터 인간이 거주하기에 유리한 지형이다. 우리나라의 경우 동해안쪽에 해안단구가 발달되었다.

3. 시기별 입지의 변화

신석기시대에는 해안가나 강가에 유적이 입지하고 청동기시대에는 사람들의 활동영역이 넓어져 신석기시대에 비해 보다 내륙으로 들어가 강가뿐만 아니라 구릉에도 유적이 입지한다. 최근 신석기시대의 유적 조사 사례가 증가하면서 과거에 비해 유적의 분포 범위가 넓어 졌지만 해안가와 강변이 주된 입지라는 것은 아직 변함이 없는 것 같다.

청동기시대가 되면 유적의 분포가 전국 방방곡곡으로 넓어진다. 특히 조사가 많이 이루어진 한반도 남부지역의 경우 지역을 막론하고 낮은 구릉에는 대부분 유적이 분포할 정도이다. 단순히 인구가 증가하였다는 데서 이유를 찾을 수도 있겠지만 그만큼 생업활동의 범위가 넓어졌다고 할 수 있다.

단 신석기시대의 주요 유적 입지라고 할 수 있는 섬이나 해안가의 패총은 확연히 줄어든다. 특히 청동기시대에 패총이 거의 확인되지 않는 점은 의문이다. 현재까지 청동기시대의 패총은 충청남도 안면도 고남리패총이 유일하다. 패총이 당시의 쓰레기장이었다면 해안가 곳곳에 분포하는 것이 자연스럽고 또 패총유적 자체가 삼국시대에도 형성되기 때문에 신석기시대 이후 사라지는 유구가 아니다. 청동기시대에만 패총이라는 유구가 공백이라는 것은

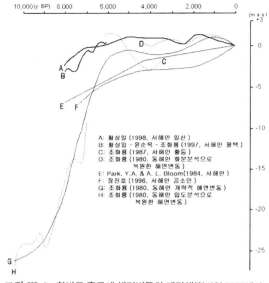

10,000(y BP) 8,000   6,000   4,000   2,000   0

(m a s l)

+3
0
-5
-10
-15
-20
-25

A
B

D

C

E F

G
H

A: 황상일 (1998, 서해안 일산)
B: 황상일 - 윤순옥 - 조화룡 (1997, 서해안 평택)
C: 조화룡 (1987, 서해안 황도)
D: 조화룡 (1980, 동해안 화분분석으로
   복원한 해면변동)
E: Park, Y.A. & A. L. Bloom(1984, 서해안)
F: 장진호 (1996, 서해안 곰소안)
G: 조화룡 (1980, 동해안 개략적 해면변동)
H: 조화룡 (1980, 동해안 입도분석으로
   복원한 해면변동)

그림 III-6. 한반도 홀로세 해면변동의 제견해(황상일 2006에서 재인용)

그동안 학계에서 풀지 못한 미스테리이다. 고남리패총의 존재를 통해서 볼 때에도 청동기시대에 패총이라는 것을 완전히 인식하지 못했던 것도 아닐 것이다. 청동기시대의 패총이 조사된 사례가 적은 이유는 역시 기후변동과 관련될 것이다. 청동기시대는 현재보다 한랭한 시기여서 해안선이 현재보다 낮은 해퇴기라고 한다. 따라서 현재의 바다속에 패총이 분포할 가능성도 있다고 할 수 있다. 하지만 해안가의 패총유적이 즐비한 신석기시대에는 청동기시대에 비해 더 한랭기여서 해안선이 더 낮았을 것이다. 선사 고대의 해안선의 높이에 대해서는 지리학자들 사이에서도 다양한 견해가 있다. 동해안의 해안선에 대한 연구에 의하면 청동기시대는 현재보다 기온이 높아 해수면이 더 높았다는 견해도 있다. 기후변동과 함께 패총유적 자체의 기능상실과 관련해서도 검토가 필요할 것이다.

그동안 시기별 입지의 차이를 검토한 연구성과가 발표되었지만 사실 현재와 같이 자료가 많지 않을 때였다. 1990년대 중반 이후 발굴자료가 급증하면서 청동기시대 전 기간에 위에서 선학들이 분류한 모든 입지에 유적이 분포한다는 것을 알게 되었다. 입지에 따라 시기별, 지역별로 점유비율에서 차이가 있는 것이다. 단순히 대분류로서 구릉형(산지형 포함), 평지형, 해안형 등으로 분류한다면 시기별 차이가 크지 않겠지만 미지형적으로 또 점유비율로는 시간의 흐름에 따라 차이가 보일 것이다. 본 절에서는 시기별로 취락의 입지가 어떻게 변화하는가에 대해서 살펴보겠다.

1) 조기

조기의 설정 여부 혹은 조기의 범위에 대해 연구자마다 이견이 있지만 본 절에서는 돌대문토기와 이중구연토기를 조기의 지표로 한정하여 이 두 토기가 출토되는 유적의 입지를 살펴보겠다.

조기의 주거지 중 돌대문토기가 출토
되는 주거지는 대부분 하천변의 충적지
에서 조사되었다. 경주지역에서 돌대문
토기가 출토된 충효동유적은 충적지가
아니고 선상지라고 하지만 평지라는 점
에서는 충적지와 동일하다고 할 수 있
다. 역시 충적지에서의 밭농사가 주된
생업이었을 것이다. 조기의 밭농사의 증

그림 III-7. 진주 대평리유적 조기 주거지

거로서 진주 대평리유적에서 조사된 밭이 근거가 되기도 한다. 하지만 대평리유적의 경우
대규모의 밭이 조사되었지만 실제 대부분의 밭은 송국리단계인 후기의 밭이다. 대평리유적
에서 청동기시대의 밭이 층위별로 2개층이 조사된 곳이 있다. 옥방 9지구에서 조사된 청동
기시대 밭 2개 층 중 하층 밭은 조기에 속할 가능성도 있다. 충적지 내에서의 유구별 입지는
후기와 큰 차이가 없다. 주거지는 자연제방에 주로 입지하고 그 사면에 밭이 조성되었을 것
이다. 지역에 따라 이중구연토기가 출토되는 주거가 충적지가 아닌 구릉 사면에 위치하는
경우도 있지만 사례가 많지는 않다.

조기의 주거는 몇 동이 하나의 마을을 이룬다. 돌대문토기가 출토되는 조기의 유적에서
주거지가 10여 동씩 발견되고 있는데, 조사가 이루어지지 않은 지역을 고려하면 더 많은 주
거지가 분포할 것이다. 하지만 범람이 반복되는 지형적인 특징을 감안한다면 동시기에 그
렇게 많은 주거지가 분포였다기 보다는 소수의 몇 동이 하나의 취락을 이루었다고 할 수 있
겠다.

2) 전기

전기가 되면 조기에 비해 주거의 수도 증가하며 입지의 범위도 넓어진다. 유적의 숫자가
후기에 비해 적을 뿐 한반도 전역에 유적이 분포한다고 할 수 있다. 하천변의 충적지와 구
릉에 모두 유적이 입지한다. 하지만 아직까지 소수의 주거가 하나의 마을을 이룬다. 충적지
에 유적이 분포하더라도 단지 충적지가 가진 입지의 유리함이 크게 작용하였을 뿐이고 넓
은 충적지에 큰 마을을 이루기 위한 의도는 아닐 것이다. 진주 대평리유적이나 춘천 용암리
유적 등 강변의 충적지에 수백동의 주거지가 조사된 유적에서도 전기의 주거지가 차지하는

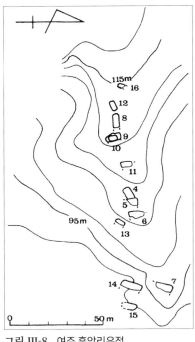

그림 III-8. 여주 흔암리유적

비율은 그다지 높지 않다. 또한 퇴적과 범람이 반복되는 입지적 특징을 고려한다면 동시기에 존재한 주거의 숫자는 더 줄어들 것이다. 구릉에 위치하는 전기의 취락은 적은 수의 주거가 능선에 입지하는 경우가 많다. 능선은 주거축조의 용이함, 주거에서의 배수의 용이함 이외에 조망권과 일조권의 확보에 유리하고 능선을 통한 이동에 유리하다고 한다. 따라서 소수의 주거가 마을을 이룰 때 구릉의 능선을 입지 장소로 선택하는 것은 자연스러운 현상이라고 할 수 있다.

하지만 점차 전기 후반으로 갈수록 하나의 취락을 이루는 주거의 수가 증가하다가 전기 말이 되면 천안 백석동유적과 같이 대규모 취락이 등장한다. 전기 말이 되면 취락을 이루는 주거의 숫자가 급증하는데 주거의 수가 늘어난다는 것은 그만큼 구릉에서 주거가 점유하는 공간의 범위가 늘어난다는 것을 의미한다. 따라서 전기 말이 되면 구릉의 사면에도 주거가 입지할 수밖에 없다.

3) 후기

청동기시대 중기의 특징은 여러 가지가 있지만 주거와 취락으로 한정한다면 개별 주거의 면적 축소, 대규모 취락의 확산(취락 면적의 확대)이라고 할 수 있다. 청동기시대 후기의 취락유적은 어떤 시기보다 많이 조사되었다. 전국 방방곡곡이 청동기시대 인들의 생활무대로 이용되었던 것이다. 조기나 전기에 비해 분포 범위가 넓어졌다는 것이 가장 큰 특징이다.

조기나 전기에도 강변의 충적지에 취락을 이루었지만 후기가 되면 본격적으로 충적지에 대단위 취락이 조성된다. 충적지는 용수의 공급이 유리하고 토지가 비옥하며 하천을 통한 교통로의 확보에 유리하다. 일반적으로 충적지라고 하지만 자연제방, 배후습지, 범람원 등으로 나눌 수 있는데 자연제방에 주거가 밀집한다. 충적지는 육안으로 볼 때 편평해 보여도 실제는 하천에서 하천의 반대방향으로 가면서 고-저-고-저의 상대비고가 반복되는데 높은 곳이 자연제방이며 이곳에 주거가 밀집한다. 현재의 발굴조사 때에는 당시 청동기시대의 생

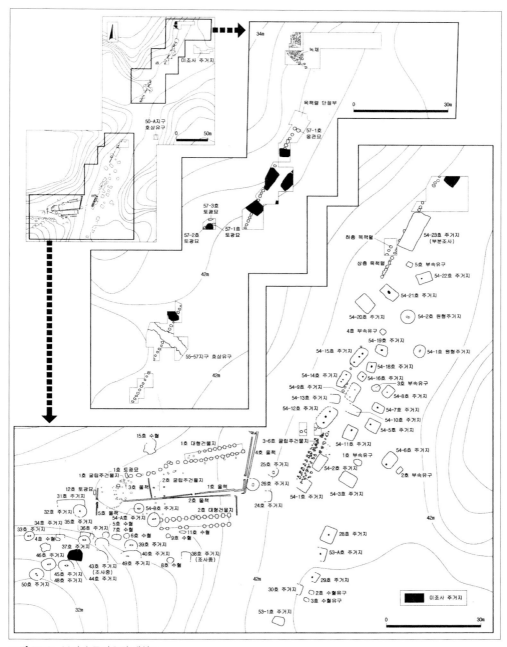

그림 III-9. 부여 송국리유적 배치도

활면이 편평하다고 인식할 수 있지만 실제로는 요철이 다양한 것을 알 수 있다. 대평리 옥방 1지구 3호 주거지 인근에서 소규모의 밭이 검출되어 텃밭으로 발표되기도 하였다. 하지만 추가 조사에서 당시의 생활면이 지금처럼 편평하지 않고 요철이 있었는데, 소규모의 텃밭이 아니라 서쪽에서부터 계속 이어진 밭의 일부분임을 확인하였다. 충적지 조사에서는 층위에 대한 세심한 주의가 필요하다. 자연제방과 배후습지가 연속되는 상황에서 가장 넓은 평탄면에 환호가 축조되고 내외부에 주거가 밀집 분포한다. 대평리유적에서 수전이 확인되지 않았지만 진주 평거동유적의 사례를 참조한다면 대평리유적에도 조사가 이루어지지 않은 배후습지에 수전이 분포할 가능성이 있다.

구릉에도 전기와 마찬가지로 계속해서 취락이 형성된다. 하지만 전기와는 약간의 차이가 있다. 충적지가 발달하지 않는 지역에서는 구릉에도 대규모 취락이 형성된다. 주거의 수가 증가하면서 구릉의 사면에도 주거가 배치된다. 뿐만 아니라 구릉의 능선을 공지로 비워두는 경우도 있다. 구릉능선형과 구릉사면형의 차이가 생업형태의 차이라는 연구도 있지만 필자는 시기차로 판단하고 싶다. 즉 전기에는 능선형, 후기부터는 사면형이 확대된다고 할 수 있다. 사면형은 능선형에 비해 주거축조가 용이하지 않고 조망권이나 일조권의 확보에도 불리하다. 그럼에도 불구하고 후기에 주거가 사면에 축조되는 것은 주거의 수가 증가하였기 때문에 능선에 모든 주거가 입지 할 수 없는 것이 가장 큰 원인일 것이다. 하지만 이러한 이유 외에 의도적으로 능선을 비워두기도 한다. 능선의 평탄한 면이 마을의 광장으로 이용되었을 것이다. 이곳에서는 의례행위나 공공집회가 이루어졌으며 무덤이 배치되어 공공의례의 장소로 활용되기도 하였을 것이다. 울산을 비롯한 동남해안지역의 경우 구릉 능선에 주구묘가 배치되기도 한다.

구릉이나 능선을 막론하고 후기의 마을은 전기에 비해 취락을 이루는 주거의 숫자가 증가하는 반면 주거의 규모는 축소되며 규격화된다. 주거 축조에 강제성이 작용하는 것을 의미한다. 전기에서 후기로의 이러한 변화는 환호취락의 확산, 군집묘의 확산, 대형굴립주건물의 등장 등 다양한 고고학적인 변화를 수반하는데 무엇보다도 수도작의 확산이 가장 큰 원인이라고 할 수 있다. 전기에 비해 공동노동을 수행해야 하는 경우가 많아졌을 것이며 자연스럽게 취락에서 유력개인이 등장하는 사회적 분위기가 조성되었을 것이다. 이 유력개인은 취락 중앙의 광장에서 의례를 주관하였을 것이다. 필자는 주거가 배치되지 않는 능선 중앙부의 의미가 극대화한 것이 구릉에 축조된 환호라고 생각한다.

4) 초기철기시대

초기철기시대가 되면 청동기시대 사회는 일변한다. 선사시대 중국 동북지역 주민들의 한반도 남부지역으로의 남하는 지속적으로 계속되었지만, 초기철기시대에는 보다 직접적인 이주가 이루어졌다. 전국시대 중국 동북지역의 정세불안으로 인해 압박을 받은 고조선 주민이 직접 한반도 남부지역으로 이주하였다는 역사적 기록이 있을 정도이다.

그림 III-10. 보령 교성리유적

초기철기시대 개별주거의 특징이 앞 시기와 단절된 형태, 주거의 부정형화라고 한다면 입지의 특징은 고지성취락의 등장이라고 할 수 있다. 충적지에 입지하는 유적의 수는 급격히 줄어들고 대부분 구릉에 입지한다. 대부분의 유적이 후기와 마찬가지로 완만한 구릉에 입지하는데 특이하게 산의 정상부에 입지하는 경우도 있다. 산 정상부의 고지성취락 이외에도 일반적으로 사람이 편하게 거주할 수 있다고 생각되지 않는 험지에 유적이 입지하는 경우도 있다. 일찍이 고지성취락이라고 하여 조망권의 확보 등 방어의 유리함이 강조되어 방어성취락으로 인식되었다. 그러한 인식에는 중국 동북지역의 정세변화가 바탕이 되었으며 일본의 고지성취락에 대한 연구성과도 반영되었다고 할 수 있다. 또한 기존의 청동기시대 후기인들과 융합하지 못한 원형점토대토기인들과의 갈등이 원인이라는 견해도 있다. 최근에는 이러한 고소, 험지에 취락이 입지하는 배경에 방어적, 군사적 성격 즉 사회적인 긴장관계가 원인이라기보다는 교통의 편리함, 맹수로부터의 신변 보호, 지질, 광상 파악의 편리함 등이 중요한 원인이라는 견해도 있다.

초기철기시대의 주거는 전형적인 청동기시대 후기의 주거와는 일변한 양상인데 가장 큰 특징은 주거의 부정형화라고 할 수 있다. 수혈인지 주거인지 구분이 모호한 경우도 있으며 수혈의 깊이가 얕고 구릉에 입지하기 때문에 정연하게 완형으로 조사되는 경우도 드물다. 장기간의 체류를 염두에 두었다기보다는 임시가옥의 성격이 더 강하다고 할 수 있다. 그렇다면 위에서 언급하였듯이 이동을 염두에 둔 주거이며 그에 따라 장기적인 체류가 목적이 아니기 때문에 입지선정에 있어서도 고소나 험지가 선택되었을 것이다.

4. 거점취락의 입지 특징

거점취락의 정의에 대해서는 여러 견해가 있겠지만 청동기시대 후기에 등장한다는 점에서는 큰 이견이 없는 듯하다. 거점취락이 갖추어야 할 조건에 대해 안재호(2006)는 대규모취락, 장기존속 취락, 주거 외에도 다양한 유구의 존재, 다종다량의 유물 출토, 묘지나 제사유구의 존재, 구심적 취락구조, 대형굴립주건물의 존재, 물류의 중심지로써 생산지가 아닌 수요지로서 각종의 식물·동물유존체 출토 등의 조건을 갖추어야 한다고 하였다. 안재호는 환호의 경우 대부분 단기간에 한시적으로만 사용되었기 때문에 거점취락의 요소에 포함시키지 않았지만 필자는 환호유적도 중요한 거점취락의 지표가 될 수 있다고 생각한다. 이 외에도 비파형동검과 같은 희소성이 있는 위세품이 출토되는 것도 거점취락의 지표가 될 수있다.

위의 거점취락의 여러 조건 중 모든 요소를 다 갖춘 취락은 실제 거의 없다고 할 수 있다. 본절에서는 유구나 유물을 바탕으로 입지를 통해 거점취락에 대해 접근해 보고자 한다. 현재까지 한반도 남부지방의 후기는 '송국리문화의 등장과 확산'이 지표가 되었다고 할 수 있다. 하지만 2000년대 이후 자료가 증가하면서 송국리문화는 한반도 전역에 분포하지 않고 경기 남부와 동남해안지역을 호상으로 잇는 선의 남서쪽에만 분포하는 것으로 밝혀졌다. 송국리문화의 등장과 확산의 배경에는 수도작의 확산이 경제적 배경이 되었다고 한다. 송국리문화분포권이 한반도의 서남부에 분포하는 것으로 볼 때 지역적 범위와도 부합한다고 할 수 있다. 따라서 송국리문화분포권은 토지가 비옥한 강변의 충적지가 중요한 생활무대가 되었을 것이고 실제 강변 충적지에서 대규모 취락이 조사되고 있다.

하지만 송국리문화가 분포하지 지역 중 지형적인 특징으로 충적지가 발달하지 못한 곳에서도 사회적인 변화에 연동하여 거점취락이 등장하였을 것이다. 후기가 되면 한반도 남부지역 전역에서 주거의 규모가 축소되고 규격화되는데 이것은 핵가족화를 반영하며 주거축조에 강제성이 작용하는 것을 의미한다. 이러한 사회변화는 대규모 무덤군의 등장, 대규모 취락의 등장, 수도작의 확산과 함께 유력개인의 등장을 암시하는 것이다. 이러한 변화는 남부지방 전역에서 나타나는 양상이다. 송국리문화비분포권 그 중에서도 큰 하천이 없고 유속이 빨라 충적지가 발달하지 않는 동남해안지역은 위에서 든 거점취락의 요소 중 많은 부분이 확인되지 않는 상황이지만 거점취락이 존재하지 않았다고 할 수는 없을 것이다. 필자는 이곳의 거점취락의 지표를 환호유적에서 찾고 있다.

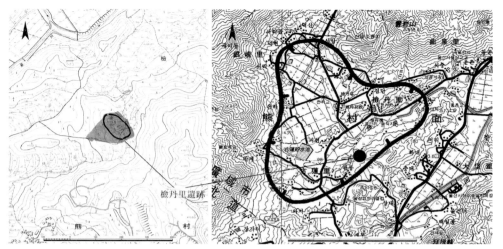

그림 III-11. 검단리유적 지형도와 검단리 거점취락의 추정 범위(이수홍 2008)

구릉지에 취락이 입지하는 동남해안지역에서는 환호 역시 구릉에 축조된다. 환호의 성격을 이해하기 위해서는 환호가 축조된 입지를 분석할 필요가 있다. 필자는 환호유적의 입지 특징에 대해 ①평면적, 단면적으로 돌출된 구릉에 입지하는 점(주변을 조망하기 좋은 곳보다는 오히려 주변의 취락에서 잘 보이는 곳이라는 의미가 강함), ②교통의 요지에 위치하며 앞에는 하천이 흐르고 넓은 평지와 맞닿아 있는 곳, ③환호로 둘러싸인 내부공간의 가장 높은 곳은 환호면보다 해발고도가 높다는 점(관념적 의미), ④내부에 주거가 없거나 그 수가 매우 적다라는 점을 이유로 제시하였다. 이러한 근거로 환호유적과 환호유적이 가시권에 들어오는 취락의 집합체를 거점취락으로 파악하였다. 이러한 관점에서 본다면 울산지역에서 현재까지 조사된 거점취락은 8개소이며 거점취락간 거리는 약 6~10㎞, 거점취락의 공간적 범위는 약 3㎞로 파악하였다.

동남해안지역이 아니더라도 환호는 거점취락의 지표가 될 수 있다. 환호유적이 가장 많이 조사된 남강과 그 지류인 경호강 유역의 진주권은 일정한 간격으로 충적지에 대규모 취락이 입지하고 그중에서는 환호가 설치된 유적이 많다. 진주권에서 환호가 설치된 유적 중 사월리유적을 제외하면 모두 강변의 충적지에 입지한다. 하천을 이용한 교통의 요충지에 해당되며 이러한 교통로를 통해 각지의 산물이 거점취락에서 유통되었을 것이다. 남강유역에서 환호가 축조된 유적은 거점취락의 전제 조건 중 대규모 취락, 장기존속, 다양한 유구의 존재, 다종다량의 유물 출토, 묘지나 제사유구의 존재 등을 충족시킨다. 정밀한 분석이 이루

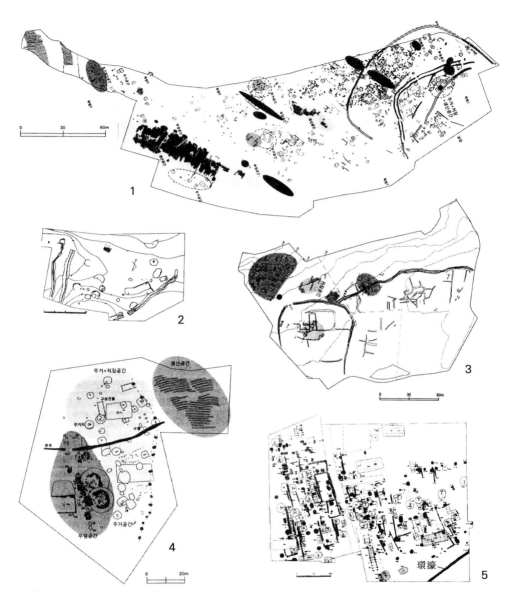

그림 III-12. 진주권의 환호유적(1:진주 대평리, 2:산청 사월리, 3:진주 이곡리, 4:진주 가호동, 5:진주 초전동)(고민정 2010 에서 편집)

어지지 않았지만 구심적 취락구조일 가능성이 높다. 쇼다 신야(2009)는 대평리유적의 옥생산과 분배를 분석하여 농한기에 수공업생산이 활발해지고 생산된 수공업품은 하천을 통해 외부의 공동체로 공급되기도 하였다고 한다. 대평유적에서 생산과 분배, 다른 지역으로의 공급과 같은 경제 활동이 활발하게 이루어진 것은 무엇보다도 입지가 가장 크게 작용하였다고 할 수 있다. 경호강과 경호강의 본류인 남강은 사행상으로 곡류하면서 낙동강으로 흘러가는데 환호유적이 확인된 지역은 그 중에서도 충적지의 면적이 상대적으로 넓은 곳이며 당연히 대단위 취락이 입지하기에 유리한 지형이다. 충적지의 면적이 넓으면 비옥한 농경지를 확보하기 용이하였을 것이고 농경지에서 수확되는 잉여생산물은 중심지로 성장하는 동력이 되었을 것이다. 현재까지의 조사 성과를 통해서 볼 때 남강유역에서 거점취락은 약 10㎞마다 존재했었다고 할 수 있다.

초기철기시대가 되면 거점취락이라고 할 수 있는 대규모 취락이 조사되지 않고 있다. 후기의 거점취락이 일시에 해체되지는 않았을 것이다. 청동기시대의 발전 과정을 감안한다면 초기철기시대에도 거점취락이 존재하였을 것이다. 거점취락 뿐만 아니라 주거지 자체의 숫자가 급감한다. 주거의 수혈이 얕거나 지상화하였을 가능성이 있다. 초기철기시대의 대표적인 위신재라고 할 수 있는 세형동검은 대부분 무덤에서 출토되는데 합천 영창리유적에서는 수혈에서 2점이 출토되었다. 영창리유적은 세형동검의 출토, 환호의 존재와 함께 하천변의 독립된 구릉이라는 탁월한 입지조건 등을 근거로 '소도'라는 견해가 있다. 입지나 조사된 유구 등을 통해서 볼 때 안성 반제리유적, 부천 고강동유적, 강릉 방동리유적, 울산 교동리 192-37유적, 부산 온천동유적, 수원 율전동유적 등이 비슷한 성격이라고 생각된다. 여기서 언급한 유적이 대규모 취락지라는 것은 아니다. 주변 취락을 아우르는 공동의례의 장소일 것이다. 취락의 입지에 대해서는 사례가 적지만 구릉의 정상부에서 의례행위가 있었던 것을 추측할 수 있다.

그림 Ⅲ-13. 합천 영창리유적

IV 주거와 취락

주거는 발굴조사에서 가장 많이 검출되는 유구 중 하나인데, 당시의 가내생활은 물론 시간성, 지역성, 문화계통, 사회조직, 관념 등을 반영한다.

중국동북지역의 주거는 평면형태나 노지의 양상이 한반도와 큰 차이가 없다. 벽면을 따라 돌을 쌓은 것이 많은 것이 특징이다.

북한지역의 주거는 장축을 따라 설치된 기둥열이 2열, 3열, 4열, 5열 등 다양하다. 대부분 삼량식과 오량식으로 복원된다. 조기와 전기에 걸쳐 이런 북한의 주거가 남하하여 남한의 환경에 적응하여 2열 기둥의 세장방형주거로 정착하였다고 한다.

남한지역 조기의 주거는 '미사리식주거지'로 특징지어진다. 평면형태는 방형 혹은 장방형이며, 장축 중앙선에 (석상)위석식노지가 설치된다.

전기의 주거는 세장방형인 것이 압도적으로 많다. 위석식노지에 초석이 놓인 것과 수혈식노지에 주혈이 설치된 것으로 대별된다. 각각 '가락동식주거지'와 '흔암리식주거지(관산리식주거지)'라고 한다.

후기의 주거는 송국리문화분포권과 검단리문화분포권으로 대별된다. 검단리문화권은 전기의 주거가 규모가 축소되어 노지가 한 개 설치되는 형태이고, 송국리문화권은 노지가 없이 주거 중앙에 타원형 작업공과 양쪽에 주혈이 설치된다.

초기철기시대에는 고지성취락이 등장하는데, 주거는 앞 시기와 단절된 형태, 내부 구조 및 시설의 부정형화가 특징이다.

1. 머리말

　'住居'란 사람이 거주할 목적으로 축조한 건축구조물로서 생전의 여러 활동은 이 공간에서 이루어진다. 고고학적 유구로서 '住居址'는 그 터나 흔적을 의미한다. 주거지는 거주자의 삶의 흔적을 담고 있기 때문에 고고학자료로서 의미가 크다. 청동기시대 주거지 자료는 당시의 가내생활 자체뿐만 아니라 시간성과 지역성, 문화계통, 사회조직, 관념 등을 반영하는 많은 정보를 포함하고 있다.

　그러한 정보의 많은 부분은 주거의 기본적인 구성요소, 즉 평면형태, 노지, 주혈 혹은 초석, 벽주구, 저장공, 배수구, 바닥다짐, 작업공 등에 대한 관찰과 분석을 통해 얻어진다.

　벽구와 배수구는 충적지 등 평지에 위치한 주거지에는 설치되지 않기 때문에 입지와 관련되는 시설일 뿐 지역성이나 시간성을 반영한다고 보기는 어렵다. 반면, 노지의 형태 및 수, 주혈의 위치, 저장공의 유무 등은 시간성과 지역성을 반영하기도 한다. 개별 요소의 형태나 그 조합에 주목하면서, 특정 주거지를 대표적인 유적명을 따라 '○○○식 주거(지)'로 부르는 것도 그들이 반영하는 시간성과 지역성을 효과적으로 부각하기 위한 시도의 일환이다.

　평면 형태는 가장 기본적이고 핵심적인 구성요소로 언급된다. 청동기시대에는 일반적으로 평면이 방형계인 주거가 널리 이용되지만 후기에 송국리문화가 확산된 지역이나 초기철기시대에 남한지역에서는 방형계와 함께 원형계의 주거도 유행하게 된다. 방형계 주거지, 특히 전기의 주거지는 장·단축의 비에 따라 몇 가지로 구분할 수도 있지만 남한 전역을 아우를 일관적인 기준은 없다. 다만, 노지의 개수나 주혈의 배치, 증축의 흔적 등을 통해 추론하면, 장단비가 높은 (세)장방형 주거는 (장)방형의 단위주거가 병렬적으로 연결된 결합주거

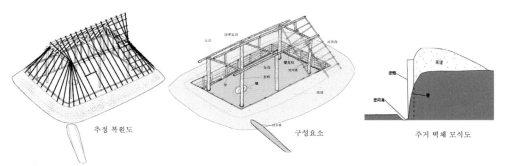

그림 IV-1. 주거 복원도 및 구성요소(김현식 제공)

의 형태로 이해할 수 있다. 이러한 주거양상의 특징은 당시의 家口 구성과 밀접한 연관이 있는 듯하다.

노지(혹은 화덕)는 형태에 따라 몇 가지로 분류할 수 있다. 주거지의 평면형태와 함께 노지의 형태나 수도 청동기시대 주거지의 지역성과 시간성을 파악하는데 매우 중요한 속성이다.

참고 : 선사시대 노지 분류

노지는 폐기된 화덕의 자리이다. 노지는 취사, 난방, 조명 등의 기능을 동시에 가진 것으로 거주자의 가내생활에서 매우 중요한 시설이다. 신석기시대와는 달리 청동기시대 주거에는 노지가 정중앙에 설치되지 않는다. 주거의 평면이 원형이나 정방형인 구심 구조를 탈피했기 때문이 아니라, 주거 내 공간 활용의 효율을 높이려는 의도라고 추정된다. 노지를 중심으로 취사와 수면이 이루어지며 노지로부터 먼 쪽에서 도구제작 등의 활동이 이루어진 결과일 것이다.

청동기시대 주거지에서 발견되는 노지는 돌을 이용한 위석식과 주거의 바닥에 바로 불을 피운 무시설식으로 대별된다. 위석식은 노지 주변에 돌을 두른 형태인데 바닥에 돌을 깐 석상위석식과 바닥에 별다른 시설이 없는 단순위석식으로 구분된다. 무시설식은 바닥을 굴착하여 사용한 토광식과 굴착하지 않고 바로 바닥에 불을 피운 평지식으로 구분된다.

위석식(圍石式)		무시설식(無施設式)	
석상위석식	위석식	토광식(수혈식)	평지식(지면식)

2. 중국 동북 및 북한지역의 주거와 취락

체계적이고 조밀하게 고고학조사가 진행된 남한지역에 비해 중국 동북지역이나 북한지역의 주거지 및 취락양상을 상세하게 알려줄 정보가 충분하지 않다. 더구나 발굴된 모든 유적정보가 보고된 것도 아니고, 주로 분묘자료에 치중해온 탓에 주거유적에 대한 정보는 더욱 간소하다. 대체로 대표적인 몇 유적의 양상을 통해 넓은 지역을 포괄하는 정도의 설명만이 가능한 정도이다.

1) 중국 동북지역

중국 동북지역 전반의 미진한 조사나 보고에도 불구하고 요동반도 남서쪽 끝 대련시에는 청동기시대 유적이 상대적으로 많이 알려져 있다. 双駝子유적이 대표적인 예라고 할 수 있다. 이 유적의 문화상은 세 시기(Ⅰ~Ⅲ기)로 구분되는데, Ⅰ기와 Ⅱ기는 신석기시대와 청동

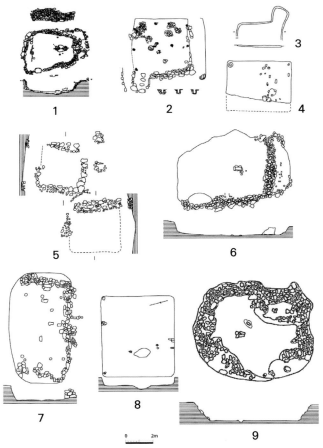

그림 Ⅳ-2. 중국 동북지방의 주거지(1·2:쌍타자 3기층, 3:랍랍둔, 4:룡천, 5:성성초, 6:후석산, 7:포자연산, 8:전가타자, 9:장사산)

기시대의 전환기, III기는 우리의 청동기시대 조기에 해당된다고 할 수 있다. III기에는 모두 14기의 주거지가 조사되었다. 평면은 주로 방형 혹은 장방형인데, 간혹 출입구 쪽이 돌출되어 '凸'자형을 띠기도 한다. 벽면을 따라 돌을 쌓았다는 점이 한반도의 주거지와 가장 큰 차이점이다. 노지 가장자리에는 돌 3매를 돌려놓았는데 위석식이지만 한반도의 그것과는 약간 다르다. 대련 일대에는 이 외에도 于家村, 崗上, 高麗城山 유적 등에서 주거지가 조사되었는데, 노지는 대부분 돌을 사용해 시설하였고 쌍타자유적과 같이 벽면에 돌을 쌓은 예는 없다. 고려성산유적 주거지에는 한쪽에 입구가 돌출되어 있다.

길림성 통화의 拉拉屯유적의 주거지는 파괴되어 전모를 알 수 없지만 출입구가 돌출되어 있는 점이 특징이다. 연길 柳庭洞유적의 주거지는 평면이 방형에 가깝고 3매의 납작한 돌로 시설한 위석식 노지가 남아 있다. 길림시 주변의 星星哨유적, 長蛇山유적, 侯石山유적, 泡子沿前山유적의 주거지는 쌍타자유적과 마찬가지로 벽면에 돌을 쌓은 것이 특징이다. 농안 田家坨子유적의 주거지는 평면이 장방형이며 토광식 노지가 설치되어 있다. 남한지역과 마찬가지로 토광식이 위석식에 비해 시간적으로 후행할 가능성이 있다.

중국 동북지역의 주거는 평면 형태와 노지의 양상이 한반도와 큰 차이가 없다. 그러나 일부 주거에 나타나는 바대로, 벽면을 따라 돌을 쌓은 것이나 주혈이 정연하게 확인되지 않는 것은 한반도의 주거지는 다른 점이다.

2) 북한지역

표 IV-1. 북한 지역별 편년과 병행관계

전체편년		조기		전기		후기	
두만강유역		서포항IV → 호곡 I →		서포항 V 오동 I →	서포항VI · VII 오동II 호곡II →	오동III 호곡III →	호곡IV
압록강 유역	상류	토성리 장성리 →		공귀리 I 심귀리 I →	공귀리II 심귀리II		
	하류	신암리 I →		신암리II →	신암리III 미송리II 1 →	미송리II 2	
대동강유역		금탄리II 남경II →		남경III 표대 I →	남경IV 표대II →	표대III 금탄리III	

북한지역은 중국 동북지역에 비해서는 주거유적의 조사가 좀 더 활발히 진행되었다고 할 수 있다. 두만강, 압록강, 대동강 등 큰 하천의 유역에 따라 토기 및 주거상이 다를 뿐

만 아니라 변천양상도 지역별 전통이 강하다. 따라서 지역 간 편년적 병행관계에 대한 이해를 바탕으로 할 때, 지역적 주거상의 특징은 물론 그 변화상에 대한 체계적인 접근이 가능하다.

(1) 두만강 유역

두만강 하류에 위치한 선봉 굴포리 西浦項유적의 청동기시대 이른 시기인 IV기 주거지는 평면이 방형 혹은 장방형이며, 바닥은 조개껍질을 섞거나 진흙을 깔고 다졌다. 노지는 위석식인데, 평면은 원형이 많다. 이른 시기에는 단순위석식이 다수를 차지하나 시기가 늦어질수록 석상위석식과 함께 부가시설 없이 바닥을 야트막하게 파기만 한 토광식도 확인된다.

두만강 중류의 무산 虎谷洞유적은 이른 시기인 I 기에는 평면이 방형의 주거지가 일반적이다. 노지는 평면 원형 및 타원형의 위석식이 주를 이루지만 간혹 토광식도 확인된다. 조금 시기가 늦은 회령 五洞 I 기와 호곡동 II기에는 평면이 장방형인데, 위석식보다 토광식 노지가 많이 사용된다. 마지막 단계인 오동 III기 · 호곡동 III기의 주거지는 평면이 방형과 장방형이며 노지는 토광식과 바닥에서 바로 불을 피운 평지식이 확인된다. 주목할 만한 특징은 장축을 따라 4열의 주혈이나 초석이 확인된다는 점이다. 오동 5호 주거지의 경우 가운데 2열에 초석이 있으며 양 벽 쪽에는 주혈이 있따. 호곡동 31호 주거지의 경우 4열이 초석인데 초석이 놓이지 않는 곳만 주혈이 굴착되어 있다. 호곡동 IV기의 8호 주거지는 평면이 장방형이며 장벽을 따라 초석이 2열 놓여 있다. 앞 시기보다는 발달된 형태로 생각된다.

두만강유역은 북한의 다른 지역과 비교해 볼 때, 위석식 노지의 평면이 원형 혹은 타원형만 확인되는 점이 특징적이다. 늦은 시기로 갈수록 위석식 노지가 토광식 노지로 변화하는 것이 시기적인 특징이라고 할 수 있는데 이러한 변화는 한반도 전역과 동일하다.

(2) 압록강 유역

중강 土城里유적 2호 주거지는 평면이 장방형이고 노지는 타원형의 단순위석식이며 주혈은 확인되지 않았다. 시중 深貴里유적에서는 2동의 주거지가 조사되었다. 평면이 장방형이며 노지는 1호가 단순위석식, 2호가 석상위석식이다. 2동 모두 초석이 2열로 놓여 있다. 강계 公貴里유적에서는 6동의 주거지가 조사되었는데 시간적으로 3동은 이르고, 나머지 3동이 늦은 것으로 보고되었다. 하층, 상층이라고 표현되었지만 사실 같은 문화층에서 조사

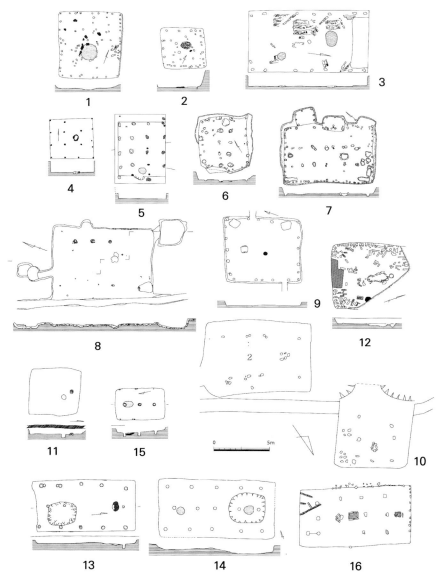

그림 IV-3. 북한지역의 주거지(1 · 2:서포항, 3~5:호곡, 6 · 7:오동유적, 이상 두만강유역. 8 · 9:공귀리, 10:심귀리, 이상 압록강유역, 11:금탄리, 12:태성리, 13~15:석탄리, 16:대평리, 이상 대동강유역)

되었으며 중복관계와 출토유물을 통해 선후를 구분하고 있다. 하층 3동의 주거지는 평면이 장방형이며 노지는 단순위석식과 토광식이 모두 확인된다. 특징은 주거지의 어깨선 외곽으로 돌출된 저장공간이 설치되었다는 것이다. 공귀리유적 상층의 주거지는 평면이 방형이며 노지는 석상위석식이다. 주혈은 벽면에 접해서 설치된 것이 특징이다.

　같은 시기의 영변 細竹里유적에서는 7동의 주거지가 조사되었는데 평면이 방형인 것이 다수를 차지한다. 노지는 단순위석식이다. 탄화된 서까래로 볼 때, 기둥은 벽 쪽에 있었던 것으로 추정된다.

(3) 대동강 유역

　대동강 및 재령강유역은 북한에서 고고학조사가 가장 활발하게 진행된 곳이다. 제법 많은 유적이 조사되어 주거지의 변화상도 비교적 뚜렷하게 파악할 수 있다.

　대동강 유역에서는 평양 金灘里유적 2문화층 주거지가 가장 이르다고 할 수 있다. 이곳에서는 모두 4동의 주거지가 조사되었다. 평면은 방형이며 노지는 단순위석식과 토광식이 모두 확인된다. 노지 주변에 토기를 엎어 10㎝ 가량 바닥에 묻고 저부를 절단한 저장시설이 있는데, 이 지역 신석기시대 전통의 연장선에서 이해될 수 있다.

　금탄리유적 3문화층에서도 4동의 주거지가 조사되었다. 평면은 장방형이며 노지는 토광식이다. 금탄리 3문화층과 같거나 늦은 시기로 알려진 황해도 봉산 新興洞유적, 황주 沈村里유적의 주거지는 (세)장방형이며 노지는 대부분 토광식이다. 강서 台城里유적 주거지의 노지는 평면이 표주박형이며 가장자리에 돌을 돌린 단순 위석식이며 그 옆에 작은 구멍이 있다.

　송림 石灘里유적에서는 100여 동의 주거지가 알려져 있는데 정식으로 보고된 것은 30여 동 뿐이다. 평면은 대부분 장방형이다. 주거지의 바닥은 편평한 것과 일부가 움푹 패인 것으로 나누어진다. 35호 주거지는 장축 중앙선상에 3개의 주혈이 일정한 간격으로 설치되었으며 31호 주거지는 장축방향으로 주혈이 5개씩 3열로 배치되어 있다. 중앙의 중심주혈이 종도리를 받치는 구조로 앞 시기의 주거와는 구조적으로 차이가 있다.

　북창 大坪里유적 주거지는 평면이 장방형이며 단순위석식 노지를 갖추고 기둥을 받치는 초석이 3열로 놓여 있다. 대동강유역에서는 북한의 다른 지역에 비해 노지가 위석식에서 토광식으로 급속히 변화하는 것으로 생각되는데, 단순위석식 노지와 초석의 조합은 비교적 이른 시기로 비정될 수 있다. 따라서 원래 보고된 바와는 달리 이 유적 주거지의 시기는 보다 앞당겨질 가능성이 없지 않다.

　북한의 주거는 기둥열이 벽에서 떨어진 2열, 장축 중앙선을 따라 설치된 1열을 포함한 3

열, 벽을 따라 설치된 벽주혈을 포함한 5열, 벽주혈 2열과 벽에서 떨어진 2열을 합해 4열 등 다양하다. 기둥열과 도리를 통해 추정하면 대부분 삼량식과 오량식으로 복원된다. 조기와 전기에 걸쳐 이러한 북한의 주거가 남하하여 남한의 기후에 적응하여 2열 기둥의 세장방형 주거로 정착되었을 것으로 추정한다.

3. 남한지역의 주거와 취락

남한지역 청동기시대의 각 세분기는 토기뿐만 아니라, 주거유형으로도 특징지어질 수 있다. 흔히 대표적인 유적명을 빌어 '○○○식 주거(지)'로 불리기도 한다.

1) 조기의 주거와 취락

청동기시대 조기는 하남 미사리유적을 따라 명명된 '미사리식주거'로 특징지어진다. 이 유적에서 발견된 주거지는 평면이 방형인데 후기의 방형 주거지에 비해서 규모가 크다. 중앙이나 한쪽 단벽 쪽에 치우쳐서 위석식 노지가 남아있다. 주혈은 확인되지 않는다.

미사리유적 외에도, 서울·경기지역의 가평 연하리, 인천 동양동, 화성 정문리, 강원도의 정선 아우라지, 홍천 철정리, 외삼포리, 하화계리, 호서의 연기 대평리, 호남의 순창 원촌, 담양 태목리, 영남의 진주 대평리 및 평거동, 사천 본촌리 등이 대표적인 청동기시대 조기의 주거유적이다. 그런데, 이 유적들에서 전형적인 '미사리식 주거지'만이 발견되는 것은 아니다. 사실 몇 가지 형태의 돌대문토기가 출토된 주거지를 조기에 포함시키다보니, 조사 예가 더해지면서 좀 더 다양한 주거 양상이 알려지게 된 것이다.

청동기시대 조기가 약 200여 년에 걸쳐 있다 보니, 시간의 흐름에 따른 변화도 나타나게 된다. 대부분의 지역에서 가장 이른 단계 주거지는 평면이 방형이며 면적이 40~50㎡ 정도로 규모가 큰 편인데 미사리유적 015주거지(고려대)는 84.6㎡에 이른다. 이런 주거지에는 초석이 놓여있지 않거나 주혈이 없는 예가 많다. 다소 늦은 시기의 주거지는 점차 장단비가 커지는 방향으로 바뀌며, 노지도 (석상)위석식에서 토광식으로 변해가게 되지만 반드시 일률적이지는 않으며 지역에 따라 다소의 차이는 있다.

평면형태가 장방형인 경우 규모는 방형에 비해 더욱 커지는 예가 많은데 진주 평거동유적의 경우, 면적이 100㎡ 내외인 것에 비해 3-1지구 7호 주거지는 면적이 165.9㎡에 이른다.

시기	명칭	모식도	사례
조기	미사리식	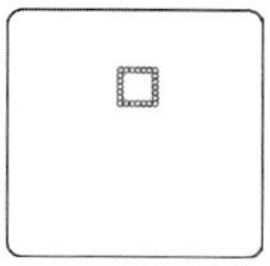	
전기	가락동식	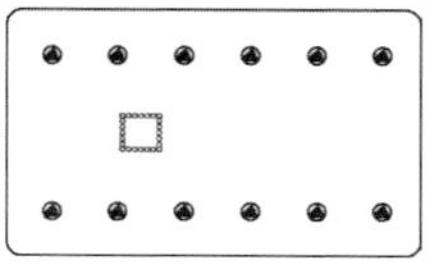	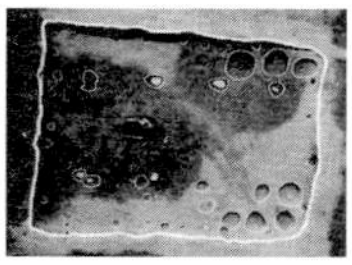
	흔암리식	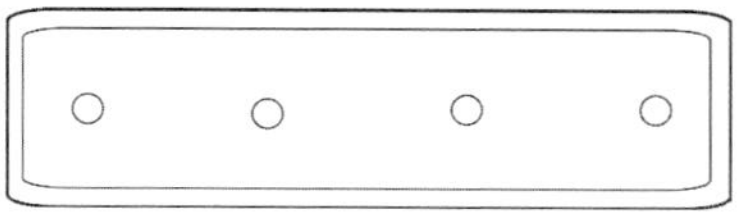	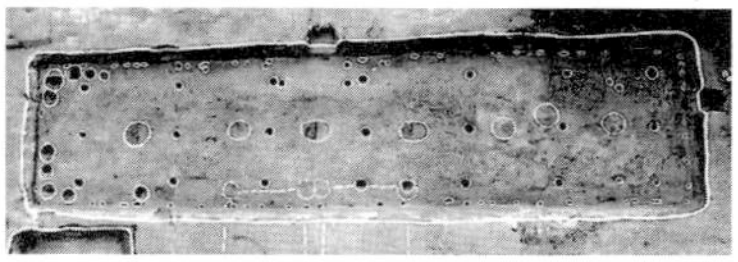
후기	휴암리식	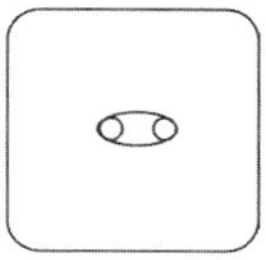	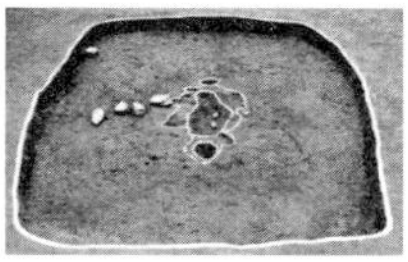
	송국리식	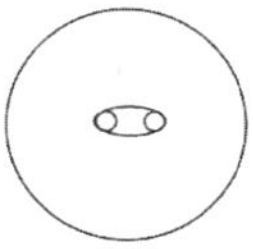	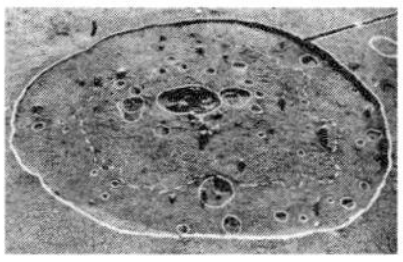
	검단리식	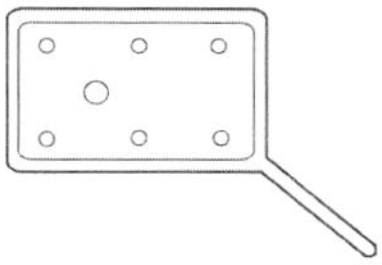	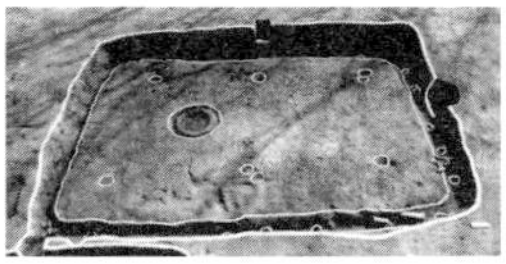
	천전리식	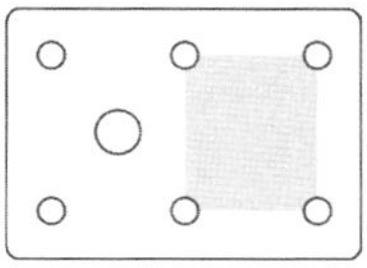	
초기 철기 시대	방형		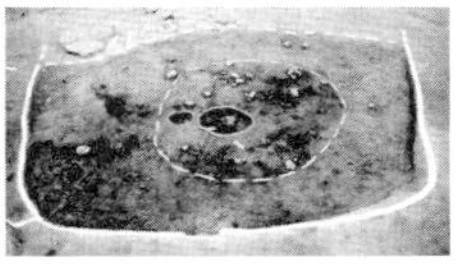
	원형	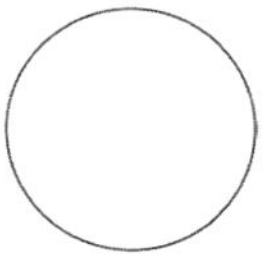	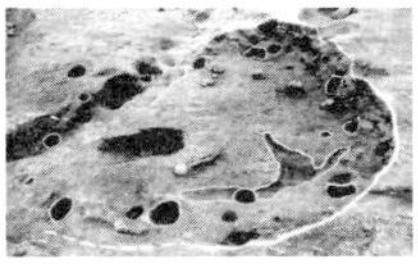

그림 IV-4. 남한 청동기시대 주거지 각 형식 모식도

기둥을 받치는 초석은 2열로 놓여 있는 것과 그렇지 않은 것으로 나뉜다. 초석의 배열방식은 어느 정도 지역성을 띠기도 한다. 강원 영서지역에서는 초석이 2열로 놓인 예가 많으며 장축의 중앙선상에 초석이 놓이거나 주혈이 설치된 예는 거의 없다. 전기가 되면 강원 영서지역에서 장축중앙선상에 주혈이 설치된 사례가 가장 많은 것에 비하면 특이하다.

진주 평거동유적의 주거지에는 석상위석식 노지가 남아있고 장축을 따라 2열의 초석이 놓여 있다. 일부에는 초석 옆에 주혈이 굴착되어 있거나 주혈 내에 초석이 놓여 있는 경우도 있다. 장벽을 따라서 주혈이 설치된 예도 있으며, 장축 중앙선을 따라 주혈이 굴착되어 있거나 초석이 놓여 있는 경우도 있다. 평거동 및 대평리유적의 일부 주거에서는 양쪽 장벽 혹은 사방을 돌아가면서 설치된 단시설이 확인되기도 한다. 단의 높이는 5~10㎝ 정도이다. 노지 주변도 단이 져 높게 되어 있는데 실제는 흙을 쌓아 단을 높인 것이 아니라 단이 아닌 부분을 굴착하여 조성한 것이다.

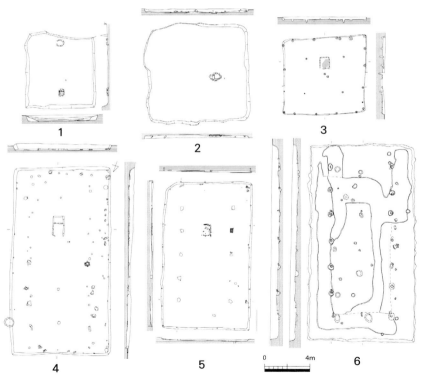

그림 IV-5. 조기의 남한지역 주거지(1·2:미사리, 3:구영리, 4:아우라지, 5:대평리, 6:평거동)

이중구연토기가 출토되는 조기 주거지는 매우 드물지만 울산 구영리유적에서 조사된 예가 있다. 주거지의 평면이 방형이며 내부에 위석식노지가 설치되어 있어 미사리유적의 주거지와 동일하지만 충적지가 아닌 구릉에 입지하는 것이 다르다. 4개의 주주혈과 벽을 따라 보조주혈이 확인되지만 벽구는 없다.

돌대문토기가 출토되는 조기의 주거지는 종종 10여 동 이상이 한 유적에서 발견된다. 아우라지 유적의 경우 조사되지 못한 지역까지 포함한다면 수십 기의 주거지가 있었을 것으로 추정된다. 그러나 충적지가 범람과 퇴적이 반복되는 과정에서 주거 폐기-축조가 빈번했을 가능성이 많아 같은 시기 취락의 규모가 그렇게 크지는 않았을 것으로 보인다. 청동기시대 조기에서 전기의 이른 시기까지 소수의 몇 동으로 이루어진 소규모 마을이 일반적이었을 것이다.

2) 전기의 주거와 취락

전기의 주거지는 평면형태가 (세)장방형인 것이 압도적으로 많다. 전기 주거지는 위석식노지에 초석이 놓인 주거지와 토광식노지에 주혈이 설치된 주거지로 대별된다. 각각 '가락동식주거지'와 '흔암리식주거(지)'라고 한다.

가락동식주거는 (세)장방형의 평면, 위석식 노지, (주혈을 대신한) 초석 등을 주요 속성으로 한다. 위석식 노지의 평면은 대부분 장방형 혹은 방형이다. 비록 주거형식 혹은 문화유형의 명칭은 서울 가락동유적에서 유래했지만 실제 집중적인 분포권이 금강유역인 점을 강조하여 '둔산식'으로 부르기도 한다.

유형은 다르지만 주거형은 역삼동식과 흔암리식 간 거의 차이가 없는 바, 양자를 구분하지 않고 '흔암리식'으로 통칭한다. 흔암리식 주거도 평면은 (세)장방형이다. 내부에 두 개 이상의 토광식 노지를 갖추는 경우가 많다. 노지와 주혈, 저장공 외에 내부시설은 없는 경우가 대부분이다. 가락동유형의 핵심지역을 제외한 남한 전역에 분포한다.

이렇게 한 주거 내에 두 개 이상의 노지가 설치되는 것이나 평면형태, 크기 등으로 볼 때, (세)장방형 주거는 몇 개의 단위 주거가 병렬적으로 연결된 '결합주거'였을 것으로 보인다. 사실 일부 주거지는 증축되었다는 견해도 있다.

가락동식주거와 흔암리식주거의 기둥 위치는 그것을 주혈에 세우든 초석 위에 세우든 벽에서 떨어져 2열로 설치되는 것이 많다. 하지만 일부에는 중앙에 주주혈이 설치되기도 하는데, 이런 주거지는 특히 강원 영서지역에서 많이 확인된다. 화천 용암리 62·77호 등 주거

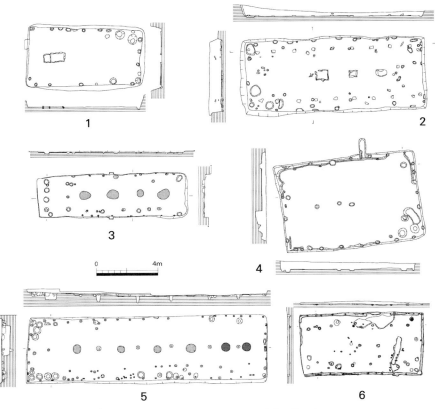

그림 IV-6. 전기의 주거(1:둔산, 2:하당리, 3:백석동, 4:조양동, 5:용암리, 6:천곡동)

지에는 벽을 따라 소형주혈이, 장축선상을 따라 주주혈이 1열로 설치되는데, 북한의 석탄리 35호 주거지와 유사하다.

철원 와수리 4호 주거지, 천전리 59호 주거지도 벽에서 떨어져 2열로 주혈이 있고 장축중 앙을 따라 주주혈이 설치되어 있지만 이들 사이에도 중앙주혈과 2열의 주혈 위치에 따라 약 간의 차이가 있다. 와수리 4호 주거지는 2열의 주혈과 중앙의 주혈이 서로 대응되지 않는데 반해, 천전리 59호 주거지는 중앙주혈과 양쪽 2열의 주혈이 일치한다. 즉 3열의 주혈이 장 축과 단축 방향으로 나란한 형태들 띤다. 이러한 차이는 도리와 보의 결구방법이 다소 다름 을 반영하는 것이다.

강릉 교동, 방내리, 속초 조양동유적의 일부 주거지는 강원 영동 전기 주거지의 모습을 잘 보여준다. 이들 주거에는 토광식노지가 설치되어 있지만 흔암리식주거라고 할 수 없는 이혈적인 것들이다. 평면은 (세)장방형인데 노지와 주혈이 정연하지 않다. 명확하게 노지로 확인된 경우는 모두 토광식이며, 주혈은 벽을 따라 불규칙하게 설치된 것이 대부분이고 벽구가 굴착된 경우가 많다. 조양동 4호 주거지와 방내리 1호 주거지에서는 장축중앙선상에 주혈 2기가 확인되었다. 장축 중심선상의 주혈일 가능성이 있다.

청동기시대 조기와 마찬가지로 전기의 취락도 대부분 규모가 크지 않다. 대체로 2~3동의 (세)장방형 주거가 모여 하나의 마을이 구성된다. 10여 동이 조사된 유적에서도 2~3동이 군집을 이루는 경우가 종종 있다. 다만 이러한 경향은 전기의 늦은 시기가 되면 일변한다. 천안 백석동유적과 같이 200여 동에 이르는 대규모 취락이 등장하여 거의 후기의 양상과 유사할 정도이다.

전기의 늦은 시기에는 掘立柱建物이 출현한다. 경산 옥곡동유적에서는 청동기시대 주거지 91동, 수혈 26기와 함께 굴립주건물 3동이 조사되었다. 이들은 모두 1칸(2×2열 주공)의 소형인

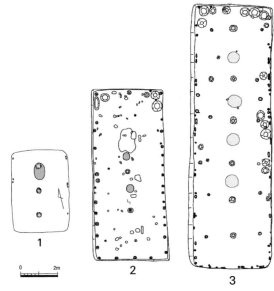

그림 IV-7. 장축 중앙에 주주혈이 설치된 주거지(1:석탄리 35호, 2:용암리 62호, 3:용암리 77호)

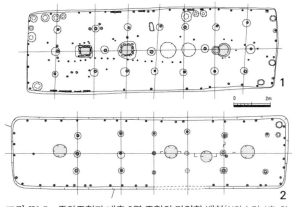

그림 IV-8. 중앙주혈과 내측 2열 주혈의 다양한 배치(1:와수리 4호, 2: 천전리 59호)

데 사람이 생활하기에는 면적이 좁고, 주거군 내에 위치하는 점으로 보아 高床倉庫로 이용되었을 것으로 생각된다. 2칸 이상의 굴립주건물은 후기에 출현한다고 할 수 있다.[1]

---

1) 대구 서변동유적에서 굴립주 3기가 조사되었는데 그중 1호, 2호 굴립주는 전기에 해당될 가능성

3) 후기의 주거와 취락

가락동을 제외한 역삼동 및 흔암리유형의 물질문화가 남한 전역에 혼재하여 분포하는 전기의 양상과는 달리, 후기가 되면 남한지역은 송국리문화가 확산되는 지역(송국리문화분포권)과 그렇지 않은 지역(검단리문화분포권)으로 제법 확연하게 구분된다. 송국리문화분포권에서는 원형의 평면을 갖는 주거가 우세한 반면, 서울을 포함한 경기 북부, 강원 영서, 영남 동부 등 송국리문화가 확산되지 않는 지역에서는 여전히 방형계 주거의 전통이 지속되는데, 그러한 주거는 '역삼동후기형'으로 불리기도 한다.

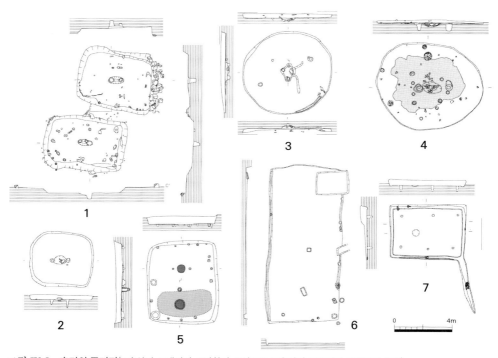

그림 IV-9. 후기의 주거지(1:휴암리, 2:대평리, 3:관창리, 4:이금동, 5:용암리, 6:포월리, 7:매곡동 신기)

이 있다. 1호는 5×1칸이고 2호는 1×1칸이다. 명확하게 전기하고 할 수 있는 굴립주의 수가 적고 그나마 1×1칸이 대부분이다(Ⅶ장 참조).

(1) 송국리문화분포권

송국리문화권에서 발견되는 주거지를 특징짓는 가장 현저한 요소는 주거 내에 노지가 사라지고 타원형 수혈과 그 내부 양쪽에 주혈이 설치되었다는 점이다. 평면이 원형인 것과 방형인 것이 있는데 각각을 '송국리식'과 '휴암리식주거(지)'라고 한다. 이 두 가지 주거유형의 관계는 송국리문화의 형성과정에 관한 견해차를 유발하는 핵심이 된다. 사실 그러한 견해차는 양자가 공통으로 갖는 요소, 즉 중앙의 타원형 수혈 때문이다. 이 요소는 이전에 보이지 않는 이질적인 것으로 그

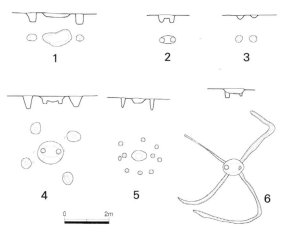

그림 IV-10. 송국리식 주거 내 중앙 수혈과 주혈의 다양한 형태
(1:대야리 1호, 2:휴암리 8호, 3:동천동 38호, 4:장등 1호, 5:이금동 27호, 6:관창리 B구역 KC-06호)

발생 원인이나 기능 또한 관심거리가 되어왔다. 그 내부에서 석분과 석기 박편이 검출되는 경우가 많고 지석이 수혈에 걸쳐져 경사지게 놓여있는 예도 적지 않기 때문에 작업공으로 이용되었을 가능성에 무게를 두고 있다.

전형적인 것은 이 작업공과 내부 주혈로 이루어져 있지만 일부는 주변에 (보조)주혈이 배치되기도 한다. 그러한 다양한 이형을 고유의 명칭으로 부르기도 한다. 작업공과 주혈은 그림 IV-10과 같이 다양하다. 그림 IV-10의 1, 2가 대부분이고 3은 대구지역에서만 확인된다. 그림 IV-10의 6과 같이 작업공과 연결되는 구가 설치되기도 한다.

(2) 송국리문화 비분포권

앞서 살핀 바와 같이, 송국리문화가 확산되지 않는 지역은 방형계 주거의 전통이 이어진다. 그러나 주거의 규모는 대폭 축소되어 일부지역을 제외하면 평면이 세장방형인 주거지는 거의 자취를 감추고 장방형이나 방형이 많아지게 된다.

서울 및 경기 북부의 경우, 대부분이 노지를 1개 갖추거나 없는 장방형이나 방형의 주거이지만 간혹 복수의 노지를 갖춘 (세)장방형도 확인되기도 하는데, 주혈의 배치는 정연하지 않는 경우가 많다.

강원 영서의 이 시기 주거는 평면이 장방형, 방형이며, 원형 혹은 타원형의 토광식 노지

를 하나 갖추고 있다. 노지의 맞은편에는 작업용 수혈이 설치되는데, 주변은 석립이 소량 혼입된 황적갈색의 정선된 점토를 사용하여 2~4㎝의 두께로 (다짐)포장하는 것이 특징이다. 또 주거지의 장축 상에 중심주혈이, 벽 주위로 소형주혈이 설치되어 있다. 중심주혈이 1개이면 주거지 내부 주혈은 2×3주식, 중심주혈이 2개이면 2×4주식인 것이 일반적이다. 이런 주거지는 강한 지역성을 갖는 바, '천전리식주거(지)'라고 부른다(김권중 2005).

강원 영동의 주거는 평면이 (세)장방형으로 영동지역 전기의 주거 전통을 계승하는 듯하지만 규모는 축소된다. 노지와 주혈은 명확하지 않다. 벽구가 있기는 하지만 네 벽을 정연하게 돌아가는 경우는 거의 없다. 단벽 쪽에 토기 꽂는 구덩이가 있는 예가 있는데 이것은 전기의 요소라고 할 수 있다. 영서지역에서 보이는 점토다짐구역은 없다.

포항, 경주, 울산을 중심으로 하는 동남해안지역의 주거는 평면이 장방형 혹은 방형이며 1개의 노지를 갖추고 있다. 구릉에 입지할 경우, 벽구와 주거지 한쪽 모서리에서 외부로 돌출된 배수구를 갖춘 주거지가 유행한다. 이러한 주거지를 '검단리식' 주거지라고 한다.[2] 노지는 4주식의 경우 장축 중앙선상에서 한쪽 단벽에 약간 치우쳐 설치되며 6주식의 경우, 주혈 4개가 이루는 한쪽 방형의 공간 정중앙에 설치된다. 8주식의 경우도 역시 1개의 노지가 설치되는데, 주거지 정중앙에 위치하지는 않는다. 노지는 토광식과 평지식이 일반적인데, 대체로 평지식 노지를 갖춘 소규모 4주식 주거도 많은 편이다. 강변 충적지에 조성된 주거지에는 벽구와 배수구가 설치되지 않는다.

동남해안지역에는 외곽에 주구를 돌린 주거가 많이 발견된다. 이러한 형태의 주거는 '연암동식'으로 불린다. 구의 성격을 분명하게 규정하기는 어렵다. 다만 포항 호동유적이나 경주 천곡동 피막유적과 같이 주거지 내에서 인골이 검출되는 점을 고려하면, 폐기 후 주거를 무덤으로 전용하는 과정에서 구획을 위해 그러했을 가능성이 있기도 하다(안재호 2010b). 한편, 이 지역에는 주거지 내부에 무작위적으로 할석이 쌓여 있는 예가 종종 확인되는데 이 또한 분묘로 전용될 때 행해진 화장과 연관될 가능성이 없지 않다.

청동기시대 후기 취락의 특징 중 하나라면 굴립주 건물이 많이 축조된다는 점이다. 전기는 출현기로 굴립주건물로 1×1칸의 소형굴립주건물이 주로 축조되었다면, 후기에는 규모가 커짐은 물론 구조도 다양해진다. 굴립주건물의 성격 역시 창고, 망루, 주거, 공공집회소

---

2) 종래 '울산식주거지' 혹은 유적명을 따서 '천상리식주거지'로 부르기도 하였다. 이 부분에 대해서는 이 책 Ⅰ장 3절에 부연설명하였다.

등으로 다양해지는 듯하다. 사천이금동유적에서는 주거, 지석묘군 등과 함께 25기의 굴립주건물이 조사되었다. 그중 2기는 길이가 26m, 29m에 이른다. 이 두 굴립주건물은 주거공간과 무덤공간의 사이에서 장축방향이 무덤공간과 나란하게 설치되어 있다. 공공성을 지닌 특수기능의 시설, 즉 의례와 관련된 공공집회소로 이용되었을 가능성을 점쳐볼 수 있겠다. 그러한 대형 굴립주건물은 비파형동검, 대규모 무덤군, 대형 주거군과 함께 거점취락의 한 모습이 될 것이다.

송국리문화가 분포하지 않는 지역의 주거는 전기의 전통을 계승해 작업공이 있는 송국리문화분포권의 것과는 완전히 다른 모습을 보이지만 취락구조 변화의 방향은 유사한 듯하다. 하나의 마을을 이루는 주거의 숫자가 증가하는 점이나 3~4동의 주거로 이루어진 주거군이 등장하는 점 등이 분포권 간 공유되는 대표적인 특징이다. 개별 주거의 면적이 대폭 줄어드는 점도 빼놓을 수 없다. 이는 양 분포권에서 가구의 변화, 더 나아가서는 핵가족화와 같은 가족관계 변화를 반영하는 것으로 이해될 수 있다. 한편 개별 주거의 면적이 축소되면서 복수의 노지가 설치디는 경우가 없어진다는 점도 전기와는 큰 차이라고 하겠다.

4) 초기철기시대의 주거와 취락

초기철기시대의 표지적인 유물은 단면이 원형인 점토띠를 붙인 토기이다. 송국리식주거에서 원형점토대토기가 출토되기도 하지만 초기철기시대의 주거는 대체로는 중앙토광이 없는 것이 주를 이루게 된다. 초기철기시대 주거는 규모가 작아지면서 평면형태의 정형성이 앞 시기에 비해 떨어진다는 특징이 있다. 평면은 방형, 원형, 타원형 등 다양해진다. 주혈이 확인되지 않는 경우가 많고 확인되더라도 정연하지 않은 예가 많다. 노지는 청동기시대 후기처럼 주거 바닥 한 곳에 설치하는 토광식이 좀 더 많지만 벽에 붙여 설치하는 '壁付式'도 있다. 주거지의 특징은 산 정상부와 같이 험한 지형에 입지하는 경우가 많은 점, 앞 시기와 단절된 형태, 주거지의 부정형화하고 할 수 있다.

초기철기시대 취락은 산 정상부와 같이 고소에 입지하는 경우가 많다는 특징을 가지고 있다. 보령 교성리, 남양주 수석동 등 소규모 취락도 그러하지만 안성 반제리, 강릉 방동리, 김해 대청, 합천 영창리 등 규모가 상대적으로 큰 유적도 고소에 입지한다. 이러한 고지성취락의 등장을 다른 집단이나 맹수로부터의 방어, 조망권의 확보, 광상(鑛床) 파악의 편리함 등과 관련 짓기도 한다.

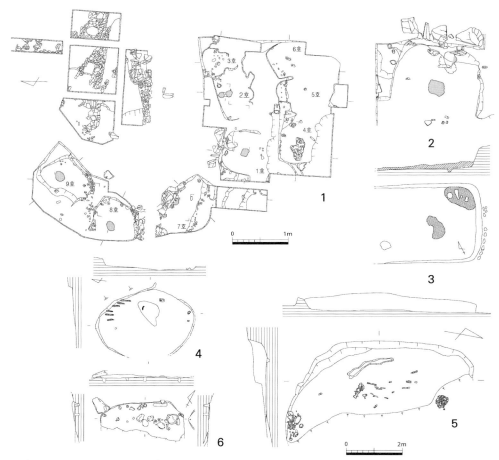

그림 IV-11. 초기철기시대 주거지(1 · 2:교성리, 3:수석리, 4:송림리, 5:대청, 6:흥동)

4. 맺음말

지역적으로 중국 동북에서 한반도 남부까지, 시간적으로 조기부터 초기철기시대까지 주거와 취락에 대해 살펴보았다. 장의 첫머리에 있는 요약문을 작성하는 것이 제일 어려웠다. 1,500여 년이라는 긴 세월 동안 우리 선조들이 축조한 주거에 대한 내용을 몇 줄로 요약하는 것은 애초 불가능한 작업이다.

20세기에도 강원도지역과 호남지역은 민가 구조가 완전히 달랐다. 기후나 지형 조건의 영향을 받지 않을 수 없다. 같은 강원도지역이라도 20세기와 21세기의 가옥 구조는 완전히 다르다. 20~21세기 120년 동안에도 시간적 · 지역적인 격차가 엄청날 진데 하물며 선사시대 1,500여 년간의 가옥 구조를 지역적 · 시간적으로 올바르게 배열하는 작업은 以卵擊石과 다를 바 없다. 본문 내용의 부실함을 이런 어구로 변명한다.

　아파트 내부 구조는 같은 회사에서 건설했다면 강원도와 호남지역이 동일하다. 과거 추위, 폭설, 여름철 습도 등에 대비했다면 지금은 그럴 필요가 없다. 여러 기술이 반영되었겠지만, 산업의 분업화, 상하수도의 보급, 바닥 난방과 창문 새시 제작 기술의 발달 등이 원인일 것이다. 선사시대에도 기술의 발달 및 유입 혹은 사회 변화가 가옥 구조를 변화시켰을 것이다. 우리가 발굴 현장에서 주거지 조사를 계속하는 것도, 그것을 찾아가는 작업이다.

주거생활 변화와 지역성의 의미
-영남지역의 자료를 중심으로-

　청동기시대 주거의 입지, 기둥열과 노지, 공간분할, 구성원 수, 폐기과정을 통한 사용기간 등 주거에서 얻을 수 있는 정보를 검토하였다.

　청동기시대 조기에는 주거가 충적지에 입지한다. 전기가 되면 구릉에 입지하는데 대형주거지 2~3동이 하나의 마을을 이룬다. 복수의 노지를 갖춘 전기의 세장방형주거는 개별 노지의 공간이 개별 가족의 공간인데 한쪽 단변 쪽의 저장혈이 있는 공간이 가장의 공간이다. 주거내의 구성원은 노지 수 만큼의 부부와 그들의 자녀들이다.

　후기가 되면 주거 규모가 축소되지만 노지의 숫자를 근거로 볼 때 하나의 취락을 이루는 구성원의 숫자가 변한 것은 아니다. 하지만 그러한 취락이 인접해서 분포하는 것이 전기와 차이점이다. 그것은 결국 인구의 증가를 반영하는 것이며 인구의 증가는 위계화의 원인이 되었다고 할 수 있다. 이러한 위계화의 궁극적인 배경을 수도작의 확산으로 판단하였다. 그런 과정에서 유력개인이 등장하고 그 유력개인이 잉여생산물을 관리하였을 것이다. 하지만 송국리문화분포권과 비분포권은 저장방식에 확연한 차이가 있었다. 송국리문화분포권이 굴립주나 저장혈 등을 이용한 저장방법을 채택하였다면 비분포권인 동남해안지역은 유력개인에 의해 관리되는 대형주거내의 대형토기에 잉여생산물을 저장한 것으로 파악하였다. 그렇게 저장방식이 다른 원인을 수도작의 보급 정도의 차이에서 구하였다. 지형적인 원인으로 수도작이 확산되지 못한 동남해안지역이 밭작물의 비율이 더 높았을 것이고 여러 밭작물은 수확기간의 사이클이 짧아 저장혈이나 고상창고와 같은 별도의 저장시설을 만들지 않았다고 파악하였다. 이러한 저장방식의 차이를 통해 송국리문화 분포권이 위계화가 더 빨리 진행되었다고 판단하였다.

1. 머리말

선사시대 연구에 주거자료가 차지하는 비중이 매우 높다는 것은 일반적으로 알려진 사실이다. 고고학연구의 기본인 편년의 기준이 되는 것은 물론이고 주거에는 선사인들의 생활모습이 남겨져 있기 때문이다. 현재까지 주거와 관련된 연구는 구조적인 면에서는 상부구조의 복원, 내부 시설물의 기능(김정기 1974 · 1976; 조형래 1996; 김현식 2008; 구준모 2013) 등이며 선사인의 생활과 관련해서는 공간분할, 주거당 구성원 수의 추정(김정기 1974; 김현식 2006) 등 이었다고 할 수 있다. 또 바닥에서 검출된 식물유존체를 통해 생업활동이 복원되기도 한다(김민구 2009). 1990년 중반 이후로는 연구의 범위가 취락으로 확대되어 저장혈(손준호 2004; 김장석 2008)이나 굴립주(배덕환 2005b; 이수홍 2007) 등 주변 유구와의 검토를 통해 취락구조 나아가 사회구조에 대한 접근까지 이어지게 되었다(안재호 1996; 김승옥 2006a; 이형원 2009; 이수홍 2012; 허의행 2013). 취락구조에 접근하기 위한 전제조건으로 취락내의 주거군 즉 주거의 최소단위에 대한 분석(안재호 1996; 권오영 1997)이 선행되었다.

청동기시대의 주거가 시간이 흐름에 따라 어떻게 변화하고 지역적으로 어떤 차이가 있는가에 대해서는 어느 정도 연구성과가 축적되었고 학계에서 큰 이견이 없는 듯하다. 본장의 목적은 주거자료를 통해 우리가 얻을 수 있는 당시 사람들의 생활모습을 탐구하는 것이다. 즉 '무엇이', '어떻게'보다는 '왜'라는데 초점을 맞추어 접근해 보고자 한다. 문제는 발굴조사를 통해 드러나는 주거지 중 폐기당시의 상황을 100% 알려주는 자료가 단 1기도 없다는 것이다. 실제 네 벽면이 온전히 잔존하는 경우가 더 적으며 유물 또한 빈약한게 사실이다. 식료품이나 목기가 제대로 보존되어 있는 경우도 없다. 하지만 최근에 폭발적으로 증가한 자료를 통해 보다 구체적인 접근이 가능할 것으로 기대된다.

청동기시대 사회 변화의 가장 큰 획기는 전기에서 후기로의 변화시점이다. 이때의 고고학적변화는 송국리문화의 등장, 주거의 규모 축소(단수의 노지), 주거와 무덤 축조의 강제성과 기획성 작용, 환호와 수도작의 확산, 무경식석촉에서 일단경식석촉으로의 변화 등 다양하다. 이러한 변화는 사회가 보다 복잡화되는 과정이며 그러한 과정 속에서 유력개인이 등장하였다고 할 수 있다. 본 장에서는 여러 고고학적 요소 중 주거자료를 검토하여 시간적인 변화의 의미와 공간적인 지역성의 원인에 대해서 살펴보겠다. 지역적으로는 영남지역의 자료를 중심으로 검토하였다.

2. 주거 축조~폐기의 과정에서 얻을 수 있는 정보

본 절에서는 주거의 축조에서부터 폐기될 때까지의 과정에서 우리가 어떤 정보를 얻을 수 있는가에 대해 살펴보겠다. 이미 많은 연구성과가 축적되었지만 최신자료를 통해 수정할 부분도 있을 것이다.

1) 입지선정

조기의 돌대문토기가 출토되는 유적은 모두 강변의 충적지에 입지한다. 경주 충효동유적과 같이 선상지에 입지하는 경우도 있지만 충효동유적의 경우 선상지 중에서도 평지에 가까운 지형이다. 즉 돌대문토기는 침식이 이루어지는 경사지(구릉)보다는 퇴적이 이루어지는 평지(충적지)가 주 생활무대라고 할 수 있다. 충적지에서의 전작이 주된 생계활동이었다고 할 수 있다(김재윤 2003; 안재호 2006). 이중구연토기가 출토되는 조기의 유적은 구릉에서도 확인된다. 울산 구영리유적 V-28호 주거지는 이중구연토기와 함께 동체부가 구형에 가깝고 경부는 길고 직립하는 적색마연토기가 출토되어 조기에 속하는 것으로 판단된다. 사례가 적어 일반화하기는 어렵겠지만 이중구연토기가 출토되는 조기의 주거지는 남부지역에만 분포할 가능성이 있다. 필자는 돌대문토기와 이중구연토기의 계통차이로 생각하고 있다.

전기에는 강변의 충적지도 계속해서 생활터전으로 이용되지만 구릉에 입지하는 경우가 많다. 청동기인들의 생활터전이 한반도 전역의 구석구석까지 확산되었다고 할 수 있다. 강변 충적지에 입지하는 경우에도 수 십동이 집결된 대단위 취락이라고 할 수는 없다. 구릉을 능선형과 사면형으로 나눈다면 대부분 능선에 입지한다. 능선은 주거축조가 용이하고 주거 내에서 배수가 용이하다. 또 조망권과 일조권의 확보가 유리하고 능선을 통한 이동에 유리한 면이 있다(최헌섭 1998; 김도헌 · 이재희 2004). 전기 말이 되면 취락을 구성하는 주거의 수가 증가하면서 구릉의 사면에도 주거가 배치된다. 구릉에 입지하는 생업경제적 배경에 대해서는 전작이 주로 이루어졌다고 하는데 그중에서도 화전경작이 주요한 생업기반이라고 하기도 한다(안재호 2000). 하지만 화전에 대해서는 실질적인 고고학적인 증거가 부족하기 때문에 부정적인 견해도 있다(김장석 2007; 고일홍 2010). 화전의 여부와는 별도로 이 시기에는 생계경제에서 수렵이나 채집이 차지하는 비율이 높았을 것이다. 구릉에 입지하는 흔암리유적의 주거지 내에서 탄화된 쌀이 출토된 예가 있기 때문에 전기부터 수전경작이 이루어진 것은 확실하다. 하지만 현재까지 조사된 수전유적의 사례를 통해서 볼 때 대규모 수전경작은 후기에 들

어서야 본격적으로 이루어졌다고 할 수 있다.[1]

후기에는 구릉뿐만 아니라 충적지에 대규모 마을을 이룬다. 충적지는 용수의 공급이 유리하고 토지가 비옥하며 하천을 통한 교통로의 확보에 유리하다(최현섭 2008). 반면 홍수 때 범람의 피해를 직접적으로 입을 우려가 있다. 충적지는 자연제방, 배후습지, 범람원 등으로 구성된다. 주거는 자연제방에 밀집되는데 범람의 피해를 최소화하기 위한 방편일 것이다. 송국리문화가 수도작을 생계기반으로 급속하게 확산되었다는 것이 일반적인 견해였지만 실제 2000년대 중반까지 충적지에서 수전이 확인된 예가 없었다. 오히려 진주 대평리유적과 같이 대규모 전작지가 검출된 예가 많다. 하지만 최근 진주 평거동유적에서 대규모의 수전이 조사되었기 때문에 논이 확인되지 않았던 충적지에 입지한 유적도 현재 조사된 지역보다 강에서 더 떨어진 배후습지에서 수전이 경작되었을 가능성이 높다.

2) 기둥열과 노지

주거 축조에는 여러 요인이 고려되고 반영되었을 것이지만 현재 우리가 제대로 인식할 수 있는 것은 노지와 기둥의 숫자 정도이다. 기둥의 결구방법이나 지붕의 형태 역시 추정일 수밖에 없다. 실제 우리가 주거를 분류할 때는 방형계 주거지의 경우 4주식, 6주식, 8주식 등 기둥의 숫자가 중요시 되었다. 하지만 주거 축조 방법을 추정하기 위해서는 기둥열을 파악하는 것이 더 중요하다. 기둥열을 통해 기둥과 도리의 형태를 추정하면 청동기시대 주거는 대부분 삼량식 혹은 오량식이다. 조기와 전기에 걸쳐서 중국동북지역이나

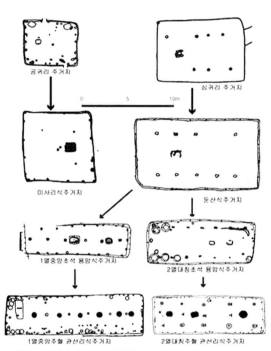

그림 Ⅴ-1. 주거지 계통도(김현식 2013)

---

1) 논의 연대에 관해서는 Ⅰ장에 언급하였다. 필자는 밀양 금천리, 울산 무거동 옥현, 야음동유적의 수전이 청동기시대 조기 혹은 전기라는 견해에 반대한다. 청동기시대 전기에 논 경작이 이루어진 것에는 동의하지만 현재까지 발굴조사된 수전 유적 중 전기에 해당되는 것은 없다고 생각한다. 앞으로 전기의 수전유적이 조사되기를 기대한다.

서북한에서 남하한 오량식주거가 전기에 남한화하면서 삼량식으로 변화하였다고 한다. 서북한에서 남하하여 남한의 기후에 적응한 결과 전기의 2열 기둥의 세장방형주거로 남한화하였다는 것이다(김현식 2013c). 주거의 구조를 파악하기 위해서는 장벽에 접해 설치된 주혈과 장축 중앙선상에 설치되거나 놓여진 주혈과 초석에 보다 주의를 기울여야 할 필요가 있다. 조기의 주거 중 벽면에 설치된 소혈의 경우 벽마감재로 인식되기도 하였으나 벽을 따라 설치된 기둥일 가능성도 배제할 수 없다. 삼량식이건 오량식이건 주기둥과 벽사이의 공간이 주거 내에서 이루어지는 활동공간이 아니라는 점이 중요하다. 장축 중앙선상에 설치된 주혈은 주거의 규모가 축소되면서 그 수가 줄어들 것이다. 세장방형이 점차 방형화 하면서 중앙 중심열 기둥이 두 개로 줄어드는데 이것이 휴암리식주거 발생의 기원이 되었을 것이다.

노지는 위석식과 석상위석식에서 토광식으로 바뀌어 간다. 석상위석식은 충적지에서만 확인되는 것으로 볼 때 바닥의 습기를 제거할 필요에 의해 축조된 것이라고 할 수 있다(김현식 2013). 노지가 취사, 난방, 조명의 역할이었다면 겨울철 노지 주변은 수면공간이었을 것이지만 평상시 주로 작업이나 일상 생활공간으로 이용되었을 것이다.

후기가 되면 주거가 규격화되면서 주거 축조가 견고해졌다고 할 수 있다. 전기에는 세장방형주거에 주혈이 없이 기둥을 세운 예가 많은데 비해 후기에는 특히 6주식의 경우 주혈이 확실하게 굴착되는 예가 많다. 또한 전기에 비해 기둥 사이의 간격이 보다 등간격화 된다. 노지는 토광식만 존재한다. 송국리문화분포권의 주거는 노지 대신 작업공이 설치되었는데 회혈노 등 수혈을 굴착하지 않은 형태의 난방이나 취사의 방법이 있었을 것이다(이형원 2009). 작업공 양쪽의 기둥이 기둥의 역할과 함께 사다리로 이용되었다는 민족지적 사례도 있지만 송국리식주거에 적용할 수 있을지는 숙고가 필요하다.

3) 주거 내 공간분할

주거 내부 공간은 기본적으로 벽과 기둥 사이의 공간, 기둥 내부의 공간으로 구분된다. 기둥 내부의 공간은 노지의 유무에 따라 기능적으로 분할되었을 것이다.

전기의 세장방형주거는 벽과 기둥 사이의 공간에서 토기의 출토량이 많고 특히 단벽쪽에는 저장혈이 설치되어 있다. 기둥 내부의 공간은 각각의 노지를 중심으로 분할된다. 그러나 노지 공간마다의 기능분화는 뚜렷하게 알 수 없다. 노지 공간마다 출토되는 유물에서 차이점이 간취되지 않기 때문이다. 이러한 각각의 노지 공간이 혈연으로 연결된 혼인한 개별 가족의 거처라고 할 수 있다(안재호 2006). 단 그 가족들 중에서도 저장혈이 있는 공간을 사용하는 가족이 상대적으로 우월하다고 할 수 있겠다. 저장혈이 있는 안쪽 부분의 공간이 넓은 예가 많기 때문이다. 울산 교동리 192-37유적 9호 주거와 같이 저장 공간을 노지 공간과 분할하기 위해 바닥에 구가 설치한 경우도 있다.

이러한 복수의 노지를 갖춘 세장방형주거에 대해 최초 축조 당시에는 1기의 노지가 설치된 소형의 주거였는데 혼인한 가족이 늘어날 때 마다 노지 하나의 면적이 차지하는 부분만큼 증축되었다는 견해도 있다. 세장방형주거가 증축되었다는 이러한 견해에 대해서 선뜻 동의하기 어렵다. 최초 소형주거에서 증축되었다면 소형주거(단수의 노지 단계)로 이용될 때 구성원의 사망이나 화재와 같이 불의의 원인으로 폐기되는 경우가 있었을 것이다. 그렇다면 전기 취락 내에서 그러한 주거가 많이 확인되어야 함에도 실제 전기에 단수의 노지를 갖춘 소형주거의 조사 예는 많지 않다. 기술적인 부분에서 볼 때도 주거의 벽면이 붕괴되어 일정 정도 증축하는 것은 가능하다고 생각된다. 실제 벽구가 20~30cm 정도 외곽으로 확장된 사례가 확인되기 때문이다. 하지만 노지 공간마다 증축이 이루어진다면 도리를 새로 연결해야 하고 그렇다면 지붕자체를 새롭게 결구해야 하는데, 새로운 주거를 신축하는 것보다 더 많은 노동력이 투입될 수 있다. 따라서 필자는 세장방형주거는 축조 당시부터 혼인한 가족 수만큼의 노지를 갖춘 완성된 형태였다고 생각한다.

후기 주거의 공간분할은 송국리문화분포권과 비분포권에서 차이가 있다. 원형의 송국리식주거는 선사시대 주거 중에서 구조가 가장 단순함에도 불구하고 내부공간분할에 대해서 가장 파악하기 어려운 것 또한 사실이다. 선사시대 주거는 노지를 중심으로 공간이 분할되었을 것인데 노지가 확인되지 않기 때문이다. 송국리식주거의 공간분할을 잘 나타내 주는 자료는 사천 이금동유적에서 조사된 주거지이다. 이금동유적은 완만한 구릉에 입지하는데 바닥에서 올라오는 습기를 차단하기 위하여 바닥을 불다짐 처리하였다. 그런데 상면 전체가 불다짐 처리된 것이 아니라 벽면에서 중앙 쪽으로 약 0.7~1m 떨어진 곳까지는 불다짐 처리가 되지 않았다. 즉 불다짐 처리가 되지 않은 벽먹쪽의 공간은 활동공간이라기보다는 저장공간으로 추정할 수 있다. 송국리식주거의 중앙에 설치된 타원형수혈

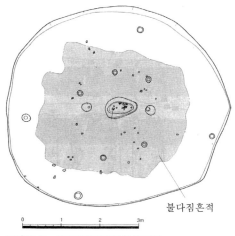

그림 V-2. 사천 이금동유적의 주거지

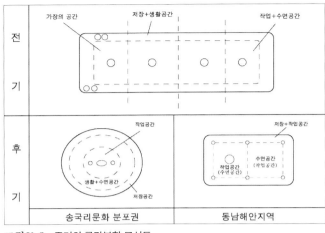

그림 V-3. 주거의 공간분할 모식도

은 작업공으로 이용되었다는 견해가 일반적이다. 실제로 작업공에 걸쳐서 대형지석이 비스듬히 걸쳐서 놓여 있고 작업공 주변에 돌가루가 산재해 있는 경우가 많기 때문이다. 즉 작업공을 중심으로 하는 중앙이 작업공간, 불다짐처리가 되지 않은 벽면쪽이 저장공간, 중앙과 벽면 사이의 공간이 취침을 비롯한 생활공간으로 이용되었다고 할 수 있다. 취침은 벽면에서 0.7~1m 떨어진 곳에서 이루어졌다고 할 수 있다.

송국리문화 비분포권은 벽과 기둥 사이의 공간과 기둥 내부의 공간으로 구분되면서 기둥 내부의 공간은 노지가 있는 공간과 노지가 없는 공간으로 뚜렷이 구분된다. 많은 유물이 출토되어 폐기 당시의 상황을 비교적 잘 보여준다고 생각되는 울산 교동리 456유적 12호 주거지를 살펴보겠다(그림 V-12 참조). 노지 반대쪽 단벽에서 완형의 토기가 집중적으로 출토되는 것으로 볼 때 노지 반대쪽의 벽면과 기둥 사이이 공간이 저장공간으로 이용된 것을 알 수 있다. 벽과 기둥사이의 공간에서 토기뿐만 아니라 석기도 많이 출토되었다. 즉 토기와 함께 작업용 공구를 두는 공간으로 이용되었을 것이다. 난방, 취사, 조명이라는 노지의 기능을 감안한다면 노지 주변에서 석기제작과 같은 작업활동이 이루어졌을 것이다. 6주식 장방형 주거의 경우 기둥과 벽면 사이의 공간은 저장공간, 노지가 설치된 기둥 사이의 공간은 작업공간, 노지가 없는 기둥 사이의 공간은 수면공간으로 이용되었을 것으로 추정된다. 물론 추울 때는 노지 주변이 수면 공간으로도 이용되었을 것이다.

4) 구성원 수

주거 내의 거주 인원수를 파악하는 전통적인 방법은 주거의 면적을 통해 산출하는 것이었다. 종래 1인당 점유면적이 최소 3㎡라는 견해(都出比呂志 1975)부터 최대 5㎡라는 견해(김정기 1974)가 있었다. 하지만 일률적으로 면적을 통해 구성원 수를 파악하는 것은 한계가 있다. 기둥과 벽면 사이는 저장공간으로 파악하여야 할 것이고 주거 내에 작업공간이 있다면 구

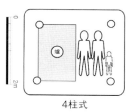 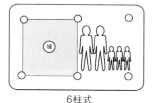 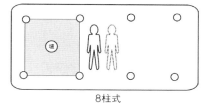

그림 V-4. 동남해안지역 후기 주거지 거주 인원수 상정

성원 수 파악에서 제외해야 하기 때문이다. 전기의 세장방형주거가 혈연으로 연결된 개별가족의 집합체라면 노지 수를 통해 가족구성원의 숫자를 추정 할 수 있다. 노지가 네 개인 세장방형주거에 네 가족이 거주했다고 한다면 성인 8명에 그들의 어린 자녀 수명으로 구성될 것이다. 저장혈을 담당하는 가장의 권위를 반영하여 한쪽 단벽쪽 1칸이 가장의 공간이라면 성인 6명과 그들의 어린 자녀로 구성되었다고 할 수 있다.

후기의 동남해안지역은 4주식, 6주식이 일반적인 형태이고 8주식도 확인되는데 8주식에도 단수의 노지가 설치된다. 노지공간을 작업공간으로 인정하여 수면공간에서 제외한다면 노지공간의 면적은 구성원 수 파악에서 제외해야 한다. 김현식(2006a)은 노지 주변 공간이 수면공간이라는 전제하에 4주식 장방형주거는 성인 2명과 자녀 1명, 6주식은 성인 2명과 어린이 포함 4~5명이라고 하였다. 필자도 대체로 동의하지만 8주식 주거에 대해서는 생각을 다르게 하고 있다. 소형인 4주식은 성장한 자녀가 독립하여 신축한 주거일 것이다. 여기에는 과연 언제부터 단혼제 즉 일부일처제가 정착되었는지에 대한 검토가 필요하겠지만 현재로서는 4주식→6주식으로의 변화는 출산에 따른 자녀 수의 증가에 의해 거주 공간 확장의 필요로 신축되었기 때문이라고 할 수 있다. 청동기시대 후기의 8주식은 후기주거의 일반적인 규모에서 이탈하였기 때문에 유력개인의 주거로 보는 것이 타당하다. 이에 대해서는 5절에서 후술하겠다.

5) 폐기

폐기의 과정을 통해 주거의 사용기간에 대한 상대적인 비교도 가능할 것이다. 전기의 세장방형주거의 노지가 개별가족의 공간 즉 주거 구성이 개별가족의 복합체라면 가족 구성원 중 한명 혹은 부부가 사망과 같은 원인으로 사라진다고 해도 남은 구성원들은 그 주거를 계속 이용할 것이다. 주거의 모든 구성원이 동시에 사라지는 것은 화재로 인한 폐기, 전염병과 같이 전구성원의 일시적인 동시 사망 혹은 이주가 원인일 것이다. 즉 다른 곳으로 정착지를 옮기거나 모든 가족이 동시에 사망하는 경우가 아니라면 계속해서 주거가 사용될 것이다. 주거 자체의 내구성에 문제가 생기거나 이동이 이루어지지 않는다면 새롭게 신축될 가능성이 적다는 것이다.

이에 비해 대가족체(공동거주형) 주거가 아닌 후기의 주거는 구성원의 죽음이 곧 그 주거의 폐기와 직접적으로 연관된다. 인골이 검출된 주거를 통해 주거가 폐기 후 무덤으로 전용되었다는 견해와(유병록 2010b) 연암동형주거도 무덤으로 전용되었다는 견해가 있다(안재호 2010b). 주거지 중앙에 돌이나 토기편을 쌓고 의도적으로 화재를 일으키는 사례가 동남해안지역에서 많이 확인되는데 이와 같은 예도 주거가 무덤으로 전용되었을 가능성이 있다(이수홍 2012a). 대평리유적 등 송국리문화분포권에서도 일반적이지는 않지만 확인되는 현상이다. 작업공 상부에 돌이나 토기편이 쌓인 채로 폐기된 주거는 동남해안지역의 적석된 주거와

경주 천군동 피막유적

울산 천곡동 가재골유적

진주 대평리유적

울산 연암동유적

그림 V-5. 가옥장과 관련된 주거지

동일한 성격이라고 할 수 있다. 송국리문화분포권이 동남해안지역에 비해 조사된 무덤의 숫자가 압도적으로 많다고 해도 모든 구성원이 사후 무덤에 매장되지는 않았을 것이다. 주거의 의도적인 폐기는 가옥장과 연관시킬 수 있다. 주거가 무덤으로 전용되었다는 견해를 받아들인다면 구성원의 죽음은 그 주거의 폐기를 의미한다. 청동기시대 후기에 인구가 급격히 증가했다고 추정되지만 그렇다 하더라도 전기의 주거 숫자는 후기의 주거 숫자에 비해 너무 적다. 아마도 전기의 세장방형주거가 후기의 주거보다 설치된 후 더 오랜 기간 사용되었다고 할 수 있겠다. 물론 주거축조의 기술적인 내구성 문제를 의미하는 것은 아니다.

3. 생산과 소비형태의 변화

본 절에서는 주거자료와 주변 유구, 출토유물 등을 통해 확인할 수 있는 생산과 소비의 형태가 어떤 모습으로 변화하였는지 시기별로 살펴보겠다.

1) 조기~전기

조기와 전기의 취락에는 주거와 무덤 이외의 유구가 많이 발견되지 않는다. 즉 그 용도가 저장혈인지, 폐기장인지 공동취사장인지 불분명하지만 원형 혹은 부정형의 수혈, 구, 야외 노지, 굴립주 등의 유구가 확인되지 않는다. 수혈유구는 호서지역 역삼동유형의 마을에서만 확인되는 양상이며(허의행 2013) 역삼동유형 중에서도 상대적으로 시기가 늦다고 할 수 있다. 즉 전기말 대규모 취락이 형성 될 때 나타나는 현상으로 조기~전기의 일반적인 양상은 아니다. 굴립주 역시 조사사례는 미진하지만 전기로 추정할 수 있는 예는 경산 옥곡동유적과 대구 서변동유적이다. 주변에 분포하는 주거지가 모두 전기에 해당되기 때문에 굴립주 역시 전기일 가능성이 높다. 옥곡동유적에서 조사된 굴립주 3기는 모두 1×1칸의 소형이다(이수홍 2007). 주거와 무덤 이외의 생활유구가 취락에서 확인되지 않는 것은 식량생산과 같은 생업활동 이외에는 많은 부분이 주거 내에서 이루어졌기 때문이라고 할 수 있다. 생산된 식량으로 음식을 제조하고 소비하는 활동뿐만 아니라 석기의 제작과 같은 공방의 역할도 주거 내에서 이루어졌다고 할 수 있다. 또 제작된 석기는 유통의 목적보다는 마을 자체 내에서 소비되는 것으로 볼 때 조기와 전기에는 자급자족적 경제생활이 유지된 것으로 추정된다. 전기에 해당되는 대구 월성동 498유적, 대구 대봉동유적, 경주 용강동유적의 주거 내에서 마제석검 미완성품도 출토된 예가 있기 때문에 마제석검도 자체적으로 제작되었을 가능성이 있다(황창한 2011). 후술하겠지만 후기에는 특정 지역 혹은 집단에서 제작되어 유통되었다.

2) 후기

후기가 되면 생산 및 소비, 유통에서 전기와 차이점이 확인된다. 특히 송국리문화분포권에서 그 차이점이 확연하다. 그림 V-6은 진주 대평리유적 중 옥방 1지구의 세부 모습이다. 주거지뿐만 아니라 용도 불명의 수혈, 구, 야외노지 등 다종다양한 유구가 분포한다. 구와 원형 수혈 중 일부는 당시의 토기가마라는 견해가 있다(김현 2002). 주거와 무덤 이외에 이렇게 다양한 유구가 취락 내에 분포하고 그러한 유구의 숫자가 주거의 숫자와 비율이 일정하지 않다면 주거 외부에서 공동의 활동이 있었음을 나타낸다고 할 수 있다. 토기가마의 경우

그림 V-6. 진주 대평리유적 옥방 1지구 세부(上 : 고민정 2008에서 수정)

마을 내에서 확인되는데 주거보다는 월등히 그 숫자가 적다. 토기의 성형은 개별 주거 내에서 이루어지고 소성은 마을에서 공동으로 이루어졌을 가능성이 있다. 주거 바깥에 설치된 야외노지가 매 끼니때마다 사용되었는지는 알 수 없다. 하지만 환호 축조와 같은 공동노동 혹은 공동의례의 기간에는 공동취사 행위가 있었다는 것을 짐작할 수 있다. 물론 후기에도 토기나 석기 중 일상생활에 사용되는 생필품은 주거 내에서 자급자족 되었을 것이다. 하지만 의기와 같은 특수물품은 특정 마을 혹은 특정 주거에서 제작되었을 가능성이 높다.

마제석검, 옥과 같은 위세품, 적색마연토기 등은 전문적으로 제작되어 보다 넓은 권역으로 유통되거나 소비되었다(고민정·Martin T. Bale 2008). 특히 영남지역의 경우 석검의 산지추정을 통해서 검토한 결과 마제석검은 고령지역에서 제작되어 유통되었다고 한다(황창한 2011). 후기의 주거에서 마제석검 미완성품의 출토 예가 적은 것도 이러한 사실을 뒷받침한다.

후기의 생산, 분업에 대한 연구성과가 축적되고 있고 대형 취락 내의 옥 생산과 관련한 분업체계를 분석한 연구가 있다(庄田愼矢 2005; 고민정·Martin T. Bale 2008). 보다 거시적으로 본다면 거점취락과 같은 대규모 마을에 특정 토기라든지 마제석검, 옥, 청동기와 같은 위세품의 생산이 집중되었을 것이다. 남강유역의 예를 들어보겠다. 경호강과 남강유역의 강변 충적지에는 옥산리유적, 대평리유적, 가호동유적 등 환호가 설치된 대형취락이 분포한다. 그림 V-6의 대평리유적과 같은 대형취락 뿐만 아니라 남강유역권에는 강변 각지의 충적지와 구릉에 소규모의 마을이 분포한다. 대형취락에서 떨어진 곳에 있는 소형마을에는 주거와 무덤 이외에 수혈, 가마와 같은 기타 유구의 발견 예가 적다. 적색마연토기와 같은 특수토기, 옥과 같은 장신구가 대형취락에서 주변 소규모 취락으로 공급되었을 것이다(고민정·Martin T. Bale 2008). 충적지에 위치한 마을은 수공업품이나 잉여농산물이 풍부한 대신 수렵품이 부족할 수 있기 때문에 주변취락은 수렵품 혹은 충적지의 밭에서 생산하지 않았던 다른 농작물과 같은 식료품이 교환의 대상이 되었을 것이다. 당시에 수로가 얼마나 효율적으로 이용되었는지는 알 수 없지만, 강 혹은 강변의 육로를 통한 교역이 이루어졌을 것이다. 대규모 마을이 모두 강변 교통의 요지에 위치하는 것도 이와 무관하지 않을 것이다.

송국리문화가 분포하지 않는 동남해안지역은 주거 외의 유구가 빈약해서 교류를 증명할 구체적인 증거를 찾기가 어렵다. 하지만 특정 유적에서 어떤 미완성품이나 한가지 재질의 석기가 많이 출토된다면 그 제품이 집중적으로 제작되었다고 할 수 있겠다. 울산 굴화리 장검유적을 살펴보겠다. 장검유적은 울산에서 언양으로 향하는 길목에 위치한다. 태화강과 척과천에 인접해 있는 교통의 요지이다. 본 유적에서는 25동의 주거에서 석기 240점이 출토되었다. 240점 중 니암혼펠스 제품이 108점을 차지해 전체 석기에서 차지하는 비율이 45%

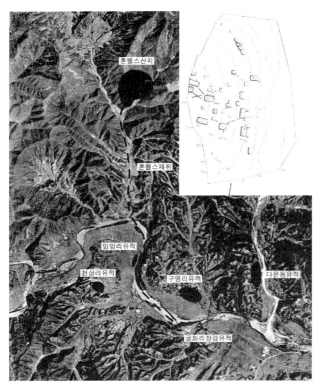

그림 V-7. 울산 굴화리 장검유적과 혼펠스 산지

에 이른다. 또, 미완성품의 출토량이 다른 유적에 비해 많은 편이다. 장검유적에서 강을 따라 북쪽으로 5km 정도 거슬러 올라가면 지금도 채석장이 있는데 이곳은 혼펠스 산지로 알려진 곳이다. 사실 혼펠스 산지는 여러 곳에 분포하지만 실제 청동기인들이 채석하기 위해서는 지표에 노출되어 있거나 지표면 바로 아래에 분포해야 한다. 이런 점에서 그림 V-7의 혼펠스 산지는 청동기시대인들이 쉽게 채석할 수 있는 곳이며 유적에서 5km 정도의 거리라면 충분히 채석하여 돌아올 수 있는 거리이다. 장검유적은 혼펠스를 비롯한 석재를 구하기 유리하며 이 유적에서 제작된 완성품이 인근의 태화강과 척과천을 통해 주변 마을로 공급되었을 것이다. 석기의 암질을 분석하면 장검유적과 같이 특정제품이 특정취락에서 제작되어 공급된 것을 확인할 수 있다.

4. 주거생활 변화의 사회적 의미

본 절에서는 청동기시대 후기가 되면서 달라지는 여러 요소 중 주거생활의 변화가 나타내는 사회적 의미가 무엇인지 살펴보겠다.

1) 입지의 변화

후기가 되면 충적지에 대규모 마을이 입지하는 점 이외에 구릉 내에서도 입지의 변화가 보인다. 취락을 구성하는 주거의 숫자가 늘어나면서 구릉에서 주거가 점유하는 범위가 늘

어나기 때문에 구릉 사면에도 입지하게
된다. 그런데 특이한 점은 주거축조가 가
장 용이한 능선을 의도적으로 비워둔다
는 것이다. 능선의 평탄면을 마을의 집회
소와 같은 광장으로 이용하였을 것이다.
필자는 동남해안지역에서 많이 조사되는
주구형유구가 주구묘라고 생각하고 있다
(이수홍 2010). 그림 V-8의 울산 매곡동 신
기유적 I 은 구릉 능선에 주구묘가 위치
하고 그 아래 양쪽 사면에 주거가 열상으
로 배치되어 있다. 울산 검단리유적의 구
릉 능선 환호 내부에 설치된 62호 · 66호
구도 주구묘일 가능성이 있다.[2] 능선에
무덤을 축조하여 마을의 구성원이 우러
러보는 효과를 내었을 것이다. 마을의 중

그림 V-8. 능선에 분포하는 주구묘 : 울산 매곡동 신기유적 I

앙부가 의례의 장으로 이용되었다고 할 수 있다. 필자는 마을의 중앙부 즉 구릉 능선이 의례
의 장으로 극대화한 것이 환호라고 생각한다(이수홍 2012a).

2) 취락에서 주거 구성의 변화

조기의 주거는 2~3동이 모여 하나의 취락을 구성한 것으로 보인다. 구체적으로 경기도
미사리유적의 경우에는 3동이 삼각형 구도로 하나의 취락을 구성하였다고 한다(이형원 2009).
진주 대평리유적, 평거동유적 등 충적지에 분포하는 유적은 10여 동 이상의 주거가 조사된
사례가 많으나 범람-퇴적이 반복되는 지형적인 조건을 감안한다면 동시에 존재한 주거는
2~3동일 가능성이 높다. 아우라지유적과 같이 충적지에서 많은 수의 조기 주거지가 발견되
는 사례도 있지만, 동시기에는 소수의 몇 동이 모여 하나의 마을을 이루었을 것이다. 이중구
연토기가 출토된 울산 구영리유적 V지구에서는 구릉 전체가 조사되었는데 동시기의 주거

---

2) 울산 검단리유적의 62호, 66호 구가 주구묘일 가능성은 이미 1990년대 중반 정한덕 선생님이 제
   기하였다.

는 1동만 확인되었다. 주거지의 깊이가 얕아 동시에 존재한 주거가 삭평되었을 가능성도 배제할 수 없지만 일단 소수의 주거가 하나의 취락을 구성한 것은 확실하다.

전기 역시 조기와 마찬가지로 2~3동의 주거로 하나의 취락이 구성된다. 구릉의 능선에 2~3동의 주거가 일렬, 병렬, ㄱ자형으로 배치된다. 주거 배치 형태는 능선의 폭이 좁기 때문에 지형을 이용한 불가피한 방법이었을 것이다. 전기 말이 되면 소수이긴 하지만 대규모 취락이 등장한다.

후기가 되면 특히 충적지에 조성된 유적은 동시기에 몇 기의 주거가 존재했는가를 파악하는 것이 사실상 불가능하다. 범람과 퇴적이 반복되는 지형적인 특징으로 현재 발굴된 주거의 숫자보다 훨씬 적은 수의 주거가 동시기에 존재했을 것이다. 하지만 충적지의 면적을 통해서 볼 때 발굴되지 않은 쪽의 주거를 고려한다면 수백 동의 주거가 동시에 분포한 유적도 있을 것이다. 충적지가 아닌 구릉에 입지하는 유적도 후기가 되면 주거의 수가 폭발적으로 증가한다.

3) 주거 면적의 축소와 주거 수의 증가

청동기시대 후기에 면적이 축소되는 것은 여러 가지 의미가 있지만 가족관계를 고려한다면 복수의 노지에서 단수의 노지로 바뀌는 것이 가장 큰 변화하고 할 수 있다. 평면형태가 세장방형에서 장방형·방형으로 변화하여 면적이 줄어들지만 단축의 규모는 큰 변화가 없다. 이것은 주거 내의 공간활용이라기 보다는 1동의 주거를 구성하는 가족의 숫자가 줄어들었기 때문이다. 주거면적의 축소를 핵가족화로 보는 견해(안재호 2006)가 있으며 단순히 대가족제가 핵가족제로 변화하는 것이 아니라 공동거주방식에서 단독거주방식으로 거주패턴이 변화하였다는 견해도 있다(김권구 2005; 김승옥 2006; 이형원 2009). 핵가족화이건 단독거주방식이건 노지 1기가 개별가족의 공간이고 따라서 후기의 주거 면적축소(단수의 노지)가 주거 내 가족 수의 축소라는 점에서 볼 때 동일한 견해라고 할 수 있다.

그런데 노지 3~4개를 갖춘 2~3동의 주거가 단수의 노지를 갖춘 10동 내외로 바뀌는 것은 실제 하나의 마을을 이루는 구성원 수가 증가하였다고 볼 수는 없다. 후기에 취락을 이루는 최소단위의 주거 수는 대체로 10동 내외이다. 실제 영남지역에서 구릉 전체가 조사된 유적에서 10동 이내의 주거만 존재하는 경우는 거의 없고 일반적인 취락에서 동시성을 고려한다면 하나의 구릉에 존재하는 주거의 수는 10동 정도라고 판단되기 때문이다. 물론 중복이나 동시기성을 파악해야 하겠지만 전기에 노지 3~4개를 갖춘 주거 2~3동이 하나의 취락을 구성하였다가 주거방식이 단독거주형으로 바뀌었다면 전기 취락의 노지 숫자와 후기 취락의 주거 수는 큰 차이가 없을 것이다.

그렇다면 취락내에서의 최소단위 즉 주거 몇 동이 하나의 단위를 이루는 것일까. 안재호(1996)는 세장방형주거가 장방형·방형으로 분화하는 모델을 그림 V-9와 같이 제시하였다. 이것은 고고학에서 말하는 최소의 단위, 최소 단위의 공동체에 관한 문제이다. 즉 최소의 생산·생활·소비단위를 말한다. 일본의 연구성과를 정리한 이기성(2013)에 의하면 일본에서는 주거지 1동이 하나의 소가족이라는 견해, 2기가 하나의 소가족을 이룬다는 견해, 주거지 수 동과 1~2기의 굴립주와 공동취사시설이 하나의 단위집단을 이룬다는 견해 등이 있다. 여기서의 단위집단이 현대의 개념으로 가족인지 친족인지에 대해서는 고고학적으로 명확히 밝히기는 어렵지만 적어도 생산·생활·소비의 최소단위라는데는 별 이견이 없을 것 같다. 나아가 환호축조와 같은 공동노동이 필요할 때 마을

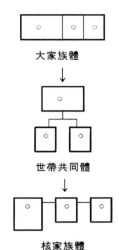

그림 V-9. 주거의 분화 모델(안재호 1996)

의 유력자에 의해 동원되는 사례를 제외하고 자발적으로 본인의 가족을 근사할 단위일 것이다. 이 역시 전기의 세장방형주거에서 답을 찾고 싶다. 기본적으로 사회를 이루는 최소단위는 개인 1인일 것이며 공동노동의 최소단위는 주거 1동(노지 1기)일 것이다. 하지만 농경생활이건 수렵채집생활이건 성인 부부와 그 자녀들로만 이루어지기 어려운 공동노동이 있었을 것이며 그 공동노동의 최소단위가 노지 3~4개를 갖춘 전기의 세장방형주거일 것이다. 그림 V-10과 같이 개별주거를 개별가족(핵가족), 3~4동의 주거군이 세대공동체,[3] 2~3군의 세대

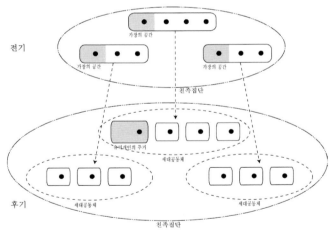

그림 V-10. 전기와 후기의 주거군 구성 모식도

---

3) 김범철(2006a)은 '세대'라는 용어보다는 '가구'라는 용어가 더 적합하여 그 용어를 사용할 것을 제안하였다. 세대나 가구나 연구자들이 생각하는 의미는 동일하다고 생각한다. 필자 역시 '가구'

공동체가 하나의 마을을 이루는데 이것이 엥겔스의 친족집단일 것이다. 즉 후기 취락에서도 공동 생산·생활·소비의 최소단위는 3~4동의 주거이고 이러한 3~4동의 주거 3그룹이 하나의 취락을 형성하였을 것이다.⁴⁾ 하나의 주거군을 판별하는 방법에는 근접성, 장축방향 등이 있지만 세대공동체는 강한 친족율의 지배를 받기 때문에(김승옥 2006a) 공간적인 거리가 가장 중요한 기준이라고 생각된다. 장축방향은 구릉의 방향에 따라 다르게 나타날 수 있고 충적지에는 입구의 방향도 중요하기 때문에 재고의 여지가 있다.

그렇다면 전기의 취락과 후기의 취락은 기본적으로 큰 차이가 없는 것일까. 후기에는 이러한 10동 내외의 주거가 이루는 마을이 주변에 인접해 있는 것이 전기와는 확연히 다른 점이다. 전기의 취락이 점상으로 분포한다면 후기의 취락은 전역에 면상으로 분포한다. 일단은 인구의 증가를 염두에 두어야 할 것이다. 선사시대 사회적변혁기는 생산활동의 변화가 원인이 되고 그에 따라 인구가 급증하였다고 한다(고든 차일드(김성태·이경미 역) 2013). 한반도의 청동기시대도 마찬가지일 것이다. 청동기시대보다 삼한시대 혹은 삼국시대의 주거가 적게 확인되었다고 해서 인구가 감소했다고 할 수 없듯이 잔존하는 주거의 숫자로 인구 증가를 추론하는 것은 무리일 수도 있다. 하지만 땅을 굴착하여 후대에 집터의 흔적을 남기는 시대에는 주거의 숫자가 인구의 비율을 어느 정도 반영한다고 할 수 있다. 주지하다시피 청동기시대에는 조기나 전기에 비해 후기의 주거의 숫자가 압도적으로 많다. 주거 자체의 내구성, 빈번한 이동 등도 염두에 두어야 하겠지만 그 점을 고려하더라도 인구가 증가하였다는 데는 이견이 없을 것이다. 물론 인구증가에는 수도작을 비롯한 식물재배량의 증가와 저장, 나아가 저장을 가능하게 하는 사회적 이데올로기의 변화가 바탕이 되었을 것이다.

송국리문화분포권에 비해 동남해안지역이 오히려 유적의 밀도가 더 높은 것은 경작지 부족에 따른 주변 지역으로의 이주가 원인이라고 생각된다. 즉 동남해안지역은 주거가 입지하는 구릉 자체가 경작지로 이용되었기 때문에 인구가 증가하여 경작 가능한 땅이 부족

라는 용어의 사용에 동의하지만 본 장에서는 아직 학계에서 익숙하게 사용하는 '세대'라는 용어를 사용하겠다.

4) 안재호(1996)와 권오영(1996)은 주거의 수에서 약간의 차이는 있지만 주거 2~4동이 하나의 주거 군을 이루고 이 주거군 2~4군이 하나의 그룹을 이룬다고 하였다. 안재호는 주거를 '핵가족' 주거 군을 '세대공동체'라고 하였고 권오영은 각각 '세대-세대복합체-세대복합체군'이라고 하였으며 대규모 취락은 다수의 세대복합체군으로 구성되었다고 하였다. 송만영(2001)은 '개별주거-주거 군-소형취락', 이형원(2009)은 '주거-주거군-취락'이라고 하며 각각 개별세대-세대공동체-취락공 동체에 대응된다고 하였다.

해진다면 성인이 된 자녀가 분가하여 새로운 마을을 개척하였을 것이다. 중부 유럽에서는 이미 신석기시대에 마을의 인구가 조밀해지고 경작 가능한 땅이 부족하게 되었을 때 젊은 부부가 원래의 마을에서 분리되어 독립되어 나갔다고 한다(고든 차일드(김성태·이경미 역) 2013).

이렇게 인구가 증가하고 그 결과 하나의 취락 바로 인근에 또 다른 취락이 분포하게 된다. 충적지와 같이 지형구분이 없는 경우에는 백 여기의 주거가 밀집되어 분포할 것이다. 하나의 마을을 이루는 구성원의 수를 초월하는 공동노동-환호의 축조, 대형무덤이나 굴립주의 축조, 대규모 수전지의 개간, 공동 의례 등이 가능하게 된 계기가 되었고 그러면서 자연스럽게 유력개인이 출현하는 기반이 되었다고 할 수 있다.

5. 저장시설의 유무에 따른 후기의 지역성

주지하듯이 청동기시대 후기가 되면 한반도 남부지역은 송국리문화분포권과 비분포권으로 뚜렷이 구분된다. 영남지역 역시 마찬가지이다. 양 지역은 여러 면에서 뚜렷한 차이점이 간취되는데 본 절에서는 저장방법의 차이를 통해 양 지역의 위계화 차이에 대해 살펴보고자 한다.

1) 대형주거의 존재

후기에 주거의 규모는 축소되지만 상대적으로 면적이 넓은 대형주거가 취락 내에 존재한다.

충적지에 입지하는 송국리문화 분포권의 유적에서는 대형주거가 대형굴립주나 광장 가

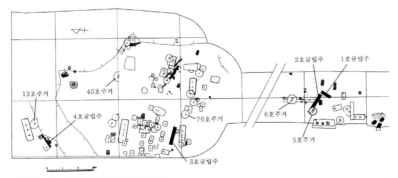

그림 V-11. 청도 진라리유적 배치도

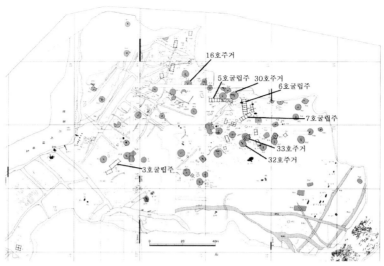

그림 V-12. 대구 동천동유적 배치도

까이에 위치한다. 송국리문화분포권의 대형굴립주와 대형주거의 배치관계를 잘 나타내주
는 유적으로는 청도 진라리유적과 대구 동천동유적이 있다.

　진라리유적에서는 대형굴립주 4동과 93동의 주거가 조사되었는데 후기의 방형(휴암리식)
이 36동, 원형(송국리식)이 23동이다. 조사된 지역에서 주거군은 세 그룹으로 분리되는데 각
그룹 사이에는 공지가 있다. 이곳이 광장이라면 굴립주는 모두 광장 가까이 배치되었다. 송
국리식주거 중 면적이 복원되는 주거는 20동인데, 평균면적은 15.8㎡이다. 이 중 5호, 6호,
13호, 40호, 76호 주거가 상대적으로 규모가 큰 편인데 면적이 각각 22.9㎡, 24.5㎡, 31.7㎡,
35.4㎡, 20.3㎡이다. 특히 40호 주거는 광장에 접해 있고 나머지 4동의 주거는 모두 굴립주
가까이 위치하는 것을 알 수 있다[5](이수홍 2007).

　대구 동천동유적에서는 주거 60동이 조사되었는데 그 중 송국리식주거가 47동이다. 굴
립주건물은 20동이 조사되었다. 굴립주건물 중 3호, 5호, 6호, 7호 굴립주가 규모가 크다.
송국리형주거 47동 중 면적을 알 수 있는 43동의 평균면적은 12.3㎡이다. 주거 중에는 16
호, 30호, 33호 주거의 면적이 각각 19.5㎡, 18.8㎡, 21.0㎡로 규모가 상대적으로 크다. 그런

---

　5) 보고서에서는 63호 주거가 대형주거로 보고되었지만, 이 주거지는 벽면이 한쪽은 방형, 반대편
　　벽면은 원형이며 내부에 작업공이 두 개인 것으로 볼 때 중복된 주거로 보는 것이 타당하다.

데 3호 굴립주를 제외하면 상대적으로 규모가 큰 3동의 주거와 3동의 굴립주가 모두 근처에 위치한다(이수홍 2007).

진라리유적이나 동천동유적은 전기의 세장방형주거와 같은 규모는 아니지만 상대적으로 규모가 큰 주거가 굴립주 주위에 배치된다는 점이 이채롭다. 규모가 큰 주거에 거주하는 유력개인이 굴립주를 관리하였을 것이고 굴립주를 관리한다는 것은 공동의례의 주관, 잉여생산물에 대한 관리권(안재호 2006; 이수홍 2007; 김장석 2008b)을 가진다고 할 수 있다.

동남해안지역은 후기가 되면 주거의 규모가 축소되는데 대부분 4주식이거나 6주식이다. 그런데 특이하게 8주식의 대형주거가 존재한다. 8주식의 경우 기본적으로 세 칸인데 복수의 노지가 설치된 경우는 없다. 간혹 2기의 노지가 설치된 주거가 조사되기도 하는데 실제 한 주거 내에서 노지의 폐기-신축의 결과로 보는 것이 타당하다. 즉 단수의 노지를 갖춘 8주식 주거가 존재하는데 전기의 세장방형주거와는 평면플랜이 전혀 다르다. 전기의 주거는 기본적으로 복수의 노지를 갖추었고 주혈이 불분명한 경우가 많은데 후기의 8주식 주거는 단수의 노지에 주혈이 정연하다. 6주식 주거지와 동일한 플랜인데 규모만 큰 형태이다. 벽주혈이 정연하게 굴착된 예가 많다. 이러한 8주식 주거는 동시기성을 고려한다면 한 구릉에 1동만 존재하는 경우가 많다. 입지에서도 다른 주거지와 뚜렷이 구분된다. 검단리유적에는 69호 주거가 유일한 8주식 주거인데 무덤 근처에 위치한다. 능선에 입지하는 울산 북동유적의 경우 2호 주거는 구릉의 가장 아래쪽 즉 마을의 입구에 해당하는 곳에 위치하며 14호 주거는 인접한 구릉의 가장 높은 쪽 즉 전망이 가장 좋은 곳에 위치한다. 교동리 456유적 11호 주거와 검단리유적 69호 주거는 등고선에 직교하게 축조되었다. 등고선에 직교하는 경우 노지는 출입구 반대쪽의 구릉쪽에 1개소 설치되는 것이 일반적이다. 후기의 유력개인의 주거로 판단된다. 전기와 같은 대가족주거의 성격이 아니라 유력개인의 주거일 것이다. 대형주거에서는 대형토기가 출토되는 예가 많다. 잉여생산물이 대형주거에서 관리되었다고 할 수 있다.

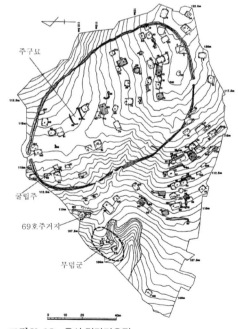

그림 V-13. 울산 검단리유적

2) 개별주거에서의 저장기능 축소

　후기가 되면 주거의 규모가 축소되면서 주거 내부에 있던 저장시설이 송국리문화분포권에서는 주거 외부에 설치된다. 저장혈이나 고상창고를 말한다. 물론 가족에게 할당된 잉여물은 가구 내에서 토기와 같은 용기에 저장되었고 가구의 소비량을 넘어서는 잉여물이 공공으로 관리되었을 것이다. 즉 농업잉여물이 사적소유물에서 공공재로 변화한다는 것이다(김장석 2008b). 송국리문화분포권의 저장혈에 대해서는 이미 여러 연구성과가 발표되었다(손준호 2004; 김장석 2008b). 각각의 주거에서 노동의 댓가로 발생한 잉여물 관리가 전기에는 주거내의 가장에 의해 이루어졌다면 후기에는 각 가구의 가장을 초월하는 마을의 유력개인에 의해 관리되었다는 것을 의미한다. 후기가 되면 굴립주건물이 증가한다. 굴립주건물은 여러 용도로 이용되었겠지만 고상창고로 이용된 것이 많았을 것이다. 남부지방 전체에서 플라스크형의 정형화된 저장공이 확인되는 것은 아니지만 송국리문화분포권에서는 특히 충적지에 조성된 유적의 경우 주거 이외 다른 용도의 수혈이 많이 확인된다. 옥방 1지구 16호 수혈과 같이 단면 플라스크형의 저장혈도 확인되며 용도를 알 수 없는 수혈 중에는 저장혈로 이용된 것도 많이 있었을 것이다.

　동남해안지역은 주거 이외 다른 용도의 유구가 잘 확인되지 않는다. 그림 V-13의 검단리 유적의 경우 90여 동의 주거지가 분포함에도 불구하고 수혈과 같은 유구는 확인되지 않았다. 굴립주는 1동이 확인되었는데 환호의 출입구 근처에 위치하기 때문에 망루일 가능성이 높다. 가족에게 할당된 잉여물은 가구별로 가옥내의 토기에 저장하고 가족의 생활분을 넘어서는 잉여물은 대형주거의 유력자가 관리했을 것으로 추정된다.

　발굴조사에서 드러난 유구와 유물의 전모가 폐기될 당시의 상황을 100% 보여주는 것이 아니기 때문에 추정할 수 밖에 없지만 울산 교동리 456유적의 12호 주거와 11호 주거가 개별가옥과 대형주거의 예를 잘 보여준다. 12호 주거는 면적이 12.5㎡로 6주식의 전형적인 개별가옥이라고 할 수 있다. 벽 가까이에서 완형에 가까운 토기 21점과 각종 석기류 5점이 출토되었다. 기형을 복원할 수 있는 심발형토기는 8점인데 기고는 13.6~39.0㎝이며 평균기고는 25.5㎝로 일반적인 주거에서 출토되는 토기와 규격이 유사한 양상이다. 석기는 주상편인석부, 편평편인석부, 석착, 지석 등 5점이 출토되었는데 완성품으로 생산활동에 직접적으로 이용된 것이다.

　반면 11호 주거는 면적이 39.5㎡인 8주식의 대형주거인데 후기의 주거 중에서는 규모가 매우 큰 편이다. 토기 24개체분과 박편석기 포함 석기 8점이 출토되었다. 토기는 주거 내부

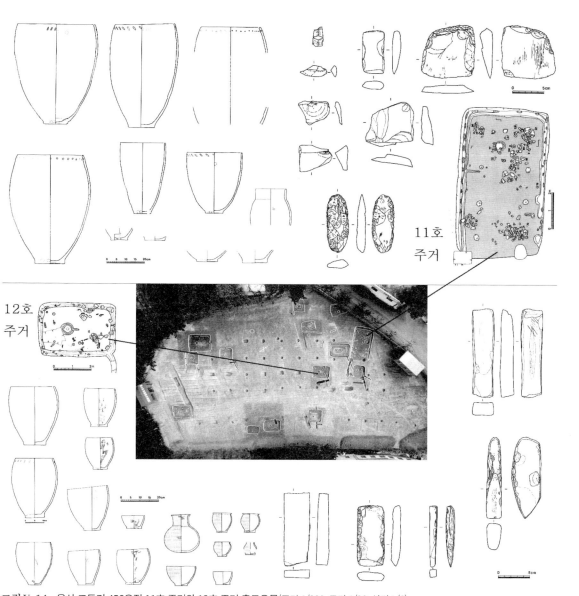

그림 V-14. 울산 교동리 456유적 11호 주거와 12호 주거 출토유물(주거 1/200, 토기 1/20, 석기 1/6)

의 각 모서리에서 네 그룹으로 모여 출토되었다. 기고가 복원 가능한 심발형토기는 5점인데 33.5~60.0cm이며 평균기고는 49.0cm이다. 이 외에도 출토된 토기 저부를 통해서 볼 때 12호 주거에는 최소 10점 이상의 대형토기가 존재한 것을 알 수 있다. 11호 주거에서 출토된 토기는 12호 주거 출토품에 비해 토기의 용량이 상대적으로 큰 편이다. 대형토기는 저장용으로 이용되었다는 것을 알 수 있으며 따라서 11호 주거는 마을의 공동잉여물은 관리하는 유력개인의 주거로 판단된다. 또한 출토된 석기 8점은 1점이 완형이고 7점이 미완성품이거나 박편이다. 완성된 석기의 출토량이 적은 것으로 볼 때 생산에 직접 참여하지 않았다고 할 수 있다. 이 주거는 대형주거임에도 등고선에 직교한다. 전기의 세장방형주거가 대부분 등고선에 평행하는데 반해 후기의 대형주거는 등고선에 직교하는 예가 많다. 검단리유적 69호 주거도 마찬가지이다. 등고선에 직교하게 축조하는 것은 침수방지에는 유리하지만 축조에는 보다 많은 노동력을 필요로 할 것이다. 그럼에도 등고선에 직교하게 축조하고 안쪽에 1개의 노지를 설치하는 것은 유력개인의 주거라는 것을 나타낸다고 할 수 있다.

3) 저장시설의 유무에 따른 위계의 차이

전기의 세장방형주거가 복수의 노지를 갖추고 각각의 노지 공간이 개별가족의 공간이라 하더라도 생산과 소비가 모두 독립적으로 이루어졌다고는 할 수 없다. 저장혈이 한쪽 단벽에 치우쳐 설치되어 그 곳을 관리하는 가장의 존재가 예상되기 때문이다. 가락동유형주거에서는 이점이 보다 명확하다. 역삼동유형주거는 노지공간마다 저장혈이 설치된 예도 있지만 그런 경우에도 대체로 한쪽 단벽쪽에 더 많은 저장혈이 설치된다. 즉 마을을 이루는 2~3동의 주거 간에는 우열이 드러나지 않지만 주거 내에서 가장의 지위는 확고하게 드러난다고 할 수 있다.

후기가 되면 주거 면적 축소, 규격화, 주거 수의 폭발적 증가 등은 남부지역 전체가 동일하다. 하지만 송국리문화분포권과 비분포권은 차이점도 많다. 그 중 하나가 저장혈이나 고상창고의 유무이며 결론부터 말하자면 그 원인은 생업활동, 그 중에서도 수도작과 전작의 비율 차이라고 생각한다.

송국리문화가 수도작을 바탕으로 급속도로 파급되었다는 것은 이제 일반적인 견해이다. 개별 취락의 수도 생산성의 차이와 취락분포 유형에서 보이는 위계적 성향을 비교한 연구도 있다(김범철 2006b). 하지만 송국리문화가 분포하지 않는 곳도 주거의 변화양상은 유사하다. 양 지역 모두 주거가 규격화되고 주거내의 저장시설이 외부(저장혈, 굴립주, 대형주거)로 옮겨지기 때문에 유력개인의 등장을 유추할 수 있다. 즉 전기에 비해 주거간의 우열이 뚜렷해 졌다고 할 수 있다.

주거간 우열이라고 하더라도 여러 단계로 나누어지기 보다는 하나의 취락단위에서 동일한 다수의 주거와 우월한 1기의 주거일 가능성이 높다. 송국리문화분포권은 이 1동의 주거에 거주하는 자가 주거 외부에 설치된 저장혈이나 고상창고를 관리하였을 것이다. 저장혈이나 고상창고를 통한 잉여생산물의 관리는 그만큼 저장의 기간이 상대적으로 길었다고 할 수 있다. 부식되지 않고 길게 저장해야 하는 작물은 역시 '쌀'이라고 생각된다. 물론 이 당시의 쌀이 전 주민이 연중 소비할 수 있을 정도로 많이 생산되지는 않았을 것이다. 실제 송국리문화분포권도 밭작물의 비율이 더 높았을 것이다. 하지만 쌀이 가진 영양분과 희소성을 감안한다면 일부라도 다음 해 수확기까지 보존할 필요가 있었을 것이다.

이에 비해 송국리문화가 분포하지 않는 곳은 주거의 밀도가 오히려 송국리문화분포권보다 더 높지만 다른 저장시설이 확인되지 않는다. 필자는 그 원인이 수도작의 보급이 상대적으로 미약했기 때문이라고 생각한다. 물론 울산 무거동 옥현유적, 서부리 남천유적, 야음동 유적 등 이 지역에서도 논 관련유적은 많이 조사되었다. 하지만 규모가 큰 하천과 충적지가 없는 이 지역의 지형적인 특징으로 대규모의 논농사가 이루어졌다고는 할 수 없다. 이 지역에서만 확인되는 계단식 논은 좁은 곡부를 이용할 수 밖에 없고 그렇기 때문에 큰 수확량을 기대하기는 어려웠을 것이다. 밭은 구릉 어디에서도 경작될 수 있는데 구릉은 침식되기 때문에 현재까지 잔존할 가능성이 희박하다. 별도의 저장혈이 설치되지 않고 주거내 토기에 잉여생산물을 저장한 이유도 역시 밭농사의 비율이 높은 것에서 원인을 찾고 싶다. 주거지에서 출토된 밭작물은 탄화종실의 분석을 통해 알 수 있다. 울산지역의 주거에서 출토된 밭작물은 보리, 기장, 조, 팥, 녹두, 밀 등이다. 아래는 벼와 함께 밭작물의 수확시기를 나타낸 것이다.

벼 : 9월~10월
보리 : 5월 하순~6월 초순
기장 : 8월 중순~9월 중순
조 : 9월 중순~9월 하순
팥 : 9월 상순~9월 하순
녹두 : 9월 하순~10월 상순
밀 : 6월 상순~7월 중순

밭작물은 종류가 다양하고 수확시기 역시 특정 기간을 제외한다면 벼 보다는 기간이 길다. 5월에서 10월까지는 계속해서 수확이 이어질 수 있다. 그렇다면 1년에 1회만 수확하는 쌀에 비해 저장 기간이 짧아도 문제 될 것은 없다. 그 만큼 생산 소비의 싸이클이 상대적으로 짧았다고 할 수 있다. 즉 별도의 저장혈이나 고상창고를 설치하지 않고 주거내 토기에 잉여생산물을 저장한 이유도 역시 밭작물의 비율이 높았기 때문이라고 할 수 있다.

증가된 잉여를 저장하는 시설이 주거의 외부에 위치하는 것이 권력에 의한 잉여의 전용이고 권력과 사회적 위계의 형성과정이라면(김장석 2006b) 송국리문화분포권이 동남해안지역 보다 위계화가 먼저 또 빠른 속도로 진행되었다고 할 수 있다. 대표적인 위신재인 비파형동검이 청동기시대 후기에 동남해안지역에서 출토되지 않는 것도 같은 맥락이라고 할 수 있다.

6. 맺음말

이상으로 청동기시대 주거변화와 지역적 차이의 사회적 의미에 대해서 살펴보았다.

청동기시대 후기 송국리문화분포권과 검단리문화분포권의 차이 원인을 너무 쌀에 천착해서 파악하지 않았나하는 생각이 들지만, 현재로서는 그 원인을 수도작 보급의 비율로 생각하고 싶다. 밭작물보다 쌀의 비율이 높기 시작한 것이 조선 후기라고 하는데 그렇다면 송국리문화분포권도 밭작물의 경작이 활발하였을 것이고 동남해안지역 역시 논이 조사되었고 주거지에서 쌀의 탄화종실이 발견되기 때문에 논농사가 이루어졌을 것이다. 하지만 지형적인 원인으로 논농사가 생업에서 차지하는 비율에서 분명 차이가 있었을 것이고 그 차이가 저장방식을 비롯한 다른 여러 활동에 원인을 제공했다고 생각한다. 현재 한반도 남부지역에서 조사된 청동기시대 논 유적이 25곳 정도에 불과한 것으로 볼 때 송국리문화분포권에서 논 유적이 적게 확인되었다고 해서 논 경작이 적었다고 단정하는 것은 무리가 있다. 필자는 진주 평거동유적의 수전을 통해서 볼 때 앞으로 송국리문화분포권에서 대규모의 논유적이 조사될 가능성이 높다고 생각한다. 논은 발굴현장에서 아는 만큼 보일 뿐만 아니라 찾겠다는 의지만큼 보이는 것 같다.

※ 필자가 학부생일 때인 1990년대 초반 정한덕 선생님께서 '청동기시대 고고학' 강의를 하셨다. 자리를 정리하다가 옛날 선생님께서 수업시간에 배포하신 편년표를 보게 되었다. 30여 년이 지난 시점에 후학들이 새로운 자료를 이용해 작업한 최신 편년안과 90년대 초 선생님의 편년안이 거의 차이가 없는 것을 보고 깜짝 놀란 적이 있다. 그때 선생님의 견해가 옳았구나하고 생각할 때가 많다. 검단리유적의 62호 · 66호 구가 주구묘일 것이라는 의견도 그중 하나이다. 고인이 되신 선생님의 명복을 빈다

Chapter 3
취락 -
굴립주와 환호

울산 교동리 192-37유적 환호

대형 굴립주건물의 출현과 의미
-영남지역의 자료를 중심으로-

　영남지역에서 굴립주건물이 조사된 여섯 곳의 유적을 검토하여 굴립주건물의 축조시기와 출현의 의미에 대해서 살펴보았다.

　굴립주건물은 청동기시대 전기에 출현하였는데 이때는 소형창고로 이용되었다. 창고로 이용되었다는 것은 농경활동이 본격적으로 시작되었다는 것을 나타낸다.

　송국리단계인 후기가 되면 굴립주의 규모가 커지고 구조가 다양해진다. 수도작이 확산되어 본격적인 농경사회로 진입하였다고 할 수 있다. 창고뿐만 아니라 공공집회소, 망루 등 다양한 용도로 이용되기 시작한다. 공공집회소가 축조되는 것은 유력개인의 등장을 나타내고 이것은 취락내의 위계화를 반영한다.

　유적간의 검토에서는 진라리유적 원형주거지단계→동천동유적→이금동유적의 순서로 복잡한 취락구조를 보이는 것을 확인하였다. 이러한 차이점은 취락간의 위계화를 나타내는 것으로 파악하였다. 가장 복잡한 구조를 보이는 이금동유적은 신전과 대규모 지석묘군이 확인되고 위세품인 동검, 옥이 출토되는 것으로 볼 때 청동기시대 후기의 거점취락이라고 할 수 있다.

1. 머리말

　掘立柱建物은 지면 아래 기둥을 세워 구축하는 건물(宮本長二郎 1998)로 외관상으로는 柱穴이 일정한 거리를 두고 규칙적으로 배열된 유구를 말한다. 수혈을 굴착하지 않고 生活面에 기둥을 세워 건물을 구축한 것이다. 굴립주건물은 床面의 위치에 따라 地面式(地床式)建

物과 高床式建物로 나누어진다. 고상식건물은 床面이 地面 위에 설치되는 건물형태로 주혈의 간격이 비교적 일정하다. 이에 반해 지면식(지상식)건물은 말 그대로 지면이 생활면이 되는 건물이다. 지면식은 주혈의 간격이 고상식에 비해 일정하지 않아 현장에서 확인되는 주혈의 구조로는 고상식으로 가옥을 축조하기에 용이하지 않는 형태의 주혈군을 말한다(조현정 2003). 사실 주혈이 많이 확인되고 칸수가 적은 주혈군은 고상식과 지면식의 구분이 애매한 경우가 많다.

굴립주건물은 출토유물이 거의 없기 때문에 중복관계가 아니면 시기를 파악하기가 어렵다. 따라서 취락에서 타유구와의 동시성을 확보할 수 없기 때문에 취락내에서 차지하는 역할에 비해 관심이 적었던 것이 사실이다.

본 장에서는 영남지역에서 굴립주가 조사된 유적을 검토하여 굴립주건물의 축조시기와 출현의 의미에 대해서 검토해 보겠다.

2. 유적의 검토

1) 청도 진라리유적

경상북도 청도군 화양읍 진라리 일대에 분포하는 유적으로 2002년에서 2003년에 걸쳐 영남문화재연구원에서 발굴조사를 실시하였다. 이 유적에서는 굴립주건물 4동이 주거지, 지석묘, 수혈, 야외노지, 구상유구 등과 함께 조사되었다.

주거지는 93동이 조사되었는데 세장방형이 8동, 장방형이 16동, 방형은 10동, 말각(장)방형(휴암리식) 36동, 원형(송국리식) 23동이다. 그 중 세장방형, 장방형, 방형은 전기에 해당하고, 말각(장)방형, 원형주거지는 후기에 해당한다. 진라리 유적에서 조사된 굴립주건물에 대한 상세는 표 VI-1과 같다.

표 VI-1. 진라리유적의 굴립주건물 상세

호수	평면 형태	칸수	규모(cm)		면적 (㎡)	단장비	주주간 거리		취락 내 위치
			장축	단축			梁間	桁間	
1	세장방형	4×1	684	216	14.8	1:3.16	216	171	공지에 접함
2	세장방형	11×2	1,440	200	28.8	1:7.20	100	131	공지에 접함
3	세장방형	9×1	1,232	210	25.9	1:5.86	210	137	공지에 접함
4	세장방형	(5×2)	(1067)	(272)			272	213	공지에 접함

보고자는 굴립주건물이 세장방형, 장방형주거지와 관련된 전기의 유구로 판단하고, 용도는 창고 또는 회의장과 같은 공공의 시설물로 파악하였다.

필자는 진라리유적의 굴립주건물은 말각방형, 원형주거지 단계의 후기로 생각하고 싶다. 진라리유적과 같이 충적지에 형성된 유적은 같은 형태의 주거지라도 중복되는 경우가 많은 것으로 볼 때 굴립주건물 역시 원형, 말각방형주거지와 중복되었더라도 반드시 중복된 주거지와 다른 단계라고 단정하기 어렵다. 현재까지 조사된 굴립주건물이 대부분 후기에 속하고 진라리유적에서도 전기와 관련된 뚜렷한 중복관계가 확인되지 않기 때문에 후기로 파악하는 것이 보다 합리적이다.

진라리유적의 굴립주건물의 성격에 대해서는 입지와 면적을 통해서 살펴보겠다.

유적의 배치상태를 보면 가장 북쪽에 주거지 4동과 굴립주건물 1동이 분포하고 약 40m의 空地를 두고 60m 정도의 폭으로 주거지가 밀집분포한다. 다시 50m 정도의 공지를 두고 남쪽에 주거지와 지석묘, 굴립주건물 등이 분포한다.

굴립주건물은 북쪽 주거그룹에서 1동, 중앙 주거그룹에서 1동, 남쪽 주거그룹에서 2동이 분포한다. 북쪽 그룹의 4호 굴립주건물은 5×2칸으로 추정되며 남쪽으로 空地에 접해 있다. 중앙그룹의 3호 굴립주건물은 9×1칸이며 역시 남쪽으로 공지쪽에 위치한다. 남쪽 그룹의 1호 굴립주건물은 4×1칸, 2호 굴립주건물은 11×2칸인데 북쪽으로 공지를 향하고 있다. 취락내의 空地(廣場)가 특별한 행위를 위한 장소라고 한다면(최종규 1990) 광장에 가장 가깝게 위치하는 진라리유적의 굴립주건물은 창고나 일반인의 주거는 아닐 것이다.

그러면 동시기의 말각방형, 원형주거지와 굴립주건물과의 면적에 대한 상관관계에 대해

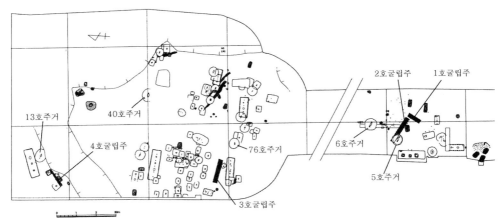

그림 VI-1. 청도 진라리유적 배치도

서 살펴보겠다.[1] 굴립주건물이 후기의 어느 시점에 존재하였는지는 명확하지 않지만 굴립 주건물과 수혈주거지와의 관계를 밝히기 위해서 양쪽(말각방형, 원형) 주거지의 면적에 모두 대입해 보겠다.[2]

면적을 알 수 있는 말각방형주거지(휴암리식) 25동에 면적을 알 수 있는 굴립주건물 3동의 면적을 대입한 도수분포도를 보면 다음과 같다.

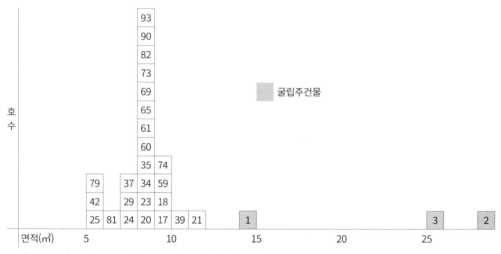

그림 VI-2. 진라리유적의 방형주거지와 굴립주건물의 면적에 대한 도수분포도

말각방형주거지는 모두 5.4~11.2㎡에 속해 면적을 통해서 주거지간의 계층화가 뚜렷이 간취되지 않는다. 반면에 굴립주건물 3동은 모두 말각방형주거지보다 월등히 면적이 넓다. 굴립주건물은 공공집회소로 이용된 것으로 추정된다. 이 공공집회소는 마을 구성원에 의해 공동으로 관리되었을 것이다. 수혈주거지의 면적에서 큰 차이가 나타나지 않기 때문이다. 그러나 집회나 의례를 주관하는 사람의 등장은 유추할 수 있기 때문에 공공집회소의 등장

---

1) 면적은 주혈간의 장축×단축으로 구했으나 실제 굴립주건물의 상면은 기둥이 이루는 면적보다 더 넓은 것이 확실하다. 테라스가 설치되었을 수도 있으며 그렇지 않더라도 기둥보다 넓게 도리 가 결구되어야 건물이 튼튼하게 지어질 것이다.

2) 청동기시대 후기의 주거변화가 말각방형에서 원형으로 일률적으로 변화한 것은 아닐 것이다. 두 주거지가 어느 정도 동시기에 존재했을 가능성이 높으나 말각방형에서 원형으로의 변화가 어 느 정도 경향성은 가진다고 생각되기 때문에 두 단계로 나누어서 검토하였다.

은 유력개인의 등장과 관련시킬 수 있을 것이다.[3]

다음은 원형주거지 20동에 굴립주건물 3동의 면적을 대입한 도수분포도이다.[4]

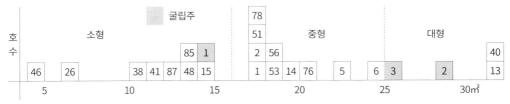

그림 VI-3. 진라리유적의 원형주거지와 굴립주건물의 면적에 대한 도수분포도

면적을 알 수 있는 원형주거지(송국리식) 20동은 4.3~31.7㎡인데 말각방형주거지에 비해서 면적 차이가 많이 나는 편이다. 앞서 언급하였듯이 굴립주건물의 상면은 기둥의 면적보다 넓기 때문에 굴립주건물 2호와 3호는 13호, 40호 주거지와 면적에서는 비슷하거나 오히려 더 넓을 수도 있을 것이다. 특이한 것은 면적이 넓은 13호 수혈주거지는 4호 굴립주건물 주변에, 6호 수혈주거지는 2호 굴립주건물 주변, 5호 수혈주거지는 1호 굴립주건물 주변, 76호 수혈주거지는 3호 굴립주건물 주변에 위치해서 면적이 넓은 수혈주거지가 굴립주건물 옆에 배치되었다는 점이다. 즉 면적이 넓은 수혈주거지 거주자와 굴립주건물의 관리자가 동일인일 가능성이 있다. 2호, 3호 굴립주건물은 공공집회소이며 마을 구성원 전체에 의해 관리되는 것이 아니라 대형의 원형주거지에 거주하는 특정인에 의해 관리되는 시설로 판단된다.

굴립주건물이 말각방형, 원형주거지 어느 쪽과 동시기에 존재했다고 하더라도 일반주거와는 입지와 면적에서 차이가 있는 것을 확인할 수 있다.

2) 대구 서변동유적

대구광역시 북구 서변동 일대에 분포하는 유적으로 1998년부터 2000년까지 영남문화재연구원에서 발굴조사를 실시하였다. 청동기시대 주거지 48동과 함께 굴립주건물 3동이 조

---

3) 조사지역이 유적의 일부분이기 때문에 보다 넓은 주거지가 취락내에 존재하였을 가능성을 배제할 수는 없다.

4) 40호 주거지는 절반이 유실되었는데 보고서에서는 면적을 35.4㎡로 추정하였다. 그러나 40호 주거지의 장축은 673㎝, 단축반경이 300㎝이기 때문에 면적은 31.7㎡가 타당할 것이다.

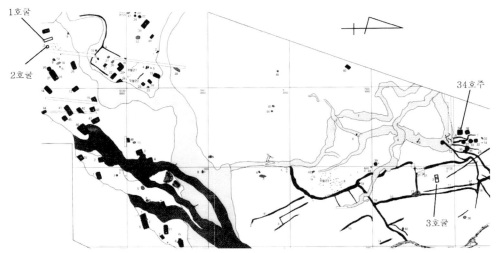

그림 VI-4. 대구 서변동유적 배치도

사되었다. 청동기시대 주거지는 42동이 전기에 속하는 장방형, 방형계이며 6동이 후기에 해당하는 소위 송국리식주거지이다. 굴립주건물에 대한 상세는 표 VI-2와 같다.

표 VI-2. 대구 서변동유적 굴립주 상세

호수	평면 형태	칸수	규모(㎝)		면적 (㎡)	단장비	주주간 거리		취락 내 위치	시기
			장축	단축			梁間	桁間		
1	세장방형	5×1	664	117	7.8	1:3.75	117	133	장방형 주거군 내	전기
2	방형	1×1	181	144	2.6	1:1.22	181	144	장방형 주거군 내	전기
3	장방형	4×2	545	218	11.9	1:2.50	109	136	독립되어 위치	후기

굴립주건물 2동(1호, 2호)은 장방형 주거지군 속에 위치하며 1동(3호)은 송국리식주거지군에서 약 20m 떨어져 독립되어 분포한다. 즉, 1호, 2호 굴립주건물은 전기에 해당되고 3호 굴립주건물은 후기에 해당된다고 보는 것이 자연스럽다.

2호 굴립주건물은 1×1칸에 면적이 2.6㎡로 창고로 추정된다. 1호 굴립주건물는 5×1칸으로 면적은 7.8㎡이다. 동시기의 주거지 면적이 최대 49.8㎡에 이르는 것으로 볼 때 창고로 생각된다.

3호 굴립주건물과 후기의 주거지 면적의 도수분포도는 다음과 같다.

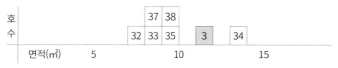

그림 VI-5. 서변동유적 굴립주와 주거지의 면적 도수분포도

3호 굴립주건물은 후기의 주거지와 독립되어 위치하는데 면적은 11.9㎡이다. 후기 주거지의 면적은 7.4~13.8㎡이다. 3호 굴립주건물의 상면의 면적을 감안한다면 床面의 면적은 34호 주거지와 비슷할 것이다. 주거군과 떨어져 있고 평면형태로 볼 때 후기의 주거군에서 공동으로 관리하는 公共施設로 추정된다.

3) 대구 동천동유적

대구광역시 북구 동천동 일대에 분포하는 유적으로 1997년부터 1999년까지 영남문화재연구원에서 발굴조사를 실시하였다. 청동기시대 주거지 60동, 수혈 87기, 집석 10기, 우물 4기, 석관묘 6기, 환호 4기 등과 함께 굴립주건물 20기가 조사되었다.

주거지는 전기에 해당하는 장방형, 방형이 13기이며 후기의 송국리형주거지가 47동이다. 굴립주건물지 20기에 대한 상세는 표 VI-3과 같다.

1호 굴립주건물은 유적의 가장 남쪽에 주거군과 떨어져 위치한다. 2호, 3호, 14호, 16호, 17호 굴립주는 주거군의 외곽에 위치하며 나머지 14기는 주거군 속에서 주거지와 같이 분포한다. 대체로 유적의 북서쪽에 굴립주건물이 밀집되어 있고 그 주변으로 수혈주거지가 많이 분포하고 있다.

중복관계를 보면 11호, 13호 굴립주건물은 송국리형주거지인 33호, 35호를 파괴하고 설치되었으며 5호 굴립주건물은 역시 송국리형주거지인 29호, 30호 주거지에 의해 파괴되었다. 굴립주건물간에 시기차이가 크지 않다고 가정한다면 동천동유적의 굴립주는 송국리형주거지와 동시기일 가능성이 높다. 유구의 배치관계를 통해서 볼 때도 주거군 외곽이나 주거군내에 위치하기 때문에 동시기라고 판단된다.

굴립주건물과 수혈주거지의 면적에 대한 도수분포도는 그림 VI-6과 같다.[5]

---

5) 27호 주거지는 보고서에 면적이 35㎡의 대형주거지로 기재되었다. 그러나 주거지의 평면형태가 말각방형인데 한쪽 단벽은 원형이며 반대쪽 단벽은 말각방형이다. 내부에 동천동식주거지의 양 주혈이 두군데에서 확인되고 주혈을 경계로 양쪽의 토층이 확연히 차이가 나기 때문에 원형주거지와 말각방형주거지가 중복된 것으로 판단된다. 따라서 도수분포표에서 제외하였다.

표 VI-3. 동천동유적의 굴립주건물   •

호수	평면 형태	칸수	규모(cm)		면적 (㎡)	단장비	주주간 거리		취락 내 위치
			장축	단축			梁間	桁間	
1	방형	2×2	304	304	9.2	1:1	152	152	독립적으로 위치
2	장방형	3×1	400	205	8.0	1:1.95	205	133	주거군 외곽
3	세장방형	5×1	712	234	17.6	1:3.05	234	142	주거군 외곽
4	방형	1×1	200	175	3.5	1:1.15	175	200	주거군 내
5	세장방형	10×2	1,416	210	29.7	1:6.75	105	142	주거군 내
6	세장방형	7×2	900	262	34.4	1:3.44	131	129	주거군 내
7	세장방형	5×1	804	210	16.9	1:3.83	210	161	주거군 내
8	장방형	3×2	480	185	8.9	1:2.60	93	160	주거군 내
9	장방형	2×1	238	148	3.5	1:1.61	148	119	주거군 내
10	방형	2×2	281	235	6.6	1:1.20	118	141	주거군 내
11	장방형	2×2	352	226	7.9	1:1.56	113	176	주거군 내
12	장방형	2×1	339	190	6.4	1:1.79	190	170	주거군 내
13	장방형	3×1	403	200	8.1	1:2.02	200	134	주거군 내
14	방형	1×1	180	150	2.7	1:1.20	150	180	주거군 외곽
15	세장방형	3×2	520	200	10.4	1:2.60	100	173	주거군 내
16	세장방형	3×1	416	200	8.3	1:2.08	200	139	주거군 외곽
17	장방형	2×1	259	190	4.9	1:1.37	190	130	주거군 외곽
18	장방형	2×1	403	185	7.4	1:2.18	185	202	주거군 내
19	방형	1×1	180	150	2.7	1:1.20	150	180	주거군 내
20	장방형	2×1	265	210	5.6	1:1.27	210	133	주거군 내

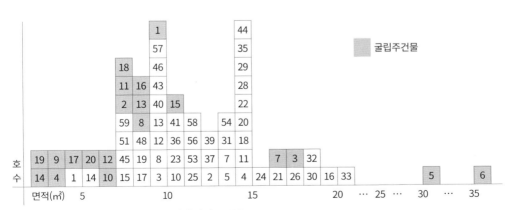

그림 VI-6. 동천동유적 굴립주와 주거지의 면적 도수분포도

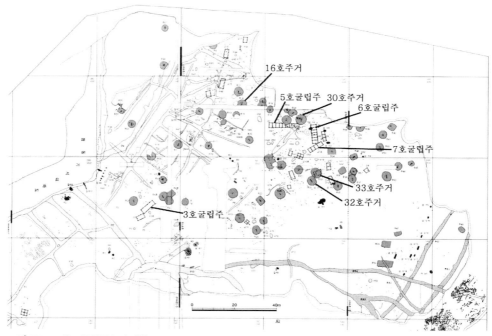

그림 VI-7. 대구 동천동유적 배치도

　　굴립주건물지 중 1호는 2×2칸의 구조이며 독립적으로 위치하는데 입지로 볼 때 망루로
추정된다. 같은 2×2칸의 구조인 10호는 주거군 내에 위치하기 때문에 망루보다는 고상창
고일 가능성이 있다. 1×1칸의 구조인 4호, 14호, 19호와 함께 소형인 9호, 17호, 20호는 창
고로 이용되었을 것이다.

　　5호, 6호 굴립주건물은 수혈주거지나 다른 굴립주건물에 비해 면적이 확연하게 넓은 것
을 알 수 있다. 수혈주거지 중 면적이 가장 넓은 33호, 16호, 32호, 30호 주거지가 5호, 6호
굴립주건물에서 반경 10~15m 이내에 위치하는 점이 이채롭다. 대형수혈주거지의 거주자
에 의해 관리되는 공공집회소로 추정된다.

　　그 외의 굴립주는 주거공간으로 이용된 것으로 생각된다. 7호와 3호 굴립주는 다른 굴립
주건물에 비해 면적이 넓으며 수혈주거지중 대형급과 면적이 비슷하다. 수혈주거지의 면적
차이가 나타내는 의미가 굴립주건물의 면적 차이에도 그대로 반영되는 것으로 판단된다.

4) 사천 이금동유적

경상남도 사천시 이금동 일대에 분포하는 유적으로 1998년부터 1999년까지 경남고고학
연구소에서 발굴조사를 실시하였다. 이금동유적에서는 청동기시대 매장유구 80기, 수혈 13
기, 수혈주거지 24동과 함께 굴립주건물 25동이 조사되었다. 보고자는 25동의 굴립주건물
을 지면식과 고상식으로 분류하였다. 굴립주건물지에 대한 상세는 표 VI-4와 같다.

표 VI-4. 이금동유적 굴립주건물 상세

호수	평면 형태	칸수	규모(cm)		면적 (㎡)	단장비	주주간 거리		취락 내 위치	비고
			장축	단축			梁間	桁間		
1	장방형	4×1	600	260	15.6	1:2.31	260	150	주거군 내	지면식
2	세장방형	3×1	670	180	12.1	1:3.73	180	223	주거군 내	고상식
3	장방형	2×1	760	440	33.4	1:1.73	440	380	주거군 내	지면식
4	방형	1×1	500	400	20.0	1:1.25	400	500	주거군 내	지면식
5	방형	?×1	500	370	18.5	1:1.36	370	?	주거군 내	지면식
6	방형	1×1	480	360	17.3	1:1.34	360	480	주거군 중앙	지면식
7	방형	1×1	370	310	11.5	1:1.20	310	370	주거군 중앙	고상식
8	장방형	2×1	320	220	7.0	1:1.46	220	160	주거군 중앙	고상식
9	장방형	2×1	330	210	6.9	1:1.58	210	165	주거군 중앙	고상식
10	세장방형	?	640	200	12.8	1:3.20	200	?	주거군 중앙	지면식
11	방형	1×1	200	200	4.0	1:1	200	200	주거군 내	고상식
12	세장방형	?	1,000	380	38.0	1:2.64			주거군 내	고상식
13	방형	1×1	220	160	3.5	1:1.38	160	220	주거군 외곽	고상식
14	장방형	1×1	230	120	2.8	1:1.92	120	230	주거군 내	고상식
15	방형	2×1	260	210	5.5	1:1.24	210	130	주거군 내	고상식
16	세장방형	8×1	1,070	230	24.6	1:4.66	230	134	주거군 내	고상식
17	세장방형	3×1	530	250	13.3	1:2.12	250	177	주거군 내	고상식
18	장방형	?	350	200	7.0	1:1.75			주거군 내	지면식
19	세장방형	6×1	710	120	8.5	1:5.92	120	118	주거군 내	고상식
20	장방형	3×1	390	210	8.2	1:1.86	210	130	주거군 내	고상식
21	장방형	?×1	570	300	17.1	1:1.90	300		주거군 내	지면식
22	세장방형	2×1	400	150	6.0	1:2.67	150	200	주거군 내	?
23	세장방형	2×1	500	210	10.5	1:2.38	210	250	지석묘 하층	고상식
60	세장방형	?×2	2900	600	174.0	1:4.84	300		주거와 분묘사이	지면식
61	세장방형	19×2	2600	500	130.0	1:5.20	250	137	주거와 분묘사이	고상식

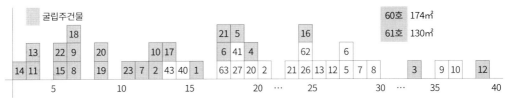

| | | | | | | | | | | 60호 | 174㎡ |
| | | | | | | | | | | 61호 | 130㎡ |

굴립주건물

그림 VI-8. 이금동유적 주거지와 굴립주의 면적 도수분포도

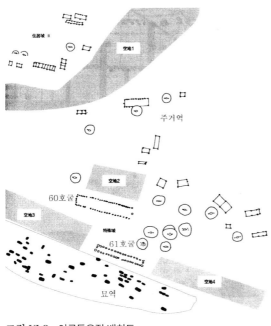

그림 VI-9. 이금동유적 배치도

주거지 24동 중 전기에 해당되는 방형계는 2동이며 대부분 후기의 송국리형주거지이다. 굴립주건물 역시 후기에 해당된다.

중소형 굴립주건물은 주거군과 혼재하지만 초대형인 60호, 61호 굴립주건물은 주거준과 묘지 사이에 위치하며 분묘열과 일직선으로 배치되어 있다.

굴립주건물과 수혈주거지의 면적에 대한 도수분포도는 그림 VI-8과 같다.

보고자는 굴립주건물의 용도에 대해 1×1칸의 소형은 저장창고로 이용되었으며 중형은 주거지로, 60호, 61호와 같은 대형건물은 공공성을 지닌 특수기능을 가진 것으로 파악하고 있다.

필자 역시 보고자의 견해에 동감한다. 60호, 61호 건물지는 주거군과 분묘열 사이에 위치하며 분묘열과 주축방향이 일치하는 것으로 볼 때 의례와 관련된 공공집회소로 추정할 수 있다.

5) 양산 소토리유적

경상남도 양산시 상북면 소토리 일대에 분포하는 유적으로 2003년도에 ㈜경남고고학연구소에서 발굴조사를 실시하였다. 청동기시대 주거지 20동, 분묘 21기, 수혈 15기와 함께 굴립주건물 2동이 조사되었다.

청동기시대 주거지는 대부분 원형의 송국리형주거지이다. 전기의 세장방형주거지도 1동이 확인되었지만 두 기의 굴립주건물은 원형주거지 단계로 판단된다. 원형주거지와 중복관계가 확인되지 않고 주거 외곽에 배치되는 등 원형주거지와 기획성이 엿보이기 때문이다.

굴립주건물지에 대한 상세는 다음과 같다.

표 VI-5. 소토리유적의 굴립주건물 상세

호수	평면 형태	칸수	규모(㎝)		면적 (㎡)	단장비	주주간 거리		취락 내 위치
			장축	단축			梁間	桁間	
50	방형	1×1	180	180	3.2	1:1	180	180	주거군 외곽
85	세장방형	3×1	550	240	13.2	1:2.30	240	183	주거군 외곽

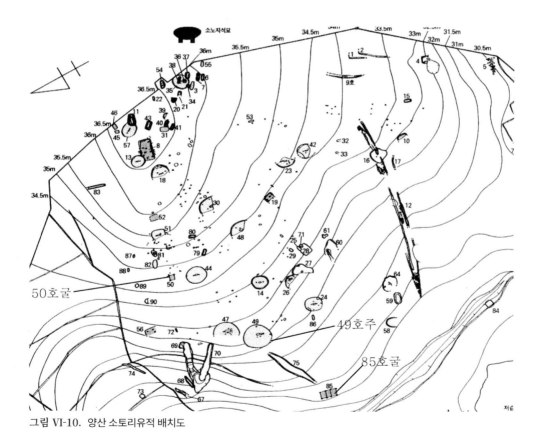

그림 VI-10. 양산 소토리유적 배치도

| 50 | | 51 | 13 | 85 | 14 | 24 | 18 | 44 | | 23 | | 30 | | 49 | | 47 | | 48 |

그림 VI-11. 소토리유적 굴립주와 주거지의 면적 도수분포도

50호 굴립주는 1×1칸이며 원형주거지의 북쪽 외곽에 위치한다. 85호 굴립주는 3×1칸이며 서쪽 사면 가장 아래쪽에 위치한다. 굴립주 아래쪽으로는 주거지가 분포하지 않는다.

소토리유적의 송국리형주거지와 굴립주건물의 면적에 대한 도수분포도는 그림 VI-11과 같다. 보고자는 2기의 굴립주건물을 공동창고시설로 파악하였다. 50호 굴립주는 주거외곽에 위치하지만 주거지와 인접하고 있어 창고일 가능성이 높겠지만 85호 굴립주는 취락의 가장 아래쪽에 위치하고 주거군과 떨어져 독립적으로 위치하고 있어 창고라기보다는 망루나 주거지의 부속시설로 추정된다. 수혈주거 중 면적이 넓은 49호 주거지가 85호 굴립주에 가장 가까이 위치한다. 49호 주거지 거주자에 의해 관리되었을 가능성이 있다.

6) 경산 옥곡동유적

경상북도 경산시 옥곡동 일대에 분포하는 유적으로 2001년에서 2003년도에 걸쳐 한국문화재보호재단에서 발굴조사를 실시하였다. 청동기시대 주거지 91동, 수혈 26기, 집석 2기, 구 6기 등과 함께 굴립주건물 3동이 조사되었다.

굴립주건물지에 대한 상세는 표 VI-6과 같다.

표 VI-6. 옥곡동유적 굴립주건물 상세

호수	평면 형태	칸수	규모(cm)		면적 (㎡)	단장비	주주간 거리		취락 내 위치
			장축	단축			梁間	桁間	
1	방형	1×1	280	265	7.4	1:1.06	265	280	주거군 외곽?
2	방형	1×1	215	200	4.3	1:1.08	200	215	주거군 내
3	방형	1×1	270	270	7.3	1:1	270	270	주거군 내

굴립주건물 3동은 모두 1×1칸의 소형이다. 1호 굴립주건물은 조사구역의 가장 북쪽에 위치하는데 이곳이 유적 전체에서 주거공간의 외곽인지는 확실하지 않다. 2호와 3호 굴립주건물은 주거군 속에 위치한다.

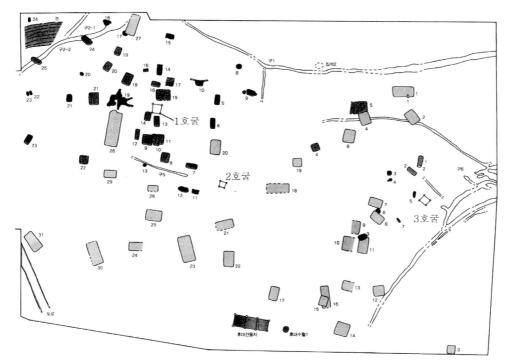

그림 VI-12. 옥곡동유적 배치도

옥곡동유적에서 조사된 주거지는 모두 평면형태가 장방형, 방형이며 말각방형(휴암리식)이
나 원형(송국리식)주거지는 1동도 확인되지 않았다. 따라서 굴립주건물 3동 역시 전기에 해당
된다고 할 수 있다.

옥곡동유적의 굴립주건물 3동은 모두 1×1칸의 건물로 사람이 생활하기에는 면적이 너
무 좁다. 주거지군 내에 위치하여 망루일 가능성도 적기 때문에 고상창고로 이용되었다고
생각된다.

3. 굴립주건물의 축조 시기와 성격

1) 축조시기

2절에서 검토한 결과 굴립주건물은 대체로 후기의 유적에서 확인되었다. 전기의 굴립주

건물은 서변동유적의 2기, 옥곡동유적의 3기 등 모두 5기에 불과하다. 그 중 4기는 1×1칸의 구조이며 서변동 2호는 5×1칸이며 면적은 7.8㎡에 불과하다. 즉 전기에는 소형창고로만 이용되었던 것으로 추정된다. 면적이 넓어지고 다양한 다칸구조가 등장하여 확산되는 것은 후기부터라고 할 수 있다.

굴립주건물의 출현과 전개에 대해서는 배덕환과 조현정의 선행연구가 있다. 배덕환은 굴립주건물지가 송국리문화 단계에 집중적으로 확인되며 이 단계가 지상식건물의 성행시기로 파악하였다. 그러나 미사리, 용암리, 서변동, 금천리유적은 전기의 굴립주건물로 파악하고 있다(배덕환 2005a).

조현정은 미사리유적, 서변동유적 등 전기에 처음 등장하여 후기에 보급이 확산된다고 하였으며 용도는 거주, 저장, 공공시설 등 다양한 기능을 가졌다고 하였다(조현정 2003).

여기에서는 전기의 굴립주건물로 알려진 미사리유적과 용암리유적의 편년적 위치에 대해서 살펴보겠다. 금천리유적에 대해서는 보고서가 간행되지 않아 현재로서는 검토할 수 없다.

미사리유적에서는 많은 굴립주건물이 조사되었는데 대부분 원삼국시대에 해당된다. 청동기시대 전기로 알려진 굴립주건물은 고려대학교 발굴조사구간에서 조사된 202호가 유일하다. 대부분의 굴립주건물의 주혈에서는 중도식토기, 혹은 와질토기가 출토되었는데 202호 굴립주에서는 공열문토기가 출토되었으며 공열토기단계의 수혈주거지와 정연하게 배치되어 전기로 파악하였다. 미사리유적의 굴립주가 전기에 해당한다는 것은 공열토기-전기, 송국리형토기-후기라는 편년안에 기인한 것이다. 최근의 연구성과는 한강을 중심으로하는 경기 중북부지역에는 송국리형문화가 확인되지 않고 이 지역의 역삼동유형은 팽이형토기문화-흔암리유형에 후행하는 후기에 해당된다고 한다. 즉 미사리유적을 포함한 경기도 지역은 후기가 되면 세장방형주거지의 비율이 낮아지고 장방형주거지의 비율이 높아지며 소형주거지가 증가한다. 토기는 전기의 흔암리식토기가 소멸되고 역삼동식토기가 전기부터 지속되며 석검은 이단병식에서 일단병식과 유경식으로, 석촉은 일단경식이 출현한다(김한식 2006). 미사리유적은 전기에 한정된 유적이 아니라 전기부터 후기까지 지속적으로 이어진 유적임을 알 수 있다. 따라서 미사리유적에서 조사된 굴립주건물 역시 전기로 단정할 이유는 없다.

용암리유적은 청동기시대 주거지 170동과 함께 굴립주건물 13동이 조사되었다. 보고자는 용암리유적의 시기를 1기(전기), 2기(과도기), 3기(후기)로 나누었는데 굴립주건물은 모두 1기와 2기의 주거지를 파괴하고 설치되었다. 용암리유적을 비롯한 북한강유역권 역시 송국리형문화가 파급되지 않은 곳으로 후기는 방형계통의 소형주거지, 유구석부와 일체형석도 등이 출현하는 북한강유형이 확립되는 단계이다(김권중 2005). 즉 용암리유적의 굴립주건물 역시 후기에 해당하는 것을 알 수 있다.[6]

그러면 전기의 유구로만 구성된 유적에서 굴립주건물이 존재하는지에 대해 살펴보겠다. 영남지역에서 현재까지 전기의 유구로만 구성된 유적은 대구 월성동유적(경북대), 대구 팔달동유적, 대구 대봉동유적, 경주 사라리유적, 합천 저포 E지구 유적 등이 있다. 이렇게 전기의 유구로만 구성된 유적에서는 1동의 굴립주건물도 확인되지 않았다. 영남지역 외에도 전기의 유적인 백석동유적과 같은 대규모 취락에서 굴립주건물이 확인되지 않는 것으로 볼 때 굴립주건물이 일반화되는 것은 후기부터라고 할 수 있다. 물론 옥곡동유적이나 서변동유적에서 5동이 확인되었지만 1×1칸이 대부분이기 때문에 2칸 이상의 굴립주건물은 후기에 출현하였다고 할 수 있다.

2)굴립주건물의 성격

청동기시대 굴립주건물의 기능에 대해서는 일반적으로 창고, 망루, 신전 및 집회소, 夏季住居, 殯屋 등으로 알려져 있다(배덕환 2005a). 이러한 기능은 특정한 굴립주에 일률적으로 적용되는 것이 아니라 면적과 칸수, 유적에서의 분포위치를 동시에 고려해서 검토해야 할 것이다. 청동기시대의 殯屋에 대해서는 유적내에서 분묘자료와 함께 검토해야 하는데 양호한 자료를 확보하기 어려울 뿐만 아니라 고고학적으로 증명하는 것이 현재가지의 자료로는 검토가 쉽지 않다. 하계주거에 대해서는 동시기의 수혈주거와 비율이 일치하지 않기 때문에 부정적인 견해가 많은 것이 사실이다(石井寬 1998).

필자는 영남지역에서 조사된 굴립주건물은 창고, 망루, 주거, 공공집회소의 성격을 가진다고 생각하고 각각의 기능을 가진 굴립주의 구조와 면적, 유적 내에서의 위치 등을 살펴보겠다.

(1) 창고

1×1칸의 구조와 면적 10㎡ 이내의 굴립주가 창고에 해당되는 것으로 생각된다. 2칸 이

---

6) 보고자는 2단계와 3단계 사이에 해당한다고 하였으나 3단계의 주거지와 공존한 것으로 판단하는 것이 타당할 것이다.

상의 건물일지라도 10㎡ 이내의 면적은 사람이 상시적으로 거주하기에는 협소하기 때문이다. 물론 후기에는 10㎡ 이상의 굴립주건물도 창고로 이용되었을 것이다. 주거군 내에 위치하기도 하고(옥곡동유적, 이금동유적) 주거군의 외곽에(소토리유적) 분포하기도 한다.

(2) 망루

취락에서 구릉 아래쪽이나 위쪽 등 가장자리에 위치하며 면적이 그다지 넓지 않은 굴립주는 망루로 추정할 수 있다. 동천동유적의 1호 굴립주는 2×2칸의 구조이며 주거군과 떨어진 강쪽에 위치하고 있어 망루로 볼 수 있다.

입지를 통해서 볼 때는 소토리유적 85호 굴립주 역시 주거군과 떨어진 구릉 아래쪽에 설치되어 있어 망루일 가능성이 있다. 구릉 아래쪽에서 취락으로 진입하는 길목이기 때문이다.

망루로 볼 수 있는 대표적인 유구는 검단리유적 90-2호를 들 수 있다. 검단리유적에서는 93동의 주거지와 함께 굴립주건물 1동이 조사되었는데 환호 내측의 출입구 가까이 설치되어 있다.

(3) 주거

굴립주는 床面의 위치에 따라 地面式(地床式)과 高床式으로 분류된다. 지면식인 경우 노지는 후대의 삭평으로 인해 유실되기 때문에 발굴현장에서 지면식과 고상식을 구분하는 것은 쉽지 않다. 그러나 지면식은 고상식에 주혈의 직경이 좁고 木柱痕이 가는 편이거나 없으며 주간거리가 일정하지 않아 칸수를 구분하기 애매한 경우가 많다고 한다(조현정 2003). 지면식과 고상식의 구분이 어렵지만 지면식으로 분류되는 굴립주는 주거시설로 이용되었을 것으로 추정된다. 고상식의 구조 중에도 일부는 주거공간으로 이용되었을 가능성을 배제할 수 없다. 수도작이 확산되면서 습지로 주거의 공간이 확대된다고 한다면 고상식의 구조는 창고와 함께 주거공간으로 이용되었을 것이다. 그러나 굴립주만으로 이루어진 취락이 확인되지 않는 것으로 볼 때 지면식이나 고상식 모두 수혈식과 같은 상시적인 거주공간은 아닌 것으로 판단된다.

일반가옥으로 이용된 것은 고상식인 경우 동천동유적, 지면식인 경우 이금동유적의 굴립주 일부가 해당된다. 수혈주거지와 혼재되어 있으며 굴립주의 면적은 수혈주거지와 비슷하다. 梁間은 1칸이지만 桁間은 2~5칸까지 다양하다.

(4) 공공집회소

공공집회소는 면적이 25㎡ 이상이며 주거군 내에 위치하기도 하지만 진라리유적의 예에서 볼 때 주거군의 한쪽 끝, 즉 광장 가까이에 배치되는 것이 특징이다. 면적이 넓기 때문에 梁間이 2칸으로 넓어지기도 한다. 진라리유적의 굴립주, 동천동유적의 5호, 6호 굴립주, 이금동유적의 12호 굴립주가 해당된다. 대체로 이런 대형굴립주 주변에는 면적이 넓은 수혈주거지가 분포한다.

이금동유적의 60호, 61호 굴립주는 면적이 각각 174㎡, 130㎡로 초대형이다. 매장유구와 장축방향이 나란한 점, 주거공간과 매장공간의 사이에 분포하고 있는 점 등을 통해서 볼 때 공공집회소 중에서도 의례행위와 관련된 神殿으로 볼 수 있다.

4. 대형 굴립주건물 출현의 의미

1×1칸의 소형창고로서의 굴립주건물은 청동기시대 전기에 출현하였다. 저장이라는 창고 본연의 기능은 역시 농경활동과 연관될 것이다. 수도작이 전기에 시작되어 확산되었는지에 대해서는 이견이 있지만 밭농사가 전기부터 활발히 전개되었다는데는 이견이 없는 것 같다(김도헌 2005). 농경활동을 통한 잉여생산물은 장기적, 안정적으로 보관, 관리되어야 하는데 이러한 필요에 의해 창고로 이용된 소형굴립주가 등장하였을 것으로 판단된다.

후기가 되면 굴립주가 규모가 커지며 구조도 다양해지는데, 창고로서의 기능을 강조한다면 역시 수도작의 확산과 밀접한 관련이 있을 것이다. 후기에는 창고로서의 기능뿐 만 아니라 주거, 공공집회소 등 다양한 용도로 이용되었다고 할 수 있다. 필자는 이렇게 다양한 굴립주건물의 등장이 취락내의 구조적인 측면-위계화-과 관련될 것으로 생각한다. 취락의 위계화는 취락의 규모와 밀접한 관련이 있고(박양진 2000), 이것은 취락의 기능과 관련이 있다고 한다(송만영 2006). 그러나 우리가 인식하는 취락의 규모는 사실 동일한 발굴면적으로 비교할 수 없기 때문에 충적지와 구릉지에서 모두 원래의 실상을 오해할 소지가 다분히 있다. 취락의 기능 역시 경작지와 분묘 등 취락을 구성하는 모든 요소가 조사된 유적을 검토하여야 할 것이다.

청동기시대 전기에서 후기까지의 취락구조는 가족공동체→세대공동체→취락공동체로 변화한다. 후기가 되면 개인단위로 신분의 성층화가 이루어지며 주거지에서는 면적의 소형화와 규격화로 나타난다. 취락의 구성은 1동의 대형주거지, 소수의 중형주거지, 다수의 소형주거지로 구성된다고 한다(안재호 2006). 본 절에서는 이러한 취락 내, 취락 간의 성층화가 굴립주건물이 조사된 유적에서 어떻게 나타나는지를 유적별로 살펴보겠다.

1) 진라리유적 A형(말각방형주거지 단계)

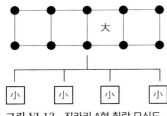

그림 VI-13. 진라리 A형 취락 모식도

말각방형주거지 단계에 굴립주건물을 대입해 보겠다. 말각방형주거지 단계에서는 주거지 간의 면적 차이가 뚜렷하지 않은 것을 그림 VI-2에서 알 수 있다. 전체 주거지 간의 면적 차이가 작게 나타나는 것은 주거지의 규격화를 설명하는 데는 좋은 증거가 될 수 있지만 주거지면적을 통한 성층화를 설명할 수는 없다. 그러나 주거지의 규격화가 주거지 축조 때의 규제를 나타낸다고 한다면 이 시기 유력개인의 등장이 대형의 굴립주건물의 축조로 나타나는 것으로 생각할 수 있겠다. 대형굴립주축조라는 토목공사는 집단내의 분업, 유력개인의 지휘 등을 유추할 수 있기 때문이다. 공공집회소의 존재자체가 취락에서의 특정개인의 존재를 나타낸다고 할 수 있다.

2) 진라리유적 B형(원형주거지 단계)

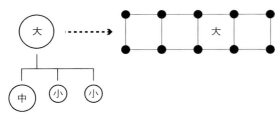

그림 VI-14. 진라리 B형 취락 모식도

원형주거지 단계에는 주거지의 면적이 보다 세분화된다. 소형, 중형의 수혈주거와 대형의 굴립주, 수혈주거로 나누어진다. 소형과 중형주거지의 숫자가 비슷하기 때문에 면적으로 볼 때는 대형과 중형·소형으로 2분된다. 대형주거지에 거주하는 자가 유력개인으로 판단되며 이 때의 대형굴립주는 대형수혈주거지에 거주하는 유력개인에 의해 관리되는 건물일 것이다. 대형굴립주가 광장가까이 분포하고 주변에 대형수혈주거지가 분포하기 때문이다. 진라리유적은 중소형굴립주가 확인되지 않는 점이 특징이다.

3) 동천동유적

다수의 소형굴립주와 수혈주거, 소수의 중형굴립주와 수혈주거, 소수의 대형굴립주 건

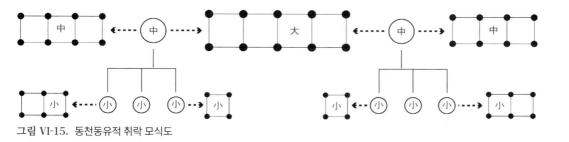

그림 VI-15. 동천동유적 취락 모식도

물로 나누어진다. 주거지의 면적으로 볼 때 진라리유적 원형주거지단계와 유사하지만 소형
주거지도 창고로 추정되는 소형굴립주를 보유한 것이 차이점이다. 대형굴립주건물은 유력
개인이 관리하는 공공집회소일 가능성이 높다. 중형·소형굴립주가 다수 존재하고 중형 굴
립주 중 일부는 주거공간으로 이용되었다면 진라리유적의 원형주거지단계보다 세분된 취
락구조라고 할 수 있다.

4) 이금동유적

굴립주는 소형 다수, 중형 소수, 대형 소수로 나누어지며 수혈주거지는 소형 다수, 중형
다수, 대형 소수로 이루어졌다. 그 위에 초대형굴립주 건물 2동이 존재한다. 소형과 중형의

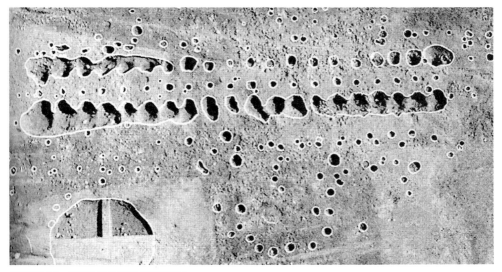

그림 VI-16. 이금동유적 61호 굴립주건물

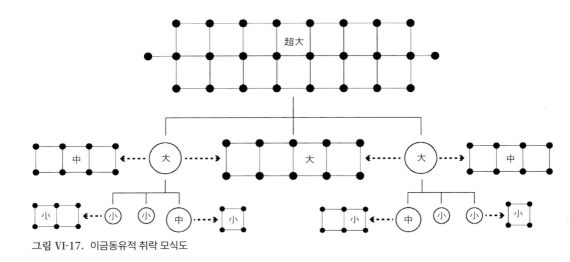

그림 VI-17. 이금동유적 취락 모식도

굴립주 중 지면식건물은 일부가 주거시설로 이용되었을 가능성이 있기 때문에 다수의 소형
주거, 다수의 중형주거, 소수의 대형굴립주와 수혈주거로 삼분되는 것을 알 수 있다. 굴립주
건물과 주거지의 면적 차이로 볼 때 본 장에서 검토한 유적 중에서는 가장 세분된 취락구조
를 보인다. 주거지의 규모에 상관없이 대부분의 주거지에서 굴립주건물을 보유, 관리하였
을 것이다.

이금동유적의 초대형굴립주는 주거군과 지석묘벨트의 사이에 위치하고 있어 墓祀를 진
행하는 神殿으로 추정된다. 그러한 공동의 행위를 통해 구성원 전체의 갈등 해소, 공동의
위험대처와 같은 기능(최종규 2003)을 수행하였을 것이다.

이상의 검토에서 진라리유적 B형→동천동유적→이금동유적의 순서로 복잡한 취락구조
를 보이는 것을 확인하였다. 이 세 유적은 뚜렷한 시기 차가 명확하게 차이가 난다고 할 수
없기 때문에 이런 차이점이 취락간의 위계화를 나타내는 것으로 판단된다. 가장 복잡한 구
조를 보이는 이금동유적은 신전과 대규모 지석묘군이 확인되고 위세품인 동검, 옥이 출토
되는 것으로 볼 때 청동기시대 후기의 거점취락이라고 할 수 있다.

5. 맺음말

영남지역의 굴립주건물이 확인되는 유적을 검토하여 굴립주의 축조시기와 성격, 출현의

의미에 대해서 간략하게 살펴보았다. 이금동유적이 가장 복잡한 취락구조를 보이며 신전, 대규모 지석묘군 등의 존재로 볼 때 주변 지역을 아우르는 거점집락으로 파악하였다.

굴립주건물에 대한 연구가 미진한 것은 출토되는 유물이 없기 때문에 시기를 판정하기 어렵고 따라서 다른 유구와의 동시성을 판단하기가 쉽지 않기 때문이다. 본 연구도 이러한 한계를 벗어나지 못하였다.

이 논문을 작성하고 몇 년 후 본 책의 II장을 작성하였다. 그러면서 경산 옥곡동유적의 주거가 모두 전기라고 할 수 있을지, 그렇다면 옥곡동유적이나 서변동유적의 굴립주를 전기로 단정할 수 있을지, 본인을 자책한다. 하지만 굴립주건물이 후기에 활발히 축조되는 것은 명확하기에 글의 전체 내용에는 큰 지장이 없다는 것으로 스스로를 위로하지만, 필자가 잘못 파악한 것이 있다면 그에 따른 질책은 본인 몫이다.

※ 이글을 작성할 때, 특히 모식도를 어떻게 만들어야 할지 고민이었는데 안재호 선생님께서 많은 도움을 주셨다. 갑작스런 질문이었는데 어떻게 그렇게 바로 답을 하시는 지 놀랐던 기억이 있다. 역시 뒷모습이 너무 멀다.
본 글은 고고광장 창간호에 게재된 것이다. 고 송계현 선생님과 김현 선생님의 추모집을 겸한 논문집이었다. 이별한 지 벌써 20년이 다 되어 간다. 두 분의 명복을 빈다.

청동기시대~원삼국시대 환호 검토

청동기시대~원삼국시대 환호유적 77곳을 검토하였다. 청동기시대 전기 4곳, 후기 41곳, 초기철기시대 23곳, 원삼국시대 9곳이다.

청동기시대 전기에는 환호가 중부지역에만 분포한다. 토평동유적과 수청동 고실유적은 고지에 위치하고 평면형태가 원형이며 출입구가 양쪽에 있는 것이 특징이다. 동아시아에서 한국에만 있는 특이한 양상인데, 의례 장소일 것이다.

청동기시대 후기가 되면 환호유적은 급증하는데 영남지역에 집중된다. 의례 장소뿐만 아니라 본격적으로 마을을 둘러싸는 환호가 축조된다. 환호가 의례의 기능을 하였건, 방어의 기능을 하였건 거점취락의 지표가 된다.

초기철기시대가 되면 환호유적의 수는 줄어들지만 형태와 규모는 다양해진다. 환호는 중부지역과 영남지역으로 양분되는데 마한과 진변한의 고지에 해당된다. 내부에 바위나 인위적인 집석시설을 감싸는 형태가 있다. 국읍에서 진행하는 천신제사를 지내는 곳으로 판단하였다.

원삼국시대에는 환호의 수가 급감한다. 소규모 국이 통합의 과정을 거치는데 그러면서 환호취락이 통합되면서 점차 줄어든다. 다중 환호는 삼국시대의 토성으로 이어졌을 것이다.

모든 환호가 동일한 기능을 한 것이 아니라 입지, 규모, 형태에 따라 의례, 경계, 방어의 기능을 하였다.

마산 망곡리유적이나 창원 남산유적의 환호가 일본으로 전파되었을 것이다. 야요이 중기 이후 일본에는 환호취락이 급증하는데 우리는 점차 줄어든다.

1. 머리말

1990년 울산 검단리유적에서 한국 최초로 마을을 일주하는 환호가 조사된 것이 환호유적 조사·연구의 시초가 되었다. 1995년 검단리유적의 보고서가 간행되었고 1996년부터 시작된 진주 남강댐 수몰지구의 대평리유적 조사를 기점으로 환호유적 조사가 전국적으로 폭증하였다. 그러나 의외로 환호에 대한 연구는 활발한 편이 아니다. 필자가 생각하기에 그 이유는 다음과 같다. 첫째, 환호의 기능에 천착하여 그것이 방어인가 의례인가라는 단순한 구도로 접근하였던 점이 있다. 지형(입지), 규모, 내부시설 등에 따라 기능의 차이를 고려해야 할 것이다. 둘째, 대부분의 유적에서 환호의 일부분만 조사되어 전모를 알 수 없는 상황이 더 많은 점이다. 일부분만 조사되면 폐곡선으로 일주하는 것인지 일자형으로 종결되는 형태인지 구분이 되지 않는다. 셋째, 출토유물이 빈약해 환호 내외의 어떤 유구와 동시에 존재했는지가 명확하지 않은 점이다. 주변 혹은 내부에 분포하는 유구와 무조건 동일한 시기로 판단하는 사례가 있다.

이제 한국에서 환호유적이 조사된 사례는 70여 곳을 초과하였고 청동기시대 이후의 환호도 많이 조사되어 환호의 시간적인 범위도 넓어졌다. 현재까지 조사된 모든 환호유적을 통시적으로 검토할 필요가 있을 것이다.

삼국시대에도 경남 양산 다방리패총의 하층에서 발견된 환호로 알려진 구, 함안 도항리유적, 경북 도개 신임리유적 등에서 환호가 확인되었지만, 이때는 이미 경계, 방어의 기능으로는 성이 축조되고 의례의 의미 역시 선사시대와는 큰 차이가 있다고 생각되기 때문에 생략하였다.

전고(2015)에서 48곳의 유적을 검토하였는데, 그 이후 새로운 발굴성과가 있어서 필자의 생각을 수정할 부분이 있다. 이후 조사된 유적을 포함하여 77곳의 환호유적을 정리하는 것이 본 장의 목적이다.

2. 유적의 검토

環濠라는 용어에 대해서 물을 가두는 역할을 할 수 없기 때문에 環壕라는 용어가 더 적절하다는 의견이 있다(최종규 2023a). 또, 구릉 정상부에 일주하고 내부에 아무런 시설이 없는 유구에 대해서는 환호 내지 주구라는 용어가 갖은 의미와 차별화하기 위해 環溝라는 용어를 사용하자는 의견도 있다(김권구 2012). 두 견해 모두 필자가 공감하는 부분이지만 본 장에서는 기존에 사용하는 環濠라는 용어를 사용하겠다. 부분적으로 확인되는 유구에 대해서는 환호인지 환구인지 구분이 불가능한 사례도 있기 때문이다.

본 절에서는 현재까지 조사된 환호 유적이 어떤 것이 있는지 살펴보겠다.[1] 청동기시대에서 원삼국시대까지의 조사된 77곳의 환호 유적은 표 VII-1, 그림 VII-1과 같다. 일부 유적은 환호가 아닐 가능성도 있지만 최대한 발굴보고서의 기술을 존중하여 포함시켰다.

청동기시대 전기의 환호가 4곳, 후기의 것이 41곳, 초기철기시대의 것이 23곳, 원삼국시대의 것이 9곳이다.

표 VII-1. 청동기시대~원삼국시대 환호유적 일람표(번호는 그림 VII-1과 일치)

번호	시대	유적	입지	열	평면형태	내부시설	조사기관	비고
1	청동기시대 전기	구리 토평동	산정	1열	원형	無	서울문화유산연구원	출입구2
2		당진 수청동고실	산정	1열	원형	無	중원문화재연구원	출입구2
3		청원 대율리	산정	3열	부정형	주거	중앙문화재연구원	
4		완주 구암리	산정	1열	장방형	의례유구	군산대학교박물관	주구묘?
5	청동기시대 후기	춘천 중도	평지	1열	장방형	주거	고려문화재연구원 등	출입구3
6		춘천 율문리	평지	1열	장방형?	주거	국강고고학연구소 호남문화재연구원	
7		춘천 천전리 I	평지	1열	호형	주거	예맥문화재연구원	
8		춘천 천전리97 일원	평지	1열	장방형?	주거	강원문화재연구소 한국문화재보호재단	
9		원주 문막리	평지	1열	원형	주거?	한강문화재연구원	
10		인천 원당동	산정	1열	원형	無	중앙문화재연구원	
11		인천 당하동	산정	1열	원형?	無	충청문화재연구원	
12		인천 문학동	구릉	1列	一字形		인하대학교박물관	
13		화성 쌍송리	산정	1列	원형	無	기호문화재연구원	출입구2
14		평택 용이동	산정	1열	원형	無	한얼문화유산연구원	출입구2
15		천안 모전리	산정	1열	원형	無	누리고고학연구소	
16		예산 창소리	구릉	1열	타원형?	주거	동방문화재연구원	출입구
17		나주 동수동	구릉	2열+1열	원형?	無	대한문화재연구원	
18		장흥 갈두	구릉	1열?	一자형	무덤?	호남문화재연구원	

---

1) 방기리유적의 환호에 대해서는 조선시대에 축조된 것이라고 판단하여 생략하였다. 팔달동유적의 구 역시 근대에 축조되었을 가능성이 있어 생략하였다. 진주 상촌리유적에서 조사된 신석기시대 구는 발굴 당시 신석기시대 환호라고 알려졌으나 보고서에 구상유구로 표기되었다. 울산 신현동유적의 구는 구고에서 환호라고 하였으나 시기나 형태 등에 이론이 있어 본 장에서 제외하였다.

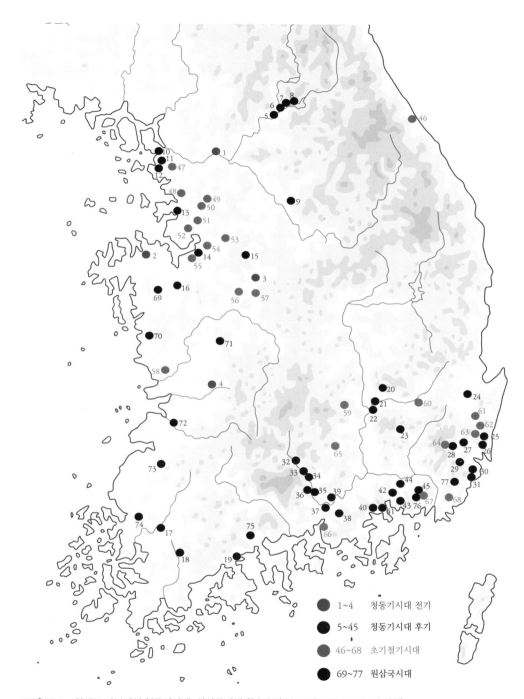

그림 VII-1. 한반도 남부지역 청동기시대~원삼국시대 환호유적 분포도(숫자는 표 VII-1과 일치)

○ 1~4   청동기시대 전기
● 5~45   청동기시대 후기
● 46~68   초기철기시대
● 69~77   원삼국시대

번호	시대	유적	입지	열	평면형태	내부시설	조사기관	비고
19		고흥 장덕리	구릉	1열	원형	주거	대한문화유산연구센터	
20		대구 동천동	평지	1열	부정형	住居址	영남문화재연구원	水路?
21		대구 월성동	평지	2열	부정형		영남문화재연구원	
22		대구 대천동	평지	1열	호형	주거, 무덤?	영남문화재연구원	
23		청도 송읍리	평지	2열	호형		경상북도문화재연구원	
24		경 주석장동	구릉	1열	?	?	동국대학교박물관	
25		울산 창평동	구릉	1열	원형	?	한국고고환경연구소	출입구2?
26		울산 연암동	구릉	2열	원형	無	경남문화재연구원	출입구2
27		울산 천상리	구릉	1열	타원형	주거	영남문화재연구원	출입구
28		울산 교동리	구릉	1열	호형	주거	울산문화재연구원	
29		울산 검단리	구릉	1열	타원형	주거, 구	부산대학교박물관	출입구2
30		울산 발리	구릉	1열	부정형	주거	한국문화재연구원	
31		울산 명산리	구릉	1열	말각삼각형	주거?	울산문화재연구원	출입구3
32		산청 옥산리	평지	1열	타원형	주거	부산대학교박물관 경상대학교박물관	
33		산청 사월리	구릉	2열	반원형	주거, 수혈	부경대학교박물관	출입구
34		산청 사월리	구릉	1열	호형?	주거, 수혈	동의대학교박물관	출입구
35		대평 옥방 1·7지구	평지	1열, 2열	(타)원형	주거	경남고고학연구소 경남문화재연구원 진주박물관	목책과 결합
36		대평 옥방 4지구	평지	2열	現L자형	주거	동의대학교박물관	
37		진주 가호동	평지	1열	호형?	주거	동서문물연구원	출입구
38		진주 이곡리	평지	1열	말각방형	주거	동아세아문화재연구원	출입구
39		진주 초전동	평지	1열	일자형	주거	한국문물연구원	
40		마산 망곡리	평지	1열	타원형?	주거, 묘	경남발전연구원	출입구4?
41		마산 현동	구릉	2열	일자형	주거	동서문물연구원	출입구
42		창원 남산	산정	多重	타원형	주거	창원대학교박물관	
43		창원 상남	평지	2열	호형		창원문화재연구소	
44		창원 덕천리	구릉	1열	호형?		경남대학교박물관	
45		김해 대성동	평지	2열	?	?	경남문화재연구원	
46	초기 철기 시대	강릉 방동리	구릉	1열	호형	주거	강원문화재연구원	외부 호
47		부천 고강동	산정	1열	원형	집석	한양대학교박물관	외부 호
48		수원 율전동	구릉	1열	부정형	수혈 4기	기전문화재연구원	이격
49		화성 동학산	구릉	3열	원형	수혈, 노적	기전문화재연구원	이격
50		오산 가장동	구릉	1열	부정형	수혈, 자연바위	기전문화재연구원	이격
51		오산 청학동	구릉	1열	장타원형?		겨레문화유산연구원	
52		화성 정문리	산정	2열	타원형	수혈	한국문화유산연구원	출입구2
53		안성 반제리	산정	1열	원형	자연바위	기전문화재연구원	소형 구

번호	시대	유적	입지	열	평면형태	내부시설	조사기관	비고
54		아산 운용리	산정	3열	타원형?		한성문화재연구원	
55		아산 상성리	구릉	1열	타원형?	?	충청문화재연구원 국원문화유산연구원	
56		청주 오송	산정	1열	원형?	無	중앙문화재연구원	
57		청주 용암동	구릉	1열	타원형	주거	한강문화재연구원	
58		서천 월기리	구릉	1열	타원형?	주거?	한국고고환경연구소	
59		성주 상언리	구릉	1열	부정형	주혈	경북문화재연구원	
60		경산 임당	平地	2열	호형	?	영남문화재연구원	
61		경주 죽동리	산정	多重	타원형?	자연바위	부경문물연구원	
62		울산 중산동	산정	多重	타원형?	자연바위	울산문화재연구원	
63		울산 달천	구릉	1열	부정형	채광장	울산문화재연구원	내부 철광상
64		울산 교동리 192-37	구릉	1열	원형	?	울산문화재연구원	소형구
65		합천 영창리	산정	3열	호형	주거, 수혈	경남고고학연구소	동검 보유
66		사천 방지리	구릉	多重	타원형?	주거, 수혈	경남발전연구원	
67		김해 대성동	평지	1열	일자형		경성대학교박물관	보고서 미간
68		부산 온천동	구릉	2열	원형	주거, 목관	부산박물관	
69	원삼국 시대	홍성 석택리	구릉	2열	타원형	주거	한얼문화재연구원	
70		보령 명천동	구릉	3열	원형	주거	대한문화재연구원	동경 보유
71		대전 용계동	구릉	多重	타원형?	주거	중앙문화재연구원	
72		부안 백산성	산정	多重	타원형	주거	전북문화재연구원	
73		고창 죽림리	산정	1열	타원형	주거	원광대학교	출입구
74		함평 마산리	구릉	多重	타원형?	주거	영해문화재연구원	
75		순천 덕암동	산정	多重	타원형	주거	남도문화재연구원	
76		김해 봉황대	구릉	多重	타원형?	?	부산대학교박물관	외부 목책?
77		양산 평산리	구릉	1열	타원형	주거	동아대학교박물관	목책과 결합

청동기시대 전기에는 중부지역에서만 확인된다. 환호를 축조하는 문화가 아직 남부지역까지 미치지 않았던 것 같다. 하지만 후기가 되면 일변한다. 37곳의 후기 환호 중 영남지역에만 26곳이 있어 후기에는 영남이 환호 유적의 중심지이다. 호남지역에서도 3곳이 확인되었는데 앞으로 자료증가가 기대되지만 영남지역만큼 밀집되어 분포하지는 않았던 것이 확실하다. 호남에서 지석묘를 축조할 때 영남에서는 환호를 설치했다는 견해(안재호 2006)가 있는데, 이유에 대해서는 이견이 있지만 현상은 맞는 것 같다.[2]

---

2) 안재호(2006)는 노동력이 많이 투입되는 지석묘 축조가 활발한 것은 진정한 농경사회라고 할 수 없다고 하고, 영남지역에 환호가 많이 설치되는 것은 농경문화와도 관련 있지만 집단의식과 관련된 사회상을 대변하는 것이라고 하였다. 필자는 송국리문화 분포권인 호남지역이 영남 특히

초기철기시대가 되면 환호는 중부지역과 영남지역으로 양분되어 분포한다. 이 분포권이 초기 마한과 변진한의 분포권과 일치하는 것이 우연은 아닐 것이다. 원삼국시대의 환호는 대전 용계동유적을 제외하면 모두 서해안과 남해안의 해안가에서 어느 정도 떨어진 내륙에 위치한다. 완전히 바닷가에 연한 곳은 아니다. 우연의 일치인지 자료의 증가를 기다릴 수 밖에 없다.

3. 환호의 종류와 패턴

74곳에서 조사된 환호를 몇 개의 유형으로 분류하는 작업이 어려웠다. 분류는 가능하지만 계통이 연결되는지에 대한 의문이 많았기 때문이다. 일부분만 조사된 유적이 많고, 동일한 마인드로 축조했지만 지형에 따라 최종적으로 완성된 결과물은 전혀 다른 형태로 보이는 것도 있을 것 같다. 또, 다중 환호의 경우 깊이가 얕은 유구는 잔존하지 않아 최초 축조 당시의 상황을 모르는 경우도 있을 것이다. 아무튼 여기에서는 발굴에서 드러난 최종 상태로 인지할 수 있는 패턴을 모두 정리해 보겠다. 조사된 환호를 모식도로 표현해 시기별로 나열하면 그림 VII-2와 같다.

이 중에 유사한 속성끼리 묶을 수 있는 것을 패턴 1~11까지 정리해 보았다.

패턴 1. 평면 원형/출입구 2/山頂/내부에 유구 없음

청동기시대 전기	청동기시대 후기	초기철기시대	원삼국시대
◯	◯		
청동기시대 전기 환호의 전형. 청동기시대 후기까지 존속			

패턴 2. 평면 원형/출입구 없음/山頂/내부에 유구 없음

청동기시대 전기	청동기시대 후기	초기철기시대	원삼국시대
	◯		
청동기시대 후기에만 확인. 패턴 1과 동일한 개념			

환호 유적의 조사 사례가 많은 동남해안지역보다 농경활동이 더 활발하였다고 생각한다.

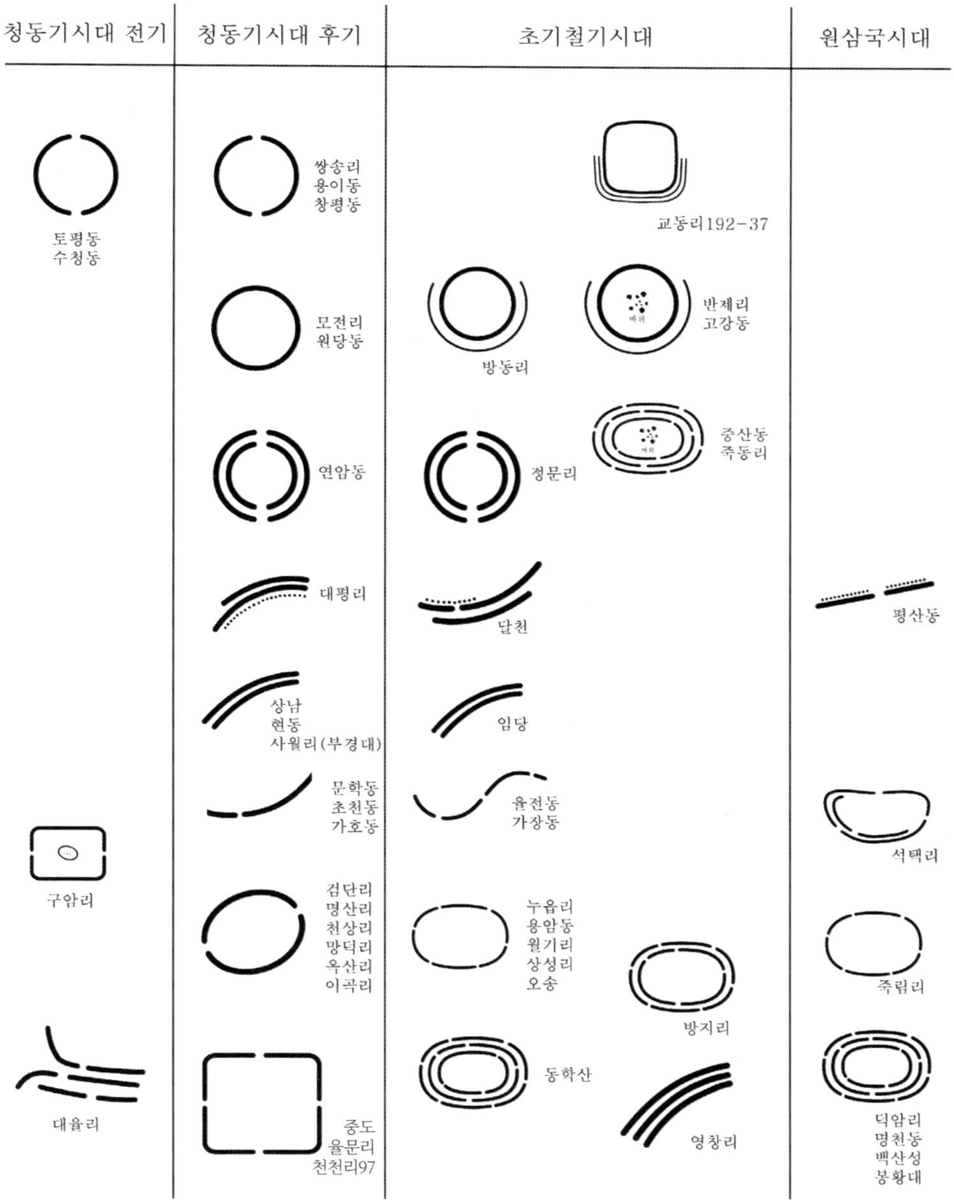
청동기시대 전기
청동기시대 후기
초기철기시대
원삼국시대
토평동
수청동
쌍송리
용이동
창평동
교동리192-37
모전리
원당동
방동리
반제리
고강동
연암동
정문리
중산동
죽동리
대평리
달천
평산동
상남
현동
사월리(부경대)
임당
문학동
초천동
가호동
율전동
가장동
석택리
구암리
검단리
명산리
천상리
망덕리
옥산리
이곡리
누읍리
용암동
월기리
상성리
오송
방지리
죽림리
대율리
동학산
영창리
중도
율문리
천천리97
덕암리
명천동
백산성
봉황대

그림 Ⅶ-2. 환호 시기별 모식도

패턴 3. 평면 원형/2열/출입구 2/山頂/내부에 유구 없음

청동기시대 전기	청동기시대 후기	초기철기시대	원삼국시대

패턴 1보다 규모가 큼			

패턴 4. 多重/출입구가 어긋남

청동기시대 전기	청동기시대 후기	초기철기시대		원삼국시대
후기에 사례가 없기 때문에 전기 대율리의 전통이 초기철기시대까지 이어진 것은 아님				

패턴 5. 1열/모양은 구릉의 형태가 좌우

청동기시대 전기	청동기시대 후기	초기철기시대	원삼국시대
		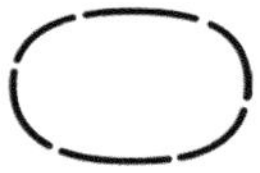	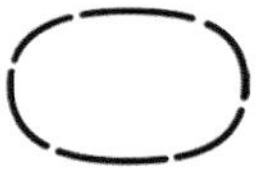
가장 일반적인 환호라고 생각하지만 실제 이런 패턴이 많지 않음. 초기철기시대와 원삼국시대는 출입구가 일정하지 않음			

패턴 6. 2열

청동기시대 전기	청동기시대 후기	초기철기시대	원삼국시대

청동기시대 후기에 가장 많음. 초기철기시대부터는 온천동, 임당, 정문리유적을 제외하면 2열이 모두 일주하지 않음. 형태, 목책 유무 등 다양함			

패턴 7. 1열/열린곡선 혹은 직선

청동기시대 전기	청동기시대 후기	초기철기시대	원삼국시대

마을을 일주할 가능성도 있고, 직선으로 경계 짓는 사례도 있음. 초기철기시대는 열린 곡선이 많음			

패턴 8. 목책

청동기시대 전기	청동기시대 후기	초기철기시대	원삼국시대

환호와 목책이 결합되었을 것이라 생각되지만 실제 사례가 많지는 않음. 목책은 내측이 많은데 봉황대유적은 외부에 있음			

패턴 9. 주환호 외곽에 폭이 좁은 구

청동기시대 전기	청동기시대 후기	초기철기시대	원삼국시대

초기철기시대에만 있음			

패턴 10. 환호 내 자연 바위나 집석

청동기시대 전기	청동기시대 후기	초기철기시대	원삼국시대

초기철기시대에만 있음			

패턴 11. 방형계

청동기시대 전기	청동기시대 후기	초기철기시대	원삼국시대
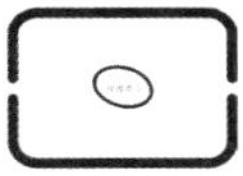	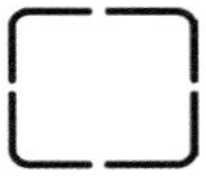		
시기별로 이어지는 것은 아닌 것으로 판단됨			

평택 용이·죽백동유적(이하 용이동유적)의 환호는 산정부에 있는 패턴 1형과 1열의 패턴 5가 결합된 형태이다. 원삼국시대의 함평 마산리 표산유적은 정상부에 원형의 2열 환호가 있고 구릉 아래쪽에 2열+2열이 설치된 형태이다. 대평리유적의 환호는 1열과 2열, 원형과 말각방형, 一자형, 목책 등 여러 가지 요소가 결합되었다. 이처럼 두 가지 이상의 패턴이 결합된 것도 있다.

패턴별로 시대가 바뀌면서도 연결되는 것이 있는가 하면 전혀 단절된 느낌이 드는 것도 있다. 이것을 바탕으로 4절에서 시대별로 환호의 특징에 대해서 살펴보겠다.

4. 시기별 환호 검토

1) 청동기시대 전기의 환호

우선 환호의 시기에 대해 먼저 살펴보겠다. 전기 환호라고 보고된 것 중 필자가 후기라고 판단한 사례는 화성 쌍송리유적, 천안 모전리유적, 평택 용이동유적의 환호이다. 이에 대해 간단히 설명하겠다.

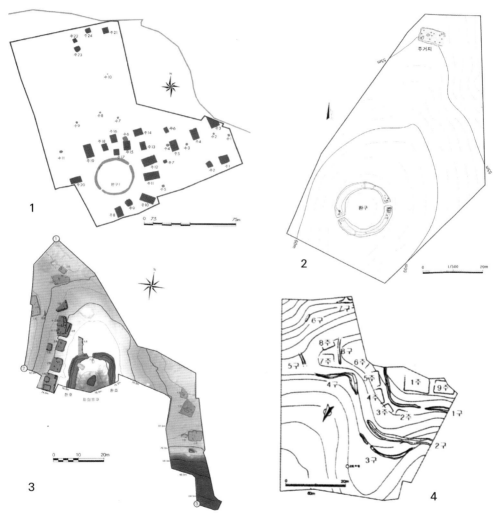

그림 VII-3. 청동기시대 전기의 환호(1:구리 토평동유적, 2:당진 수청동 고실유적, 3:완주 구암리유적, 4:청원 대율리유적. 축척 不同)

쌍송리유적의 환호가 후기에 해당한다는 내용은 I장에서 언급하였다. 그 외에도 천안 모전리유적의 환호 역시 전기 후반이나 후기로 넘어가는 시점에 조성되었을 가능성을 언급하였지만(손정미 2022), AMS측정결과 환호는 주거지보다 연대가 늦다. 이 환호는 후기 중에서도 늦은 시기일 가능성이 높다. 평택 용이동유적의 환호는 구릉 정상부에 3절의 1패턴의 환호가 축조되어 있고, 아래쪽에 표주박형으로 1열의 환호가 다시 설치되어 있다. 아래쪽 환호는 정상부의 환호보다 시기가 늦은 것인데, 보고자(한얼문화유산연구원 2019)는 정상부의 것은 전기, 아래쪽의 환호는 후기로 보고하였다. 정상부 환호에서 출토된 유물은 6점으로 소량인데, 이중구연+단사선+공열문이 새겨진 토기편과 대부소호 대각편과 함께 일단경식석촉의 경부가 출토되었다. 토기 구연부편과 대부소호 대각편을 근거로 전기라고 판단한 것 같다. 이에 대해 지영준(2024)은 용이동유적의 시기를 네 단계로 나누었는데, 환호는 II단계에 해당하는데 전기 말의 문화적 요소가 잔존하는 후기에 해당된다고 하였다. 필자 역시 일단경식석촉의 존재를 고려하면 후기에 해당될 가능성이 높다고 생각하였다.

이하 전기 환호에 대한 설명이다.

완주 구암리유적의 환호는 모든 시기의 환호와 비교해도 이질적이다. 평면형태가 장방형이며 내부에 의례유구라고 보고된 수혈이 1기 있다. 환호의 규모는 의례유구가 정중앙이라고 가정하면 장축이 22.5m로 추정되며 단축은 18.7m이다. 이 유구는 구 내부에 있는 의례유구가 매장주체부인 주구묘일 가능성도 생각해 볼 필요가 있다. 전무후무한 형태와 내부 시설이기 때문이다.

대율리유적의 환호는 세 겹으로 등고선과 나란하게 설치되어 구릉 정상부를 감싸는 형태이다. 이 환호가 이주민들이 축조한 것이라는 견해(안재호 2009)에 대해 공감한다. 유물의 양상가 함께 이렇게 다중으로 설치된 환호가 전기는 물론 후기에도 없기 때문이다. 환호의 출입구가 어긋나 있어 출입구의 기능을 하였을지 의문이다. 굴착할 때 의도적으로 이격된 부분일 것이다.

대율리유적과 구암리유적의 환호를 제외한 토평동, 수청동 고실유적의 환호를 본다면 구릉 정상부에 평면 원형 양쪽에 출입구가 있고 내부에 아무것도 없는 환호가 가장 먼저 축조되기 시작했다. 두 유적은 판박이라고 해도 될 정도로 형태가 유사하다. 규모는 토평동의 환호가 직경이 34.2m로 직경 19.5m의 수청동 고실유적의 환호보다 2배 정도 크다. 두 환호 모두 구의 폭에 비해 깊이가 얕은 편이다. 실직적인 방어의 기능을 기대하기 어려운 구조이다. 청동기시대 전기에 구릉 정상부에서 환호를 설치하고 의례를 진행하는 행위가 있었다는 것은 분명하다. 이런 환호는 중국이나 일본, 유럽에서도 볼 수 없는 특이한 양상이다(이성

주 2022). 현재까지 자료로 볼 때 한반도 남부에서 환호의 발상지는 중부지역이다.

2) 청동기시대 후기의 환호

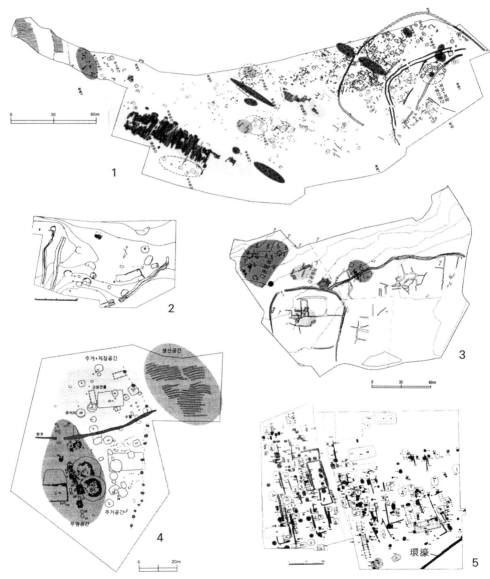

그림 Ⅶ-4. 청동기시대 후기 진주권의 환호(1:대평리유적, 2:사월리유적, 3:이곡리유적, 4:가호동유적, 5:초전동유적)

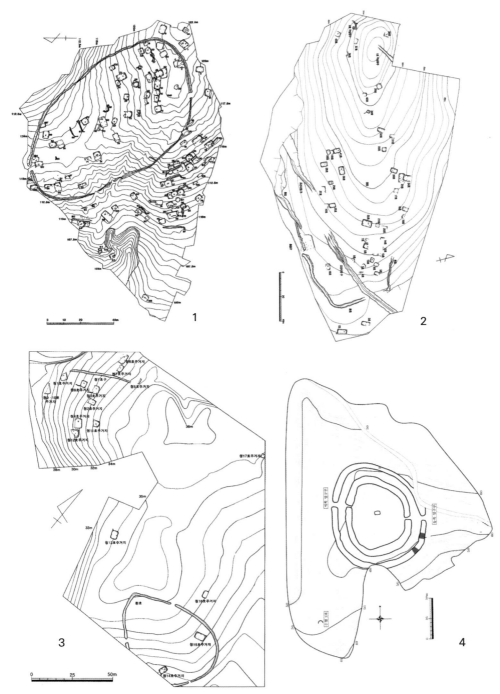

그림 Ⅶ-5. 청동기시대 후기 울산지역 환호(1:검단리유적, 2:천상리유적, 3:명산리유적, 4:연암동유적)

이때부터 본격적으로 환호가 축조된다고 할 수 있다. 중부지역에만 있던 환호가 영남지역에 급증한다. 특히 남강변에 환호가 집중적으로 축조되는데 산청 사월리유적을 제외하면 모두 강변 충적지에 입지한다. 다양한 패턴이 있는데, 미조사지역까지 모두 조사가 이루어진다면 대부분 폐곡선으로 마을을 일주하는 형태일 것이다. 남강변 환호유적의 특징이라고 한다면 무엇보다 내부에 주거와 각종 생활유구가 있는, 즉 마을을 감싼다는 것이다. 그만큼 환호의 규모도 구릉에 입지하는 다른 지역보다 거대하다. 2열 환호의 경우 출입구가 같은 곳에 있어 마을을 출입하는 용도라는 것이 확실하다.

이에 비해 영남지역에 환호가 밀집되어 있는 동남해안지역의 경우 환호의 규모가 작고, 검단리유적, 천상리유적 외에는 마을을 감싼다는 이미지가 아니다. 울산 발리유적의 경우에도 내부에 주거가 분포하지만 주거구역과 그 외부를 경계짓는 것처럼 설치되었고, 연암동유적이나 창평동유적처럼 내부에 주거가 없는 사례도 있다.

대구지역은 평지에서 확인되었는데 마을을 일주하는 양상이 아니라 수로, 내지는 구역을 구획하는 용도로 설치되었던 것 같다.

춘천 중도유적은 평면형태가 장방형인 점이 특징이다. 출입구는 세 곳에서 확인되었다. 충적지에 설치되었는데 남강변의 환호와 마찬가지로 마을을 감싸는 양상이다.

중부지역의 경우 인천 원당동, 당하동, 화성 쌍송리, 평택 용이동, 천안 모전리유적의 환호는 전기의 환호와 동일한 이미지이다. 예산 창소리유적의 환호는 1열로 마을을 일주하는데, 내부에 송국리식주거지가 있다. 일부가 유실되었지만 검단리유적과 같이 마을을 일주하는 형태이다.

후기 환호의 특징은 전기 환호의 특징을 가진 것도 있지만, 그런 상징적인 이미지에서 탈피해 실제 마을을 감싸는, 우리가 알고 있는 환호로서의 특징을 보인다는 점이다.

3) 초기철기시대의 환호

청동기시대 전체 환호가 41개소인데 초기철기시대의 것은 23곳으로 수가 줄어든다. 절반 가까이 줄어드는데 형태와 규모가 더 다양해진다. 부천 고강동유적과 같이 구릉 정상부에 극히 작은 환호가 설치되는 경우도 있다. 반면 환호의 구 자체 규모는 작지만, 환호가 둘러싸는 전체 규모가 커지는 사례가 많다. 구릉의 등고선을 따라 설치되기 때문에 형태가 다양해 지는 것 같다.

또, 청동기시대에는 보이지 않은 3열 혹은 그 이상으로 중첩되게 설치되기도 한다. 여러

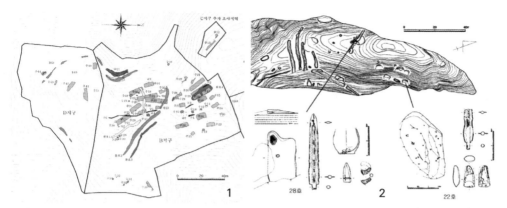

그림 VII-6. 초기철기시대 다중 환호(1:송학산유적, 2:영창리유적)

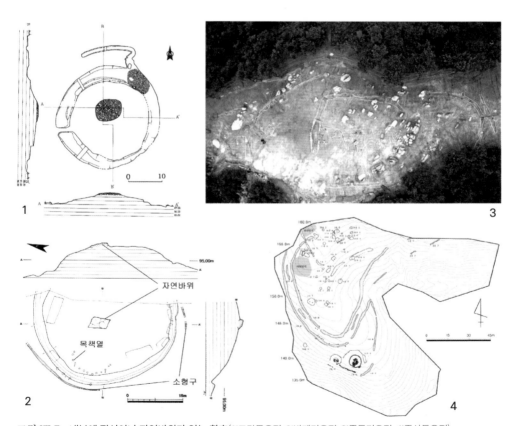

그림 VII-7. 내부에 집석이나 자연바위가 있는 환호(1:고강동유적, 2:반제리유적, 3:죽동리유적, 4:중산동유적)

겹의 환호가 과연 동시에 굴착되었는지 의문이다. 어떤 중요한 행위가 이루어질 때마다 굴착이 이루어졌을 가능성이 있다. 2열 이상으로 설치된 경우 단절되는 부분이 서로 일치하지 않아 출입구로서의 기능을 했을까 싶다. 이렇게 단절되는 부분에 대해서 최종규(2023a)는 호의 기능은 애초에 장벽을 쌓아 올리기 위한 擔体인데, 이격된 부분은 구지표에 바로 벽을 세워서 호에 세운 벽과 연결시켰다고 한다. 환호를 방어시설로 본 개념이다. 이렇게 단절된 부분이 있는 환호는 대체로 구 자체의 규모가 작아 애초에 출입구를 염두에 두지 않았을 가능성이 있다.

무엇보다 큰 특징은 산정부에 있는 환호 내에 자연바위가 있거나 의도적으로 집석한 사례가 많아 진다는 것이다. 전자는 안성 반제리, 경주 죽동리, 울산 중산동유적이, 후자는 부천 고강동유적이 해당된다. 이 외에도 오산 가장동유적의 정상에서도 자연 바위가 돌출되어 있다. 경주 죽동리유적의 경우 자연 바위가 마치 지석묘의 상석과 크기나 모양이 유사하다. 이런 예의 유적은 모두 구릉 정상부에 있거나 내부에 별다른 시설이 없고, 오산 가장리유적의 예와 같이 있다고 하더라고 구 자체의 규모가 작아 방어시설로 보기 어렵다. 즉 의례와 관련된 시설인데 내부에 지석묘의 상석과 유사한 바위가 있는 곳을 선택했다는 것은 그만큼 지석묘가 가지는 권위가 초기철기시대에도 계속 유지되었다는 것을 의미한다(이수홍 2020b).

하지만 임당유적과 같이 청동기시대 후기의 전통을 유지하면서 마을을 둘러싸는 사례도 많지는 않지만 존재한다.

4) 원삼국시대의 환호

가장 큰 특징은 환호의 수가 급감하는 점이다. 낙랑이나 요동지역으로부터 중국식 토성의 영향을 받았기 때문이라고 한다(이성주 1998b).

순천 덕암동유적에서 조사된 환호는 세 겹으로 구릉을 둘러싸고 있다. 가장 안쪽의 구에서는 점토대토기가 출토되어 초기철기시대까지 시기가 올라갈 가능성도 있으나 다른 두 겹의 구에서는 타날문토기가 출토되어 중심연대는 역시 원삼국시대이다. 중간중간 구가 이격된 부분은 삭평된 것이 아니라 암반층이라 의도적으로 굴착하지 않은 것이다. 그렇지만 구릉을 전체적으로 두르고 있고 환호의 폭이 초기철기시대에 비해 넓어진 것이 특징이라고 할 수 있다.

양산 평산리유적은 구릉의 완만한 지역에서만 일렬로 축조되었다. 출입구가 있는데 이

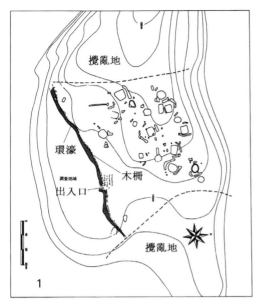
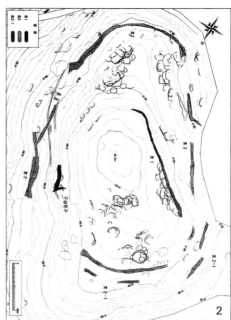

그림 VII-8. 원삼국시대의 환호유적(1:양산 평산리유적, 2:순천 덕암동유적)

부분은 많은 주혈이 있어 문과 같은 시설이 있었음을 알 수 있다. 내부에 목책이 있는데, 토루가 있었을 것이다.

김해 봉황대유적은 두 차례에 걸쳐 조사되었다. 구릉부분은 한정된 공간의 트렌치 조사였는데, 여러 겹의 구가 확인되었다. 구릉 아래쪽의 진입로부지 조사에서도 환호가 확인되었다. 환호 외부에 1m 떨어진 곳에서 주혈 5개가 확인되었는데 목책일 가능성이 있다고 한다. 그게 목책이라면 봉황대유적은 환호 외부에 설치된 것이 특징이다. 평산리유적과 봉황대유적의 사례를 본다면 원삼국시대는 목책과 결합되는 것이 일반적이 형태일 수도 있겠다.

환호+목책의 형태가 방어기능이 강화된 것이라고 한다면 원삼국시대의 환호가 본격적으로 사회적긴장에 의해 마을을 보호하기 위한 기능이었다고 할 수 있다. 그렇다면 평산리유적의 환호 내부의 화재주거는 전쟁에 의한 것일 수 있다.

이렇게 마을을 둘러싸는 환호 외에 보령 명천동유적과 같이 의례적 요소가 극대화된 환호도 여전히 축조된다. 평면 원형의 모양으로 두세 겹 구를 굴착하였는데, 이런 환호가 세

그림 Ⅶ-9. 보령 명천동유적

개나 연접해 있는 것이 특징이다. 2호 환호 출입구에 있는 토광묘에서 중국 한 대의 동경이 출토되었는데, 이 유구의 피장자는 의례를 주관한 인물일 것이다(정일 2018; 김은정 2022). 마한지역의 고창 죽림리, 홍성 석택리, 순천 덕암리의 환호에 대해 蘇塗라는 견해(나혜림 2017)가 있는 반면, 진변한지역에서 환호는 대개 와질토기가 등장할 무렵 폐절되기 때문에 서기 3세기 중엽의 소도가 기왕에 알려진 '고소환호'와 직결되기 어렵다는 견해(이수홍 2020b; 김민철 2022)도 있다. 필자는 당시 사회의 제사는 천신제사와 귀신제사로 나뉘는데 환호는 국읍에서 지내는 천신제사의 장소라고 생각한다.

원삼국시대의 환호는 이전 시기의 의례 기능으로 축조된 전통이 이어지는 것도 있지만 점차 방어의 기능이 중시되는 방향으로 전환되는 것이라고 생각된다.

5. 환호 축조의 개시와 기능

동아시아에서 환호취락이 최초로 등장한 시기는 중국 신석기시대인 기원전 7,000년 전후인데, 농업에 의존한 공동체가 증가하고 정주취락이 발달하기 시작하는 시기라고 한다(정한덕 1995; 이성주 2022). 구릉 정상부에 설치된 규모가 작은 환호는 한국에서만 확인되는 독특한 양상이라면, 우리나라 청동기시대 후기에 환호취락이 등장하는 것은 농경, 정주취락과 일맥 상통한다. 이동하는 집단이 그런 대규모 토목공사를 한 곳에서 지속적으로 할 리가 없다. 그렇다면 전기에 고소에 설치된 환호의 축조 이유는, 유럽의 예에서 보듯이 소규모 공동체들이 연례적으로 모였던 집회와 의례의 장소(이성주 2022)라는 견해를 받아들여 공동체의 의례공간일 가능성이 높다.

초창기 환호 연구의 대세는 방어취락이라는 견해에서 시작되었다(최종규 1996). 그러다가 점차 환호의 조사가 증가하면서 환호의 방어 능력에 의문을 가지게 되었다. 서길덕(2006)은 환호의 폭과 깊이가 방어의 역할을 하기에 충분하지 않은 점, 환호 내의 주거 수가 너무 적은 점, 식수원이 없는 점, 의도적으로 굴착하지 않은 부분이 있는 점 등을 들어 방어의 기능이 없다고 하였다. 하지만 이제 모든 환호가 방어면 방어, 의례면 의례의 기능을 갖춘 획일적인 것이 아니라 입지나 규모에 따라 다른 기능으로 축조되었다는 견해가 우세하다(손정미 2022; 이성주 2022; 배군열 2022).

이런 환호의 기능에 대해서 배덕환(2000)은 방어, 경계, 의례, 배수 및 집수의 네 가지 가능성을 언급하였다. 현 상황에서 어떤 환호도 배수 및 집수의 기능이라고 단언할 수 있는 것은 없기 때문에 방어, 경계, 의례의 기능으로 좁혀지는 듯 하다.

구릉 정상부에 설치된 내부에 아무런 유구가 없는 환호에 대해 의례적인 공간을 두른 시설이라는데는 이견이 없는 것 같다. 사실 폭이 좁고 깊이가 얕은 환호의 경우에는 방어의 기능 보다는 내부의 신성한 공간을 외부와 격리시키는, 즉 의례공간을 구획하는 시설(김권구 2012; 이수홍 2020b; 이한솔 2020 등)이라고 생각한다. 초기철기시대 내부에 자연바위나 집석을 한 시설이 있는 환호 역시 천신제사를 지내는 곳일 가능성이 높다. 전기에 구릉 정상부에서 행해진 의례 행위가 지속적으로 초기철기시대까지 이어진 것이라기 보다는 환호의 수, 시간적 공백, 내부 시설의 차이 등을 고려한다면 초기철기시대에 새로운 천신제사 문화가 시작되었다고 생각된다.

일단 경계의 의미는 동일하나 의례공간의 구획과 달리 주거공간과 무덤공간의 분리와 같이 실용적인 의미에서 구획하는 경계시설로 설치된 것도 있다. 장흥 갈두유적의 예와 같이 一자형의 환호는 양측 두 공간을 분리, 구획하는 용도일 가능성이 있다(김규정 2013).

그 외 마을을 둘러싸는 환호, 그 중에서도 대평리유적과 같이 충적지에 입지하는 환호는 담장의 역할 즉 방어의 기능을 염두에 두고 설치하였을 것이다. 방어의 대상이 사람이건(전쟁), 야생짐승이건(울타리) 무언가가 외부에서 침입하는 것을 막기 위한 시설은 확실한 것 같다. 대평리유적 환호를 비롯하여 마을을 둘러싼 환호에 대해 배덕환(2022), 이성주(2022), 최종규(2023)는

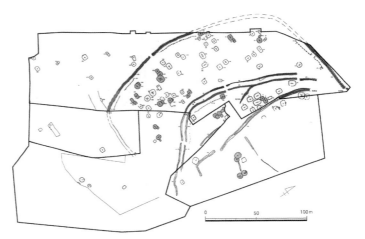

그림 VII-10. 대평리유적 옥방 1 · 7지구 환호(삼강문화재연구원 2023)

의례 기능보다 방어의 기능에 중점을 둔다. 필자는 아직 청동기시대 전쟁에 대해서 회의적이지만 농경사회의 갈등을 생각한다면 이 가능성도 완전히 배제할 수는 없다.

환호가 의례의 기능을 하였건, 방어의 기능을 하였건 거점취락을 나타내는 가장 큰 상징이 되는 것은 분명하다. 구릉에 설치된 경우 환호 내에 있는 주거 몇 동이 그렇다는 것이 아니라 환호가 있는 구릉과 그 주변 일대가 거대한 거점취락일 것이다.

초기철기시대 환호는 국읍에서 천신제사를 지냈던 곳이라고 하였다. 초기철기시대가 되면 환호가 중부지역과 영남지역에 집중되는데 마한과 변진한의 범위와 일치한다. 공동체를 통합하는데 의례가 큰 역할을 하였고, 고소에 축조되는 환호가 그것을 상징적으로 보여주는 것이다.

6. 환호취락의 소멸과 일본 환호와의 관계

원삼국시대가 되면 환호유적이 완전히 소멸하지는 않지만 그 수가 급감한다. 부안 백산성유적의 다중환호는 삼국시대의 토성으로 이어졌을 것이다(최종규 2023a). 낙랑이나 요동, 고구려의 영향으로 토성이 축조되었던 것(이성주 1998)인데, 환호를 축조했던 재지의 기술력이 바탕이 되었을 것이다. 원삼국시대는 삼국시대로 나아가는 단계로서 각지의 국이 통합의 과정을 거치는 단계이다. 이러한 통합의 과정 속에 지역 소단위인 환호취락이 대단위로 통합되면서 소지역의 환호취락이 해체되었다. 환호취락 역시 이러한 사회적 분위기 속에서 점차 소멸되어 갔을 것이다.[3]

1990년도에 검단리유적이 조사되기 전까지는 야요이시대 환호의 원류는 중국으로부터 직접 전래되었다는 견해가 우세했으나 최근 한국에서 환호유적의 조사사례가 증가함에 따라 자연스럽게 한반도 남부지역과 연관시키고 있다. 北海道 靜川遺蹟과 같이 죠몽시대 만기의 환호가 조사되어 북방루트에 의한 전파도 상정되어 왔으나(寺澤薰 1999) 직접적인 조형은 한반도 남부지역일 가능성이 높다. 야요이시대 개시기 유적에서 출토되는 대륙계 석기를 감안한다면 일본 환호의 원류는 남부지역 중에서도 남산유적이나 망곡리유적이 위치하는 창원, 마산지역일 가능성이 있다. 특히 망곡리유적에서는 야요이계 돌대문토기가 출토되어 한반도 남부지역과 북부 구주지역이 직접적인 교류가 있었음을 알 수 있다.

---

3) 환호취락의 해체에 관해서는 안재호 선생님의 조언이 있었다.

야요이시대 출현기의 환호 역시 사회적 긴장의 고조로 인한 방어기능은 아닐 가능성이 높다. 전기의 환호 내부에 주거가 많지 않다는 점도 이러한 사실을 대변한다고 할 수 있다. 板付遺蹟의 경우 환호 내부가 삭평되어 원래 있었던 주거지가 남아 있지 않다는 것이 일반적인 견해였지만, 片岡宏二(2003)는 야요이시대 전기의 환호 내부에는 주거가 없었으며 板付遺蹟도 애초부터 주거가 없었을 가능성이 있다고 하였다.[4] 板付遺蹟 내부의 주거 유무와 관련 없이 야요이시대 전기 환호의 기능에 대해 전쟁의 소산으로 인한 방어기능에서 점차 상징적인 면(武末純一 1998; 吉留秀敏 1994)이나 용배수의 기능(前田豊邦 1996)으로 옮겨가는 경향으로 볼 때 출현기 환호 역시 방어의 기능 보다는 의례적인 의미가 컸다고 생각되며 방어의 기능이라면 짐승으로부터 저장혈을 보호한다는 의미가 더 컸다고 생각된다. 역시 환호는 실질적인 기능보다 대규모 시설이 조영된다는 축조 자체에 중요한 의미가 있다고 할 수 있다(吉留秀敏 1994).

한반도의 청동기시대~원삼국시대 환호와 야요이시대 환호는 유사한 점도 많지만 한반도에는 저장혈만을 두른 환호는 현재까지 조사되지 않았다. 한국에서 현재까지 초기철기시대~원삼국시대에 해당하는 전형적인 저장혈이 검출되지 않았기 때문일 것이다.[5] 또 한국의 환호는 목책이 설치된 경우 환호 내측에서 확인되기 때문에 토루가 있었다면 환호 내측에 있었을 것이다.[6] 야요이시대 중기가 되면 관동지역까지 환호가 급증하는데 한국은 점차 소멸의 길로 들어선다. 이러한 차이점이 의미하는 것이 무엇인지에 대해서는 앞으로의 연구과제이다.

7. 맺음말

이상으로 현재까지 조사된 환호유적에 대해 시대를 막론하고 살펴보았다. 10년 전에 작

---

4) 武末純一은 야요이시대 전기에도 備後守屋鋪南側土壘跡처럼 환호 내부에 주거가 있는 집락이 있다고 한다. 하지만 환호내부에 주거가 있는 경우 대부분 평면형태가 원형이며 작업공이 있는 송국리형주거이다.

5) 강릉 방동리유적 내부의 수혈 중 2기는 저장혈로 보고되었지만 수혈의 깊이나 단면형태, 내부출토품을 고려한다면 저장혈인지 다시 검토할 필요가 있을 것 같다.

6) 앞서 언급하였듯이 봉황대유적의 토루는 외측에 있었을 가능성이 있지만, 전면조사가 실시되지 않았기 때문에 단언할 수 없다.

성한 논문을 도저히 그대로 실을 수 없어 대부분 새로 작성하였다. 환호의 수도 증가하였고 무엇보다 필자의 생각을 수정할 부분이 많아서였다. 환호의 기능에 대해서는 필자의 견해라기보다는 선학들의 연구성과를 인용하였다.

삼국시대에 축조된 환호유적이 의외로 많다는 것을 알았다. 원삼국시대 환호를 제대로 파악하려면 삼국시대의 환호를 같이 검토해야 하는데 그렇지 못했다. 필자의 과실이자 능력 밖의 일이었다.

필자는 산청 옥산리, 진주 대평리, 울산 교동리 192-37유적의 환호 조사에 직접 참여하였다. 대평리유적에서 시간에 쫓겨 동료들 모두 미친(?) 듯이 삽질을 했던 기억이 있다. 교동리 192-37유적의 환호를 조사할 때는 환호 외곽의 소형 구가 겹겹이 설치된 것을 보면서 왠지 모를 환호의 역동성을 느꼈다. 환호가 마치 살아있는 것처럼. 그 외 필자가 직접 삽을 들지는 않았지만, 재직한 직장에서 합천 영창리, 울산 교동리, 명산리, 달천, 중산동유적의 환호 조사를 하게 되어 옆에서 지켜볼 수 있었다. 그때 가진 의문점에서 한 발자국도 전진하지 못한 게 아닌가 하는 생각이 들어 부끄럽다.

그 황량한 높은 곳에서 철기도 아닌 석기와 목기로 환호 도랑을 파던 사람들의 심정이 어떠했을지 여전히 궁금하다. 정말 대평리 옥방마을에서 살육을 전제로 한 전투가 벌어졌는지도.

※ 강원지역에도 환호가 많이 분포하는 것을 미처 알지 못했다. 이 글 탈고 후 김권중의 글(2020, 2024)을 보면서 도면과 표를 수정하였는데, 본문에 내용을 상세히 추가하지는 못했다. 춘천지역 환호는 장방형이 많은 것이 특징이라고 할 수 있겠다. 그에게 강원지역 정보를 알고자 휴일에도 전화로 많이 괴롭혔다. 高校同期 貴友 김권중 선생. 고마운 마음을 전한다.

※ 이 글은 日本國立歷史民俗博物館研究報告 第195集에 실린 글을 대폭 수정한 것이다. 필자는 2012년 4월부터 9월까지 6개월간 千葉縣에 있는 日本國立歷史民俗博物館에서 외국인연구원으로 체재하며 공부할 기회를 가졌다. 이때 담당이었던 藤尾慎一郎 교수님과 高田貫太 선생님으로부터 많은 도움을 받았다. 두 분 모두 건강하시길 기원한다.

Chapter 4

취락 - 마을

울산 교동리 456유적 배치도

울산 매곡동유적의 일상

매곡동유적 III지구, III-2지구, 330-2번지 유적(이하 매곡동유적)은 독립된 구릉에 분포하는 하나의 취락 단위로 볼 수 있다. 구릉 전체가 조사되었기 때문에 청동기시대 취락의 양상을 연구하는데 좋은 자료이다.

주거지의 적석행위는 무덤 부장 유물인 적색마연토기가 출토되는 것을 근거로 가옥장이 행해진 결과이고, 연암동식주구는 주구묘(김현식 2009; 이수홍 2010; 안재호 2013)로 판단하였다. 유물이 없는 소형 주거는 이주에 의해 폐기되었고, 대형노지를 갖춘 주거에서는 대형 어종의 훈제·훈연 작업이 이루어진 것으로 파악하였다(안재호 2018). 수렵·채집·화전경작이 생계에서 차지하는 비율이 송국리문화분포권에 비해 상대적으로 높았을 것이다.

매곡동유적은 선행연구, 출토유물, 주거지의 양상, AMS결과를 참고한다면 전기 후엽에서 후기 전반까지 약 200년간 존속한 마을이다. 중심취락의 범위에서 벗어난 곳에 위치하며 동시기에 10동 정도가 존재한 <촌>이라고 할 수 있다. 10동 중 한 동은 <촌장>의 주거이다.

10동 내외의 주거가 존재한 이 마을은 4~5동씩의 세대공동제 두 그룹으로 나누어졌다. 각 그룹은 3~4동의 소형 주거와 1동의 중소형 주거로 구성된다. 10동 중 1동에서는 대형어종의 훈제·훈연작업이 이루어졌고, 각 세대공동체마다 1동은 저장공간으로 이용되었을 것이다. 구성원이 사망하면 가옥이 무덤으로 전용(유병록 2010; 이수홍 2012; 안재호 2013)되며 주구묘에는 촌장이 매장되었다(안재호 2013).

1. 머리말

청동기시대 연구는 토기와 주거지를 비롯한 개별 유물·유구에 대한 편년과 지역성을 밝히는 단계를 넘어서 취락으로 범위가 확대되었다. 1990년 이후 폭발적으로 증가한 발굴조사로 인해 연구 자료가 증가하였기 때문인데, 특히 대규모 발굴조사가 이루어져 취락 전체가 발굴된 사례가 많아진 것도 중요한 원인이다. 이로 인해 연구의 주제가 고고자료의 선후관계나 지역성 즉 '언제' 혹은 '어디서'에서 '어떻게', '왜?'로 관심의 범위가 전환된 것이다. 편년이라는 시간축이 수직이라면 역사 속의 수평적인 어느 한 시점에 초점을 맞추는 것인데 궁극적으로 당시 사람들의 일상을 탐구하는 것이다.

물론 이러한 연구는 근본적인 어려움이 있다. 우선 우리가 조사하는 주거지는 폐기된 것인데 당시 사람들의 생활 모습을 모두 반영하지 못한다. 특히 우리나라는 뼈나 목기가 제대로 잔존하지 않는 토양이기 때문에 당시의 도구 전모를 알 수 없다. 유구에서 유적으로 범위를 넓힌다면 하나의 취락 단위를 확정하기가 어렵다. 당시 사람들의 인식 속에 있는 '우리 마을'의 범위가 어느 정도인지 가늠할 수 없기 때문이다. 또 취락 연구의 영원한 숙제이기도 한 문제인데 하나의 유적에서 조사된 여러 유구의 동시성을 확정하기 어렵다. 유물이 없는 유구가 많을뿐더러 있다고 하더라도 고고자료의 차이가 나타내는 의미가 반드시 시간성인지, 그렇다면 그 시간의 폭이 어느 정도인지 알 수 없기 때문이다. 마지막으로 울산지역의 경우 주거지가 그렇게 많음에도 불구하고 이외의 유구가 너무 적다. 무덤도 적을 뿐 아니라 가마, 수혈, 구 등 다양한 인간 활동의 흔적이 남겨지지 않았기 때문에 취락의 전모를 밝히는데 어려움이 있다.

그렇다 하더라도 당시 사람들의 일상을 탐구하는 것은 궁극적으로 우리가 추구해야 할 문제이다. 본고에서는 울산 북구 매곡동·신천동·중산동 일대에 분포하는 유적 중 매곡동유적 III지구(울산문화재연구원 2005), III-2지구(울산문화재연구원 2007), 매곡동 330-2번지 유적(한국문물연구원 2010)을 검토해서 희미하나마 당시 취락의 모습에 접근해 보고자 한다.

매곡동유적 III지구·III-2지구·330-2번지 유적(이하 세 유적을 합하여 매곡동유적이라 함)은 이어지는 하나의 독립된 구릉이다. 가장 높은 곳의 III지구 위쪽은 시굴조사에서 유구가 확인되지 않았을 뿐 더러 능선의 폭이 좁아 주거지가 입지하기에 유리한 지형이 아니다. 가장 아래쪽인 330-2번지 일대의 아래쪽은 평지와 맞닿아 있는데 이 평지에서는 표본조사나 입회조사에서 유구가 확인되지 않았다. 그 아래쪽 500m 떨어진 곳에 발굴 조사된 유적이 있을 뿐 그 사이공간에서 유적이 확인되지 않았기 때문에 매곡동유적은 하나의 독립된 구릉에 형성된 것으로 볼 수 있다. 울산의 많은 유적 중 굳이 본 유적을 검토하는 것은 청동기시대 이곳에 살았던 사람들이 '우리 마을'의 범위라고 한정할 수 있는 유적이고, 더군다나 구릉 전체

가 조사되었기 때문이다.[1)]

　본 장에서는 매곡동유적에서 조사된 주거지에 대해 적석여부, 유물 출토여부, 규모 등을 검토하여 유적의 성격을 밝히는 근거로 삼고자 한다. 주구의 성격을 선행연구를 기반으로 재검토하여 주거와 무덤의 관계에 대해서도 검토하겠다. AMS결과와 선행연구를 참조하여 유적의 존속기간을 추정하여 매곡동유적의 성격과 일상에 접근해 보고자 한다.

2. 유적의 개요

　매곡동과 인근의 신천동·중산동 일대는 거의 전역에서 청동기시대 주거지가 확인될 정도로 유적의 밀집도가 높은 곳이다. 하지만 그렇기 때문에 취락 연구에서 가장 어려운 점이라고 할 수 있는 하나의 마을 단위를 상정하기가 쉽지 않은 곳이기도 하다. 이 일대는 완만한 구릉이 연속되고 또 각 구릉에서 다시 여러 갈래로 分枝하여 독립된 하나의 구릉 단위를 설정하기 어렵기 때문이다. 매곡동유적 III지구와 III-2지구, 330-2번지 유적은 동시기에 조사가 이루어지지 않았지만 연결된 하나의 독립된 구릉에 분포한다. 가장 위쪽의 III지구는 매곡지방산업단지 건설로 인해, III-2지구는 산업로 건설로 인해 모두 울산문화재연구원에서 조사하였다. 330-2번지 유적은 택지개발로 인해 한국문물연구원에 의해 조사가 이루어졌다. III지구에서 주거지 12동, 구 1기, III-2지구에서 주거지 9동, 수혈 32기, 구 2기, 330-2번지 유적에서 주거지 53동, 수혈 14기, 구 10기 등이 조사되었다. 주거지는 모두 74동이 조사되었고, 구상유구 중에는 소위 연암동식 주구도 포함되어 있다. 동시기의 전형적인 무덤은 확인되지 않았다. 구릉은 북동쪽에서 남남서쪽으로 뻗어 내리는 모양인데 보존지구로 결정된 해발 93m선 정도에서 구릉이 양쪽으로 갈라진다. III-2지구와 330-2번지 유적 사이 공간은 역사공원부지로 시굴조사에서 유구의 존재만 확인하고 보존되었고, 330-2번지 유적 4호 구상유구와 17호 주거지 사이의 공간은 삭평되어 유구가 훼손된 것으로 판단되었다. 따라서 본 유적에는 원래 100여 동 내외의 주거지가 분포하였을 것이다. 유구는 分枝한 양쪽 구릉 모두에 분포하는데 3·4·6·20·42·46·47호 주거지 외에는 주로 남쪽과 동쪽

---

1) 울산 신화리유적은 완전한 독립구릉에 형성된 유적이며 이 지역 최고의 중심취락으로 알려져 있다(배덕환 2005; 윤선경 2013; 이수홍 2016). KTX울산역사와 그 주변 개발지역에 대한 광범위한 발굴조사가 이루어졌지만 조사지역은 전체 구릉의 일부에 지나지 않는다. 구릉 전체가 조사되지 않아 취락의 전모가 드러나지는 않았다.

사면에 위치한다.[2] 강한 북서풍에 대비하기 위한 방책일 것이다.

　주거지는 대부분 장방형·방형이다. 단수의 무시설식 노지, 벽을 따라 벽주구가 설치되었고 아래쪽 한 쪽 모서리에서 구릉 아래쪽으로 배수의 역할을 하는 돌출된 구가 설치된 전형적인 '검단리식주거지'이다. III-8호와 같이 세장방형으로 추정되는 주거지가 있지만 전기의 전형적인 세장방형인지 명확하지 않다. 9호 주거지는 복합문이 시문된 심발형토기가 출토되지 않았지만 이단병식석검, 무경식석촉이 출토되어 전기의 세장방형일 가능성이 있다. 17호 주거지는 길이가 657㎝, 폭이 327㎝로 장단비는 2:1이며 노지가 두 개 있지만 면적이 21.8㎡로 규모가 그다지 크지 않다. 전기의 세장방형주거지인 흔암리식주거지와 후기의 검단리식주거지 중 규모가 큰 것과 구분할 필요가 있다. 이 점에 대해서는 후술하겠다.

　수혈은 III-2지구에서 많이 확인되었는데, 이곳은 구릉의 가장 높은 평탄면으로 삭평이 비교적 적게 된 곳이다. 수혈의 깊이가 대체로 30㎝ 내외인데 10㎝ 이하인 것도 있기 때문에 구릉 사면이 삭평된 것을 감안한다면 유적 전체에 분포하였을 가능성이 있다.

　구상유구는 모두 13기가 조사되었다. 가장 위쪽의 III지구에서 조사된 구는 계곡부에 자연적으로 형성된 것이며 나머지 12기는 인위적으로 사람이 굴착한 것이다. 일부는 평면형태가 원형 혹은 말각방형인 연암동식주구이다. 매곡동유적에서 조사된 주거지의 개요는 표 VIII-1과 같다.[3]

3. 연대에 대한 검토

　청동기시대 전기와 후기의 획기를 나누는 것은 그 사안의 중요성만큼이나 복잡다단한 양상이다. 이미 송국리문화의 시작 혹은 전파가 후기의 시작이라는 단순한 명제가 한반도 남부지역에서 일률적으로 적용되지 않는다는 것이 일반적인 견해가 되었다. 송국리문화가

---

2) III지구와 III-2지구의 경우 보고서 유구 번호는 연번을 사용하였는데 구릉 위에서부터 III-1~21 호까지 부여하였고, 330-2번지 유적은 대체로 구릉 아래에서부터 1호~53호까지 부여하였다. 본고의 유구번호는 보고서의 유구번호와 동일한데, III지구와 III-2지구는 330-2번지 유적과 구별하기 위해 유구 번호 앞에 'III-'를 명시하였다.

3) 보고서를 참조하였는데, 필자의 주관이 반영되었음을 밝힌다. 토기문양의 숫자는 안재호(2011)의 분류 그대로이다. III지구 유구 번호를 역순으로 배열한 것은 구릉 아래에서부터 유구번호를 부여한 330-2번지 유적을 따라서 주거지의 위치를 반영하고자 한 의도이다. 각 주거지의 평면형태와 제원은 보고서를 참고하길 바란다.

한반도 남부지역 전역에 분포하지 않기 때문이기도 하지만 송국리문화 분포지역 역시 동일한 기준을 적용할 수 없기 때문이다(이수홍 2019).

표 VIII-1. 매곡동유적 주거지의 특징과 출토유물

호수	주거규모	대형노지주거	이주주거	적석주거	적색마연	토기문양	호형토기	석부 합인	석부 타제	석부 편인	석부 주상	석도	석창	방추차	어망추	석검	석촉 무경	석촉 유경	비고
1	小			○	○	48	1	1						○					
2	小		○			48?													
3	小	?		○		48?	1												보습?
4	小	?		○		48(관통), 59				2									
5	中小			○		55?		2			1							1	
6	小			○		48						1	1					3	
7	小			○											1				
8	小																		
9	中			○	○		2			1		1				○	1		
10	中小			?	○(발)	42											1	2	
11	小							1		1		1?							
12	中小			?		48	1											1	
13	小		○																
14	小			?								1							
15	小		○																
16	中小			○		56(?)	2												
17	中小			○		21, 48, 49		7				1	1	○			1		
18	小			○	○														
19	小		○																
20	中小			○				3		1		1?	1						석겸
21	小			○		48		3		1?	1?								
22	小			?		48						1							
23	小																		
24	小		○																
25	小					49		1		1									
26	小			○		48		2		1									
27	小		○																
28	小			○	○														환상석기
29	小			○	○	48	1			1									
30	小							1				1							
31	中小								1										

호수	주거규모	대형노지주거	이주주거	적석주거	적색마연	토기문양	호형토기	석부				석도	석창	방추차	어망추	석검	석촉		비고
								합인	타제	편인	주상						무경	유경	
32	小		○																
33	小			○	○			5		1		1?		○					
34	小																		연암동식
35	小	○	○																
36	小			○		48						1							
37	中小			○	○	42, 48	1	3		3								1	
38	小		○	?															
39	小		○																
40	中小			○											○				
41	小														○				
42	中小			○		48						1		○					환상석기
43	小							1						○					
44	中小							1										1	
45	中			○	○	48		1				1					1	2	
46	小			○															
47	小				○														
48	小		○				1												
49	中小			○	○														
50	中小	○		○		48											1		
51	小		○																
52	中小	○		?		48	2	2						○				1	
53	中小	○		○	○(소옹)	42, 48		4		1		2							
III-21	小							1											
III-20	小		○																
III-19	小		○																
III-18	小					48, 49								1				1	
III-17	小																		
III-16	小	○		○	○			1		2		1?					1	1	
III-15	小													1	○			1	
III-14	小																	1	동북형 석도
III-13	小		○																
III-12	中小			○		42, 59		1											
III-11	小		○								1								
III-10	小			○	○(소옹)	48, 33	2	3							○			1	보습
III-9	小	○		○															

호수	주거규모	대형노지주거	이주주거	적색주거	적색마연	토기문양	호형토기	석부				석도	석창	방추차	어망추	석검	석촉		비고
								합인	타제	편인	주상						무경	유경	
III-8	中																	1	
III-7	小		○											1					
III-6	小	○		○?															
III-5	小		○																
III-4	小						1												
III-3	小	○		○	○	20, 48	2	1		1		2				○	1		
III-2	小			○	○														
III-1	小		○																

송국리문화가 분포하지 않는 검단리문화분포권은 역시 더 복잡한 양상이다. 이곳은 전기의 전통이 후기까지 강하게 이어지는 곳이다. 그 전통이 이어진다는 것은 결국 생업의 변화가 크지 않다는 것이다. 즉 전기의 수렵·채집 경제가 차지하는 비율이 후기에도 높았던 것(安在晧·金賢敬 2015; 안재호 2018)이 가장 큰 원인이며, 그렇다면 종래 이용했던 토기, 석촉과 같은 도구 등이 후기가 되어서도 사용되는 것은 자연스러운 현상이다. 즉 이단병식석검이나 무경식석촉이 출토된다고 해서 반드시 전기라고 단정할 수 없다는 것이다. 필자는 전기·후기의 가장 큰 획기는 주거생활의 변화라고 생각하는데, 그것은 복수의 노지를 갖춘 세장방형주거지에서 단수의 노지를 갖춘 장방형·방형 주거지로 바뀌는 것을 말한다. 그것이 의미하는 것이 대가족체에서 핵가족체·개별가족으로의 변화(안재호 1996·2006)이건, 공동거주형에서 독립거주형으로의 변화 즉 거주 방식의 차이(김승옥 2006; 김권구 2006)이건 마을의 리더가 전기의 가부장적 지도자에서 후기에는 마을 전체를 아우르는 족장4)으로 변화하는 것을 의미한다. 그러한 변화를 상징적으로 보여주는 주거 규모의 축소 즉 단수의 노지가 설치된 소형·중소형이 주거의 대부분을 차지하는 것이 후기 시작의 지표이다(이수홍 2019). 그렇다면 매곡동유적은 전기 후엽부터 마을이 형성되기 시작하였다 하더라도 전체적으로는 후기의 이미지가 강하다. 전기의 전통이 후기까지 이어지는 것이 검단리문화권의 특징이

---

4) 마을의 우두머리를 지칭하는 용어는 유력개인, 촌장, 족장, 수장, 군장, 추장 등 다양하다. 이청규(2019)는 청동기시대 전기는 <촌>을 이루었고 그 마을에는 <촌장>이 있었고, 후기에는 중심마을 중심으로 협력하는 마을군이 <읍락>을 이루었고, 중심마을의 우두머리를 <족장>이라고 하였다. 족장이라는 용어에는 혈연사회라는 의미가 강하게 반영되어 있다. 본 장에서는 이청규의 견해대로 청동기시대 지도자는 <촌장>, <족장>이라는 용어를 사용하겠다. 우두머리의 용어에 대해서는 XIV장에 상세하게 설명하였다.

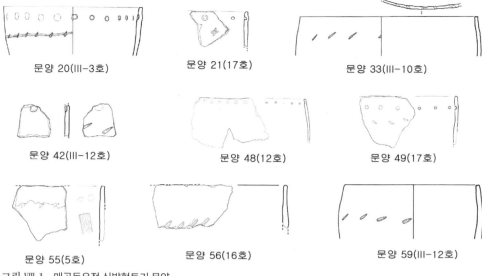

문양 20(III-3호) 문양 21(17호) 문양 33(III-10호)

문양 42(III-12호) 문양 48(12호) 문양 49(17호)

문양 55(5호) 문양 56(16호) 문양 59(III-12호)

그림 Ⅷ-1. 매곡동유적 심발형토기 문양

라면 전기와 후기가 명확하게 구분되지 않는 것이 어쩌면 당연한 것이다. 일단 매곡동유적에 전기에 속하는 주거지가 있다 하더라도 그 수는 소수이며 전기 후엽에 해당되고, 따라서 유적 전체의 중심연대는 후기라고 할 수 있겠다.

유적의 조성시기 혹은 존속기간을 살펴보기 위해서 안재호의 동남해안지역 편년안(2011)에 대입해 보겠다. 안재호는 심발형토기의 문양을 분류·분석하여 속성배열법이라는 방법으로 동남해안지역의 무문토기를 14단계로 편년하였다. 심발형토기의 문양을 69가지로 세분하였는데 매곡동유적에서는 그림 Ⅷ-1과 같이 그중 9가지가 확인되었다. 그의 편년안에 매곡동유적의 심발형토기 문양을 대입하면 그림 Ⅷ-2와 같다.[5]

본 장은 편년보다는 취락의 일상에 접근하는 것이 목적이기 때문에 본 유적의 존속기간이 어느 정도인지에 초점을 맞추어서 살펴보겠다.

우선 안재호는 동남해안지역 청동기시대를 14단계(1~3기 : 조기, 4~9기 : 전기, 10~14기 : 후기)로 나누었는데 매곡동유적의 문양 9종을 대입해 보면 4~14기에 해당된다. 하지만 장기존속문

5) 문양1~문양69의 세부는 안재호의 논문(2011)을 참고하길 바란다.

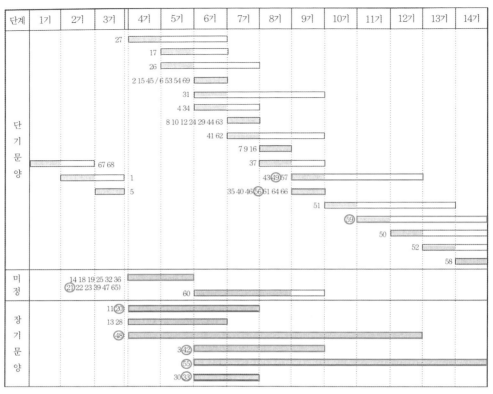

단계	1기	2기	3기	4기	5기	6기	7기	8기	9기	10기	11기	12기	13기	14기

그림 Ⅷ-2. 매곡동유적에서 출토된 심발형토기 문양(붉은색)을 안재호의 편년안(2011)에 대입한 결과(20:돌류이중구연
4사선2문, 21:돌류X자문, 33:구순각목사선2문, 42:돌류사선2문, 48:돌류문, 49:돌류단횡선5문, 55:사선1문, 56:사선2문, 59:단
횡선5문)

양인 돌류문이 대부분이라 시기를 특정하기 어려운 게 사실이다.

문양 20은 돌류이중구연4사선2문인데 Ⅲ-3호에서 한 점 출토되었다. 매곡동유적에서 확인되는 문양 중에서 가장 이른 단계로 편년되는 것이다. Ⅲ-3호 주거지는 4주식의 장방형으로 전기의 표지적인 세장방형주거지가 아니다. 물론 무경식석촉이 공반되었지만 주거지의 형태로 볼 때는 후기로도 볼 수 있고 전기라 하더라도 전기의 늦은 단계일 가능성이 높다.

문양 21은 돌류X자문인데 17호 주거지에서 문양 48 · 49(?)와 공반된다. 공반된 돌류단횡선5문(문양 49)은 9~12기에 해당되는데 사실 돌류사선2문(문양42)인지 모호한 점이 있지만 돌류문(문양 48)은 연대폭이 넓고 X자문은 시기를 특정하기 어렵다. 17호 주거지는 전기라 하더라도 전기의 늦은 단계에 속할 가능성이 높다.

문양 33은 구순각목사선2문인데 III-10호에서 한 점 출토되었다. 6~7기에 해당되는데 구순각목 역시 하한이 많이 내려오고 또 사선문은 검단리식토기에 시문된 낟알문과 구분이 모호하다.

문양 42는 돌류4선2문인데 37호, 53호, III-12호에서 출토되었다. 37호와 53호에서는 돌류문(문양 48)과 III-12호에서는 단횡선5문(문양 59)과 공반되었다. 사선문인지 단횡선문인지 모호하다. 문양 42는 전기에 해당되지만 공반된 돌류문은 연대폭이 넓고 단횡선5문은 후기에 해당된다.

문양 55는 사선1문인데 5호 주거지에서 한 점 출토되었다. 편으로 출토되어 문양을 정확하게 확정하기 어렵다. 시기는 6~14기에 해당된다.

문양 56은 사선2문인데 16호에서 출토되었다. 편으로 출토되어 문양을 확정하기 어렵다. 문양 56은 9기에 해당되는데 그렇다면 전기 중에서 가장 늦은 단계로 한정된다.

문양 59는 단횡선5문인데 4호 주거지와 III-12호에서 출토되었다. 후기의 표지적인 문양이라 판단해도 무방하다. 하지만 표를 참조한다면 후기 중에서는 이른 시기에 속할 가능성이 높다고 할 수 있겠다.

그 외 전기 전반에 해당되는 문양(문양27 · 17 · 26 · 2 · 15 · 45 · 6 · 53 · 54 · 69 · 31 · 4 · 34 · 8 · 10 · 12 · 24 · 29 · 44 · 63 · 41 · 62 · 7 · 9 · 16 · 37 · 13 · 28)과 후기의 늦은 단계에 해당하는 문양(문양 50 · 52 · 58)이 확인되지 않는다는 점도 중요하다. 그렇다면 본 유적의 주거지는 안재호의 7기~11기 정도에 해당될 가능성이 높다. 안재호의 절대연대안에 대입하면 기원전 10C 후반~8세기 전반의 약 200년간의 기간에 해당된다.

석촉은 25점이 출토되었는데 무경식이 7점이고 유경식이 18점이다.[6] 무경식이 전체에서 차지하는 비율이 28%이다. 유경식은 경부가 원형인 것보다 장방형인 것이 대부분이기 때문에 후기에서도 이른 단계일 가능성이 높다.

주거지의 배치형태와 취락의 이미지, 토기의 문양과 석촉의 형태 등으로 볼 때 유적의 중심연대는 후기 전반으로 판단된다. 일부 주거지는 전기 후엽에 해당될 수도 있는데 아무튼 존속시기는 전기 후반에서 후기 전반에 해당된다.

보고서의 자연과학분석에 대입해 보겠다. 모두 11기의 주거지에서 AMS분석을 실시하였으며 결과는 표 VIII-2, 그림 VIII-3과 같다.

---

6) 유경식은 일단경식과 이단경식으로 구분해야 하지만 경부가 파손된 것이 많아 구분이 불가능한 것이 많다. 신부의 형태로 유경식으로 판단한 것이 많다.

표 Ⅷ-2. 매곡동유적 AMS결과

유구	탄소연대	95.4% 신뢰구간	측정기관
5호	2710±40BP	930BC~800BC	한국지질자원연구원
33호	2710±50BP	980BC~790BC	
37호	2710±40BP	930BC~800BC	
42호	2780±40BP	1020BC~820BC	
49호	2760±40BP	1010BC~820BC	
53호	2770±40BP	1010BC~820BC	
Ⅲ-9호	2870±40BP	1160BC~910BC	서울대학교
Ⅲ-8호	2870±40BP	1160BC~910BC	
Ⅲ-6호	2890±30BP	1210BC~970BC	
Ⅲ-3호	2800±40BP	1050BC~830BC	
Ⅲ-3호	2810±50BP	1130BC~830BC	
Ⅲ-2호	2850±40BP	1130BC~900BC	

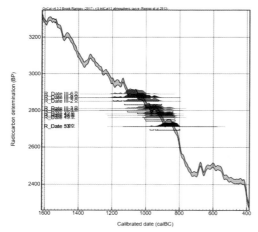

그림 Ⅷ-3. 매곡동유적 탄소연대 plot결과('IntCal 13'사용)

대체로 Ⅲ지구 주거지의 분석결과가 오래된 수치로 도출되었고, 330-2번지 유적에서도 구릉 아래쪽의 5호 주거지가 늦은 결과이기 때문에 구릉 위쪽에서부터 아래쪽 방향으로 주거지가 축조되었다고 할 수도 있겠으나 일단 측정기관의 차이에 의한 결과일 가능성도 배제할 수 없다. 주거지 형태로 볼 때나 이단병식석검이 출토되어 시기가 이를 가능성이 있는 9호 주거지도 구릉의 아래쪽에 분포하기 때문이다. AMS결과대로 구릉의 점유 순서가 위쪽부터라는 점은 수렵채집의 생계형태에서 점차 농경의 비중이 높아지는 것으로 변화해 가는 것과는 연동된다고도 할 수 있겠다.

표 Ⅷ-2의 결과에 따라 95.4% 신뢰구간을 취한다면 존속기간이 400년에 이르겠지만 이 확률은 주거지마다 연대폭이 작게는 130년, 많게는 250년이나 되기 때문에 신뢰할 수 없다. 이러한 문제점을 보완하기 위해서는 교정곡선의 세부를 관찰할 필요가 있다. 우선 시기가 이르게 나타난 Ⅲ-6·Ⅲ-8·Ⅲ-9호가 속한 구간(1100BC~BC1050)은 교정곡선이 수평 구간이라 오차가 있을 수 있는 구간이다.[7] 또 늦은 시기에 해당하는 5 · 37 · 53호 구간(890BC~840BC)은 교정곡선의 凹凸구간(wiggle)이라 오차가 있는 구간이다. 앞뒤의 오차 가능지역을 제외한다면 1050BC~890BC 정도에 해당되는 구간에 포함된다. 존속기간이 160년 정도인데 AMS측정을 한 주거지가 12동으로 전체 주거지의 16%임을 감안한다면 약 200년 정도 존속한 것으로 보면 무방할 것이다. 유적의 존속기간은 안재호의 편년안에 따르더라도 200년 정도의 기간이며, AMS측정 자료가 없는 주거지와 출토유물에서 큰 차이가 없기 때문에 그 이상의 연대 폭은 아닐 것이다.

4. 유구의 재검토

울산지역은 그렇게 많은 주거지가 분포함에도 불구하고 무덤의 숫자는 확연히 적은 편이다. 사람이 죽으면 어떻게든 시신을 처리했을 것이기 때문에 무덤이 없다고 해서 장송행위가 없었던 것은 아니다. 현재 우리가 인식하는 무덤이라는 것은 결국 땅을 굴착한 흔적이 있었던 것으로 한정된다. 필자는 가옥이 폐기 될 때 무덤으로 전용되었다고 생각하는데 본 장에서는 적석주거지가 적색마연토기의 관계를 근거로 제시해 보고자 한다. 역시 무덤이라고 생각하는 연암동식주구에 대해서도 그 입지를 중심으로 살펴보겠다. 유적의 일상에 접근하기 전 근거자료로 대형노지를 갖춘 주거지에 대한 선행연구와 유물이 출토되지 않는 주거지의 성격에 대해서도 검토하겠다. 주거지 별 배치상태를 그림 Ⅷ-5~7 · 12로 나타내었다.

1) 출토유물을 통해서 본 적석주거지의 성격

가옥이 폐기될 때 무덤으로 전용된다는 견해가 유병록(2010)에 의해 처음 제기되었다. 포항 호동 Ⅱ-29호, 경주 천군동유적 Ⅰ-5호 화재주거지에서 인골이 출토된 것을 근거로 제시하였는데 이 연구는 이후 가옥장 연구의 기폭제가 되었다. 이후 안재호(2010)는 연암동식주거지가 무덤으로 전용되었다고 했는데 그 근거로 연암동식주거지에서 적색마연토기가 출토된다는 것을 근거로 제시하였다. 이 후 적석된 주거지도 무덤으로 전용된 것이라는 견해(이수홍 2011)가 제기되었고 연암동형주구가 주구묘라고도 하였다(김현식 2009; 이수홍 2010). 이러

---

7) 교정곡선에서 평탄한 부분이 생기는 대부분의 이유는 대기중의 ^{14}C농도가 급격하게 증가하여 그 것이 다시 원래로 돌아오는데 시간이 걸리기 때문이라고 한다(李昌熙 2011).

한 가옥장에 대한 연구는 검단리문화 분포권에 무덤이 적게 확인되는 것에 대한 해결책이 되어 가는 듯 하다.

본 절에서는 적석주거지가 가옥장이라는 견해를 보완하기 위해 매곡동유적에서 적색마연토기와 적석주거지의 관계에 대해서 살펴보겠다. 주지하듯이 적색마연토기, 마제석검, 마제석촉은 청동기시대 무덤에서 출토되는 대표적인 유물이다. 이 중 석촉은 수렵용구로서 주거지에서도 많이 출토되는 반면 석검과 적색마연토기는 특히 완형의 경우 무덤에서 출토된다. 매곡동유적에서 적색마연토기는 16동의 주거지에서 출토되었는데 그중 14기가 적석주거지이다. 10호는 적석된 주거지는 아닌데 적색마연발 1점이 출토되었다. 이 주거지도 적석여부를 판단하기 모호한 면이 있다. 47호는 적색마연토기 1점이 파편으로 출토되었는데 명확하게 적석된 주거지가 아니다. 10호 주거지가 적석주거지가 아니라 하더라도 적색마연토기가 출토된 주거지 중 87.5%가 적석된 주거지라는 점은 주거지에서 출토된 이 토기가 부장품의 의미가 더 강하게 작용되었을 가능성이 높다. 즉 적석되지 않은 주거지 41기 중 적색마연토기가 출토된 주거지가 2동이라는 점은 실생활에 사용되었다고 보기에 부자연스러운 면이 있다. 매곡동유적에서는 역시 대표적인 부장품인 석검이 출토된 주거지가 2기인데 역시 모두 적석주거지에서 출토된 것도 이 주거지가 무덤이라는 것을 반증하는 것이다.

34호 주거지는 연암동식주거지인데 적석은 되지 않았다. 연암동식주거지 역시 무덤으로 전용되었다고 한다(안재호 2010 · 2013). 내부에서 적색마연토기가 출토되지 않았지만 주거지

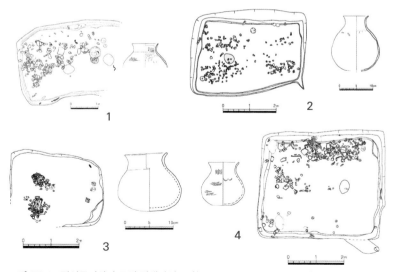

그림 Ⅷ-4. 적석주거와 출토된 적색마연토기(1:1호, 2:18호, 3:29호, 4:33호)

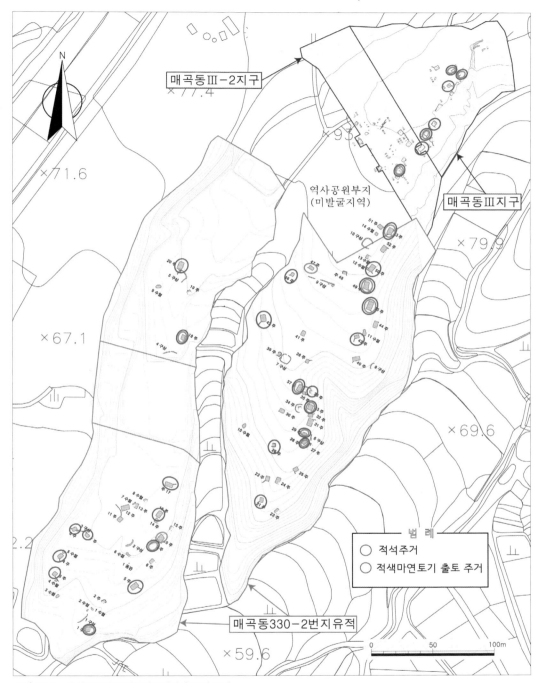

그림 VIII-5. 적석주거와 적색마연토기가 출토된 주거

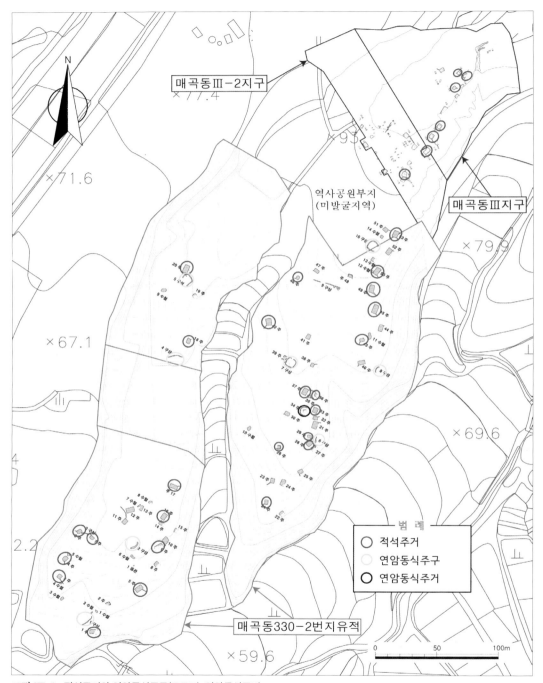

그림 VIII-6. 적석주거와 연암동식주구(주구묘), 연암동식주거

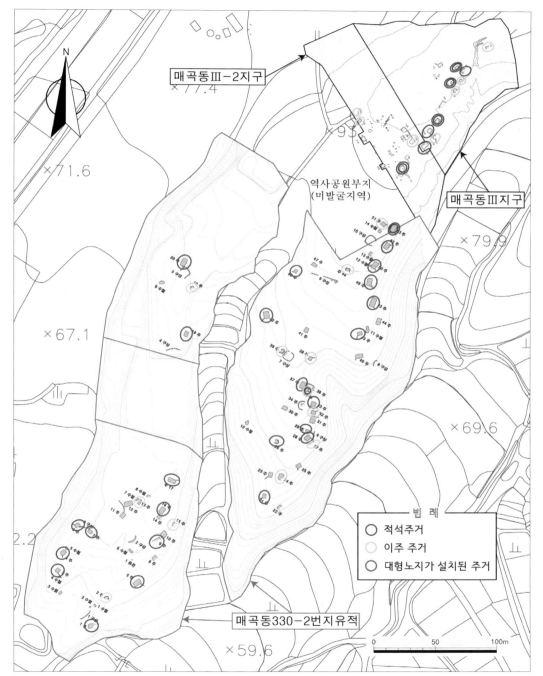

그림 Ⅷ-7. 적석주거와 이주주거, 대형노지가 설치된 주거

의 60% 이상이 유실되었기 때문에 이 유물의 매납여부를 판단할 수 없다. 34호와 같은 연암동식주거지는 돌을 쌓는 행위는 행해지지 않았지만 도랑을 둘러서 무덤의 묘역을 표현하였을 것이다.

2) 연암동식주구⁸⁾의 성격과 입지적 특징

매곡동 330-2유적에는 모두 8기의 연암동식주구가 분포한다.⁹⁾ 그 중 5호 · 7호 · 10호는 명확하게 연암동식주구로 판단할 수 있다. 일부만 잔존하지만 弧狀으로 돌아가는 형태인 1호 · 2호 · 4호 · 6호 · 8호도 연암동식주구로 판단하였다.

이 유구의 성격에 대해서는 크게 매장주체부가 유실된 주구묘(김현식 2009; 이수홍 2010)라는 견해와 환호와 유사한 의례적인 시설(황창한 2015)이라는 두 가지 견해로 나누어진다. 무덤 역시 장송의례의 과정 혹은 결과물이기 때문에 크게 볼 때 의례와 관련된 시설이라는 데에는 이견이 없는 듯하다. 즉 일상적으로 사용되는 실용적인 시설이 아니라는 것이다. 매곡동유적 연암동식주구가 분포하는 입지에서 특징이 분명히 드러난다. 8기 모두 완만한 경사면이 끝나고 급경사가 시작되는 곳에 입지한다. 주변을 조망하기 좋은 곳일 뿐만 아니라 주변에서도 잘 보이는 곳이다. 인근의 매곡동 신기유적에서는 구릉 사면에 주거지가 열상으로 분포하고 구릉 중앙에 연암동식주구가 배치되어 취락 내에서 주거공간과 무덤공간(의례공간)이 뚜렷이 구분되는 것과 대비된다. 또 매곡동유적의 연암동식주구는 한 곳에 밀집되어 분포하지 않고 서로 60~100m 정도의 간격을 두고 각각 분포한다. 어느 정도의 간격을 두고 분포하는 것으로 볼 때 무덤이건 의례유구건 소집단 단위의 숭배대상이었을 것이다. 연암동식주구가 입지하는 경사면의 끝자락은 결국 주변을 조망하기 좋은 곳임과 함께 구릉 아래쪽에서 이곳이 잘 보이는 곳이기도 하다. 매곡동 신기유적처럼 구릉의 능선부이건 매곡동유적과 같이 구릉의 끝자락이건 주거지 보다는 신성성이 느껴지는 곳임에는 틀림없다. 매곡동 신기유적의 경우 구릉이 마을로 점유될 때부터 주거지와 무덤 배치에 기획성이 드러난 반면 매곡동유적은 신기유적에서 보이는 그러한 기획성은 보이지 않는다.

---

8) 이와 같은 유구의 명칭에 대해서는 연구자 · 조사기관마다 '연암동형 주구', '연암동형 구', '주구', '주구형 유구' 등 다양하게 불리었는데, 본고에서는 '연암동식주구'로 통일하였다.

9) 보고서에는 'ㅡ'자형의 구와 연암동형 구를 구분하지 않고 구상유구로 보고되었다. 필자는 그중 8기를 연암동식주구라고 판단하였다.

3) 유물이 없는 주거지의 성격

유물이 한 점도 없거나 토기편 몇 점이 출토되는 주거지는 연구자의 관심을 받지 못하였다. 주거지의 폐기라는 관점에서 본다면 유물이 없다는 것은 그 주거지 구성원의 사망과 무관하게 폐기되었을 가능성이 있다. 물론 토기 파편 몇 점이 출토되었거나 재활용 할 수 없을 정도로 파손된 석기가 출토되는 경우에도 그 유물은 폐기 당시에 유입되었을 가능성이 있기 때문에 유물이 없는 주거로 간주해도 무방하다. 위에서 검토하였듯이 많은 주거지에서 가옥장이 이루어졌다면 유물이 없는 주거(특히 화재의 흔적이 없고)는 가옥장이 행해지지 않았고 그렇다면 구성원이 이주한 결과로 주거지가 남겨진 것으로 추정해 볼 수 있겠다.[10]

이때의 이동은 두 가지 사례를 유추할 수 있다. 첫째, 가옥이 파손되었을 때 수리하여 사용하는 것보다 근처에 신축하는 것이 더 유용하여 주변에 새롭게 축조하여 기존의 가옥은 자연스럽게 혹은 인위적으로 폐기된 경우이다. 기존의 주거에서 기둥이나 지붕 자재의 일부를 재이용했을 것이다. 둘째는 기존의 마을 인구가 증가하여 자원이나 공간이 포화되어 경작지나 수렵지의 개척을 위해 마을을 떠나 이주하는 경우이다. 공간이 포화되었다는 것은 가옥이 밀집하여 생활공간이 줄어들었다는 의미 보다는 화전경작지의 부족(어느 정도 기간의 유휴기가 있어야 하기에) 혹은 새로운 채집·사냥터의 개발 등의 이유가 더 클 것이다. 또, 결혼 등으로 새롭게 마을에서 독립하는 사례도 있을 것이다. 매곡동유적에서는 74동 중 유물이 없거나 토기편만 혹은 재활용 할 수 없는 석기편만 출토되는 주거지는 19동이다. 이주로 인해 폐기된 19동의 주거는 대체로 벽주구가 설치되지 않거나 규모가 소형인데 엉성하게 축조된 것도 있어서 애초에 장기 거주를 목적으로 축조되지 않았을 가능성도 있다. 자녀가 어느 정도 성장한 후 결혼으로 독립하기 전까지의 기간 동안 이용되었을 수도 있겠다.

4) 대형노지를 갖춘 주거지

동남해안지역에는 직경이 1m 내외의 대형노지가 설치된 주거지가 있다. 노지의 평면형태는 원형 혹은 타원형이며 무시설식인데 바닥을 얕게 굴착하였으며 노지 중앙부에 둥글게 피열된 흔적이 잔존하는 경우가 많다. 이러한 대형노지의 기능에 대해서는 대형어종을 훈제·훈연하는 용도라는 견해(안재호 2018)가 있다.

---

10) 46호는 적석주거지이다. 내부에서 유물이 출토되지 않았지만 내부에 돌이 깔려 있기 때문에 가옥장이 행혀졌을 가능성이 있어 이주 주거에서 제외하였다.

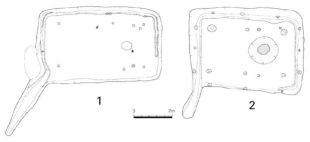

그림 Ⅷ-8. 일반적인 노지와 대형노지(1:49호, 2:53호)

74동 중 대형노지를 갖춘 주거지는 8동이다.[11] 전체 주거지 중 10.8%를 차지하는데 10동 중 한 동이다. 특이한 점은 대형노지를 갖춘 주거의 대부분이 구릉 상부에 위치하는 점이다. 대형어종 훈제용이라면 동해바다에서 획득한 고래·숭어와 같은 어종을 동쪽의 동대산을 넘어 가져왔을 것이다. 청동기시대는 지금과 달리 삼림이 울창하지 않아 산의 능선이 교통로로 이용되었을 것이다. 지금의 구릉 상부는 마을의 끝자락이 아니라 입구일 가능성이 높다.

대형노지에 대한 또 하나의 가능성은 주거지가 폐기될 때 불을 크게 지피기 위해 노지를 크게 확장하였을 가능성이다. 대형노지를 갖춘 8동의 주거는 모두 가옥장으로 추정되는 적석주거지이기 때문이다. 적석된 곳이 노지 위인 사례가 많은 것도 이러한 가설을 뒷받침 할 수 있다. 이 점은 가능성으로만 제시해 두겠다.

5. 매곡동유적의 성격

청동기시대 최고의 위신재라고 하는 비파형동검이 출토되지 않는 마을 유적의 특성상 유력개인[12]의 주거를 특정하는 것은 쉽지 않다. 또 마을 간의 위계를 밝히는 것도 마찬가지이다.

이러한 상황에서 취락간의 위계는 주거지의 규모를 통해 접근해 보고자 한다. 결론적으로 필자는 그림 Ⅷ-9에서 푸른색으로 둘러싸인 공간이 청동기시대 이 일대의 중심지라고 생

---

11) 3호·4호 주거지의 노지도 대형이지만 평면형태가 부정형에 가깝고, 평지식이다. 일반적인 대형 노지와는 차이가 있기 때문에 통계에서 제외하였다. 3호·4호 모두 적석된 주거지인데 가옥장이 행해질 때 노지 주변에 넓게 불을 피웠기 때문에 나타난 결과로 추정된다.

12) 박양진(2006)은 계층화된 불평등사회의 지배자를 首長이라고 하였는데, 청동기시대는 계층화가 완전히 이루어지지 않은 불평등사회로 파악하였으며 이때의 우두머리를 '유력개인'이라고 하였다.

각하고 있다. 중심취락의
조건이라면 취락의 규모가
방대하고 장거리 교역이 이
루어지는 시장이 있어야 하
며, 방어 또는 구획시설, 수
장의 거관, 공방, 창고, 신
전, 지배자층의 거대 분묘
등이 갖추어져야 한다(이상
길 2011)고 하지만 울산을 비
롯한 동남해안지역은 이러
한 유적이 없다고 해도 과

그림 VIII-9. 중심취락(촌락?, 읍락?)과 매곡동유적((小)촌)

언이 아니다. 하지만 위의 조건 중 몇 가지를 갖추면 중심취락으로 볼 수 있는데 그림 VIII-9
의 중심취락은 대규모 마을, 연암동식주구가 능선 중앙에 일렬로 배치된 것으로 볼 때 공
동묘지의 존재, 장기존속취락에 탁월한 입지 조건 등의 요건을 갖추었다고 할 수 있다. 남-
북을 잇는 교통로라는 입지, 완만한 평탄면으로 유적이 입지하기에 최적의 장소이면서 주
거지의 규모가 월등하다. 이곳에는 중산동 약수유적II · 신천동 냉천 · 신천동 공원부지유
적 · 매곡동 신기유적 I ~III · 매곡동 508번지 유적 등 많은 유적이 분포한다. 유적의 범위,
주거지의 숫자 등을 감안한다면 대표적인 장기존속취락이다. 취락의 전체 넓이는 남-북 1.4
㎞, 동-서 1.3㎞에 이를 정도이다. 구릉이 완만하여 모든 구릉에 주거지가 분포한다. 계곡부
에서는 청동기시대의 경작유구인 논층이 조사되기도 하였다. 크고 작은 촌들과 그 중 비교
적 규모가 큰 촌이 결합된 '촌락'의 범위를 충족시키는 것은 확실하다. 촌락이 결합된 '읍락'
이라고 할 수 있을지에 대해서는 검토가 필요하지만 매곡동유적에 비해 중심취락의 면모를
갖춘 것은 확실하다. 이 일대에 여러 촌락이 분포하겠지만 촌락의 규모, 주거지의 규모나 제
양상을 볼 때 이 일대가 상대적으로 중심지였을 가능성이 높다는 의미이다.

　이 중심취락과 본고에서 검토하는 매곡동유적을 검토하여 매곡동유적의 성격에 대해서
살펴보겠다. 본 장에서 검토하는 매곡동유적과 필자가 중심지라고 판단하는 이 일대의 모
든 유적과 비교하는 것은 현실적으로 불가능하기 때문에 매곡동유적과 인접한 곳에 위치하
고 중심취락에 포함되는 매곡동 508번지 유적을 선택하여 주거지의 규모와 양상을 비교해
보겠다.

매곡동 508번지 유적은 중심취락의 동쪽 끝에 위치하는데 매곡동유적과는 매곡천을 사이에 두고 약 300m 떨어져 있다. 유물의 문양이 매곡동유적과 유사해서 거의 동시기에 존속하였다고 할 수 있다. 위신재로 생각되는 유물은 출토되지 않았지만 주거지의 규모에서 차이가 간취된다.

양 유적의 주거지 기둥배치와 면적은 표 VIII-3과 같다.[13]

표 VIII-3. 기둥배치 별 주거지 수와 면적(( )는 면적 파악되는 주거지 수)

	매곡동유적					매곡동 508번지 유적			
	수	비율(%)	면적(㎡)	평균(㎡)		수	비율(%)	면적(㎡)	평균(㎡)
4주식	31(24)	44.3	5.6~19.4	11.4	4주식	8(4)	22.2	11.2~21.5	15.9
6주식	33(31)	47.1	9.3~28.8	18.5	6주식	18(14)	50	16.3~30.3	21.9
8주식	6(5)	8.6	21.8~31.5	25.8	8주식	6(6)	16.7	27.7~43.5	32.1
10주식	0	0			10주식	4(4)	11.1	47.1~54.6	49.8
불명	4		전체평균	16.3	불명	7		전체평균	27.2
계	74(60)				계	43(28)			

매곡동유적에서는 기둥배치를 알 수 있는 주거지가 70동인데 그 중 4주식이 31동(24%), 6주식이 33동(47.1%), 8주식이 6동(8.6%)이다.[14] 4주식과 6주식의 비율이 비슷하다.

반면 매곡동 508번지 유적은 기둥배치를 알 수 있는 주거지가 36동인데 그 중 4주식이 8동(22.2%), 6주식이 18동(50%), 8주식이 6동(16.7%)이며 10주식도 4동(11.1%)이다. 전체 주거지

---

13) 기둥배치와 면적은 각 보고서의 고찰을 참고하였는데 일부는 필자의 주관적인 견해가 반영되었다. 주혈이 없는 것을 無柱式으로 분류하는 경우가 있는데, 주혈이 없다고 해서 기둥이 없는 것은 아니다. 주거지 바닥에 바로 기둥을 세웠을 것이다. 따라서 소형 방형인 경우 무주혈식이 아니라 4주식으로 분류해야 한다. 26호 주거지는 주혈이 5개 확인되어서 6주식으로 보고되었으나 평면형태가 규모를 감안하여 4주식으로 판단하였다. III-2호는 장축에 두 개의 주혈이 확인되어 4주식으로 보고되었으나 장축비를 감안한다면 평면형태가 장방형이며 6주식으로 보는 것이 타당하다. 주거지의 면적은 한쪽 벽이 완전히 결실되었더라도 노지가 장축 중앙선상에 위치하는 것을 감안한다면 전체 규모를 추정할 수 있다. 34호 주거지의 경우에도 한쪽 벽이 완전히 유실되었지만 외곽 주구와의 거리를 감안하여 한쪽 벽이 168㎝ 잔존하지만 전체 길이는 300㎝로 추정할 수 있어 면적은 8.3㎡로 추정된다. 본고에서는 이런 방법으로 필자의 의견을 추가하였기 때문에 보고서의 제원표와 일부 차이가 있다.

14) 위 표의 기둥배치 비율은 불명을 제외하고 산정하였다. 불명주거지를 포함하여 기둥배치 비율을 산정하면 전체 주거지에서 차지하는 비율이 오히려 왜곡되기 때문이다.

중 6주식이 절반을 차지하고 8주식과 10
주식의 비율도 도합 27.8%에 달한다. 매
곡동유적이 매곡동 508번지 유적에 비해
4주식의 비율이 높고 8주식의 비율이 낮
으며 10주식은 아예 존재하지 않는다. 8
주식과 10주식은 세장방형인데 전기의
표지적인 세장방형주거지인 흔암리식주
거지와는 차이가 있다. 즉 전형적인 검단
리식주거지와 폭은 차이가 없으며 장축
만 길어지며 주혈이 정연하게 설치된 점
이다. 이런 주거지는 전기의 흔암리식주

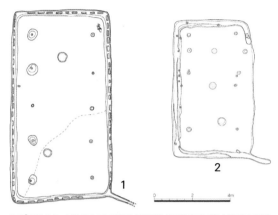

그림 Ⅷ-10. 매곡동 508번지 유적의 중대형주거와 매곡동유적
의 중형주거(1: Ⅰ-2호, 2:45호)

거지가 아니라 후기의 유력개인의 주거이다(이수홍 2014).

기둥배치별 주거지의 면적에서도 확연하게 차이가 있다. 유적 전체 주거지의 평균면적도 16.3㎡ : 27.2㎡로 매곡동 508번지 유적이 확연히 넓은 것을 알 수 있다. 내부 구조의 차이는 벽주구에 굴착된 벽주의 유무에서 나타난다. 벽주구의 기능이 배수인지, 벽체홈인지 논란이 있었으나 최근에는 배수의 기능이라는 견해가 우세한 듯 하다. 벽체 마감재는 반드시 구를 굴착하지 않아도 세울 수 있기 때문이다. 벽주구가 배수의 기능이라고 하더라도 벽 마감재는 반드시 설치하여야 한다. 벽주구에 세장방형 혹은 타원형의 홈을 굴착하여 벽마감재를 설치하기도 하는데 대체로 규모가 큰 주거지에서 이런 시설이 확인된다. 단지 규모만 클 뿐만 아니라 가옥을 축조할 때 보다 정성을 들였을 것이다. 이런 주거지가 매곡동유적에는 1동도 없지만 매곡동 508번지 유적에서는 19동이나 된다.

중심취락에 포함되는 신천동 냉천유적에서 청동기시대 논이 확인되었고, 보다 하천에 인접해 있기 때문에 중심취락은 농경의 비중이 상대적으로 높았을 것이다. 또 신천동유적에서는 청동기시대 무덤 2기가 조사되었다.[15] 전기 말에 축조된 것으로 판단되는데, 무덤을 축조할 정도의 지도자가 전기 말부터 존재했었던 것을 유추할 수 있다. 이 중심취락은 읍락으로 이해 할 수 있겠다.

---

15) 보고서에서는 청동기시대 무덤 1기, 시기불명 토광묘 1기로 보고되었다. 시기불명 토광묘의 한 쪽 단벽에 할석이 놓여 있는데 고려~조선시대 무덤과는 이질적이다. 필자는 청동기시대 무덤으로 판단하였다(이수홍 2011).

이상과 같이 주거지의 규모나 벽주구의 형태 등을 통해서 볼 때 인접해 있는 마을이지만 매곡동 508번지 유적이 속한 현재의 7번 국도 동쪽, 매곡천 북쪽의 넓은 공간이 중심 취락의 영역이고 매곡동유적은 중심지에서 벗어난 취락이다. 취락의 가장 기본적인 단위인 <촌>의 단계라고 할 수 있겠다.[16]

6. 매곡동 취락의 일상

3절에서 매곡동유적은 전기말에서 후기초에 약 200년간 존속한 마을이었음을 확인하였다. 전체 74동 중 주거지의 성격을 파악할 수 있는 특징적인 주거지 및 유구의 수는 아래와 같다.

주거 규모는 면적 20㎡ 이하는 소형, 20㎡를 초과하는 주거를 중소형, 20㎡ 초과 주거 중 장축의 길이가 7.0m 이상인 것을 중형으로 분류하였다.[17]

- 전체 주거 : 74동
- 연암동식주거 : 1동
- 적석주거지 : 32동(43.2%)
- 대형노지를 갖춘 주거 : 8동(10.8%)
- 유물이 없거나 파편만 출토된 주거 : 19동(25.7%)
- 소형주거 : 55동(74.3%), 중소형주거 : 16동(21.6%), 중형주거 : 3동(4.1%)
- 연암동식주구 : 8기

전체 주거 중 가족의 구성원이 사망했을 때 가옥장이 행해진 것은 연암동식주거지를 포

---

16) 이희준(2000)은 삼한 소국 형성과정에 대한 연구에서 hamlet은 작은 마을이라는 뜻으로 小村, village는 마을로 번역되기 때문에 村, 그리고 촌(village)과 복수의 소촌(halmet)들이 결집된 단위를 村落이라고 하였다. 그의 견해대로라면 매곡동유적은 小村(halmet)이다. 이러한 소촌과 상대적으로 규모가 큰 촌이 결합된 것이 촌락이며 촌락의 결합체가 '읍락'이다.

17) 주거의 기둥배치는 일부가 유실되면 파악할 수 없는 경우가 많다. 면적도 마찬가지이지만 위의 기준으로 소형, 중소형, 중형으로 분류하면 한쪽 벽면만 잔존하더라도 어느 한쪽에 귀속시킬 수 있다. 그렇게 잔존하는 벽면의 길이로 전체 74동의 주거를 모두 분류하였다.

함한다면 절반에 이른다. 유물이 없거
나 파편만 출토된 주거지가 원주민의
이동으로 폐기된 것이라면 사실 대부
분의 주거가 가족 중 마지막 구성원이
사망할 때에는 무덤으로 전용되었다
고 할 수 있겠다. 검단리문화권에 무
덤이 많이 확인되지 않는 이유에 대한
대안이 될 것이다. 대형노지가 대형어

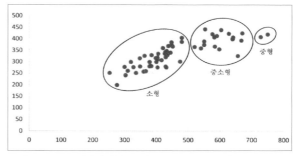

그림 Ⅷ-11. 주거지의 면적 분류(X축 : 장축, Y축 : 단축)

종의 훈제 · 훈연용이라고 한다면 이런 행위가 10동 중에 1동에서 이루어졌다. 20㎡ 이상의
중소형주거지는 16동이며 중형주거지는 3동이다. 중소형 · 중형 주거지는 4동 중 1동이다.
4~5동의 가옥이 하나의 세대공동체를 형성하였을 가능성이 있다. 이때의 세대공동체는 친
족개념이 강하게 작용하였을 것이다. 연암동식주구는 8기인데 그렇다면 주거지 10동 당 1
기 꼴로 주구묘를 축조했다고 할 수 있다.[18]

　　한 세대가 20~25년이라고 간주한다면 최초 축조된 가옥의 존속기간도 그렇게 볼 수 있
지 않을까? 매곡동 취락의 존속간이 200년 정도 존속되었다면 동시기에 약 10동 정도가 존
재했을 것이다.[19] 물론 구성원의 사망과 새로운 출산이 일상에서 계속되기 때문에 10동이
소멸하고 새롭게 10동이 출현하는 것은 아니다. 성인 부부에 2~3명의 자녀가 한 가옥에 거
주하였다면 마을 인구는 약 40~50명이라고 볼 수 있다.

　　AMS결과를 신뢰한다면 Ⅲ지구가 이곳에 처음 등장한 사람들의 생활터전이었을 것이
다. 구릉 위쪽에 처음으로 정착하였다는 것은 구릉 아래쪽보다 위 산 쪽이 생활의 주 무대
였다는 점을 방증하는 것이다. 벌목용으로 알려진 합인석부가 전체 주거지 중 22동에서 출
토된 점은 매곡동유적 보다 해발고도가 낮은 곳에 위치하는 유적보다 비율이 높은 편이다.
벌목용의 합인석부가 많다는 것을 통해 화전경작이 이루어졌음을 알 수 있다(안재호 2006).[20]

---

18) 연암동식주구는 잔존상태가 양호하지 않다. 깊이가 얕기 때문이다. 원지형을 고려한다면 더 많
　은 연암동식주구가 있었을 것이지만 일단 본고에서는 발굴성과를 최대한 적용하겠다.

19) 74동을 감안하면 8~9동 정도로 볼 수 있겠지만 보존된 역사공원부지, 삭평된 구간 등을 감안한
　다면 100동 내외가 분포하였을 것이고 그렇다면 10동 내외가 동시기에 존재했었다고 보는 것이
　자연스럽다.

20) 반면 한국 청동기시대의 화전경작에 대해 민족지적 사례를 근거로 부정적인 견해(고일홍 2010)
　도 있다.

주거지가 폐기 될 때 당시의 유물이 제대로 잔존하지 않는다는 점을 감안한다면 주거마다 합인석부를 보유하였을 가능성이 높다. 그 외 편인석부, 석도, 석촉 역시 출토된 주거가 많은데 당시 합인석부와 함께 가구마다의 필수품이었을 것이다.

호형토기는 파편을 포함하더라도 74동 중 11동에서 출토되어 15% 밖에 되지 않는다. 모든 가옥에서 호형토기를 보유하지 않았을 가능성이 있다. 호형토기가 저장용으로 사용되었다는 일반적인 견해를 받아들인다면 저장은 각 가구마다 이루어진 것이 아니라 두 가구 혹은 앞서 언급하였듯이 규모가 큰 주거지의 비율과 같이 4가구당 하나의 주거가 저장공간으로 이루어졌을 수도 있겠다.

매곡동유적 뿐만 아니라 이 일대의 취락은 역시 농경보다는 수렵·채집이 생계에서 차지하는 비율이 높았을 것이다. 대형 어종의 훈제용 주거가 위쪽에 분포하는 것은 동해에서 포획한 대형어종을 구릉 위쪽으로 운반하였을 것이다. 20세기 중반부터 산림녹화사업이 진행되어 지금의 산림이 완성된 것을 감안한다면 청동기시대 구릉의 능선은 유용한 교통로로 이용되었던 것을 알 수 있다.

시간이 흐르면서 주거 공간이 점차 구릉의 아래쪽으로 확산되었다. 송국리문화 분포권에 비해 수렵·채집이 차지하는 비율이 높았지만 점차 농경이 생계경제에서 차지하는 비율이 높아져 갔을 것이다.

마을 전체의 우두머리인 촌장은 존재했겠지만 그것을 나타내는 유물 혹은 압도적인 크기의 주거가 확인되지 않고 구획묘와 같은 무덤도 확인되지 않았다. 그러나 청동기시대 비파형동검이 부재한 영남지역의 경우 규모가 위계를 상징하는 것(이수홍 2020a)이라면 역시 주거지 규모를 통해 촌장의 존재를 파악할 수밖에 없다. 그림 Ⅷ-11은 매곡동유적 주거지 면적을 나타낸 것이다. 소형과 중소형·중형의 구분이 뚜렷하지 않다. 즉 큰 주거지와 작은 주거지간의 위계가 그렇게는 강하지 않았던 것을 나타낸다. 동시에 존재한 주거가 10동이라면 그중 2~3동 정도의 중소형·중형주거지가 존재했을 것인데 규모나 유물에서 큰 차이가 없는 것으로 볼 때 마을을 대표하는 촌장의 존재는 충분히 예상되지만 평화로운 분위기를 느낄 수 있겠다. 보습, 동북형석도, 환상석기, 석검 등 희귀한 유물과 규모가 큰 주거지가 직접적으로 대입되지 않기 때문이다. 매곡동유적을 대표하는 촌장은 가장 규모가 큰 9호·45호·Ⅲ-8호 이 세 주거지의 거주자 일 것이다.

중소형·중형주거지 19동 중 13기가 적석된 주거지로 68.4%에 이른다. 중소형·중형주거지의 거주자라 하더라도 매장의 방법은 차이가 없었고, 그 중 일부는 연암동식주구 즉 주

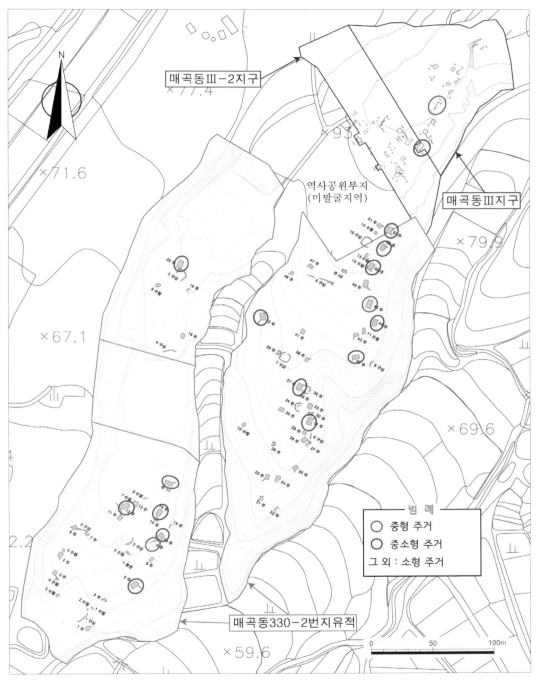

매곡동Ⅲ-2지구

역사공원부지
(미발굴지역)

매곡동Ⅲ지구

범 례
⊙ 중형 주거
◯ 중소형 주거
그 외 : 소형 주거

0   50   100m

매곡동330-2번지유적

그림 Ⅷ-12. 중소형주거와 중형주거

구묘에 매장되었을 것이다.

매곡동유적의 어느 한 시점을 그려 본다면 10동 내외의 주거가 한 마을을 이루고 살고 있었다. 4~5동씩 두 그룹으로 어느 정도 분리되었는데 각각 3~4동의 소형 주거와 1동의 중소형 혹은 중형 주거로 이루어졌다. 2동의 중소형 중 규모가 큰 주거의 거주자가 마을 전체를 대표하는 촌장이었다. 이 10동 중 1동에서는 대형 어종 훈제 작업이 이루어졌다. 각 그룹 중한 동은 저장공간으로 이용되었다. 10동의 주거 중 2~3동은 구성원이 이동하여 인근에 새로운 가옥을 신축하거나 새로운 터전을 찾아서 마을을 떠났다. 구성원이 사망하면 가옥은 바로 무덤으로 전용되었다. 한 명 정도는 주구묘에 매장되었는데 그렇다면 안재호(2013)의 견해대로 연암동식주구는 촌장의 무덤일 가능성이 있다.

7. 맺음말

당시 취락의 모습에 접근하는 것이 본 장의 목적이었지만 결과는 선명하지 못하고, 억측스러운 면이 있음을 인정하지 않을 수 없다.

당시 일상에 가깝게, 선명하게 접근할 수 없었던 것은 주거지의 상태가 양호하지 않고, 주거지 이외의 유구가 적고, 출토유물이 많지 않은 점도 있지만 사실 필자의 부족함이 원인이다. 하지만 목적을 향해 나아가는 한 발걸음이라는 뜻으로 헤아려주길 바라면서 여러 연구자들의 교시를 기대한다.

매곡동유적 III지구와 III-2지구는 필자와 우리 동료가 조사한 유적이다. 무척 추웠던 기억이 있다. III지구 조사 후 시간이 흘러 III-2지구를 조사하였는데, 측량할 때 UTM 좌표를 사용해서 배치도를 정확하게 합칠 수 있었다. 이 일대에서 조사된 그 많은 유적의 배치도를 온전히 결합할 수 없는 상황이다. 당시 사회의 전모를 밝히기 위해 제일 먼저 해야 할 작업이지 않을까 싶다.

※ 당시 III-2지구를 조사한 최득준씨는 필자와 동년배(실제 2년 차이)인데 이제 퇴직하고 유유자적한 생활을 하고 있다. 지금도 한 번씩 만나 직장생활 때 필자가 괴롭힌 추억을 얘기하면서 술잔을 기울인다. 여유 잃지 말고 늘 건강 유지하며 즐거운 삶을 누리길 바란다.

남강유역 구획구의 구조와 성격

일직선 형태의 개별 대상유구(구상유구)가 =자형, ㄷ자형, ㅁ자형 등 장방형 형태로 세트를 이루는 유구를 '구획구'라고 명명하였다. 본 장에서는 구획구가 조사된 진주 남강유역의 네 유적을 검토하여 구획구의 특징을 살펴보고 축조시기, 구조, 성격에 대해서 검토하였다.

구획구는 경상남도 진주 남강유역권에서 집중적으로 확인된다. 시기는 청동기시대 후기 송국리문화 단계이다.

구획구 내부에는 굴립주로 추정되는 기둥구멍, 아궁이 등이 확인되는데, 굴립주와 아궁이, 구가 세트를 이루는 시설일 가능성이 높다. 내부의 굴립주는 견고한 高床家屋이 아니라 地面式 임시 가건물이다.

구획구는 마을 공동 의례공간으로 이용되었으며, 구획구를 이루는 개별 대상유구는 공동으로 취사나 식사를 하는 공간이었을 것이다. 취락에서 구획구와 주거의 숫자 비율은 대체로 1:2 정도이다. 두 가구가 하나의 구획구를 보유했다는 것이 아니라 마을 전체가 공동으로 이용하였을 것이다.

1. 머리말

고고학이 추구해야 할 궁극의 목적은 당시 사회상의 복원이다. 토기, 주거지 등 개별 유물, 유구의 편년에 집중하는 것도 시간성 그 자체가 목적이 아니라 결과적으로 동시성을 확인하기 위한 것이고, 그것이 담보되어야만 당시의 사회를 적확하게 들여다 볼 수 있는 것이다. 청동기시대 사회 성격을 규명하기 위한 근거를 찾기 위해서 우리는 발굴조사에 참여하

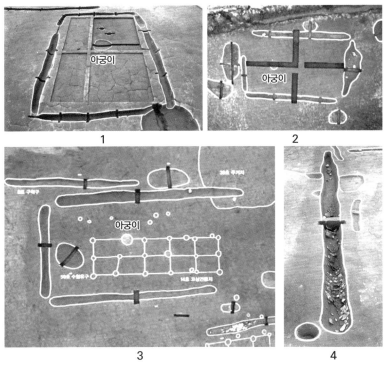

그림 IX-1. 구획구와 가마로 전용된 대상유구(1:평거동유적 나-25 · 33 · 34 · 35호 구획구, 2:초장동 유적 3호 구획구, 3:同 9호 구획구와 14호 굴립주, 4:대평리유적 옥방 1지구 308호)

는데 실제 무수히 많은 유구가 조사됨에도 불구하고 그 성격(용도)을 명확하게 알고 있는 것은 주거지, 무덤, 저장공, 고상창고 등 일부에 지나지 않는다. 당시의 생활면이 제대로 잔존하는 충적지의 경우 많은 수혈, 대상유구(구, 구상유구) 등이 조사된다. 용도를 정확하게 알 수 없기 때문에 유구의 모양이 그것의 이름이 된 사례이다. 대부분의 고고학 현장에서 발견되는 유구가 땅을 아래 방향으로 굴착한 것 즉 竪穴이기 때문에, '수혈'이라는 명칭 자체는 그것의 용도를 모른다고 자인하는 것이다. 용도를 알 수 없다는 뜻이 내포되어 있는데도 '불명 수혈유구'라고 명명된 것도 있다.

帶狀遺構(溝 혹은 溝狀遺構) 역시 성격을 정확하게 알 수 없기 때문에 붙여진 이름이다. 도랑모양인데 '帶狀'이라는 표현을 사용한 것은 평면형태가 弧形이나 不定形이 아니라 일직선이기 때문이다. 이러한 一자형인 대상유구가 =자형, ㄷ자형, ㅁ자형으로 결합하여 네모난 형태로 세트를 이루는 유구가 진주 남강유역권에서 많이 조사되었다. 이러한 유구에 명칭에 대해 대상유구, 구상유구, 구획대상유구, 구획구 등 다양하게 불렸는데, 본 장에서는 결합되어 구획의 의미가 크다고 판단하여 '구획구'라는 용어를 사용하겠다. 구획을 이루지 않고 독립된 개별 구는 초장동유적 보고서와 마찬가지로 일자형이라는 특징을 고려하여 '대상유구'라고 하겠다.

구획구는 형태와 규모만 본다면 주구묘와 유사하지만 구획구가 이루는 방형의 공간 내부에 아궁이가 설치된 사례도 있고, 무엇보다 방형의 구획구가 완전히 폐곡선을 이루지 않는다는 것이 주구묘와 차이점이다.[1]

본 장에서는 청동기시대 대평리유적 취락의 전모를 복원하는 첫걸음으로 남강유역 일대에서 확인되는 구획구를 검토하고자 한다. 이 유구가 조사된 진주권의 네 유적을 검토하여 각 유적마다 보이는 구획구의 특징에 대해서 살펴보겠다. 구획구 내부에는 아궁이와 굴립주가 설치된 사례가 많다. 구획구 내부에 설치된 굴립주를 검토하여 구획구가 어떤 구조인지에 대해 접근해 보고자 한다. 필자는 구고(2017b)에서 구획구가 의례공간이라고 하였지만 근거제시가 희박하였다. 네 유적을 검토하여 필자의 견해를 보완하고자 하며, 그것을 바탕으로 구획구의 성격과 취락에서 주거와의 관계에 대해서도 살펴보겠다.[2]

2. 선행연구 검토

본 절에서는 남강유역에서 확인되는 개별 대상유구와 구획구에 대한 선행연구를 살펴보겠다.

구획구가 아닌 개별 대상유구에 대해서는 김현(2002)이 최초로 가마로 전용되었을 가능성을 제시하였다. 유구의 규모에 비해 다량의 토기편이 출토되는데 소결상태나 표면의 잔존상태가 불량한 토기가 많고 화기에 노출된 돌이 다량 출토되는 점, 바닥이나 벽이 소결되었거나 내부에 다량의 숯과 소점토가 포함되어 있는 점을 근거로 제시하였다. 가마로 전용되기 전의 대상유구의 기능이나 구획구에 대한 언급은 없지만 대평리유적 대상유구의 기능

---

1) 울산 다운동유적에서 조사된 주구묘(세종문화재연구원 2023)와 같이 한쪽 모서리 일부가 이격되어 있는 사례도 있다. 하지만 주구묘의 일반적인 사례는 아니며 구획구의 경우 대부분 각 모서리가 이격되어 있기 때문에 주구묘의 플랜과는 차이가 있다.

2) 각 보고서마다 구획구의 구를 별도의 유구로 도면을 제시하거나 구획구 내부의 아궁이, 굴립주를 별개의 유구로 제시한 사례가 많아 부득이하게 도면보다는 사진자료를 많이 제시하였다.

에 대한 최초의 연구이다.

안재호(2009)는 사천 이금동유적의 주혈열을 평지건물의 일부라고 하면서 대평리유적의 구획구도 같은 성격이라고 하였다. 즉 구획구는 청동기시대 최후단계에 해당하는 평지건물의 기초구인데 건물들이 연접하여 일정 범위의 블록을 형성한다고 하였다. 주거의 획일적 배치, 인구 밀집, 도로와 광장 등의 시설을 상정하여 도시적 형태의 취락으로 파악하였다.

양송이(2012)는 진주 평거동유적 보고서에서 개별 대상유구와 구획된 대상유구 즉 구획구를 구별하여 검토하였다. 개별 대상유구 중 일부는 溝狀窯와 유사하나, 내부에 소결된 부분이 없어(가-33 · 35호) 이후에 폐기장으로 재활용 되었고, 일부(33호)는 내부퇴적토에서 獸骨 편이 출토되어 취사에 이용되었다고 하였다. 대상유구와 아궁이가 세트를 이루는 것(나-29 · 32호)은 취사를 위한 용도인 야외아궁이를 구획하거나 설치류의 피해를 막기 위한 용도라고 하였다.

김상현 등(2012)은 진주 초전환호취락유적 보고서에서 대상유구 내부에 목탄, 수골, 탄화곡물 등이 검출되는 것을 취사행위의 결과로 판단하였다. 주거지가 폐기될 때, 혹은 구획구의 구획 기능이 상실된 시점에 유물을 옮겨와 취사행위가 이루어졌다고 하였다. 대상유구 80기 중 방형으로 구획을 이루는 것이 8세트인데, 양면개방형의 =자형, 일면개방형의 ㄷ자형, 폐쇄형의 ㅁ자형으로 분류하였다. 8세트 중 76호 · 78호 · 82호는 ㄷ자형인데 내부에 장축 2열의 주혈이 배치된 것을 통해서 볼 때 지상식 건물이며 4호 · 20호 · 42호 · 45호와 40호 · 41호 · 44호 · 62호와 같이 폐쇄형인 ㅁ자형은 의례행위와 관련된 특수시설물로 판단하였다.

정해민(2014)은 조합식 구+아궁이+기둥으로 이루어진 지면식 건물의 외부주구라고 하였다. 규모로 볼 때는 조 · 전기 주거지와 차이가 없지만 시기는 청동기시대 후기 송국리문화단계라고 하였다. 세트를 이루는 대상유구 중 ㅁ자형을 제외하면 구가 설치되지 않은 부분이 출입구로 이용되었다고 하였으며, 구를 통해 건물의 내 · 외부가 구분된다고 하였다.

필자(2017b)는 대평리유적 옥방 1지구의 취락구조를 검토하면서 구획구에 대해 언급하였다. 구획구간에는 중복이 이루어지지 않아 내부에서 신성한 행위가 있었던 것으로 추정하였다. 평소 개별 가옥 단위로 이루어지던 취사행위가 공동으로 이루어졌는데, 그것은 성년식, 결혼, 장송과 같이 가구단위를 넘는 통과의례와 같은 행사가 진행될 때이며 구획구는 이때 이용되었다는 것이다. 구획구의 장축방향이 동-서향이나 남-북향 등 방위의 영향을 받았다는 점과 구획구 간에 중복이 전혀 이루어지지 않는다는 점은 잘못된 판단이며, 구획구 내부 공간 구조에 대한 검토는 이루어지지 않았다.

구획구가 축조된 시기가 송국리문화 단계라는 점에서는 의견이 일치하지만 구체적인 축조시점에는 연구자마다 차이가 있다. 구획구가 건물 그 자체의 일부 시설이라고도 하고 구획구 내부 공간에 건물이 존재했다고도 한다. 기능은 주거, 의례, 취사 공간, 토기가마 등이 거론되어 견해차이가 있지만 모두 구조에 대한 구체적인 언급은 없다. 상부구조나 내부 시설물이 잔존하지 않기 때문에 더 이상 논의를 전개하기가 어려운 것이 사실이다. 3절에서는 내부 구조 파악이 가능한지 각 유적별로 살펴보겠다.

3. 유적의 검토

침식이 이루어지지 않고 퇴적만 계속되는 충적지에 형성된 유적이라 하더라도 실제로는 문화층의 상부가 경지정리 등으로 삭평된 경우가 대부분이다. 구획구의 경우 내부에 배치된 지면식 혹은 얕은 수혈식 아궁이와 함께 확인되는 사례가 많은 것으로 볼 때 당시의 생활면이 온전히 남아있지 않는 유적에서는 잔존하지 않을 가능성이 높다.[3] 그동안 4곳의 유적에서 조사되었는데 모두 남강유역권이라는 점이 특이하다.[4] 본 절에서는 개별 유적에서 보이는 양상에 대해서 살펴보겠다.[5]

1) 진주 대평리유적

옥방 2지구 북동쪽 모서리에서도 구획구가 확인되었고, 옥방 4지구의 3호·4호 구 역시

---

3) 산청 하촌리유적 III지구 86호 구는 구획구의 일부일 가능성도 있다고 생각되지만 명확하게 방형으로 구획을 이루는 사례는 없다.

4) 대평리유적은 옥방 2지구, 옥방 4지구에서도 확인되고, 평거동유적도 4지구, 2지구에서 확인되었는데 각각 하나의 유적으로 글을 전개하겠다. 남강유역에 분포하는 유적이 문화층의 상부가 유실되지 않아 청동기시대 당시의 지면이 잘 남아있기 때문인지는 알 수 없다. 4곳의 유적이 대규모 경지정리가 이루어지지 않아 삭평으로 인한 유실을 피한 결과일 수도 있다. 구획구가 청동기시대에 남강유역에만 분포했을 가능성도 있지만, 이 문제에 대해서는 별고를 통해 검토하겠다.

5) 유적을 검토하면서 필자의 견해를 밝히다 보면 보고서의 내용과 상이한 경우가 있다. 자료가 축적되면서 필자도 새롭게 알게 된 것이 대부분이다. 때문에 보고자의 발굴 내용이나 견해를 부정하는 것은 절대 아니다. 필자 역시 본 장의 검토대상 유적 중 하나인 옥방 1지구의 발굴조사에 참여하였지만, 그 당시의 생각과 다른 부분이 많다.

그림 IX-2. 진주 대평리 옥방 1지구(1:배치도, 2~5:구획구 세부, 축적부동(이수홍 2017에서 수정 · 보완))

방형의 구획구일 가능성이 있다. 하지만 대평리유적에서 구획구가 가장 밀집하는 곳은 옥방 1지구이다. 대평리유적 전체에서 주거가 가장 밀집되어 분포하는 곳이고, 환호가 다중으로 설치되어 있는 옥방 1지구에 구획구가 밀집 분포하는 점이 이채롭다. 본 절에서는 옥방 1지구에서 조사된 구획구를 중심으로 기술하겠다.

옥방 1지구에서 개별 대상유구는 모두 112기가 확인되었다. 그 중 벽면이 소결되어 있고 내부에 토기편이 채워져 있어 가마로 전용되었을 가능성이 있는 것은 42기이다.

방형으로 세트를 이루는 것은 28~30기 정도이다. 전반적으로 남-북향으로 이어지는 열과 동-서향으로 이어지는 열이 공존하는데 구획구가 가장 밀집하는 곳(591호·658호·654호 주거지 등이 위치하는 곳. 그림 IX-2의 5)에서 열과 열이 중복된 느낌이다. 구획구는 환호의 입구를 관통하는 2열의 무덤 열과는 중복되지 않았는데, 서로의 존재를 의식하고 축조되었음이 분명하다. 구획구의 형태는 ㅁ자형, ㄷ자형, ＝자형 등 다양하다. 내부에 아궁이가 장축방향 중앙선상에 설치된 사례가 있다. 구획구 내에서 확인되는 아궁이의 수는 1~4개로 다양한데, 아궁이의 수는 대체로 구획구의 규모와 비례한다. 옥방 1지구 전역에는 수많은 소혈(주혈?)이 있는데 이러한 소혈이 구획구와 세트를 이룰 가능성이 있다. 특히 개별 대상유구 인근에 구와 나란한 방향으로 설치된 소혈은 구와 관련된 시설물의 흔적으로 보아도 무방하다. 332호 대상유구 인근에 377호 굴립주가 있고(그림 IX-2의 4 참조), 75호·78호 구획구 내부에 77호 굴립주가 있는데, 이것이 정형화된 패턴일 것이다.

대부분 휴암리식주거지[6]를 파괴하고 설치된 것이 많아 중심연대는 휴암리식주거지 단계 중에서 늦은 시기일 가능성이 높다. 하지만 구획구를 파괴한 수혈을 환호가 파괴하고 설치된 사례(그림 IX-2의 3 참조)도 있기 때문에 하촌리식주거지 단계부터 존재했었을 것이다. 그렇다면 상대적으로 이른 시기의 구획구는 연접하지 않았을 가능성이 있다.

2) 진주 평거동유적

평거동유적에서는 경남문화재연구원 조사구역에서 구획구가 많이 조사되었고, 동서문물연구원에서 조사한 4지구 2구역에서도 개별 대상유구가 22기 조사되었다. 본 절에서는

---

6) 송국리식주거지(휴암리식포함)를 분류할 때 평면형태가 방형이며 작업공 외부 양쪽에 주혈이 있는 형태의 주거지를 대평리식이라고 한다(유병록 2019a). 대평리유적과 같이 서부경남지역에 많이 분포한다. 필자 역시 대평리식이라는 용어에 찬성하지만 본 장에서는 원형-송국리식, 방형-휴암리식으로 2대별 하였다.

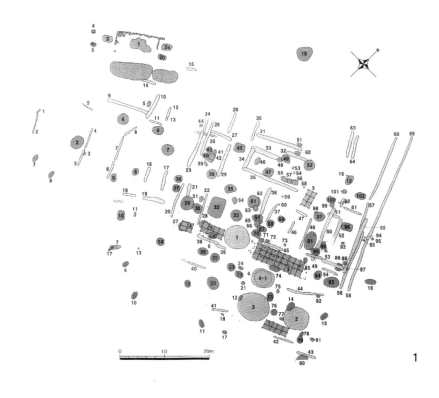

1

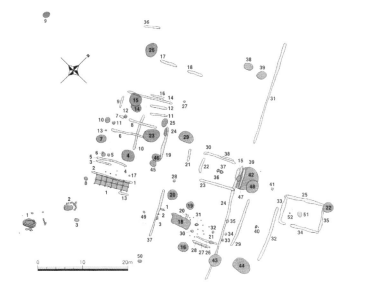

2

그림 IX-3. 평거동유적(1:"가"지구, 2:"나"지구)

경남문화재연구원 조사구역인 2지구를 중심으로 살펴보겠다.

평거동유적은 남강변의 충적지에 위치한다. 조사지역의 북쪽은 구릉지대의 끝자락에 해당된다. 주거지가 하천방향인 동-서향으로 분포하고 대상유구는 주거지 열의 북쪽(구릉쪽)에 인접하여 분포한다.

개별 대상유구는 127기가 조사되었다. 발굴된 상태로는 서쪽의 '가'군과 '가'군의 동쪽에 인접한 '나'군에 밀집하고 그 동쪽의 '다'~'마'군에는 밀집도가 낮아 보인다. 하지만 '다'~'마'군은 삼국시대 유구가 조밀하게 분포하고 있어 실제 대부분의 청동기시대 유구는 삼국시대 유구에 의해 파괴되었다. 즉 구획구는 서쪽의 가군에서 동쪽의 마군까지 어느 정도의 공백이 있거나 밀집도에서 차이가 날 수 있겠지만 결국은 벨트상으로 길게 이어지는 형태로 분포하였을 가능성이 높다. 기본적으로 하천 방향인 동-서향이 우세하지만 남-북방향으로 설치되기도 하였다. 구획구는 수혈이 밀집되어 있는 곳에서 수혈과 중복되어 분포하는데 수혈을 파괴하고 설치되기도 하였고, 수혈에 의해 파괴되기도 하였다. 수혈이나 구획구의 밀집도를 고려한다면 유구간의 중복이 많이 이루어지지 않았다고 할 수 있는데, 보고자는 동시대에 축조된 것이라고 하였다.

127기의 개별 대상유구는 서로 조합하여 방형으로 세트를 이루는데 정확히 몇 개의 세트인지는 특정하기 어렵다. 그만큼 연접하는 것이 많기 때문이다. 필자가 판단하기에 최소 30세트 이상이 세트를 이룰 가능성이 높다.

수혈유구가 250기 조사되었는데 그 중 직경이 1m 이내이고 바닥이 피열되었거나 목탄과 소토가 많이 검출된 것은 야외아궁이일 것이다. 250기 중에는 이러한 야외아궁이가 많은데, 구획구 내에 위치하는 것은 구획구와 관련된 시설일 가능성이 높다. 그렇다면 평거동유적 역시 방형의 구획구와 아궁이가 기본적으로 세트를 이루는 것이 많다고 할 수 있다.

굴립주가 7기 조사되었는데 인근에는 모두 같은 방향의 대상유구가 분포한다. 가5호 굴립주+38호·39호 대상유구, 가3호 굴립주+47호 대상유구, 가2호 굴립주+45호 대상유구, 가1호 굴립주+42호 대상유구, 나1호 굴립주+1호·2호·13호 대상유구, 라1호 굴립주+5호·6호 대상유구와 같이 각각 세트를 이룬다. 나1호 굴립주는 2×6칸의 건물인데 북쪽 주혈은 1호 대상유구와 중복되어 있다. 나1호 굴립주는 13호 대상유구와 대응하고 1호·2호 대상유구는 북쪽의 4호·5호 대상유구와 대응해 내부에 또 다른 굴립주와 대응할 가능성도 있다. 아무튼 굴립주 인근에는 대상유구가 반드시 설치되는 것을 알 수 있다. 가52호와 55호는 남-북 방향으로 나란하게 설치된 구획구일 가능성이 높은데 내부에 2열로 소혈이 설치되어 있다. 이와 같이 소형 수혈이 많이 분포하는데 이것은 구획구와 조합을 이루는 굴립주일 가능성이 높다. 하지만 나-23 · 33 · 34 · 35호(그림 IX-1의 1)와 같이 내부에 주혈이 명확하게 설치되지 않은 구획구도 분명히 존재한다.

3) 진주 초전 환호취락유적(이하 초전동유적)

하안충적대지에 형성된 유적으로 자연제방과 배후습지가 만나는 지역에 위치한다. 14,032㎡의 면적에서 청동기시대 주거지 59동, 수혈 157기, 굴립주 14기, 환호, 석관묘, 함정 등과 함께 개별 대상유구 80기가 조사되었다. 주거지 59동 중 전기 주거지가 12동이며 후기의 송국리문화 단계가 47동이다. 47동 중 휴암리식이 28동, 송국리식이 19동이다.

조사지역 전체에 주거지와 구획구가 분포하는데 입지적인 분포 차이는 확인되지 않는다. 단, 하천방향인 남-북향으로 구획구가 축조된 것은 확실하다. 이점은 후술할 인근의 초장동유적과 동일한 양상이다.

80기의 개별 대상유구 중 소토와 목탄이 많이 포함된 것은 22기이며 절반 정도 이상의 개체가 확인되는 토기가 출토된 것은 37기이다.[7] 19호와 52호는 규모가 작은 편인데 목탄이나 소토가 많이 검출되는 반면 토기유물은 출토되지 않았다. 그 외 목탄이나 소토가 많이 검출되는 모든 대상유구에서 토기유물이 출토되었다.

보고자는 구획을 이루는 세트가 8기라고 하였으나 필자는 적어도 20기 정도는 명확하게 세트를 이룬다고 생각한다. 연접된 것을 감안한다면 30기 이상일 가능성도 있다. 31호 · 32호 · 33호(그림 IX-4의 1 참조)는 ㄷ자형으로 배치되었는데 소토나 목탄은 검출되지 않았지만 동일하게 유물이 출토되기 때문에 동시에 같은 용도로 이용되었을 가능성이 높다. 3호와 21호는 나란하게 ＝자형으로 배치되어 있는데 모두 목탄이 많이 혼입되어 있고 유물이 출토된다. 5호와 58호도 마찬가지이다. 이러한 사례는 하나의 구획구일 가능성이 높다. 25호 · 2호 · 16호, 12호 · 14호, 14호 · 23호, 23호 · 15호 등과 마찬가지로 많은 개별대상유구가 구획구로 세트를 이룬다. 이 외에도 연접하는 것을 고려한다면 대부분의 개별 대상유구는 ㄷ자건, ㅁ자건, ＝자형이건 세트를 염두에 두고 축조되었을 것이다.

보고자가 지상식건물이라고 한 8구획 대상유구 즉 76호 · 78호 · 82호(그림 IX-8의 2)가 구획

---

7) 필자의 주관이 반영된 수치이다. 보고서에서 목탄이 소량 포함되는 것은 제외하였다. 소량의 기준이 모호할뿐더러 자연퇴적된 유구 내부토에도 소량의 목탄이 포함될 수 있기 때문이다. 목탄이나 소토가 다량 포함되었다면 취사를 비롯하여 열과 관련된 행위를 유추할 수 있을 것이다.

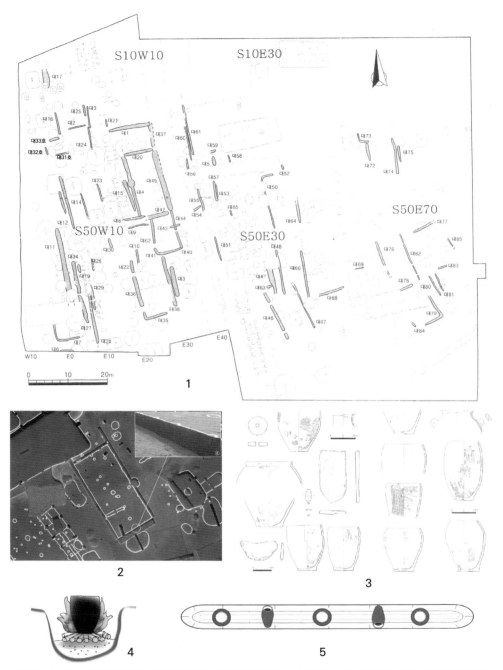

그림 IX-4. 초전동유적(1:배치도, 2:장방형목책열, 3:구획구와 대상유구 출토유물, 4:대상유구 단면 취사 모식도(국립진주박물관(2002) 도면에서 필자 추가), 5:대상유구 모식도(김상현 외 2012))

구의 전형적인 형태일 것이다. 구획구 내부에 2열의 주혈, 장축 중앙선상에 분포하는 아궁이가 구와 세트를 이루는 것이다.

장방형목책열이 1기 보고되었는데 전체 규모는 길이 9.8m, 너비 4.2m이다(그림 IX-4의 2). 개별 주혈의 규모는 직경 15㎝ 내외, 깊이 10~30㎝이다. 주혈간의 간격은 0.8~1.1m인데 내부에 목주흔적이 있는 것도 있다. 전체 규모나 개별 주혈의 규모, 주혈의 불규칙한 배치 등을 고려하면 고상건물지는 아닐 것이다. 초전동유적에서 조사된 굴립주 14기 역시 대부분은 이러한 목책열과 유사한 성격으로 판단된다. 굴립주 인근에는 대부분 대상유구가 분포하는 것으로 볼 때 초전동유적의 굴립주도 구획구와 세트를 이루고, 그 굴립주는 대부분 견고하게 축조된 고상건물은 아니라 지면을 바닥으로 이용하는 시설물일 것이다.

4) 진주 초장동유적

초전동유적에서 북쪽으로 약 500m 떨어진 곳에 위치한다. 입지는 동일하다. 92,225㎡의 면적에서 청동기시대 주거지 53동, 수혈 131기, 무덤 22기, 논, 굴립주 25기 등과 함께 구획구가 조사되었다. 주거지 53동 중 34동은 돌대문토기와 이중구연토기가 출토되는 조·전기에 해당되며 구획구와 동시기일 것으로 추정되는 송국리문화 단계는 19동이다. 19동 중 18동이 휴암리식이며 송국리식은 1동 뿐이다. 주거지는 하천의 진행방향과 나란한 남-북 방향으로 열을 지어 분포한다. 구획구는 굴립주와 함께 일부는 주거지의 서쪽 열에 중복되었지만 대체로 주거지 서쪽에 열을 지어 분포한다.

개별 대상유구는 41기이며 그 외에 구획을 이루는 세트 24기가 조사되었다.[8] 독립된 구상유구 중에서도 1호와 11호·12호, 2호와 3호, 33호와 34호, 26호와 27호 등 세트를 이룰 가능성이 있기 때문에 세트를 이루는 것이 적어도 30기 이상일 가능성이 있다.

초장동유적에서는 아궁이와 굴립주에 주목하여 살펴보겠다. 세트를 이루는 24기의 구획구 중 13기에서 내부에 아궁이가 확인되었다. 아궁이가 확인되지 않은 11기 중 1호(그림 IX-5의 2), 2호, 6호, 7호는 구획구 내부 공간이 교란되어 아궁이 유무를 판단할 수 없는 것이다. 아궁이는 대부분 구획구 내부의 장축중앙선상에 위치한다. 17호 구획구 내부의 아궁이는

---

8) 보고서에서 구획을 이루는 것과 개별 대상유구를 구별하였다. 41기라는 것은 구획을 이루는 대상유구를 제외한 수량이다. 개별 대상유구 41기 중 본 장의 검토대상인 대상유구는 37기이다. 16호, 17호, 18호는 구획이나 수로 등으로 추정된다. 40호는 대상유구와 축조방향이 다르며 폭이 넓어 '구'라기보다는 수혈에 가깝다.

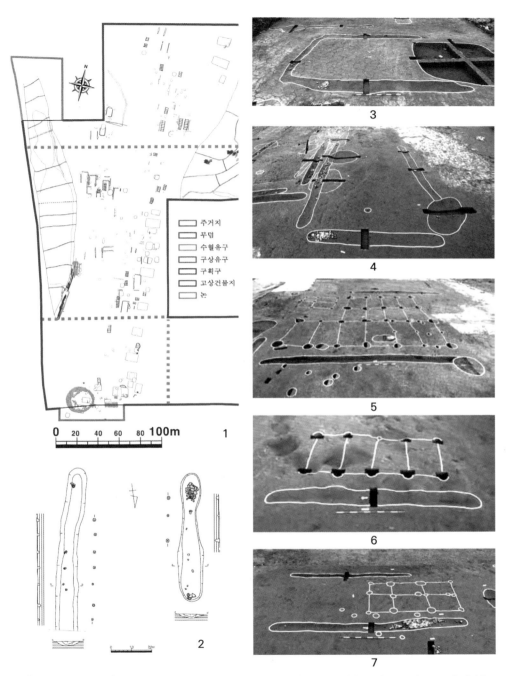

그림 IX-5. 초장동유적(1:배치도, 2:1호 구획구, 3:4호 구획구, 4:11호 구획구, 5:6호 대상유구와 2호 굴립주, 6:21호 대상유구와 12호 굴립주, 7:14호 구획구와 15호 굴립주)

중앙선상을 벗어나 장벽 쪽 대상유구 가까이에 아궁이가 설치되었다. 11호 구획구 내부의 아궁이는 장축중앙선상에 있지만 단벽 쪽에 해당되는 대상유구 가까이에 설치되어 있다(그림 IX-5의 4). 구획구 내부에 벽이 있는 건물이 있었다고 할 수는 없는 위치이다. 아무튼 초장동유적의 사례를 볼 때 구획구 내부에 아궁이가 설치되는 것이 오히려 일반적인 양상이라고 할 수 있겠다.

굴립주 25기 중 세트를 이루는 구획구 내부에 위치하는 것은 9호 구획구+14호 굴립주(그림 IX-1의 3), 14호 구획구+15호 굴립주(그림 IX-5의 7)기이다. 9호 구획구 내부에는 보고된 굴립주 이외에 장벽을 따라 소혈이 설치되어 있고 장축중앙선상에 아궁이가 위치한다. 필자는 14호 굴립주보다 폭이 넓은 굴립주가 존재하고 그 중앙에 아궁이가 위치하는 것으로 생각한다. 즉 구획구+굴립주+아궁이가 세트를 이루는 전형적인 사례라고 할 수 있다. 이 두 가지 사례 외에도 굴립주와 구획구는 밀접한 관련이 있다. 굴립주로 보고되지는 않았지만 1호 구획구(그림 IX-5의 2) 내부에 2열의 소혈이 확인되는데 굴립주일 가능성이 높다. 그 외에도 굴립주와 개별 대상유구가 나란히 배치된 사례가 많다. 2호 굴립주+6호 대상유구(그림 IX-5의 5), 3호·4호 굴립주+5호 대상유구, 7호 굴립주+14·15호 대상유구, 10호 굴립주+19호 대상유구, 12호 굴립주+21호 대상유구(그림 IX-5의 6), 13호 굴립주+22호 대상유구, 18호 굴립주+39호 대상유구 등이다. 즉 1호, 9호, 14호 구획구 외에도 적어도 7기의 굴립주가 개별 대상유구와 관련되어 설치되어 있는 것이다. 초장동유적의 대상유구는 대부분 깊이가 10㎝ 이내인데 원지형이 삭평되었을 가능성이 높다. 그렇다면 대부분의 굴립주 주변에는 구획구가 설치되었다고 할 수 있겠다. 하지만 모든 구획구 내부에 굴립주가 존재했었다는 근거는 없다.

4. 구획구의 특징과 굴립주의 성격

3절에서 구획구가 확인된 네 곳의 유적에 대해서 살펴보았다. 구획구는 평면형태나 규모, 주축방향 등에서 공통점을 보이나 유적별로 미세한 차이가 있기도 하다.[9] 본 장에서는 네 유적에서 확인되는 전반적인 특징과 구획구 내부에 설치된 굴립주의 성격에 대해서 검토하겠다.

---

9) 그것은 발굴시점의 차이로 인해 점차 대상유구의 성격에 대해 인지하고 조사에 임했기 때문이기도 할 것이다.

1) 구획구의 특징

3절에서 살펴본 구획구의 특징은 다음과 같다.

①ㅁ자형, ㄷ자형, ＝자형 등으로 세트를 이루는 모양은 다양한데 완전히 폐곡선을 이루는 것은 1기도 없다. 이 점에서 주구묘와 구분된다.

②대평리유적과 초전동유적은 주거지와 중복되어 설치되었고, 평거동유적과 초장동유적은 주거열에 인접해서 설치되었다. 대평리유적과 초전동유적 역시 동시성을 감안한다면 주거지 열의 인근에 분포할 가능성이 있다. 주거 열과 구획구 열이 인접하여 분포할 경우 주거 열이 하천 쪽에, 구획구 열이 구릉 쪽에 위치한다.

③구획구가 분포하는 곳은 대체로 주거, 수혈, 야외아궁이 등 유구가 밀집하는 곳이다.

④하천이 흐르는 방향을 따라 장축방향이 이어진다. 주거의 열과 동일하다. 대평리유적과 평거동유적은 주축방향으로 분포하면서, 또 그에 직교하게 분포하기도 한다. 대평리유적과 평거동유적이 모두 하천이 곡류하는 곳에 위치하기 때문인 것으로 추정된다. 하천방향이라는 지형에 따른 자연스런 배치일 것이다.

⑤내부에 아궁이가 설치된 사례가 많다. 청동기시대 당시의 생활면이 삭평된 사례가 많다는 점을 고려하면 더 많은 구획구 내에 아궁이가 있었을 것이다. 아궁이의 수는 1개~4개까지 다양한데 구획구의 규모에 비례한다.

⑥내부에 굴립주가 설치되기도 한다. 굴립주라고 하기 어려울 정도로 불규칙적이고 규모가 작은 주혈이 확인되는 사례도 있는데, 주혈의 깊이는 얕은 편이다. 내부에 어떤 형태이던지 구조물이 있었을 가능성이 있다.

⑦구획구들은 중복되는 경우도 있지만 연접하는 사례가 많다. 한쪽 단벽이나 장벽을 인접한 구획구와 공유하는 것이다.

⑧청동기시대 다른 지역에서 확인되는 구상유구에 비해 출토되는 유물이 많다. 유물출토 상태로 볼 때 완형의 토기가 놓여 있었을 가능성이 높다. 수골이 검출되기도 해서 취사가 이루어진 것으로 보기도 한다.

⑨출토유물, 유구간의 중복관계를 통해서 볼 때 시기는 청동기시대 후기 송국리문화 단계이다. 초전동유적 출토품(그림 IX-4의 3)은 전형적인 송국리문화 단계의 유물인데 나머지 세 유적의 구획구에서 출토된 유물도 동일한 양상이다. 휴암리식주거 마지막 단계가 중심연대인 것 같지만 평거동유적에서는 원형의 송국리식주거 단계에도 이용되었다. 대평리유적 옥방 1지구에서 환호와의 중복관계를 고려한다면 의외로 연대 폭이 넓을 수도 있다.

2) 구획구 내 굴립주의 성격

굴립주건물은 땅을 파고 세운 기둥이 벽을 형성한 것으로 수혈 주거와는 달리 바닥을 지표면위에 설치한 건물을 말한다(宮本長二郞 1996).[10] 구획구가 조사된 유적에서는 구획구 내부 혹은 인근에 굴립주가 분포하는 사례가 많다. 이 굴립주에 대해서는 고상건물지, 지상식건물지 등으로 보고되었는데 엄격히 분리해서 판단할 필요가 있다. 굴립주건물은 발굴현장에서 주혈만이 일정한 거리를 두고 규칙적으로 배열된 형태로 발견된다. 주혈 이외에는 땅을 굴착하지 않고, 기둥이 건물 구조의 핵심이 된다. 굴립주건물은 당시 생활면의 위치에 따라 地面式과 高床式으로 구분된다. 말 그대로 지면식은 당시 발을 딛고 있었던 지면이 생활면이며 고상식은 생활면이 지면 위에 설치되는 건물이다. 지면식과 고상식을 현장에서 구분하는 것은 쉽지 않다. 지면식은 주혈의 간격이 고상식에 비해 일정하지 않아 고상식으로 가옥을 축조하기에 용이하지 않은 형태의 주혈군(조현정 2003)을 말한다. 高床式은 床面이 공중

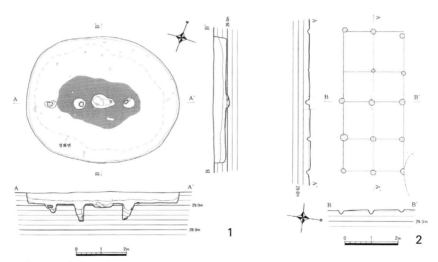

그림 IX-6. 평거동유적 주거지와 굴립주 주혈 깊이(1:가-1호 주거지, 2:가-1호 굴립주)

---

10) 굴립주라는 용어는 일본에서 주로 사용된다. 때문에 지상건물이라는 좋은 단어도 있지만 본 장의 굴립주는 건물이라고 하기에는 너무 엉성한 구조이다. 일본학계에서 많이 사용하는 용어이지만 우리나라에도 고고학사전과 두산백과 등에 등재되어 있다. 영어로 번역이 용이하고 일반인도 쉽게 이해할 수 있는 용어를 사용해야 한다고 생각하지만 床面이 地面式인 것과 高床式인 것을 모두 아우를 수 있는 용어이고, 본 장의 유구 성격을 고려하여 굴립주라는 단어를 사용하였다.

에 있어 주혈이 서로 규칙적으로 대응하지 않으면 견고한 건물 축조가 불가능하기 때문이다. 물론 지면식도 주혈이 규칙적으로 대응하는 견고한 건물도 있었겠지만 적어도 주혈이 규칙적으로 상호 대응되게 설치되지 않은 것은 모두 지면식으로 보아도 무방할 것이다. 필자는 주혈의 규칙성과 함께 깊이, 목주흔적의 잔존 여부도 중요한 판단 근거라고 생각한다. 깊이가 얕다면 그만큼 견고하게 축조하기 어렵기 때문이다. 또 남강일대 유적 송국리단계 주거지의 주주혈에는 목주흔이 뚜렷이 잔존하는 경우가 많다. 굴립주에 목주흔적이 남아 있지 않다면 장기적인 견고한 건물의 주혈이 아닐 가능성이 높다.

구획구에 인접하여 확인되는 굴립주가 고상식인지, 지면식인지를 밝히는 것도 대상유구의 성격을 이해하는데 도움이 될 것으로 판단되기 때문에 살펴보겠다.

표 IX-1. 평거동유적 주거지와 굴립주의 주혈 깊이

주거지	형태	규모 (m)	주혈깊이 (cm)	굴립주	형태	규모 (m)	주혈깊이 (cm)
가-1	송국리식	6.1×5.4	64, 72	가-1	4×2	5.5×2.4	10 내외
가-2	송국리식	5.7×5.2	65, 50	가-2	9×3	12.0×4.0	11~25
가-3	송국리식	7.2×6.2	42, 58	가-3	3×2	4.3×2.3	17~23
가-4	송국리식	5.0×4.2	36, 50	가-4	2×2	2.8×2.4	8~19
가-4-1	송국리식	4.9×3.8	38, 40	가-5	4×2	5.6×2.6	10~22
다-1	휴암리식	5.5×4.1	48, 49	나-1	6×2	7.6×2.4	9~27
다-2	휴암리식	4.7×3.5	54, 45	라-1	2×1	2.2×2.0	6~19
다-3	휴암리식	4.9×4.6	44, 38				
다-4	휴암리식	4.5×3.8	66, 55				
다-5	휴암리식	3.1×2.9	61, 54				
다-6	휴암리식	5.9×5.3	無				

표 IX-1은 평거동유적에서 조사된 주거지와 굴립주의 주혈 깊이를 나타낸 것이다. 평거동유적에서는 7기가 굴립주가 조사되었다. 그중 5기는 비교적 주혈이 규칙적으로 대응되게 설치되었다. 단 주혈의 깊이가 6~27cm인데 실제 대부분 15cm 내외이며 직경보다 깊이가 얕은 것이 많을 정도이다. 평거동유적에서 조사된 송국리문화 단계의 주거지는 11동인데 다-6호를 제외하고는 중앙 수혈 양쪽에 주주혈 2개가 설치된 것이다. 주혈의 깊이는 36~72cm인데 대부분 50cm 내외이다. 굴립주의 주혈이 얕은 것과는 대조적이다. 수혈주거지의 주혈도 이렇게 깊은데 굴립주의 경우 10cm 정도 깊이의 주혈로 견고한 건물을 축조할 수 있을지 의

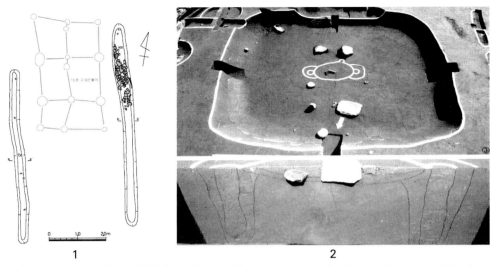

1   **2**

그림 IX-7. 구획구+굴립주의 배치상태와 주거지 목주흔(1:초장동유적 14호 구획구와 15호 굴립주, 2:초전동유적 53호 주거지)

문이다. 뿐만 아니라 주거지 주혈의 단면에는 목주흔이 뚜렷이 확인되는데 반해 굴립주의 주혈 단면에서는 대부분 목주가 확인되지 않는다. 그만큼 장기적으로 이용되지 않았던 것을 반영하는 것이다.

초장동유적에서 조사된 25기의 굴립주 중에도 규칙적으로 주혈이 정확하게 대응하는 것은 3~4기에 지나지 않는데, 이 3~4기도 대부분 정면 2칸 이하의 소형이다. 대부분 그림 IX-7의 1과 같이 굴립주의 기둥은 서로 대응하지 않는다. 주혈의 깊이는 25호 굴립주가 가장 깊은데 5~47cm이며 나머지는 2~37cm인데 대부분 15cm 내외이다. 동시기의 주거지 19기의 주혈 깊이는 25~85cm인데 대부분 50cm 내외이다.

초전동유적에서 조사된 굴립주 13기 역시 마찬가지로 주혈의 직경보다 더 깊지 않은 주혈이 대부분이다.[11] 주거지 주혈은 그림 IX-7의 2와 같이 마찬가지로 인접한 초장동유적이나 평거동유적과 동일하게 깊은 양상이다.

위 세 유적에서 조사된 굴립주 건물은 주혈 배치나 깊이, 목주흔적의 잔존여부 등을 고려

---

11) 보고서에는 5호와 5-1호를 별개의 유구로 판단하여 모두 14기로 기술되었다. 이 건물이 고상식 건물이 아니고 지면식 건물이라면 5호와 5-1호는 동일한 유구일 수도 있을 것이다. 5호 주혈의 주혈에 중복되거나 인접하여 설치된 소혈이 있기 때문이다.

하면 고상식건물이 아닌 것으로 판단된다. 지면식건물이라 하더라도 장기적인 거주를 목적으로 축조된 견고한 건물은 아니고 임시적인 시설물로 추정된다.

5. 구획구의 성격과 주거와의 관계

본 절에서는 4절에서 살펴본 구획구의 특징을 바탕으로 어떤 성격의 유구인지에 대해서 검토하겠다. 또 구획구와 주거의 수를 검토해서 어떤 관계인지에 대해 간략하게 살펴보겠다.

1) 구획구의 성격

구획구의 일부 개별 대상유구는 김현(2002)의 견해대로 가마로 사용되었다. 양송이(2012)는 평거동유적 가-33호 · 53호는 가마와 유사하지만 내부에 소결된 부분이 없고 바닥 시설인 피열된 석재가 없기 때문에 폐기장으로 재활용되었을 것이라고 하였다. 벽면이 소결될 정도라면 토기소성이 무수히 많이 반복되어 이루어져야 하는데, 이 당시 토기 제작은 전문집단이 아니라 개별 가옥에서 상시적으로 행해졌을 것이다. 전문집단만이 이용하는 가마를 별도로 제작하지 않았다면 소토, 목재, 토기의 소결 상태 등의 근거만으로도 가마로 이용되었다고 해도 무방하다. 하지만 처음부터 가마를 염두에 두고 축조한 것이 아니라 구획구의 기능이 폐기된 후 가마로 전용되었을 것이다. 가마로 판단되는 구는 대부분 구획구의 한 부분인 경우가 많기 때문이다. 아무튼 가마로 전용되었다는 견해에 필자도 동의하고, 그렇다면 전용될 당시에 구 내부에 제거해야 할 수고를 들일만한 구조물이 없었고 내부는 완전히 메워지지 않았다는 것을 알 수 있다.

그렇다면 가마로 사용되기 이전 원래의 구획구가 건물인지 아닌지? 건물이라면 주거인지 다른 용도의 건물인지가 중요한 핵심인 것 같다. 과연 상시적(장기적)인 가옥인지 임시적(단기적)인 가건물 혹은 시설물인지의 여부이다. 주거라고 하는 견해에는 그림 IX-8과 같이 주거지와 일부 구획구의 평면플랜이 너무 유사하기 때문이다. 상시적 주거라면 이때부터 주거 내 생활면이 지하에서 지상으로 올라온다는 매우 큰 의미를 담고 있다. 그렇다면 이 후 단계인 초기철기시대 주거유적이 많이 발견되지 않는 것에 대한 해답이 될 수 있을 것이다. 하지만 앞 장에서 검토한 대로 상시적인 주거는 아닌 것으로 판단된다.

그림 IX-8. 초전동 53호 주거지와 구획구

우선 대상유구 자체가 벽주의 기능을 할 수 있는지에 대해서 살펴보자. 결론적으로 대상 유구가 백제의 벽주건물과 같은 벽시설의 기초구일 가능성은 없다고 생각한다. 그 이유는

①폐곡선이 아니다. 벽체의 기초구라면 당연히 출입구를 제외한 나머지 면은 모두 일주하게 굴착되어야 한다.

②내부에서 출토되는 많은 유물을 설명할 수 없다. 폐기된 후에 퇴적 혹은 사용한 것이라면 기왕의 벽체를 뜯어내어야 하는 수고를 들이면서까지 유물을 놓는 행위를 했다고 생각하기 어렵다.

③벽체 홈으로 보기에는 구의 폭이 너무 넓다. 벽을 단단히 고정시키기 위해서는 더 좁게 굴착하는 것이 타당하다.

④벽체 홈으로 보기에는 바닥에 기둥흔적 등이 발견된 사례가 없다. 구에 벽체를 세웠다면 그림 IX-9의 1 우측 그림과 같은 모습일 것이다. 그렇다면 벽체홈을 굴착하지 않았다 하더라도 무게에 의해 바닥에 홈이 생기거나 목재 부식흔이 잔존(그림 IX-9의 2·3)할 가능성이 있는데 그런 흔적이 전혀 없다. 평거동유적의 주거지 주혈 단면에 목주흔적이 잔존하는 사례를 볼 때 구의 바닥에 그런 흔적이 전혀 없다는 것은 벽을 세운 것과는 무관한 것을 의미한다. 토벽을 세웠다면 대부분의 구에서 그러한 흔적이 잔존할 것이다.

⑤당시 지상식 건물이었다면 단열 기술이 있었는지 의문이다. 수혈식으로 주거를 축조하는 것은 난방이 가장 큰 이유이다. 상시적인 지상식 주거라면 겨울 추위를 대비하는 단열 기술이 필요하다. 수혈주거의 지상화에는 면적의 확장과 난방시설의 발달이라는 요인이 작용하기 때문에 호서지역의 경우 수혈주거가 지상화되는 시기는 6세기, 빨라도 5세기 중엽이라고 한다(李建壹 2011).

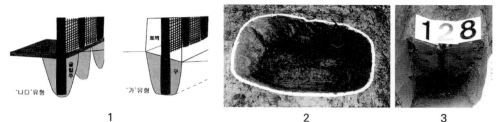

그림 IX-9. 벽주건물 벽체 모식도와 대평리유적 목관묘와 함정 목재흔(1:좌:주혈식, 우:도랑식(심상육 2012), 2:옥방 1지구 640호 목관묘, 3:同 128호 함정)

또 그 자체가 주거의 외곽구로 보기에는 구획구마다 규모에서 차이가 너무 많이 난다. 전기에서 후기로 갈수록 주거는 점차 규격화·소형화되어 간다는 기존의 견해(安在晧 2006)와 상충된다. 정해민도 지적하였듯이 규모는 오히려 조기·전기의 주거지와 유사하며 대평유적의 사례를 본다면 후기에 초대형 구획구도 존재하는데 그러한 큰 건물이 있었다고 보기에는 주혈이 없거나 너무 빈약하다.

이상과 같은 이유로 구획구 자체가 건물의 기초구 혹은 기초홈은 아닌 것을 알 수 있다. 그렇다면 구획구 내부에 건물이 있고, 그 건물의 경계 혹은 배수로의 역할을 하였는지를 살펴보겠다.

결론적으로 굴립주와 관련된 구획구 내부에는 주혈을 이용한 시설물은 있었지만 상시적(장기적)인 거주를 목적으로 하는 견고한 건물이 있었다고는 할 수 없다. 앞서 언급하였듯이 내부에서 확인되는 주혈이 깊이가 얕고 목주흔적이 없으며 주혈이 서로 대응하지 않는 사례가 많기 때문에 임시적(단기적)인 구조물이 존재했을 것이다. 이 시설은 지붕이 없는 구조물이거나, 뼈대만 있고 벽은 없는 임시 차양이나 천막 같은 것(그림 IX-10)일 수도 있다.

구가 배수로나 설치류의 진입을 막기 위한 용도로 축조되었다고 보기도 어렵다. 배수구라 하더라도 내부의 물을 외부로 배출하기 위한 용도보다는 내부 공간이 외부에서 투입되는 물을 막기 위한 용도일 것인데 그렇다면 폐곡선으로 완전히 차단하는 형태로 굴착하는 것이 효과적이다. 설치류에 대한 피해 방지용도 역시 마찬가지이다.

경계의 용도라는 표현은 너무 포괄적이다. 내부가 의례공간이나 취사공간이고 구획구가 내부와 외부를 구분하는 기능이라고 한다면 경계의 용도라고 할 수 있겠지만 유구의 성격을 정확하게 지칭하는 용어는 아니다.

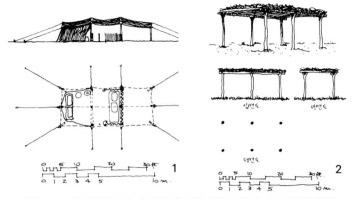

구획구의 내부공간이 주거나 고상창고가 아니고 아궁이가 상시적으로 사용된 것이 아니라고 판단되는 시점에서 의례공간일 가능성이 가장 높다고 생각한다. 우선 구 내부에서 출토되는 유물에 주목할 필요가 있다. 주거지보다 많은 유물이 출토되고 또 완형으로 출토되는 비율도 주

그림 IX-10. 천막집과 여름용 계절 가옥(좌:베두인족의 천막집, 우:나바호 인디언의 라마다)(노버트 쉐나우어(김연홍 역) 2004)

거지 보다 높다. 그것은 단순히 폐기장으로 이용한 것이 아니라 그 자리에서 토기를 사용했다는 것을 말한다. 초장동유적이나 초전동유적의 보고자는 모두 일부 대상유구에서 조리행위가 이루어졌다고 한다. 내부에서 출토되는 목탄, 소토와 함께 수골편이 중요한 근거이다. 그렇게 토기가 사용되었다는 것은 구획구를 앞에 두고 마을 주민들이 공동으로 취사나 식사를 했다는 것인데 그것은 통과의례와 같은 공동의례 외에 활동은 생각하기 어렵다. 출토된 토기유물의 수를 감안하면 마을 구성원 모두가 참여하는 의례행위 장소로 구와 구획구 내부 공간이 이용되었을 것이다.

초장동유적과 초전동유적 보고자의 견해를 존중하여 구획구에서 취사가 이루어졌다면 구획구 내부에 존재하는 아궁이와는 어떤 기능적 차이가 있었을 것이다. 그렇다면 구의 불이 열의 역할이라면 중앙 아궁이의 불은 어둠을 밝히는 빛의 목적이라고 할 수도 있겠다. 혹은 중앙의 아궁이에서 공동으로 조리한 음식을 구 내부에 있는 토기로 분배했을 수도 있다.

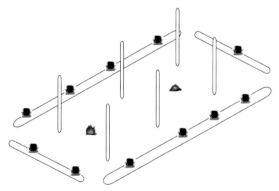

내부에 아궁이만 있고 주혈(굴립주)이 없는 구획구는 주혈이 삭평되었다고 보는 것이 타당한지, 임시적인 가건물도 없이 아궁이만으로 가능한 활동이 있었는

그림 IX-11. 구획구 모식도(굴립주 상부구조는 생략)

지 여부도 판단하기 어렵다. 주혈이 삭평된 것이 아니라 처음부터 없었다면 주혈이 있는 것과 없는 것은 계절적인 사용 차이 혹은 의례 당일 날씨의 차이일 것이다.

2) 구획구와 주거지

필자는 전고(2017b)에서 대평리유적 옥방 1지구는 동시에 10동 내외의 주거에 사는 사람들이 5기 정도의 무덤을 축조하였고, 가마는 개별 주거별로 사용하였으며 창고로 이용된 굴립주는 3주거 당 1기를 이용한 것으로 파악하였다. 또, 5세트의 구획구에서 의례활동이 이루어졌다고 하였다. 주거지 2기당 구획구는 1기가 존재한 것으로 추정된다. 나머지 세 유적도 정확한 유구의 수나 비율은 차이가 있겠지만 대체로 유사한 양상이라고 생각한다.

초전동유적은 송국리단계에 47기의 주거와 20~30세트의 구획구가 조사되었다. 굴립주는 14기인데 장방형목책열과 불규칙한 주혈 등을 고려한다면 20기는 존재했었을 것이다. 10기 내외의 주거가 하나의 마을을 이루었다면 4~5세트의 구획구가 동시기에 이용되었는데 대평리유적의 사례와 부합한다. 주거와 구획구의 비율이 2:1인데 대평리유적과 동일하다. 또 주거와 굴립주의 비율도 2.4:1인데 대평리유적과 비슷한 양상이다. 단 유적의 일부만 조사되었고, 정치한 편년작업을 진행하지 못해 본 유적에서 동시기에 몇 동의 주거가 존재했었는지에 대해서는 파악할 수 없었다.

초장동유적은 송국리단계에 19기의 주거와 24기의 구획구 세트가 보고되었는데 30세트 정도는 존재했었을 것이다. 굴립주는 25기인데 역시 30기 정도는 존재했었다고 판단된다. 초장동유적은 0.6:1로 주거의 수가 적다. 초전동유적이나 초장동유적은 인근에 분포하고 있어 그 지역 일대가 전면적으로 조사된다면 비슷한 비율로 나타날 것이다. 굴립주는 구획구 세트와 비슷한 비율인데 이 점은 초전동유적과 동일하다. 주거와 구획구의 비율이 2:1이라고 해서 반드시 두 가구가 하나의 구획구를 보유하였다는 의미는 아니다. 구획구의 내부는 마을 공동의 의례공간이기 때문에 마을 전체가 공동으로 이용하였을 것이다.

6. 맺음말

구획구를 검토하면서 현장에서 확인되는 모든 유구는 기록으로 남겨야 한다는 것을 새삼 느꼈다. 필자조차도 유구 외부에 있는 무수한 작은 소혈을 배치도에 표기하지 않은 예가 많았다. 그러한 작은 소혈이 후학들의 중요한 연구 소재가 될 수도 있는데. 또 인접한 유구는 배치도를 같이 제시할 필요성도 있다. 주혈, 아궁이, 개별 구가 모두 별도의 도면에 표기되어 전체 배치도와 사진을 참조할 수밖에 없는 경우가 있다는 것을 깨달았다. 필자 역시 그동안 현장에서 겪었던 무수한 시행착오가 현재 제대로 반영되고 있는지 반성한다.

용도에 대해 이견이 있는 유구가 무엇인지를 밝히는 과정에는 상상력이 동원될 수밖에 없다. 특정한 용도로 판별하는 근거보다 그렇지 않은 근거를 더 많이 찾을 수 있기 때문일 것이다. 그렇다 하더라도 당시 마을의 풍경을 복원하기 위해서는 개별 유구의 성격을 밝히는 작업이 선행되어야 한다. 상상력에 의지해야 했지만 퍼즐을 맞추어 가는 과정으로 이해를 구한다.

※ 남강이라는 얘기만 들으면, 필자는 항상 애틋하다. 필자가 대학 졸업 후 첫 월급을 받으면서 발굴조사에 참여한 함양 백천리유적, 산청 옥산리유적이 남강의 지류인 경호강 인근의 유적이다. 그리고 대평리유적 조사에 참여했다. 20대 후반의 4년을 남강 일대에서 보냈다. 20대의 피 끓는 열정과 그보다 더 큰 미숙함이 있었다.
옥산리유적 발굴단에서 당시 동고동락했던 발굴조사단은, 故 박순호, 김명진, 이현석, 차순철, 김경화, 송원영, 하승철, 김일규, 이영주, 필자 이렇게 10명이었다. 모두의 건승을 기원하며, 일찍 고인이 되신 박순호 선생님의 명복을 빈다.

X 진주 대평리유적 옥방 1지구의 미시적 검토

청동기시대 진주 대평리유적 중 옥방 1지구를 10개의 권역으로 구분하여 검토하였다. 충적지에 형성된 유적으로 당시의 생활면이 그대로 잔존하는 곳이다.

옥방 1지구 검토대상구역은 하촌리식주거지 단계, 휴암리식주거지 단계, 송국리식주거지 단계로 구분된다. 휴암리식주거지 단계가 대평리유적의 중심시기이며 세부적으로 세 시기로 구분이 가능하다. 대평리유적의 중심시기는 비파형동검를 패용하고 돌을 이용한 대형묘역지석묘가 축조될 정도의 강력한 지도력이 나타나기 직전이지만, 남강 일대에서는 최대의 거점취락이다. 이러한 에너지가 이후 송국리식주거지 단계에 대형묘역지석묘나 대형굴립주 등이 등장 확산되고 비파형동검을 패용하는 유력개인이 등장하는 원동력이 되었을 것이다.

帶狀遺構는 구와 노지가 결합된 세트로 파악하여야 하며 내부에서 공동 취사가 이루어진 의례 행위의 장소로 파악하였다. 검토대상구역에는 약 28~32세트가 분포한다. 무덤은 25기가 조사되었는데 검토대상구역에는 약 2그룹으로 분리되어 분포한다. 야외노지는 약 30~40기가 분포하는데 개별 주거의 야외 취사시설로 파악하였다. 가마는 대상유구가 폐기된 이후에 전용된 예도 있으며 직경 2m 내외의 수혈을 굴착하여 사용하기도 하였는데 52기가 분포한다. 굴립주는 8기가 분포한다.

동시기에 10동 내외의 주거에 거주하는 사람들이 5기의 무덤을 축조하고 5세트의 대상유구에서 의례활동을 하였다. 가마는 개별 주거별로 사용하였고 창고로 이용된 굴립주는 3주거당 1기를 이용한 것으로 파악하였다. 송국리문화분포권은 비분포권에 비해 취락에서 개별 가옥의 범위를 벗어난 공동행위가 더 많이 이루어졌다.

1. 머리말

진주 대평리유적은 1990년대 후반 4년 여에 걸쳐 조사가 이루어졌다. 그 때까지 또 그 이후에도 동일지역에서 이렇게 규모가 큰 발굴조사가 이루어진 사례가 없을 것이다. 무엇보다 충적지에 대한 인식을 넓혀 주었다. 구릉에 분포하는 유적의 발굴에 익숙했던 우리들에게 새로운 시각에 눈을 뜨게 해 주었다. 구릉에 분포하는 유적과의 가장 큰 차이는 상하로 문화층이 중복되었다는 점이라고 할 수 있겠다. 상하층으로 퇴적된 유적에 대해서는 패총유적 조사를 통한 경험이 축적되었기 때문에 전혀 생소하지는 않았지만 유적 전체가 문화층이 상하로 겹겹이 퇴적된 점, 또 상하층의 구분이 육안으로 쉽게 되지 않는다는 점이 패총조사와 가장 큰 차이점이다. 그 즈음부터 남강과 그 지류인 경호강 유역에서 산청 옥산리·묵곡리유적, 진주 평거동·가호동·초전환호취락유적·이곡리유적 등 많은 충적지유적이 조사되어 남강 일대는 충적지에 대규모 취락이 형성되었다는 것을 확인할 수 있었다.

이러한 발굴성과를 바탕으로 대평리유적을 비롯한 서부경남 일대에 대한 청동기시대 연구가 많은 진척이 이루어졌다. 편년에 관한 연구(고민정 2003; 동진숙 2003; 황현진 2004)와 대평리유적에서 출토된 토기에 대한 연구(김병섭 2003; 송영진 2006)뿐 만 아니라 취락의 구조에 관한 접근(고민정 2010; 최샛별 2013)도 이루어졌다. 또 대평리유적에서 많이 출토된 옥을 검토대상으로 하여 옥 생산과 유통에까지 연구가 이루어졌고(庄田愼矢 2005a) 생산활동과 사회조직의 탐구(고민정·Marti T. Bale 2008·2009)로도 연구가 확대되었다. 이러한 폭 넓은 연구성과에도 불구하고 대평유적 자체에 대한 정치한 분석은 거의 이루어지지 않았다. 여러 가지 이유가 있겠지만 우선 역설적으로 자료가 너무 방대한 것에 기인하기도 한다. 각 기관에서 보고서가 간행되었지만 각 지구가 연결된 전체 배치도조차도 고민정의 논문(2010) 이외에는 제시된 예가 없다. 또 다양한 유구가 조사되었지만 그 유구에 대한 정확한 성격을 알 수 없는 예가 많기도 하다. 그런데도 불구하고 대평리유적 전체가 검토대상이 되어 유적을 너무 거시적으로 바라보았기 때문이라고 생각된다. 본 장에서는 검토대상을 최소한의 범위로 좁히고자 한다.

필자는 우선 옥방 1지구를 분석해 보겠다. 옥방 1지구는 환호가 여러 겹으로 확인된 곳으로 대평리유적의 중심이라고 할 수 있다. 옥방 1지구 중에서도 그림 X-1의 부분이 검토대상이다. 그림 X-1의 검토대상지역은 필자가 직접 조사에 참여하기도 하였고, 유구가 확인된 문화층의 상부가 경지 정리 등의 이유로 삭평되지 않아 문화층이 온전하게 보존되어 있어서 주거지와 무덤 이외에도 야외노지, 구와 같이 깊이가 얕은 유구도 다양하게 조사되었기 때문이다. 이 지역은 길이 약 190m, 폭 약 78m, 면적 약 14,820㎡이다. 사실 이 자체도 좁은 면적은 아니지만 어은지구를 포함한 대평리유적 전체에 비하면 일부분이라고 할 수 있겠다. 이 구역에 대해 가능한 미시적으로 접근하여 유구의 성격, 동시에 존재했던 유구의 수, 선후관계, 대평유적의 중심 시기, 사회성격 등에 대해 살펴보겠다. 출토유물에 대한 분석이 이루어지지 않은 상태에서 검토가 이루어진 점이 문제라고 할 수 있겠으나, 현 상태에서 옥방유적을 검토하는 것이 전혀 무의미한 것은 아니라는 판단하에 시작한 작업이다.

2. 충적지의 특징과 유구 조사의 난이함

충적지에 형성된 유구 특히 논의 조사에 관해서는 그동안 여러차례 연구(곽종철 1997; 곽종철·문백성 2003)가 진행되었다. 구릉과 다른 충적지의 가장 큰 특징은 수평적인 침식이 이루어지지 않고 퇴적만 된다는 점이다. 후대의 인위적인 훼손이 없다면 당시의 구지표면을 그대로 확인할 수 있다는 점이 고고학연구자에게는 무엇보다 매력적이다. 쉽지 않겠지만 발굴조사만 정치하게 이루어진다면 고고학적인 선후관계를 정확하게 밝힐 수 있다는 점도 장점이다. 구릉지 유적의 경우 실제 구지표면이 침식으로 인해 유실되었기 때문에 당시 사람들이 발을 디딘 생활면을 찾을 수 없다. 구릉지에서 밭과 같은 경작유구가 확인되지 않는 것은 어찌보면 당연한 일이다. 대평유적의 경우 문화층에 인위적으로 버려진 돌무더기가 확인되기도 하였는데 땅을 굴착하지 않은 인위적인 흔적이 충적지이기 때문에 잔존하는 것이다. 실제 충적지는 수많은 범람과 그로 인한 매몰, 새로운 유구의 형성이 반복되었기 때문에 누세대적으로 퇴적된 유적이다. 현장에서 뚜렷이 구분이 되지 않아 동일층이라고 간주되었더라도 주거지 조사 후 굴삭기로 주거지가 형성된 문화층을 살짝 벗겨내면 다시 새로운 주거지가 확인되기도 하였다. 육안으로 확인되지 않는 무수한 문화층이 조금씩 조금씩 퇴적되었던 것이다. 그림 X-2는 과장되게 표현되었지만 문화층이 중첩된 현장에서 실제 발생할 수 있는 일이다. 두 개의 문화층이 퇴적되었는데 점선과 같이 제토된다면 유구 A와 B, D는 동시기로 판단되고 C는 조사조차 되지 못할 수도 있다. 실제로는 제토가 많이 되어 D유구는 유실되고 나머지 세 유구가 동시기로 판단되는 경우도 있을 것이다.

이렇게 제토작업을 정학하게 하지 않으면, 누세대적으로 퇴적된 문화층을 일시에 조사해야 하기 때문에 오히려 동시성의 확보가 어렵게 된다. 그림 X-2의 Ⅰ층과 Ⅱ층이 실제 1cm도 안되게 얇게 퇴적될 수도 있기 때문에 겹겹이 쌓인 퇴적층을 토층단면에서 육안으로 확

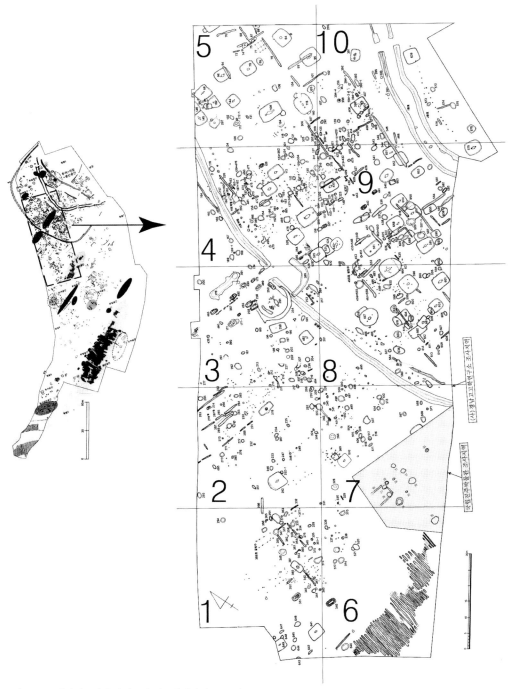

그림 Ⅹ-1. 대평리유적 옥방지구와 검토대상지역 구분도(좌는 고민정 2010에서 수정, 우:1/1,200)

인하는 것은 사실 불가능
할 때가 많다. 상면이 삭평
되었다면 평면에서 중복관
계를 통해서 밝혀야 하는

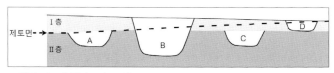

그림 X-2. 충적지 토층 모식도

데 부식토에서 유구의 윤곽선을 찾는 것이 이론처럼 쉽지는 않기 때문이다.

3. 유구 배치의 패턴과 방향

사람이 대평리 일대를 터전으로 삼아 살기 시작하면서부터 충적지 전체가 활동무대로 이용되었을 것이다. 충적지가 평지라고 하더라도 자연제방과 배후습지와 같이 높낮이가 엄연히 존재한다. 또한 자연제방과 배후습지가 1회만 형성되는 것이 아니라 범람이 여러 차례 반복되기 때문에 실제 강에서 산자락까지 高低가 반복되기도 한다.

이러한 입지적인 차이에 따른 유구별 배치를 잘 보여주는 예가 옥방 2지구이다. 물론 전형적인 자연제방과 배후습지가 반복되는 것은 아니지만 고저가 반복된다는 점에서 좋은 예이다. 강쪽(남쪽)의 가장 높은 곳(해발 39.0m)에 주거지가 열을 지어 분포한다. 주거지 사이에는 생활유구로 추정되는 수혈도 있다. 그곳에서 북쪽 가장 낮은 곳(해발 38.25m)을 거쳐 다시 어느 정도 높이(해발 39.5m)까지 약 40m 정도의 구간은 밭경작지이다. 즉 밭의 고랑과 두둑은 등고선에 직교하는 방향이다. 밭이 끝나는 경계를 따라 무덤이 2열로 분포한다. 무덤 공간을 밭의 경계부분에 배치하였거나 주거공간과 무덤공간 사이에 밭을 조성한 결과일 것이다. 가장 낮은 해발 38.25m 선에서 북쪽으로 가면 다시 해발 40.25m까지 높아지는데 해발 40.25m에서 39.0m 선까지 다시 주거지와 수혈 등이 분포한다. 그 위쪽은 옥방 8지구와 1지구인데 주거지와 수혈 다음 무덤이 분포하고 그 위쪽으로 다시 밭이 분포한다. 즉 강변에서 산자락까지 주거지와 수혈-무덤-밭이 순서를 달리하면서 분포하는 것을 알 수 있다.

옥방 1지구는 발굴당시 상대적인 비고는 확인되지 않았다. 즉 당시의 생활면이 고저가 반복되지 않고 전체적으로 편평하였다고 할 수 있다. 고저의 반복 없는 편평한 면에 환호가 축조된 것은 우연이 아닐 것이다. 적어도 옥방지구에는 가장 넓은 평탄면에 환호가 설치된 것이다.

옥방 2지구와 같이 고저가 반복되는 곳에서는 유구 자체의 방향이나 유구가 이루는 열의 방향이 등고선의 방향에 따라 결정될 가능성이 크다. 하지만 전체적으로 편평한 곳은 동서

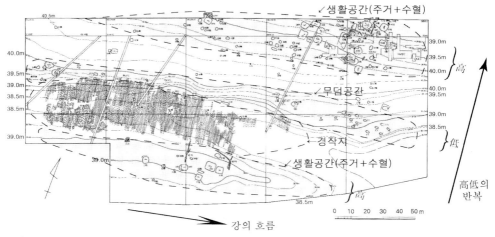

생활공간(주거+수혈)

무덤공간

경작지

생활공간(주거+수혈)

高低의
반복

강의 흐름

0 10 20 30 40 50 m

그림 X-3. 옥방 2지구 공간 배치

남북의 방위가 유구 혹은 유구가 이루는 열의 방향에 가장 크게 영향을 줄 것이다. 옥방 1지
구는 주거지와 대상유구의 방향은 방위와 밀접한 관련이 있다. 즉 주거지의 장축은 동서향
이 대부분이며 동서향이 아닌 경우는 남북향이다. 구상유구도 철저하게 동서향 혹은 남북
향으로 설치되었다. 무덤의 장축방향 역시 동서향이며 진행방향 역시 동서향이다. 고저의
차이가 있는 옥방 2지구의 무덤 열 역시 동서향인 것을 감안한다면 당시 대평리유적의 유구
축조 방향은 방위가 가장 큰 기준이 되었음을 알 수 있다.

4. 검토대상지의 구역별 검토

본 절에서는 보다 미시적으로 접근하기 위해 그림 X-1에서 필자가 임의로 구분한 10개의
구역별로 살펴보겠다. 각 구역은 한 변이 대략 40m, 면적은 1,600㎡ 정도이다. 구획한 면적
이 어떤 의미가 있는 것은 아니고 작은 단위에서 유구와 유구군을 관찰할 필요를 느꼈기 때
문이다.

청동기시대의 생활을 유추하기 위해서는 유구의 성격을 정확히 파악하는 것이 중요하
다. 하지만 실제로는 주거지와 무덤 이외에는 용도가 명확하지 않은 것이 많다. 특히 검토
대상구역은 보고서가 완간되지 않았기 때문에 더더욱 정확하게 판단하기 어려운 실정이다.
원형 혹은 부정형 수혈의 경우 특히 그러하다. 그 중에는 벽이 피열되어 있고 내부에 소토가

혼입된 것이 있는데 우리는 일반적으로 야외노지라고 짐작하고 있다. 그 중에서는 직경 50㎝ 내의 소형인 것도 있고 직경 200㎝ 내외로 상대적으로 규모가 큰 것도 있다. 상대적으로 규모가 큰 것은 내부에 토기편과 돌이 가득 채워져 있는 것도 있다. 벽이 피열되어 있는 것 중 소형은 취사를 위한 야외 노지, 토기편과 돌이 채워져 있는 것은 토기가마로 이용되었을 가능성(金賢 2002)[1]을 염두에 두고 논지를 진행하겠다.

1) 1구역

1구역의 서쪽 즉 조사경계지역 쪽은 유구가 확인되지 않았다. 교란된 곳은 아니다. 이 구역은 발굴 당시 조사단의 발자국이 남을 정도로 무른 땅이었다. 또 옥방지구의 다른 지역에 비해 토양의 색조가 짙었다. 이곳은 생활하기 적합한 지역이 아니기 때문에 주거지나 수혈 등이 축조되지 않았을 것이다. 토양의 상태로 볼 때 이곳에 접한 경계지역 외측(조사대상지의 서쪽)에 수전이 형성되었을 가능성이 있다. 공지에 접해서 굴립주가 2동(377호·388호)이 확인되었는데 경작지의 수확물 저장과 관련될 가능성이 있다.

355호·357호·358호·359호·340호 대상유구[2]는 ㄷ자형을 이루고 그 공간 내에 장축방향을 따라 360호, 361호, 362호 노지가 등간격으로 배치되어 있다. 이 구와 노지는 세트를 이루는 동일한 유구일 것이다. 옥방 1지구에서 대상

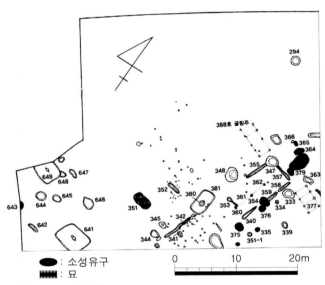

그림 X-4. 1구역 배치도

---

1) 토기가마로 추정되는 유구 중에서도 일부는 야외노지일 가능성도 있다. 또 야외노지로 사용하다가 토기가마로 전용되었을 수도 있을 것이다. 그림 X-4~13에서 소성유구로 표현된 것은 벽이 피열되었거나 벽이 피열되고 내부에 토기편, 소토, 목탄이 혼입된 유구를 통칭하였다.

2) 溝로 보고된 예도 많으나 본고에서는 진주 초전 환호취락유적의 보고자와 같이 帶狀遺構라는 용어를 사용하겠다.

유구가 대체로 후축된 경우가 많은데 1구역에서는 대상유구를 파괴하고 수혈 2기가 설치된 양상이다. 그 중 1기인 354호 수혈은 내부에 토기편이 가득 채워져 있고 벽면이 피열되어 토기가마로 추정되는 유구이다. 수혈 2기가 아주 늦은 시기에 만들어진 것이 아니라면 1구역의 대상유구는 환호 축조 이전에 만들어진 비교적 이른 시기에 축조되었을 가능성이 있다. 4구역에서 환호와 수혈에 의해 파괴된 대상유구 역시 장축방향이 남북향이다. 대상유구 세트의 장축방향이 남북향인 것이 동서향인 것에 비해 시기가 이를 가능성이 있다.

2) 2구역

서쪽 경계지역에서부터 대상유구가 동서방향으로 설치되었다. 대상유구의 장축방향은 동-서향인데 남북으로 연접해 있어 크게 보아 2겹이다. 내부에는 모두 야외노지가 장축 중앙을 따라 설치되었다. 대상유구의 동쪽에 남북으로 닫히는 방향의 구는 확인되지 않았다. 서쪽에는 a호3) 대상유구가 남북방향으로 설치되어 있어 a호 대상유구에 의해 크게 3개의

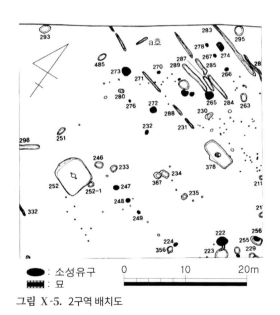

: 소성유구
: 묘

그림 Ⅹ-5. 2구역 배치도

장방형 공간으로 구분된다. 378호 주거지는 소위 하촌리식주거지(김병섭 2011)인데 대평리 유적의 후기 주거지 중 비교적 이른시기에 해당된다고 한다면 주거지 상부에서 대상유구가 확인되지 않았기 때문에 동쪽으로는 더 이상 연결되지는 않았을 것이다. 남쪽 252호 주거지 동쪽에는 247호·248호·249호 야외노지가 동서방향으로 나란히 분포한다. 아마 남북으로 야외노지와 평행하게 깊이가 얕은 대상유구가 있었을 것으로 추정된다. 대상유구가 없었다 하더라도 유사한 행위가 있었던 장소일 가능성이 있다. 274호 무덤은 10구역의 407호 무덤과 함께 무덤열에서 벗어나 있다. 독립적으로 분포하는 무덤이다.

---

3) 보고서 배치도에 호수가 명시되어 있지 않은 유구는 필자가 임의로 a호, b호와 같이 알파벳 소문자로 호수를 명기하였다.

3) 3구역

옥방 1지구의 환호 중 가장 규모가 크고 외곽에 설치된 G환호의 서쪽 입구 외곽에 해당되는 구역이다. 3구역에서는 특이한 반원형의 구 2기(254호·389호)가 확인되었다. 254호 반원형 구는 환호를 파괴하고 설치되었고 258호 무덤에 의해 한쪽 끝 일부가 파괴되었다. 무덤은 동서방향으로 2열로 진행되는데 환호의 입구 내측공간에 어느 정도 공백이 있다는 것은 무덤이 축조될 때 환호가 존재했었다는 것을 나타낸다. 2열의 무덤 폭과 환호의 입구 폭이 유사하고 입구의 양쪽 끝이 무덤열과 동일선상인 점도 그러한 사실은 뒷받침한다. 그렇다면 258호 무

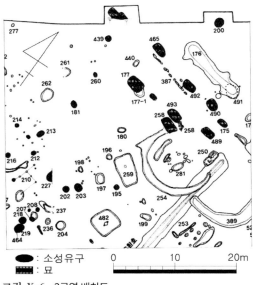

그림 X-6. 3구역 배치도

덤은 2열의 무덤이 축조된 후 즉 환호 폐기 후에 축조된 것이라고 할 수 있다. 387호 석열은 465호·492호 무덤의 남쪽에 동서방향으로 놓여 있었다. 환호 출입구 외부의 통로와 무덤 공간을 구분하는 의미일 것이다. 환호의 출입구 안쪽에 주혈이 1기가 확인되었다. 환호의 문시설과 관련되는 유구일 수도 있다.

4) 4구역

164호·390호·226호 대상유구가 ㄷ자형으로 세트를 이루는데 환호보다 선축된 191호 수혈보다도 먼저 축조되었기 때문에 옥방 1지구의 대상유구 중에서는 가장 먼저 축조되었을 가능성이 있다. 474호 구는 b호 구와 세트를 이룬다.

주거지는 남북 방향으로 525호, 526호, 111호 주거지, 9구역의 524호 혹은 540호와 4구역의 325호, 113호 주거지가 나란하게 배치되어 있다. 각각의 두 주거지는 너무 인접해 있어 동시기로 볼 수 없기 때문에 어느 시점에서는 나란히 세 기만이 환호 가까이 있었던 것으로 볼 수 있다. 525호, 526호, 111호 주거지의 평면배치형태는 환호의 곡률과 동일하기 때

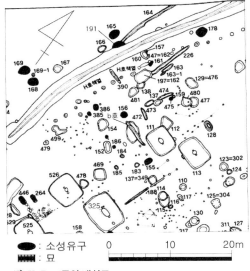

그림 X-7. 4구역 배치도

0   10   20m

문에 환호와 동시기에 존재했을 가능성이 있다. 그렇다면 환호 내 목책에 바로 접한 환호와 가장 가까운 주거군이라고 할 수 있다. 환호와는 약 10m 떨어져 있다.

옥방 1지구에서는 수혈 이외에 규모가 작은-주혈로 추정되는-소혈이 무수히 많이 확인되었다. 내부퇴적토가 수혈이나 주거지의 내부토와 크게 차이가 없기 때문에 청동기시대에 만들어졌을 가능성이 높다. 그 중에는 우리가 인식하지 못한 굴립주건물도 많이 있었을 것이다. 4구역에서는 4기의 굴립주가 보고서 도면에 표현되어 있는데 실제로는 더 많은 굴립주가 있었을 것이다.

5) 5구역

5구역과 10구역은 경지정리 등 후대의 삭평으로 문화층의 일부가 훼손된 것으로 판단된다. 다른 구역에 비해 수혈이나 주혈의 밀집도가 낮기 때문이다. 옥방 1지구의 대상유구가 동-서향, 남-북향으로 어느 정도 방향이 통일되어 있는데 70호 · 69호 · 73호 대상유구 세트는 다른 대상유구와 약 20° 정도 틀어져 있어 다른 대상유구와 동시기에 존재했던 것은 아닌 것으로 판단된다. 이 대상유구 세트는 72호 수혈유구에 의해 파괴되었기 때문에 옥방 1지구에서 다른 대상유구보다 먼저 축조된 것으로 생각된다. 145호,

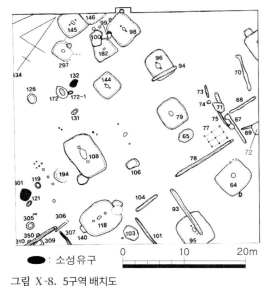

그림 X-8. 5구역 배치도

0   10   20m

146호 주거지는 환호에 접해 있기 때문에 환호와 동시기는 아니다. 77호 굴립주는 2×2칸이다. 옥방 1지구에서 조사된 굴립주는 모두 측면이 1칸인데 유일하게 측면이 2칸이다.

6) 6구역

6구역의 동쪽 끝부분은 진주박물관 조사지역과 겹친다.[4] 진주박물관 조사지역에 위치하는 폐기장으로 보고된 35호(진주박물관)는 토기가마일 가능성이 있다. 6구역은 옥방 8지구에서부터 남북방향으로 이랑과 두둑이 이어지는 밭이 확인되었다. 밭은 동쪽으로 계속 이어질 것이다. 진주박물관에서 조사한 옥방 1지구의 3호 주거지 인근에 소규모의 밭이 확인되어 개별 주거지의 텃밭이라고 보고되기도 하였으나 Ⅱ장에서 언급

: 소성유구
: 묘

0   10   20m

그림 X-9. 6구역 배치도

한 충적지의 특징으로 인해 실제 6구역의 밭이 진주박물관에서 조사한 옥방 1지구의 밭까지 연결되었을 가능성이 있다.

밭의 북쪽으로는 무덤이 확인되는데 옥방 2지구와 동일한 양상이다. 밭의 북쪽 끝부분에서 조사된 640호는 바닥에서 목관의 흔적이 확인된 목관묘이다(김현 2006b). ㅍ자형의 목관흔적이 바닥에서 확인되었는데 원삼국시대의 목관과는 차이가 있다. 원삼국시대의 목관묘가 목관을 짜서 시신을 안치하고 묘광에 관을 넣는 형태라면 640호 목관은 묘광 내부에 목관을 짜고 시신을 안치하는 구조이기 때문에 목관묘라고 하더라도 청동기시대의 석관묘에서 관의 재질만 목관으로 바뀐 것이라고 할 수 있다. 옥방 지구 일부 무덤에서 한쪽 벽면은 석재이고 반대쪽은 목재를 쓴 예가 확인되는 것도 같은 양상이다. 밭과 수혈이 밀집되어 있는 사이의 공간은 1구역 서쪽 편과 마찬가지로 유구가 확인되지 않았다. 무덤과 주거의 열이 346호 무덤에서 끝이나고 동쪽으로 좁은 공백지대가 있다.

---

4) 진주박물관 조사지역과 (사)경남고고학연구소 조사지역의 배치도는 필자가 합친 것이기 때문에 오차가 있을 수 있음을 밝혀 둔다.

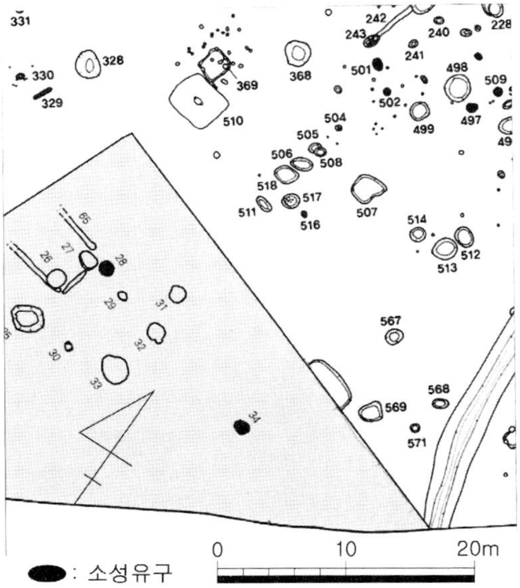

7) 7구역

　7구역의 일부는 진주박물관 조사지역과 겹친다. 진주박물관 조사지역에서는 대상유구 세트와 야외노지 1기, 수혈 10기가 조사되었다. 환호 외곽이기 때문에 진주박물관 조사지역에도 주거지는 많이 분포하지 않는다. 경남고고학연구소 조사지역에서 주거지 2동이 확인되었고 나머지는 대부분 수혈유구이다. 환호 외측에 많은 수혈유구가 분포하는 것은 환호가 축조된 이후에도 환호 외부의 공간이 생활공간으로 지속적으로 이용되었다는 것을 나타낸다. 반면 주거지의 수는 환호 내부에 압도적으로 많은 것으로 볼 때 적어도 수면공간은 환호 내부에 집중되었음을 알 수 있다.

8) 8구역

　환호 내측에 위치하기 때문에 주거지간의 중복도 심한 편이다. 557호 원형주거지가 558호 하촌리식주거지를 파괴하고 설치되었고, 631호 원형주거지를 664호 방형주거지가 파괴하고 설치되었다. 대평리유적에서 휴암리식(방형)과 송국리식(원형)간의 중복은 대부분 휴암리식이 후행하는 경우가 많은 것에 비하면 예외적이다. 즉 664호 방형주거지는 옥방 1지구 방형주거지 중 가장 후행할 가능성이 있다. 비교적 시기가 늦은 대상유구를 파괴하고 설치된 것도 그러한 이

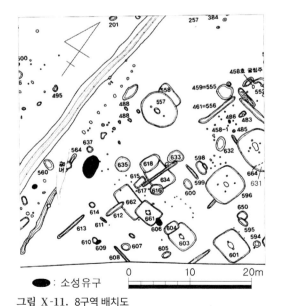

● : 소성유구

그림 Ⅹ-10. 7구역 배치도

0　　　　10　　　　20m

● : 소성유구

그림 Ⅹ-11. 8구역 배치도

0　　　　10　　　　20m

유라고 판단된다. 634호와 662호는 소위 하촌리식주거지인데 모두 대상유구와 수혈 휴암리식 주거지에 의해 파괴되었다. 즉 8구역에서는 하촌리식주거지→대상유구→휴암리식주거지(596호)의 중복관계가 확인되었다. 이 휴암리식주거지의 작업공과 주혈의 형태는 일반적인 작업공 장축 끝에 2개의 주혈이 있는 형태가 아니라 작업공 주위에 4개의 주혈이 설치된 형태이다. 9구역에서도 휴암리식주거지간의 중복관계에서 이 형태의 주거지(540호)가 후행하는 것으로 볼 때 작업공형태에서도 시간적인 선후관계가 간취된다.

9) 9구역

옥방 1지구에서 가장 중복관계가 심한 곳이다. 3중 중복이 일반적일 정도이며 659호 주거지 주변은 4중으로 중복되었다. 이것으로 볼 때 이 좁은 지역에서도 최소 4번의 유구 폐기와 신축이 있었던 것을 알 수 있다. 주거지간의 중복도 많은데 대체로 주거지→수혈→대상유구의 순서가 가장 많이 확인된다. 대상유구를 파괴한 예는 313-1호 수혈과 621호 토기가마 두 예이다.

주거지나 수혈, 대상유구가 복잡하게 중복되었지만 무덤간 혹은 무덤과 다른 유구와 중복된 사례는 거의 없다. 무덤이라는 유구가 돌을 이용해 축조되었고 상부의 표시가 후대까지 남아 있었을 가능성이 있다. 즉 신성한 공간을 의도적으로 침범하지 않은 결과이며 무덤 열-앞으로 무덤으로 이용될 부지-에 대해서도 후손들이 침범하지 않았

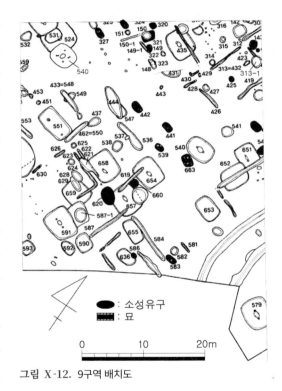

그림 X-12. 9구역 배치도

기 때문이다. 동서로 이어지는 무덤 열(327호·442호·441호·663호)을 경계로 대상유구도 남북으로 나뉘는 양상이다.

619호 대상유구, 620호 수혈, 621호 대상유구는 토기가마로 보고되었다. 이 세 유구는 모두 복잡하게 중복된 곳에 분포하는데 모두 가장 마지막에 설치된 것이다. 옥방 1지구에

서 가장 늦은 단계의 주거지에서 생활한 사람들의 유구일 것이다. 원형주거지 단계로 판단된다. 내부에서 출토된 심발형토기의 문양이 모두 무문양인 것도 이러한 사실에 부합한다. 621호는 애초에 토기가마를 염두에 두고 만들어졌고 619호는 대상유구로 이용하다가 재사용된 것으로 판단된다.

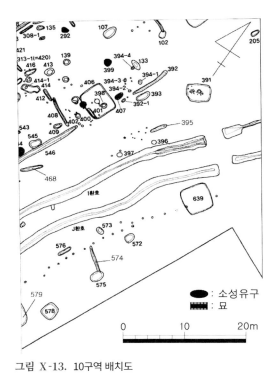

그림 X-13. 10구역 배치도

10) 10구역

2중 환호 내측에 인접해서 분포하는 주거지 중 639호 주거지 상부에서 목책이 확인되었기 때문에 639호 주거지는 환호 축조 이전이다. 반면에 9구역의 579호 주거지는 그 반대상황이기 때문에 환호 폐기 후의 주거라고 할 수 있다. 574호 구는 5구역의 70호·69호·73호 대상유구 세트처럼 방향이 기존의 대상유구에 비해 틀어져 있다. 그렇다면 574호 구 역시 가장 이른 시기에 해당될 수도 있다. 역시 575호 수혈에 의해 파괴되었다. 10구역의 환호 외곽에 위치하는 468호, 395호 구 역시 대부분의 대상유구와 축이 어긋나고 있어 574호 구와 직각으로 대응된다.

5. 대상유구 세트(IX장의 구획구)의 특징 및 성격

주거지, 환호, 무덤, 굴립주와 같은 유구는 기능을 명확하게 알 수 있다. 수혈유구의 경우에도 피열된 경우 야외노지와 가마로 추정되고 그렇지 않은 경우는 폐기장, 저장혈 등으로 추정되기도 한다. 즉 이견은 있지만 유구의 성격에 대해서 어느 정도는 의견이 모아지고 있다. 하지만 대상유구에 대해서는 사례가 많지 않아 보고서의 고찰에 간략하게 기술되어 있는 정도이다. 대상유구는 대평리유적에서 옥방 1지구에 집중적으로 분포하는데 유적 전체의 성격을 파악하기 위해서 이 유구의 성격에 대한 검토가 반드시 필요하다. 필자는 노지와 세트를 이룬다고 생각하는데 중복된 사례가 많아 선후관계 파악에도 유용하게 이용될 수 있기 때문이다.

대상유구는 깊이가 80㎝에 이르는 유구도 있지만 대부분 10~20㎝이다. 따라서 충적지라 하더라도 문화층 상부가 경지정리 등으로 인해 삭평되었다면 대부분 잔존하지 않는다. 실제 남강유역의 충적지 중에서도 그 당시 문화층이 온전히 남아 있는 유구는 대평리유적의 옥방지구 일부, 평거동유적 3-1지구, 진주 초전 환호취락유적 등 몇 례에 지나지 않는다. 현재 농지로 이용되는 곳은 경지정리 등으로 인해, 도심지는 도심개발로 인해 삭평된 경우가 많기 때문이다.

대상유구에 대해 안재호는(2009) 평지건물의 기초구이며 대상유구군은 건물들이 블록으로 연결된 도시적 형태의 취락이고 그 시기는 청동기시대 최후단계에 해당된다고 하였다. 필자 역시 대상유구 세트 내부에 노지가 있기 때문에 건물일 가능성이 있지만 상시적인 주거를 목적으로 하는 것은 아니라고 생각하고 있다. 우선 한 단위의 대상유구 세트 내에는 노지가 1~4개까지 있는데 복수의 노지를 갖춘 상시적인 주거는 전기의 양상이다. 또 옥방1지구에서는 방형(휴암리식)주거지 다음 단계에 원형(송국리식)주거지 단계가 있기 때문에 가장 늦은 단계의 상시적인 주거는 아닐 것이다.

진주 초전 환호취락유적에서는 80기의 개별 대상유구가 확인되었다. 내부에 목탄 혼입 유무에 따라 2가지로 구분되며 목탄이 혼입된 유구에서 많은 유물이 출토되었다고 한다. 보고자는 취사행위가 있었다고 판단하며 구획된 대상유구는 지상식 건물과 관련된 시설이며 일부는 의례행위가 있었다고 한다(김상현 등 2012). 보고자는 목탄유무에 따라 성격이 다를 가능성을 암시하고 있고 일부는 조합을 이루어 개방형과 폐쇄형으로 분류하였다. 유구의 성격에 대해서는 필자 역시 공감하지만 필자는 모든 대상유구가 서로간 조합을 이룰 뿐만 아니라 내부의 노지와도 조합을 이루어 몇 기의 대상유구와 내부의 노지가 세트를 이루는 하

그림 X-14. 진주 초전 환호취락유적의 대상유구 세트

나의 유구라고 생각한다. 초전환호취락유적에서 확인된 80기의 개별 대상유구는 25~30세트를 이루는 것으로 추정된다.

옥방 1지구에서는 112기의 개별 대상유구가 조사되었다. 초전 환호취락유적, 평거동유적의 자료를 참조하면 이 유구의 특징은 다음과 같다. ①개별 대상유구는 간혹 ㄱ자형도 있지만 대부분 ─자형이다. ②1기가 단독으로 배치되는 것이 아니라 조합을 이루어 전체적으로 장방형의 형태를 띤다. 단 반드시 폐곡선을 이루는 것이 아니라 ㄷ자형이나 ㄷ자형도 있다. ③장방형의 대상유구 세트는 서로 연접한다. 대상유구간 중복된 사례는 없다. ④장방형의 장축방향은 동-서향이거나 남-북향이다. ⑤장방형의 내부공간에는 장축 중앙선에 노지가 1~4기 있다. ⑥구 내부에 목탄층이 퇴적된 예가 많다. ⑦벽면이 소결되어 있고 내부에 토기편이 채워져 있어 가마로 이용된 예가 있다(옥방 1지구 112기**5)** 중 42기).

②의 특징으로 본다면 일정한 공간을 구획했다는 것은 확실한 것 같다. ③의 특징으로 본다면 기존의 공간을 침해하지 않는다는 것을 알 수 있다. 대상유구세트 내부에서 무엇인가 신성한 행위가 이루어진 결과로 볼 수 있겠다. ④의 특징으로 본다면 대상유구세트는 유적 전체에서 계획적으로 축조되었던 것을 알 수 있다. ⑤내부 공간에 노지가 있다는 것은 불을 이용되었다는 것이며 노지가 여러 개 있다는 것은 여러 주거의 구성원이 행위에 참가한다는 것을 알 수 있다. ⑥과 관련하여 초전 환호취락유적에서는 대상유구 내부에서 탄화된 벼, 팥, 수골 등이 검출되어 취사행위가 있었다고 하기 때문에 대상유구를 앞에 두고 공동취사가 있었음을 알 수 있다. ⑦은 대상유구의 첫째 목적이 아니라 대상유구세트의 기능을 다 하고 난 후 가마로 전용되었을 가능성이 높다. 대상유구 세트 중 한 기만 ⑦과 같은 특징을 보이는 예가 많기 때문이다. 예를 들어 9구역 619호의 경우에도 다른 대상유구와 별개로 독립적으로 배치된 것이 아니라 619호는 동쪽에 남북방향으로 배치되었고 서쪽의 462호 대상유구가 619호와 나란하게 위치하고 북쪽에는 동서방향의 537호 구가 위치하고 그 반대편 남쪽에 622호 구가 637호 구와 나란하게 설치되었기 때문이다.

이상을 종합하면 대상유구세트 내에서 의례활동이 이루어졌다고 할 수 있겠다. 검토대상지역의 대상유구는 28~30세트를 이룬다. 평소 개별 가옥단위로 이루어지던 취사행위가 가옥단위를 넘어 공동으로 마을에서 이루어졌으며 그것은 성년식, 결혼, 장송과 같은 통과의례에 수반된 행위일 가능성이 높다.

---

5) 112기는 세트가 아니라 개별유구의 숫자를 나타냄.

옥방 1지구에는 무덤 열이 2열로 환호의 출입구 쪽을 통과하면서 동서방향으로 진행한다. 이 무덤열이 진행되는 공간에는 대상유구가 설치되지 않은 점도 특이하다. 즉 당시 주거지, 무덤, 대상유구, 수혈, 환호 등은 당연히 모두 동시기에 존재했으며 나름의 규칙에 의해 배치되었을 것이다.

대상유구는 중복관계에서 볼 때 후축된 경우가 대부분이다. 특히 방형주거지을 파괴하고 설치된 예가 많다. 때문에 중심시기는 휴암리식주거지 단계 중에서도 늦은 시기일 가능성이 높다. 하지만 옥방 1지구의 가장 늦은 단계는 아니다. 대상유구를 파괴하고 설치된 주거지(596호, 664호)도 있기 때문이다. 또한 4구역에서는 대상유구(164호)를 파괴한 수혈(191호)을 환호가 파괴하고 설치되었기 때문에 환호 설치 이전부터 대상유구는 존재했었다. 후기 주거지 중 가장 이르다고 판단되는 하촌리식주거지 단계부터 대상유구는 존재했었을 가능성이 있다. 164호·390호·226호, 70호·69호·73호 대상유구 세트를 통해서 볼 때 이른 시기의 것은 연접된 양상이 아닐 가능성이 있다.

6. 단계 검토와 중심 시기

본 절에서는 주거지별 단계를 개략적으로 살펴보고 옥방 1지구 나아가 대평리유적의 중심시기에 대해 살펴보겠다. 연대 폭이 넓은 유적에서 유구의 선후관계는 문화층의 차이에 따라 구분이 가능하고 유물의 형식학적 차이를 통해서도 구분할 수 있다. 하지만 대평리유적은 청동기시대 후기 중에서도 휴암리식주거지 단계에 집중적으로 밀집된 유적이고 현재로서는 출토유물을 파악할 수 없기 때문에 유구간의 선후관계는 현실적으로 유구 간 중복관계를 통해 밝힐 수 밖에 없다.

1) 주거지별 단계 검토

대평리유적에 사람이 거주할 때부터 주거지, 무덤, 수혈, 구 등 다양한 유구가 존재했을 것이다. 즉 수혈만이 존재했던 기간이라든지 주거 혹은 무덤만이 존재했던 기간은 없었다고 봐도 무방하다. 한 마을을 이루기 위해서는 성격이 다른 유구가 모두 필요했기 때문이다. 따라서 옥방 1지구에서 성격이 다른 유구 간에 시간적인 선후관계를 논할 수는 없다. 단 주거지 간에는 선행연구와 중복관계를 통해 하촌리식→휴암리식→송국리식으로 변화한 것

■ : 하촌리식주거지   □ : 휴암리식주거지   ● : 송국리식주거지   ▨ : 대상유구

그림 X-15. 검토대상 구역 주거지와 대상유구

을 알 수 있다. 검토대상구역에는 54기의 주거지가 분포하는데 단계별로 살펴보겠다.

(1) 하촌리식주거지 단계

검토대상지역에서 하촌리식주거지는 9기가 조사되었다. 9기는 서로 중복된 예는 없고 일정 간격으로 떨어져 위치하는 것으로 볼 때 동시기에 존재했을 가능성이 있다. 소위 '하촌리식주거지'는 전기말이라는 견해도 있고(안재호 2009), 후기초라는 견해도 있지만(김병섭 2011) 방형의 휴암리식주거지보다 선행한다는 데는 이견이 없다. 필자는 전기와 후기의 구분이 가족형태의 변화 즉 복수의 노지에서 단수의 노지를 갖춘 주거지로 변화하는 것이 제1기준이라고 한다면 하촌리식주거지는 후기에 위치하는 것이 자연스럽다. 대평리유적의 환호는 휴암리식주거지와 동시기인 것이 확실하기 때문에 환호가 설치되기 이전 옥방 1지구에는 하촌리식주거지만의 시기가 있었을 것이다. 하촌리식주거지와 동시기인 대상유구는 70호·69호·73호 대상유구 세트, 164호·390호·226호 대상유구 세트 정도일 것이다. 그 외 선축된 일부 수혈과 야외노지가 동시에 존재했을 것이다.

(2) 휴암리식주거지 단계

청동기시대 주거지의 상부구조는 정확하게 확인할 수 없어 다양한 복원안이 제시되었지만 필자는 지붕의 끝자락이 바닥에 닿았다는 견해(김현식 2008)에 동감한다. 즉 지상으로 올라오는 벽이 없었고 그에 따라 유구의 어깨선 외곽 일부는 주거지 내부 공간으로 이용되었을 것이다. 옥방 9지구 4호 주거지의 벽쪽에 완형의 천발이 뒤집힌 상태로 출토되었는데 어깨선 외곽에서 주거지 내부로 넘어진 양상이다. 즉 어깨선 외곽이 선반으로 이용된 것을 의미한다. 그렇다면 현재의 어깨선에서 최소 1m 정도는 주거지의 구조물이 닿은 공간이기 때문에 배치도에서 2m 이내에 존재하는 주거지는 엄밀한 의미에서 동시기에 존재할 수 없는 중복관계이다.

휴암리식주거지간 중복된 사례에서 3중 중복이 두 곳에서 확인되었는데 2m 이내의 주거가 동시기에 존재한 것이 아니라면 적어도 3곳에서 3중으로 중복된 사례가 확인된다. 한번의 중복상태가 반드시 한 시기를 나타내는 것은 아니지만 배치상태로 볼 때 최소 3단계 정도로 구분이 될 수 있다. 하촌리식주거지 단계에 9동이 동시기에 존재했었다면 취락의 규모가 훨씬 커진 휴암리식단계에 동시기의 주거지 수가 9동보다 적지는 않을 것이기 때문에 43기의 주거지 중 송국리식주거지 단계에 속하는 주거지를 제외하면 3단계 정도로 구분하는 것이 타당할 것이다. 현재로서는 중복관계를 감안한다면 524호, 325호, 113호, 657호, 659호, 639호 145호 주거지 등은 휴암리식주거지 단계에서도 이를 가능성이 높다. 아무튼 휴암리식주거지가 세 단계로 구분된다면 동시기에 검토대상구역에는 약 10동 내외의 주거가 존재했을 것이다.

(3) 송국리식주거지 단계

송국리식주거지는 2기인데 송국리식주거지를 파괴하고 설치된 휴암리식주거지가 있기 때문에 어느 정도는 두 가지 형태의 주거가 동시기에 존재했었다는 것을 알 수 있다. 원형주거지와 원형주거지를 파괴하고 설치된 방형주거지(664호), 대상유구를 파괴하고 설치된 방형주거지(596호)는 옥방 1지구에서 가장 늦은 단계라고 할 수 있다. 중복관계를 통한 늦은 단계의 방형주거지의 작업공 주변 주혈이 4개인데 시기별로 작업공의 형태가 차이가 있었다고 한다면 540호 · 661호 주거지도 늦은 단계에 속할 가능성이 있다. 또 환호를 파괴하고 설치된 반원형의 구인 254호 · 389호 구도 이 단계에 속할 것이다. 진주박물관에서 조사한 옥방 1지구에서는 원형주거지가 다수 조사되었는데 일부는 환호를 파괴하고 설치되었다. 즉 환호는 어느 순간에 폐기되었는데 그 이후에도 환호 주변 공간은 계속해서 사람들에게 생활터전으로 이용되었다. 단 현재까지의 발굴조사성과를 감안한다면 송국리식

주거지 단계에 취락은 환호 주변으로 급격히 축소된 양상이다. 옥방 지구에서 원형주거지는 약 20여 동이 조사되었는데 그 중 18동이 옥방 1지구와 1지구에 인접한 7지구에 밀집되어 있기 때문이다.[6] 대평리유적의 마지막 단계에는 취락의 범위가 이 지역으로 급격하게 축소되었을 가능성과 함께 조사가 이루어지지 않은 쪽으로 중심지가 이동하였을 가능성도 배제할 수 없다.[7]

2) 대평리유적의 중심시기

앞의 항에서 살펴보았듯이 대평리유적의 중심시기는 휴암리식주거지 단계이다. 검토대상지역에서 동시기에 10동 내외의 주거가 존재했었다고 하더라도 대평리유적 전체 또 발굴조사가 이루어지지 않은 곳을 감안한다면 역시 대규모 거점취락이었다. 환호가 축조될 때가 가장 중심시기이며 그 이후 송국리식주거지 단계에는 취락이 축소된다.

그렇다면 최고의 거점취락이라고 생각되는 대평리유적에 돌을 적석 혹은 즙석한 대형묘역지석묘가 없고 또 비파형동검이 단 1점도 출토되지 않았는지에 대한 해답이 될 수 있겠다. 이것은 대규모 구획묘와 대형굴립주가 축조되고 비파형동검이 출토된 사천 이금동유적에 비해 하위집단이기 때문이 아니라 시기차이가 그 원인일 것으로 판단된다. 영남지역에서 비파형동검이 출토된 이금동유적이나 김천 송죽리유적의 주거지 형태는 원형이 대부분이다.[8] 또 대형묘역지석묘가 분포하는 이금동유적이나 진동유적, 율하리유적 주변에 분포하는 주거지 역시 원형인 송국리식주거지이다. 창원 덕천리유적은 주거지는 확인되지 않았지만 대형묘역지석묘가 조사되었는데 묘역지석묘 인근의 석축형석관에서 비파형동검이 출토되었다. 비파형동검이 위신재로 유력개인의 권위를 상징하기 위해 입수 혹은 제작되는 것은

6) 어은지구와 강 건너편의 상촌리는 제외한 숫자이다. 옥방 7지구는 옥방 1지구의 남쪽에 인접해 있다. 배치도를 바탕으로 검토하였기 때문에 약간의 오차는 있을 수 있지만 대부분의 주거지가 1지구와 7지구에 위치한다는 사실은 변함이 없다.

7) 어은지구(옥방 4 · 5지구 포함)도 마찬가지이다. 대부분이 방형주거지이고 원형주거지의 숫자는 4동 정도인데 대부분 옥방 4지구 환호내외에 분포한다. 환호 내외가 생활하기 유리한 지형적인 조건을 갖추었다고 할 수 있다.

8) 김천 송죽리유적 4호 지석묘에서 출토된 비파형동검의 시기가 후기의 이른 단계에 해당된다고 하는데(庄田愼矢 2005b) 형식학적으로 빠르다고 하더라도 그것은 제작시기일 것이다. 무덤에 매납된 시기는 후기의 늦은 단계일 가능성도 배제할 수 없다. 이양수선생의 조언이 있었다.

원형주거지가 중심연대인 청동기시대 후기후반이 되어서이고 이때에 사회적인 긴장관계가 더욱 증폭되었던 것이다. 신석기시대 이래 평화롭던 사회가 청동기시대 전기를 거치면서 서서히 복잡화되다가 후기사회로 접어들며 사회변화가 점차 가속화되었을 것이다. 후기가 되면서 환호가 각지에서 설치되고 무덤이 공동묘지화 되며 대규모 취락이 등장 확산되는 것은 같은 맥락이다. 이런 사회적 에너지가 후기 후반이 되면 최고조에 이르는데 그것이 돌을 이용한 대형묘역지석묘, 비파형동검의 패용으로 나타나는 것이다. 대평리유적은 중심시기가 휴암리식방형주거지 단계이며 특히 환호는 방형주거지 단계의 것이다. 이 단계까지는 비파형동검을 보유한 강력한 지도력이 나타나지 않으며 비교적 평화로운 농경사회였을 것이다. 하지만 이러한 대규모 취락을 구성하게 한 에너지가 이후 원형주거지 단계에 대형지석묘와 대형굴립주를 축조하고 비파형동검을 패용하는 유력개인이 등장하게 된 원동력이 되었을 것이다.

7. 취락의 일상

본 절에서는 동시기에 어떤 유구가 몇 기 정도 분포하였는지를 검토하겠다. 주거에서 생활하는 사람들이 무덤, 대상유구세트, 가마, 노지 등을 어떻게 축조 혹은 이용했는가를 추정하기 위해 우선 검토대상지역에 분포하는 각 유구별 숫자를 파악해보면 다음과 같다.

주거지 : 54기(하촌리식 9기, 휴암리식 43기, 송국리식 2기)

무덤 : 25기

대상유구 세트(구획구) : 28기~32기

가마 : 52기(개별 대상유구 82기 중 31기 가마로 전용, 수혈 128기 중 21기)[9]

야외노지(직경 50cm 정도) : 30~40기

굴립주 : 8기

---

9) 김현에 의하면 옥방 1지구에서 개별 대상유구 112기 중 42기, 수혈 133기 중 22기가 가마로 사용되었다고 한다(김현 2002). 본고의 검토대상구역으로 한정한다면 대상유구형 가마 31기, 원형수혈용 가마 21기가 된다.

무덤은 주거지의 약 1/2에 해당되지만 그렇다고 주거지 2기당 무덤 1기라는 도식은 성립하지 않는다. 사람이 죽으면 시신을 매납하는 실제적인 행위와 장송과 관련된 의례행위가 있었을 것인데 모든 사람이 사후 무덤에 안치되지는 않았을 것이다. 하지만 죽음을 대하는 태도가 현재와는 확연히 달랐다고 생각되는 청동기시대에 장송의례는 어떻게든 행해졌을 가능성이 높다. 최근 사후 자기가 거처하던 가옥에 매납된다는 가옥장에 관한 연구가 있다(兪炳琭 2010b). 대평리유적 주거지 중에서도 내부중앙부에 돌이나 토기가 쌓여 있고 목탄과 소토가 혼입된 내부토가 퇴적된 예가 있는데 이런 형태도 가옥장과 관련될 가능성이 높다(이수홍 2014) 어은지구(옥방 4·5지구 포함)를 제외한 옥방지구에는 무덤공간이 크게 5열로 나뉘어 분포한다. 옥방 1지구에서는 무덤이 세 그룹에 분포하며 검토대상지에서는 2그룹으로 나누어진다. 마을을 구성하는 출계집단(최종규 2002)과 관련이 있을지 추후 검토가 필요하다.

대상유구 세트는 주거지 숫자의 약 1/2에 해당된다. 그렇다고 주거지 2기당 대상유구세트 1기를 이용한 것은 아닐 것이다. 대상유구는 마을의 통과의례 장소라면 마을 전체가 모이는 장소로 이용되었을 것이다. 진주 초전환호취락유적에서는 대상유구 내부에 소형 주혈이 확인되는 예도 있기 때문에 상부구조가 있었을 것을 짐작할 수 있지만 주혈이 규칙적으로 굴착된 것은 아니기 때문에 임시로 사용되었을 가능성이 높다.

가마는 주거지와 숫자가 비슷하다. 한 주거지에 생활하는 사람이 하나의 가마를 운용하였던 것을 짐작할 수 있다. 가마는 화재의 원인이 되기도 하기 때문에 주거지와는 일정한 거리로 이격되어 분포하겠지만 마을 내부에서 토기소성이 행해졌던 것을 알 수 있다.

대상유구 내부에 설치되어 대상유구와 세트를 이루는 노지 이외에 소형 야외노지가 다수 조사되었다. 정확한 수는 파악할 수 없지만 최소 30~40여 기 이상일 것으로 판단된다. 필자는 송국리식주거지 내에서도 어떤 방식으로든지 불을 지폈다는 견해(이형원 2009)에 동감한다. 난방과 조명을 위해서라도 반드시 불은 필요하기 때문이다. 하지만 주거지 수와 비슷한 숫자의 야외노지가 확인된다면 주거 밖에서 취사가 이루어졌을 가능성에 대해서 전향적으로 생각할 필요가 있다. 우리가 야외노지라고 인식한 것은 바닥과 벽이 붉게 피열되었기 때문인데 이것은 그 자리에서 불을 피우는 행위가 수십차례 반복되었기 때문에 나타난 결과이다. 결국 하나의 야외노지에서 지속적으로 불을 피우는 행위가 있었다면 역시 취사의 가능성을 생각할 수 밖에 없다.

굴립주는 검토대상구역에서 8기가 확인되었지만 대평유적 옥방 1지구에서는 무수히 많은 소혈이 확인되었다. 그 중 규칙성이 확인되는 유구는 굴립주로 추정되어 76호, 77호, 377

호, 388호 등으로 호수를 부여받았다. 환호 내부에서 무수히 많은 소혈(주혈?)이 확인되었는데 실제 이 소혈은 우리가 인식하지 못했던 굴립주의 주혈일 가능성이 있다. 특히 1×1칸의 소형굴립주건물이 많았을 것이다. 즉 배치도에 호수가 기록되어 있지만 실제 더 많은 굴립주가 존재했을 것이다. 굴립주는 공공집회소, 창고, 망루 등의 다양한 기능으로 알려져 있지만 옥방 1지구의 굴립주는 규모나 배치상태로 볼 때 저장용도의 창고로 추정된다. 이외에도 바닥의 소혈은 그것이 정연한 방형, 원형이 아니더라도 울타리시설일 가능성이 있다. 언제부터 가금류의 사육이 이루어졌는지 명확하지 않지만 바닥의 소형 주혈은 가금류의 울타리일 가능성도 배제할 수 없다. 유적에서 확인되는 무수히 많은 주혈을 감안한다 하더라도 1주거 1굴립주는 아닌 것 같고 3동 정도의 주거지 구성원이 1기의 굴립주 내지는 울타리를 관리했던 것 같다.

앞 절에서 살펴보았듯이 검토대상지역을 5단계로 분류가 가능하다면 각 시기에는 동시에 10동 내외의 주거에 생활하는 사람들이 약 5기 정도의 무덤을 축조하였고 5기 정도의 대상유구세트에서 의례행위가 이루어졌을 것이다. 그리고 약 3동의 굴립주 혹은 울타리를 창고로 이용하였을 것이다. 또 주거 마다 1기의 야외노지에서 취사를 하였고 1기의 가마에서 토기소성작업을 하였을 것이다.

이런 취락의 양상은 남강 일대 충적지에 형성된 청동기시대 후기의 취락이 대부분 유사하였을 것이다. 송국리문화 단계 대규모 취락의 일면을 보여준다고 할 수 있다. 송국리문화가 분포하지 않는 곳, 특히 동남해안지역에서 주거지와 무덤 이외에 다른 유구가 확인되지 않는 점과 가장 큰 차이가 있다. 송국리문화비분포권에 비해서 송국리문화분포권은 보다 많이 개별 가옥의 범위를 벗어난 공동행위가 이루어졌을 것이다.

8. 맺음말

이상으로 옥방 1지구 중에서도 일부 구역에 대해서 검토해 보았다. 남강유역이라는 큰 생활권을 염두에 두고 바라볼 필요도 있지만, 요즘은 너무 미시적인 검토가 부족한 것 같다. 발굴조사에 참여하였던 필자의 기억에 의존함으로써 착오도 있었을 것이다. 하지만 유적의 일부 구역이라도 세밀하게 분석할 필요가 있다고 생각하기 때문에 나름대로 의미 있는 작업이었다고 생각한다.

우리가 논문에서 주장하는 것은 모두 가설이다. 그 가설을 증명하는 과정이 얼마나 논리적·과학적인지가 가설의 옳고 그름을 판단한다. 타임머신이 없는 한 청동기시대 기원전 485년 3월 30일 대평리유적 옥방마을의 당시 상황을 실제 아무도 모르지만 논의가 활발히 진행되어 필자의 오류가 바로 잡히고 보다 정치한 분석이 이루어지기를 바란다.

※ 필자는 1999년도에 대평리유적 옥방 1지구와 9지구 조사에 참여하였다. 그 짧은 기간에 옥방 1지구의 대부분을 어떻게 조사했을까 싶다. 대평리유적은 우리에게 엄청난 자료를 제공했고, 또 많은 숙제를 안겨줬다. 충적지 조사에 새로운 장을 열었다는 자부심도 있지만, 그것이 후배들에게 제대로 전수되지 않았다. 그건 전적으로 우리 세대의 책임이다. 당시 발굴에 참여했던 인원 대부분이 이제 은퇴했거나 은퇴 시점을 눈앞에 두고 있다. 대평유적에 참여했던 사람으로서 하나라도 글로 발표할 의무가 있다고 생각하고 이 글을 작성하였다.
많은 동년배 연구자들이 대평유적에서 청춘의 일부를 보냈다. 너무 많아 일일이 성명을 나열하지 못하지만 모두 건승했으면 좋겠다.
故 김현 선생은 시니컬한 성격답게 현장에서 늘 의문을 가지고 조사에 임했다. 기존의 선입관과 현장 조사 결과의 차이점에 대해 늘 고민하는 모습이었다. 대평리유적의 구상유구와 수혈을 토기가마라고 발표(김현 2002)한 것이 그의 이런 사고가 바탕에 되었다고 생각한다. 발굴현장의 생생한 경험을 녹여낸 더 많은 결과물을 내어놓아야 하는데. 고인의 명복을 빈다.

Chapter 5
무덤 - 구조

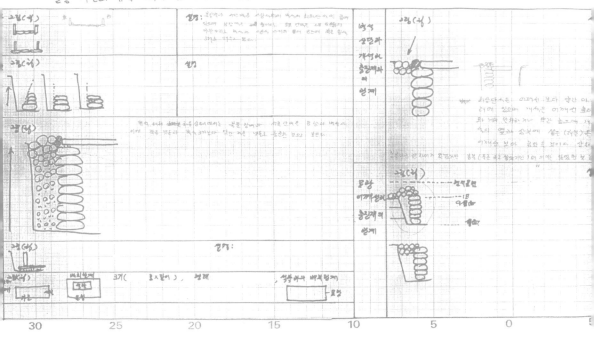

밀양 가인리유적 1호 석관묘와 야장

밀양 가인리유적 석관묘 시상석과 벽석 축조기법

필자가 조사에 참여한 밀양 가인리유적의 석관묘 축조 방법을 검토하였다. 축조순서의 역순으로 벽석과 시상석을 해체하면서 관찰하면, 시상석을 놓고 벽석을 쌓는 방법이 일률적이지 않고 다양하다는 것을 알 수 있다.

가인리유적 석관묘 중에는 시상석을 먼저 깔고, 그 위에 벽석의 일부 혹은 전부가 놓이는 것이 있다.

1호 석관묘의 경우 두 벽은 생토면에, 두 벽은 시상석위에 놓인다. 바닥 중앙에 시상석을 먼저 놓은 뒤 두 벽은 시상석 외곽과 벽면 사이 생토면에 최하단석을 놓고, 나머지 두 벽은 시상석 위에 최하단석을 놓고 벽을 쌓아 올렸다. 이런 축조방법을 보이는 무덤은 밀양 전사포리유적, 김해 율하리유적, 산청 읍청정유적 등에서 보인다.

13호 석관묘의 경우 네 벽이 모두 시상석 위에 놓인다. 시상석을 먼저 깔고 그 후에 벽석을 쌓아 올린 것으로 통영 남평리유적, 거제 농소유적, 마산 진북 덕곡리유적 등에서 이런 패턴이 보인다.

무덤을 축조할 때 편의성과 무관한 집단의 전통이 있겠지만 고고학적으로 증명하기 어렵다. 때문에 이렇게 시상석을 먼저 바닥에 까는 것을 축조 공법상의 편의가 반영된 것으로 판단하였다.

1. 머리말

필자는 1999년 11월부터 2000년 1월까지 밀양 가인리유적 발굴조사에 참여하였다. 지표면에 지석묘의 상석 3매가 노출되어 있어 매장주체부가 어떤지 궁금해 하며 발굴조사에 착수했던 기억이 있다. 상석 아래 무덤이 없어 실망하기도 하였지만, 상석 주변에 매장주체부의 잔존상태가 양호한 무덤 13기가 발견되었다. 한정된 발굴조사 기간이었음에도 불구하고 매장주체부의 벽석을 한층한층 덜어내면서 축조방법을 확인하였다. 단순해 보이는 석관묘의 축조방법이 다양한 것에 대해 놀라기도 하였다.

또 시상석을 깔고 최하단석을 놓을 때 네 벽면이 모두 동일하게 쌓지 않았다는 것을 알고 의구심을 갖게 되었다. 후술하겠지만 한 유구 내에서도 최하단석의 일부는 생토면에 놓이고 일부는 시상석의 위에 놓였는데 그 이유에 대해 이후도 계속 궁금하게 생각하고 있었다. 그 후 여러 보고서를 검토해 보았는데, 벽석을 정치하게 해체하지 않은 예가 대다수이고 해체를 하였더라도 그 결과가 보고서에 정확하게 반영되는 경우는 거의 없었다. 중국 동북이나 북한지역의 보고서 역시 마찬가지이다.

본 장에서는 가인리유적 석관묘의 축조방법, 그중에서도 시상석과 최하단석을 어떻게 놓았는지 살펴보겠다. 영남지역의 유사한 사례를 같이 검토하여 그러한 축조방법의 특징에 대해서 고찰해 보고자 한다. 논문 작업을 시작할 때는 다양한 사례를 포괄적으로 검토해 보고자 했으나 석관묘가 조사된 수많은 보고서가 너무 소략하게 기술되어 있어 쉽게 접근할 수 없었다. 앞으로 발굴현장에서 보다 정치하게 벽석을 해체하고 그에 따라 상세한 보고서 기술이 이루어지기를 바라는 바도 본 장을 작성한 하나의 이유이다.

2. 벽석과 시상석의 위치에 따른 버라이어티

청동기시대 무덤은 단순한 듯 보여도 실상 매우 복잡하다. 청동기시대 무덤은 지석묘가 대표적이라고 알려져 있지만 실제 지석묘보다 훨씬 많은 수를 차지하는 것은 석관묘이다. 또한 지석묘의 매장주체부 역시 대부분 석관이기 때문에 지석묘와 석관묘로 구분할 수도 없다. 가장 많은 비율을 차지하는 석관묘 외에도 토광묘, 옹관묘 또 최근에는 목관의 존재도 알려지고 있다. 석관묘 역시 석재의 재질에 따라 형태나 명칭이 다양하지만[1] 본 장에서

---

1) 청동기시대에 돌로 만든 무덤의 명칭은 석재에 따라 구분된다. 넓은 판석을 이용하는 경우, 인두대의 천석이나 할석을 이용하는 경우가 대표적이다. 하지만 그것을 가리키는 명칭에 대해서는 여러 가지 견해가 있다. 전후자를 각각 석관형과 석곽형(이영문 2002), 판석석관형과 할석석관형 (이재현 2003), 상형석관과 석축석관(윤호필 2013b)이라고 명명한다. 필자는 구고에서 이재현의 견해를 받아들여 판석석관형, 할석석관형이라는 용어를 사용하였다(이수홍 2012a). 그러나 할석 석관형은 실제 할석 뿐만 아니라 천석이 사용된 예도 많기 때문에 적확한 용어는 아니다. 상형석 관이라는 용어는 네 벽이 각 1매씩으로 상자와 같이 밀봉되는 무덤을 연상시키지만 실제 2~3매

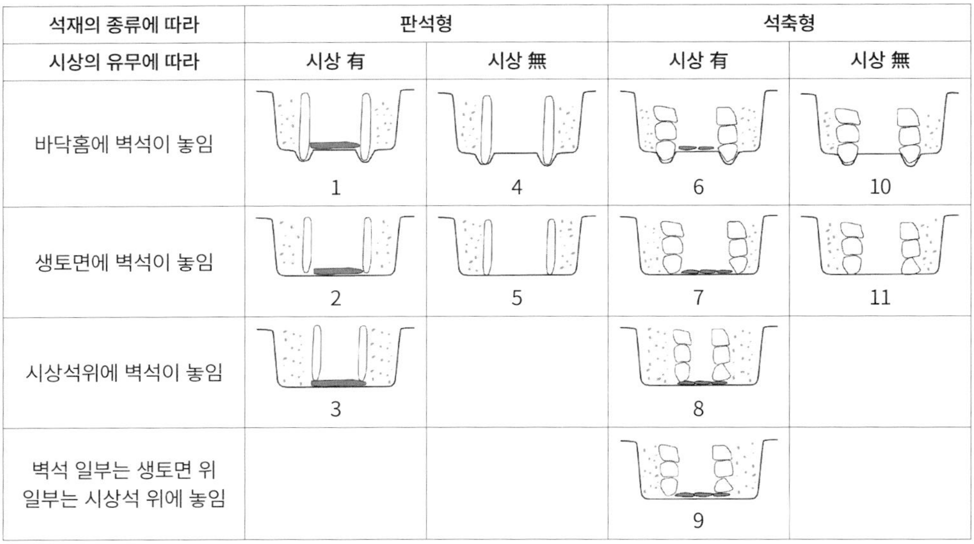

석재의 종류에 따라	판석형		석축형	
시상의 유무에 따라	시상 有	시상 無	시상 有	시상 無
바닥홈에 벽석이 놓임	1	4	6	10
생토면에 벽석이 놓임	2	5	7	11
시상석위에 벽석이 놓임	3		8	
벽석 일부는 생토면 위 일부는 시상석 위에 놓임			9	

그림 XI-1. 벽석의 재질과 벽석과 시상석의 위치 모식도

는 시상석과 최하단석에 집중하고자 한다. 석재가 판재인지 혹은 천석이나 할석인지에 따라, 또 최하단석과 시상석의 위치를 고려해서 가능한 크게 분류한다면 그림 XI-1과 같이 11종류로 나눌 수 있다. 이 외에도 바닥의 시상석은 판석인데 벽석은 석축형이거나 바닥에 시상으로 잔자갈을 깔았는데 벽석은 판석형이나 석축형인 경우도 있다. 또 벽석과 묘광 벽면 사이의 공간을 채우는 방식의 차이, 유물부장 공간의 유무 등에 따른 분류도 가능하기에 실제로는 경우의 수가 훨씬 더 다양하다. 본 장에서는 시상석 위에 벽석이 놓이는 무덤 즉 그림 XI-1의 3, 8, 9, 그중에서도 8과 9에 대한 자료를 검토하겠다.

3. 가인리유적 석관묘 시상과 벽석 축조의 두 패턴

1) 가인리유적 개요

가인리유적은 경상남도 밀양시 산내면 가인리 2439-1번지 일대에 분포한다. 낙동강의 3

의 판석을 수적하여 장벽을 조립하는 예도 많기 때문에 적절하지 않다. 본고에서는 석관형, 판석형, 상형석관을 판석형석관으로, 석곽형, 할석형, 석축형을 석축형석관으로 명명하겠다.

차 지류인 동천 상류역의 하안단구면에 위치한다. 무덤은 하안단구면의 역층을 굴착하고 축조되었다. 이곳에서 밀양시내까지 하천을 따라 청동기시대의 무덤이 열상으로 분포하는 것으로 알려져 있다. 가인리유적의 상류쪽에는 원서리지석묘군이, 하류쪽에는 송백리지석묘군이 분포한다.

지표에 지석묘의 상석 3기가 노출되어 있었다. 그 중 1기는 후대에 위치가 이동된 것이다. 나머지 2기의 상석 아래에서도 매장주체부는 확인되지 않았다. 여기가 무덤지역이라는 것을 알리는 묘표석의 의미였다고 생각된다. 석관묘는 모두 13기가 조사되었다. 매장주체부는 모두 석축형석관이다. 무덤 바닥은 시상석의 유무, 시상석의 재질 등에 따라 크게 세 종류로 구분된다. 무덤이 역층을 굴착하고 축조되었기 때문에 바닥에 자그마한 자연석이 박혀 있거나 놓여 있는 경우(실제 시상 없음), 직경 30㎝ 내외의 천석과 할석을 바닥에 놓은 경우, 판석할석을 바닥에 놓은 경우의 세 가지이다.

시상석의 유무와 관련 없이 바닥이 요철이 심하기 때문에 어떻게든 바닥을 편평하게 정지하였을 것으로 추정되지만 적극적인 증거는 없다. 13기 중 10기의 무덤에 시상석이 놓여 있었는데 그중 대부분은 시상석을 먼저 놓은 후 벽석을 축조하였다. 4호는 벽석을 먼저 쌓은 후에 시상석을 깔았다. 5호와 10호는 시상석이 없다. 11기의 무덤이 하천의 진행방향과 장축방향이 동일한데 4호, 5호 두 기만 장축방향이 직교한다. 우연은 아닐 것이다. 13호는 넓은 판석형 할석을 시상석으로 이용하였다. 시상석과 벽석의 설치 방법만 본다면 1호, 2호, 3호, 6호, 9호, 11호, 12호가 동일한 양상이다.

2) 가인리 석관묘 시상과 벽석 축조의 두 패턴

본 절에서 검토하고자 하는 그림 XI-1의 3, 8, 9는 벽석의 일부 혹은 전부가 시상석 위에 있다는 점이 특징이다. 그중 그림 XI-1의 9는 네 벽면 쪽을 제외한 중앙부 바닥에 시상석을 깔고 두 벽은 생토면에 최하단석을 놓고 두 벽은 시상석 위에 최하단석을 놓아 벽석을 축조하는 것이다. 3과 8은 네 벽의 벽석이 모두 시상석 위에 놓이는 것으로 시상석이 묘광 바닥 전면에 깔리는 예가 많다.

두 패턴의 대표적인 유구인 1호와 13호 무덤의 축조방법을 시상석과 벽석을 중심으로 살펴보겠다. 두 유구 모두 개석까지 잔존할 정도로 양호한 상태였다. 시상석 사이에 매몰된 흙을 완전히 제거하여 돌의 맞물림 상태를 확인하면 작업 순서를 쉽게 알 수 있다. 보고서에 기재되지 않은 내용을 중심으로 서술하였다.

(1) 1호

묘광의 평면형태는 말각장방형이며 벽면은 경사지게 굴착되었다. 역층에 무덤을 조성하였기 때문에 정확하게 모서리가 각이 진 장방형으로 굴착하는 것이 용이하지 않고 수직으로 벽면을 조성한다면 쉽게 무너질 우려가 있기 때문이다. 시상석은 직경 20~45㎝ 정도 크기의 천석과 할석 26매(그중 천석 21매, 할석 5매)를 바닥에 깔았다. 동쪽에서 서쪽 방향으로 깔았는데 동쪽 단벽쪽과 남쪽 장벽쪽은 시상석의 외곽이 일직선이 되도록 정연하게 깔았다. 그림 XI-2의 ●표시가 가장 먼저 바닥에 놓인 시상석이다. 북쪽 장벽쪽 시상석은 마치 마무리를 하지 않은 것처럼 외곽쪽이 정연하지 않다. 직경 10㎝ 내외의 작은 천석 4매는 시상석과 벽석 사이의 공간, 시상석 사이의 공간을 메우기 위해 놓았던 것으로 추정된다.

최하단석은 북동쪽 모서리부터 시계방향으로 쌓기 시작하였다. 그림 XI-2의 ★표시가 가장 먼저 쌓은 최하단석이다. 최하단석 마지막 벽석은 그림 XI-2의 ◆인데 동쪽 단벽안쪽에 붙여 전체적으로 ⌐□형태이다. 시상석의 외곽이 일직선상으로 정연한 동쪽 단벽과 남쪽 장벽은 시상석 외곽 생토면에 최하단석을 놓았다. 반면 정연하지 않은 서쪽 단벽과 북쪽 장벽은 시상석위에 최하단석을 걸쳐 놓았다. 서쪽 단벽쪽은 시상석 위에 7㎝ 정도만 시상석 위에 겹쳐져 있으나 북쪽 장벽쪽은 20~30㎝ 정도 걸쳐져 있었다. 일부 구역은 마치 시상석이 최하단석, 실제 최하단석이 2단처럼 보이는 곳도 있다. 원래 놓았던 시상석의 규모가 장축 219㎝, 단축 85㎝였지만 최하단석이 감싸는 실제 시상 공간은 장축 212㎝, 단축 최소 45㎝로 줄어든다.

2단은[2] 최하단석의 윗면 높이가 고르지 않아 ⌐자형으로 일부만 돌렸다. 동쪽 단벽과 남쪽 장벽 일부의 최하단석이 높이가 낮기 때문에 이쪽만 얇은 천석으로 쌓아 다른 쪽 최하단석의 윗면과 레벨을 맞추었다. 이때도 축조방향은 역시 시계방향이다. 3단부터 최상단석인 6단까지 같은 방법으로 쌓아 올렸는데 대체로 시계방향이지만 반드시 획일적인 것은 아니고 높이를 맞추기 위해 중간중간 순서가 어긋나기도 한다. 최상단석은 개석을 얹기 위해 특히 레벨을 맞추어야 한다. 최상단석은 5단의 높이가 동일하지 않기 때문에 ⊏자형으로 일부만 쌓았다. 그 후 시신을 안치하고 개석을 덮어 밀봉하였다.[3] 개석은 가장 양호하게 잔존하

---

2) 최하단석을 1단, 그 위에부터 2단, 3단 순으로 필자가 임의로 명명하였다. 발굴작업의 역순인데 비교적 축조 순서에 부합한다고 할 수 있겠다.

3) 무덤 축조 순서에 대해 동료 연구자와 토론하는 중 시신을 안치한 후에 벽석을 축조했다는 의견도 있었다. 하지만 벽석 축조는 무덤 내부에서 진행하는 것이 원활하기 때문에 시신을 안치한 후

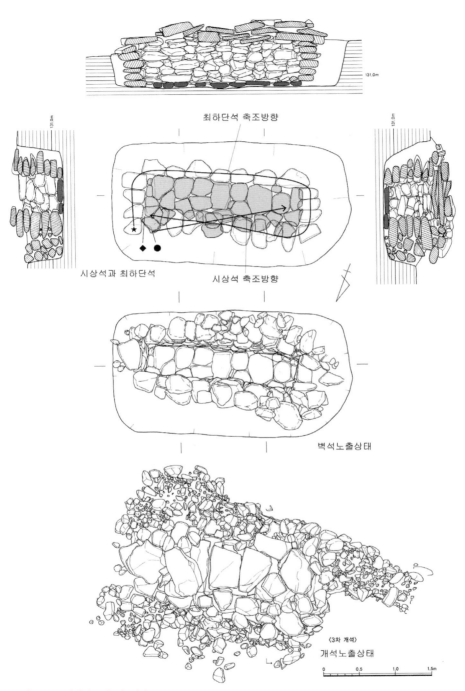

최하단석 축조방향

131.0m

131.0m

131.0m

시상석과 최하단석

시상석 축조방향

벽석노출상태

〈3차 개석〉
개석노출상태

0   0.5   1.0   1.5m

그림 XI-2. 가인리유적 1호 석관묘

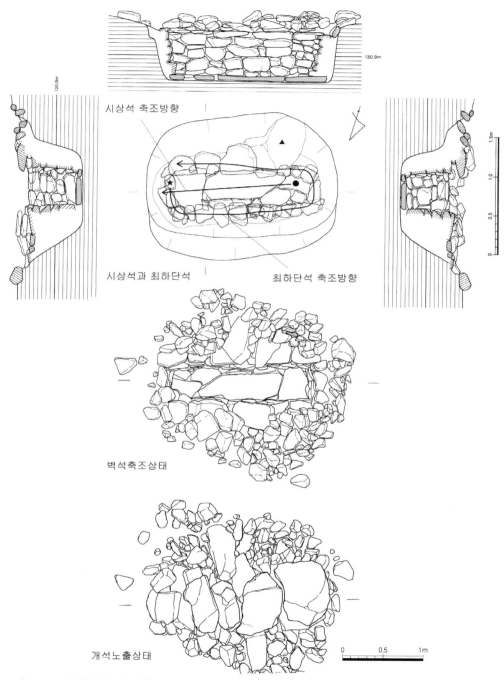

시상석 축조방향

시상석과 최하단석

최하단석 축조방향

벽석축조상태

개석노출상태

그림 XI-3. 가인리유적 13호 석관묘

는 서쪽 단벽쪽은 세 겹으로 덮혀 있었다.

(2) 13호

13호는 바닥에 납작하게 다듬은 판석형 할석과 작은 크기의 천석을 시상석으로 이용하였다. 13호 시상석과 벽석 축조에 대해 간략하게 살펴보겠다.

묘광 바닥 북동쪽 모서리에 거대한 자연석(그림 XI-3의 ▲)이 박혀 있었다. 무덤 축조자가 예상하지 못하였겠지만 그 상황에 맞추어서 벽석을 쌓은 것을 알 수 있다. 시상석은 납작한 대형 할석을 주로 바닥에 깔았으며 남장벽쪽은 주로 소형의 천석을 이용하였다. 동쪽 벽면 쪽 그림 XI-3의 ●에서 서쪽으로 할석을 먼저 깔고 남장벽 쪽 빈 공간에 천석을 역시 동쪽에서 서쪽 방향으로 깔았던 것으로 추정된다.

1단은 북서쪽 모서리 그림 XI-3의 ★에서부터 시계반대방향으로 쌓았다. 북동쪽의 자연석이 노출된 부분은 자연적으로 벽석을 쌓을 수 있는 공간이 협소해 크기가 작은 할석과 천석을 이용하였다. 최하단석은 모두 시상석 위에 놓여 있다.

2단은 북쪽 최하단석의 상면 레벨이 맞지 않아 작은 할석을 낮은 북동쪽 부분에 놓아 레벨을 맞추고 북서쪽 모서리부터 역시 시계반대방향으로 쌓았다. 최상단석까지 동일한 방법으로 벽석의 상단 레벨을 맞추면서 쌓아 올렸다. 개석은 세 겹으로 덮고 개석과 묘광 사이 공간, 개석과 개석 사이의 공간에는 작은 천석을 이용하여 틈새 공간을 매웠다.

4. 유사 사례 유적

최하단석이 시상석 외곽 생토면에 놓이고 시상석의 외곽이 최하단석과 맞물리지 않는다면 서로간의 축조순서를 명확하게 알 수 없다. 엄밀히 표현하자면 보고서에 도면이나 원고로 정확하게 표현되지 않아 파악이 어려운 경우도 있을 것이다. 사실 영남지역의 석관묘 자료를 살펴보면 시상석이 없는 것이 가장 많은 것 같다. 시상석을 먼저 깔고 그 위에 최하단석을 놓은 방식에 대해 3절에서 가인리 1호와 13호의 예를 들어 두 가지 패턴을 제시하였다. 이하에서는 두 가지 패턴을 각각 가인리유적 1호 패턴 · 13호 패턴이라 명명하였다. 1호 패턴은 최하단석의 일부는 생토면에 놓이고 일부는 시상석 위에 놓이는 형태이다. 13호 패

에 벽석을 축조하는 것은 용이하지 않을 것이다.

턴은 네 벽면 모두 최하단석이 시상석 위에 놓이는 형태이다. 시상석이 먼저 설치되는 무덤은 비교적 사례가 많다. 그 중 대부분이 13호 패턴이고 1호 패턴은 예외적이라고도 할 수 있겠다.

본 절에서는 영남지역의 석관묘 중 가인리유적 이외에 1호 패턴과 13호 패턴으로 축조된 석관묘를 살펴보겠다. 보고서의 도면과 사진을 검토하였는데 1호 패턴인지 13호 패턴인지 모호한 예도 많았다. 최대한 필자의 주관을 배제하고자 하였다.

1) 가인리 1호 패턴

아래 열거한 유적 외에도 양산 소토리유적 55호, 김해 율하리 B-16호 등은 일부 벽석이 시상석 위에 있어 가인리 1호 패턴에 포함될 가능성이 있으나 명확하게 확인할 수 없어 제외하였다.

(1) 밀양 전사포리유적(Ⅱ지구 26호)

구릉 아래쪽 곡간지의 저평한 곳에 위치한다. 배후산지로부터 공급된 퇴적물에 의해 형성된 선상지성 퇴적층에 해당된다. 유구는 잔자갈이 포함된 역층 상부에 형성된 적갈색점질토 혹은 잔자갈이 다량 포함된 층에서 확인되었다. 청동기시대 무덤은 37기가 조사되었는데 매장주체부가 확인된 무덤은 32기이다. 매장주체부는 대부분 석축형석관묘이다. 32기 중 18기는 바닥을 생토면 그대로 이용하였고 14기는 작은 할석이나 자갈을 이용해 시상을 마련하였다. 대부분 최하단석 내부에 시상석이 놓여 있어 축조순서가 명확하지 않는 경우가 많다. 26호는 잔자갈을 전면에 깔아 시상을 마련하였는데 북동쪽 장벽이 시상석 위에 놓여 있어 시상석을 먼저 깔았던 것을 알 수 있다. 가인리 1호 패턴이다. 32기 중 가인리 1호 패턴은 1기인데 바닥의 시상석이 천석이나 할석이 아니고 잔자갈이라는 점에서 약간의 차이는 있지만 축조순서는 동일하기 때문에 1호 패턴에 포함시켰다. 34호는 판석형석관이다. 바닥에 벽석을 세우고 흑갈색토를 12㎝ 두께로 깔아 정지한 후 시상석을 놓았는데 벽석을 먼저 축조한 좋은 예이다.

(2) 김해 율하리유적(A1-4호)

유적이 형성된 곳이 구릉 말단부라고 하지만 실제 양쪽 구릉 사이에 위치하는 곡간퇴적층이라고 할 수 있다. 소력이 포함된 퇴적층을 굴착하고 유구가 형성되었다. 청동기시대 무

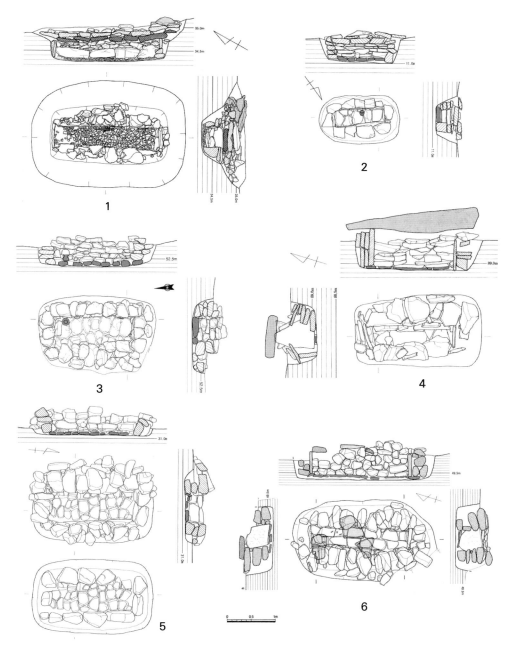

그림 XI-4. 가인리유적 1호 패턴의 사례(1:밀양 전사포리 26호, 2:김해 율하리 A1-4호, 3:산청 읍청정 2호, 4:산청 명동 I지구 1호, 5:사천 덕곡리 D2-5호, 6:대구 이천동 9호)

덤만 106기가 조사되었다. A1-4호는 바닥에 판석형할석 5매를 깔아 시상을 마련하였고 북동쪽 장벽과 양 단벽은 생토면에 최하단석을 놓았고 남서쪽 장벽은 시상석 위에 놓아 가인리 1호 패턴에 포함된다. 남서쪽 장벽은 시상석이 묘광바닥 벽면에 접해 있는데 묘광이 좁은데 비해 시상석의 폭이 넓어 불가피하게 한쪽 장벽을 벽석 위에 놓았던 것으로 판단된다.

(3) 산청 읍청정부지내 유적(이하 산청 읍청정유적 2호)

남강의 지류인 경호강변 충적대지에서 청동기시대 무덤 3기가 조사되었다. 1호는 판석형석관이고 2호와 3호가 할석형석관묘이다. 2호의 시상은 편평한 할석을 장축방향으로 2열로 깔았다. 동쪽 장벽은 생토면에 최하단석이 놓이고 남쪽 단벽과 서쪽 장벽은 시상석 위에 최하단석이 놓이도록 쌓았다. 북쪽 단벽은 시상석을 벽면까지 붙여 깔았는지 최하단석을 생토면에 놓았는지 구분되지 않을 정도로 벽면에 접한 석재 3매는 최하단석인지 시상석인지 구분이 모호하다. 2호가 가인리 1호 패턴인데 가인리유적의 무덤과 축조방식이 가장 유사하다.

(4) 산청 명동유적(1호)

경호강변의 구릉말단부에 위치한다. 풍화암반층에 유구가 설치되었다. 청동기시대 석관묘 2기가 조사되었다. 그 중 1호는 바닥에 판석형할석을 깔아 시상을 마련하였다. 양 단벽은 판석을 수적하였다. 서쪽 장벽은 판석을 수적하고 그 위에 할석을 평적하였으며 동쪽 장벽은 할석을 평적하였다. 남쪽 단벽과 서쪽 장벽은 벽석이 생토면에 놓였으며 나머지 두 벽은 시상석 위에 놓여있어 가인리 1호 패턴이다. 2호는 시상석과 벽석의 단축 단면형태가 H형인 전형적인 판석형석관묘이다.

(5) 사천 덕곡리유적(D2-5호)

소하천에 의한 퇴적물이 선상지를 이루는 곳에 유적이 위치한다. 보고서에는 유구가 세력이 혼입된 층에 설치되었다고 기술되어 있지만 실제 도판을 참조하면 지석묘는 거력[4])에

---

4) 자갈은 크기에 따라 거력 〉 표력 〉 대력 〉 중력 〉 소력 〉 세력으로 구분하는데 거력은 512mm 이상, 세력은 2~4mm이며 그 이하는 모래로 간주된다.
구 지표면을 표현할 때 역석층 혹은 역층이라는 용어를 일상적으로 사용하고 있으나 역석층이라는 용어는 사전에 없는 단어이다. 따라서 본고에서는 역층이라는 용어를 사용하고 지형에 관한

육박하는 크기의 자갈이 포함된 층에 형성된 것을 알 수 있다. 청동기시대 지석묘 10기가 조사되었다고 보고되었지만 상석은 대부분 유실되었고 5기는 묘역이 있는 포석형이다. 묘역은 모두 원형이다. 매장주체부는 모두 석축형석관이다. D2-5호는 바닥에 천석과 할석을 이용하여 시상을 마련하였으며 북쪽 단벽과 동쪽 장벽은 생토면에 최하단석을 놓았고 나머지 두 벽은 시상석 위에 최하단석을 놓은 전형적인 가인리 1호 패턴이다.

(6) 대구 이천동 308-10번지 유적(2호)

대구 분지 내 하천의 서쪽 충적대지에 위치한다. 청동기시대 유구가 확인된 문화층은 암갈색사질토층이며 그 아래에는 자갈이 포함된 갈색사력층이 분포한다. 좁은 지역에 대한 조사임에도 청동기시대 무덤 3기가 조사되었다. 3기 모두 매장주체부는 할석형석관이다. 3기 모두 시상석을 먼저 깔고 벽석을 축조하였는데 시상석과 최하단석의 맞물림양상은 약간 차이가 있다. 1호는 시상석 외곽 즉 생토면에 최하단석을 놓았다. 2호는 점판암제 할석과 천석을 2열로 붙여 시상석으로 깔았다. 동쪽 장벽쪽 최하단석은 생토면에 놓았고 서쪽 장벽과 양 단벽은 시상석 위에 최하단석을 놓아 가인리 1호 패턴에 해당된다. 3호는 시상석을 깔고 난 후 북쪽 단벽은 생토면에 홈을 파서 세우고 남쪽 단벽은 시상석 위에 세웠다. 두 장벽은 시상석 끝에 조금만 걸치게 놓아 2호와는 차이가 있다.

2) 가인리 13호 패턴

가인리 13호 패턴의 사례는 많다. 시상석을 먼저 깔고 벽석을 축조한 무덤은 대부분 이 패턴이다. 그 중 대표적인 유적 몇 예만 살펴보겠다.

(1) 통영 남평리유적(2호, 10호, 12호)

퇴적활동으로 형성된 선상지 및 곡저평야에 위치한다. 청동기시대 유구는 잔자갈이 포함된 퇴적층에 형성되었다. 청동기시대 무덤은 15기가 조사되었는데 매장주체부는 모두 할석형석관이다. 15기 중 시상석이 설치된 무덤은 2호, 10호, 12호 3기이다. 모두 시상석이 먼저 설치되고 그 위에 최하단석을 놓은 가인리 13호 패턴이다. 10호는 판상할석을 이용해 양 단벽쪽에 1매씩을 놓고 중앙에는 2매를 나란하게 붙여 등간격으로 3등분 되게 시상을 설치

용어는 가능한 보고서의 기술을 그대로 따랐다.

그림 XI-5. 가인리 13호 패턴의 무덤(1:통영 남평리 2호, 2:同 10호, 3:同 12호, 4: 거제 농소 1호, 5:마산 진북 덕곡리 1호, 6:同 2호)

하였다. 2호는 바닥 전면에 시상석을 깔았다. 12호는 장벽 벽면까지 시상석을 붙여 놓지 않아 시상석과 벽면 사이에 공간이 있었지만 최하단석을 시상석 위에 놓아 설치하였다.

(2) 거제 농소유적(1호)

구릉의 말단부, 아래쪽 평지와 이어지는 경계지점에 위치한다. 지석묘는 1기가 조사되었는데 암반립, 편이 포함된 점질토층에 축조되었다. 상석 아래 매장주체부는 할석형석관이다. 바닥 전면에 납작하게 다듬은 할석을 깔고 최하단석을 시상석 위에 놓고 쌓아 올렸다. 양 단벽을 먼저 축조하고 그 후에 장벽을 축조하였다.

(3) 마산 진북 덕곡리유적(1호, 2호)

구릉 사면의 끝자락에 위치한다. 풍화암반층에 유구가 형성되었다. A지구에서 청동기시대 무덤 2기가 조사되었다. 매장주체부는 모두 할석형석관이다. 1호는 잔자갈을 시상으로 깔고 넓은 판석 2매를 그 위에 놓은 형태이다. 잔자갈은 묘광 바닥 전면에 깔리지 않았지만 보고서 도판을 참조한다면 시상석의 끝부분 위에 최하단석이 놓인 것을 알 수 있다. 2호는 바닥에 편평한 할석을 시상석으로 깔았다. 잔존하는 북쪽 장벽은 시상석 위에 최하단석이 놓아 쌓았다. 단벽쪽은 일부 유실되어 명확하게 알 수 없다. 2호는 가인리유적 13호 석관과 축조 양상이 유사하다.

5. 가인리유적 석관묘의 시상식과 벽석축조 특징

매장주체부의 구조가 판석형인지, 석축형인지는 무덤 주변에서 습득하기 쉬운 암질의 영향을 받지 않을 수 없다. 실제로 석축형석관에 사용되는 천석은 비교적 쉽게 구할 수 있는 반면 판석형석관의 판재는 그렇지가 않다. 한 유적에서 석축형석관과 판석형석관이 공존하는 경우가 대부분인데 석축형석관만 존재하는 경우는 있지만 판석형석관만 존재하는 경우는 없는 것도 이러한 사실을 방증한다고 할 수 있다. 판석형석재는 산지에서 석재를 채취해서 가공해야 하기 때문에 더 많은 노동력과 인력을 필요로 할 것이다. 즉 지속적으로 석재를 공급할 수 있는 채석장이 있어야 할 뿐 아니라 석재를 가공하는 전문인력이 있어야 되기 때문이다(윤호필 · 장대훈 2009a).

일반적인 청동기시대 석관묘, 그 중에서도 판석형석관묘는 바닥에 오목한 홈을 굴착하

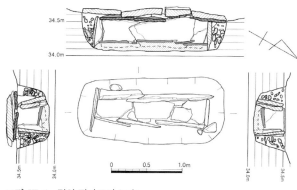
그림 XI-6. 밀양 전사포리 34호

여 그 홈에 벽석을 세워 벽석이 단단하게 고정될 수 있도록 축조한다. 그 때 시상석을 먼저 바닥에 깔고 벽석을 세우는지 벽석을 세우고 난 후 그 내부에 시상석을 놓는지 명확하지 않을 때가 많으며 보고서에 축조 순서가 언급되지 않는 경우가 대부분이다. 축조과정을 연구한 윤호필 · 장대훈(2009b)은 축조의 효율성이나 견고성을 고려하여 벽석을 먼저 세우고 난 후에 시상석을 바닥에 놓았다고 한다. 벽석 아래 바닥에 홈을 내는 경우 시상석을 먼저 놓으면 홈을 굴착하기 어렵고 벽석을 먼저 세워야 시상석과 벽석을 밀착시키기 용이하기 때문이라고 한다. 벽석을 축조한 후에 시상석이 놓인 예는 밀양 전사포리 34호 석관묘이다. 생토면에 판석형벽석을 세운 경우인데 벽석 내부에 흑갈색토를 12㎝ 깔고 그 위에 시상석을 놓았다. 벽석을 먼저 축조하지 않았다면 점토를 매장주체부의 평면모양(시상석의 모양)에 따라 까는 것이 쉽지 않다. 또, 시상석을 먼저 놓았다면 그림 XI-6의 바닥 상태와 달리 시상석을 겹치지 않게 보다 더 정연하게 설치했을 것이다.[5]

하지만 모든 판석형석관묘가 시상석이 먼저 세워진 것은 아니다. 벽석과 시상석이 맞물리지 않은 무덤 중에서도 시상석이 먼저 놓인 무덤이 있다. 본 장에서 검토한 시상석이 먼저 놓인 유구의 경우는 그 사실을 명확하게 알 수 있다. 시상석 위에 벽석이 놓이기 때문이다.

영남지역 자료만 검토하였기 때문에 전국적으로 일반화 할 수 있을지는 검토가 필요하겠지만 벽석이 시상석 위에 놓이는 형태는 입지와 가장 관련이 있다고 보인다. 표 XI-1은 가인리유적과 4절에서 검토한 유적의 입지를 나타낸 것이다.

산청 읍청정유적, 산청 명동유적, 마산 진북 덕곡리유적을 제외한 대부분의 유적이 경사지인지 평지인지를 막론하고 유구가 형성된 문화층에 자갈이 혼입되어 있다는 점이다. 즉

---

5) 이것이 벽석을 먼저 설치했다는 것을 100% 증명하는 것은 아니다. 시상석과 벽석이 맞물려 있는 상황이 아니라면 정황증거로만 판단할 수 없다. 축조의 효율성보다 무덤 축조인들의 전통이 더 강하게 작용했을 수도 있다. 판재 벽석을 놓는 홈만 하더라도 시상석을 놓은 후 또는 놓기 전이라도 시상석의 크기에 맞추어 먼저 굴착 할 수도 있다.

땅을 굴착하기 어려운 지형이다. 즉 판석형석관의 경우에도 바닥에 벽석의 모양에 맞추어 일직선으로 홈을 굴착하는 것 자체가 어려운 작업이다. 따라서 홈을 굴착하는 대신 바닥에 시상석을 놓고 벽석을 세운 후 묘광벽과 벽석 사이에 흙과 돌을 채워서 고정하였던 것을 알 수 있다.

표 XI-1. 검토대상유적의 입지(용어는 보고서의 기술을 그대로 인용함)

유적명	지형	문화층(생토)	본고의 분류 패턴
가인리유적	하안단구	역석층	가인리 1호 패턴
전사포리유적	선상지	잔자갈이 포함된 층	가인리 1호 패턴
율하리유적	구릉 끝자락의 곡간퇴적층	소력이 포함된 층	가인리 1호 패턴
산청 읍청정유적	충적대지	세사층	가인리 1호 패턴
산청 명동유적	구릉 말단부	풍화암반층	가인리 1호 패턴
사천 덕곡리유적	선상지	세력이 혼입된 층	가인리 1호 패턴
대구 이천동 308-10유적	충적대지	사질토층 자갈이 포함된 갈색사력층	가인리 1호 패턴 가인리 13호 패턴
통영 남평리유적	선상지 및 곡저평야	잔자갈이 포함된 퇴적층	가인리 13호 패턴
거제 농소유적	구릉의 말단부	암반립이 포함된 점질토층	가인리 13호 패턴
마산 진북 덕골리유적	구릉의 말단부	풍화암반층	가인리 13호 패턴

동료 연구자와 토론 중 바닥에 잔자갈이 포함되어 있어 굴착이 용이하지 않더라도 생토 면에 벽석을 세우는 것이 더 안정되게 무덤을 축조할 수 있을 것이라는 의견도 있었다. 그렇 다면 시상석 위에 벽석을 놓은 것은 의아하다. 이유는 역시 입지와 관련 있을 것이다.

생토에 자갈이 혼입되어 있어 묘광을 굴착하기 어렵고 벽이 무너지기 쉽다. 때문에 묘광 은 자연스럽게 상광하협의 역제형으로 굴착되었을 것이다. 따라서 바닥에 시상석을 놓으면 시상석과 벽석 사이의 공간이 좁아져 벽석이 자연스럽게 최하단석이 시상석 위에 놓였던 것 으로 판단된다.

그렇다면 가인리 1호 패턴은 어떻게 이해해야 할까. 이 중에서도 김해 율하리유적 A1-4 호는 가인리 13호 패턴과 마찬가지로 묘광 바닥의 폭이 좁아서 불가피하게 한쪽 벽석이 시 상석 위에 올려졌을 수 있다. 그 외 가인리유적의 1호 석관묘나 밀양 전사포리 26호, 산청 읍청정 2호, 사천 덕곡리 D2-5호는 묘광의 바닥 폭이 그다지 좁지 않은데도 굳이 벽석의 절 반은 생토면에 놓고 절반은 시상석 위에 놓은 것이다. 무덤을 축조할 때 집단의 특별한 전통 이 있을 수 있지만, 본 절에서는 축조 공법상 어떤 이로움이 있는지에 대해 살펴보겠다.

가인리유적을 비롯하여 가인리 1호 패턴의 유구 지형은 강변의 하안단구 혹은 충적지, 선상지이다. 벽석의 재질은 거력 크기의 냇돌이 대부분이다. 쉽게 편평하게 다듬기 쉬운 재질이 아니기 때문에 천석을 그대로 이용하는 것이 용이할 것이다. 천석은 모서리가 둥글어서 생토면에 최하단석을 놓는 것이 시상석 위에 놓는 것보다 더 안정적일 것이다. 가인리유적의 벽석 재질은 대부분 안산암과 유문암이다. 안산암은 면이 둥글고 미끄러운 편이라 벽석을 쌓기 쉬운 재질이 아니다.[6] 바닥에 홈을 굴착하는 것이 어려운 상태에서 최하단석의 첫 번째 돌부터 벽석의 1/2 정도는 생토면에 두어 안정적으로 벽석을 쌓기 시작하였을 것이다. 두 벽을 생토면에 놓는 것은 벽석을 보다 견고하게 쌓기 위한 방편이다. 나머지 두 벽면의 최하단석을 시상석 위에 올리는 것은 시상석을 놓을 때의 편의를 위한 방법이라고 생각된다. 우선 시상석을 바깥쪽의 네 면 모두 정연하게 놓지 않아도 된다. 벽석이 생토면에 놓이는 쪽은 벽석이 정연하게 놓여야 해서 시상석 외곽면도 그에 따라 정연하게 놓아야 하지만 반대쪽은 그런 수고를 들어도 된다. 또 시상석을 놓을 때 매장주체부의 공간을 미리 고려하지 않아도 된다. 시신이나 유물 부장 공간 등 매장주체부의 공간은 최하단석 벽석의 1/2을 쌓고 나머지 1/2을 쌓을 때 결정된다.

　가인리 1호 패턴의 무덤은 이렇게 축조의 효율성이 반영되었던 것으로 판단하였다. 무덤의 축조에는 효율성과 무관한 집단만의 전통이 내포되어 있을 것이다. 하지만 그런 면은 고고학적으로 증명하기 어렵기 때문에 본 절에서는 축조의 편의성에서 답을 구하고자 하였다.

6. 맺음말

　청동기시대 석관묘나 삼국시대 석곽묘를 발굴할 때, 가인리유적을 조사하기 전에는 내부퇴적토를 제거한 후 유물 수습하고 실측도를 보완하면 발굴이 끝나는 것이라고 생각했다. 실상 석관묘나 석곽·석실묘의 발굴은 유물 수습 후에 본격적으로 시작된다는 것을 깨달았다. 어떤 유물을 부장하였는지보다 어떻게 무덤을 축조하였는지가 발굴조사의 더 큰 목적이 되어야 한다.

---

　6) 석기의 재질에 대해서 황창한 선생님의 조언이 있었다.

※ 이 논문은 손명조 선생님 추모집에 실린 글이다. 작고하시기 몇 달 전 울산에서 어느 학술대회 전날 술잔을 기울인 것이 손명조 선생님과의 마지막 만남이었다. 세속의 관계를 막론하고 선생님을 그리워하고 아쉬워하는 분이 참 많다는 것을 느꼈다. 선생님의 인간관계를 알 수 있는 대목이다. 호방한 선배님 한 분을 잃었다고 느끼는 것은 우리 세대만이 아닐 것이다. 선배님의 명복을 빈다.

※ 가인리유적의 조사는 무척이나 즐거웠고 추웠던 기억이 있다. 당시 얼음골 매서운 추위에도 항상 현장에서 발굴조사를 진두지휘하셨던 곽종철 선생님으로부터 무덤의 해체과정에 대해 많은 가르침을 받았다. 그때의 해체과정이 이 논문에 담겼으니 이 장은 실제 곽종철 선생님과 함께 쓴 글이나 진배없다.
얼마 전 곽종철 선생님으로부터 은퇴를 하신다는 연락을 받았다. 갑자기 말로 표현 못할 회한이 밀려왔다. 그렇게 필자를 챙겨주셨는데, 무심하게 자주 연락드리지도 못했다. 가인리 발굴을 마무리할 때 필자는 전 직장을 그만둔 백수(?) 신분이었다. 당신의 경험을 얘기해 주시면서 필자의 걱정을 공유해 주셨다. 얼음골 추위 속에서 많이 가르쳐 주시고, 참 많이 마시고, 많은 인생 조언을 해주셨는데. 이제 건강 챙기시고, 좋아하시는 낚시 하시면서, 즐거운 하루하루 보내시기를 바란다.

영남지역 지상식지석묘에 대하여

영남지역의 지상식지석묘를 포석의 유무, 매장주체부의 형태로 분류하여 분포권의 특징과 성격, 연대에 대하여 간략하게 살펴보았다. 지하식과 지상식이 공존하는 지역에는 지석묘에 포석이 부가되고, 지상식만 분포하는 지역에는 포석이 부가되지 않는다. 양지역은 송국리문화 분포권과 검단리문화 분포권으로 뚜렷이 구분된다. 송국리문화 분포권은 다양한 지하식지석묘와 함께 지상식지석묘의 형식도 상대적으로 다양하다. 검단리문화 분포권은 상석 아래에 1~2단의 할석을 돌린 형태(유사석곽형)만 분포한다. 상석 아래에 매장부가 확인되는 형태와 동남해안지역의 유사석곽형은 매장유구이다. 대구지역에서 상석하에 매장부가 확인되지 않는 형태는 묘표석으로 이용되었을 것으로 파악하였다. 묘표석일 경우 상석은 지하식석관묘의 배열에서 벗어나 있다. 영남지역의 지상식지석묘의 시기는 청동기시대 후기가 중심연대이다.

1. 머리말

한반도 남부지역의 청동기시대 후기는 송국리형문화의 영향이 미치는 곳과 그렇지 않은 곳으로 양분된다.

영남지역으로 한정하여 토기의 차이로 본다면 각각을 송국리식토기 분포권과 검단리식토기 분포권이라고 할 수 있다. 양자는 태백산맥을 경계로 주거지, 토기, 분묘, 농경형태 등에서 차이점을 가지고 있다(이수홍 2005; 배진성 2005).

그중 무덤은 송국리식토기 분포권에서는 다종다양한 지석묘와 석관묘 등이 축조되는 반면, 검단리식토기 분포권에서는 극히 적은 수의 지석묘와 소형 석관묘가 축조되어 차이가 뚜렷하다.

본 장에서는 전체 지석묘 중에서는 소수에 불과하지만 양 지역에서 모두 확인되는 지상식지석묘를 상호 비교 검토하여 분포의 차이점과 지상식지석묘의 성격에 대해서 살펴보겠다.[1]

지석묘에 대한 연구는 다양하게 진행되어 왔지만 매장주체부의 위치와 구조에 의한 분류와 그에 따른 편년에 집중되었다.[2] 하지만 자료가 증가할수록 한반도 전역에서 확인되는 지석묘를 같은 기준으로 분류하고 동일한 편년 틀에 대입하는 것이 오히려 더 혼란스러운 결과를 가져올 것이다.

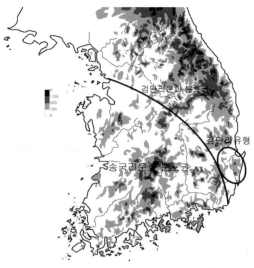

그림 XII-1. 청동기시대 후기의 지역성

한반도 남부지역의 청동기시대 문화가 지역성을 가지며 다양하게 전개되는 것으로 인식되고 있기에 지석묘 역시 지역적인 연구가 선행되어야 할 것이다.

---

1) 본 장의 지상식지석묘는 지하에 매장주체부가 없고 상석을 갖춘 유구를 말한다. 지상에 판석형 매장부를 갖추고 거대한 상석을 얹은 탁자식지석묘와는 다른 개념이다.
   지석묘의 용어에 대해서는 혼란이 많다. 대표적으로 이상길(2003)의 견해가 있는데 다음과 같이 문제점을 지적하고 있다. '지석묘'라는 용어에는 매장주체부의 개념이 반영되지 않는 것은 차치하더라도 한반도에서 확인되는 상석이 있는 분묘를 모두 아우르는 용어로 적합하지 않다. 뿐만 아니라 한 개의 상석 아래에 반드시 한 기의 매장주체부가 있는 것도 아닐뿐더러 상석이 존재하지 않는 석관묘가 상석이 유실되었는지의 여부도 명확하지 않을 때가 많다. 즉 같은 매장주체부인데도 상석이 있으면 지석묘, 그렇지 않으면 석관묘라는 명칭을 부여하고 있다.
   필자는 상석의 유무가 지석묘 축조 당시의 상황인지 명확하게 밝힐 수 없는 현실에서 지석묘라는 용어의 의미를 '광의의 의미'와 '협의의 의미'로 구분하고자 한다. 즉 '광의의 의미'로서의 지석묘는 기존의 상석이 있는 분묘와 상석이 없는 석관묘를 포함하여 청동기시대 묘제를 아우르는 용어로 사용하고자 하며 '협의의 의미'로서의 지석묘는 상석이 있는 분묘와 상석이 없더라도 포석으로 구획된 분묘로 한정하고자 한다. 본 장에서는 '협의의 의미'로서의 지석묘를 검토하였다.
2) 지석묘에 대한 선행연구는 일일이 열거하기 어려울 정도로 많이 이루어졌다. 그중 본 장에서 다루고자 하는 지상식지석묘와 상석, 또는 지석묘의 기능, 영남지역의 청동기시대 묘제에 대한 연구를 간추리면 尹容鎭(1973), 李榮文(1993), 河仁秀(1992), 李相吉(1996·2003), 李在賢(2003), 金廣明(2003a), 金賢(2005)의 논문이 있다.

2. 관련유적의 검토

영남지역의 지상식지석묘를 경남내륙, 대구 경산 영천지역, 그 외 경북지역, 울산지역으로 나누어서 검토하였다. 경남은 서부 내륙에서만 지상식지석묘가 지하식과 함께 확인되었으며 창원, 마산, 김해를 중심으로 하는 남해안 지역의 지석묘는 매장주체부가 모두 지하식이다. 영남지역에서 현재까지 조사된 유적 중 보고서가 간행되어 검토가능한 지상식지석묘는 98기이다.

이외에도 지상식지석묘로 보고된 유구는 많으나 필자가 판단하기에 청동기시대의 유구가 아니거나 이동된 상석으로 보고된 것은 검토에서 제외하였다. 지석묘라고 알려진 유구 중 아래에 아무런 시설이 없이 생토면이 확인되거나 후대 유물이 확인되는 경우는 청동기시대의 유구가 아닐 가능성이 높다. 또한 청동기시대의 유적 내에서도 상석이 이동된 경우가 많다. 전자의 경우는 울산 향산리 청룡유적이 해당되며, 후자는 남강댐수몰지구내의 상촌리의 지석묘 다수, 매호 시지지구의 지석묘 다수, 안동 지례리 B지구의 지석묘 등이 해당된다.[3]

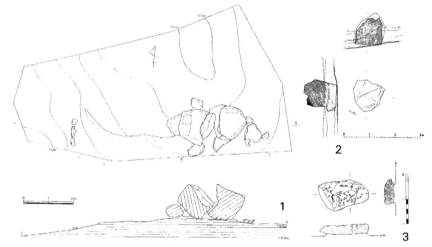

그림 XII-2. 검토대상에서 제외한 유형(1:울산 향산리 청룡유적, 2:안동 지례리 B지구 3호, 3:진주 상촌리 2호(건국대))

---

3) 특히 남강댐 수몰지구내의 상촌리유적에서 조사된 지석묘는 대부분 지상식으로 보고되었는데, 보고서에서도 상석이 이동되었을 가능성을 지적하고 있다. 대평유적에서 상석 아래에 포석이 있는 경우는 매장주체부가 지하식이며 2열로 배치된 석관묘열에서 지상식은 단 1기도 확인되지 않는 것으로 볼 때 남강유역 청동기시대 무덤은 대부분 매장주체부가 지하식이다.

각지역별로 확인된 지상식지석묘는 다음과 같다.

1. 경남내륙

1) 합천 저포 1호, 2호, 5호(釜山大學校博物館 1987)

2) 합천 역평유적의 지석묘(東義大學校博物館 1987)

3) 거창 산포유적의 지석묘(東義大學校博物館 1987)

4) 진주 귀곡동 1호(釜山廣域市立博物館 福泉分館 1998)

5) 의령 석곡리 7호(東亞大學校博物館 1990)

2. 대구 경산, 영천지역

1) 매호 Ⅲ-1호, 2호, 3호, 4호(嶺南大學校博物館 1999)

2) 시지Ⅰ-1호, 2호, Ⅱ-1호(嶺南大學校博物館 1999)

3) 경산 삼성리 1호, 2호, 3호(嶺南文化財研究院 2005)

4) 칠곡 복성리 지석묘군 1호, 2호, 3호(嶺南文化財研究院 2005)

5) 영천 용산동 지석묘(경북대학교박물관 1978)

3. 그 외 경북지역

1) 안동 지례리 지석묘군(啓明大學校博物館 1989)

2) 경주 방내리 1호, 2호, 3호, 4호, 5호(國立慶州文化財研究所 1995)

3) 경주 다산리 지석묘군(국립문화재연구소 1994)

4. 울산지역

1) 중산동 715-1번지 유적 1호, 2호(嶺南文化財研究院 2003)

2) 검단리유적 1호, 3호(釜山大學校博物館 1995)

3) 다운동 운곡유적 1호(昌原大學校博物館 1998)

3. 분류

지상식지석묘는 청동기시대의 분묘 중에서도 특히 출토유물이 빈약하기 때문에 유물을 통해서 편년이나 지역권을 설정하는 것은 사실상 불가능하다. 그러나 포석의 유무, 매장주체부의 형태에 따라 지역적으로나 시기적으로 차이가 있을 것이다.

우선 상석과 매장주체부 주위의 일정한 공간을 구획한 포석을 가진 지석묘를 Ⅰ류, 포석이 설치되지 않은 지석묘를 Ⅱ류로 대분류하였다. 그리고 상석 아래 매장주체부의 형태에 따라 3단 이상의 할석석관형을 a, 판석석관형을 b, 1~2단으로 얕게 축조한 c, 상석 아래에 매장주체부가 확인되지 않고 할석과 천석이 놓여 있는 형태를 d식으로 세분하였다.

그림 XII-3은 이상의 분류를 모식화 한 것이다.

Ⅰa : 영남지방에서는 합천 저포 5호묘가 해당된다. 저포 5호묘는 장방형의 구획석을 갖추고 있으며 매장주체부는 3~5단 정도로 할석을 정연하게 쌓아서 축조하였다. 유물은 구획석에서 단도마연토기, 무문토기, 석촉 등이 출토되었다.

Ⅰb : 거창 산포 21호, 영천 용산동 1호, 울산 다운동 운곡 1호가 해당된다. 거창 산포 21호, 다운동 운곡 1호는 석관의 길이가 50㎝ 내외로 소형이다.

Ⅰc : 합천 저포 1호, 2호, 역평 7호, 거창 산포유적의 10기, 칠곡 복성리 1호, 2호가 해당된다. Ⅰd식과 마찬가지로 대부분 서부 경남 내륙지역에 분포하는데 Ⅰd식과 구분이 모호한 경우가 많다.

Ⅰd : 합천 역평유적의 11기, 거창 산포유적의 12기, 대구 시지 Ⅱ-1호, 경산 삼성리 3호, 영천 용산동 5호, 7호가 해당된다.

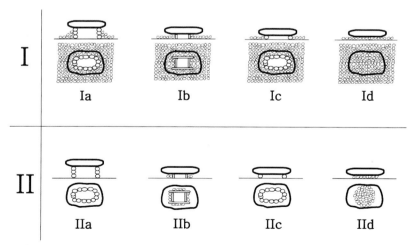

그림 XII-3. 지상식지석묘 분류도

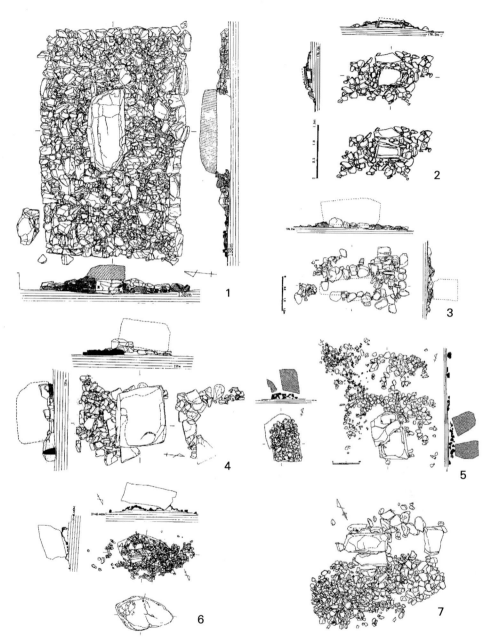

그림 XII-4. Ⅰ류 지석묘(1:저포 5호(a), 2:산포 21호(b), 3:산포 2호(c), 4:저포 1호(c), 5:삼성리 3호(d), 6:시지 Ⅱ-1호(d), 7:산포 6호(d))

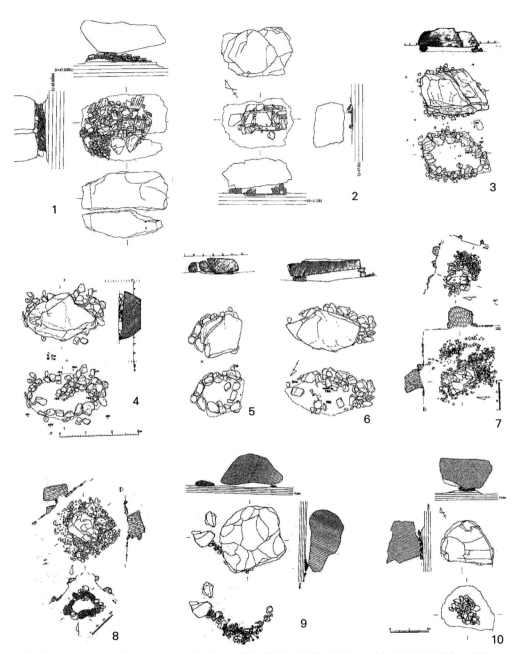

그림 XII-5. Ⅱ류 지석묘(1:매호 Ⅲ-3호(a), 2:시지 Ⅰ-2호(b), 3:지례리 1호(c), 4:지례리 2호(c), 5:지례리 15호(c), 6:지례리 19호(c), 7:방내리 1호(c), 8:방내리 3호(c), 9:중산동 2호(c), 10:삼성리 2호(d))

IIa : 매호 III-3호가 해당된다. 상석 아래에 상석의 범위만큼 포석과 유사한 형태로 할석과 천석이 깔려 있다. 보고자는 상석의 범위를 넘어 설치된 포석이 유실되었을 가능성을 언급하였지만 매호 III지구에서 정연한 포석이 확인되지 않고, 매장주체부 주변의 할석은 상석의 범위보다 넓지 않기 때문에 포석으로 보기는 어렵다. 벽석으로만 상석의 무게를 지탱할 수 없어 매장주체부 주변으로 할석과 천석을 쌓았을 것이다.

IIb : 대구 시지 I-1호, 2호, 매호 III-2호가 해당된다. 매호 III-2호는 석관의 길이가 180 ㎝에 이른다. 매호 III-2호는 석관 주변의 할석과 천석이 포석으로 보고되어 있지만 III-3호와 마찬가지로 상석의 범위를 벗어나지 않기 때문에 상석의 무게를 지탱하기위해 석관 주변에 쌓은 것으로 판단된다.

IIc : 진주 귀곡동 1호(부산박), 의령 석곡리 7호, 대구 매호 III-1호, 안동 지례리 지석묘군 A지구 전체, 경주 방내리 지석묘 전체, 다산리 지석묘 전체, 영덕 남산리 1호, 2호, 울산 중산동 1호, 2호, 검단리 3호가 해당된다.

경주 방내리유적의 경우 보고서 도면에 상석 주변에 작은 자갈돌이 깔려 있다. 포석으로 보일수도 있지만 유적이 역석층에 형성되었기 때문에 상석주변의 돌들은 지석묘와 연관이 없다. 경주 다산리 지석묘 7호, 8호는 상석주변에 포석같이 부석이 깔려 있으나 부석 아래에서 백자편 등 조선시대 유물이 출토되었기 때문에 논과 밭에 있던 소할석이 경사가 낮은 상석주변으로 밀려 온 것으로 보고 되어 있어 I류의 포석과는 무관하다.

IId : 대구 매호 III-4호, 경산 삼성리 1호, 2호, 칠곡 복성리 3호가 해당된다.

표 XII-1은 영남지역 지상식지석묘의 상세와 형식을 표로 나타낸 것이다.

표 XII-1. 영남지역 지상식지석묘 상세표

연번	유적	호수	상석규모(㎝)			매장주체부				출토유물	비고	형식
						평면형태	규모(㎝)					
			長	幅	厚		長	幅	深			
1	합천 저포E	1호	220	190	110	말각방형?	(130)	(80)	45			Ic식
2		2호	210	150	90	말각장방형?	120	(50)	30		포석교란	Ic식
3		5호	335	145	65	장방형	305	85	70	홍도, 석촉		Ia식
4	합천 역평	3호	248	183	64	?						Id식
5		4호	252	152	60							Id식
6		7호	157	109	53							Ic식?

연번	유적	호수	상석규모(cm)			매장주체부				출토유물	비고	형식
						평면형태	규모(cm)					
			長	幅	厚		長	幅	深			
7		8호	188	90	35							I d식
8		9호	133	102	20							I d식
9		10호	134	123	35		70	50	10			I d식
10		11호	110	93	24		75	47	10			I d식
11		12호	152	101	40							I d식
12		13호	170	109	37							I d식
13		14호	680	448								I d식
14		15호	190	135	80							I d식
15		16호	163	110								I d식
16	거창 산포	1호	205	200	120	장방형?	163	140	30	홍도, 저부		I c식
17		2호	263	98	115	장방형	163	70	22	저부, 지석		I c식
18		3호	233	125	85	부정형	120	77	20	석검, 석촉		I c식
19		4호	320	150	110	장방형	260	97	30	석부, 홍도		I c식
20		5호	133	82	47	부정형	90	65	20	홍도, 저부		I c식?
21		6호										I d식
22		7호	190	117	55		120	90	17	저부		I c식
23		9호	143	92	60	타원형	108	70	12			I c식
24		10호										I d식
25		11호	120	73	46	장방형	90	60	15	석도, 저부		I c식
26		12호	280	155	60	장방형	180	95	17			I c식
27		13호	170	65	60							I d식
28		15호										I d식
29		19호				원형	55	50	10			I c식
30		21호				소형석관	62	28	16	저부		I b식
31		23호										I d식
32		24호				타원형	85	58	8	홍도		I d식
33		25호										I d식
34		28호										I d식
35		29호	110	55	8							I d식
36		30호	91	63	20							I d식
37		31호	72	44	7							I d식
38		32호	62	32	8							I d식
39	진주 귀곡동	1호	292	207	69	반원형				석부		II c식

연번	유적	호수	상석규모(cm)			매장주체부				출토유물	비고	형식
			長	幅	厚	평면 형태	長	幅	深			
40	의령 석곡리	7호	160	120	170	장방형	100	45	25			IIc식
41	매호 III지구	1호	170	110	90	장방형?	105	33	10			IIc식
42		2호	370	280	120	세장방형	180	60	30	홍도, 석촉	부정형포석	IIb식
43		3호	230	180	90	장방형	60	30	15		부정형포석	IIa식
44		4호	230	180	160							IId식
45	시지 I지구	1호	150	135	90	장방형	35	20				IIb식
46		2호	190	130	90	장방형	45	40				IIb식
47	시지 II지구	1호	261	153	98						묘표석?	Id식
48	경산 삼성리	1호	290	275	260							IId식
49		2호	280	230	164							IId식
50		3호	360	240	175							Id식
51	칠곡 복성리	1호	355	190	100	타원형	410	205	15	유구석부	묘표석?	Ic식
52		2호	430	240	140	장방형	360	140			묘표석?	Ic식
53		3호	200	125	30						묘표석?	IId식
54	영천 용산동	1호	150	110	45							Ib식
55		2호	160	80	50							?
56		3호	210	160	170						교란	?
57		4호	210	180	130						교란	?
58		5호	140	130	40							Id식
59		7호	230	100	30							Id식
60	안동 지례리 A지구	1호	325	217	100	타원형	185	120	30			IIc식
61		2호	272	191	85	타원형	210	123	20	석검, 석촉	관대시설	IIc식
62		3호	170	82	32	장방형	135	45	15			IIc식
63		4호	133	120	32	장방형	108	100	20			IIc식
64		5호	140	72	65	방형	78	62	20			IIc식
65		6호	216	113	63	장방형	130	50	15			IIc식
66		7호	154	124	45	원형	75	55	13			IIc식
67		8호	148	102	101	원형	80	70	20			IIc식
68		9호	127	92	74	장방형	93	40	15			IIc식
69		10호	195	145	117	장방형	96	35	20	반월형석도		IIc식
70		11호	180	127	80	장방형?	90	50	28			IIc식
71		12호	134	79	75	장방형	70	45	20			IIc식

연번	유적	호수	상석규모(cm)			매장주체부				출토유물	비고	형식
			長	幅	厚	평면형태	규모(cm)					
							長	幅	深			
72		13호	115	89	85	방형	30	20	15			IIc식
73		14호	88	75	35	원형	45	42	18			IIc식
74		15호	126		40	원형	80	50	25			IIc식
75		16호	131	93	60	장방형	60	40	24			IIc식
76		17호	175	131	40	타원형?	100	80	15			IIc식
77		18호	123	92	35	장방형	65	43	17			IIc식
78		19호	255	140	75	장방형	150	85	35	석검, 검파두식		IIc식
79		20호	124	105	36	원형	80					IId식
80		21호	245	178	82	원형	131	97				IIc식
81		22호	170	132	69	원형	115	65	25			IIc식
82	영덕 남산리	1호	295	247	185	장방형	130	50				IIc식
83		2호					90	28				IIc식
84		1호	158	110	130	타원형	100	45				IIc식
85	경주 방내리	2호	250	150	160	타원형	50	35				IIc식
86		3호	190	130	90	원형						IIc식
87		4호	180	115	70	장방형	170	115	35			IIc식
88		5호	170		100	원형	135	90	30			IIc식
89		1호	320	195	140	장방형	87	35				IIb식?
90		2호	250	230	220	장방형?	60	50			상석 이동?	IIc식
91	경주 다산리	3호	460	230	214	장방형?					토광?	?
92		4호	238	228	214						토광?	?
92		7호	240	206	198	장방형?	176	43				IIc식?
94		8호	182	116	126	원형?						IIc식?
95		1호				장방형?	240	140			시상석	IIc식?
96	울산 중산동 715-1	2호	235	240	130	원형?					반원형으로 잔존	IIc식
97	울산 검단리	3호	186	121	30	장방형?					매장주체부 교란	IIc식?
98	울산 다운동	1호				소형석관	45	45				Ib식

4. 지상식지석묘의 분포 특징

1) 지상식지석묘 분포

지상식지석묘는 영남지역 전역에 분포한다. 그러나 한 유적, 나아가 한 지역 내에 지상식 지석묘만 축조되는 경우와 지하식과 공존하는 경우는 뚜렷이 구분된다. 표 XII-2는 유적과 소지역내의 지하식과 지상식의 비율을 나타낸 것이다.

표 XII-2. 지역 · 유적별 지상식지석묘 비율

지역	유적명	매장유구	지하식	지상식	지상식의 비율	지역비율
경남 내륙	합천 저포 E지구	8기	5기	3기	37.5%	48.7%
	합천 역평	16기	4기	12기	75%	
	거창 산포	33기	12기	21기	63.6%	
	진주 귀곡동(부산박)	12기	11	1기	8.3%	
	의령 석곡리	9기	8기	1기	11.1%	
대구, 영천 지역	매호, 시지지구	39기	32기	7기	17.9%	27.1%
	경산 삼성리	7기	4기	3기	42.9%	
	칠곡 복성리	18기	15기	3기	16.7%	
	영천 용산동	6기	0	6기?	100%?	
그 외 경북 지역	안동 지례리 A지구	22기	0	22기	100%	100%
	경주 방내리	5기	0	5기	100%	
	경주 다산리	6기	0	6기	100%	
	영덕 남산리	2기	0	2기	100%	
울산 지역	중산동 715-1	2기	0	2기	100%	80%
	검단리	3기	1	1기	33.3%	
	다운동 운곡	1기	0	1기	100%	

표 XII-2에서 알 수 있듯이 지상식지석묘는 경남내륙지역과 대구 인근지역에서 지하식지 석묘와 한 유적 내에서 공존하며 안동, 영덕, 경주, 울산지역에서 지상식지석묘만 채택되는 것을 알 수 있다.

선사시대의 생활권은 하천을 중심으로 형성되었으며 교류 역시 하천을 이용하였을 것이 다. 그렇다면 같은 낙동강 수계임에도 서부경남 · 대구지역과 달리 안동 지례리유적에서 검 단리식토기가 출토되고 IIc식의 지상식지석묘가 채택되는 것은 현재로서는 예외이다. 그러나 태백산맥에서 경주-영천을 잇는 교통로 다음으로 동해안의 영덕과 경북내륙의 진안을 잇는 고개의 해발고도가 낮기 때문에 양 지역의 교류를 유추해 볼 수 있다.

2) 지상식지석묘 각 형식별 분포 특징

Ⅰ류 지석묘는 거창, 합천, 칠곡, 대구, 경산지역에서 확인되었다. 울산지역에서는 다운동 운곡유적에서 1기가 조사되었는데 상석이 확인되지 않았고 매장주체부가 소형석관이다.

의령지역과 진주지역은 지상식지석묘에서 포석은 확인되지 않고 있지만 진주 대평리유적, 사천 이금동유적, 마산 진동유적 등의 사례에서 볼 때 지하식과 지상식이 같이 분포하는 곳에는 포석이 설치된 Ⅰ류가 지석묘의 일반적인 형태이다.

Ⅰa식~Ⅰd식은 대구지역과 경남내륙지에서 모두 확인되어 양 지역의 유사성을 나타낸다고 할 수 있다. 그러나 Ⅱb식, Ⅱd식은 대구지역에서만 확인되고 경남내륙에서는 확인되지 않아 같은 낙동강 수계에서의 지역성의 차이일 것이다.[4]

Ⅱ류 지상식지석묘는 거창, 합천지역을 제외한 영남 전역에서 확인되지만 주 분포권은 태백산맥 이동지역과 안동지역이다. 이 지역에서는 안동 지례리 지석묘와 경주 방내리 지석묘, 울산 중산동 715-1번지 유적 등에서의 예와 같이 한 유적내의 모든 분묘가 Ⅱc식인 것이 특징이다.[5]

그림 Ⅻ-6은 영남지역 지상식지석묘의 분포권을 나타낸 것이다. 지하식 매장주체부는 확인되지 않고 지상식지석묘만 채택되는 지역은 검단리식토기 분포권과 일치한다. 그림 Ⅻ-6의 분포권의 경계는 그림 Ⅻ-1의 검단리식토기분포권과 송국리식토기분포권의 경계와 정확히 일치하는 것을 알 수 있다. 이러한 분포권의 차이는 태백산맥이라는 지형적인 장애로 인해 양 지역이 서로 다른 문화권을 형성하였기 때문이다.

---

4) 영남의 청동기시대를 지역적으로 동남해안권, 대구권, 서부경남권으로 나누기도 하지만 태백산맥을 중심으로 송국리형문화분포권이 미치는 곳과 그렇지 않은 곳(동남해안지역)으로 2대별(문화권, 양식)하고, 송국리형문화 분포권은 서부경남권과 대구권으로 소분류(유형, 형식, 지역권?)할 수 있겠다. 서부경남권과 대구권은 주거지의 작업공 형태, 토기 문양에서 작은 차이가 있다.

5) 김광명(2003b)은 지상식지석묘(유사석곽형 – 본고의 Ⅱd식)가 경북 북부, 경북 동부지역에서 많이 채택되었다고 보고 경북 북부지역이 지석묘 초기단계부터 지상식의 하부구조가 채택되어 소멸할 때까지 지속되었을 가능성, 지석묘의 축조가 남부지역보다 늦게 시작되었을 가능성, 지석묘 축조기에 남부지역보다 후진지역에 해당되었을 가능성 등을 제시하였다.

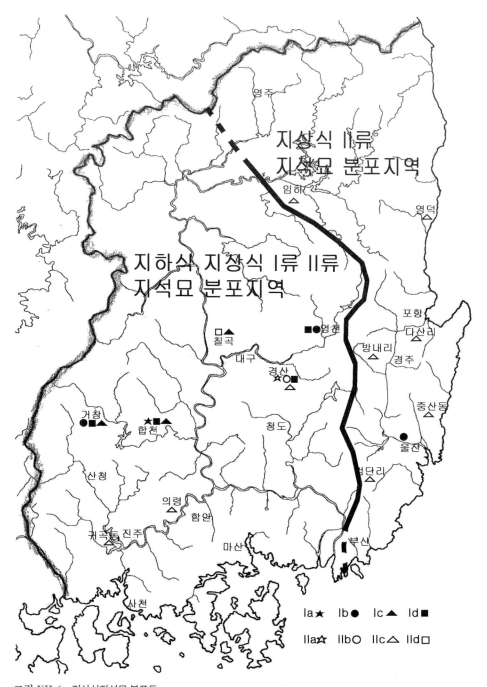

지상식 II류
지석묘 분포지역

지하식·지상식 I류·II류
지석묘 분포지역

영주

임하

영덕

포항
다산리

칠곡
대구

영천

방내리
경주

경산

중산동

거창
합천

청도

울산

산청

검단리

의령
함안

귀곡동 진주

마산

부산

사천

Ia★ Ib● Ic▲ Id■

IIa☆ IIbO IIc△ IId□

그림 XII-6. 지상식지석묘 분포도

즉 송국리식토기 분포권에서는 분묘의 형태와 구조가 다양한데 반해 검단리식토기 분포권은 매우 단순한 양상을 보이며 대부분 IIc식만 채택된다.

5. 지상식지석묘 재고

1) 성격

지하에 매장주체부가 없는 형태의 지석묘에 대한 기존의 연구성과는 ①석실이 교란되었거나 상석이 이동된 것, ②묘포적인 존재물로서의 기념물·제단, ③가묘, ④지하형에서 지상형으로 변화한 지석묘의 한 형태 등으로 요약할 수 있다(이영문 1993; 이상길 2003).

①에 대해서는 2절에서 언급하였다. ③가묘에 대해서는 구체적인 고고학적인 증거가 없기 때문에 현시점에서 논의하기 어려운 문제이다. ④에 대해서는 지석묘(매장유구)의 한 형태라는 것에는 동의하지만 지하형에서 지상형으로 변화하였다는 견해는 재고의 필요가 있다.

지상식지석묘가 ②묘표석, ④매장유구라는 견해에 필자도 동감하지만 다양한 지상식지석묘가 모두 묘표석이거나 모두 매장유구는 아닐 것이다. 즉 일률적으로 적용되는 것이 아니라 지역과 지석묘 형태, 분묘군 내에서의 배치상태에 따라 성격을 달리 할 것이다. 본장에서는 지상식지석묘의 성격에 대해서 각각의 형식에 따라 살펴보겠다.

(1) Ia, Ib, IIa, IIb식

매장주체부가 지상에 있을 뿐 지하식분묘와 동일한 구조를 갖추고 있기 때문에 일반적인 청동기시대 분묘형태로 이해할 수 있다.

(2) Ic, Id, IId식

거창·합천지역과 대구 인근 지역에서 확인되는데 양지역은 큰 차이가 있다. 각 지역별로 살펴보겠다.

경남내륙-거창과 합천 지역(경남 내륙)은 사실 포석의 교란이 심하여 Ic식과 Id식의 구별이 모호하다. 최근의 발굴성과를 통해서 볼 때 경남 내륙의 Ic식과 Id식은 지하에 매장유구가 존재했을 가능성이 높다.

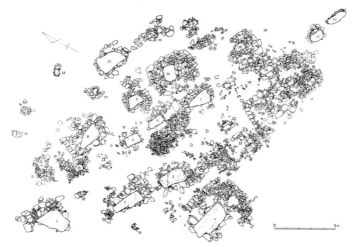

그림 XII-7. 거창 산포유적 유구배치도

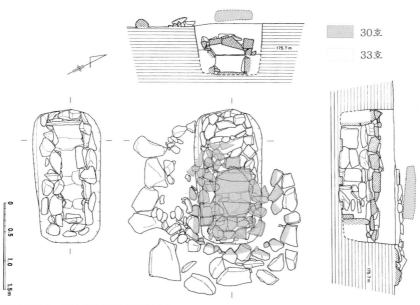

그림 XII-8. 거창 산포유적 30호와 33호

　거창 산포유적의 경우 대부분의 지석묘에 포석이 설치되어 있다. 그 중 지상식으로 보고된 30호(Ⅰd식)는 지하의 매장부(33호)와 중복관계로 파악하여 지석묘가 지하형→지상형으로 변화한다는 근거로 제시되었다. 그러나 매장주체부가 상석의 직하에 설치되고 지상식의 포

그림 XII-9. 사천 이금동유적 지석묘 전경

석과 방향이 동일하기 때문에 사실은 동일한 유구이다.

최근 포석을 갖춘 지석묘 중 지표에서 50~100㎝ 아래에서 매장주체부가 확인되는 예가 증가하고 있다.

1999년도에 조사된 사천 이금동유적(그림 XII-9 참조)을 살펴보자. 상석을 제거하고 포석을 정리한 상태의 외관은 거창 산포유적과 거의 같은 형태이다. 즉 포석 중앙을 정리하면 대부분 거창 산포유적과 마찬가지로 Ⅰc식, Ⅰd식으로 보인다. 그러나 이금동 유적의 모든 유구에서 지하에 있는 매장시설이 확인되었다. 산포유적에서 조사된 지하식 매장부가 이금동의 지하식 매장부와 구조적으로 큰 차이가 발견되지 않기 때문에 두 유적 무덤 구조는 유사할 가능성이 높다.

즉 Ⅰc식에서 벽석으로 인식된 할석은 상석의 무게를 지탱하는 것으로 벽석과 아무런 관련이 없고, 유구에 따라 벽석 아래의 시상석으로 보이는 판석은 오히려 개석일 가능성이 있다.

대구지역 - 지상식지석묘와 지하형석관묘가 혼재하는 경우가 많은데 지상식지석묘의 성격을 파악하기 위해서는 배치상태를 살펴볼 필요가 있다. 결론부터 말하자면 분묘열에 포함되는 것은 매장유구, 분묘열에서 이탈하여 배치된 것은 묘표석으로 판단된다.

우선 매장유구가 확실한 Ⅰb식인 시지 Ⅰ지구의 배치도는 그림 XII-10과 같다. 3호 지석묘는 지하식석관형인데 지상식석관형(Ⅰb식)인 1호, 2호묘와 함께 분묘열에 포함되는 것을 알 수 있다. 매호 Ⅲ지구도 마찬가지이다.

묘표석으로 이용된 Ⅰd식은 시지 Ⅱ-1호(그림 XII-11), 경산 삼성리 3호이며 Ⅰc식은 칠곡 복성리 1호, 2호(그림 XII-12)가 해당된다. 모두 포석이 정연하지 않으며 분묘열에서 벗어나 있거나 무관하다. 시지 Ⅱ-1호는 주변에 석관묘 2기가 배치되어 있고 칠곡 복성리 1호, 2호는 조사구역 내에 15기의 지하식 석관묘가 배치되어 있는데 지하식의 경우 단 1기에서도 상석이 확인되지 않았다. 따라서 시지 Ⅱ-1호와 복성리 유적에서는 상석을 갖추지 않은 지하식 석관묘의 묘표석이다.

Ⅱc식은 대구 인근지역에서만 확인된다. 성격은 대구지역의 Ⅰc식, Ⅰd식과 마찬가지로 묘표석으로 이용되었을 것이다.

지상식지석묘로 알려진 유구 중 청동기시대 분묘군에서 지하식석관형에는 상석이 1기도 놓여 있지 않고 1~2기의 상석 아래에 매장유구가 확인되지 않는다면 그 상석은 묘표석으로 보는 것이 타당할 것이다. 이런 경우 지석묘 열에서 벗어나 배치된다. 그리고 대구 대봉동지석묘와 같이 매장주체부 직상에 놓여 있는 것이 아니라 2기 이상의 석관에 걸쳐 있는 상석 역시 이동된 것이 아니라 묘표석의 의미일 것이다.[6]

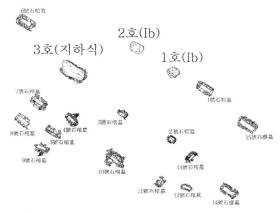

그림 XII-10. 시지 Ⅰ지구 배치도

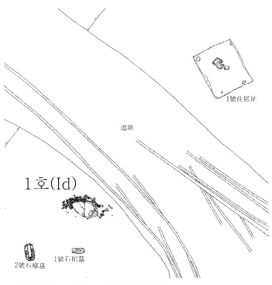

그림 XII-11. 시지 Ⅱ지구 유구배치도

---

6) 지하식지석묘의 상석 중에도 묘표석으로서의 의미가 강한 예가 있다. 사천 이금동유적의 A·B·C군은 포석으로 연접해 있는데 모두 38기의 매장유구가 조사되었다. 그중 상석은 두 기의 매장주체부에서만 놓여 있다. 상석이 일부 유실되었을 가능성도 있으나 38기 모두에 상석이

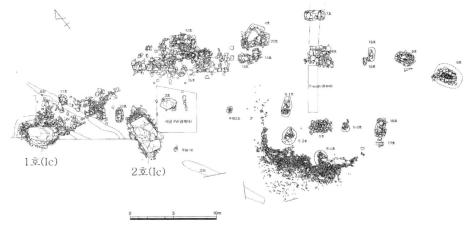

그림 XII-12. 칠곡 복성리 유적 유구배치도

(3) IIc식

매장주체부의 높이(지표면과 상석하단 사이의 공간)가 낮고 규모가 작지만 안동 지례리 2호 지석묘의 경우 시상대가 설치되어 있고, 그 위에 마제석검이 놓여 있는 것으로 볼 때 매장유구로 보아도 타당할 것이다. IIc식은 규모가 작기 때문에 세골장, 유아장으로 이용되었다는 연구성과가 있다(이영문 1993). IIc식이 중심묘제로 채용되는 동남해안지역에서 지석묘 이외에 확인되는 분묘 역시 대부분 길이 60cm 내외의 소형석관이다. 유아묘일 가능성보다는 이지역 장법의 특징이라고 할 수 있겠다.

2) 연대

지상식지석묘의 연대에 대해서는 지하식에서 지상식으로 변화 하는데 지하식을 모방한 Ia식에서 점차 간략화된 IIc식으로 변화하였다는 견해가 일반적이다(하인수 1992; 김광명 2003).[7] 하지만 사천 이금동유적, 마산 진동리유적, 김해 율하리유적 등 송국리문화 단계의

있었을 가능성은 희박하다. 포석으로 연접한 묘역식지석묘 중의 상석은 지하의 매장주체부를 보호하는 것 보다도 주변에 무덤이 있다는 것을 알리는 묘표석의 기능이 더 강할 것이다.
대봉동지석묘의 상석에 대한 기능은 이상길(2003)에 의해 제기된 바가 있다.

7) 출토유물이 빈약하기 때문에 중복관계를 통한 단계설정이나 지상식지석묘를 탁자식의 모방으로

다양한 지석묘가 조사되면서 Ⅱc식을 마지막 단계에 두면서 묘형이 단순화한다는 견해는 재고되어야 한다.

이에 대해 지상식과 지하식은 처음부터 병존하면서 변화해갔다고 한다(이재현 2003; 김현 2005). 필자도 이러한 견해에 전적으로 동감하며 이재현의 편년안을 바탕으로 간략하게 언급하고자 한다. 그림 XII-13은 이재현의 지석묘 편년표이다.

이재현의 Ⅰ단계에 해당하는 지상식지석묘(그림 XII-13의 1)는 대전 비래동유적 1호, 2호가 해당되는데 현재까지 영남지역에서 확인되지 않았다. Ⅰ단계는 이단병식석검, 무경식석촉, 이중구연, 구순각목문, 단사선문이 새겨진 토기가 출토되고 세장방형주거지가 확인된다고 한다.

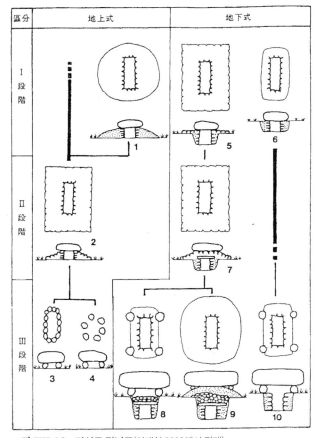

그림 XII-13. 지석묘 편년표(이재현 2003에서 전제)

Ⅱ단계에 해당하는 지상식지석묘(그림 XII-13의 2)는 본고의 Ⅰa식으로 저포 5호묘가 해당되는데 휴암리, 고남리유적과 동시기에 해당되며 Ⅰ단계와 Ⅲ단계의 과도기라고 한다.

Ⅲ단계는 이단병식 석검이 감소하며 석촉은 장신의 유엽형이 주류를 이루고 주거지는

단순화시킬 수는 없다. 중복관계의 기준이 되었던 거창 산포 33호(지하식), 30호(지상식)는 동일한 유구이다.

김광명(2023b)은 유적 내에서의 중복관계를 통해 대구지역은 지하식→지상식, 경산지역은 지상식→지하식으로 변화한다고 하였다. 유구간의 중복관계는 선후관계를 나타내는 가장 적극적인 증거가 될 수 있지만 시기를 나누는 기준은 될 수 없다. 동시기의 다양성을 보일 수도 있기 때문이다.

원형의 송국리형주거지가 주로 채택된다고 한다.

Ⅰ단계와 Ⅱ·Ⅲ단계는 출토유물을 통해서 볼 때 뚜렷이 구분된다. 심발형토기의 문양이나 주거지의 형태 등으로 볼 때 Ⅰ단계는 청동기시대 전기, Ⅱ·Ⅲ단계는 청동기시대 후기에 해당된다. 한반도 남부지역에서 Ⅱ단계와 Ⅲ단계는 출토된 석검이나 석촉에서 볼 때 시기적인 차이가 인정된다. 출토유물이 빈약해서 면밀한 검토가 어렵지만, 저포 5호묘가 Ⅲ단계의 유구 보다는 시기적으로 이른 것은 확실하다.[8]

안동 지례리유적에서는 낟알문이 새겨진 심발형토기(검단리식토기), 일단경식석검, 파수부호형토기, 원형점토대토기 등이 출토되었다. 상석 주변에서 채집되어 유구 축조 당시의 유물인지는 명확하게 알 수 없지만 지석묘군 내에서 전기, 혹은 후기 초의 유물이 확인되지 않기 때문에 후기에서도 가장 늦은 단계일 것이다. 이에 더해 파수부호형토기와 원형점토대토기 관련 유물이 존재하기 때문에 초기철기시대까지 축조 시기가 내려갈 가능성이 높다. 최근에는 지석묘의 하한 연대가 원삼국시대와 접한다는 견해(이수홍 2024c)도 있는데, 지례리유적의 지석묘가 여기에 해당될 수 있다.

영남지역에서 명확하게 전기라고 단정할 수 있는 지상식지석묘는 없지만, 매장주체부가 반지하(혹은 반지상)인 묘역식지석묘의 시기가 상대적으로 이른 것은 확실한 것 같다. 영남지역에서 묘제를 통한 전기와 후기의 구분은 분묘가 산개해서 분포하는 경우(전기-이금동유적의 지석묘 벨트 북쪽에 분포하는 석관)와 열상으로 기획되어 분포하는 경우(후기)로 나눌 수 있으며 산개하더라도 Ⅱc식의 지상식지석묘는 후기로 볼 수 있다.

6. 맺음말

청동기시대의 자료가 증가할수록 소지역별 연구의 중요성을 절감하게 된다. 다종다양한 유구와 유물을 일률적인 기준으로 시간성과 공간성을 논하는 것이 오히려 더 혼란스러운

---

8) 필자는 구고(2023c)에서 합천 저포리 E지구 5호를 전기에 축조된 무덤이라고 하였다. 당시에도 후기의 가장 이른 시기일 가능성도 염두에 둘 정도로 전기 말인지 후기 초인지 판단하기 어려웠다. 저포리유적의 경우 주거지는 송국리문화권의 후기 주거인 휴암리식이나 송국리식이 아닌 평면 장방형에 노지가 있는 형태이다. 하지만 본 책 Ⅱ장의 견해대로라면 노지가 한 개 있는 장방형 주거지는 송국리문화권에서도 후기에 축조될 수 있다. 본 고에서는 군집된 무덤이라는데 주안점을 두고 후기의 이른 단계에 축조된 것으로 판단하였다.

결과를 가져올 수 있기 때문이다. 본 장은 우선 지역적으로는 영남, 유구는 지상식지석묘로 한정하여 검토하였다.

검단리식토기가 분포하는 동남해안지역은 유사석곽형의 IIc식 지석묘만 분포하며 송국리식토기가 분포하는 곳에는 포석을 갖춘 다종다양한 지석묘가 분포하는 것을 확인하였다. 청동기시대 후기에 토기 분포권의 지역적인 차이가 유구의 차이와 연관되는지를 밝혀보고자 하는 것이 이 글을 작성한 이유였다.

※ 이번 장은 정징원 선생님 정년퇴임기념논총에 실린 글이다. 2006년에 발간되었으니 선생님 은퇴하신 지 20년이 다 되어간다. 지금도 한 번씩 뵙는데 계속 건강 유지하시길 기원한다.
학교에서 좋은 은사님을 만난 건 큰 행운이었다. 정징원 선생님은 학사, 석사 지도교수이셨다. 필자가 어려운 판단을 할 때마다 늘 편이 되어 주셨다. 신경철 선생님은 열정 그 자체이신 분이다. 최근 건강이 안 좋아지셨다는 얘기를 듣는데 걱정이다. 관리 잘하셔서 다시 같이 술자리를 가졌으면 좋겠다. 김두철 선생님은 박사과정 지도교수이셨다. 필자에게 가장 많은 학은을 베풀어주신 분이다. 논문 지도의 1인자라고 감히 얘기한다. 김두철 선생님과는 참 많은 일이 있었다. 이제 근심 걱정 내려놓으시고 즐겁고 건강한 하루하루 보내시길 바란다.

대구 월배지역 취락에서의 무덤 축조 변화
-적석유구와 적석주거지를 검토하여-

대구 월배선상지에 분포하는 청동기시대 유적에서 조사된 적석유구와 적석주거지를 검토하여 그 것을 바탕으로 월배선상지 무덤의 변화를 살펴보았다. 적석유구를 입지, 배치상태, 평면형태, 규모, 돌이 피열된 점, 토기편이 출토되는 점 등을 근거로 무덤으로 판단하였다. 적석된 주거지 역시 주거의 이용자가 사망한 후 시신 위에 돌을 덮는 행위의 결과로 파악하였다.

적석유구는 대부분 후기에 축조되었고 적석된 주거지의 숫자는 전기에서 후기로 갈수록 줄어든다. 전기에 주거 내에서 개별적으로 이루어진 장송 행위가 후기에는 마을 단위에서 공동으로 이루어진 것을 알 수 있다.

후기가 되면 무덤의 숫자가 폭발적으로 증가하는데 적석유구의 출현도 그런 맥락으로 볼 수 있다. 월배지역 유적의 시기별 주거지와 무덤의 숫자를 통해서 볼 때 전기에는 장송의례가 흔적이 남겨지지 않는 방법으로 진행되었는데 후기에는 시각적으로 망자를 기억할 수 있게 흔적이 남겨지는 방법이 많아졌다. 정착생활이 보편화되었고 망자들과의 유대가 강화된 것이다. 이것은 정착농경민의 특징이며 전기에서 후기사회로 변화한 당시 사회의 일면이다.

적석유구와 전기부터 축조되었던 지하의 매장주체부, 묘역을 설치해서 사자의 공간과 생자의 공간을 분리하는 관념이 결합되어 묘역식지석묘가 활발하게 조성되었다고 판단하였다.

청동기시대 전기에는 무덤이 산발적으로 배치되는데 후기가 되면 거대한 공동묘지로 조성된다. 월배선상지 전체에 입석, 주거, 무덤 배치의 기획성이 엿보인다.

1. 머리말

무덤이란 사전적인 의미로 '송장이나 유골을 땅에 묻어 놓은 곳'을 말하는데 대게는 청동기시대부터 축조되었다고 알고 있다. 하지만 신석기시대의 유적에서도 무덤이 확인되고 있기에 청동기시대부터 축조되었다는 데에는 그것이 가지고 있는 기념물적인 상징성, 정착생활, 권위의 발생이라는 의미가 내포되어 있는 것이다. 신석기시대에도 진주 상촌리유적의 옹관묘, 춘천 교동 동굴유적, 울진 후포리유적, 부산 가덕도 장항유적의 조사사례와 같이 다양한 방법으로 시신을 처리한 흔적이 확인된다. 사실 구석기시대부터 현대에 이르기까지 사람이 사망하면 어떻게든 시신을 처리하였고, 또 죽음과 관련된 장송의례가 행해졌을 것이다. 우리가 알고 있는 청동기시대 무덤이라는 것도 땅을 굴착하고 매장주체부를 축조한 후 시신을 매장한 것으로, 매장과 장송의례 행위의 많은 과정 중 흔적이 남겨진 일부에 해당되는 것이다. 무덤이라는 단어의 사전적인 의미를 고려하지 않더라도 청동기시대에 다양한 방법으로 시신을 처리하였을 것인데 청동기시대 무덤은 지석묘, 석관묘, 옹관묘라는 패러다임에 갇혀서 '송장이나 유골을 땅에 묻어 놓은 여러 가지 유구'를 무덤이 아닌 다른 유구나 행위의 결과물로 판단하였을 가능성이 있다.

본 장에서는 청동기시대 유적에서 흔히 확인되는 적석유구에 대해 검토하여 이 유구가 무덤일 가능성을 제시하고, 적석유구가 축조된 시기와 적석무덤의 변화와 의미, 나아가 무덤 축조의 변화에 대해서 살펴보겠다. 한반도 남부지역의 적석유구를 모두 다룬다는 것이 현실적으로 불가능한 점도 있어 적석유구가 많이 조사된 대구 월배선상지를 중심으로 검토하겠다. 또 적석유구와 밀접한 관련이 있다고 생각되는 적석된 주거지에 대해서도 살펴보겠다. 유구의 성격을 규명하기 위해서는 규모나 구조 등 유구 자체에 대한 세밀한 추적이 당연히 전제되어야 하고, 또 그 유구가 취락에서 어떤 역할을 담당하였는지를 보다 넓은 의미에서 관찰할 필요가 있다. 월배선상지는 적석유구가 많이 조사되기도 하였지만 넓은 범위에서 주거, 지석묘와 석관묘, 구, 입석 등 다양한 유구가 조사되어 무덤군 혹은 취락의 관점에서 접근이 가능하기 때문이다. 또 전기부터 후기까지 시간적인 공백이 없기 때문에 시간축과 공간축을 모두 살필 수 있는 유용한 유적이기도 하다.

돌이 모여 있는 형태의 유구는 적석유구, 부석유구, 집석 등으로 다양하게 보고되었다.[1]

---

1) 보고서에 따라 적석유구, 부석유구, 집석 등으로 보고되었는데 용어의 적확성을 판단하기는 어렵다. 사전적인 의미에서 積石이란 여러 겹을 쌓은 돌. 돌무지라는 뜻이고 敷石이란 집터 또는

그중 밀양 살내 · 신안유적, 산청 매촌리유적 등 묘역식지석묘의 묘역과 동일한 양상인데 지하에 매장주체부가 확인되지 않은 것은 제단으로 알려져 있다. 본 장에서 검토하고자 하는 유구는 이렇게 정형한 형태를 갖추어 성격이 명확하게 밝혀진 것이 아니고 월배선상지에 분포하는 성격이 불분명한 적석유구이다.

이러한 적석행위가 이루어진 유구를 검토하여, 그것을 바탕으로 월배선상지 무덤배치의 특징을 살펴보겠다.

2. 선행연구의 검토

김동규(2012)는 영남지역의 적석유구를 검토하여 형태와 입지, 유물의 포함량을 근거로 제단, 상징지석묘의 하부구조, 가묘, 작업장, 폐기장, 야외노지 등으로 분류하였다. 영남지역의 적석유구 전체를 대상으로 하여 종합적으로 검토하였는데 본 장에서 검토하는 유구는 대체로 그가 가묘 혹은 상징지석묘로 파악한 것이다. 월배선상지에서 조사된 적석유구를 상징지석묘의 하부구조로 파악하였고, 울산 길천리유적, 마산 진북 신촌 · 망곡리유적에서 조사된 적석유구를 가묘로 파악하였다. 가묘의 경우 소형석관이 인근에 위치하고 있어 2차장을 위한 장례시설이라는 것이다. 상징지석묘는 괴석형이나 타원형, 직육면체용 상석을 가진 기반식 지석묘가 대부분이라고 한다면(이영문 2011) 대구 월성동 1363유적에서 조사된 3호와 대구 동천동 6호 적석유구를 비롯한 월배지역의 적석유구를 상징지석묘로 보기에는 규모가 너무 작다.

본 장의 적석유구에 대해 필자는 주거지 내부에 돌이 쌓여 있는 적석된 주거지와 밀접한 관련이 있다고 파악하였다. 적석된 주거지에 대해서는 다양한 연구 사례가 있다. 취락이 폐기되기 전에 이루어진 의례행위의 결과(이석범 2004; 김현식 2005), 주로 노지 상부에 적석된 것을 근거로 노지와 관련된 폐기 · 의례행위의 결과(유병일 2005), 주거지의 벽이나 주제대로 사용되었던 것이 매몰된 것(이현석 2005), 지붕의 상면에 적석된 것들이 지붕의 함몰에 의해 주거지 내부에 쌓여 있는 현상(洪大雨 2010) 등으로 이해되고 있다.

사람이 사망하면 그가 살던 주거 자체가 무덤으로 전용되었다는 견해도 다양하다. 유

무덤의 바닥이나 둘레에 한두 겹 얇게 깐 돌이라는 뜻이다. 集石은 모여있는 돌이라는 뜻으로 해석되겠으나 사전에 수록되어 있지는 않다. 본 장에서는 '여러 겹을 쌓은 돌'이라는 뜻을 강조한다는 의미에서 적석유구로 통일하겠다.

병록(2010b)은 포항 호동 II-29호, 경주 천군동 피막유적 5호 주거지에서 인골이 수습된 것을 근거로 가옥이 폐기될 때 무덤으로 전용되었다고 했다. 안재호(2010)는 울산지역에서 많이 확인되는 연암동식주거지 역시 무덤으로 전용되었다고 했다. 즉 연암동식주거지의 외곽에 돌려진 구는 무덤 공간을 외부와 구획하는 역할이며 이 주거지에서 무덤 부장품인 적색마연토기가 출토되는 것도 결국은 무덤으로 이용되었다는 것이다. 그 후 필자(2012a)는 돌이 쌓여진 주거지 역시 무덤으로 전용되었다는 견해를 제시하였다.

무덤과 주거는 취락을 이루는 구성요소의 하나로 취락의 관점에서 같이 검토되어야 한다. 대구지역의 취락에 관해서는 하진호(2008)의 연구가 선구적이었고 월배지역의 취락에 대해서는 류지환(2012 · 2015), 유병록(2015)의 연구가 있다. 이러한 선행연구는 대구지역 혹은 월배지역 전체를 검토하다보니 주거지와 무덤 중심이었고 그 외의 개별 유구에 대해서는 소략할 수밖에 없었다.

청동기시대 유적을 조사하면 주거지의 숫자보다 무덤의 숫자가 확연히 적다. 주거에는 최소 2명 이상이 생활하였을 것이고 무덤은 대체로 1인 매장이라는 점을 고려한다면 사망자 전원이 지석묘, 석관묘, 옹관묘와 같은 무덤에 안치되지 못했던 것은 확실하다. 화재주거, 연암동식주거, 적석된 주거 등이 그 간격을 메워줄 수 있을 것이다. 필자는 월배선상지의 유적을 검토하면서 적석유구 역시 무덤 혹은 장송행위의 결과물일 것으로 생각하게 되었다. 본 장에서는 그러한 가능성을 보다 세밀하게 검토하고 매장과 관련된 적석행위의 기원과 그 의미, 무덤축조의 변화에 대하여 살펴보겠다.

3. 유적의 검토

본 절에서는 대구 월배선상지에서 조사된 적석유구에 대해 살펴보겠다. 유구 명칭을 적석유구로 통일하였으며 보고서를 검토하면서 수혈유구로 보고된 것 중 필자가 적석유구라고 판단한 것을 포함시켰다.

1) 상인동 87유적(영남문화재연구원)

주거지 18동, 석관묘 3기 등과 함께 적석유구 7기[2]가 보고되었는데 필자는 8기로 판단하

---

2) 보고서에는 부석유구 7기, 집석유구 1기가 조사되었다고 한다. 집석유구 1기는 규모가 직경 124

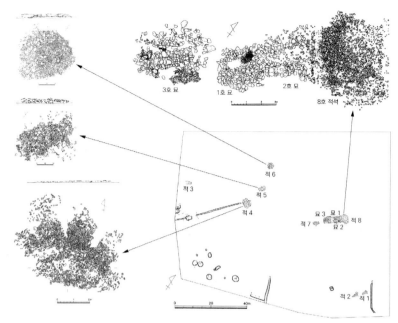

그림 XIII-1. 상인동 87유적과 적석유구

였다. 석관묘 3기가 북동-남서방향으로 2호-1호-3호의 순으로 나란하게 배치되어 있는데 나란히 배치된 3기의 석관묘 중 가장 남서쪽의 3호 석관묘에 접해서 7호 적석유구가 배치되어 있고 북동쪽의 2호 석관묘에 8호 적석유구가 인접해 있는 양상이다. 적석유구 8기는 독립되어 분포하는데 평면형태는 대부분 타원형, 원형이며 규모는 직경 3.8~6.2m 정도이다. 1~4호는 생활면에 돌이 낮게 깔려 있는 형태이고 5~7호는 30㎝ 정도의 높이로 쌓여 있다. 대부분의 유구에서 무문토기 편과 석기 편 등이 출토되었다.

2) 상인동 152-1유적(영남문화재연구원)

석관묘 5기, 지석묘 상석 1기와 함께 적석유구 3기가 조사되었다. 적석유구 3기는 동-서

㎝ 정도인데 타원형 수혈 내에 불을 맞은 천석이 채워져있다. 본고에서 검토하는 적석유구와는 성격이 다른 노지로 보고되었기에 검토대상에서 제외하였다. 반면 2호 석관묘의 동쪽에 접해서 평면 원형으로 돌이 갈려 있다. 이 돌무더기는 규모와 형태로 볼 때 이 유적의 적석유구와 동일하기 때문에 독립된 적석유구로 판단하고 본 장에서 8호 적석유구로 명명하였다.

방향으로 나란하게 배치되어 있는데 2호와 3호 적석 사이에 석관묘 1기가 있고 가장 서쪽의 3호 적석유구에서 서쪽으로 7m 떨어진 곳에 석관묘 4기가 모여 있다.

적석유구의 평명형태는 원형이며 규모는 직경 3m 내외인데 모두 수혈식이다. 깊이는 50㎝ 내외인데 내부에 잔돌이 가득 채워져 있다. 1호 적석유구에서 목탄과 불의 영향을 받은 적색마연토기가 출토되어 소성과 관련된 유구로 보고되었다. 1호와 2호 적석유구는 바닥이 불을 맞은 것처럼 단단하다고 보고되었다. 2호와 3호 적석유구에서 토기편이 출토되었다.

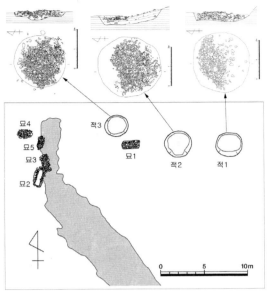

그림 XIII-2. 상인동 152-1유적의 적석유구

3) 상인동 171-1유적(영남문화재연구원)

주거지 2기, 석관묘 6기와 함께 적석유구 1기와 부석유구 1기가 조사되었다. 수혈로 보고된 2기 중 1호는 내부에 돌이 쌓여 있고, 내부토가 청동기시대 유구와 유사하다고 기술되어 있기 때문에 적석유구로 판단하였다.[3] 적석유구는 직경 2m 내외이며 깊이가 35㎝ 정도인데 내부에 잔돌이 채워져 있고 바닥에는 목탄이

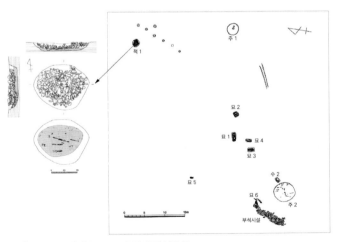

그림 XIII-3. 상인동 171-1유적의 적석유구

---

3) 2호 수혈도 내부에 돌이 채워져 있으나 평면형태가 장방형이며 규모가 작아 본고에서 검토하는 적석유구와는 이질적이어서 검토대상에서 제외하였다.

확인된다. 벽면이 달구어지지 않아 1회용일 가능성이 있다. 6호 석관묘에 연접해서 길이 9m, 폭 1.5m 정도의 부석시설 1기가 있다. 부석시설에서 다수의 무문토기편과 지석편이 출토되었다. 이 부석시설은 개별적석유구가 연접해 설치되었을 가능 가능성도 배제할 수 없다.

4) 월성동 585유적(영남대학교박물관)

주거지 6기와 석관묘 4기, 대규모의 부석시설 1기와 함께 적석유구 2기가 조사되었다. 적석유구 2기는 청동기시대 석관묘 2기, 부석시설 1기에 인접해서 나란하게 배치되어 있다. 적석유구는 시기불명으로 보고되었으나 월배선상지의 다른 유적에서 확인된 적석유구와 같이 무덤에 인접해 있어서 청동기시대에 축조되었을 가능성이 높다. 적석유구 2기 모두 약 30~50cm 정도 높이로 쌓여 있다. 다른 유적의 적석유구는 평면형태가 원형, 타원형이 많은데 세장한 형태인 점이 특징이다.

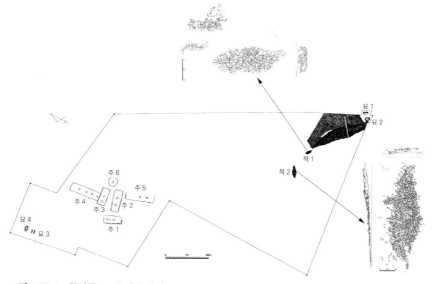

그림 XIII-4. 월성동 585유적의 적석유구

5) 월성동 1363유적(대동문화재연구원)

주거지 5기, 자연수로 1기와 함께 적석유구 3기가 조사되었다.[4] 대천동 497-2유적과 함

---

4) 보고자는 3기 모두 폐기장이라고 하였다.

께 본 유적 내에서는 무덤이
확인되지 않았다. 1호와 3호
는 모두 자연수로의 어깨면
에 설치되었는데 지면에 돌
이 쌓여 있는 형태이다. 2호
는 자연수로의 바닥에 위치
하는데 타원형 수혈에 돌이
채워져 있는 양상이다. 3기
모두에서 무문토기편, 석기
편 등이 출토되었다.

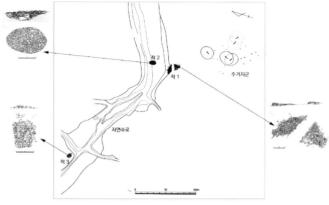

그림 XIII-5. 월성동 1363유적의 적석유구

6) 대천동 511-2유적(영남문화재연구원)

월배선상지에서 무덤이 가장 많이 조사된 유적이다. 주거지 16기, 석관묘 68기, 부석시설
1기 등과 함께 조사된 수혈 1호는 무덤군과 이격되어 있지만 적석유구 본 장의 적석유구로

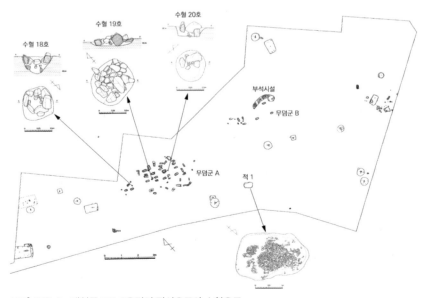

그림 XIII-6. 대천동 511-2유적의 적석유구와 수혈유구

판단하였다. 수혈을 얕게 굴착하였으며 내부에 천석이 쌓여 있다. 적석 아래 바닥면은 불의 영향을 받으며 목탄도 확인되었다. B군 무덤 12호묘의 북쪽에 인접한 곳에는 구상유구 1기가 분포하는데 형태는 눈썹모양이다. 규모는 길이 12.0m, 폭 2.0m, 깊이 0.1m이며 내부에는 잔돌이 채워져 있으며 무문토기편이 출토되었다. 상인동 171-1유적, 월성동 1363유적의 부석시설과 동일한 양상이다.

수혈로 보고된 18호, 19호, 20호는 A군 무덤군 내의 무덤 사이에 분포하는데 평면형태가 원형이며 규모는 직경 0.6m 내외이다. 내부에 돌이 놓여 있는데 달성 평촌리유적에서 조사된 옹관묘와 형태와 규모가 유사하다.

7) 대천동 497-2유적 Ⅰ지구(영남문화재연구원)

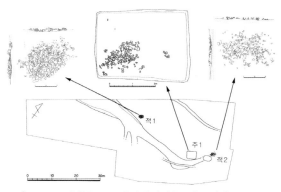

월배선상지에서 조사된 적석유구 중 월성동 1365유적과 함께 무덤이 확인되지 않은 유적이다. 주거지 1기와 수혈 1기, 구상유구 5기와 함께 적석유구 2기가 조사되었다. 1호 적석유구와 2호 적석유구는 약 30m 떨어져 있다. 그 사이에 1호 주거지가 있는데 이 주거지는 내부에 적석유구와 마찬가지로 일부에 돌이 놓여 있는 적석된 주거지이다. 돌이 놓인 것

그림 XIII-7. 대천동 497-2유적의 적석유구와 주거지

만을 감안한다면 적석된 유구 3기가 일렬로 배치된 것이다. 적석유구 2기는 평면형태가 원형에 가까우며 직경은 2기 모두 2.60m이다. 1호 적석유구는 돌이 불의 영향을 받았는데, 수혈의 바닥면은 불의 영향을 받은 흔적이 확인되지 않았다. 2호 적석유구에서 무문토기편이 출토되었다.

8) 유천동 103유적 H지구(대동문화재연구원)

석관묘 5기와 적석유구 1기가 조사되었다. 석관 5기는 남북방향으로 접해서 분포하는데, 가장 북쪽의 1호 석관에서 14m 떨어진 곳에 적석유구 1기가 있다. 무덤열의 방향은 적석유

구와 일직선으로 연결된다. 적석유구의 평면형태는 부정형이며 규모는 직경 1.7m, 폭 1.01m, 높이 0.18m이다. 생토면에 조성되었다. 할석과 천석이 1겹으로 깔려 있는데 피열되어 있거나 거칠게 깨진 석재가 있다.

위에서 검토한 월배선상지에서 조사된 적석유구의 상세는 표 XIII-1과 같다.

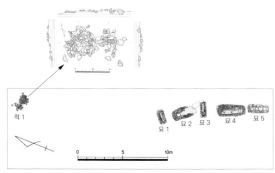

그림 XIII-8. 유천동 103유적 H지구의 적석유구

표 XIII-1. 월배선상지에서 조사된 적석유구 상세

유적	호수	평면형태	바닥위치	규모(cm)			불의영향	출토유물	비고
				長	短	深(高)			
상인동 87	1	장타원형	지면	410	90	14		토기편	단면1단
	2	장타원형	지면	450	340			토기편, 석기	
	3	타원형	지면	360	160			토기편, 석기	단면1단
	4	타원형	지면	620	530	17		토기편, 석기	
	5	장방형	지면	373	225	40		토기편, 석기	
	6	원형	지면	380	370	30		토기편	
	7	타원형	지면	392	150	35			
	8	원형	지면	630	540				
상인동 152-1	1	원형	지하	304	218	42	○	토기편	목탄검출
	2	원형	지하	316	308	75	○	토기편	
	3	원형	지하	265	254	45		토기편	
상인동 171-1	1	원형	지하	212	178	35	○		목탄검출
	부석	부정형	지면	950	150			토기편, 석기	
월성동 1363	1	부정형	지면	450	230	30		토기편, 석기	
	2	타원형	지하	232	160	58		토기편	
	3	장방형	지면	200	130	16		토기편	
월성동 585	1	부정형	지면	350	130	50			
	2	부정형	지면	680	220	30			
	부석	부정형	지면?	2800	560			토기편	

유적	호수	평면 형태	바닥 위치	규모(cm)			불의 영향	출토유물	비고
				長	短	深(高)			
대천동 511-2	1	부정형	지하	372	332	34	○		목탄검출
	부석	弧形	지하	1200	200	10		토기편	
대천동 497-2	1	원형	지면	260	160	20	○		2~4단
	2	부정형	지면	260	210	10		토기편	2~3단
유천동 103	1	부정형	지면	170	101	18	○		

4. 적석유구와 적석주거지의 성격

본 절에서는 적석유구와 적석된 주거지의 성격에 대해서 살펴보겠다. 적석유구와 내부에 돌이 적석된 주거지는 돌이 쌓여 있다는 시각적인 양상뿐만 아니라 동일한 행위의 결과물일 가능성이 있다.

1) 적석유구의 성격

적석유구의 기능 혹은 성격에 접근하기 위해서는 월배선상지에서 조사된 21기에서 나타나는 공통점과 특징을 살펴보아야 한다. 명칭에서 알 수 있듯이 돌이 쌓여 있다는 점 이외에 다음과 같은 공통점과 특징이 있다.

첫째, 배치상태를 보면 무덤열과 관련이 있다. 무덤 열과 나란하게 배치되어 무덤열과 세트를 이루거나(상인동 87, 상인동 152-1, 유천동 103 H지구) 무덤의 인근(상인동 171-1, 월성동 585)에 분포한다. 대천동 497-2유적은 무덤이 확인되지 않았지만 적석 유구 사이에 적석된 주거지가 위치한다. 후술하듯이 적석된 주거지가 무덤으로 전용된 것이라면 이 유적 역시 무덤열과 나란한 배치를 보이는 것이다. 무덤이 확인되지 않은 월성동 1363유적 역시 월배지구의 청동기시대 무덤열에 인접하기 때문에 발굴지 인근에 무덤이 분포했을 가능성이 높다.[5] 무덤에 인접해 있기 때문에 무덤 혹은 시신처리, 장송의례와 관련되는 것으로 유구의 성격

---

5) 본문에서 후술하겠지만동쪽에서 서쪽 방향으로 상인동 87유적, 상인동 128-8유적, 상인동 152-1 유적, 월성동 지석묘로 무덤열이 이어지며 월성동 지석묘는 남북방향으로도 이어지는데 남북 방향으로 이어지는 열의 서쪽에 월성동 1363유적이 위치한다. 따라서 월성동 1363유적 인근(특히 동쪽)에도 무덤군이 분포할 가능성이 높다.

이 좁혀진다.

둘째, 평면형태는 대부분 원형, 타원형이다. 규모는 직경 1.7~6.8m인데 대체로 3.5m 내외이다. 평면형태와 규모에서 어느 정도 정형성이 보인다. 묘역식지석묘란 매장주체부 주위에 장방형이나 원형의 형태로 돌을 놓아 묘역을 조성한 무덤을 말하는데 묘역 가장자리에 정연하게 돌을 놓아 외곽석이 뚜렷하게 육안으로 구분이 된다. 그런데 묘역의 외곽에 돌을 정연하게 두른 전형적인 묘역식지석묘는 아

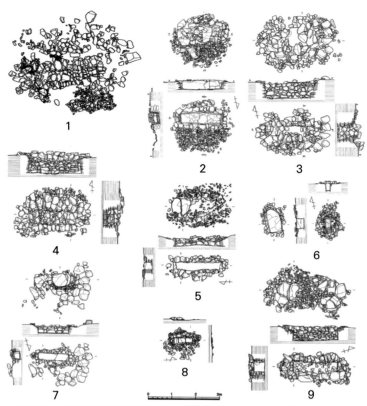

그림 XIII-9. 돌을 이용해 묘역을 표시한 석관묘(1:상인동 87 3호, 2:대천동 511-2 A군 20호, 3:同 20호, 4:同 26호, 5:同 39호, 6:同 41호, 7:同45호, 8:대천동 511-2 B군 5호, 9:同 4호)

니지만 매장주체부 주변에 돌을 놓아 무덤의 범위를 알 수 있게 축조한 무덤이 있다. 그림 XIII-9와 같이 개석 주변이나 최상단석 주변에 대체로 원형 혹은 타원형으로 돌을 놓아 묘역을 구축한 것이다. 대표적인 무덤이 상인동 87유적 3호, 대천동 511-2유적의 일부 석관묘이다. 이러한 무덤의 묘역 범위가 대체로 장축 3.0~4.0m 정도인데 공교롭게 적석유구의 규모와 유사하다. 매장주체부만 없다면 적석유구와 동일한 플랜이다.

셋째, 돌이 피열되어 있는 예가 많고 목탄이 확인되는 경우도 있다. 적석유구가 가장 많이 조사된 상인동 87유적의 경우 피열 여부가 보고되어 있지 않지만 그 외 유적에서는 불의 영향을 받았다고 보고되었다. 이곳에서 불을 이용한 행위가 있었음을 추정할 수 있다. 하지만 바닥이 피열되지 않았기 때문에 불을 피운 행위가 지속적으로 이루어지지는 않았기 때문에 야외노지나 토기가마로 이용되었을 가능성은 없다. 목탄이 검출되기도 하는데 역시 벽면이나 바닥은 피열되지 않아 1회 혹은 단기간 사용되었을 것이다.

넷째, 적석유구에서 토기편이나 석기편이 출토된다. 폐기장의 용도로 버려졌다고 간주하기에는 유물의 수가 적다. 이 토기편은 의례용으로 사용되었다고 추정할 수 있다.[6] 상인동 152-1유적 1호 적석유구와 같이 무덤 부장용으로 알려진 적색마연토기편이 출토되는 경우도 있다.

다섯째, 돌이 쌓여 있으면 당연하게 나타나는 결과일 수도 있지만 가운데가 볼록한 형태이다. 앞서 언급한 무덤 주위에 돌을 놓아 묘역식지석묘와 같은 효과를 보이는 무덤들도 단면은 가운데가 볼록한 형태이다. 가시적으로 보여지는 것을 염두에 둔 시설물일 수 있다. 제단으로 이용되었다면 윗면을 편평하게 하였을 것이다.

여섯째, 검토대상지역인 월배선상지는 적석유구에 사용된 돌이 인근에서 구하기 쉬운 지형적인 요건을 갖추고 있다.

이상의 공통점과 특징을 근거로 필자는 적석유구가 무덤이었다고 판단한다. 무덤과 인접해 있기 때문에 매장과 관련된 유구임에 틀림없고 규모 역시 무덤과 유사하다. 시신을 바닥에 두고 돌을 덮었을 수도 있고, 적석된 돌이 열의 영향을 받은 경우에는 시신위에 돌을 덮은 후 불을 피웠던 즉 화장이 행해졌던 것으로 추정할 수 있다. 실제로 목탄이 확인된 사례도 있다. 적석유구에서 출토된 토기는 부장품 혹은 매장 의례용일 것이다. 토기는 대부분 편으로 출토되었는데, 토기 위에 돌을 놓았든 적석된 상부에 의례용으로 토기를 놓았든 완형에 가깝게 잔존하기는 어려울 것이다.

무덤은 시신 그 자체가 가지는 위생적인 면, 공포감 등으로 현세와 분리되어야 함에도 숭배 대상이기도 해서 마을에 공존한다. 사람들은 망자들과 가까이 대면하면서, 또한 망자로부터 분리를 바라면서 무덤을 축조하였을 것이다(마이크 파크 피어슨(이희준 역) 2009). 그 결과 마을 내에 무덤이 위치하면서 돌을 이용하였던 것이다. 흙으로 시신을 덮는 경우 짐승에 의해 시신이 훼손될 우려가 있기 때문에 돌이 사용되었다고 하는 견해(복기대 2016)도 있다. 돌이 가진 무게감을 감안한다면 '현세와의 분리'라는 면에서 시신 위를 돌을 이용해 덮는 것은 가장 자연스러운 행위이며 선사시대에 전세계적으로 나타나는 현상이다. 몽골의 카라수크-히르기수르 문화의 무덤에서도 피장자를 매장할 때에 묘광을 굴착하지 않고 지면에 바로 시신을 눕히고 그 위에 돌을 쌓아 매장을 하였고 판석묘와 짝을 이루는 경우(정석배 2016)도 있

---

6) 망자가 돌아오는 것을 막기 위해 무덤에 깨진 토기를 놓은 경우가 있다고 한다(마이크 파크 피어슨(이희준 역) 2009). 현대에도 장례의례의 과정에 망자가 평소 사용한 그릇을 의도적으로 파손하기도 한다.

는데 월배선상지의 자료와 유사하다. 기원지의 문제에 대해서는 추후 검토가 필요하겠지만 선사시대에 비교적 일반적으로 이용된 무덤형태라는 것을 알 수 있는 자료이다. 갑작스러운 죽음 혹은 질병 등으로 조속히 시신을 처리해야 하는 경우, 또 무덤을 축조하는데 많은 인원을 동원하지 못하는 경우에는 시신을 두고 그 위에 주변에서 쉽게 구할 수 있는 돌을 덮어 매장의례를 조속히 시행했을 것이다. 땅을 굴착하면서 돌을 이용해 직접 매장주체부를 축조하는 것 보다 바닥에 시신을 두고 바로 돌을 덮는 행위는 공동체에서 투자해야 하는 비용을 대폭 줄일 수 있다(마이크 파크 피어슨(이희준 역) 2009). 월배선상지는 주변에서 쉽게 돌을 습득할 수 있는 지형적인 조건을 갖추고 있다.

김동규(2012)는 울주 길천리유적이나 마산 진북 신촌·망곡리유적의 적석유구를 소형석관과 연계하여 2차장을 위한 장례시설 즉 가묘로 파악하고 있어 이런 유형의 유구를 무덤과 관련된 시설이라고 하였다. 즉 주변에 소형석관묘가 분포한다는 것을 전제로 한다. 하지만 월배선상지에는 소형석관묘가 확인되지 않기 때문에 가묘가 아니라 무덤 그 자체라고 할 수 있겠다.

2) 적석된 주거지의 성격

필자는 울산지역에서 많이 확인되는 적석된 주거지를 무덤이라고 생각하고 있지만 적석된 주거지에서 인골이 확인되지 않아 사실 구체적인 근거는 미약한 편이다. 하지만 적석된 주거지는 아니지만 주거지 내부에서 인골이 출토되어 무덤으로 전용된 사례가 확인되었기 때문에 실제 많은 주거에서 구성원의 사망 후 폐기될 때 시신이 그 자리에서 처리되는 것을 충분히 추정해 볼 수 있다. 주거지의 숫자에 비해 무덤이 적게 확인되는 울산지역에서 유독 적석된 주거지가 많이 확인되는 것도 이러한 주거지가 무덤으로 전용되었기 때문이다. 적석된 돌이 지붕구조라면 모든 주거지에서

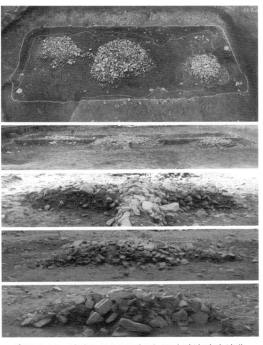

그림 XIII-10. 상인동 128-8유적 1호 주거 적석 단면 상태

적석 현상이 나타나야 하며 의례행위의 결과라는 것은 구체적인 행위를 추정하기에는 너무 추상적이다. 적석현상이 주거지의 한 부분에 집중되어 있는 것도 그것이 시신 위에 쌓였다면 설명이 가능하다. 그림 XIII-10은 상인동 128-8유적 1호 주거의 적석 단면 사진이다. 돌을 쌓아 윗면을 이용하려고 했으면 윗면이 편평해야 하는데 그렇지 않다. 중앙이 볼록하게 솟아 있어 마치 무언가를 덮은 양상이다. 그 무언가가 시신이라고 생각한다.

적석된 주거지는 전기부터 후기까지 다양하게 나타난다. 그림 XIII-11의 1 · 2와 같이 주거 내 두 곳 이상의 공간에 적석된 사례도 있다. 주거가 폐기될 때 혹은 폐기 후 외부에서 의도적으로 돌을 무작위로 폐기했다면 주거 내에 두 세 곳에 정연하게 돌이 쌓일 수가 없다. 또 그림 XIII-11의 5 · 7과 같이 한쪽 벽면 쪽에 접해서 적석부가 위치하는 사례도 있다. 오히려 그림 XIII-11의 4와 같이 전면에 적석된 예는 적다. 이 주거도 일부만 조사되었는데 유실된 부분에 적석이 없다면 일부만 적석된 것이다.

주거 내에 적석된 곳이 망자가 사망할 당시의 위치일 가능성이 있다. 주거지 내에 두 곳 이상에 적석되어 있다면 주거의 구성원 중 두 명 이상이 질병 등의 이유로 동시에 사망했기

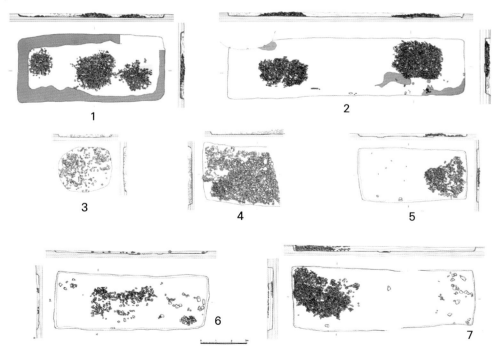

그림 XIII-11. 적석된 주거지(1:상인동 128-8 1호, 2:同 12호, 3:同 13호, 4:同 15호, 5:상인동 123-1 2호, 6:同 6호, 7:同 13호)

때문에 나타난 결과일 수도 있다. 안정된 농경생활에 바탕한 영구 정착촌은 전염병의 온상(유발 하라리(조현욱 번역) 2015)이며, 사람과 가축과 작물이 한 곳에 집중되고 교역이 늘어남에 따라 질병이라는 유례없는 취약성이 드러난다고 한다(제임스 C. 스콧(전경훈 번역) 2019).

무덤이 추구하는 것이 결국 산자의 가옥이라는 근거는 청동기시대 전기부터 나타난다. 매장주체부가 2기 이상인 세장방형주구묘가 세장방형주거지를 구현하였다는 견해도 있다(이주헌 2000; 이수홍 2012). 민족지에서도 어린이 및 유아들은 대개 집과 취락 밑에 묻혔다는 사례가 있다(마이크 파크 피어슨(이희준 역) 2009).**7)**

5. 적석행위의 시기와 의미

1) 적석유구의 시기

청동기시대 무덤은 매장주체부의 형태만으로 시기 구분이 어렵다는 것이 일반적인 견해이다. 전기 무덤을 특정 짓는 요소는 입지에 있어서 2~3기씩 짝을 이루어 독립적으로 배치되는 점, 부장품에서는 이단병식석검, 무경식석촉의 출토가 근거가 된다. 대구지역의 무덤군을 검토하면서 전기로 편년된 경우 대부분 이단병식석검이 근거가 되었다. 하지만 월배지역 무덤에서 출토된 이단병식석검은 대부분 유절병식화 한 것으로 전형적인 이단병식은 아니다. 대구지역의 유절병식화된 이단병식석검은 후기에 출현한다는 견해(황창한 2015)가 있다. 그렇다면 현재까지의 자료를 통해서 볼 때 전기무덤과 후기무덤의 판단기준은 독립되어 분포하는지 군집하는지 그러한 차이로 구분할 수 밖에 없다.

그렇다면 무덤열에 인접해 무덤의 역할을 한 적석유구는 군집하기 때문에 후기에 축조되었을 가능성이 높다. 또한 무덤열에 배치되었기 때문에 인근의 무덤과 동시기일 가능성이 높은데 인접한 무덤 역시 대부분 후기에 해당되는 것이다.

대부분의 적석유구에서 출토된 무문토기 편 중 전기에 해당되는 것이 한 점도 없다. 따라서 배치상태, 인접한 무덤, 출토유물 등을 통해서 볼 때 월배선상지의 적석유구는 대부분 후기에 속한다고 할 수 있다.

---

7) 최근 터키 남동부 티그리스강 유역인 하산케이프에서 1만1천500년 전까지 거슬러 올라가는 신석기 주거지 유적의 집터에서는 사람의 유골이 다수 발견돼 구성원이 죽으면 집 아래에 묻는 장례풍습이 있었던 것이 보도되었다.

표 XIII-2. 월배지역 유적의 주거지와 무덤의 수(( )안의 숫자는 적석된 주거지의 수)(표 II-7과 동일. I A~IIIB식의 주거 형태는 표 II-6 참조)

유적명	기관	1기		2기		불명		무덤	상석	적석	목관
		I A식	I B식	II A식	II B식	IIIA식	IIIB식				
상인동 87	영문연		2(2)		5	6	5	3		8	
상인동 87	경북연				1	5(1)	8(1)	2			
상인동 128-8	삼한	8(3)	3(1)		2	2(1)	2(1)	9	3		1
상인동 112-3	삼한	2(1)	1			2	1				
상인동 152-1	영문연							5	1	3	
상인동 171-1	영문연				2			6		2	
상인동 123-1	영문연	8(4)	5(2)		3	3	4(1)				
상인동 119-20	대동	2	2		6			2			
상인동 98-1	대동	6(3)	3		1	1		12			
상인동지석묘 I	경북대								1		
상인동지석묘 II	경북대								5		
월성동 585	영남대	5			1			4		3	
월성동 1275	영남대		7(1)		6	4(1)		1			
월성동 1300	영남대				8(1)			4			
월성동 498	경북연	2(1)	5		3(1)	1		3			
월성동 777-2	경북연	1	4			3		2			19
월성동 1412	경북연		3					1			
월성동 591	성림	4	1		1	1		1			
월성동 1363	대동				5					3	
월성동 1396-1	대동				1						
월성동 600	대동	3(1)	4		1	2		1			
월성동 566	대동	2	4			2					
월성동지석묘 I	경북대								2		
월성동지석묘 II	경북대								1		
월성동지석묘III	경북대								9		
월성동지석묘IV	경북대								5		
대천동 511-2	영문연	3	5		8			68		2	
대천동	경주대				2		1				
대천동 497-2	영문연					1(1)				2	
유천동 103	대동		1		4			6		1	
합 계		46(13)	50(6)		60(2)	33(4)	20(3)	130	27	24	20

2) 적석유구 축조의 의미

적석유구 축조의 의미를 확인하기 위해 월배지역에서 조사된 유적의 주거지와 무덤의 숫자를 파악해 보았다. 우선 유구의 숫자에서 나타나는 변화의 양상에 대해서 살펴보겠다. II 장에서 살펴보았듯이 표 XIII-2의 표[8]에서 1기의 ⅠA식(세장방형에 복수의 노지), ⅠB식(장방형에 단수의 노지) 주거가 반드시 전기, 2기의 ⅡA식(휴암리식), ⅡB식(송국리식) 주거만 반드시 후기라고 단정할 수는 없다. 하지만 1기에서 2기로의 시간적인 방향성은 인정할 수 있기 때문에 1기와 2기로 구분해서 살펴보겠다.

1기 주거 96기 중 적석된 것은 19기이다. 반면 2기 주거 60기 중 적석된 것은 2기에 불과하다. 반면 명확하게 전기에 축조되었다고 단언할 수 있는 무덤이 없기 때문에 대부분의 무덤이 후기에 축조된 것이라고 할 수 있다. 즉 이른 시기에는 무덤이 적고 적석된 주거가 많은데 반해 상대적으로 늦은 시기에는 적석된 주거의 수는 줄어들고 무덤과 적석유구가 증가하는 것을 알 수 있다.

후기에 적석유구가 활발하게 조성되는 것은 전기에 가옥 내에서 이루어진 적석행위가 후기에는 가옥을 벗어나 마을에서 이루어졌다고 할 수 있다. 이것은 가옥 단위에서 행해진 장송의례가 마을 단위에서 공동으로 이루어졌다고 할 수 있겠다.

또 후기에 무덤의 숫자가 폭발적으로 증가하는데 적석유구의 출현도 그러한 맥락의 일환이다. 즉 전기에는 많은 장송의례가 흔적이 남겨지지 않는 방법으로 진행되었는데 후기에는 시각적으로 후손들이 망자를 기억할 수 있게 흔적이 남겨지는 방법이 많아졌다고 할 수 있다. 정착생활이 강화되었고 망자(조상)들과

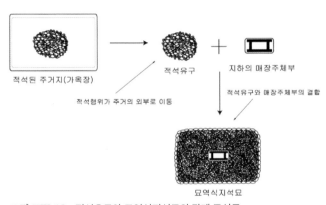

적석된 주거지(가옥장)   적석유구   지하의 매장주체부

적석행위가 주거의 외부로 이동   적석유구와 매장주체부의 결합

묘역식지석묘

그림 XIII-12. 적석유구와 묘역식지석묘의 관계 모식도

---

8) Ⅰ식은 노지가 있는 주거, Ⅱ식은 노지 대신 작업공이 있는 주거, Ⅲ식은 노지와 작업공이 모두 없는 주거이다. ⅠA식은 복수의 노지가 설치된 주거, ⅠB식은 단수의 노지가 설치된 주거, ⅡA식은 방형의 휴암리식주거, ⅡB식은 원형의 송국리식주거, ⅢA식은 평면형태가 방형계, ⅢB식은 평명형태가 원형이 주거이다.

살아있는 자들 간의 유대가 강화된 것인데 이것은 정착농경민의 특징이며 전기에서 후기로
의 변화와 궤를 같이 한다.

　어떤 유구가 처음 출현하는 데는 관념적인 면과 물질적인 면 등 여러 가지 요인이 작용한
다. 새로운 관념이 작용하여 생활을 변화시키면서 앞 시기의 어떤 유구를 모방해서 발전 혹
은 창조했을 것이다. 전기에 주거 내에서 이루어진 적석행위가 마을에서 공동으로 이루어지
면서 적석유구가 발생하고, 이 적석유구와 전기부터 축조되었던 지하의 매장주체부, 무덤
의 묘역을 설치해서 사자의 공간과 생자의 공간을 분리하는 관념이 결합되어 후기에 묘역
식지석묘가 활발하게 축조되었다고 할 수 있다.

　적석유구와 적석된 주거지 이외에도 무덤으로 이용된 유구가 더 존재했을 것이다. 가정
한다면 2인 거주의 주거 10동이 구성원의 사망으로 최종적으로 폐기되었다면 마을 내와 주
변에서 20회의 장송행위가 있었을 것이다. 발굴 결과를 감안한다면 지석묘, 석관묘, 옹관묘
등은 20기에 한참 모자란 숫자로 확인된다. 가옥장, 화장, 풍장 등 다른 방식으로 시신이 처
리되었을 것이지만 보다 많은 '송장이나 유골을 땅에 묻어 놓은 유구'가 있었을 것이다. 그
것을 적석유구와 적석된 주거지에서 찾고자 했다. 이 외에도 대천동 511-2유적에서 확인된

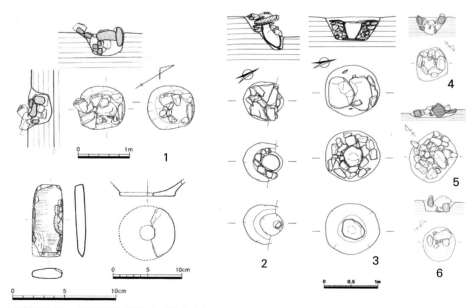

그림 XIII-13. 수혈유구와 옹관묘(1:산청 옥산리 II지구 6호, 2:달성 평촌리유적 1호, 3:同 2호, 4:대천동 511-2유적
18호, 5:同 19호, 6:同 20호)

수혈 3기(18~20호)를 주목할 필요가 있다. 수혈 3기는 A군 무덤군 내에 위치하는데(그림 XIII-6 참조) 무덤과 중복되지 않았다. 평면형태는 원형이며 규모는 직경 60㎝ 전후이다. 벽면에 돌을 돌린 형태이다. 이 유구는 달성 평촌리유적에서 조사된 옹관묘(그림 XIII-13의 2 · 3)와 동일한 형태이다. 옹관묘가 토기에 시신의 유골을 안치한 것이라면 토기가 아니고 목기와 같은 유기질의 용기를 이용하였다면 대천리 511-2유적의 수혈과 같이 나타날 것이다. 대천동 511-2유적에 대해서는 입목수혈이라는 견해(유병록 2024)가 있지만 필자는 토기가 아닌 유기물 용기에 시신이나 화장한 뼈를 안치한 무덤이라고 생각한다. 산청 옥산리유적에서 조사된 II지구 6호 수혈(그림 XIII-13의 1)은 형태가 유사한데 뚜껑이 덮여 있다. 기둥을 세울 수 없는 구조이다. 이 수혈도 무덤일 가능성이 있다(이수홍 2024a).[9]

6. 월배선상지 무덤의 배치 특징

청동기시대 처음으로 이곳에 살기 시작한 사람들이 취락의 유구 배치를 기획하였는지는 알 수 없다. 하지만 시간이 흐를수록 점차 전체 마을의 범위, 주거군과 무덤군이 일관된 계획에 따라 배치가 정해졌을 것이다. 특히 청동기시대 후기에는 여러 집단이 혼재해서 분포하였다 하더라도 배치에 관한 전체적인 질서는 어느 정도 유지되었을 것이다. 그것을 잘 나타내는 자료가 입석과 지석묘의 상석이다. 진천동입석이 출토품을 통해서 볼 때 후기에 축조된 것(류지환 2015)임을 고려한다면 월암동 입석도 후기에 축조되었을 것이다. 월배선상지 북서쪽을 흐르는 성당천 쪽에 월암동 입석 5기가 분포하는데 이 입석 외부에는 취락이 분포하지 않는다(유병록 2015). 즉 입석이 북서쪽 취락의 경계가 되는 것이다. 남쪽의 진천천 쪽에는 진천동 입석이, 남동쪽 끝에는 상인동 입석이 있다. 즉 월배선상지 취락의 경계 지점에 입석을 세워 외부와 내부를 구분한 것이다. 지석묘의 상석은 동일선상에 일정 거리를 두고 분포한다. 일정한 간격으로 상석을 배치하는 것도 장기간에 걸쳐 계획적으로 이루어졌을 것이다.

주지하듯이 후기가 무덤 축조가 활발하게 이루어져 공동묘지화 된다. 각 발굴구역 마다 소규모 별로 군집하는 양상인데, 월배선상지 전체 구역에 무덤 배치의 정형성이 보인다. 현

---

9) 1996년 옥산리유적 발굴 당시 현장을 방문한 小田富士雄, 武末純一 두 분이 무덤의 가능성을 언급한 바 있다.

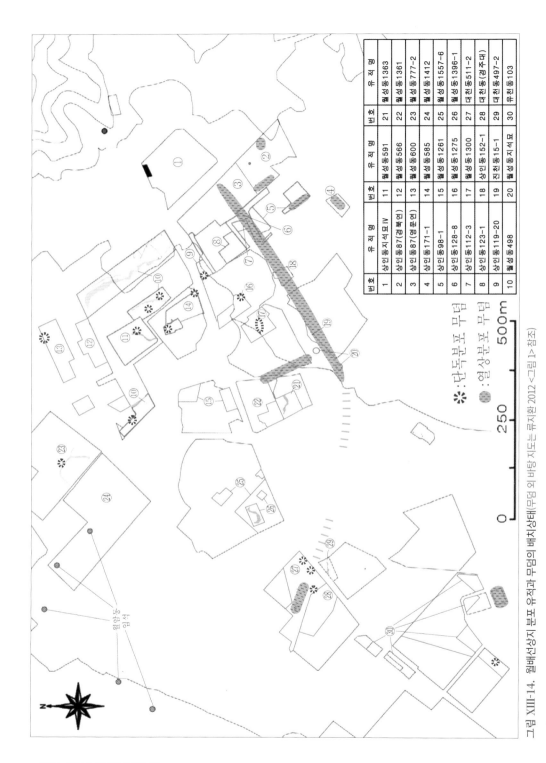

번호	유적 명	번호	유적 명	번호	유적 명
1	상인동지석묘Ⅳ	11	월성동591	21	월성동1363
2	상인동87(경북연)	12	월성동566	22	월성동1361
3	상인동87(영문연)	13	월성동600	23	월성동777-2
4	상인동171-1	14	월성동585	24	월성동1412
5	상인동98-1	15	월성동1261	25	월성동1557-6
6	상인동128-8	16	월성동1275	26	월성동1396-1
7	상인동112-3	17	월성동1300	27	대천동511-2
8	상인동123-1	18	상인동152-1	28	대천동(경주대)
9	상인동119-20	19	진천동15-1	29	대천동497-2
10	월성동498	20	월성동지석묘	30	유천동103

✳️ : 단독분포 무덤

⚫ : 열상분포 무덤

0   250   500m

재 발굴된 결과만 본다면 대천동 511-2유적에 무덤이 가장 밀집되어 있다. 하지만 상안동 87유적(영문연)에서 남서쪽으로 가면서 상인동 128-8유적, 상인동 152-1유적, 월성동 지석묘 등으로 이어지는 거대한 무덤 벨트가 가장 규모가 큰 공동묘지군이며 대천동 511-2유적도 이 벨트에 포함될 가능성이 있다. 이 벨트에는 전역에 상석이 일정한 간격으로 분포하기 때문에 시각적인 효과도 극대화되었을 것이다. 즉 후기의 월배선상지는 북동-남서 방향으로 진행하다가 방향을 북서쪽으로 바꾸어 대천동 511-2유적 쪽으로 연결되는 거대한 벨트를 이룬다. 그 주변으로 군데군데 중소형 규모의 공동묘지군이 소군집하거나 단독으로 분포하는 양상이다.

7. 맺음말

청동기시대 사회를 이해하기 위해서 유구에 대한 정확한 해석이 필요할 뿐만 아니라 취락이라는 넓은 시선으로 개별 유구를 바라볼 필요가 있다. 그런 의미에서 장기간에 걸쳐 형성되고 조사가 활발하게 진행된 대구 월배선상지 일대는 진주 대평리 일대 유적에 비교될 정도로 중요한 자료이다. 월배선상지에서 조사된 유적의 배치도를 1/600 스케일로 통일하여 접합해 보았는데 엄청난 규모임을 실감할 수 있었다. 많은 고민을 했지만 필자 혼자 해결하기에는 螳螂之斧의 작업이었다.

그림 XIII-15. 배치도 접합 작업

※ 대구의 유적이라 영남문화유산연구원이 조사한 유적이 많았다. 영남문화유산연구원이 작년 개원 30주년을 맞았다. 최초로 설립된 발굴전문기관인데, 필자 역시 같은 업종에 종사하는 입장에서 우리 모두의 30주년이라는 생각이 든다. 아무쪼록 발굴조사전문기관이 안정적으로 운영되는 환경이 갖추어지길 바

랄 뿐이다.

영남문화유산연구원 하진호 원장님은 필자가 대학 4학년 때인 1995년 실습(?)에 참여한 고령 지산동 고분군에서 처음 만났다. 세월이 유수 같아 하진호 원장님도 은퇴가 얼마남지 않았다. 영남문화유산연구원에서 은퇴를 맞이하면 발굴전문기관에서 직장생활을 시작해 그 기관에서 은퇴까지 하는 최초의 인물이 된다. 아무쪼록 남은 기간 마무리 잘 하시고 늘 혈기왕성, 건승하시길 바란다.

Chapter 6
무덤 -
수장(우두머리)

부산 석대동유적 3호 석관묘와 출토유물

지석묘 문화의 변화와 사회상

영남지역 청동기시대 무덤을 검토하여 어떤 사회적 변동이 무덤문화의 변화를 이끌었는지 살펴보았다.

청동기시대 전기에 무덤이 출현한다. 단순한 시신처리 결과물이 아닌 '기념물'로서의 무덤이 축조되기 시작했다는 의미이다. 기념물로서의 무덤 축조에는 지도자의 권위를 고양할 필요성이 작용하였을 것이다. 무덤이 축조되기 시작한다는 것은 안정된 '정착생활'이 시작되었다는 것이다. 전기에는 무덤이 1~3기씩 분포하는데 세장방형 주거 2~3동이 하나의 마을을 이루는 것과 연동한다. 소촌과 촌이 결합되어 촌락을 이루었는데, 마제석검이 부장된 무덤의 피장자가 촌장일 것이다.

후기에는 무덤이 군집하여 공동묘지화 된다. 지석묘 문화의 전성기이다. 군집하지만 수평적 층서를 나타내는 선형적 확대유형으로 분포한다. 이때부터 대규모 취락이 등장하는데 소촌, 촌, 대촌이 결합한 읍락을 이루었다. 하지만 아직까지는 불평등이 제도화되지 않은 평등사회가 유지되었다. 마을의 지도자인 족장이 등장하였는데 경남지역은 대규모 묘역식지석묘, 대구지역은 장신검이 부장된 무덤, 울산지역은 주구묘가 촌장 혹은 족장의 무덤이다.

초기철기시대는 취락의 규모 보다는 취락간의 네트워크가 중요하게 작용하였다. 이때 불평등사회의 지배자인 군장이 등장하는데 1인을 위한 무덤이 축조된다. 1기만 단독으로 분포하는 거대 지석묘, 새롭게 유입된 세형동검과 동경이 부장된 목관묘가 군장의 무덤이다. 국읍에서 주제하는 천신제사가 구릉 정상부에서 행해지는데 묘역식지석묘와 동일한 적석제단(제단식지석묘)을 축조하거나 상석과 동일한 바위를 이용하였다.

공동체의 노동력보다는 개인을 위한 위세품이 더 중요하게 인식되면서 목관묘가 빠르게 확산된다. 지석묘를 축조하는 문화가 역사 속으로 사라지며 새로운 시대가 시작되는 것이다.

1. 머리말

고고학에서 시대 혹은 시기를 구분하는 것은 연속적인 문화를 절단하기 위한 것이 아니라 커다란 변화를 구분함으로써 각 분기별 문화적인 특징을 잘 이해하기 위한 것이다(최성락 2004). 특정한 고고학적 유물이나 유구의 변화가 획기의 기준이 되겠지만 실제 중요한 것은 어떠한 사회적 현상이 고고학적인 유물 혹은 유구를 그렇게 변화하게 했는가 하는 점이다(이수홍 2015).

지석묘[1] 역시 한반도에 출현한 이후 전성기를 지나 점차 쇠퇴하다가 결국 역사 속으로 사라졌는데 출현→증가→극성→쇠퇴→소멸의 과정마다에는 사회 변화가 원인으로 작용하였을 것이다. 사실 무궁무진한 고고자료 중 무덤은 일부에 불과하지만 장례습속이 선사시대에 가지는 의미는 결코 작지 않았을 것이다. 본 장에서는 어떤 사회적인 동인이 지석묘 문화의 양상을 변화시켰는지 취락의 변화와 연동하여 검토해 보고자 한다. 또, 무덤과 연동한 우두머리의 성격이 어떻게 변화하였는가에 대해 살펴보겠다.

무덤을 통해 청동기시대 사회상의 통시적인 변화를 파악한 것은 김승옥의 연구(2006)가 대표적이다. 김승옥에 의하면 청동기시대 전기(Ⅰ기)에 통합과 차별화가 태동되었다. 후기 전반(Ⅱ기)에 유력 세대공동체가 등장하였고, 후기 후반(Ⅲ기)에 유력 세대공동체가 성장하고 지역적 차별화가 심해졌다. 초기철기시대(Ⅳ기)에는 지역 지배자와 족장사회가 등장하였다고 한다. 그는 한반도 남부지역 전체를 대상으로 검토하였는데, 전반적인 흐름은 영남지역도 동일하다고 할 수 있다. 최근 자료가 증가하였고, 또 편년에서 필자와 약간의 차이[2]가 있지만 전체적인 맥락은 공감한다.

지석묘는 청동기시대를 대표하는 무덤이지만 매장주체부만으로는 석관묘와 구별할 수 없고, 또 이 시대에는 지석묘 외에 다양한 무덤이 존재하였기 때문에 지석묘에 한정하지 않고 무덤문화라는 입장에서 접근하겠다. 먼저 2절에서는 이 책 전체에 해당되는 우두머리를 가리키는 용어에 대해 정리하겠다. 이후 청동기시대 전기, 후기, 초기철기시대의 양상

---

1) 청동기시대에는 지석묘 이외에도 다양한 무덤이 존재하였지만 지석묘는 이미 청동기시대를 상징하는 명칭이 되었다. 따라서 제목은 지석묘 문화라고 하였지만 다른 무덤도 함께 검토하였다.

2) 김승옥은 진동유적이나 이금동유적 등 경남 일대 대형 지석묘를 초기철기시대로 파악하고 있다. 필자는 진동유적이나 이금동유적 초기철기시대 관련 유물이 출토되지 않았기 때문에 청동기시대에 축조된 것으로 판단한다.

에 대해서 각각 살펴 보고 피장자인 우두머리의 성격 등에 대해 취락과의 관계 속에서 검토해 보겠다.

2. 우두머리 용어 정리[3]

우리는 아직 'band – tribe – chiefdom – kingdom'이라는, 1962년 Service의 사회발전 단계 도식에 갇혀있다. 한국 선·원사시대 사회의 정치 발전 단계와 연계시켜 검증하여 보려는 노력이 있었고, 또, 세계사의 보편성과 한국사의 특수성 사이에서 이러한 도식에 비판적인 시각을 가진 연구자도 있었다. 지역사의 특수성·개별성이 점차 강조되는 현대사회의 분위기를 고려한다면 저 도식이 한국의 선사~고대에 직접 적용되는 것이 쉽지 않다는 것을 누구나 공감할 것이다. 하지만 비판적인 시각을 가진 연구자도 적절한 대안을 제시하지 못하였고, 간혹 대안으로 제시된 견해조차도 폭넓은 지지를 받지 못한 것이 사실이다(강봉원 1998). 이러한 양면성은 이 도식이 아직도 전세계에 영향력을 유지하고 있고, 고고학계의 논의 대상이 되는 이유일 것이다(강봉원 1998; 이청규 2019). 우리 역시 마찬가지로 'chiefdom'이라는 단어가 여전히 연구자들 사이에 회자되고 있다.[4]

'band – tribe – chiefdom – kingdom' 중 사실 관심은 'chiefdom'에 집중된다. '족장사회'로 번역되기도 하였는데, 권력(권위가 아닌)이 언제부터 발생하였는지에 대해 관심이 집중된 것 같다. 'chiefdom'은 족장, 추장, 군장 등으로 번역되었고, '首長'이라는 용어도 등장하게 된다. 'chiefdom society'가 청동기시대인지, 초기철기시대에 해당되는지는 연구자마다 차이가 있지만 명확하게 불평등사회를 상징하게 된다.

아무튼 'chiefdom'을 한국 선·원사시대에 적용하고자 할 때 대상 시기는 대부분 청동기시대와 초기철기시대이다. 그 기간 중에서도 최근에는 청동기·초기철기시대 전환기에 포커스가 맞추어지는데, 'chiefdom'이 이 시기 연구에 특히 많이 등장하는 것은 이때가 권위-권력, 지도자-지배자, 평등-불평등사회의 전환기이기 때문이다.

'chiefdom'을 번역하면서 사용한 단어의 차이가 그 사회 성격의 차이로 확대 해석되었

---

3) 2절은 원래 본 고의 XVIII장에 포함된 내용이었다. 하지만 여기서 용어에 대해 정리를 하고, 앞으로의 장을 진행해야 혼란이 줄어들 것 같아 본 장에 삽입시켰다.

4) 사회발전단계에 대한 개념과 연구사 등은 강봉원(1998), 김경택(2004), 김권구(2005·2011), 박양진(2006), 이청규(2010, 2019), 이희준(2011)의 연구에 잘 정리되어 있다.

다. ‘chiefdom society’에 대한 대표적인 해석은 다음과 같다.

이종욱(1980 · 1998)은 ‘추장사회’라 하였다. 지석묘사회의 우두머리를 나타내는 용어인데 삼국유사 가락국기에 나오는 가락9촌의 촌장을 가리키는 용어로 사용하였다. 지석묘사회를 염두에 두고 있다. 최몽룡(1981)은 ‘족장사회’라 하였다. 전남지방의 지석묘 사회를 검토하면서 지석묘에 묻힌 사람들은 족장과 그 가족으로 구성된 지배계층이라고 하였다. 이종욱과 마찬가지로 지석묘사회를 염두에 두고 있는데, 차이점이라면 청동기시대를 불평등사회로 파악한 점이다. 이에 대해서 많은 비판(박양진 2006 등)이 있었는데, 역설적이게도 ‘족장사회’라는 용어는 오히려 가장 많이 사용되는 것 같다. 김정배(1986)는 ‘군장사회’라고 하였다. 군장이라는 용어에는 국가사회 이전의 사회 · 정치적 발전단계를 ‘chiefdom’으로 인식하고 『三國志』魏書 東夷傳에 보이는 정치 지도자를 지칭하는 의미가 있다.

사실 chiefdom에 대한 Service의 설명에 ‘①원시적이며 시민사회라기 보다 혈족사회이면서 또한 ②평등사회의 개념은 근본적으로 없는 심오한 불평등사회’[5]라고 하여 원시적인 혈족사회와 불평등사회라는 서로 부정합한 의미가 한 단어에 중복되고 있기에 혼란스러울 수밖에 없다. 동일한 ‘chiefdom’이 혈연을 강조하면 ‘족장’, 불평등을 강조하면 ‘군장’의 의미로 해석되는 사례가 많다. 이런 문제점이 있기 때문에 이청규(2019)는 수장사회를 렌프류, 얼, 브룸필의 분류안을 기준으로 집단지향, 협동전략, 생필품 재정에 중점을 주는 ‘족장사회’와 개인지향, 네트워크 전략, 재물재정에 중점을 주는 ‘군장사회’로 구분하기도 하였다.

‘首長’은 사전적인 의미로 ‘윗자리에 위치해 집단이나 단체를 지배하고 통솔하는 사람’을 말한다. 우리말로는 ‘우두머리’라는 단어가 적절할 것 같은데 수장이라는 의미에는 불평등사회의 지배자란 뜻을 내포한 것(박양진 2006)으로 받아들여진다. 이런 수장이라는 단어가 족장, 군장 등과 같이 사용되어 오히려 혼란스러워진 면이 있다. 본 장에서는 이희준(2011)의 견해와 같이 말 그대로 각 사회의 우두머리라는 뜻으로 사용하고자 한다.[6] 선원사시대 우두머리를 나타내는 용어를 시기별로 청동기시대 전기 전반-家口長, 전기 후반-村長, 청동기시대 후기-族長, 초기철기시대 · 원삼국시대-君長으로 정리한 이청규(2019)의 견해에 맞추어

---

5) 이 문장은 강봉원의 글(1998)에 있는 서비스의 chiefdom에 대한 정의를 필자가 편집한 것이다.

6) 수장이라는 단어는 일본 고대사와 고고학의 용어인데, 일본에서 ‘총체적 노예제’를 대신하는 용어로 일본사에만 통용되고, 최근에는 일본에서도 꺼리는 경향이 있다고 한다(김대환 2023). 수장이라는 단어의 사용에 신중해야 한다는 데는 필자도 공감하지만, 이희준(2011)의 견해대로 평등 · 불평등의 개념과 관련없이 집단의 우두머리라는 뜻으로 이해한다는 전제라면 사용해도 무방하다고 생각하고 본고에서도 사용하겠다.

본 장뿐만 아니라 이 책의 내용을 진행하겠다.

시대의 흐름에 따라 우두머리의 성격도 변화하였을 것이고, 그것은 취락과 무덤의 변화와 어느 정도 연동한다. 용어에 내포된 의미를 해석하는데 주관이 개입되면서 더 혼란스러워 진 경향도 있는데 본절에서는 이청규(2019)의 견해를 바탕으로 필자의 의견을 정리하고 논지를 전개하고자 한다. '수장'은 시대와 성격에 관련 없이 우두머리를 지칭하는 단어로, 그 수장이 시대에 따라 村長(tribal leader-청동기시대 전기)-族長(clan chief-청동기시대 후기)-君長(polity chief-초기철기시대 · 원삼국시대)으로 성격이 변화하는 것으로 이해하고자 한다.7)

이 외에도 '유력개인'이라는 용어가 있다. 연구자마다 평등사회의 지도자를 지칭하기도, 불평등사회의 지배자를 지칭하기도 한다. 용어의 적확성을 따질 필요는 없고, 본 고에서는 불평등사회의 지도자를 가리키는 의미로 사용하겠다. 촌장과 족장이 해당되는데, 족장에 보다 가까운 의미로 사용하겠다.

우두머리의 의미를 부연하자면 수장은 우두머리의 총칭으로 사용하였고, 촌장은 자연마을의 지도자, 족장은 하위마을을 아우르는 중심마을의 혈연적 토대의 지도자, 군장은 읍락 또는 국읍에서의 정치적 성격이 강조된 지도자를 의미한다.

3. 청동기시대 전기 : 무덤 문화의 시작

이 시대는 무덤문화가 시작되었다는데 가장 큰 의미가 있다. 무덤 축조 시기 및 전기 무덤의 양상과 함께 무덤이 출현하게 된 원인에 대해서 살펴보겠다. 청동기시대 무덤 등장 시점을 전기 후반으로 확정할 필요는 없다고 생각하지만, 출토유물이나 무덤의 구조를 통해 정확하게 시기를 특정할 수 없기에 본 절에서는 전기를 전반과 후반으로 구분하지 않고 검토하겠다.

---

7) 이청규(2019)는 청동기시대 전기 전반의 우두머리를 家口長, 전기 후반의 우두머리를 村長이라고 구분하였다. 본 고에서는 청동기시대 전기를 구분하지 않고 통합하여 村長이라고 표현하였다. 家口長과 村長은 시기의 차이보다는 리더가 이끄는 규모의 차이로 보고자 한다. 가구장은 말 그대로 가구의 구성원 전체를 이끄는 장, 촌장은 마을의 장이다. 가구장과 촌장은 청동기시대 후기, 초기철기시대에도 존재했었고, 족장 역시 초기철기시대에도 존재했었다. 용어는 달라졌지만 비슷한 의미의 리더(세대주, 종손, 이장, 면장, 군수, 시장 등)가 21세기 현재에도 존재한다.

1) 무덤의 출현시점과 양상

정확하게 언제부터 무덤이 축조되었는지에 대해서는 알 수 없지만 청동기시대 전기 후반에 시작되었다는 견해가 우세한 것 같다. 비파형동검, 마제석검, 횡대구획문토기와 함께 중국 동북지역에서 호서지역으로 전파되어 전기후반 사회 변화의 원인이라고 한다(裵眞晟 2008a · 2011).

전기 무덤이라고 시기를 특정하는 유물은 이단병식석검, 무경식석촉, 채문토기이며 분포 양상은 1~3기씩 산발적으로 확인되는 점이다(김승옥 2006b; 金賢 2006b; 裵眞晟 2011). 하지만 채문토기는 최근의 연구에 의하면 후기 전반까지 출토된다(平郡達哉 2012). 이단병식석검, 무경식석촉 또한 전기문화의 전통이 강하게 이어지는 송국리문화 비분포권에서는 후기에도 계속 제작되었을 것이다. 즉 채문토기나 이단병식석검, 무경식석촉이 출토되었다고 무조건적으로 전기로 판단하는 것에는 신중할 필요가 있다. 마찬가지로 전기 후반에 무덤이 출현한다는 견해에도 재고의 여지가 있다. 무덤의 구조 혹은 출토유물의 검토를 통한 결론이 아니라 당시 사회적 정황에 의한 판단이기 때문이다. 청동기시대 전기부터 무덤의 매장주체부는 다양한데, 땅을 굴착하고 별다른 시설 없이 바로 시신을 매납하는 토광묘도 그 중 하나이다. 이러한 시신 매납방법은 통영 연대도 패총(국립진주박물관 1993)의 토광묘에서 볼 때 신석기시대부터 이어져 내려온 전통일 가능성이 있다(金賢 2006b). 따라서 청동기시대 무덤 출현 시점을 전기 후반으로 고정할 필요는 없을 것 같다.

현재까지 영남지역에서 조사된 전기 무덤은 30여 곳에 이른다. 대부분 1~3기씩 독립되어 분포한다. 유적이 적고 유구의 숫자가 적음에도 불구하고, 매장주체부의 구조는 토광, 할석석관, 판석석관, 석개토광 등 다양하며 지석묘와 주구묘도 확인된다. 무덤 출현기부터 다양한 구조가 동시에 존재하고 있어 매장주체부의 구조 차이가 시간성을 반영하지 않는 것을 알 수 있다.

지석묘 중 전기에 속하는 것으로 추정되는 것은 포항 인비동지석묘(국립중앙박물관 1985)가 있다.[8] 포항 인비동지석묘는 정식으로 발굴조사가 이루어지지 않았지만 상석에 전기의 표

---

8) 합천 저포리 'E'지구와 진주 이곡리유적의 묘역식지석묘 군집양상은 후기 무덤의 특징이다. 그럼에도 필자는 구고(2020c)에서 이곡리유적 30호무덤에서 이단병식석검이, 합천 저포 'E'지구 8호에서는 이단병식석검과 무경식석촉이 출토되었기 때문에 전기로 편년하였다. 이곡리유적 30호 출토 이단병식석검의 경우 병부의 마디부분이 전형적인 형태에서 벗어났기 때문에 전기라고 단정하기에 어려운 부분도 있다. 전기에 축조된 무덤이 아니라 하더라도 후기에서 가장 이른 시기

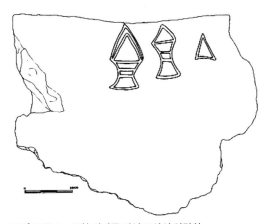

그림 XIV-1. 포항 인비동 지석묘 상석 암각화

지적인 유물인 무경식석촉이 이단병식석검과 함께 새겨져 있다. 이단병식석검에는 구멍이 새겨진 것이 표현되었는데,[9] 이단병식의 병부에 원형장식이 새겨진 장식석검을 나타낸 것으로 보인다. 장식석검의 분포는 암각화의 분포범위와 일치한다는 견해(黃昌漢 2008)가 있어 흥미롭다.

영남지역 지석묘 중 전기에 축조된 것이 당연히 있을 것이다. 하지만 명확하게 이단병식석검과 무경식석촉이 출토되고, 단독 혹은 2~3기씩 분포하는 사례가 없다. 유물이 없는 경우 시기를 특정할 수 없기에 본 절에서는 포항 인비동 유적만 소개했지만, 전기부터 지석묘가 축조된 것은 명확하다.

2) 무덤 출현과 전개의 의미

전기에는 무엇보다 무덤이 출현하는 것이 특징이다. 물론 호모사피엔스가 등장한 이후 죽음에는 남겨진 자의 어떤 행위가 반드시 동반되었을 것이다. 그것이 단순히 시신을 처리하는 과정일 수도 있고, 죽은 자를 기리는 의식이었을 수도 있다. 실제 유럽에서는 네인데르탈인의 장송의례 흔적이 발견될 뿐만 아니라 후기 구석기시대가 되면 명확하게 땅을 굴착해 시신을 매장하고 장신구를 부장한 무덤이 조사되기도 하였다(마이크 파크 피어슨(이희준 역) 2009). 영남지역만 하더라도 통영 연대도 패총의 토광묘, 부산 가덕도 장항유적(한국문물연구원 2014)의 집단무덤, 울진 후포리유적(국립경주박물관 1991)의 집단무덤, 진주 상촌리유적(동아대학교박물관 2001)의 토기를 이용한 가옥묘 등 신석기시대에 해당되는 다양한 무덤이 조사된 사례가 있다. 그럼에도 청동기시대에 무덤이 출현한다는 표현에는 단순히 시신을 처리하기 위한 시설이나 구조물이 아니라 '기념물'로서의 무덤이 축조되기 시작하였다는 의미가 내포되

의 무덤은 확실하다. 즉 묘역식지석묘 중 시기가 이르다는 점은 분명하다. 본 고에서는 군집 양상에 방점을 두어 후기의 이른 시기로 구고의 견해를 정정한다.

9) 그림 XIV-1의 실측도에는 구멍이 아니라, 병부의 마디로 표현되었다.

어 있다. 무덤 축조 세대뿐만 아니라 후손들까지 무덤과 그곳에 묻힌 피장자의 존재를 기억하는데서 공동체 공동의 신화가 등장하기 시작한다. 허구가 가미된 피장자에 대한 신화[10]는 다른 공동체와 구분됨으로써 집단을 단결시키는 계기가 되었고, 그에 따라 우두머리의 정당성이 확보되었을 것이다.

지석묘의 기원에 대해서는 다양한 견해가 있다. 자생설(김원룡 1974 등), 남방기원설(김병모 1981), 석관묘에서 파생되었다는 설(이영문 1993 등)이 대표적이다.[11] 김원룡의 자생설 역시 시베리아 전래의 석상분이 우리나라 서북부에서 고인돌로 확대되었다는 견해이기 때문에 남부지역의 입장에서 볼 때는 북쪽에서 전파되었다는 견해와 동일하다. 돌을 무덤에 이용한 것은 선사시대 전 세계적인 현상이기 때문에 한반도 지석묘의 기원지를 반드시 외부에서 찾을 필요는 없을 것 같다. 시기를 정확하게 알수 있는 유물이 빈약하지만, 외부에서 기원지를 찾기에는 호남지역의 밀집도가 너무 높다. 토광은 신석기시대 이래의 토착 묘제이다(金賢 2006). 시신 위에 돌을 쌓는 행위는 전세계적으로 나타나는 현상인데, 그렇다면 상석을 매장주체부 위에 얹는 행위도 재지의 요소라고 할 수 있다. 단, 돌을 조립하거나 쌓아서 축조하는 석관묘와 같은 매장주체부의 구조는 중국 동북지역에서 확인되고 있기 때문에 재지에서 발생한 거석문화에 중국동북지역에서 전래된 매장주체부가 결합되어 일반 묘제로 정형화되었다고 할 수 있다.

청동기시대 전기에 '기념물'로서의 무덤축조 문화가 시작된 것은 여러 가지 사회적 동인이 있었겠지만 그 중에서도 안정된 '정착생활'이 시작되었다는 데에 제일 큰 의미를 두고 싶다. 정착생활의 시작에는 농경이 생계에서 차지하는 비율이 점차 높아진 것이 직접적인 배경이 되었을 것이다. 무덤의 축조에는 집단을 이끄는 지도자의 등장으로 인해 그 지도자가 묻힐 시조묘 축조의 필요성(안재호 2020), 정착생활과 집단생활에 필수적인 지도자의 권위를 고양할 필요성 등이 복합적으로 작용하였을 것이다.

---

10) 동물도 간단한 정보 전달을 하지만 인간의 소통이 동물과 다른 점은 허구를 말할 수 있는 능력이다. 허구 덕분에 집단적인 상상이 이루어지고 신화가 탄생하게 되어 공동체가 협력하는 능력을 가질 수 있었다고 한다(유발 하라리(조현욱 역) 2015).

11) 무덤의 기원에 대한 견해 및 연구경향의 변화 등에 대해서는 이영문(1993), 배진성(2012)의 논문에, 지석묘의 연대에 관한 최근의 연구경향에 대해서는 윤호필(2013b)의 논문에 잘 정리되어 있다.

4. 청동기시대 후기 : 지석묘 문화의 전성기

청동기시대 후기는 가히 지석묘의 시대라고 할 수 있을 정도로 청동기시대 무덤 문화의 극성기이다. 특히 호남지역은 지석묘가 세계에서 가장 밀집되어 분포하는 곳이다.

영남지역 역시 이 시기가 되면 무덤의 수가 대폭 증가하는데, 군집하여 공동묘지로 조성된다. 무덤이 공동묘지화 되는 것은 대규모 취락의 등장을 반영하는 것으로 볼 수 있다. 본 절에서는 영남지역 내에서 지역적인 차이와 우두머리의 성격에 대해서 살펴보겠다.

1) 무덤문화의 지역성

영남지역은 청동기시대 후기가 되면 서쪽의 송국리문화분포권과 동쪽의 검단리문화분포권으로 구분되는데 분포권에 따라 무덤 양상에 차이가 있다.

송국리문화분포권은 호서지역, 호남지역과 동일하게 대규모 무덤군이 조성된다. 군집의 양상은 경남과 경북지역에 차이점이 있다. 경남지역은 함양 화산리(경남발전연구원 문화재센터 2007), 거창 산포(동의대학교박물관 1987), 산청 매촌리(우리문화재연구원 2011), 진주 대평리(경남고고학연구소 2002), 사천 이금동(경남고고학연구소 2003), 창원 진동(경남발전연구원 문화재센터 2011), 김해 율하리(경남발전연구원 문화재센터 2009), 부산 미음동 분절유적(부산박물관 2013) 등과 같이 각지에서 묘역식지석묘가 군집하는 양상이 두드러진다. 묘역이 거대해지고 매장주체부가 지하 깊은 곳에 설치되기도 한다. 대구를 중심으로 하는 경북지역은 무덤이 군집하는 양상은 동일하지만 묘역식지석묘의 비율이 현저하게 낮은 편이다. 대신 길이가 길고 손잡이가 유절병식인 마제석검이 부장되는 사례가 많다. 경남지역은 지도자의 권위를 묘역의 규모로 표현하였다면 대구지역은 장신의 마제석검으로 표현한 것이다(이성주 2016b; 이수홍 2020a).[12]

검단리문화분포권의 가장 큰 특징은 무덤의 수가 현저하게 적다는 점이다. 주거지에 비해 무덤의 숫자가 적은 원인에 대해서는 가옥이 무덤으로 전용되었다는 가옥장(兪炳琭 2010b; 李秀鴻 2012a; 安在晧 2013)이 대안이 되어가는 듯하다. 인골이 직접적으로 검출된 사례는 적지

---

12) 지도자의 권위를 정당화하는 방식은 다양한 방법으로 표현된다. 창녕 유리 지석묘와 같이 입지에서 우월성이 보이기도 하고, 울산 서부리 지석묘와 같이 상석의 크기가 두드러지기도 하고, 김해 율하리유적의 지석묘와 같이 매장주체부의 크기로 표현되기도 한다. 또, 동검이나 석검을 훼기하는 행위도 피장자의 권위와 힘을 정당화하기 위한 수단으로 행해진 것이라는 견해(金權九 2015)가 있다.

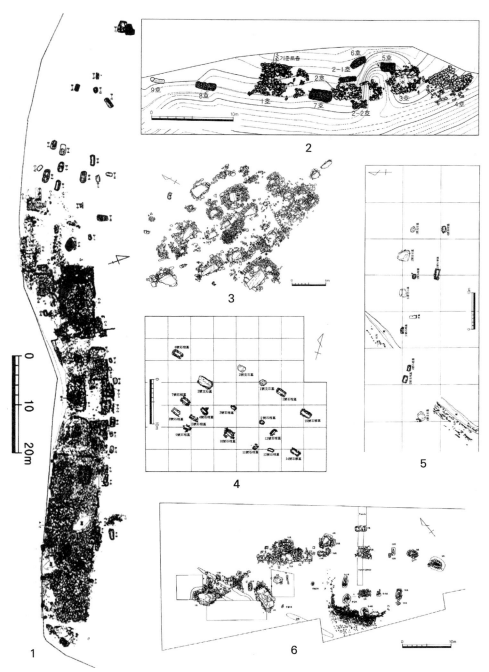

그림 XIV-2. 후기 송국리문화권 군집 무덤(1:사천 이금동유적, 2:밀양 금포리유적, 3:거창 산포유적, 4:대구 시지동유적, 5:대구 매호동유적, 6:칠곡 복성리유적)

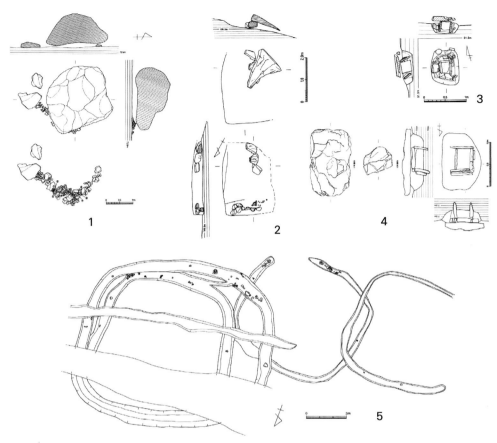

그림 XIV-3. 후기 검단리문화권 울산지역 무덤(1:중산동 715-1유적 지석묘, 2:검단리유적 3호 지석묘, 3:구수리 대암유적 6호 석관묘, 4:신현동 황토전유적 6호 석관묘, 5:매곡동 신기유적 I 3~5호 주구묘)

만 화재주거지, 적석된 주거지, 연암동식주거지가 무덤으로 전용되었다는 것이다. 이 외에도 소위 '연암동형 구'라고 불린 주구형 유구도 주구묘라는 견해가 있다(金賢植 2009; 이수홍 2010; 安在晧 2013). 전형적인 무덤은 매장주체부가 지상에 있는 위석형지석묘와 소형판석석관묘가 대표적이다. 모두 시신을 바로 안치하기에는 부적합한 구조이기 때문에 화장·세골장 등과 같은 이차장의 장례습속이 있었던 것으로 생각된다. 지역에 오랫동안 뿌리를 내리고 살며 가족 관계가 긴밀한 농경사회는 화장보다는 매장이 많다(마이크 파커 피어슨(이희준 역) 2009)고 한다면 검단리문화권은 상대적으로 송국리문화권에 비해 수렵·어로·채집이 차지하는 비율이 높았다고 할 수 있겠다(安在晧·金賢敬 2015). 물론 일반적인 판석석관묘, 할석석관묘 등도 축조되지만 송국리문화분포권에 비하면 그 수는 현저히 적다. 이 외에도 송국리문화분포권이 돌을 이용한 묘역식지석묘가 특징이라면 무덤 주위에 도랑을 굴착해 묘역을 표시한 주구묘가 검단리문화분포권의 특징이기도 하다(안재호 2020). 경주지역은 검단리문화권임에도 송국리문화권에서 확인되는 묘역식지석묘가 많이 분포한다. 동남해안지역에서도 경주지역만의 특징이라고 할 수 있다.**13)** 경주지역 묘역식지석묘는 매장주체부가 없는 것이 많으며, 확인되는 매장주체부는 토광이 대부분이다. 또 화장을 행했던 흔적이 잔존한다. 경주지역의 묘역식지석묘는 묘역식이라는 송국리문화권의 특징과 토광과 화장을 통한 이차장이라는 검단리문화권의 특징이 결합된 것(윤형규 2019)이라고 한다.

2) 후기 사회의 성격

청동기시대 후기가 되면 무덤이 군집되는 것과 함께 대규모 취락이 등장하는데 대형굴립주 건물지가 축조되기도 한다. 또, 환호 축조가 활발해지고 수도작이 확산되는 등 사회 전반에 걸쳐 큰 변화를 맞이한다. 이러한 변화 속에 전기의 촌장보다 더 큰 지역을 관리하는 지도자가 등장하지만, 아직까지는 계층화가 제도적으로 뒷받침되지 않은 평등사회에 가깝다.

청동기시대 최고의 위세품인 비파형동검에 대해서도 피장자 개인의 부장품이 아니라 집단차원의 상징물(安在晧 2012), 대외 교류를 담당하는 특수 계층의 소유물이라는 견해(김승옥 2006b)가 있듯이 마제석검 이상의 큰 의미를 부여하기 어렵다는 견해(李熙濬 2011)가 있다. 즉 청동기시대 사회는 아직 1인을 중심으로 하는 불평등사회가 아니라는 것이다.

후기의 무덤은 군집하되 대체로 열상으로 분포하는 경향이 강하다. 한 유적만을 고려한다면 괴상으로 군집된 것처럼 보이지만 전체 취락으로 확대해서 본다면 열상으로 분포하는 사례가 많다. 대구 대천동 511-2유적(영남문화재연구원 2009)의 무덤은 한 지역에서 괴상으로 군집을 이루는 것처럼 보이지만 그림 XIII-14와 같이 월배선상지 전체를 본다면 열상으로 분포하는 무덤열의 일부일 가능성이 있다. 그림 XIV-2의 군집묘를 보면 알 수 있듯이 대부분의 무덤도 실제 2~5열 정도의 열상으로 분포한다. 묘역식지석묘 뿐만 아니라 묘역이 없는 무덤도 열상으로 분포한다. 즉 선형적 확대유형인데, 이러한 선형적 분포는 수평 층서를 나

---

13) 경주의 남쪽인 울산에서도 길천(동양문물연구원 2013)·다운동 운곡유적(창원대학교박물관 1998) 등에서 묘역식지석묘가 조사된 사례가 있지만, 검단리문화분포권에서는 경주지역에 가장 많이 분포한다.

타낸다고 한다(마이크 파크 피어슨(이희준 역) 2009). 대구지역 월배선상지 청동기시대 유적은 치밀한 계획 하에 조성된 것임을 알 수 있다. 북서쪽 취락 경계지역에 월암동입석이, 남쪽 취락 경계지역에 진천동 입석이 있고, 주거와 무덤은 그 내부 공간에 분포한다. 무덤은 동-서 방향으로 거대한 무덤 벨트를 이루는데 상석이 있는 월성동 지석묘도 포함된다. 중심 열 주위에는 곳곳에 소규모 무덤 열이 분포한다(이수홍 2017). 주축인 동-서축에 분포하는 무덤열이 공동체의 주도적인 집단의 것으로 추정된다. 아무튼 인간이 조성한 무덤이라는 구조물이 경관을 이루어 그 경관이 사회적 기억을 위한 전략적인 행위의 과정으로 지속적으로 공동체의 이념 형성에 작용하였을 것이다(이성주 2012).

5. 초기철기시대 : 목관묘의 등장과 지석묘문화의 쇠퇴

이 시대는 한반도 남부지역에 청동기시대 문화와 초기철기시대[14] 문화가 공존한다. 점토대토기문화가 유입되었다고 해서 기존의 청동기시대인들이 일시에 절멸하지 않았을 것이다. 따라서 두 문화가 공존한 것은 어쩌면 당연한 결과이다. 하지만 점차 지석묘 문화가 쇠퇴하고 새로운 목관묘 문화가 시작된다. 사회적인 대변혁이 일어나는데 물적자료면에서 철기라는 신문물이 등장하고 계층화의 측면에서 불평등사회가 시작된다는 점이 가장 큰 변화이다. 즉 종래 평등사회의 지도자가 아닌 불평등사회의 지배자 무덤이 축조되는 것이다.

1) 초기철기시대 무덤의 양상

지석묘가 초기철기시대까지 지속적으로 축조된다는 것은 이제 일반적인 견해가 되었다. 그렇다면 새롭게 등장한 목관묘와 재지의 지석묘가 일정 기간 공존했을 것이다.

김해 구산동지석묘(경남고고학연구소 2010)는 지석묘가 축조된 곳의 위쪽에 위치하는 취락의 양상으로 볼 때 초기철기시대에 축조된 것이라고 보고되었고(최종규 2010), 창원 덕천리유적 1호 지석묘(경남대학교박물관 2013)도 초기철기시대에 축조되었다(이상길 2003; 김승옥 2006; 이수홍 2020a). 이 외에도 창원 진동리지석묘(沈奉謹 1987), 김해 내동 1호 지석묘(金廷鶴 1983), 신문리 3호 석관묘(한겨레문화재연구원 2015), 율하리유적의 B-9호 석관묘에서 늦은 시기의 비파형동검

---

14) 본 고의 초기철기시대는 원형점토대토기 문화가 등장한 시점부터 와질토기가 출현하는 시점까지의 기간을 말한다.

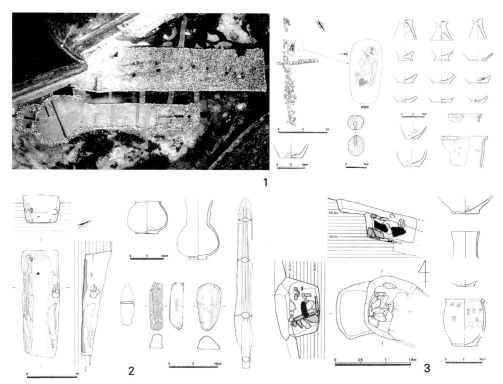

그림 XIV-4. 초기철기시대 무덤(1:경주 전촌리유적 지석묘, 2:김천 문당동유적 1호 목관묘, 3:합천 영창리유적 12호 석관묘)

혹은 세형동검이 출토되어 재지의 무덤에서 새로운 시대의 유물이 출토되어 초기철기시대에 해당되는 것을 알 수 있다.

경주지역에서는 전촌리유적(경상북도문화재연구원 2013)의 묘역식지석묘에서 삼각구연점토대토기가 출토되어 초기철기시대까지 지석묘가 의례의 장소로 이용되었던 것을 알 수 있다. 경주 화천리 산251-1유적(영남문화재연구원 2012)의 정상부에는 의례유구로 알려진 주구형 유구 근처에 적석제단이 설치되어 있다. 주구형유구에서는 무문토기 저부, 방추차 등이 출토되었고, 인근의 수혈유구와 폐기장, 구에서는 원형점토대토기, 두형토기, 조합우각형파수 등이 출토되었다. 화천리유적의 초기철기시대 연대에 대해 보고자는 기원전 4세기 후반~2세기 후반이라고 한다. 주구형 유구 근체에 축조된 이 적석제단은 전촌리유적의 제단식지석묘와 동일한 형태이다. 초기철기시대에 새롭게 등장한 고소의례에 전통적인 지석묘와 형태가 동일한 시설을 축조하였던 것이 이채롭다.

김해지역은 구관동유적(대성동고분박물관 2006)에서 조사된 대암유구가 화천리 산251-1유적의 정상부에 위치하는 적석제단과 유사하다. 구관동유적은 구릉 정상부에 지석묘의 상석과 동일한 바위가 놓여 있고 주변에 방형의 제단이 설치된 형태이다. 바위 아래 매장주체부가 확인되지 않아 지석묘의 상석이 아닌 대암유구로, 주변의 적석은 자기편이 출토되어 조선시대 건물지로 보고되었다. 하지만 그 이후 매장주체부가 확인되지 않는 소위 적석제단 유구의 조사 사례가 증가하였는데 그러한 유구의 형태와 구관동유적의 상태가 동일하기 때문에 선사시대에 축조된 적석제단 유구일 가능성이 높다.[15] 문제는 대암유구가 조성된 시기이다. 바위 아래 구에서 일단병식석검 1점(그림 XIV-5의 2)이 출토되었는데 심부가 돌출되지 않는 특이한 형태이다.[16] 보고자는 사천 이금동유적의 전기 무덤인 51호 석개토광묘에서 유사한 형태의 석검이 출토된 것을 근거로 대암유구의 축조 시기는 전기라고 하였다(이승일 2006). 하지만 이런 형태의 석검은 후기의 늦은 단계에 해당되는 김해 퇴래리 소업 II유적(강산문화재연구원 2017) 4호 지석묘, 대구 매호동유적(영남대학교박물관 1999) II-3호에서 출토된 사례가 있어 반드시 전기로 볼 수만은 없다. 이 석검은 오히려 안동 지례리유적(계명대학교박물관 1989)에서 출토된 병부 착장식 석검의 사례로 볼 때 초기철기시대에 해당될 가능성이 있다. 아무튼 구관동유적은 지석묘와 동일한 형태의 적석제단 유구를 이용해 고소의례를 행한 장소였던 점은 확실하다.

원형점토대토기인들의 도래와 함께 새롭게 등장한 무덤은 목관묘이다. 영남지역에서 가장 이른 시기의 목관묘는 김천 문당동유적(경상북도문화재연구원 2008) 1호 목관묘(그림 XIV-4의 2)이다. 비파형동검과 함께 원형점토띠가 부착된 주머니호, 흑도장경호, 검신부만 잔존하는 석검편, 주상편인석부편, 천하석제 옥 97점이 출토되었다. 영남지역에 점토대토기가 유입된 시기가 기원전 4세기대이다(朴辰一 2013). 하지만 점토대토기인들이 축조한 무덤은 현재까지의 자료로 볼 때 가장 이른 시기의 것인 김천 문당동 1호 목관묘가 기원전 3세기대로 편년된다. 지역별로 차이가 있지만 약 100년간의 공백기가 있다. 경주지역의 경우에는 목관묘가 기원전 2세기에 등장하기 때문에 약 200년간의 공백기가 있다. 영남지역은 점토대토기문화기의 이른 시기 무덤유적이 적다는 점이 특징이라고 한다(서길덕 2018). 원형점토대토기가 출

---

15) 필자는 지하에 매장주체부가 확인되지 않더라도 적석제단 유구의 첫 번째 기능은 무덤이라고 생각한다. 이 부분은 XVII장에서 상술하겠다. 무덤이 곧 제단으로 이용될 수 있기 때문에 적석제단이라는 용어를 계속 사용한다.

16) 구상유구는 바위와 동일한 평면형태로 바위 주변을 둘러싸듯이 굴착되어 있기 때문에 바위와 관련된 시설임이 확실하다.

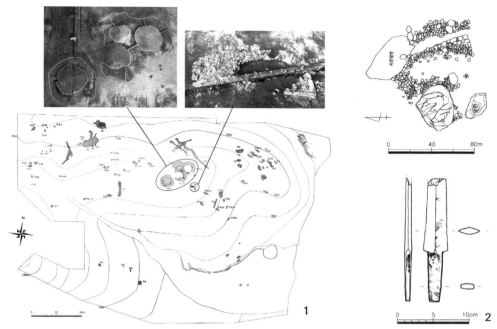

그림 XIV-5. **고소의례유적**(1:경주 화천리 산251-1유적, 2:김해 구관동유적)

토되는 무덤은 김천 문당동, 합천 영창리(경남고고학연구소 2002), 부산 두구동 임석유적(부산직할
시립박물관 1990) 등 일부지역에서만 사례가 확인될 정도이다. 최초 이주한 점토대토기인들이
초창기에는 안정적으로 정착하지 못했기 때문에 그들의 무덤인 목관묘가 적게 축조되는 것
으로 생각된다(이수홍 2020b).

2) 불평등사회의 지배자 등장

이 시기에 불평등사회의 지배자 군장이 등장한다. 필자(2020a)는 ①『三國志』魏書 東夷
傳의 기록(侯準旣僭號稱王爲燕亡人衛滿所攻奪 … 將其左右宮人走入海居韓也自號韓王, 自言古之亡人避秦
役, 至王莽地皇時 … 爲韓所擊得皆斷髮爲奴 등), ②철기의 보급과 사용, ③1인을 위한 무덤의 축조,
④지역단위를 넘어선 정치적 교역활동[17)의 시작 등의 네 가지 사례를 근거로 초기철기시대
에 불평등사회의 지배자가 등장하였다고 생각한다.

---

17) 생계와 관련 없는 동경과 같은 위신재의 수입 등이 정치적 교역활동이라고 할 수 있겠다.

초기의 지배자 무덤은 재지의 청동기시대인들이 축조한 것과 새로이 내려온 점토대토기인들이 축조한 것으로 나누어 볼 수 있다. 재지민들이 축조한 무덤은 종래 혈연적 기반에 바탕을 둔 것과는 달리 1인을 위한 거대무덤과 새로운 시대의 위신재인 세형동검을 부장한 지석묘와 석관묘가 있다. 1인을 위한 거대무덤은 창원 덕천리유적 1호 지석묘, 구산동유적의 지석묘, 대성동 고분군 정상의 지석묘(대성동고분박물관 2016)를 들 수 있다. 청동기시대 묘역이 연접하는 공동체 지향의 군집묘가 초기철기시대 1인 지향의 단독묘로 변화하는 요인은 두 가지로 요약할 수 있다. 첫째, 청동기시대 사회가 성숙하여 자연스럽게 사회발전단계에 맞게 새로운 시대의 지배자인 군장이 등장하였을 가능성과 둘째, 자연환경의 악재(이희진 2016) 혹은 세형동검문화집단과의 경쟁 등에 대응(이청규 2019)하기 위해 강력한 리더십이 필요했을 수도 있다(이수홍 2020a).

세형동검이 출토되는 무덤은 비파형동검이 출토되는 무덤과 달리 초기에는 단독으로 분포하고, 부장품이 타 무덤에 비해 탁월하기 때문에 피장자 개인의 소유물로 볼 수 있으며, 최상위 신분자로 간주해도 좋을 것이다. 그렇다면 세형동검이 출토된 재지계의 무덤 즉 김해 내동 지석묘, 산청 백운리유적(沈奉謹 1980)의 석관묘 등도 불평등사회 지배자의 무덤이라고 할 수 있다. 김해 내동 지석묘에서는 야요이토기도 출토되었는데 지역 단위를 벗어나 광범위한 교류활동이 이루어진 것을 알 수 있다(이양수 2016).

앞에서 언급하였듯이 영남지역은 호서·호남지역에 비해 이른 시기 군장묘가 확인되지 않는다. 그러한 이유로 재지민이 축조한 군장묘, 즉 1인을 위한 거대 지석묘가 축조되고, 석관묘에서 세형동검이 출토되는 사례가 호서·호남지역에 비해 많은 점이 특징이라고 할 수 있다.

점토대토기인들이 축조한 지배자의 무덤은 목관묘이다. 집단민의 대규모 노동력이 동원된 집단의례적인 성격이 사라지고, 청동의기나 토기, 장신구 등 개인적인 위신과 관련된 개인 소유물의 부장이 증가하는 것이 가장 큰 특징이다(李在賢 2003). 김천 문당리유적 목관묘는 비파형동검과 함께 위신재인 옥이 97점이나 출토되었고, 구릉 전체에서 1기만 확인되어 1인을 위한 무덤이 확실하다. 기원전 2세기 후엽~1세기가 되면 목관묘는 군집한다. 목관묘가 군집한다는 것은 동족지배집단이 형성되는 것을 의미하는데 철기의 확산, 새로운 제도술에 의한 와질토기의 등장, 한식유물의 유입 등에서 알 수 있듯이 동아시아 네트워크의 시작과 함께 나타나는 현상이다(李盛周 2007; 李熙濬 2011; 이수홍 2020a). 대구 팔달동유적(영남문화재연구원 2000), 경산 양지리유적(성림문화재연구원 2020), 경주 입실리유적(尹武炳 1991), 울산 교동리

(울산문화재연구원 2013) · 창평동 810번지 유적(우리문화재연구원 2012), 창원 다호리유적(국립중앙박물관 1989), 김해 양동리 · 내덕리 · 대성동유적, 밀양 교동유적(우리문화재연구원 2004) 등 영남 각지에서 목관묘가 앞 시기의 전통이 잔존하는 지석묘와 석관묘를 대체하는 주 묘제로 빠르게 확산된다.

6. 취락과 무덤으로 본 우두머리의 변화 -통시적 검토-

본 절에서는 3~5절까지 검토한 시기적인 변화 내용을 바탕으로 취락과 무덤의 변화를 통시적으로 살펴보겠다.

사회상의 변화는 어느 한 고고학 요소로 판단할 수 없을 정도로 복잡다단하다. 무덤뿐만 아니라 반드시 취락의 변화를 염두에 두어야 한다. 하지만 이런 논의가 활발하게 진행될 수 없었던 점은 무엇보다 초기철기시대 취락자료가 부족하였기 때문이다. 하지만 『三國志』魏書 東夷傳이라는 문헌기록을 통해 초기철기시대 취락의 모습을 유추할 수 있기 때문에 본 절에서는 통시적으로 취락과 무덤과의 관계를 통해 사회상의 일면을 검토해 보고자 한다.

우선 마을의 규모에 대한 명칭은 이희준(2000)의 안에, 마을 구조와 우두머리의 성격에 대해서는 이청규(2019)의 안에 따라서 기술하겠다. 이희준은 가장 소규모의 마을을 小村이라고 하고 규모에 따라 小村(hamlet) 〈 村(village) 〈 大村(town)으로 표현하였다.[18] 단 '村落'을 村과 복수의 小村이 결집된 것이라고 했는데 村落의 '落'이 복수의 의미를 내포한다면 소촌의 결합도 촌락으로 봐도 무방하다고 판단된다.

청동기시대 전기에는 2~3동의 세장방형주거지가 하나의 마을을 이루었다.[19] 이 마을이 소촌이라고 할 수 있을 것이다. 무덤 역시 1~3기 정도로 확인되어 주거의 양상과 동일하다. 이러한 소촌이 인접한 곳에도 분포하고 정서적인 동질성을 갖추었다면 소촌과 소촌이 결합

---

18) 小村, 村, 村落, 邑落 등과 같은 용어는 초기철기시대에 적용되는 것이라는 의견이 있다. 그러나 청동기시대와 초기철기시대를 단절적으로 볼 수 없고, 마을은 청동기시대에도 분명히 존재했었기 때문에 동일한 용어를 사용해도 무방하다고 판단된다. 초기철기시대의 대변혁 역시 철기 등과 같은 신문물의 유입이 큰 영향을 미쳤지만 청동기시대 사회가 성숙해진 내재적인 원인도 간과해서는 안 되기 때문이다.

19) 그림 XIV-6의 5, 6은 취락이 밀집된 것처럼 보이는데, 그 중 전기 주거지는 2~3동에 불과하다. 전기 주거지가 분포했던 곳은 대체로 후기에도 취락으로 점유되었기 때문이다.

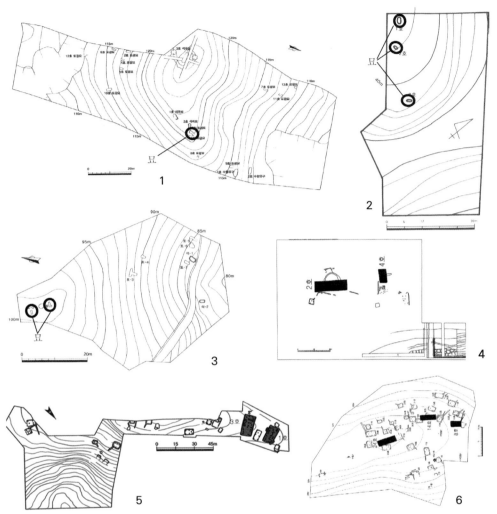

그림 XIV-6. 전기 무덤(○)과 주거(■) 배치(1:김천 옥률리유적, 2:김천 신촌리유적, 3:고성 두호리유적, 4:울산 서부리 남천유적, 5:울산 신천동유적 '나'지구, 6:울산 외광리유적)

된 것을 촌락이라고 할 수 있다. 그렇다면 촌락의 지도자인 '村長'이 존재했을 것이다. 이 시대 무덤이 모두 촌장의 무덤은 아닐 것이다. 하지만 적어도 청동기시대 대표적인 위세품인 마제석검이 부장된 무덤은 촌장의 무덤이라고 할 수 있겠다.

후기에는 대체로 10동 내외의 주거가 하나의 마을을 이룬다. 노지의 수가 세대의 수를 반영한다면 사실 전기의 세장방형주거지 2~3동과 구성원의 수는 차이가 없다. 단 이러한 마

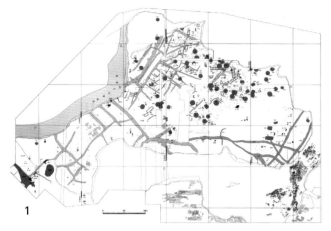

그림 XIV-7. 후기의 취락과 무덤 배치(1:대구 동천동유적, 2:대구 대천동 511-2유적)

을이 인접하여 분포하고 수십 동이 군집하는 대규모 마을도 존재한다는 것이다. 진주 대평리유적이나 평거동 일대의 유적, 대구 월배선상지에 분포하는 유적 등을 통해서 볼 때 소촌과 촌, 그리고 규모가 큰 대촌이 결합된 읍락이 존재했었다는 것을 할 수 있다.[20] 전기의 촌락에 비해 규모가 큰 촌락도 존재했고, 촌락이 결합된 읍락도 존재했던 것이다. 하지만 무덤 자체가 공동체적인 성격이 강하고 선형적 확대유형 즉 열상으로 배치되는 구조이기 때문에 아직까지는 혈연에 기반한 사회였음을 알 수 있다. 이 시대의 마을 지도자는 혈연적 친족관계에 기반한 '族長'이다. 비파형동검이 거의 출토되지 않는 것도 영남지역의 특징이라고 할 수 있겠다.거대한 묘역식지석묘는 족장의 무덤이라고 할 수 있겠다. 대구지역은 장신검이 부장된 무덤이 족장의 무덤이다(이성주 2016; 이수홍 2020a). 무덤이 많이 축조되지 않은 검단리문화 분포권의 경우 장·정방형의 주구묘가 유력개인(촌장 혹은 족장촌장)의 무덤이다(安在晧 2013).

초기철기시대 취락의 양상은 정확하게 알 수 없다. 청동기시대와 같이 대규모 취락이 확인되지 않았기 때문이다. 현재까지의 발굴성과를 감안한다면 앞으로도 발견되지 않을 가능

---

20) 대평리유적 전체를 보면 그 유적에는 소촌, 촌, 대촌이 모두 존재했었다고 할 수 있다. 평거동유적이나 월배선상지에 분포하는 유적도 마찬가지이다.
이청규(2019)는 다수의 마을이 기념비적인 건축물 건설 등에 중심마을 중심으로 상호 협동한다면 그러한 마을군을 읍락이라고 할 수 있고, 청동기시대 후기에 형성되었다고 하였다. 이에 반해 김권구(2016)는 읍락은 초기철기시대에 태동하였고 국은 기원전 1세기에 형성되었다고 하였다.

성이 높다. 역시 가옥의 구조가 지상화 하였거나 수혈의 깊이가 극도로 얕은 구조라고 추정되지만 현재까지의 조사 성과로 볼 때 대평리유적과 같은 대규모 취락이 존재했을지는 의문이다. 원형점토대토기인들의 마을 유적인 김해 대청유적(李在賢 2002)이나 합천 영창리유적은 소촌 혹은 촌의 규모이기 때문이다. 대규모 취락이 없었다고 해서 당시의 삼한사회에 촌 혹은 대촌이 없었다고 단정할 수는 없지만 청동기시대와 같이 대규모로 밀집된 취락은 존재하지 않았다고 보아도 무방하다. 초기철기시대는 취락의 규모 보다는 취락간의, 또 지역사회를 벗어난 광범위한 네트워크가 중요하게 작용하였으며, 이것이 사회발전ㆍ변화의 요인이 되었다(李在賢 2003; 李盛周 2007).

초기철기시대에 영남지역에 '國'이 성립되었지만 정확한 성립 시기에 대해서는 이견이 있다. 대체로 기원전 2세기 후엽~1세기에 국이 성립되었다는 견해(李賢惠 1984; 權五榮 1996; 李盛周 1998; 李熙濬 2000; 李在賢 2003; 이청규 2015; 김권구 2016)가 대부분이다.[21] 송국리문화 단계에 국이 성립되었다는 견해(武末純一 2002)도 있지만 영남지역으로 한정한다면 기원전 2~1세기에 국이 성립되었다는 견해가 대세라고 할 수 있다. 초기철기시대 국의 성립을 입증할만한 고고학적인 단서는 동경이나 동검 등 최고의 위신재가 부장된 목관묘에 한정되기 때문일 것이다. 구체적으로는 목관묘의 군집과 자체적인 철기생산 및 확산이 근거가 되었다. 김해와 창원, 밀양, 대구-경산-영천-경주-울산의 동경과 세형동검이 부장된 목관묘가 이때의 군장묘이다.

초기철기시대가 시작되면서 사회 전반에 큰 변혁이 일어난다. 초기철기시대가 되면 많이 확인되는 '高所儀禮'가 대표적이다.[22] 구릉 정상부에 설치된 환호 혹은 주구로 대표된다. 청동기시대에도 환호 축조는 계속되었지만 초기철기시대 환호의 특징이라면 ①高所, ②돌(바위), ③형식화한 小溝라고 할 수 있다. 안성 반제리유적(중원문화재연구원 2007)과 같이 구릉 정상부 자연 바위 주위에 환호를 굴착하기도 하고, 부천 고강동유적(한양대학교박물관 2000)과 같이 정상부에 돌을 쌓고 주위에 도랑을 굴착하기도 한다. 영남지역에서 이런 고소의례를 가장 잘 보여주는 곳이 경주 화천리 산251-1유적과 죽동리유적, 김해 구관동유적이다. 화천리 산251-1유적은 구릉 정상부에 의례유구로 알려진 주구의 인근에 묘역식지석묘와 동일한 형태의 적석제단 유구가 설치되어 있다. 죽동리유적의 경우 구릉 정상부에 자연 바위가

---

21) 국 성립의 제 견해 및 최신 연구 성과는 김대환의 글(2016a)에 의해 잘 정리되어 있다.
22) 구리 토평동유적 정상부에서 원형 환호가 확인되어 전기에 고소의례가 행해졌을 가능성이 높다. 하지만 전국적으로 광범위하게 고소의례의 흔적이 확인되는 것은 초기철기시대라고 할 수 있다.

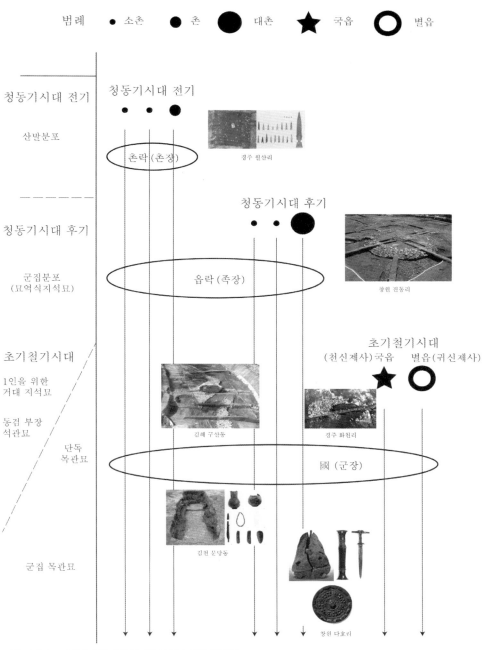

범례 ● 소촌 ● 촌 ● 대촌 ★ 국읍 ○ 별읍

청동기시대 전기

산발분포

청동기시대 전기

촌락(촌장)

경주 월산리

청동기시대 후기

군집분포
(묘역식지석묘)

청동기시대 후기

읍락 (족장)

창원 진동리

초기철기시대

1인을 위한
거대 지석묘

동검 부장
석관묘

단독
목관묘

초기철기시대
(천신제사)국읍 별읍(귀신제사)

김해 구산동   경주 화천리

國 (군장)

김천 문당동

군집 목관묘

창원 다호리

그림 XIV-8. 시대별 취락과 우두머리의 무덤 변화 모식도

마치 지석묘의 상석처럼 놓여 있고, 주위를 폭이 좁은 환호 2열이 감싸는 형태이다. 모두 고소에서 행해진 의례에 돌과 관련된 시설이 이용된 것을 알 수 있다. 새로운 시대에 철기라는 강력한 신문물에 위축된 재지의 청동기시대인들도, 새롭게 내려온 점토대토기인들도 의례를 지내는데 기존의 묘역식지석묘와 동일한 건조물을 축조하였거나 상석과 유사한 자연바위를 이용한 것은 기존의 지석묘가 가지는 권위를 이용할 필요가 있었기 때문이다(이수홍 2020b).

『三國志』魏書 東夷傳의 國邑과 蘇塗의 제의에 관한 문헌사학계의 연구를 참조한다면 國邑에서 상위의 天神祭事를 주관하고, 別邑인 소도에서는 따로 巫的 존재[23]가 하위의 鬼神祭事를 이끌었다고 한다(문창로 2017). 하늘과 가까운 구릉 정상부의 의례공간이라는 점에서 이러한 고소의례가 국읍의 천신제사로 발전하였을 것이다. 마한지역의 환호유적에 대해 '소도'와 연관시키는 연구가 있다(나혜림 2017). 세형동검이 출토된 환호유적인 영창리유적과 같이 의례적인 성격이 강한 독립된 구릉 혹은 부천 고강동유적이나 안성 반제리유적과 같이 구릉 정상부에 설치된 환호유적에 대해서는 소도와 관련시키려는 경향이 있었다. 하지만 문창로의 견해대로 천신제사(국읍)와 귀신제사(별읍=소도)로 분리된다면 구릉 정상부의 의례장소를 '환호=별읍=소도'로 연결시킬 것이 아니라 국읍에서 주관하는 천신제사와도 관련될 수 있을 것이다. 구릉 정상부라는 지리적인 위치를 감안한다면 소도 보다는 국읍에서 주관한 천신제사의 장소라고 보는 것이 더 타당하다. 이러한 천신제사에 지석묘와 유사한 형태의 적석제단을 축조하였거나 혹은 지석묘 상석과 유사한 바위가 놓인 곳에서 이루어졌다는데 의의가 있다.

화천리 산251-1유적, 죽동리유적과 병행하는 시기 군장의 무덤은 시간적 폭을 넓게 본다면 기존의 청동기시대 인들이 축조한 김해 구산동·대성동유적, 창원 덕천리유적의 지석묘와 점토대토기인들이 축조한 김천 문당동유적의 목관묘 등이다.

國 형성기에 공동의례·공동체 차원의 제사가 차지하는 비중은 매우 높다. 화천리 251-1유적은 기원전 4세기에 해당된다. 기원전 2세기 전에 국읍에서 주제한 천신의례가 행해졌다면 국의 성립시점에 대해서도 전향적으로 재고할 여지가 있겠다. 의례와 같은 선·원사시대 사람들의 행위를 어떻게 물질자료로 해석하는가의 문제이다.

---

23) 문창로(2017)의 논문을 인용하였는데 '무적 존재'보다는 '종교적 존재'가 더 좋은 용어일 것 같다.

7. 맺음말

무덤 문화, 나아가 당시 사회상에 접근하기 위해서는 반드시 취락과 병행하여 검토가 이루어져야 한다. 하지만 초기철기시대는 취락 자료가 너무 빈약하다. 『三國志』魏書 東夷傳과 같은 문헌자료를 통해 부족한 고고자료를 보완하여 당시 취락과 제의에 대해 접근할 필요가 있다. '국', '국읍', '읍락', '별읍'과 같은 『三國志』魏書 東夷傳의 용어를 어떻게 고고학 자료에 적극 적용할 것인지에 대해서는 앞으로의 과제이다.

※ 지석묘 관련 논문을 작성할 때마다 항상 이영문 선생님의 학위논문을 옆에 두고 있다. 지석묘에 관한 웬만한 지식은 모두 들어있다. 선생님의 학위논문이 30년도 더 전에 작성된 것임을 생각하면 얼마나 대작인지 알 수 있다. '작은 거인' 이영문 선생님, 필자의 박사학위 심사위원이셨다. 이청규 선생님은 2019년 필자가 영남고고학회 학술대회 발표 때 수장 관련 기조강연을 하셨다. 본 고의 논문에 선생님의 견해가 많이 바탕이 되었다. 이청규 선생님도 필자의 박사학위 심사위원이셨다.
　우두머리 성격에 대해서는 김권구 선생님의 조언이 있었고, 'chiefdom'의 용어에 대해서는 강봉원 선생님, 이희준 선생님의 글을 많이 참고하였다.
　이제 모두 은퇴하셨다. 유유자적 하시면서 늘 건강하시길 기원한다.

XV 군집묘의 양상과 그 의미

　　청동기시대 무덤이 군집되어 있는 양상을 검토하여 군집묘로서 가지는 기능과 그 의미를 알아보았다.

　　청동기시대 전기에 소형 무덤이 2~3기씩 분포하는데, 특징은 소군집이며 산발적이다. 마을이 영속적으로 지속되지 않았던 것을 의미한다. 후기가 되면 본격적으로 대군집묘의 시대가 시작된다. 특징은 계획적·기획적이다. 대구 월배선상지 일대, 사천 이금동유적 일대, 밀양 가인리유적 일대 분포양상을 검토하였다. 무덤은 때로는 點狀, 때로는 線狀, 때로는 面狀으로 보이지만 실제 폭이 넓은 線形으로 분포한다. 主軸列이 있고, 주축열에서 分枝하는 열, 별도의 소군집열, 단독 배치 등으로 구분된다. 주축열에 상대적으로 서열이 높은 피장자의 무덤이 배치된다.

　　무덤을 한곳에 군집해서 축조하면서 개인보다 공동체라는 의식이 고조될 것이다. 친족개념이 강화되고, 공동체의 정서적 통합에 기여하였을 것이다. 무덤이 교통로에 위치하면서 육지의 등대와 같은 길잡이 역할을 하였다. 진주 대평리유적 옥방 1지구, 가호동유적, 마산 망곡리유적의 환호와 군집묘를 검토해 마을 내에서 군집묘가 이동 통로로 이용된 것을 확인하였다. 이동 통로의 기능과 함께 마을을 지키는 벽사의 역할도 하였을 것이다.

　　군집묘를 통해 정착생활이 본격적으로 시작되었다는 것을 알 수 있는데 그것은 농경문화가 정착되었다는 것이다. 농경문화가 정착되면서 지도자가 등장하고 권위를 고양하기 위해 기념물로서의 무덤을 축조하고 조상에 대한 숭배가 시작된다. 군집묘는 그러한 숭배가 지속적으로 이어졌다는 것을 의미한다.

1. 머리말

삶과 죽음은 개인이나 가계에 일생의 큰일 중 하나지만 실제 우리 주변에서 늘 일어나는 일상이다. 호모사피엔스가 등장한 이후 모든 죽음에는 시신을 처리하는 방법이나 절차가 있었을 것이다. 무덤이라는 말이 어원적으로 동사 '묻다'의 어간 '묻'에 '엄'이라는 접미사를 붙인 파생어 그런지 우리는 땅을 파고 그 안에 시신을 안치한 것만을 무덤으로 인식하는 경향이 있다. 이러한 선입견이 선사시대 무덤의 실체에 쉽게 다가갈 수 없게 하는 이유이기도 하고, 주거지보다 무덤이 훨씬 적게 발견되는 원인이 될 수도 있겠다.

'葬'이라는 한자는 잡풀이 우거진 숲을 의미하는 茻과 죽음을 의미하는 死가 결합된 단어이다. 廾은 받들다는 뜻과 함께 艹의 의미도 있어서 시신을 수풀 속에 안치한다는 것이다. 歺에는 살 발린 뼈라는 뜻이 있고 匕는 사람을 의미한다. 歺 옆에 匕가 있는 것을 볼 때 한자가 만들어질 시점에는 숲속에서 발굴한 뼈를 놓고 처리하는 행위가 장례의 모습이라고 할수 있겠다. 이 한자가 만들어진 시점이 우리의 청동기시대와 비슷할 것이다.

아무튼 선사시대 무덤은 발견 사례가 많지 않은데, 한 유적에서 발견되는 무덤의 수도 주거지에 비해 턱없이 부족하다. 火葬, 風葬, 水葬, 樹葬 등 다양한 방식으로 시신을 처리했을 것인데, 반드시 땅에 시신을 안치하지 않더라도 앞에서 언급한 시신처리 장소 역시 무덤이라고 할 수 있을 것이다.

화재로 폐기된 주거에 인골이 확인되어 가옥장이 이루어졌다는 견해(유병록 2010b)가 발표된 후 다양한 형태의 시신처리 방법이 제기되었다. 적석주거지도 무덤으로 전용되었다고 하고(이수홍 2012a), 무덤열과 동일선상에 있는 적석유구가 무덤이라는 견해(이수홍 2017)가 있다. 또, 동남해안지역의 주구형유구도 주구묘(김현식 2009; 이수홍 2010; 안재호 2013)라고 하고 연암동형주거지도 가옥이 무덤으로 전용된 것이라고 한다(안재호 2010b). 뿐만 아니라 요즘 입목수혈로 알려진 소형 수혈유구(유병록 2024) 중 대구 대천동 511-2번지 유적(영남문화재연구원 2009)의 수혈에 대해 필자(2017)는 옹관묘의 토기가 유기질제로 바뀐 것이라고 생각하는데 그렇다면 역시 무덤의 하나이다. 선사시대 무덤의 실체에 접근하기 위해서는 葬法을 우선 생각해야하고, 이런 다양한 형태의 무덤(시신처리 방법)을 인식하고 바라볼 필요가 있다. 앞서 언급한 여러 견해를 전제로 해서 본고를 진행하겠다.

발굴자료가 폭증하고 연구성과가 축적되어 무덤을 통해 당시 사회상을 찾아가고 있지만 무덤 그 자체, 무덤의 실체에 대한 접근이 점차 어려워지는 것 같다.

본 장에서는 청동기시대 무덤을 이해하기 위한 한 가지 방법으로 '군집묘'라는 주제어로 접근하고자 한다.[1] 청동기시대 무덤이 군집된 양상을 검토하여 군집묘로서 가지는 기능과 그 의미에 대해 영남지역 자료를 중심으로 살펴보겠다.

2. 신석기시대~원삼국시대 군집묘의 변화

군집이란 같은 공간, 같은 시간에 여러 개가 동시에 존재하는 것을 말한다. 단독으로 분포하는 1기의 무덤이 아닌, 두 기 이상의 무덤이 모여 있는 것을 군집묘라고 할 수 있겠다. 본고에서는 2기 이상의 무덤이 모여있는 것을 군집묘로 규정하겠다. 군집묘는 2~3기가 모여 있는 소군집, 4기 이상이 모인 대군집으로 분류하였다. 후술하겠지만 굳이 소군집을 3기 이하로 설정한 것은 청동기시대 전기를 후기와 분리하기 위해서이다. 청동기시대 전기에는 대체로 3기 이하의 무덤이 한 유적에서 확인되기 때문이다.

신석기시대는 유적의 연대폭이 넓어 한 유적에서 2기 이상의 무덤이 조사되었다 하더라도 그것이 동시에 존재했었는지를 판단하기 어렵다. 진주 상촌리유적(동아대학교박물관 2001)에서는 가옥장이라고 생각되는 토기가 발견되었고, 가덕도 장항유적(한국문물연구원 2014)과 같이 공동묘지처럼 발견되기도 한다. 신석기시대의 군집 패턴을 명확하게 제시하기는 어렵다.

신석기시대 이후 시간의 흐름에 따라 소군집-대군집-단독묘-대군집 등 다양한 양상으로 무덤이 분포하는데 각각에는 분포 패턴 및 의미가 있을 것이다. 청동기시대부터 원삼국시대까지 영남지역 무덤 군집 양상은 그림 XV-1과 같다.

청동기시대가 되면 무덤의 군집 양상이 뚜렷해진다. 기념물로서의 무덤이 본격적으로 축조되기 시작하는 것이다. 청동기시대 전기는 '소군집'을 이룬다. 그러다가 후기가 되면 무덤의 수가 증가하여 '대군집'을 이룬다. 묘역식지석묘가 유행하는데, 규모가 다양하다. 중형 다수와 소형 다수가 군집을 이룬다.

초기철기시대가 앞 시기의 청동기시대와 차이점 중 하나는 불평등사회의 지배자가 등장한다는 점이다. 1인을 위한 무덤이 축조되는 것이다. 이 시기는 지석묘 문화와 새롭게 유입된 목관묘 문화로 양분해서 살펴볼 필요가 있다. 점토대토기로 대표되는 초기철기시대가

---

1) 본 장에서 사용하는 용어인 '군집묘'는 군집되어 축조된 무덤군을 말한다. '군집'의 사전적 의미는 '특정한 환경에서 상호 유기적인 관계를 가지고 함께 사는 생물의 모임' 혹은 '사람이나 건물 따위가 한곳에 모임'이다. 본 장의 군집묘는 단독으로 분포하는 무덤이 아닌 모여 있는 무덤군이라는 개념이다.

청동기시대 전기
(가락동 흔암리유형)

청동기시대 후기
(송국리 검단리유형)

초기철기시대

원삼국시대

본격적 군집묘시대 시작

지석묘사회

소군집(소형 2~3기)
낙산리유적, 두호리유적

대군집(중형 다수+소형 다수)
이금동유적, 진동유적

대군집(초대형 1기+소형 다수)
덕천리유적, 구산동유적

목관묘사회

(괴정동유형)

단독묘(소형 단독)
어은동유적, 문당동유적

대군집(소형 다수)
다호리유적, 팔달동유적

소형 ▮ 중형 ▮ 대형 ▮

그림 XV-1. 청동기시대~원삼국시대 군집묘 양상 모식도

시작되었다고 하더라도 시작과 동시에 지석묘 축조가 갑자기 중단되지는 않았을 것이기 때문에 양 문화가 공존하는 것은 당연하다. 특히 영남지역의 경우 원형점토대토기가 등장한 이후에도 약 200년간은 목관묘가 축조되지 않을 만큼 원형점토대토기인들이 안정적으로 정착하지 못했을 정도이다(이수홍 2020b). 이때 지석묘 사회는 비대하게 거대해진 지석묘를 축조하게 되는데 1기의 거대한 지석묘와 다수의 소형묘로 구성된 대군집을 이룬다. 목관묘 사회는 초기철기시대에는 소형묘가 단독으로 축조된다.[2] 세형동검이나 동경이 출토되는 단독묘는 군장묘인데, 무덤의 규모보다는 부장품으로 차별화한다.

초기철기시대에 단독으로 축조되는 목관묘는 원삼국시대가 되면 규모가 유사한 소형 무덤 수십기가 분포하는 대군집을 이룬다.

3. 청동기시대 군집묘 사례

청동기시대는 그야말로 군집묘의 시대라 할 수 있을 정도로 무덤은 일단 군집되어 분포

---

2) 초기철기시대 단독묘가 보편적인 양상이 아니라는 지적(윤호필 2024)이 있다. 영남지역에서 사례가 많지 않아 보편성 여부를 단언할 수 없지만 시대의 특징을 대변할 정도로 가장 상징적인 모습은 분명하다.

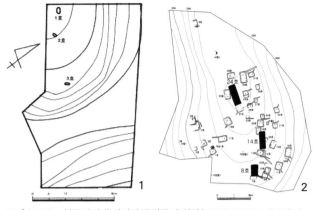

그림 XV-2. 청동기시대 전기의 무덤군과 취락(1:고성 두호리유적, 2:울산 외광리유적(검은색이 전기 주거))

한다. 간혹 김천 옥률리유적(중앙 문화재연구원 2008), 포항 마산리유적(경상북도문화재연구원 2005)과 같이 1기만 발견되는 유적이 있지만 유적 전체에서 발굴된 구역이 일부라고 한다면 반드시 1기만 존재했었다고 단정할 수 없다.[3] 정말로 1기만 존재했었다고 하더라도 초기철기시대 군장묘라고 할 수 있는 단독묘와는 성격이 다르다.

청동기시대 전기에는 2~3기가 모인 소군집인데, 당시 세장방형주거 2~3동이 하나의 마을을 구성한 것과 동일한 양상이다. 하지만 무덤 1기가 1인묘일 가능성이 높기 때문에 다수의 구성원이 살았던 세장방형주거 1동과 무덤 1기를 직접 대입할 수는 없다. 또, 결혼과 출산 등으로 가족 구성원이 증가할 때 마을을 벗어나 분가하였을 가능성이 높다. 결국 세장방형주거에 살던 사람들이 모두 사망하면서 그 마을 자체가 폐기되었을 것이다. 마을이 영속하지 않았다는 것은 무덤이 3기 이상 축조되지 않았던 것에 반영된다. 세장방형주거에 살던 구성원의 수를 고려하면 무덤을 축조할 수 있는 사람도 뚜렷하게 구분되었다고 할 수 있을 것 같다.

전기 무덤 군집의 특징은 소군집이며 산발적이라는 점이다. 무덤 유적 간에도 기획성이나 정형성은 확인되지 않는다. 기획성이나 정형성이 확인되지 않는 것은 결국 영속적이지 않다는 것을 의미한다.

청동기시대 후기가 되면 무덤의 수가 폭발적으로 증가할 뿐 아니라 계획적·기획적으로 축조된다. 대구 월배선상지(영남문화재연구원 2006 외), 밀양 가인리유적(밀양대학교박물관 2004), 사천 이금동유적(경남고고학연구소 2003) 일대의 무덤 분포를 통해 살펴보겠다.

대구 월배선상지 일대 유적은 넓은 면적이 발굴조사 되었고, 보고서가 간행되어 특정 지

---

3) 경주 월산리 산137-1번지 유적(영남문화재연구원 2006), 울산 신천동유적(한국문화재보호재단 2010)은 석관묘나 토광묘가 각각 1기 조사되었지만, 인근에 있는 구상유구가 주구묘라면 소군집이라고 할 수 있다.

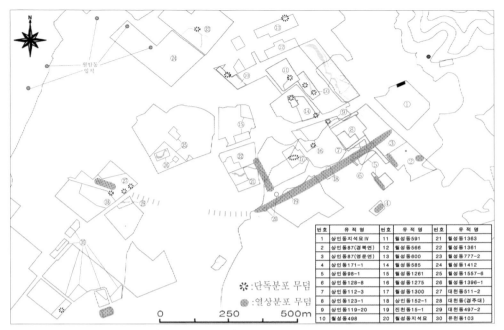

번호	유 적 명	번호	유 적 명	번호	유 적 명
1	상인동지석묘 IV	11	월성동591	21	월성동1363
2	상인동87(경북연)	12	월성동566	22	월성동1361
3	상인동87(영문연)	13	월성동600	23	월성동777-2
4	상인동171-1	14	월성동585	24	월성동1412
5	상인동98-1	15	월성동1261	25	월성동1557-6
6	상인동128-8	16	월성동1275	26	월성동1396-1
7	상인동112-3	17	월성동1300	27	대천동511-2
8	상인동123-1	18	상인동152-1	28	대천동(경주대)
9	상인동119-20	19	진천동15-1	29	대천동497-2
10	월성동498	20	월성동지석묘	30	유천동103

※ : 단독분포 무덤
◉ : 열상분포 무덤

그림 XV-3. 월배선상지 무덤 분포(그림 XIII-14와 동일)

역의 양상을 파악하기에 좋은 자료이다. 월배선상지 가장 북쪽은 월암리 입석이 분포하고 남쪽에는 진천동 입석(경북대학교박물관 2000)이 위치하는데 입석은 월배선상지 가장 외곽에 위치해서 큰 영역의 경계가 된다. 무덤의 분포를 보면 북동쪽의 상인동 87번지 유적(영남문화재연구원 2008)에서 남서쪽으로 향하는데 북서쪽으로 휘어져 대천동 511-2유적으로 향할 가능성이 있다. 대천동 511-2유적을 향해 호상으로 휘어지게 무덤이 배치되었을 것이다. 중간 부분 자료가 없어서 단언할 수 없지만, 남서쪽 끝 유천동 103유적(대동문화재연구원 2014)으로 향할 가능성도 배제할 수는 없다. 아무튼 잔존하는 이 중심열에 월성동지석묘 등 지석묘의 상석이 분포한다. 지석묘의 상석이 무덤열을 알리는 표상이 되었을 것이다. 월성동 600유적(대동문화재연구원 2013), 월성동 591유적(성림문화재연구원 2009), 월성동 498유적(경상북도문화재연구원 2009), 상인동 119-20유적(대동문화재연구원 2011)에 단독으로 혹은 2기씩 분포하는 무덤이 點狀으로 분포하는 소군집인지 아니면 기존의 북동-남서축에 직교하여 북에서 남으로 이어지는 또 하나의 열상분포열의 하나인지 명확하게 알 수 없다. 월배선상지라는 큰 범위 내에서 북동-남서향으로 이어지는 주축인 거대한 열상배치에서 직교하는 방향으로 갈라져 국지적으로 분포하는 열상 대군집일 가능성이 있다.

　사천 이금동유적 일대의 지석묘 분포에 대해서는 이미 김춘영(2015)이 교통로상에 무덤이 열상으로 분포한다고 하였다. 이금동유적 자체만으로도 열상분포하는 무덤군이 길이 160 m에 이른다. 그림 XV-4의 지도에서 지석묘는 와룡산 구릉의 끝자락을 따라 열을 이어 분포하는 것을 알 수 있다. 와룡산 자락에 지석묘가 16㎞에 걸쳐 이어진다고 하는데(김춘영 2015) 실제 지도의 북쪽인 진주쪽, 그리고 남동쪽의 고성쪽으로 계속 이어지는 것을 고려하면 수십 킬로미터 거리에 지석묘의 상석이 분포할 것이다. 단, 와룡산 일대 지석묘는 4~5㎞ 간격으로 2~3기의 지석묘 상석이 분포하는 사천·진주·고성지역보다 조밀하게 밀집되어 있다고 한다(경남고고학연구소 2003). 함안의 지석묘에 대한 연구에서 한두 개의 상석 아래에 10~20여 기 내외로 구성된 매장시설군이 존재한다고 하였는데(이성주 외 2022), 청동기시대 이후 유실된 상석을 고려한다면 사천에서 고성으로 이어지는 교통로 일대에는 매우 많은 무덤군이 분포하는 것을 짐작할 수 있다. 이금동 일대 무덤 배치 양상도 월배선상지와 공통점이 있다. 사천에서 고성으로 이어지는 주축열에서 덕호리 지석묘가 있는 곳에서 북쪽으로 석지리 지석묘, 석지리 지석묘Ⅱ, 석지리 지석묘Ⅰ 쪽으로 갈라진다. 주축열에서 열상으로 분지하는 모습을 보인다.

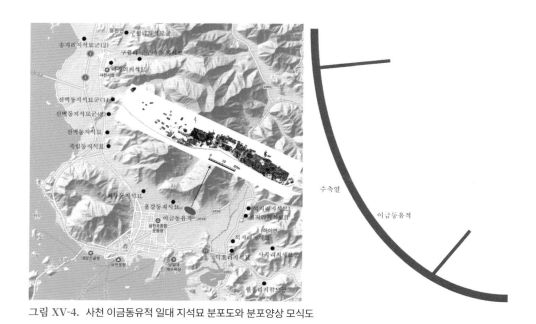

그림 XV-4. 사천 이금동유적 일대 지석묘 분포도와 분포양상 모식도

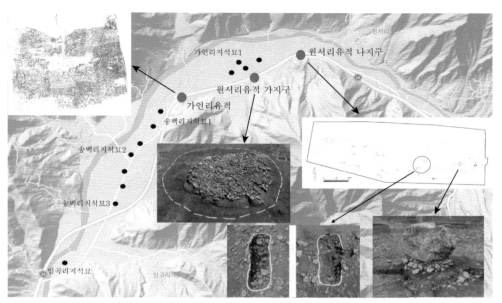

그림 XV-5. 밀양 가인리유적 일대 무덤 군집 양상

　밀양 가인리유적 일대의 무덤은 상류인 얼음골에서 남서쪽의 단장천으로 합류하는 동천을 따라 무덤이 열을 지어 분포한다. 단장천은 밀양강에 합류한다. 발굴조사는 가인리유적과 원서리유적(동서문물연구원 2012)이 실시되었지만 문화유적분포지도에 의하면 많은 지석묘가 분포한다. 그림 XV-5에서 지석묘는 상석이 있기에 지석묘로 알려진 것이기 때문에 원래는 훨씬 더 많은 무덤이 분포했을 것이다. 그림 XV-5의 가장 남서쪽 임곡리지석묘의 남서쪽으로 하천을 따라 가면 금곡리지석묘가 있으며 단장천이 밀양강에 합류하는 지점에는 금천리유적(경남대학교박물관 2016)과 살내유적(경남발전연구원 역사문화센터 2005)이 있다. 가장 동쪽의 원서리유적 나 지구에는 상석 3기와 석관묘 1기가 조사되었다고 보고되었다. 상석에 비해 매장주체부의 수가 적은데 필자는 수혈로 보고된 14기 대부분이 무덤일 가능성이 있다고 생각한다. 규모나 형태 등으로 볼 때 13기는 토광묘이다. 1기는 적석유구인데 역시 무덤일 가능성이 있다.[4] 가인리유적에서 상석 3기에 석관묘 13기가 2열로 배치[5]되었는데 원서리유

---

4) 무덤열에 있는 적석유구가 무덤일 가능성에 대해서는 필자의 구고(2017)에 언급되어 있다. 김동규(2012)는 이런 적석유구를 집석유구라 표현하고 대해 가묘일 가능성을 제시하였는데, 무덤과 관련있는 시설로 본 점은 필자의 생각과 동일하다.

5) 발굴조사 당시 크레인을 이용해 상석을 들어 올렸는데 지하에 매장주체부가 없고 상석 1기는 아

적 나 지구에는 상석 3기에 석관묘와 토광묘가 14기가 확인되었다. 상석과 무덤의 수에 어느 정도 규칙성이 있을 가능성이 있다. 원서리유적 가지구에는 원형의 적석유구 1기가 조사되었다. 직경 6m 내외로 점토를 깔아 정지한 후 그 위에 길이 4m 정도의 폭으로 돌이 깔려 있다. 시신 위에 돌을 얹어 짐승으로부터 주검을 보호하는 것은 중국에서는 신석기시대부터 행해진 방법이다(복기대 2016). 전세계적으로 행해진 장례 방법중 하나이다. 이 일대에서 조사된 가일리유적과 원서리유적을 통해서 볼 때가인리유적은 상석이 3기 있었는데 상석 주변으로 석관묘 13기가 2열로 배치되어 있는 것이 확인되었다. 이 무덤이 때로는 일렬로, 때로는 2열로 분포하고 중간중간 상석을 놓았다. 이 상석은 아래에 매장주체부가 있는 것이 아니라 이 일대에 무덤이 있다고 알리는 묘표석의 의미일 것이다.

4. 군집묘 배치 양상

본 절에서는 군집묘의 배치양상에 대해 살펴보겠다. 선행연구를 참고하여 어떤 배치상태를 이루는지 검토해 보겠다. 우선 전제로 돌이 드러나는 무덤과 폐기되면 매몰되어 흔적이 남아있지 않은 주거와 같은 생활 유구의 존속에 대해서 언급하고 논지를 전개하겠다.

1) 전제 : 동시기 존재의 의미(축조된 시기가 아님)

그림 XV-6. 대평리유적 밭과 석관묘

그림 XV-6은 대평리유적에서 조사된 밭 유구와 석관묘의 모습이다. 물론 그림은 석관묘가 후축이지만 당시 생활면이 많이 삭평되지 않았던 것을 알 수 있다. 석관묘가 선축이라고 하더라도 밭을 경작할 때 석관묘는 지상에 노출되어 있어 축조 당시가 아니더라도 후대 사람들이 그 존재를 인지하는 것이다.

지석묘에 대한 선행연구에 '기억'이라는 단어가 자주 등장한다(이성주 2012 · 2019; 김종일 2015). 지

래에 시멘트가 확인되어 모두 이동한 것으로 생각하였다. 그렇다 하더라도 바로 인근에서 이동한 것이며 애초에 매장주체부 직상에 상석이 놓였던 것은 아니다.

석묘뿐만 아니라 석관묘를 포함한 무덤은 주거가 폐기되어 사라지는 것과 달리 세월이 지나도 그 흔적이 생활면에 남아있기 때문이다. 주거는 폐기된 후 약간의 시간이 흐르면 구덩이가 매몰되어 그곳에 집이 있었다는 것 차도 전승되지 않는데 반해 지석묘나 석관묘는 상석이나 묘역 혹은 개석과 같은 시설 때문에 세월이 지나고 후손들에게 그 존재감을 드러내는 것이다. 즉 주거와 함께 동시기에 존재했었다는 것이 반드시 축조된 시간만을 의미하는 것이 아니다. 한번 축조된 무덤은 마을이 완전히 붕괴되지 않았다면 그 시기와 이후의 모든 주거와 동시기라고 사고해야 한다. 이 점을 전제로 다음 절에서 청동기시대 군집묘의 양상에 대해 검토하겠다.

2) 군집의 양상

무덤 분포 패턴에 대해 조미애(2016)는 선상형 · 환상형 · 부정형으로, 마이크 파커 피어슨(이희준 역 2009)은 선형적 확대유형 · 동심형 확대유형 · 분단 확대유형으로 구분하였다. 조미애는 청도 화리유적과 대천동 511-1번지 유적의 사례를 들어 국지적인 환상형과 선상형이 동일한 묘역조성방향 내에 포함되는 것으로 설명하였는데, 광역의 범위에서 본다면 열상으

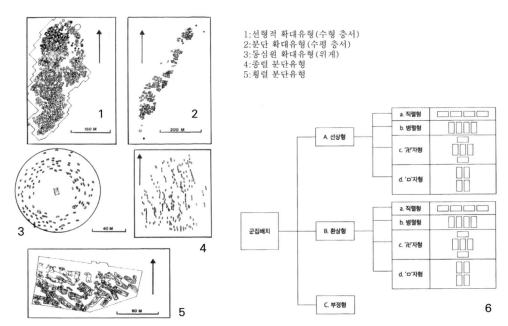

그림 XV-7. 마이크 파커 피어슨의 군집양상(1~5)과 조미애의 군집 양상 모식도(6)

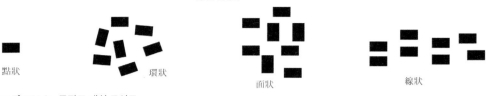

線形配置

點狀   環狀   面狀   線狀

그림 XV-8. 군집묘 배치 모식도

로 배치된 것이라고 할 수 있다. 마이크 파커 피어슨은 무덤군이 확대되는 패턴을 설명하였는데 시조묘에서 한 방향으로 일률적으로 확대되는 것을 상정한 것이라서 우리나라 청동기시대 무덤배치와는 차이가 있다. 하지만 최종적인 무덤 배치 결과만을 본다면 청동기시대 무덤 배치는 선형적 확대유형과 무덤군 사이에 공백이 있는 분단 확대유형이 결합된 모습이라 할 수 있겠다. 결국 우리가 생각하는 열상배치의 형태이다. 그의 동심원 확대유형은 중앙의 우월한 무덤을 중심으로 배치되는 것이기 때문에 우리나라 청동기시대 무덤에서는 볼 수 없다. 두 연구자가 배치 패턴을 바라보는 기준과 의미가 다르지만, 군집묘의 분포 양상을 이해하는데 도움이 되기 때문에 참조하여 청동기시대 무덤 분포를 검토하겠다.

발굴조사가 이루어진 곳의 면적이 좁은 경우에는 군집의 여부, 군집 양상을 명확하게 알 수 없다. 때로는 點狀으로, 때로는 線狀으로, 때로는 面狀으로 분포하는 것처럼 보이지만 넓은 범위에서 보면 點·線·面이 결합된 형태이다. 궁극적으로 선형 배치지만 어느 정도 그룹이 있고 약간의 공백 후에 다시 무덤군이 축조되는 형태이다. 마산 진동유적(경남발전연구원 역사문화센터 2011)은 열상배치에서 벗어나 묘구 내에서 몇 개의 대단위 군집을 이루는데(윤호필 2013b) 유적 내에서 본다면 분단확대형이지만 거시적으로 볼 때 선형 배치라고 할 수 있다.

선형확대가 수평층서가 만들어내는 구조라면(마이크 파커 피어슨(이희준 역) 2009) 청동기시대가 평등사회라는 견해와 부합한다. 이에 비해 동심원 확대유형은 위계를 나타낸다고 한다. 조미애(2016)의 기준에 의하면 대구 신서동 B-1구역(한국문화재보호재단 2012), 청도 화리유적Ⅰ-A군(한국문화재보호재단 2013)이 환상배치인데, 하지만 위계의 중심이라고 단정할 수 있는 무덤이 뚜렷하게 부각되지 않아 마이크 파거 피어슨(이희준 역 2009)이 얘기한 동심형 확대유형과는 차이가 있다. 그림 XV-9의 청도 화리유적은 2호 지석묘를 중심으로 환상으로 배치된 것으로 보인다. 하지만 위계를 보여주는 환상배치와는 차이가 있다. 마이크 파커 피어슨의 환상배치는 중심에 있는 우월한 무덤이 먼저 축조되고 이후에 그 무덤 주위로 배치되는 양상이다. 그런 배치라면 청도 화리유적에서 2호 지석묘가 제일 먼저 축조되어야 하는데 그

림 XV-9와 같이 2호 지석묘가 규모가 커
서 상대적으로 우월한 무덤이라고 하더라
도 3단계에 축조되었기 때문에 결과적으
로 2호 지석묘를 중심으로 한 환상배치로
보일 뿐이다. 이것은 대구 신서동 B-1구역
무덤군도 마찬가지이다. 환상배치 형태로
보이는 무덤군 역시 조미애(2016)의 지적과
같이 광역의 범위에서 보면 선형배치된 무
덤군의 일부일 가능성이 있다.

그림 XV-9. 청도 화리유적 배치도와 축조 순서

　시조묘가 먼저 축조되고 난 후 시조묘
에서 양 방향으로 축조되있을 것이다. 그
러나 동→서 혹은 서→동이라는 한 방향으로 축조된 것은 아닌 것 같다. 필자가 이금동유적
지석묘를 조사할 당시 연접한 묘역에 세워진 포석이 놓인 양상을 관찰하여 무덤 축조 방향
을 파악하고자 하였다. 포석 사이에 놓인 돌을 들어내면서 혹은 연접한 포석은 덧붙인 부분
에 놓인 돌을 관찰하였으나 일률적인 방향의 흐름을 보여주지 않았다. 하지만 이금동유적
조사구간에서도 가장 선축된 무덤은 분명히 있었을 것이다. 그 무덤을 중심으로 한 쪽 방향
으로 일률적으로 축조된 것이 아니라 중간 중간 點狀으로 축조되어 발굴 결과와 같이 선형

적으로 배치된 것으로 보
인다. 이미 선행연구(배덕
환 2015; 조미애 2016; 이성주
외 2022)에서 지적했듯이
산발적으로 축조되어 최
종적으로 선형배치의 형
태로 보이는 것이다.

　무덤 배치 중 장축방
향의 차이에서 의미를 찾
으려고 노력한다. 구릉에
위치하는 유적은 장축방
향이 등고선에 직교하는
경우와 평행하는 경우로

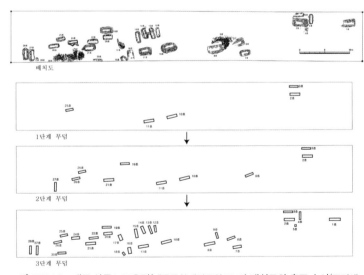

그림 XV-10. 대구 상동1-64유적(세종문화재연구원 2012) 배치도와 축조 순서(조미애
2016에서 수정)

그림 XV-11. 장축방향이 직교하는 무덤

나뉘고, 평지에 위치하는 유적에서는 하천이 흐르는 방향과 나란하거나 직교하는 경우로 나뉜다. 장축방향이 직교하는 차이를 무덤 축조 집단의 차이나 망자의 출자 집단의 차이라고 하지만 납득하기 어려운 면이 있다. 대체로 어떤 기준과 직교하거나 나란한데, 청동기시대 어느 지역이나 집단이 두 개밖에 없었을까. 두 가지로 나누어지는 것 중에 가장 먼저 떠오르는 것이 성별의 차이인데, 고고학적 증거는 없다. 축조 시기의 차이라고도 하지만 그렇다면 중복된 경우가 있었을 것인데, 마치 직소퍼즐을 맞추듯이 빈 공간에 적절하게 무덤이 배치된다. 그렇다면 축조할 때 무덤 공간 활용의 편의를 우선으로 두었던 것으로 생각된다. 분명히 어떤 의미가 있었겠지만 현재로서는 직교하는 무덤이 가지는 차이의 의미를 알 수 없다.

청동기시대에 주거공간과 묘역공간이 분리되었다고 하지만 우리가 가진 커다란 선입견이 아닐까 싶다. 실제 신석기시대 가덕도 장항유적(한국문물연구원 2014)이나 연대도패총(국립진주박물관 1993), 춘천 교동 동굴유적, 울진 후포리유적(국립경주박물관 1991) 등을 고려하면 신석기시대는 명확하게 무덤공간과 주거공간이 분리되어 있지만, 청동기시대는 하나의 마을 내에 무덤공간과 주거공간이 공존한다. 배타적으로 상대의 영역을 침범하지 못하는 정도로 폐쇄적이지 않았다. 뿐만 아니라 가옥장이 이루어졌다면 생활 공간 내에 무덤이 있는 것이다. 즉 열상배치속에 포함되는 무덤과 그 배치에 포함되지 않는 무덤이 별도로 존재하는 것이다. 주거공간이건 무덤공간이건 모두가 늘 이용하는 생활공간의 일부인 것이다. 그 공간 속에 무덤은 결코 죽음의 공간이 아닌 생자의 활동공간으로 활용되었을 것이다. 이 부분은 군집묘의 기능에서 부연하겠다.

5. 무덤 피장자의 서열

필자는 청동기시대 사회가 아직까지 불평등사회의 지배자가 등장하지 않고 지도자가 마

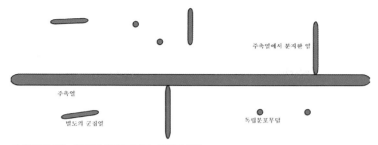

그림 XV-12. 월배선상지 군집묘 패턴 모식도

을을 리더하는 평등사회라고 생각한다. 평등사회라고 하더라도 청동기시대 전기의 村長, 후기의 族長이 있었다면 어느 정도의 차이는 생활에 반영되었을 것이다. 물론 이 차이가 계층을 의미하는 것은 아니다(이재현 2016).

대구 월배선상지 일대의 무덤 분포를 모식도로 나타내면 그림 XV-12와 같다. 거대한 주축열이 있고, 주축열에서 분지한 소규모의 선형 군집열이 있다. 또, 주축열에서 분지하지는 않았지만 주축열과 별도로 조성된 무덤열이 있을 것이다. 그 외 독립으로 분포하는 무덤이 있는 구조이다. 이때 분지하거나 별로도 분포하는 무덤열이 기존의 큰 친족 집단으로부터 분리해 나간 동족분화를 나타내는 건지(마이크 파커 피어슨(이희준 역) 2009) 또, 독립적으로 분포하는 무덤의 피장자는 어떤 존재인지 현재로서는 알 수 없다.

청동기시대 전기의 마을인 촌락의 지도자를 촌장, 후기 마을인 읍락의 지도자를 족장이라고 한다면(이청규 2019; 이수홍 2023) 전기의 소군집을 이루는 무덤의 피장자는 촌장의 무덤일 가능성이 높다. 주거와 무덤의 수를 감안하면 후기에 비해 무덤을 축조할 수 있는 대상이 매우 제한적인데 그만큼 땅을 굴착하여 지하에 시신을 안치하는 형태의 무덤 축조가 일반화되지 않았던 것을 의미한다.

후기의 족장과 촌장의 무덤은 열상으로 배치된 주축열에 묻힌 피장자일 것이다. 주축열을 따라 인근에 중심 마을이 있고, 따라서 자연스럽게 중심 마을의 족장 무덤이 주축열을 이루게 되었을 것이다. 청동기시대 후기에는 열상무덤에 속하는 무덤에 묻히는 자, 열상무덤에 포함되지 않는 무덤에 묻히는 자, 가옥장이나 다른 형태로 시신이 처리되는 자로 구분되는건 아닐까. 가옥장으로 변용된 주거나 적석된 주거와 우리가 일반적으로 알고 있는 무덤인 지석묘나 석관묘와 차이는 후대 사람들이 그 존재를 알 수 있는지 그렇지 않은지의 차이라고 생각된다. 가옥장은 돌발적으로 생겨난 것으로 애초 무덤 혹은 마을 구성의 기획에서 제외된 유구이다. 가옥장은 주거 폐기 후에 구덩이가 매몰되면 그것이 무덤이었다는 흔적이 곧 사라지지만 지석묘나 석관묘는 후대까지 무덤으로서의 위용을 나타내며 경관으로서 존재감을 유지한다.

6. 군집묘의 기능

본 절에서는 개별 무덤의 기능이 아닌 군집 결과로서의 기능과 축조 의미에 대해 살펴보 겠다. 우선 군집된 무덤의 정서적인 기능과 경관으로서 갖춘 기능을 검토해 보고, 취락 내에 서의 기능은 어떤 점이 있는지 나누어서 살펴보겠다.

1) 경관으로서의 기능

개별 무덤은 시신 안치 외에도 피장자를 적극적으로 드러내어 지속적으로 의례 장소로 이용되면서, 지도자의 권위를 정당화하였을 것이다(윤호필 2009; 이성주 2012). 눈앞에 있는 현재의 건축물을 통해 경험되는 현재보다는 상상되는 과거 쪽을 더 많이 이야기한다(마이크 파커 피어슨(이희준 역) 2009).

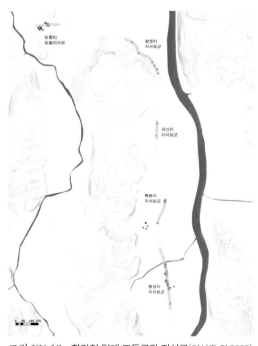

그림 XV-13. 함안천 일대 교통로와 지석묘(이성주 외 2022)

무덤이 군집되어 있으면 개인보다도 우리라는 공동체 의식, 소속감이 더 고조될 수 있다. 친족 개념이 강화되고, 개인이 속한 공동체의 범위가 넓어진다. 공동체 내에서 뿐만 아니라 공동체간 정서적 통합에 기여할 것이다.

강을 따라 혹은 구릉 끝자락이 평지와 맞닿는 곳에 지석묘가 분포하는데 현재의 교통로와 비교적 일치하는 것을 알 수 있다. 그림 그림 XV-13은 함안천 일대 교통로와 지석묘를 나타낸 것이다(이성주 외 2022). 청동기시대에도 지석묘가 분포하는 곳을 따라서 사람들이 이동했다는 것을 짐작할 수 있다. 당시 사람들의 이동길이 현재의 구 국도나 지방도와 유사하

다. 즉 넓은 의미의 교통로로 이용되었다(
김춘영 2015; 이성주 외 2022). 지석묘가 교통로
상에 분포한다는 것은 이미 알려진 사실이
다(이영문 1993). 어쩌면 지석묘의 상석이 육
지의 등대와 같은 역할을 했을 수도 있겠
다. 흐린 날이나 비오는 날 별자리는 보이
지 않지만 상석은 늘 그 자리에 있기 때문
에 길잡이의 역할을 충분히 했을 것이다.

진주 이곡리유적(동아세아문화재연구원
2010)은 환호 외부에 무덤이 집중적으로
군집되어 있다. 마을을 지키는 벽사의 역
할도 하였을 것이다. 이런 사례는 진주 가
호동유적도 동일하다. 가호동유적은 환
호 외곽에 바로 앞에 대형묘역식지석묘가
분포한다. 환호 출입구 밖의 대군집묘는

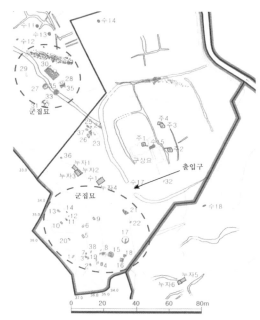

그림 XV-14. 진주 이곡리유적 군집묘와 출입구

마치 환호 내부를 수호하는 듯이 분포한다. 환호 내부의 사람들은 무덤을 보호 관리하고 무
덤군은 환호 내부 사람들을 정서적으로 보호하였을 것이다. 무덤은 죽은 자에 대한 경외의
대상이었겠지만 결코 죽음의 공간이 아니라 산 자들에게 활용된 것을 알 수 있다.

2) 마을 내 이동통로

마을 내에서의 군집묘는 숭배의 대상, 의례 장소의 역할과 함께 사람들이 다니는 이동통
로로 이용되었을 가능성이 있다. 이 부분은 대상 유적에 대해 상세하게 설명할 필요가 있다.

(1) 진주 대평리 옥방 1지구(경남고고학연구소 2002)

우선 진주 대평리유적 옥방 1지구의 사례이다. 옥방 1지구 환호 중 가장 외곽에 있는 G환
호의 서쪽 출입구 내외로는 무덤(그림 XV-15의 푸른색)이 2열로 환호와 직교하게 축조되어 있다.
발굴 당시에는 환호와 중복관계라고 생각했지만 환호와 동시기에 존재했을 가능성이 높
다. 환호가 후축되었다 하더라도 선축된 무덤은 환호 축조 당시에도 지상에 노출되어 있었
을 것이다. 그림 XV-15와 같이 환호 내측에서 목책이 확인되었는데 목책이 있는 곳을 따라

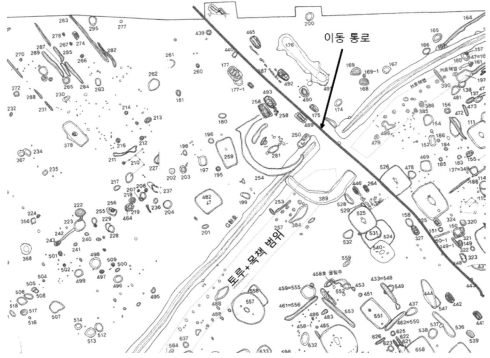

이동 통로

그림 XV-15. 진주 대평리유적 옥방 1지구 환호와 무덤 배치

토루(그림 XV-15의 회색 망 부분)가 설치되었을 가능성이 있다. 환호 출입구 바로 바깥에 있는 175호, 489호 무덤과 환호 내측에 가장 가까이 있는 446호, 264호 무덤 사이 공간에 공교롭게 다른 무덤이 없다. 출입구를 포함한 환호와 토루가 있는 범위에 무덤이 축조되지 않았다는 것은 무덤과 환호가 서로의 존재를 의식하였던 것이고 그것은 동시기일 가능성이 매우 높다는 것을 말해준다. 무덤 2열의 폭은 환호 출입구의 폭과 큰 차이가 없으며 환호 방향과 정확하게 직교한다. 무덤 2열 사이의 공간을 사람들의 이동로로 활용하였다고 생각한다.

(2) 일본 산나이마루야마유적(日本國立歷史民俗博物館 2001)

시간적으로 공간적으로 먼 일본에도 죠몽시대 대표 집락 유적인 산나이마루야마유적에서 이동로 양쪽에 무덤이 배치된 사례가 있다(日本國立歷史民俗博物館 2001). 중앙 광장에 대형 수혈주거와 굴립주건물군이 있는데 그곳으로 통하는 세 갈래의 이동로 양쪽에 모두 무덤이 축조되어 있다. 무덤은 토광묘와 배석묘이다. 당시 사람들의 체격을 고려하면 무덤 열 사이 정도의 공간은 충분히 사람들이 지나다닐 수 있는 폭이 된다. 토광묘의 경우 장축방향이 우리와 반대로 이동로 방향과 병렬로 나란한 것이 다르다. 중앙광장으로 통하는 길이 아닌 이동로 양쪽에도 무덤이 축조된 것으로 볼 때 산나이마루야마유적에서는 무덤을 이동

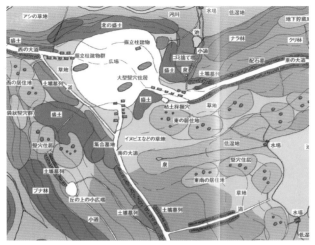

그림 XV-16. 산나이마루야마유적 복원도(일본국립역사민속박물관 2001)

로 양쪽에 축조하는 것이 일반적인 관습이었던 것 같다.

(3) 진주 가호동유적(동서문물연구원 2011)

진주 가호동유적도 동일하다. 환호 출입구 외곽에 묘역식지석묘가 5~8m 간격을 두고 마주 보고 있는데 묘역식지석묘 사이의 공간은 환호 출입구의 폭과 거의 비슷하며 방향 또한 일치한다. 환호 출입구 외부에서는 양쪽 묘역식지석묘가 마치 돌벽과 같은 역할을 하였을 것이다. 이 길을 지나는 사람은 누구나 양 옆 무덤 피장자에 대한 경외감을 느꼈을 것이다.

문제는 이동통로에 해당되는 길목에 5기의 무덤이 분포한다는 점이다. 그런데 이 무덤들은 모두 지하 깊은 곳에 축조되어 개석 상부가 지상으로 노출되지 않는다. 그림 XV-17과 같이 이동 통로에 있는 무덤의 하나인 19호는 개석이 현재 발굴면보다 0.5m 아래에 있어 보행에 지장이 없다. 환호 내측 이동 통로에 있는 30호는 개석이 지표면 바로 아래 있는 것처럼 보이지만 보고서를 보면 30호 주변은 주변 지역보다 깊게 굴착한 것을 확인할 수 있다. 즉 30호 역시 유구의 최상면이 당시 생활면보다 적어도 0.5m 이상 아래에 있는 것이다. 출입구를 사이에 두고 서쪽 환호가 동쪽 환호에 비해 폭이 좁고 서쪽으로 갈수록 더 좁아진다. 이곳은 청동기시대 당시의 생활면보다 원지형이 그만큼 삭평되었기 때문이며 그렇다면 이동 통로에 있는 무덤도 현재의 발굴면보다 원래는 더 아래 있어서 보행에 지장이 없는 것을 알 수 있다.

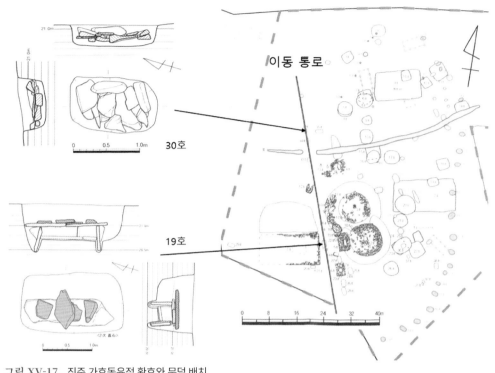

이동 통로

30호

19호

그림 XV-17. 진주 가호동유적 환호와 무덤 배치

(4) 마산 망곡리유적(경남발전연구원 2009; 우리문화재연구원 2010)

다음은 마산 망곡리유적을 살펴보겠다. 망곡리유적은 경남발전연구원이 남쪽 구역, 우리문화재연구원이 북쪽 구역을 조사하였는데 양쪽 모두 환호와 무덤열이 확인되었다. 환호는 서로 이어진다. 남쪽 구역은 환호의 출입구 사이로 2열의 무덤열이 통과하는데 옥방 1지구와 동일한 양상이다. 그런데 그림 XV-18의 남쪽 출입구는 석관묘 2기와 중복되었는데 석관묘가 환호를 파괴하고 설치되었다. 따라서 보고자는 환호 내에 있는 주구묘 단계→환호 단계→석관묘 단계로 구분하였다. 석관묘의 시상석 아래에서 환호의 어깨선이 확인되었기 때문에 중복관계는 명확하다. 하지만 환호와 석관묘의 관계를 전향적으로 고려해 볼 필요가 있다. 망곡리유적의 환호는 폭이 좁고 깊이가 얕다. 구릉지에 위치하기 때문에 한 번의 폭우에 완전히 매몰될 수 있다. 내부에 작은 돌이 많이 확인되는 것도 그런 이유일 것이다. 그만큼 보수와 재굴착이 자주 이루어졌을 것이며 그러면서 환호의 출입구가 최초 굴착 당

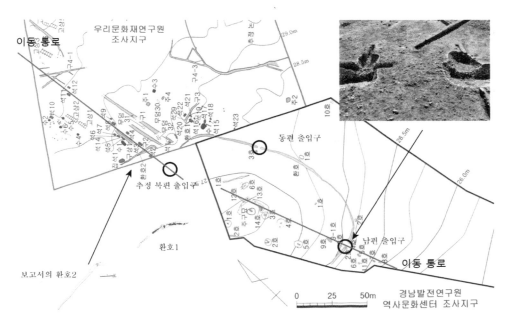

그림 XV-18. 마산 망곡리유적의 환호와 무덤 배치

시보다 넓어졌을 수 있다.

　북쪽의 우리문화재연구원 조사구역에서 조사된 환호는 중간 부분이 교란되어 양쪽을 각각 환호 1과 환호 2로 보고되었다. 그런데 환호 1과 환호 2는 나란한 방향이 서로 20여 미터나 될 정도로 연결되는 형태가 어색하다. 또 환호 2는 평면형태가 호형이 아니라 직선이다. 환호 1의 서쪽 진행방향은 후대에 유실되었고, 환호 2는 환호 1과 연결되는 것이 아니라 인근에 있는 구 시설과 동일한 성격의 유구일 가능성이 높다. 그렇다면 환호 외곽에 있는 2열의 무덤 진행방향은 환호 2를 관통하는 것처럼 보여도 실제로는 북쪽에 있는 환호 출입구쪽으로 이어질 것이다. 현재 경남발전연구원 조사구역에서 남쪽 출입구, 동쪽 출입구의 위치를 보면 북쪽에 남쪽 출입구와 대칭되는 곳에 출입구가 있을 것인데 무덤 진행 방향과 일치한다. 즉 망곡리유적도 대평리유적이나 가호동유적과 같이 2열의 무덤 사이 공간이 이동통로로 이용되었을 가능성이 높다.

　이상 영남지역의 세 유적과 일본 아오모리현에 있는 죠몽시대 유적의 예를 들어 2열로 군집된 무덤이 사람들의 이동통로로 이용되었을 가능성을 살펴보았다. 앞서 언급한 진주 이곡리유적의 환호 출입구 외곽에도 무덤이 군집되어 있는데 벽사의 역할과 함께 출입을 위한 이동통로로 이용되었을 것이다. 앞으로 이런 사례의 증가를 기대해 본다.

7. 군집묘 축조 의미

무덤 축조가 증가하였다는 것은 더욱 많은 사람이 땅에 묻혔다는 것인데 군집묘가 축조되는 것은 무엇보다 정착생활이 본격적으로 시작되었다는 것을 의미한다. 공동묘지는 일정한 영역을 가지는데, 정주 농민들이 자신들의 영역 경계 위나 안에 묘지를 설치함으로써 그 영역에 대한 권리를 상징적으로 나타낸다고 한다(마이크 파커 피어슨(이희준 역) 2009).

한 장소에 무덤이 지속적으로 축조되는 것은 망자의 후손이 계속 현재의 장소에서 생활할 것이라는 확신이 있어야 가능하다. 무덤의 관리와 의례활동이 지속적으로 이어지는 것이 전제되어야 하기 때문이다. 수렵채집민이 이동생활에서 외관이 뚜렷하게 드러나는 무덤을 만들지 않는 것과 반대되는 이유이다.

정착생활은 농경문화가 안정적으로 보편화되었다는 것이다. 물론 중국의 작물 기원지에서는 정주성과 식물재배가 거의 동시기에 출현하였으나 2차 파급되는 주변 지역에서는 정주가 농업에 우선한다는 견해가 있다(안승모 2006). 하지만 정주가 우선한다고 하더라도 곧 작물 재배를 수용한다고 한다. 정주와 작물재배의 시간적 차이가 크지 않을 것이다.

일정한 곳의 경작지가 매년 작물 수확으로 이용되고 그 작물이 생계를 유지하는데 부족하지 않다면 굳이 이동할 필요가 없다. 수렵채집 사회는 집단의 규모가 작고, 한 사람의 리더만으로도 운영이 가능했겠지만, 정착농경 사회는 공동노동이 필요한 일이 많고 자연스럽게 집단의 규모가 커지게 된다. 타인의 노동을 이용해 자신의 노동을 최소화하려는 사람들이 생겨나기 시작하면서 점차 수렵채집 사회에 비해 훨씬 많은 권위를 가진 지도자가 등장하게 되고 지배층이 형성되기 시작한다. 그러면서 지도자의 권위를 강화·합리화하기 위해 허구가 가미된 신화가 만들어지고, 점차 조상에 대한 숭배가 시작된다. 그렇게 기념물로서의 무덤 축조가 시작되는 것이다. 무덤은 권위를 고양하기 위한 숭배라는 조건에 필수적인 요소인데 군집묘는 그러한 숭배가 지속적으로 이어졌다는 것을 의미한다.

8. 맺음말

호모사피엔스가 출현한 이후 대부분의 기간 동안 이동생활을 하였고 정착생활을 한 것은 극히 짧은 기간이었다. 우리나라로 한정한다면 안정적⑺인 정착생활을 한 기간은 대략 기원전 1,000년 전부터 20세기까지 약 3,000년 정도이다. 한편으로는 짧지 않은 시간이라고 할 수 있겠지만 구석기시대가 약 50만 년 전에 시작되었다면 우리나라에 사람이 살기 시작한 이래 정착생활 기간은 약 0.6%의 시간일 뿐이다.

지금 우리는 다시 이동생활을 하기 시작하였다. 선사시대 인간이 식량을 찾아 이동했다면 이제는 직업을 찾아서 직장을 따라 이동한다. 현재가 정착생활이 이동생활로 바뀌는 전환기가 아닐까 싶다. 지금 우리의 모습이 이동생활인지 정착생활인지 기준에 따라 다르게 느낄 수 있겠지만 적어도 무덤을 만들지 않을 정도인 것은 확실하다. 현대사회 장례 절차에서 매장에 비해 화장의 비율이 급격히 높아지는 것도 정책적인 면과 함께 이렇게 우리 생활 패턴이 변한 것이 큰 원인이다. 필자는 현재 울산에 살고 있는데 후손이 울산에 계속 살 가능성은 극히 낮으며, 그렇다면 당연히 무덤을 축조하지 않을 것이다.

정착생활이 이동생활에 비해 풍요롭고 안정적이라고 알고 있었지만, 요즘은 그렇지 않다는 견해가 많다(재레드 다이아몬드(김진준 역) 1998; 유발 하라리(조현욱 역) 2015; 제임스 C 스콧(전경훈 역) 2019). 정착농경생활은 기상학화에 너무나 무력하다. 한 해 농사가 수확기 한 번의 태풍으로 망쳐진다. 또, 최근 코로나19 사태를 겪었듯이 전염병에 너무 취약하다. 노동의 강도가 높고, 세금 징수의 의무를 져야 한다. 권력자가 나타나 사람들 간의 관계는 불평등해지고, 전쟁, 학살, 약탈에 노출된다.

정착농경생활은 이동생활에 비해 결코 풍요롭지 않았고, 오히려 일반인들에게는 힘거운 생활의 시작이었을 것이다. 군집묘는 호모사피엔스가 이런 고달픈 생활을 시작하게 되었음을 알리는 가장 상징적인 고고학적 증거이다.

※ 본 장에서 소개한 유적 중 이금동유적, 대평리유적, 가인리유적의 발굴조사에 참여하였다. 모두 1999년도의 일이다. 참 많은 동료들과 함께 했다. 그때 같은 직장에 있었던 분 들 중 김명진, 황창한, 김현식 세 분은 아직까지 같은 직장에서 동고동락 중이다. 청춘의 시기를 넘어 중년까지 함께하고 있다. 필자에게 대단한 이력이 있는 것은 아니지만, 오늘이 있기까지 많은 도움을 준 분들이다. 늘 감사한 마음을 가지고 있다.

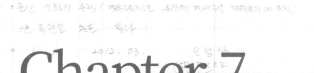

Chapter 7

무덤 - 군장

울산 교동리유적 1호 목관묘 출토 동과

 군장묘의 등장과 변화상

영남지역 무덤자료를 검토하여 군장묘의 등장 및 변화상을 검토하였다. 불평등사회의 지배자라는 뜻을 함축한 '君長'은 초기철기시대에 등장하였다. 『三國志』魏書 東夷傳의 기사, 철기의 제작 및 보급, 공동체가 아닌 1인을 위한 무덤 축조, 지역단위를 넘어선 정치적 교역활동의 시작을 군장 등장의 근거로 제시하였다.

청동기시대 후기가 되면 무덤이 군집하여 공동묘지화 되고 또, 거대한 묘역식지석묘가 축조된다. 계층화가 전기에 비해 심화되지만 혈연과 지연으로 뭉쳐진 공동체 사회의 성격을 유지하였을 것이다. 거대 무덤 축조 역시 피장자 1인을 위한 것이 아닌 공동체의 무덤이라는 성격이 강하다. 지배자로서의 군장 무덤이 아닌 혈연에 바탕한 족장의 무덤인 것이다. 족장의 무덤은 지역별로 차이가 있는데 경남지역은 거대한 묘역식지석묘이고, 대구지역은 장신의 마제석검이 부장된 무덤이다.

초기철기시대 군장의 무덤은 재지민의 문화를 바탕에 둔 지석묘집단과 세형동검문화를 보유하고 남하한 목관묘집단으로 대별된다. 지석묘집단의 수장묘는 김해 구산동유적, 창원 덕천리유적과 같이 거대한 묘역식지석묘 1기만이 소형묘와 같이 분포하는데, 공동체의 무덤이라는 의미 보다는 1인을 위한 무덤이라는 성격이 강하다. 지석묘집단의 군장과 목관묘집단의 군장은 공존하였으나 목관묘를 축조하는 군장이 급격하게 확산된다.

영남지방에서는 기원전 3세기에 목관묘가 출현하고 2세기에 철기가 부장되기 시작한다. 기원전 1세기가 되면 목관묘가 군집화하고 漢式유물이 부장되기 시작하는데 이때가 지배층이 형성되고 청동기시대가 완전히 종언하는 시점이다.

경남지역은 낙동강 하류역에 군장묘가 집중하고, 대구·경북지역은 울산-경주-영천-경산-대구를 잇는 교통로에 군장묘가 등간격으로 분포한다. 군장의 정치적 대외교섭권이 강화되었기 때문이다.

1. 머리말

불평등사회의 지배자인 군장의 출현 시점에 대해서는 다양한 견해가 있다. 최몽룡은 지석묘가 계급사회의 산유물이기 때문에 청동기시대가 족장사회라고 하였는데, 그가 족장사회로 제시한 근거는 실제 초기철기시대 혹은 원삼국시대의 양상에 가깝다. 대형 묘역지석묘가 출현하고 비파형동검이 부장되는 청동기시대 후기(송국리단계)에 군장이 등장하였다는 견해(李東熙 2002; 김권구 2005; 安在晧 2006)도 있고, 세형동검이 부장된 목관묘가 출현하는 초기철기시대에 등장하였다는 견해(李在賢 2003; 김승옥 2006b; 이청규 2010; 李熙濬 2011)도 있다.[1]

본 장에서는 영남지역에서 군장이 언제 출현하는지를 살펴보고, 무덤에 반영되는 군장의 징표는 어떤 것이 있는지 검토하겠다. 또, 군장묘의 변화상을 검토하면서 앞 시기와 다른 분포 특징도 함께 살펴보겠다.

군장묘 등장 이전의 무덤에서 보이는 계층화의 양상과 지역적인 차이점도 함께 검토하겠다.

청동기시대와 초기철기시대는 무덤(군)과 주거(군)의 규모를 단순 비교한다면 오히려 계층화가 진행되었다고 믿기 어려울 만큼 시각적으로 지속적인 변화상을 보이지 않는다. 청동기시대의 진주 대평리유적과 초기철기시대의 사천 방지리유적을 비교한다면 오히려 대평리유적이 더 계층화된 사회의 이미지를 보이는 것 같다. 따라서 어떤 무덤이 군장묘인가를 파악하여 군장의 등장 시점을 유추하는 것이 바람직하지만 현실적으로 어려운 면이 있다. 본 장에서는 군장이 언제 출현하였는가를 먼저 검토하여 군장묘의 양상을 파악하는 방법으로 접근하겠다.

2. 군장 등장의 지표와 시점

인류가 집단생활을 시작한 이래 완전한 평등사회는 실제로 존재하지 않았을 것이다. 하지만 우리가 구석기 · 신석기시대 · 청동기시대(?) 사회를 평등사회라고 하는 것은 불평등이 제도적으로 뒷받침되지 않았기 때문이다.

---

1) 군장 발생 시점에 대해 서로 견해가 다른 연구자들도 청동기시대 후기(송국리문화 단계)의 이미지는 동일한 경우가 있다. 그것은 '수장', '군장', '족장', '유력개인' 등 우두머리를 지칭하는 용어에 대한 인식 차이일 수도 있다. 이러한 용어에 대한 필자의 견해는 XIV장 2절에 언급하였다.

구석기시대 이후 신분제도가 폐기되는 근대국가 성립 전까지 지속적인 계층화의 과정을 밟아 왔다고 할 수 있겠다. 무덤에서 보이는 계층화의 양상은 규모로 드러나기도 하고, 위세품과 같은 부장 유물로 표현되기도 한다. 새로운 무덤문화가 등장한 후 세월이 흘러 또 다른 무덤문화가 등장할 때까지 부장품이 풍부해지고 무덤 자체의 규모는 물론이고 무덤군의 규모가 커지는 방향성을 보인다.

무덤에서 보이는 이러한 계층화의 양상은 그림 XVI-1과 같이 정치적으로 국가의 행정체제가 완성될 때 약화되고, 종교적으로 불교가 유입되면서 점차 사라진다고 할 수 있다.

평등사회와 불평등사회(계층사회)의 주요 특징에 대해 박양진(2006)과 김권구(2011)는 다음과 같이 대응되는 안을 제시하였다.

수평적 차별화-수직적 계층화, 사회적 분화(남녀노소)-불평등의 제도화, 임시지도자-세습수장(지배자), 획득적지위-귀속적지위, 호혜적교환-재분배, 임시 수공업자-전업 수공업자, 경제적 분화(성별 및 기능적 분업)-경제적 전문화.

이 외에도 권위-권력, 지도자-지배자(李熙濬 2011), 공동중시형-개인중시형(李在賢 2003), 유력개인-수장 등 두 사회의 성격을 함축하는 다양한 용어와 분류기준이 있다. 문제는 분류기

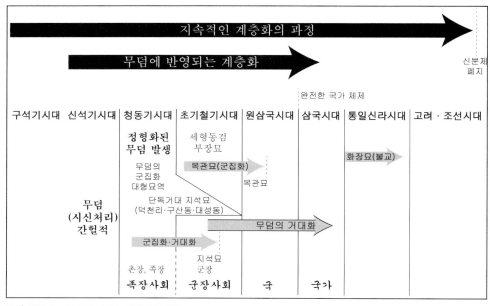

그림 XVI-1. 무덤에 보이는 계층화의 양상

준에서 언급한 개인적·사회적 양상을 유구·유물이라는 고고학적 증거에 직접적으로 대입하기 어렵다는 점이다. 지석묘와 석관묘, 목관묘라는 유구 혹은 그 유구에서 출토된 석검, 석촉, 적색마연토기, 세형동검 등을 통해 당시 사회의 다양한 계층화 양상을 떠올리는 것이 쉽지 않다. 또 청동기시대 혹은 신석기시대에도 계층사회의 면모가 보이기도 하고, 초기철기시대와 원삼국시대에도 위에서 제시한 불평등사회의 세부 사항을 모두 적용할 수 없는 부분이 있다. 무덤의 규모와 밀집도, 위세품, 취락의 양상 등 유구·유물에서 보이는 역동성과 버라이어티한 면을 고려한다면 청동기시대가 초기철기시대보다 더 계층화된 사회로 보일 정도이다.

현 상황에서 군장의 출현시점을 파악하기 위해서 문헌 사료를 참조하는 것도 하나의 방법이다. 역시 당시의 기록인 『三國志』 魏書 東夷傳을 참고할 수 있다. 『三國志』 魏書 東夷傳의 기사 중 다음 세 가지에 주목하고자 한다.

①侯準旣僭號稱王爲燕亡人衛滿所攻奪 … 將其左右宮人走入海居韓也自號韓王
②自言古之亡人避秦役
③至王莽地皇時 … 爲韓所擊得皆斷髮爲奴

기원전 2세기 준왕이 한반도 남부지역으로 내려와 韓王을 지칭했다는 ①의 기사에서 초기철기시대 이미 王이라는 호칭이 사용되었을 뿐만 아니라 당시 이미 여러 관직명이 사용되었던 것으로 볼 때 평등사회의 이미지를 탈피하였던 것을 알 수 있다. 또 辰韓 사람들이 秦의 노역을 피해서 마한을 거쳐 이주해 온 망명인이라는 ②의 기사는 기원전 3세기 말의 사실인데 이때 이미 중국 戰國時代 秦의 정보가 직접적인 사람의 이주를 통해 한반도 남부지방에 전달되었던 것을 알 수 있다. 또 ③은 廉斯鑡 관련기사인데 시기를 알려주는 王莽地皇時는 기원후 20~22년 사이에 해당된다. '奴'라는 단어가 사용되었는데 '奴'가 바로 노예를 지칭하는 것인지는 명확하지 않지만 적어도 이 시기에 지배·피지배 관계가 어느 정도 자리잡았던 사회의 일면을 엿볼 수 있다. 따라서 『三國志』 魏書 東夷傳의 기사를 볼 때, 적어도 초기철기시대는 평등사회를 탈피한 계층사회였던 것을 짐작할 수 있다.

또 하나 군장 출현을 상정할 수 있는 고고학적 증거는 철기의 사용 및 보급이라고 할 수 있겠다. 철기보급 혹은 사용이 언제인가에 대해서는 연구자마다 이견이 있지만 준왕 남분 기사 보다 이르다(이창희 2013b; 李陽洙 2015; 김민철 2019)는 데에는 이견이 없는 것 같다. 철기의 보급은 문명사회의 시작을 의미할 정도로 획기적으로 사회를 변화시켰으며 이러한 변화는 계층사회 지배자 등장의 기폭제가 되었을 것이다. 요동에서 지석묘가 소멸되어 가는 무렵에 위세품을 다량 부장한 개인묘가 등장하고 전국계 철기문화가 확산되는 것(李盛周 2012)과 일맥상통한다.

비파형동검묘가 최고 우두머리의 무덤이 아니라는 견해(김승옥 2006b; 李熙濬 2011; 安在晧 2012)가 있는 만큼, 무덤의 구조 혹은 특별한 부장품만으로는 군장의 존재를 특정할 수 없다. 하지만 무덤에서 보이는 고고학적 양상이 공동체를 위한 것인지, 1인을 향한 것인지에 대한 검토는 군장 존재 여부에 대한 주요 근거가 될 수 있다(李在賢 2003; 李熙濬 2011). 아무리 무덤의 규모가 크다 하더라도 그것이 1인의 지배자를 위한 것이 아닌 마을 공동체의 의례행위의 결과라면 그것은 평등사회의 산유물이라 할 수 있다. 청동기시대 무덤군에서 대규모 공동묘지군이라 하더라도 묘역식지석묘가 연접해서 분포하는 것도 평등사회의 지속적인 의례행위의 결과물로 이해할 수 있다. 규모에서 압도적인 무덤이 단독으로 분포하는 경우 혹은 부장품이 탁월한 단독묘는 1인을 위한 군장묘로 인정할 수 있다.

또 지역단위를 넘어선 정치적 교역활동도 군장 등장의 지표가 될 수 있다. 신석기시대부터 원거리 교환이 이루어지고 청동기시대에도 지속적으로 중국 동북지방에서 사람들이 남하하였지만, 정치적인 목적을 가진 직접적인 방문은 초기철기시대부터라고 할 수 있다. 이미 『三國志』 魏書 東夷傳에 철을 매개로 한 교역활동이 기록되어 있다. 단순한 생필품의 교환을 넘어서 위세품의 입수가 시작되는데 위세품 교역의 결과 계급사회가 출현하였다는 견해가 있다(제레미 사블로프·램버그 칼롭스키 지음(오영찬·조대연 역) 2011).

본 장에서는 『三國志』 魏書 東夷傳의 문헌기록, 철기의 보급과 사용, 1인을 위한 단독묘의 등장, 지역단위를 넘어선 정치적 교역활동의 시작 등을 고려하여 초기철기시대가 제도적인 불평등사회 즉 군장의 등장 시점이라고 간주하고 논지를 진행하겠다.

청동기시대의 지도자인 '촌장·족장'은 보다 혈연적인 기반에 바탕을 두고, 공동체를 지향하며 권위가 제도적으로 뒷받침되지 않았다. 이에 비해 초기철기시대 지배자인 '군장'은 유력개인에 비해 혈연적인 요소에서 탈피하고 개인적인 권력 지향이었다고 할 수 있다. 권력의 유지 역시 제도적으로 뒷받침되었을 것이다. 즉 군장의 권력은 촌장·족장과 비교할 때 혈연보다는 제도화된 권력에 의해 유지된 것이다.

3. 청동기시대 무덤에 보이는 계층화의 양상과 지역성

2절에서 불평등사회 군장묘의 등장 시점은 초기철기시대인 것으로 파악하였다. 영남지방의 사천 이금동유적, 창원 진동유적, 대구 대천동 511-2번지 유적 등에서 보이는 역동성을 고려한다면 청동기시대에 불평등사회 지배자가 등장하였다는 견해도 충분히 납득이 된다. 본 장에서는 청동기시대 무덤에서 보이는 고고학적 양상을 불평등사회로 나아가는 계층화의 과정으로 이해하고자 하며 3절에서는 군장묘 등장 이전 무덤에서 보이는 계층화의 양상 및 지역성을 살펴보겠다.

1) 선사시대 무덤의 계층화

무덤은 시신을 처리하는 과정에서 후세에 흔적이 남겨진 것이다. 구석기시대의 무덤은 아직 확인되지 않았지만 시신은 나름의 의례행위 속에 처리되었을 것이다. 신석기시대인들은 간혹 무덤을 남겼다. 신석기시대에도 부장품의 다양성을 통해 빈부나 신분, 지위의 고하가 있었다는 주장이 있지만(李相均 2000) 농경이나 정주생활과 별개로 신분이나 지위의 차이는 인정되어도 계급의 존재에는 회의적이다(任鶴鐘 2008).

청동기시대 전기에는 2~3기의 무덤이 산발적으로 분포한다. 무엇보다 정형화된 구조를 가진 무덤문화의 시작이라고 할 수 있는데, 여기에는 기념물적인 상징성, 정착생활의 시작이라는 사회적 의미가 내포되어 있다. '계층화'라는 관점에서 본다면 불평등이 발현하기 시작하는 시점이라고 할 수 있다. 하지만 아직 '수직적 계층화'를 논할 단계는 아니고 평등사회에 존재하는 '어느 정도의 사회적불평등'(朴洋震 2006)을 반영하는 것이다. 배진성(2007)은 '劍'이라는 위세품을 부장할 수 있는 계층(1계층), 1계층을 제외한 분묘축조 계층(2계층), 분묘를 축조할 수 없는 하위의 계층(3계층)으로 구분하였지만 지배자의 존재를 상정한 것은 아니다. 이 시기는 무덤을 통해 계층화를 논할 단계라기보다는 무덤문화의 정착 즉 안정된 정주생활이 본격적으로 시작되었다는데 의미를 두고 싶다.

후기에는 일단 무덤의 숫자가 폭증하는데, 군집하여 공동묘지화 된다(그림 XVI-2 참조). 또 묘역이 거대화되고 봉분의 효과를 내는 즙석된 무덤도 등장한다. 비파형동검이 부장되기도 한다. 계층화가 전기에 비해 심화되는 단계이다. 특히 후기 말에 이르러서는 지배자의 등장(李東熙 2002; 김권구 2005; 安在晧 2006) 혹은 '國'의 발생(武末純一 2002; 裵眞晟 2006)이라고 할

그림 XVI-2. 청동기시대 후기의 군집묘(1:사천 이금동유적, 2:창원 진동리유적, 3:대구 신서동유적, 4:경주 도계리유적)

정도이다.[2]

그럼에도 완성된 계층사회, 즉 지배자로서의 '군장' 등장으로 간주하기 어렵다는 견해가 많다. 현재의 자료로는 사회적 신분이 높은 위계를 확인하기 어렵고 개인과 집단의 사회적 지위가 세습되거나 제도적으로 고정되는 귀속적 지위가 존재하였다고 판단할 수 없다(朴洋震 2006). 즉 지석묘 사회는 혈연과 지연으로 뭉쳐진 공동체 사회의 성격을 띠고 있는 것이다(李榮文 1993).

사천 이금동유적 A-1호, 김해 율하리 B-4 · 5 · 6호와 같이 대형묘역식지석묘가 있지만 묘역이 연접하거나 묘역 내에 다른 무덤과 공존하기 때문에 '1인'만을 위한 무덤이라기 보다는 공동체 내의 '1인'임을 알 수 있다. 그만큼 공동체 즉 혈연이 중심이 되었다고 할 수 있겠다. 율하리유적 B-4 · 5 · 6호는 길이가 40m에 이를 정도의 대형의 묘역을 갖추었지만 내부에는 소형무덤 3기가 공존하는 것도 같은 의미이다.

그렇다면 비파형동검 부장이 가지는 의미에 대해 살펴볼 필요가 있다. 청동기시대 최고의 위세품인 비파형동검의 존재에 대해서도 피장자 개인을 위한 부장품이 아니라 집단차원의 상징물이라는 견해(安在晧 2012)와 최상위 신분의 위세품이 아니라 대외 교류를 담당하는 특수 계층의 소유물이라는 견해(김승옥 2006b)가 있다. 즉 비파형동검에 마제석검 이상의 큰 의미를 부여하기 어렵다는 견해(이희준 2011)가 있듯이 비파형동검묘가 규모가 큰 묘역식지석묘에 비해 결코 우월한 자의 무덤이라고 단정할 수 없다. 비파형동검묘와 세형동검묘의 차이는 표 XVI-1과 같다.

표 XVI-1. 비파형동검묘와 세형동검묘 비교

	비파형동검묘	세형동검묘
특징	군집된 무덤의 일부 규모나 부장품에서 탁월하지 않음 마을 공동의 소유물 중간 계층의 무덤	초기 단독 분포, 점차 군집 부장품에서 타무덤에 비해 탁월 피장자 개인의 소유물 최상위 신분자의 상징

청동기시대에 군장은 등장하지 않았지만, 유력개인(족장)의 등장은 충분히 상정할 수 있다. 김승옥(2006b)은 청동기시대 무덤의 계층화 과정을 차별화의 '태동(전기)-유력세대공동체

---

2) 지배자를 지칭하는 용어는 족장, 수장, 유력개인 등 연구자마다 차이가 있지만 평등사회를 벗어난 것으로 보는 것은 비슷하다.

의 등장(후기 전반)–유력세대공동체의 성장과 지역적 차별화의 심화(후기 후반)–지역 지배자와 족장사회의 등장(초기철기시대)'하는 것으로 정리하였다.[3]

계층화의 과정이니만큼 족장과 그 아래의 지도층은 존재했을 것이다. 족장이 능력과 경험을 발휘하여 그 위치를 획득했는지, 최대 다수의 유전적 친척을 보유한 사람(니폴리언 새그넌 지음(강주헌 역) 2014)이었는지는 명확하지 않다. 혈연의 의미가 강한 시대에는 사회적 관계가 친족제도에 내포되어 있다면(朴洋震 2006) 지도자 아래의 지도층은 생물학적으로 결정된 친족관계에 의해 결정되었을 가능성이 있다. 평등사회와 불평등사회를 구분할 때 지위의 세습 여부가 중요한 기준이 된다. 하지만 선사시대 평등사회 역시 친족관계가 중심을 이루는데, 지위의 세습 여부를 명확하게 판단하기 어렵다. 더군다나 세습 여부를 유구·유물에 엄밀히 적용할 수 없다.

2) 족장묘의 지역성

경남지역의 경우 묘역식지석묘는 남해안을 중심으로 내륙지역까지 전역에 분포한다. 사천 이금동유적과 진주 가호동유적, 창원 진동유적, 김해 율하리유적과 같이 대형묘역식지석묘가 연접하기도 한다. 반면 호남지역에 비해 비파형동검의 출토량은 현저히 떨어진다. 비파형동검을 입수하기 어려웠던 족장이 무덤의 규모를 통해 지위를 표출하였을 것이다. 불평등사회 지배자로서의 군장 등장은 아닐지라도 무덤의 규모를 통해서 족장의 존재를 알 수 있다. 또 이러한 족장의 무덤인 묘역식지석묘는 일정한 영역 내에서 거점적인 성격을 지녔을 것이다(安在晧 2012). 경남지역은 무덤군 자체의 규모, 무덤군 내에서 차별적인 규모 등 '규모'가 위계를 나타내는 징표였다.

대구지역은 대천동 511-2유적, 상동 지석묘군, 대구 신서동유적 등 대단위 군집을 이루는 무덤군이 곳곳에 존재하지만, 무덤군 내에서 규모의 차별성이 간취되지 않는다. 윤형규(2017)에 의하면 선축된 무덤이 상대적으로 유물복합도가 높은 편이고 이후에 후축된 무덤은 유물복합도가 떨어지는데 규모에서는 차이가 나지 않는다고 한다. 비파형동검이 부재하고 무덤 규모에서 차이를 보이지 않는 대구지역에서 유력개인을 나타내는 고고학적 증거는 장신의 석검이다(이성주 2016a). 대구 상인동 128-8번지 유적 7호 석관묘에서는 길이 52.5㎝의 석검이 출토되었는데 적색마연토기와 위신재라고 할 수 있는 곡옥 2점이 공반되었다.

---

3) 김승옥이 사용한 이때의 족장이라는 용어는 본 고의 군장과 같은 의미이다.

대천동 511-2유적 A-50호에서는 길이 47.5cm의 석검이 출토되었는데 병부가 지나치게 강조되어 의기화 한 것임을 알 수 있다. 또 적색마연토기 2점, 석촉 7점이 공반되었다. B-11호에서는 길이 49.0cm의 석검이 적색마연토기, 석촉 15점과 공반되어 출토되었다. 이 외에도 월성동 585유적 3호 석관묘, 상동 1-64번지 유적 6호 석관묘 등에서 장신검이 출토되었다. 대구지역 출토 장신검은 대부분 유절병식이며 공반된 유물도 상대

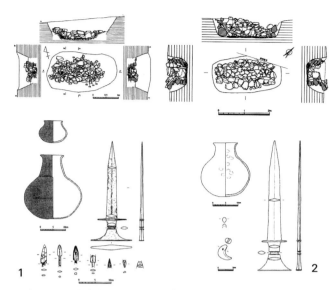

그림 XVI-3. 장신검이 출토된 석관묘(1:대구 대천동 511-2유적 A-50호, 2:대구 상인동 128-8유적 7호)

적으로 풍부하다. 유절병석검의 중심지가 대구·고령지역인데, 위세품으로서의 의미가 확립되고 무덤부장 전용으로 제작되는 시기가 유절병식석검 단계라는 황창한(2013·2015a)의 견해와도 일치한다. 대구지역의 경우 유절병식을 이단병식에서 일단병식으로 변화하는 중간 과정, 즉 시간성으로 볼 것이 아니라 석검 중에서도 특별히 의기화된 위신재의 의미가 강조되었을 가능성이 있다. 장신검이 유독 대구지역에서 많이 출토되는 것은 이것이 호서지역의 비파형동검, 경남지역의 대형 묘역지석묘가 가지는 상징성을 내포하는 것이라고 할 수 있겠다.

경주지역은 청동기시대 무덤이 적게 축조되는 곳이다. 최근 화곡리 제단유적, 도계리지석묘군, 전촌리유적, 석장동유적 등에서 묘역식지석묘가 조사되었는데 석장동유적 이외에는 매장주체부가 확인되지 않았다. 무덤의 기능에서 제단의 기능이 강화되는 것이라고 하는데(김병섭 2009) 검단리유형 분포권에서 유독 경주지역에 밀집되어 분포하는 것이 특징이다. 이런 의례시설물은 단위집단의 규모에 상응하는 형태로 발달한다고 하는데(윤형규 2017) 그렇다면 경주지역도 이러한 제단시설이 족장 혹은 그 집단의 공동의례를 위한 축조물일 것이다. 전촌리유적 2-1호 제단에서 삼각구연점토대토기가 출토되는 것으로 볼 때 이런 공동의례행위는 초기철기시대까지 이어졌을 것이다.

4. 초기철기시대 군장묘의 등장

필자(2019)는 울산지역의 청동기시대·초기철기시대 전환기의 유적을 검토하면서 표 XVI-2의 편년안을 제시하였다.[4] 울산지역의 자료만으로 검토한 결과이지만 영남지역에 적용해도 큰 무리는 없을 것이다. 지석묘의 하한이 내려온다는 견해(李榮文 2003; 이상길 2003; 조진선 2004; 김승옥 2006b; 윤호필 2013b)는 더 이상 새롭지 않을 정도로 대부분 공감하는 편이다. 초기철기시대에 군장이 등장하였다면 군장묘는 재지의 지석묘문화 집단이 축조한 것과 새롭게 유입된 세형동검문화 집단이 축조한 것으로 나누어볼 필요가 있다.

표 XVI-2. 울산지역 청동기시대 종말기 편년안

청동기시대	초기철기시대	원삼국시대
무문토기문화	점토대토기문화	와질토기문화

재지의 지석묘문화 집단이 축조한 군장묘는 무문토기문화의 전통을 바탕으로 1인을 위한 거대무덤을 축조한 사례와 재지의 석관묘와 지석묘에서 새로운 사회의 위신재인 세형동검이 출토되는 사례로 나누어 볼 수 있다.

영남지역이 다른 지역에 비해 세형동검문화 유입이 늦었지만 준왕 남분 이전에 군장이 등장하였다면 청동기시대 후기에 출현한 유력개인, 유력집단의 에너지가 바탕이 되었을 것이다. 앞 시기 사천 이금동유적과 창원 진동유적으로 대표되는 대규모 묘역식지석묘군과 차별되는 군장묘 등장의 특징은 불평등사회의 지배자답게 '1인'을 위한 단독묘의 축조라고 할 수 있겠다. 초기철기시대 군장 출현을 나타내는 대표적인 무덤은 창원 덕천리유적의 1호 지석묘, 김해 구산동유적의 A2-1호 지석묘, 김해 대성동 고분에서 조사된 1호 지석묘를 들 수 있다(그림 XVI-4 참조).

---

4) 표 XVI-2와 같이 울산지역은 청동기시대 검단리유형이 와질토기 발생시점까지 존속한다. 원형 점토대토기 역시 가장 늦은 시점까지 존속하는 것 같다. 울산을 제외한 영남지역은 재지의 청동기시대문화가 기원전 1세기 정도까지 유지되는 것 같다.

표 XVI-2의 무문토기란 영남지역에서 청동기시대 후기를 대표하는 송국리식토기와 검단리식토기를 나타낸다. 점토대토기도 무문토기에 포함되지만, 원삼국시대까지 각 시기의 특징을 잘 보여주는 고고자료인 토기를 무문토기-점토대토기-와질토기로 표현하였다.

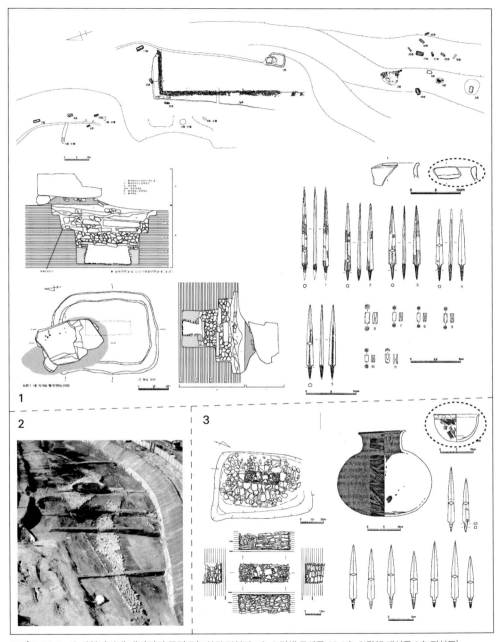

그림 XVI-4. 초기철기시대 재지민의 군장묘(1:창원 덕천리 1호, 2:김해 구산동 A2-1호, 3:김해 대성동 1호 지석묘)

표 XVI-3. 영남지역 동검 출토 유적·유구 일람표(번호는 그림 XVI-5의 번호와 동일, 출토지가 명확하지 않는 '傳~'는 생략)

연번	유적명	유구	유구성격	출토유물	연대	조사기관 or 출전	비고
1	영덕 사천리			세형동검1		成璟瑭(2009)	
2	구미 낙산동			세형동검1		成璟瑭(2009)	
3	김천 문당동	1호	목관묘	비파형동검1, 흑도장경호, 주머니호, 석부, 옥97	BC 3세기 초	경상북도문화재연구원	단독묘
4	김천 송죽리	4호	지석묘(반지하 횡석석관)	비파형동검1, 석촉, 적색마연토기 등	청동기시대	계명대학교박물관	무덤군, 생활유적 지석묘 외부에서 출토
5	대구 팔달동	45호	적석목관	세형동검1, 검파두식, 주머니호 등	BC 1세기	영남문화재연구원	군집묘
5	대구 팔달동	100호	목관	세형동검1, 검파두식, 동모2 판상철부 등	BC 1세기	영남문화재연구원	군집묘
6	대구 평리동			세형동검3, 검파두식, 동과1, 한경2, 방제경4, 마구류 등		尹武炳(1991)	와룡산 일대 수습
7	대구 비산동			세형동검3, 검파두식, 동과3 등		한국의 청동기문화	
8	대구 만촌동			세형동검3, 동과 등		金載元·尹武炳(1966)	공사 중 발견
9	경산 하양리	1호	목관	세형동검4, 동모, 동과, 오수전, 漢鏡, 판상철부, 주조철부, 부채 등	BC 1세기	성림문화재연구원	군집묘(6기)
9	경산 하양리	2호	목관	세형동검1, 동과, 검파두식, 철모7, 제갈1 등	BC 1세기	성림문화재연구원	군집묘(6기)
10	경산 임당 A I 지구	4호	목관	세형동검1, 검파두식, 철검2, 철모7, 철겸1 등	BC 1세기	한국문화재보호재단	군집묘
11	경산 임당 F I 지구	지표채집		세형동검1, 동과, 단조철부, 주머니호 등	AD 1세기	영남문화재연구원	지표채집
12	영천 신녕면 부근			세형동검1		成璟瑭(2009)	
13	영천 연계리			세형동검1		成璟瑭(2009)	
14	청도 예전동	돌무더기	매납유구	비파형동검2		成璟瑭(2009)	이래유적, 수습
15	경주 사라리	130호	목관	세형동검2, 철모, 철촉, 판상철부 등	AD 1세기	영남문화재연구원	군집묘(7기)
16	경주 구정동		목관?	세형동검3, 동과, 동모, 철모 등		한국의 청동기문화	
17	경주 불국사역			세형동검1		成璟瑭(2009)	
18	경주 죽동리			세형동검5, 동모, 동과, 검파두식, 간두령 등	BC 2세기 초	尹武炳(1991)	한국의 청동기문화
19	경주 입실리			세형동검5, 동모, 동과, 동탁 등		尹武炳(1991)	공사 중 발견
20	합천 영창리	22호	수혈	세형동검1, 한인서부1, 토기지부 등	BC 3세기 중엽	경남고고학연구소	이래유적
20	합천 영창리	28호	수혈	세형동검1, 동촉1, 조합우각형파수편 등	BC 2세기 중엽	경남고고학연구소	생활·이래유적

연번	유적명	유구	유구성격	출토유물	연대	조사기관 or 출전	비고
21	함천 임북리		석관묘?	세형동검1		沈奉謹・鄭閏喜(1982)	공사 중 발견
22	산청 백운리		토광묘	세형동검4, 동모, 동사1	BC 3세기 전반	沈奉謹(1980)	공사 중 발견
23	사천 늑도	100호	합석석관	세형동검1, 철사, 관옥, 곡주, 무문장경호		경남고고학연구소	군집묘
24	사천 마도동	C-10호	판석석관	세형동검1, 동모, 동환, 옥3 등	청동기시대	沈奉謹・鄭閏喜(1982)	공사 중 발견
25	사천 이금동	D-4호	판석석관	비파형동검1, 무문토기 저부5	청동기시대	경남고고학연구소	군집묘
26	고성 석지리		판석석관	비파형동검1, 관옥41		沈奉謹・鄭閏喜(1982)	농사 중 발견
27	창원 진동리 고인돌		판석석관	(변형)비파형동검1, 일단병식석검1, 석촉1, 적색마연토기1	BC 4세기 후반	동아대학교박물관	수습조사
28	마산 가포동	자연석	매납유구	세형동검2, 동과, 동모 등		경남대학교박물관	의례유적
29	청원 다호리	1호	목관	세형동검2, 겸파두식, 동모, 성운문경, 오수전, 동탁, 철겸 등	BC 1세기	국립중앙박물관	군집묘
		6호	목관	세형동검1, 철검, 철모, 판상철부, 점토대토기, 주머니호 등	BC 1세기	국립중앙박물관	
		19호	목관	세형동검1, 쇠두겸상동기, 우각형동기, 철제따비 등	BC 1세기	국립중앙박물관	
		63호	목관	세형동검1, 겸파두식, 철부, 철모, 지석	BC 1세기	국립중앙박물관	
30	청원 덕천리	16호	합석석관	(변형)비파형동검1, 일단병식석검1, 유절식석검1, 적색마연토기1		경남대학교박물관	군집묘 중 1호 암도적
31	진해 현동			세형동검1		鄭澄元(1982)	
32	김해 양동리	427호	목관묘	세형동검1, 내행화문방제경 등 동경3	AD 1세기 후반	동의대학교박물관	군집묘
33	김해 내덕리	19호	목관묘	세형동검1, 동모, 방격규거경, 완통형동기	BC 1세기 전반	동의대학교박물관	군집묘
34	김해 율하리	B-9호	합석석관	세형동검1, 겸파두식	BC 3세기?	경남발전연구원	군집묘
35	김해 신문리	3호	판석석관관묘	(변형)비파형동검1, 석촉6, 적색마연토기1	BC 4세기 후반	한겨레문화재연구원	군집묘(37기)
36	김해 내동	1호	지석묘 하부?	세형동검1, 흑도장경호1	BC 3세기	부산대학교박물관	3기 분포
37	김해 회현리	3호	옹관	세형동검2, 동사7, 벽옥제관옥7	BC 3세기 후반	鄭澄元(1982)	군집묘
38	김해 예안리		옹관	세형동검1		부산대학교박물관	수습
39	울산 교동리	1호	목관	세형동검1, 동과, 동모, 점토대토기1 등	BC 2세기 후반	울산문화재연구원	단독묘. 복합유적

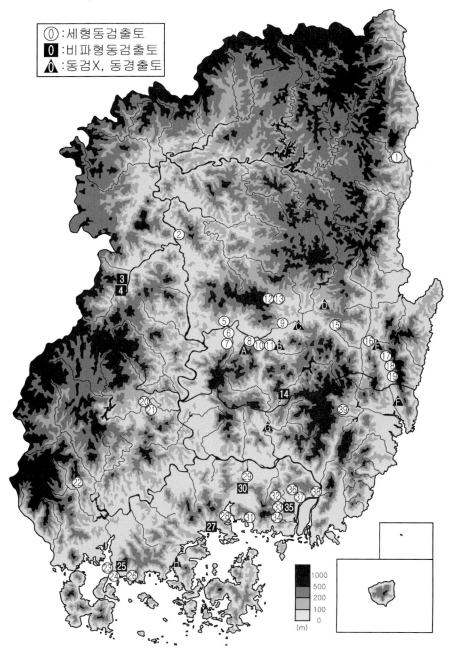

그림 XVI-5. 동검이 출토된 유적(번호는 표 XVI-3의 연번과 동일함). A~H는 동검은 출토되지 않고 동경이
출토된 유적(A:대구 지산동, B:경산 신대동, C: 경산 하양, D:영천 용전동, E:경주 조양동, F:울산 창평동810, G:밀
양 교동, H:고성 동외동)

창원 덕천리유적과 김해 구산동유적은 이금동유적이나 진동유적 등과 일견 차이가 없어
보이지만 1인을 위한 거대한 단독묘가 부각되었다는 점에서 큰 차이를 보인다.[5] 물론 덕천
리유적에서도 1호 주변에 20기의 무덤이 분포하지만 묘역 자체가 1호가 부각되게 조성한
것이 확실하다. 김해 구산동유적 역시 A2-1호 지석묘 1기를 위한 묘역이라고 할 수 있다. 영
남 각지의 묘역식지석묘군은 크고 작은 무덤이 연접해 있어 하나의 무덤을 부각시키기 보
다는 공동의 공간이라는 이미지가 강하다.[6] 김해 대성동유적의 1호 지석묘는 돌로 구획된
묘역은 확인되지 않았지만 길이 280m, 폭 50m, 높이 22m의 대성동고분 구릉 자체가 하나
의 무덤을 위한 묘역의 기능을 하였을 것이다. 삼한시대 이래 금관가야 중심고분의 입지로
선정될 만큼 탁월한 위치인데 이곳 중앙에 대형 지석묘가 위치한다는 것 자체가 피장자 1인
을 염두에 둔 수장묘임을 나타내는 증거라고 할 수 있겠다.

그렇다면 이 세 무덤의 시기에 대해서 살펴보겠다. 덕천리유적 1호 지석묘가 초기철기시
대에 축조되었다는 의견은 지속적으로 제기되었다(李相吉 2003; 김승옥 2006b). 실제 묘역시설
에서 점토대토기가 출토되었을 뿐만 아니라 4호 지석묘에서 단면 삼각형점토대토기, 7호
와 21호 묘에서 출토된 석촉은 점토대토기 단계의 것이다.[7] 동쪽으로 1km 떨어진 용잠리유

---

5) 김승옥(2006b)은 초기철기시대 덕천리 지석묘 뿐만 아니라 이금동, 진동유적 등 경남 일대 대형
   묘역식지석묘 대부분이 초기철기시대에 축조된 것이라고 하였다. 하지만 사천 이금동유적에서
   는 점토대토기 관련 유물이 한 점도 출토되지 않아 초기철기시대로 볼 근거는 없다. 지석묘가 초
   기철기시대에도 축조된다는 것이 최근 학계의 분위기지만 명확하게 관련 유물이 출토되어야 한
   다. 영남지역 대부분의 묘역식지석묘는 청동기시대에 해당되고 점토대토기 관련 유물이 출토된
   일부만 초기철기시대에 축조되었다고 할 수 있다.
6) 물론 묘역식지석묘군 내에서 이금동유적 A1호 무덤과 같이 주위 무덤에 비해 월등하게 규모가
   크다든지 진동유적 A1호와 같이 즙석된 사례 등 탁월한 사례가 있다. 하지만 청동기시대의 수평
   적 차별화를 나타내는 정도이지 수직적 계층화를 나타낼 정도는 아니라고 판단된다.
7) 윤형규(2019a)는 2019년 영남고고학회 토론에서 덕천리 1호에서 출토된 삼각형점토대토기는
   묘역에서 출토되었기 때문에 후대에 유입되었을 가능성 등을 근거로 1호 지석묘는 청동기시대
   에 후기의 늦은 단계에 축조되었고, 주변 무덤이 초기철기시대까지 지속적으로 조영되었다고
   하였다. 물론 비파형동검과 유절병식석검이 출토된 16호 묘는 시기가 상향될 가능성도 있다. 그
   러한 가능성도 배제할 수 없지만 1인을 위한 단독묘라는데 초점을 맞추고 싶다. 청동기시대 무
   덤 유적 중 거대한 묘역식지석묘가 1기만 분포하는 사례가 아직 확인되지 않았기 때문이다. 위
   에서 언급한 세 무덤의 축조시기에 대해서는 청동기시대라는 견해가 아직 많다. 특히 덕천리유
   적 1호와 대성동고분 1호 지석묘에서 출토된 유물이 청동기시대의 유물이기 때문이다. 초기철
   기시대가 도래했더라도 지석묘를 축조할 정도로 재지민의 전통이 이어졌다면 부장유물 또한 선

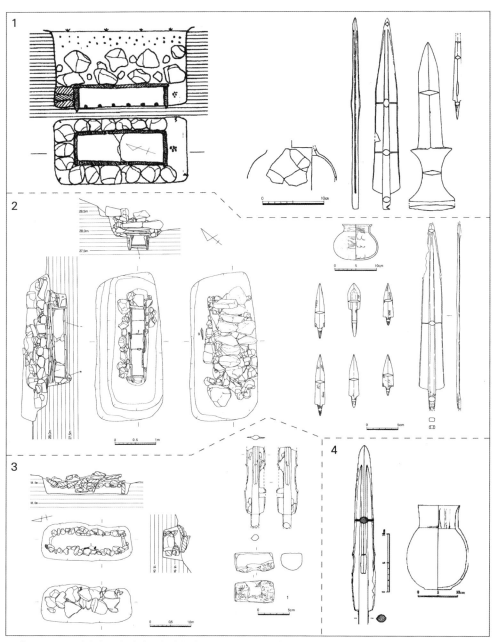

그림 XVI-6. 동검이 출토된 지석묘와 석관묘(1:창원 진동리 지석묘(동아대), 2:김해 신문리 3호, 3:김해 율하리 B-9호, 4:김해 내동 1호 지석묘)

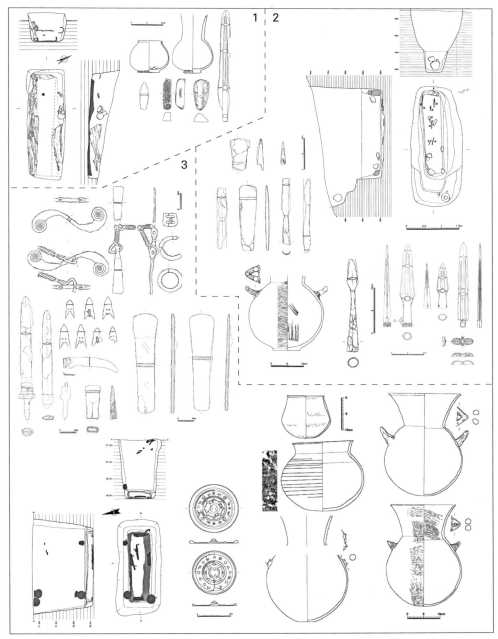

그림 XVI-7. 동검·동경이 출토된 목관묘(1:김천 문당동 1호, 2:대구 팔달동 100호, 3:울산 창평동 810 2호)

적(삼강문화재연구원)에서 송국리형주거지 15기와 고상건물지 26기가 조사되었는데, 덕천리유적 무덤군을 조성한 취락으로 보는 견해도 있으나 용잠리유적에서도 묘역식지석묘 2기를 포함하여 모두 5기의 무덤이 조사되었다. 이금동유적 등 여러 유적의 사례를 통해서 볼 때 주거군과 무덤은 인접할 가능성이 높기 때문에 용잠리유적과 직접적으로 대입하기는 어려울 것 같다. 구산동 A2-1호 무덤 역시 보고서에 초기철기시대에 축조되었을 가능성을 언급하고 있다(崔鍾圭 2010). 실제 구릉 상부에는 야요이식토기가 출토되는 방형계의 주거가 많이 분포하고 있어 그 주거지 구성원의 수장묘일 가능성이 있다. 대성동유적 1호 지석묘는 내부 충전석에서 무문토기 완이 출토되었는데(그림 XVI-4의 3 참조) 청동기시대 출토품과는 이질적이다. 기형만 볼 때는 와질토기 완과 같은 형태이다. 이 무문토기 완을 통해서 볼 때도 초기철기시대의 무덤이 확실하다.

또 하나의 군장묘는 세형동검(변형비파형동검 포함)이 출토되는 무덤이다(그림 XVI-6 참조). 세형동검묘는 초기에 단독으로 입지하는 사례가 많아 1인을 위한 무덤임을 알 수 있다. 또 세형동검이 부장된 무덤은 부장유물에서 다른 무덤을 압도한다. 영남지방에서는 초기에는 재지의 지석묘와 석관묘에서 세형동검이 출토되다가 점차 새로운 무덤문화인 목관묘에서 출토되기 시작한다.[8]

김해 신문리유적 3호묘와 창원 진동리 고인돌(동아대학교 박물관)에서 비파형동검이 출토되었다. 신문리유적 3호는 전형적인 판석형석관묘인데 출토된 비파형동검은 진동리 고인돌에서 출토된 것과 동일한 형태로 변형비파형동검이다. 진동리식동검이라고 불리는 것으로 초기철기시대에 제작된 것이다(이양수 2016). 영남지역 초기철기시대 동검이 출토되는 가장 빠른 무덤이라고 할 수 있다.

청동기시대 묘역이 연접하는 공동체 지향의 족장묘가 초기철기시대 1인 지향의 단독묘인 군장묘로 변화하는 원인은 무엇일까? 첫째, 이금동·진동·율하리유적 등 대규모 묘역

대부터 이어져왔던 유물을 사용하였을 가능성이 있다. 앞으로 자연과학분석 등 새로운 성과를 기대해 본다.

8) 경남지역의 경우 초기철기시대에 재지의 지석묘문화가 이어지는 사례를 많이 확인할 수 있는데 대구지역은 그러한 사례가 적어 무덤의 양상으로만 볼 때는 청동기시대와 초기철기시대가 단절적인 양상을 보이기도 한다. 이 점에 대해서는 두 가지 가능성이 있다. 첫째, 달성 평촌리에서 초기철기시대 주거지를 파괴하고 설치된 석관묘의 사례와 같이 기존의 청동기시대로 편년된 무덤 중 일부가 초기철기시대에 축조되었을 가능성이다. 둘째는 대구지역에서 세형동검문화를 적극적으로 받아들여 지석묘집단이 일찍 역사속으로 사라졌을 가능성이다.

식지석묘 군에서 보이는 것과 같이 청동기시대 사회가 성숙하여 자연스럽게 사회발전단계에 맞게 새로운 시대의 지배자인 군장이 등장하였을 가능성이 있다. 둘째는 기후하강과 같은 자연환경의 악재(이희진 2016)와 새롭게 나타난 세형동검문화집단과의 경쟁 등에 대응(이청규 2019)하기 위해 강력한 리더십이 필요했을 수도 있다. 하지만 1인을 위한 대형묘나 석관묘에서 세형동검이 출토되는 사례가 많지 않은 것을 볼 때 재지민의 군장은 빠른 시간에 역사 속으로 사라지고 새로운 목관묘 집단의 군장이 급격하게 확산되었을 것이다.

영남지역에서 동검이 출토된 전형적인 목관묘 중 가장 시기가 이른 것은 김천 문당동유적 1호이다. 비파형동검과 원형점토띠가 부착된 주머니호, 흑도장경호, 석검, 석도, 천하석제 옥 97점이 출토되었다. 비교적 넓은 면적이 발굴되었음에도 구릉 전체에 1기만 확인되어 1인을 위한 무덤임을 알 수 있다. 이 후 경주 입실리유적, 대구 팔달동유적, 경산 하양리유적, 울산 교동리·창평동 810번지 유적, 창원 다호리유적, 김해 양동리·대성동유적 등 영남 각지에서 목관묘가 빠르게 앞 시기의 전통이 잔존하는 지석묘와 석관묘를 대체하는 주묘제로 확산된다.

이상으로 초기철기시대의 1인을 위한 거대한 지석묘, 세형동검과 변형 비파형동검이 출토되는 재지계의 지석묘와 석관묘, 그리고 새로운 무덤문화인 세형동검이 출토되는 목관묘를 군장묘로 파악하였다.

5. 군장묘의 변화와 분포 특징

본 절에서는 영남지역 내에서 군장묘의 변화양상과 분포 특징을 살펴보겠다. 현재의 울산은 원래 경남지역에 포함되지만, 당시 상황에 비추어 대구·경북지역에 포함시켜 서술하겠다. 초기철기시대 영남지방은 지리적인 원인으로 원형점토대토기의 파급이 늦은 편이며, 대전 괴정동, 예산 동서리 등으로 대표되는 최상위층의 무덤이 아직 확인되지 않았다.

1) 시간성

영남지역 군장묘의 편년은 표 XVI-4와 같다.9) 절대연대는 이양수(2015·2016), 윤형준

---

9) 남부지역에 점토대토기문화가 유입되고 난 후 국가가 성립되었다고 하는 3세기 말까지는 역동의 시대였다. 하지만 무덤은 목곽묘가 등장하기 전까지는 적석목관묘-목관묘 등으로 단순한 편

(2009)의 견해를 참조하였다.

표 XVI-4. 영남지역 수장묘 편년

연대	300	200	100	1	100
지석묘		----- 덕 천 리 -----			
		----- 구 산 동 -----			
		----- 대 성 동 -----			
	진동리고인돌	내동1			
	신문리3	백운리			
석관묘		회현리옹관			
목관묘			다호리	양동리427	
			내덕리19		
			교동리		
	문당동	입실리	팔달동45·100	임당AII-4	
			하양리	사라리130	
비고		→ 단독묘	→ 군집묘		
		→ 목관묘 출현			
			→ 철기부장		
				→ 漢式유물부장	

초기 군장의 등장을 알리는 무덤은 4절에서 살펴보았듯이 재지민이 무문토기문화를 바탕에 두고 조영한 지석묘이다. 현재 이 지석묘의 하한은 정확하게 알 수 없다. 이미 철기문화와 접촉하였을 가능성도 제기되었을 뿐만 아니라(李相吉 2003) 초기철기시대 마지막 단계까지 존속하였을 가능성도 배제 할 수 없다. 재지민이 바탕이 된 수장들은 점차 새롭게 유입된 문화를 받아들인다(이양수 2016). 그 근거가 지석묘 혹은 석관묘에서 출토되는 세형동검이다. 무덤의 규모를 극대화하는 대신 세형동검 등 새로운 시대의 위신재를 적극적으로 받아들이는 것이다. 김해 내동 1호 지석묘, 김해 율하리 B-9호, 산청 백운리 석관묘의 경우 매장주체부의 구조는 재지의 무문토기문화의 전통인데 세형동검이 출토된다. 지석묘문화와 목관묘문화의 교류가 활발하여 세형동검이 출토되는 석관묘의 피장자는 신문화를 받아들인

이다. 김천 문당동 목관묘에서 사라리 130호분까지의 약 400년간의 기간을 감안한다면 동일한 수장묘는 아닐 것이다. 앞 시기의 지석묘까지 포함한다면 초보적인 전사적 지도자-제자장으로서 전문 장인조직을 관리 지원하면서도 군사적 전술을 갖춘 전사적 지도자-경제적인 능력을 갖춘 군사적 지도자 등으로 변화(이청규 2019)하였을 것이다.

재지인이라고 할 수 있을 것이다. 무덤 혹은 장례문화가 가지는 보수성을 고려한다면 무덤이라는 유구와 동검이라는 유물을 비교할 때 무덤을 축조한 사람이 그 무덤문화를 영위한 쪽이라고 할 수 있겠다. 세형동검문화 뿐만 아니라 김해지역에서는 회현리 옹관묘, 내동 지석묘에서 출토된 야요이시대 토기 등을 통해서 볼 때 야요이문화도 적극적으로 받아들이는 등 지역단위를 벗어나 광범위한 교류활동이 이루어진 것을 알 수 있다.

그 후 점차 새롭게 유입된 전형적인 목관묘를 축조하는 군장묘가 확산된다(그림 XVI-7 참조). 영남지역에서 동검이 부장된 전형적인 목관묘 중 가장 시기가 이른 군장묘는 김천 문당동 유적 목관묘이다. 영남지역에서는 기원전 3세기 초에 전형적인 목관묘를 축조하는 군장이 등장하는 것이다. 대체로 기원전 2세기까지는 단독묘가 유지되다가 기원전 1세기에는 군장묘가 군집묘에 포함된다.[10] 기원전 2세기에는 철기유물이 출토되기 시작한다. 기원전 1세기에는 김해 내덕리 19호, 밀양 교동유적 3호 · 8호, 경주 조양동유적 38호, 경산 신대동 유적 37 · 75호 · 임당유적 목관묘, 영천 어은동 · 용전리유적 등 영남 각지에서 한경과 같은 漢式유물이 출토된다. 점토대토기문화가 영남지역에 완전히 정착하여 지배자층이 형성되는 시점이라고 할 수 있다. 군장묘가 군집을 이루고 한식유물이 출토되기 시작할 때야말로 청동기시대가 완전히 종언하는 시점이다.

호서지역과 같이 최고 등급의 유물이 출토되는 곳은 위신재가 이형동기류→동령류→철기류→漢式유물로의 변화를 보이고(김승옥 2006b) 이러한 변화를 통해 지배의 성격과 권력의 이념변화를 유추할 수 있다고 한다(李熙濬 2011). 영남지역은 대전 괴정동, 예산 동서리, 아산 남성리유적과 같이 다량의 유물이 부장된 초기 목관묘가 아직 확인되지 않았다. 그렇다면 청동기시대 이래 기원전 3세기까지는 위신재가 강조되는 이념 기반이 강하였고, 기원전 2세기에 철기로 상징되는 경제기반이 확산되기 시작한다. 기원전 1세기부터 군집묘를 이루는 것으로 동족집단이 강화(李熙濬 2011)되는 것인데, 이것은 단순한 1인의 군장이 아니라 지배자층이 형성되는 것을 의미한다. 또 이 시기에 漢式유물이 출토되는 것을 통해 대외교섭권이 강화된 것이라고 할 수 있다.

---

10) 김민철(2019)은 영남지방에서 철기의 등장시점을 목관묘군의 출현시점으로 간주해도 무방하며 그 시기는 기원전 2세기 초라고 하였다. 철기의 등장 시점에 대해서는 이견이 없으나 목관묘군의 등장시점에 대해서는 재고가 필요하다. 필자 역시 기원전 2세기 후엽에 속하는 목관묘군 유적이 있다고 생각하나 이창희(2019)의 지적대로 군집목관묘는 장시간에 걸친 누적결과물이기 때문에 목관묘군의 등장은 기원전 1세기대로 보는 것이 안정적이라고 할 수 있다.

2) 분포 특징

영남지역의 경우 군장묘의 분포양상에서 지역적으로 차이가 간취된다. 경남지역과 울산을 포함한 대구 · 경북지역[11]으로 나누어서 살펴보겠다.

경남지역의 경우 청동기시대에 대규모 묘역식지석묘가 족장묘라면 각지에 족장이 있는 집단이 존재했었다고 할 수 있다. 거창 산포유적, 합천 저포리 · 역평유적, 함양 화산리유적, 산청 매촌리유적, 진주 대평리 · 가호동 · 이곡리 · 평거동유적, 사천 이금동유적, 거제 대금리유적, 함안 도항리유적, 밀양 살내유적, 창원 진동유적, 김해 율하리유적, 부산 미음유적 등 각지에 묘역식지석묘군이 분포한다(李恩璟 2013).

하지만 초기철기시대가 되면 그림 XVI-5에서 알 수 있듯이 창원과 김해지역에 군장묘가 집중되어 분포하는데, 특히 세형동검묘는 김해를 중심으로 하는 낙동강하류역에 집중된다. 재지민의 군장묘인 창원 덕천리, 김해 구산동, 대성동유적과 지석묘에서 세형동검이 출토되는 내동 1호 지석묘, 김해 율하리 B-9호 뿐만 아니라 전형적인 목관묘 유적인 양동리 427호, 내덕리 19호 역시 김해 지역 혹은 김해와 인접한 창원지역에 분포한다. 청동기시대 경남지역 곳곳에 산재해 있던 족장을 중심으로 하는 집단이 김해지역으로 에너지가 집중되는 것이다. 무엇보다 낙동강하류역이라는 입지적 특징 즉 군장의 대외교섭권이 강화되었기 때문일 것이다. 김해지역 외에는 사천과 창원 해안가에서 일부 세형동검묘가 분포하는 것으로 볼 때 소지역 단위를 벗어난 해상 원거리 교역권을 장악하는 것이 군장의 권력을 유지하는 데 필수요소였음을 알 수 있다.

대구 · 경북지역의 경우 세형동검묘는 금호강 주변의 대구, 경산, 영천지역, 그리고 울산만으로 흘러드는 동천과 영일만으로 흘러드는 형산강 주위의 경주지역에 집중되어 있다. 이곳은 앞선 시기인 청동기시대에도 대규모 유적이 밀집된 곳이다. 경남지역이 김해에 군장묘가 집중되는 반면 경주와 대구지역은 일정 간격으로 떨어져 선상으로 분포한다. 대체로 현재 대구-경산-영천-경주-울산으로 이어지는 교통로에 군장묘가 분포하는 것을 알 수 있다. 팔달동유적의 경우 군장묘가 확인된 구릉에 청동기시대 주거지도 많이 분포한다. 최근 자료가 증가하면서 청동기시대 주거유적이 워낙 많이 조사된 결과에 기인하지만 점토대

---

11) 청동기시대 사회상을 탐색할 때 대구 · 경북지역을 동일한 영역으로 묶어 검토하는 것은 정확한 양상을 이해하는데 어려울 수 있다. 우선 경북 청도지역의 경우 오히려 경남의 남강유역과 유사한 양상을 보인다(강지원 2018). 울산은 경남지역이지만 동천강 형산강을 통해 경주지역과 연결되기 때문에 경북지역에 포함시켜 검토하였다.

토기집단이 기존의 무문토기집단과 그렇게 배타적인 점유를 보이지는 않는 것 같다. 재지민와 유이민의 갈등이 생각보다 적었거나 이미 갈등이 완화되었을 때 영남지역에 세형동검 문화가 전파되었을 수도 있겠다(이수홍 2019b). 경주지역의 군장묘는 포항-울산으로 연결되는 형산강구조곡을 따라 등간격으로 분포한다. 울산 창평동 810번지 유적 2호 목관묘에서 전한경 2점이 출토된 점을 감안한다면 태화강하류로 합류하는 동천변을 따라 일정 간격으로 분포하였을 것이다. 이 구조곡에는 달천철장이 위치하는데 이미 초기철기시대에 철을 채광한 흔적이 확인된 곳이다. 달천철장 주변에 유독 야요이계토기, 낙랑계 토기가 출토되는 유적이 많고 漢鏡이 출토되는 것으로 볼 때 역시 철을 매개로 활발한 대외교류활동이 이루어졌음을 알 수 있다. 형산강구조곡에 분포하는 군장묘는 달천철장의 철을 기반으로 성립하였을 것이다. 울산 동천과 경주 형산강유역의 구조곡을 따라 남쪽에서 북쪽으로 울산 창평동 810번지 유적(동경)-경주 입실리유적(세형동검)-죽동리유적(세형동검)-불국사역(세형동검)-조양동유적(동경)-구정리유적(세형동검)이 분포하는데 각각 12km, 3km, 4km, 2km, 8.5km 떨어져 있다. 물론 모두 동시기에 존재했던 것은 아니겠지만 당시의 군장의 힘이 미치는 영역을 유추할 수 있겠다. 아무튼 울산만, 달천철장으로 연결되는 교통로를 따라 군장묘가 분포하는 것은 경남지역과 마찬가지로 군장의 대외교섭권이 강화된 것을 의미한다.

6. 맺음말

어떤 사회를 규정하는 양상을 어느 하나의 고고자료가 명확하게 나타내 줄 수 없다. 사회계층화 논쟁에서 서구의 이론은 연구의 수준을 끌어 올리는데 많은 도움이 되었지만, 고고자료에 대입하기 어려운 경우가 있다. 예를 들면 '세습의 여부'이다. 유아묘를 통해서 밝힐 수 있다고 하지만 인골자료가 희박한 우리의 현실을 감안한다면 쉽지 않은 것이 현실이다. 무엇보다 옹관묘가 유아묘라는 적극적인 증거가 아직 확인되지 않았다. 역시 사회의 구조를 밝히기 위해서는 무덤과 부장품의 검토만으로 부족하고 취락, 대외관계 등 다양한 각도에서 바라볼 필요가 있겠다. 특히 영남지역이라는 한정된 범위를 벗어나 동아시아라는 공통된 역사적 관점에서 바라봐야 할 것 같다.

※ 논문을 준비할 때, 몇 날 며칠을 고민해서 생각해 낸 아이디어인데 알고 보니 누군가의 논문에 이미 있는
   내용이라 허탈해한 적이 있다. 논문이 학보에 게재된 이후 알게 되어 부끄럽고, 원저자에 죄송해 마음고

생을 하기도 했다. 필자의 경우 그 '누군가' 가 이성주 선생님인 경우가 많았다. 이 장의 경우 원논문을 발표할 때, '대구지역 족장묘의 상징이 마제석검'이라는 부분이다.

연구사를 꼼꼼하게 검토하지 못한 필자의 잘못으로 변명의 여지가 없다. 요즘은 글을 쓸 때마다 이점이 제일 걱정이다.

이성주 선생님 늘 건강하시길 바랍니다.

※ 얼마 전 부산박물관 이현주 선배님으로부터 공주 석장리박물관에서 박영철 선생님을 우연히 뵈었다는 얘기를 들었다. 필자가 학부생일 때, 지금 생각해 보면 결코 타의 모범이 되는 학생이 아니었다. 그런데도 박영철 선생님은 필자와 현재 대성동박물관장인 송원영 선생을 아끼고 많이 챙겨 주셨다. 직장 그만두고 백수 생활 할 때 학교에 들어오라고 권유도 많이 하셨다. 예전부터 건강이 안 좋으셨는데, 멀지 않은 곳에 계시는데 찾아뵙지도 못하는 불충한 제자라는 생각에 죄송한 마음이다. 학은에 감사드리고 건강 회복하시길 기원합니다.

묘역식지석묘의 특징과 구산동지석묘의 성격

영남지역의 묘역식지석묘를 검토하고, 구산동지석묘의 특징과 성격에 대해 살펴보았다.

영남지역에는 현재까지 56곳의 유적에서 340여 기의 묘역식지석묘가 조사되었다. 묘역식지석묘는 영남 각지에 분포한다. 청동기시대를 대표하는 무덤인데, 초기철기시대까지 지속적으로 축조되었다.

청동기시대 후기에는 거대한 묘역식지석묘가 군집을 이루어 축조된다. 이 시기는 거대한 묘역식지석묘가 계층화의 과정을 보여주지만, 아직 완전한 불평등사회로 진입한 것은 아니다.

초기철기시대가 되면 불평등사회로 진입하면서, 공동체를 위한 것이 아닌 1인을 위한 무덤이 축조되는데 무덤군에서 거대한 묘역식지석묘는 단 1기만 축조된다.

구산동지석묘는 그 규모에서 압도적인 거대함, 무덤군에서 1기만 존재하는 묘역식 무덤, 상석이 묘역에 직교하고, 매장주체부가 木棺이며, 출토유물이 기존의 지석묘 출토유물과는 이질적인 甕과 豆形土器라는 특징이 있다. 초기철기시대에 축조된 것이 확실하며 무덤으로 축조되었다.

김해지역에 새로운 이주민의 정착이 늦어진 것은 구산동지석묘를 축조할 만큼 강력한 세력이 있었기 때문이다.

구산동지석묘는 초기철기시대 재지민이 축조한 최후의 군장묘이다. 청동기시대가 끝나는 전환기에 변화를 받아들이는 모습을 상징적으로 보여준다. 이후 청동기시대는 종언하고 새로운 시대가 개막한다.

1. 머리말

지석묘(고인돌)란 지석(굄돌)으로 상석(덮개돌)을 받치고 있는 무덤이다. 즉 매장주체부(무덤방)와 지상에 노출된 상석, 그리고 상석을 받치는 지석이 조합된 무덤을 말한다. 그런데 조사된 지석묘 중 대부분은 실제 지석이 없다. 대개 탁자식지석묘의 경우 매장주체부가 지상에 있고, 기반식과 개석식은 지하에 매장주체부가 있다. 최근에는 탁자식이 아닌데도 지하에 매장주체부가 없는 사례가 많이 발견된다. 지석묘는 말 그대로 지석이 있는 무덤인데 지석이 없거나 아예 무덤방이 없는 사례가 많다는 것이다. 그럼에도 불구하고 이런 사례를 모두 지석묘라고 불러 지석묘라는 용어가 청동기시대 무덤을 가리키는 용어로 일반화되었다. 그만큼 다른 적절한 용어를 찾기 어렵기 때문이기도 하다. 또, 발굴사례가 증가하면서 너무도 다양한 구조나 형태가 확인되는 것도 원인이라고 할 수 있다. 필자(2006)는 '협의의 의미'로서의 지석묘는 상석이 있는 분묘 혹은 상석이 없더라도 포석으로 구획된 분묘로 한정하고, '광의의 의미'로서는 기존의 상석이 있는 분묘와 석관묘를 포함하여 청동기시대 무덤을 아우르는 용어로 남겨둘 것을 제안한 적이 있다. 이성주(2019)는 청동기시대 여러 종류의 분묘 중 돌을 이용하여 지상으로 그 외관이 뚜렷이 드러나게 한 무덤을 통칭하는 의미로서 지석묘라는 용어의 사용을 제안하였다.

지석묘는 전통적인 분류안 즉 탁자식, 기반식, 개석식(혹은 탁자식, 기반식, 개석식, 위석식)으로 구분되는데 이 분류 역시 현재의 조사 성과에 전적으로 부합하지 않는다. 청동기시대 무덤을 분류해 본다면 위의 지석묘 분류 이외에 매장주체부의 구조(사실은 재질)에 따라 석관, 석개토광, 토광, 목관, 옹관묘로 구분된다. 매장주체부의 위치는 지하와 지상으로 구분되는데 여기에는 매장과 화장이 그 원인으로 작용하기도 한다. 여기에 최근에는 가옥이 무덤으로 전용되었다는 견해(兪炳琭 2010b; 이수홍 2011; 안재호 2013)도 있어 그야말로 복잡다단해졌다. 최근에는 무덤의 경계 즉 묘역을 갖춘 무덤의 조사가 증가하였는데, 이를 통칭해 구획묘라고 한다(이상길 1996). 구획묘는 묘역의 경계가 돌인지 도랑인지에 따라 구분되는데 돌이면 '묘역식지석묘(혹은 용담식지석묘(김승옥 2006c)', 도랑이면 '주구묘'라고 한다. 사천 이금동유적 A-1호 무덤의 경우 전통적인 지석묘 분류안에 의하면 기반식지석묘(사실 지석이 없지만 개석식에도 적합하게 부합하지 않는다)이고, 구획묘의 입장에서는 묘역식지석묘이며, 매장주체부의 구조로 분류한다면 석관묘이고 장법은 신전장으로 매장한 것이다.

본 장에서 다루고자 하는 묘역식지석묘는 돌을 이용해 묘역을 구분한 무덤이다. 하지만 매장주체부가 없어 적석제단으로 보고된 것도 본 장의 검토대상에 포함하였다. 적석제단으로 보고된 유구 중 매장주체부의 존재 가능성이 있는 것도 있고, 화장후 산골한 곳일 가능성이 있어 애초 무덤으로 축조되었다고 언급하였다.

'묘역'이란 사전적 의미로 '墓所로서 경계를 정한 구역'을 말한다. 사실 대부분의 무덤에는 그것의 범위가 있었을 것인데 후대까지 그 흔적을 남기지 않았다. 돌이나 주구로 점차 명확하게 무덤 공간의 범위를 나타내었는데 특히 돌을 이용한 묘역은 축조와 관련된 공동노동, 압도하는 규모 등으로 인해 당시 사회를 들여다보는 중요한 소재가 되고 있다.

본 장에서는 영남지역의 묘역식지석묘를 살펴본 후 우리나라에서 가장 규모가 큰 묘역과 상석을 갖춘 구산동지석묘의 특징과 성격에 대해서 선학들의 연구를 바탕으로 검토해 보겠다.

2. 영남지역 묘역식지석묘

묘역식지석묘는 남해안을 따라 분포한다고 알려졌지만, 실제 거창, 합천, 산청, 밀양, 청도, 대구 등 내륙지역에서도 많이 확인되기 때문에 남부지역 전역에 분포한다고 해도 과언이 아니다. 표 XVII-1은 현재까지 영남지역에서 발굴조사를 통해 알려진 묘역식 지석묘에 대한 개요이다.[1]

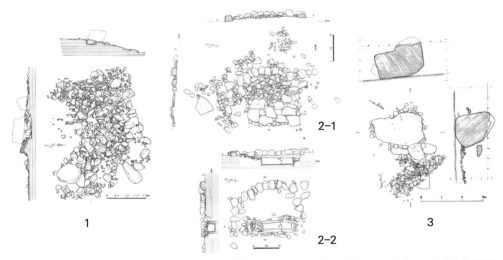

그림 XVII-1. 묘역식지석묘와 묘역으로 추정되는 무덤(1:합천 역평 14호, 2:대구 대천동 511-2유적 A-23호 개석과 매장주체부, 3:안동 지례리유적 B-9호)

---

1) 보고서에 명확하게 묘역식 무덤으로 설명된 유적이다. 또, 필자가 미처 인지하지 못한 유적도 있을 것인데 전적으로 필자의 책임이다.

표 XVII-1. 영남지역 묘역식지석묘 유적 개요(유구 수는 묘역식지석묘 수)

연번	지역	유적명	유구수	입지	성격	조사기관
1	거창	산포유적	20	충적지	무덤	동의대박물관
2	합천	역평유적	15	구릉 사면	무덤	동의대박물관
3		저포 E지구	7	충적지	무덤	부산대박물관
4	함양	화산리유적	6	구릉 말단	무덤, 제단	경남발전연구원
5	산청	매촌리유적	9	충적지	무덤, 제단	우리문화재연구원
6	진주	대평리유적	11	충적지	무덤	경남고고학연구소 외
7		평거동유적	4	충적지	무덤	경남발전연구원
8		가호동유적	14	충적지	무덤	동서문물연구원
9		삼곡리유적	1	선상지	무덤	동서문물연구원
10		이곡리유적	12	구릉평지경계	무덤, 제단	동아세아문화재연구원
11	사천	이금동유적	25	구릉 사면	무덤	경남고고학연구소
12		소곡리유적	5	충적지	무덤	단국대박물관
13		덕곡리유적	7	충적지	무덤, 제단	경남발전연구원
14		용현유적	2	선상지	무덤	동아대박물관
15	함안	도항리유적	4	구릉	무덤	창원문화재연구소
16	통영	남평리유적	4	계곡부	무덤	동서문물연구원
17	거제	농소유적	1	구릉평지경계	무덤	경남고고학연구소
18		대금리유적	2	구릉 말단	무덤, 제단	경남고고학연구소
19	창원	진동유적	다수	충적지	무덤	경남발전연구원
20		신촌리유적	1	구릉평지경계	무덤	동아세아문화재연구원
21		망곡리유적	1	충적지	?	우리문화재연구원
22		현동유적	4	구릉 말단	무덤	동서문물연구원
23		봉림리유적	3	구릉말단	무덤	한국문물연구원
24		덕천리유적	1	구릉평지경계	무덤	경남대박물관
25		화양리유적	1	구릉	무덤	동아세아문화재연구원
26	밀양	금포리유적	4	구릉	무덤	동아세아문화재연구원
27		용지리유적	1	구릉 사면	제단	우리문화재연구원
28		신안유적	3	선상지	제단	경남발전연구원
29		살내유적	2	충적지	제단	경남발전연구원
30	김해	선지리 218-2	13	구릉 말단	무덤	강산문화재연구원
31		구산동유적	1	구릉 말단	무덤	경남고고학연구소
32		대성동 294유적	4	곡간 퇴적지	무덤	강산문화재연구원
33		율하리유적	19	구릉 사면	무덤	경남발전연구원

연번	지역	유적명	유구수	입지	성격	조사기관
34	부산	분절유적	10	구릉 사면	무덤	부산박물관
35		온천 2구역	5	구릉 사면	제단	서울문화재연구원
36		길천유적	5	충적지	무덤	동양문물연구원
37	울산	송대리 275-4유적	1	구릉 말단	무덤	경상문화재연구원
38		다운동운곡	2	구릉 사면	무덤	창원대박물관
39		전촌리유적	7	곡간 충적지	무덤, 제단	경상북도문화재연구원
40		월산리입석유적	1	구릉 사면	입석	영남문화재연구원
41		상신리지석묘	1	구릉 말단	무덤?	국립박물관
42		화곡리제단유적	1	구릉 말단	제단	성림문화재연구원
43	경주	황성동유적	8	충적지	무덤, 제단	경북대학교박물관
44		석장동 876-5	1	곡간 충적지	무덤	계림문화재연구원
45		서악동 844-1	3(다수)	구릉 말단	무덤	신라문화유산연구원
46		화천리 산251-1	1	구릉 정상	제단	영남문화재연구원
47		도계리지석묘군	56	선상지	무덤, 제단	삼한문화재연구원
48	포항	조사리유적	1	구릉	무덤	삼한문화재연구원
49	영천	용산동유적	3	선상지	무덤, 제단	경북대학교박물관
50	청도	진라리유적	3	충적지	무덤	영남문화재연구원
51		화리유적	5	선상지	무덤	한국문화재보호재단
52		상인동 87유적	1	선상지	무덤	영남문화재연구원
53	대구	상인동유적	3	선상지	무덤	경북대학교박물관
54		진천동유적	2	선상지	무덤, 제단	영남문화재연구원
55	칠곡	복성리유적	2	충적지	무덤, 제단	영남문화재연구원
56	김천	송죽리유적	12	충적지	무덤	계명대학교박물관

영남지역에서 56곳의 유적에서 340여 기의 묘역식지석묘가 조사되었다.[2] 경남지역은 전

---

2) 합천 역평유적에서 조사된 15기가 모두 묘역식인지에 대해서는 재고의 여지가 있다. 또 밀양 가
인리유적의 석관묘(밀양대학교박물관 2015)나 대구 대천동 511-2번지 유적의 석관묘(영남문화
재연구원 2009)와 같이 매장주체부 주위로 부정형으로라도 돌을 둘렀다면 이것도 묘역식으로
볼 여지가 있다. 사실 무덤에는 어떤 형태로든 묘역을 표현하였을 것이다. 돌을 이용한 경우 부정
형하게 일정한 형태가 없으면 묘역식의 범주에 포함시키지 않고, 원형 혹은 장방형으로 설치한
것만 우리가 묘역식으로 판단하는 것은 아닌지 생각해 본다. 그렇다면 표 XVII-1에는 포함되지 않
았지만 안동 지례리 지석묘 B지구 9호와 같은 무덤도 묘역식일 가능성이 있으며 우리가 생각하
는 것 이상으로 묘역식 무덤이 많았을 것이다.

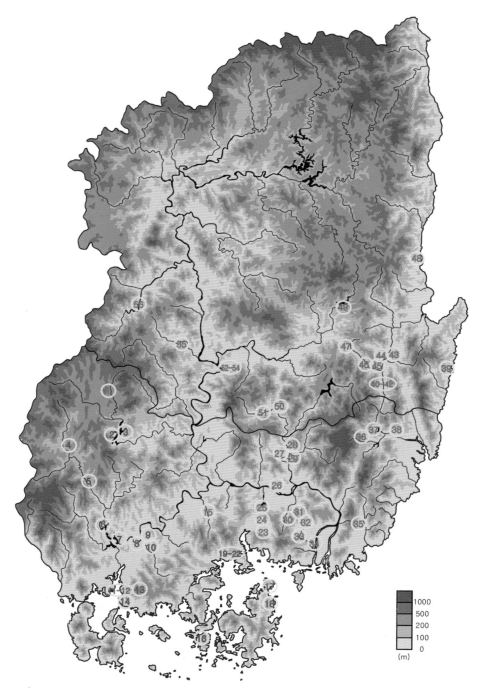

그림 XVII-2. 영남지역 묘역식지석묘 분포(숫자는 표 XVII-1의 연번과 동일함)

역에 분포한다. 경북지역의 경우 그림 XVII-2의 표기만으로 본다면 김천-칠곡-대구-영천-경주-포항을 잇는 선의 북쪽에서는 확인되지 않는 것으로 보인다. 이 선이 묘역식지석묘 분포의 북한계선을 의미하는 것은 결코 아니다. 그림 XVII-1과 같이 안동 지례리유적의 무덤도 묘역식지석묘일 가능성이 있고, 춘천 중도유적에서도 다수의 묘역식지석묘가 조사된 사례가 있다. 또 북한지역에도 묘역식지석묘가 많이 분포하는데 침촌형(묵방형 포함)이라고 부른다(석광준 1979). 청동기시대에 송국리문화분포권이 아니더라도 안정적인 정착생활이 이루어진 곳에는 묘역식지석묘가 축조되었다는 것을 알 수 있다.

경주와 포항, 울산은 검단리문화분포권이며 그 외 지역은 송국리문화분포권이다. 두 지역의 묘역식지석묘 유적 수는 큰 차이가 없는 것으로 보일 수 있지만, 실제 유구 수는 송국리문화분포권이 압도적으로 많다. 구획묘 중 송국리문화분포권은 돌을 이용한 묘역식지석묘, 검단리문화분포권은 도랑을 이용한 주구묘가 주로 분포한다는 견해(안재호 2020)와 부합한다. 경주와 울산지역은 초기철기시대에 축조된 것이 많고 지하에 매장주체부가 없는 소위 '제단식지석묘(적석제단)'(김병섭 2009)의 비율이 높은 것이 특징이다. 밀양 살내유적 1호 제단식지석묘, 신안유적 1호 · 4호 제단식지석묘에는 암각화가 새겨져 있다. 입지를 본다면 구릉사면, 충적지, 선상지 등에 위치한다. 서부 경남지역은 남강, 황강 등 하천변 충적지에, 대구를 비롯한 경북지역은 선상지에 많이 분포한다. 묘역식지석묘가 분포하는 선상지는 육안으로 볼 때 대체로 편평한 평지이다. 구릉에 분포하는 유적의 경우에도 대개 완만한 사면이거나 구릉과 평지의 경계에 위치한다. 묘역을 설치하기 위해서는 무덤이 위치하는 곳의 지형이 경사도가 낮아야 돌을 이용해 묘역을 축조하기 쉽기 때문에 충적지나, 선상지, 구릉 중에서도 상대적으로 편평한 곳을 무덤의 입지로 선택하였을 것이다.

3. 묘역식지석묘의 성격과 기원, 축조시기

본 절에서는 묘역식지석묘의 성격에 대한 선행연구의 공통점을 살펴보고 성격을 검토해보겠다. 또 묘역식지석묘의 기원에 대한 제 견해와 축조시기에 대해서 살펴보겠다.

1) 선행연구에 대한 검토와 묘역식지석묘의 성격

이상길(1996)은 묘역식지석묘를 구획묘라 부르고 이 무덤의 성격과 묘역의 용도를 검토하였다. 묘역식지석묘를 개인의 묘가 군집을 이루어서 분포하는 개인군집형(산포형), 한 묘역에 4~5기의 유구가 조성되어 있으나 유물로 우열이 구분되지 않는 유력가족형(Ⅰ)(대봉동형)과 한 묘역 내에 다른 무덤이 있는데 그 중 중심이 되는 무덤의 묘역시설이 극대화되는 유력가족형(Ⅱ)(덕천리형)으로 분류하였다. 묘역은 다른 무덤과 구분하기 위한 경계시설이데 점차 덕천리지석묘와 같이 다른 무덤과 차별성을 나타낸다고 하였다.

김승옥(2006c)은 묘역식지석묘를 시기적으로 3단계로 구분하였다. Ⅰ단계는 묘역이 방형이면서 독립적으로 분포하고 Ⅱ단계는 대단위로 조성되는데 3~5기가 군집한다. Ⅲ단계는 묘실이 다양화된 지석묘가 Ⅱ단계 무덤 주위에 축조되며 극소수는 묘역이나 상석이 극대화되고 초대형의 석곽이 지하 깊숙이 설치된다. Ⅲ단계는 사회적 계층화가 정점에 이르게 되는데 창원 덕천리 · 진동, 보성 동촌리유적 등으로 대표되는 최고 권력자가 매장되는 '유력개인묘'가 등장한다고 하였다.

윤호필(2009)은 묘역지석묘는 지석의 기능에 묘역이 가지는 개별 무덤의 공간적 영역확보라는 의미와 기능이 합쳐진 것인데, 지상으로 묘역을 돌출시킴으로써 외형적으로 상석의 기능을 한층 업그레이드 한 것이라고 하였다. 이는 무덤간에 차별성(위계화)을 두드러지게 한 것이다.

안재호(2012)는 상석과 매장주체부, 묘역은 규모나 구조에서 다양한데 피장자에 대한 사회적 위계의 분화가 진전된 것을 의미하며 일반 지석묘보다는 더욱 진화된 묘제라고 하였다. 묘역식지석묘는 거점취락을 중심으로 연합된 지역공동체가 채용한 수장묘 혹은 그에 상응하는 사회적 신분을 지닌 유력자 또는 그와 관련된 계층의 묘라고 하면서 묘역의 크기는 신분의 우열을 나타내는 척도라고 하였다.

이성주(2012)는 기념물은 현저한 외관과 내구성을 가져야 하기에 결국 석축기념물이 등장하고, 지석묘 등 석축제의유구는 환호, 대형목조건물 등과 함께 집약적 농경사회를 이념적으로 이끌어간 장치라고 하였다. 묘역식지석묘 단계에 이미 권력이 집중된 개인묘가 공동체 묘지 가운데 등장하며 공동묘로 조성된 거석묘가 위세품이 다량 부장된 개인묘로 대체된다고 하였다. 즉 묘역식지석묘가 다량의 청동제 위세품을 부장한 족장개인묘로 전개된다는 것이다.

우명하(2012)는 영남지역의 묘역식지석묘를 검토하였다. 지역집단의 유력자가 개인묘역을 조영하기 시작하는 공존기, 개인의 영향력이 커짐에 따라 묘역 축조에 많은 노동력이 동원되면서 무덤의 형식이 다양화되고, 각 지역 집단의 영향력이 묘제분포권으로 발현되는 발전기, 묘역식지석묘유적이 대형화되는 최성기로 변화한다고 하였다. 최성기의 묘역지석묘 축조사회는 유력정치체로 발전하기 시작한 사회단계라고 하였다.

이은경(2013)은 묘역식지석묘에서 출토되는 부장유물의 가치·등급의 고저가 규모와 반드시 일치하지 않기 때문에 부장유물 보다는 규모로 성격과 특징을 드러낸다고 하였다. 묘역식지석묘를 축조하고 다양한 유물을 부장한 집단은 해당 지역에서 유력한 집단이며, 피장자의 우월성을 부각시키기 위해 축조되었으며 경남지역에서 구획묘를 축조한 집단은 계층화가 진행되는 사회 흐름에 속했다고 하였다.

윤형규(2018)는 경북지역의 묘역식지석묘를 검토하였는데, 묘역지석묘는 지역 사회의 발전에 따라 무덤의 경관 또는 상징적 의미를 부각시키기 위해 채용되었다고 하였다. 묘역시설은 처음에는 주로 대형급이 단독으로 배치되다가 점차 다양한 형태와 규모의 차별을 통해 위계와 기능적인 분화가 시작되었다고 하였다.

대부분의 선행연구에서 '위계', '차별화', '계층화', '유력'이라는 단어가 공통적으로 언급되고 있는데, 이 단어만으로도 묘역식지석묘의 성격을 어느 정도 짐작할 수 있겠다.

위에서 살펴본 선행연구의 대체적인 공통점은 다음과 같다. ①대부분은 연접하거나 인접하게 축조되어 공동묘지를 이룬다. ②묘역식지석묘는 집단 내 유력개인의 무덤인데, 당시 사회가 점차 계층화되어 가는 것을 반영한다. ③불평등사회의 지배자(군장)가 등장한 완전한 계층사회는 아닌 것으로 받아들여진다. 대부분 '계층화의 과정'으로 표현하고 있다. ④ 위계화는 유물 보다는 묘역의 규모로 표출된다.

청동기시대 비파형동검이 출토된 무덤이 최고 지도자의 무덤이 아니라는 견해(金承玉 2006b; 李熙濬 2011; 安在晧 2012; 이수홍 2020a)가 있다. 사천 이금동유적에서 가장 규모가 큰 A-1호가 아니라 묘역이 없는 단독 소형묘인 C-10호, D-4호에서 비파형동검이 출토되는 등 대형 묘역을 갖춘 무덤과 출토유물의 비중이 비례하지 않기 때문이다. 즉 호남지역에 비해 상

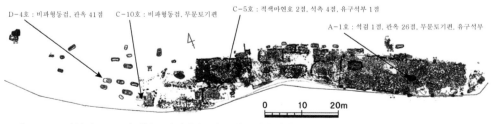

D-4호 : 비파형동검, 관옥 41점   C-10호 : 비파형동검, 무문토기편   C-5호 : 적색마연토 2점, 석촉 4점, 유구석부 1점

A-1호 : 석검 1점, 관옥 26점, 무문토기편, 유구석부

0 10 20m

그림 XVII-3. 사천 이금동유적 대형 묘역식지석묘와 동검묘 위치 및 출토유물

대적으로 비파형동검을 많이 입수하지 못했던 경남지역에서는 집단의 위계를 규모로서 표현하였던 것(이은경 2013; 이수홍 2019)을 알 수 있다. 반면 무덤의 규모에서 큰 차이를 보이지 않는 대구지역에서 위계를 상징하는 것은 장신의 마제석검이다(이성주 2016a; 이수홍 2020a).[3]

2) 묘역식지석묘의 기원

영남지역 묘역식지석묘의 기원에 대해 오강원(2019)은 주구석관묘를 모방하였다고 한다. 주구석관묘는 석관묘 축조집단이 환호 구획의 아이디어를 차용하면서 등장한 것이라고 하였다. 주구석관묘 조성집단이 지석묘에서 상석의 표상성을 따오고 주구 내부에 석재를 채우게 되면서 묘역식지석묘가 등장하게 되었다는 것이다. 단 영남 이외의 지역은 주구석관묘와 관련 없이 서북한의 묘역식을 수용하거나, 매장주체부를 보호하고 상석의 무게를 지탱하고자 하는 기능적 목적과 상석에 부수하는 표상성을 현시하고자 하는 의도에서 출현하게 되었다고 하였다(오강원 2019). 지역마다 묘역식지석묘의 출현 원인을 다르게 보고 있다는 점이 특징이다.

필자(2010)는 전기의 주구묘가 송국리문화권에서는 묘역식지석묘로 변화한다고 하였지만 왜 돌을 이용하였는지에 대해 구체적으로 언급하진 않았다. 이후 적석된 유구가 무덤이라고 하면서 적석유구과 관련된 견해를 제시하였다(이수홍 2017). 청동기시대 전기에 주거 내에서 이루어진 적석행위가 마을에서 공동으로 이루어지면서 적석유구가 발생하고, 이 적석유구와 지하의 매장주체부가 결합해서 묘역식지석묘가 활발하게 축조되었다는 것이다.

오강원의 견해대로 환호의 공간구분 아이디어가 반영되었는지 단언할 수 없지만, 사자와 생자의 공간을 구분하는 관념, 돌을 이용하는 기술적 축조 방법

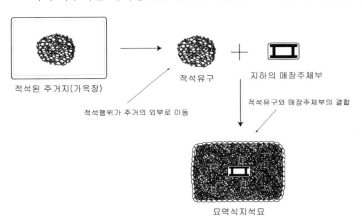

그림 XVII-4. 적석주거와 묘역식지석묘 관계 모식도

적석된 주거지(가옥장)
적석유구
지하의 매장주체부
적석행위가 주거의 외부로 이동
적석유구와 매장주체부의 결합
묘역식지석묘

---

3) 지석묘와 관련한 정치·사회 발전 단계에 대해서는 강봉원의 글(2022)에 잘 정리되어 있다.

도입, 서북한지역 혹은 요동지역 묘역식지석묘의 영향 등 다양한 원인이 묘역식지석묘가 등장하는 배경이 되었을 것이다.[4]

3) 묘역식지석묘의 축조 시기

지석묘는 청동기시대 전기부터 축조되었으며, 묘역식지석묘도 마찬가지일 것이다. 현재로는 전기 후엽에 출현하였다는 견해가 많은 것 같다. 하지만 영남지역에서 전기라고 단언할 수 있는 묘역식지석묘는 없다. 호남지역에서는 진안 수좌동·안좌동·여의곡·풍암유적에서 조사된 묘역식지석묘에서 전기의 표지적인 유물인 이단병식석검이 출토된 사례가 있다. 영남지역에서는 합천 저포유적 E지구, 진주 이곡리유적의 일부 묘역식지석묘에서 퇴화된 이단병식석검, 무경식석촉 등이 출토되었다. 무덤의 연대는 출토된 유물보다 단독 혹은 2~3기의 소군집으로 분포하는지, 대군집으로 분포하는지가 더 중요하다. 합천 저포리유적과 진주 이곡리유적의 연대는 출토된 석검이 전형적인 이단병식이 아니고, 무덤이 대규모로 군집된 양상이기 때문에 후기의 이른 시점에 축조된 것일 가능성이 높다.[5] 대체로 이른 시기 묘역식지석묘의 경우 매장주체부가 지상식 혹은 반지하식인 것이 특징이다. 호남지역에서 이단병식석검이 출토된 위 유적의 묘역지석묘 역시 매장주체부의 위치가 지상식 혹은 반지하식인 것을 볼 때 호남지역도 마찬가지이다. 전통적으로 자생한 지하에 매장주체부가

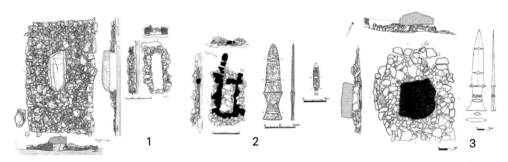

그림 XVII-5. 시기가 이른 묘역식지석묘 매장주체부(1:합천 저포 E지구 5호, 2:진주 이곡리 30호, 3:진안 여의곡 3호)

---

4) 묘역식지석묘의 기원에 대해서는 아직까지 중국동북지역의 영향이라는 견해(하문식 1990; 안재호 2010 등)가 많다.

5) 구고(2020a)에서 합천 저포 E지구 5호, 이곡리 30호 지석묘를 전기의 늦은 시기에 축조된 것이라고 하였는데, 후기의 가장 이른 시점으로 견해를 정정한다.

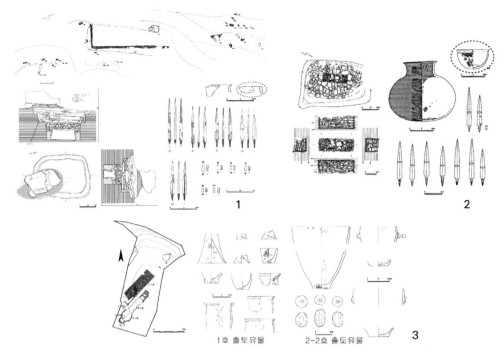

그림 XVII-6. 초기철기시대 지석묘(1:창원 진동리유적 1호, 2:김해 대성동고분 지석묘, 3:경주 전촌리유적)

없는 지석묘에 중국 동북지역에서 전래된 석관묘가 결합되었기 때문으로 판단된다.

　지석묘의 하한이 초기철기시대까지 내려온다는 것은 이제 일반적인 견해이다. 하지만 출토유물이 빈약해 어떤 무덤이 초기철기시대인지 특정하는 것이 쉽지 않다.

　필자는 창원 덕천리유적, 김해 율하리유적의 B-9호를 비롯한 일부 무덤, 내동 지석묘, 김해 대성동고분군 정상부의 지석묘,[6] 구산동지석묘 등은 명확하게 초기철기시대에 축조된 것이라고 생각한다. 창원 덕천리유적 1호 묘역 외곽에 설치된 구에서 점토대토기 파편이 출토되었고 4호 묘에서 점토대토기, 7호와 21호에서는 초기철기시대에 해당하는 무경식삼각만입석촉이 출토되었다.[7] 율하리 B-9호 석관묘에서는 세형동검과 검파두식이 1점씩 출토

---

6) 명확한 상석이나 묘역은 확인되지 않았지만 주변에 상석으로 추정되는 판석이 확인되었기 때문에 지석묘일 가능성이 있다.

7) 덕천리유적 1호 매장주체부에서는 청동기시대의 유물이 출토되었기 때문에 청동기시대 늦은 단계에 1호와 같은 대형무덤이 축조되고 초기철기시대까지 지속적으로 조영되었다는 견해(윤형규

되었는데, 주변의 무덤과 구조적으로 큰 차이가 없다. 즉 율하리유적의 일부 지석묘와 석관묘는 초기철기시대에 축조되었을 것이다. 김해 대성동고분 구릉에 위치하는 지석묘는 개석 상부의 채움석에서 무문토기 완 1점이 출토되었다. 청동기시대에는 없는 기형으로 초기철기시대 혹은 그보다 더 늦은 시기의 유물일 가능성이 높다. 내동지석묘에서는 세형동검, 야요이식토기 등이 출토되어 일찍감치 초기철기시대에 축조된 것으로 알려졌다.

구산동지석묘는 묘역 아래를 확인하지 못했던 1차 조사 때 이미 구릉 상부의 유구를 감안하여 송국리문화 만기에서 괴정동문화 조기 사이일 가능성을 언급하였다(崔鍾圭 2010). 2021년도에 실시한 2차 조사 때 지하의 매장주체부가 목관임이 확인되었고, 유물 또한 옹 1점과 두형토기가 출토되어 초기철기시대에 축조된 것이 명확해졌다(소배경 · 강경언 2021).

4. 청동기시대-초기철기시대 전환기의 무덤 양상

본 절에서는 우선 당시 사회변화 원인에 대한 연구성과의 흐름을 간략하게 살펴본 후 전환기의 무덤 양상에 대해 검토하겠다.

1) 변화의 원인과 양상

청동기시대 종말은 원형점토대토기인의 남하에 의해 시작되었다는 견해가 아직까지는 일반적인 것 같다. 남하한 이주민의 우수한 선진문물로 토착 지석묘 사회를 장악하고 새로운 사회질서에 재편했다는 것이다(박순발 1997; 정인성 1997 외). 반면 잠재되어 있던 내재적 문제, 기후 변화 등으로 스스로 붕괴했다는 견해도 있다(이희진 2016; 이성주 2017b 외).

초기철기시대를 상징하는 원형점토대토기, 세형동검문화, 철기문화, 삼각형점토대토기 등의 요소가 일시에 한반도 남부지역에 등장한 것이 아니고, 최초 등장한 원형점토대토기인들이 그렇게 큰 영향력을 발휘하지 못했다(김규정 2013; 서길덕 2018; 유병록 2019a 외)고 알려지면서 청동기시대 종말의 원인이 오히려 흐릿해지고 있는 실정이다. 또 지석묘에서 세형동검 관련 유물 출토 사례가 증가하면서 그 하한이 기원전후에 이른다는 견해가 많다. 대평리유적을 비롯하여 남강유역의 그 많던 송국리인이 일시에 소멸하지 않았다면 어쩌면 당연하게

2019)도 있다.

받아들여야 하고 그렇기 때문에 청동기시대 종언이 이주민 남하라는 단순한 원인으로 해결될 문제가 아닌 것이다.

기원전 4~300년 이후 청동기시대 유적이 급감하는 것에 대한 원인으로 인구가 감소되었다고 하고(송만영 2011), 그 원인은 자연재해(배덕환 2022)라고 한다. 하지만 辰國(衆國)사회의 발전 동인이 농업생산력과 교역이고(이현혜 1987), 삼한사회를 지탱하는 근거가 경제적으로는 농업과 철, 소금의 생산과 교역이며 정치·군사적으로는 공동 방어의 필요성, 종교적으로는 국읍에서 행사는 천신제사라고 한다(권오영 1996). 또, 국 성립 조건 중 하나가 취락군의 장기존속성이라고 하는데(이희준 2000) 그렇다면 현재 우리가 조사한 점토대토기 출토 유적보다 훨씬 많은 취락이 장기적·안정적으로 존재하였을 것이다. 초기철기시대가 시작되었다고 하더라도 재지 사회는 크게 위축되지 않았고, 그렇다면 청동기시대 유적이 기원전 4~300년 이후 급감하는 현상에 대해서는 기존의 편년체계를 재검토할 필요가 있을 것이다.8) 아무튼 원형점토대기인들이 남하한 이후에도 재지사회가 초기에는 크게 위축되지 않았고, 그런 시각에서 구산동지석묘를 바라볼 필요가 있다.

필자(2020a)는 ①『三國志』魏書 東夷傳의 기록(侯準既僭號稱王爲燕亡人衛滿所攻奪 … 將其左右宮人走入海居韓也自號韓王, 自言古之亡人避秦役, 至王莽地皇時 … 爲韓所擊得皆斷髮爲奴 등) ②철기의 보급과 사용, ③1인을 위한 무덤의 축조, ④지역단위를 넘어선 정치적 교역활동9)의 시작 등의 네 가지 사례를 근거로 초기철기시대가 되면 불평등사회의 지배자인 군장이 등장한다고 하였다.

청동기시대-초기철기시대 전환기는 여러 의미가 있지만 무엇보다 평등사회에서 불평등사회로 전환된다는 점이 중요하다. 초기철기시대가 시작되면서 청동기시대가 바로 종언하는 것이 아니다. 외부에서 유입된 점토대토기문화가 등장하자마자 청동기시대인들이 모두 새로운 문화를 즉각적·적극적으로 받아들이지는 않았을 것이기 때문에 어쩌면 당연한 사실이다.

그렇다면 영남지역에는 지역에 따라 새로운 문화를 받아들이는 시점의 차이가 있기 때

---

8) 진주 대평리유적을 비롯한 서부경남지역 뿐만 아니라 호남지역, 또 강원도 춘천 중도유적의 경우에도 300~500년간의 공백기가 있다. 인구감소, 자연재해로 설명하기에 부자연스러운 고고학적인 현상이 한반도 남부지역 전역에서 나타난다. 이 점에 대해서는 별고를 통해 검토하겠다.

9) 생계와 관련 없는 동경과 같은 위신재의 수입 등이 정치적 교역활동이라고 할 수 있겠다.

문에 강력한 지배자를 가진 불평등사회와 혈연에 기반한 지도자를 가진 평등사회가 동시기에 존재했었을 것이다. 또, 새로운 문화의 유입에 맞서 재지사회도 그동안에 축적된 내재적 발전(?)에 따라 불평등사회로 전환되었을 것이다. 급변하는 사회변화에 맞서 재지 사회의 변혁을 상징하는 무덤이 구산동지석묘이다.

이금동유적이나 진동리유적, 율하리유적에서 보이는 무덤의 규모를 본다면 청동기시대는 불평등사회는 아닐지라도 이미 그러한 사회로 가는 계층화의 과정이었음이 분명하다. 새로운 문화가 등장함에 따라 청동기시대에 숙성된 에너지가 지석묘를 축조하는 재지 사회에서 불평등사회의 지배자가 등장하는 기폭제로 작용하였을 것이다.

2) 전환기의 무덤

초기의 지배자 무덤은 재지의 청동기시대인들이 축조한 것과 새로이 내려온 점토대토기인들이 축조한 것으로 나누어 볼 수 있다. 재지민들이 축조한 무덤은 종래 혈연적 기반에 바탕을 둔 것과는 달리 1인을 위한 거대무덤과 새로운 시대의 위신재인 세형동검을 부장한 지석묘와 석관묘가 있다(이수홍 2020a). 김해와 인근 지역에서 확인된 1인을 위한 거대무덤은 창원 덕천리유적 1호 지석묘, 구산동유적의 지석묘, 대성동 고분군 정상의 지석묘를 들 수 있다. 청동기시대 묘역이 연접하는 공동체 지향의 유력개인묘가 초기철기시대 1인 지향의 단독묘로 변화하는 요인은 청동기시대 사회가 성숙하여 자연스럽게 사회발전단계에 맞게 새로운 시대의 지배자인 군장이 등장하였을 가능성과 자연환경의 악재(이희진 2016) 혹은 세형동검문화집단과의 경쟁 등에 대응(이청규 2019)하기 위해 강력한 리더십이 필요했을 수도 있다(이수홍 2020a).

세형동검이 출토되는 무덤은 비파형동검이 출토되는 무덤과 달리 초기에는 단독으로 분포하고, 부장품이 타 무덤에 비해 탁월하기 때문에 피장자 개인의 소유물로 볼 수 있으며, 최상위 신분자로 간주해도 좋을 것이다. 그렇다면 세형동검이 출토된 재지계의 무덤 즉 김해 내동 지석묘, 산청 백운리유적의 석관묘 등도 불평등사회 지배자의 무덤이라고 할 수 있다. 김해 내동 지석묘에서는 야요이토기도 출토되었는데 지역 단위를 벗어나 광범위한 교류활동이 이루어진 것을 알 수 있다(이양수 2016).

영남지역은 호서 · 호남지역에 비해 이른 시기 세형동검과 방울류 등의 청동기가 부장된 군장묘가 확인되지 않는다. 그러한 이유로 재지민이 축조한 군장묘, 즉 1인을 위한 거대 지석묘가 축조되고, 석관묘에서 세형동검이 출토되는 사례가 호서 · 호남지역에 비해 많은 점이 특징이라고 할 수 있다.

점토대토기인들이 축조한 지배자의 무덤은 목관묘이다. 구성원의 대규모 노동력이 동원된 집단의례적인 성격이 사라지고, 청동의기나 토기, 장신구 등 개인적인 위신과 관련된 개인 소유물의 부장이 증가하는 것이 가장 큰 특징이다(李在賢 2003). 김천 문당동유적 목관묘는 비파형동검과 함께 위신재인 옥이 97점이나 출토되었고, 구릉 전체에서 1기만 확인되어 1인을 위한 무덤이 확실하다. 기원전 2세기 후엽~1세기가 되면 목관묘는 군집한다. 목관묘가 군집한다는 것은 동족지배집단이 형성되는 것을 의미하는데 철기의 확산, 새로운 제도술에 의한 와질토기의 등장, 한식유물의 유입 등에서 알 수 있듯이 동아시아 네트워크의 시작과 함께 나타나는 현상이다(李盛周 2007; 李熙濬 2011; 이수홍 2020a). 대구 팔달동유적, 경산 양지리유적, 경주 입실리유적, 울산 교동리·창평동 810번지 유적, 창원 다호리유적, 김해 양동리·내덕리·대성동유적, 밀양 교동유적등 영남 각지에서 목관묘가 앞 시기의 전통이 잔존하는 지석묘와 석관묘를 대체하는 주 묘제로 빠르게 확산된다.

5. 구산동지석묘의 특징

영남지역에서 그동안 56곳의 유적에서 묘역식지석묘가 조사되었다. 본 절에서는 조사된 340여 기의 묘역식지석묘 중에서도 구산동지석묘가 가지는 특징에 대해서 살펴보겠다. 구산동유적 A구역에는 이 묘역식지석묘 외에도 묘역이 없는 무덤 5기가 더 분포하고, 서쪽 구릉에는 주거지 90동, 수혈 51기가 조사되었다. 단 1기의 거대한 묘역식지석묘, 매장주체부가 목관이며 두형토기가 출토되었다는 점, 구릉에서 조사된 많은 주거지에서 야요이식토기가 출토되는 점 등으로 인해 기존의 지석묘와는 여러모로 다른 주목을 받아 왔다.

2차례에 걸친 발굴조사 성과와 영남지역 묘역식지석묘와의 비교를 통해 확인되는 구산동지석묘의 특징은 다음과 같다.

①무엇보다 규모에서 압도적이다. 잔존하는 묘역의 길이가 85m이며 폭은 19m에 이르는 전무후무한 규모이다. 상석의 평면형태는 장방형에 가까운데 규모가 길이 10m, 너비 4.5m, 높이가 3.5m이며 무게는 350톤 내외로 추정된다. 대형묘라고 알려진 이금동유적 A-1호는 묘역의 잔존 길이가 33.6m인데 원래 길이는 38m 정도로 추정되고, 율하리유적 B-4~6호의 묘역은 길이가 40m이다. 덕천리유적 1호는 잔존 56m인데 상석이 중앙에 있었

다는 것을 전제로 하면 전체 길이가 100m에 가까워 구산동유적과 유사하다. 하지만 상석의 길이가 4.6m, 무게가 35톤 정도로 추정되어 구산동유적에 비하면 작은 편이다. 앞으로 구산동지석묘와 같이 이런 압도적인 규모의 묘역식지석묘가 다시 발견될 수 있을까 싶을 정도이다.

②무덤군에서 묘역식지석묘는 1기만 존재한다. 일반적인 묘역식지석묘군은 묘역이 열상으로 군집하여 공동묘지를 이룬다. 이에 반해 구산동지석묘가 분포하는 묘역에서 묘역식지석묘는 단 1기뿐이다. 인근에 무덤이 몇 기 분포하지만 등가라고 하기 어려운 소형묘이다. 무덤군에서 묘역식지석묘가 단 1기만 분포하는 사례는 창원 망곡리유적과 덕천리유적이 있다.

창원 화양리유적과 포항 조사리유적에서 거대한 묘역식지석묘가 각각 1기만 확인되었는데 이 두 유적은 지석묘 주변지역이 넓게 조사되지 못해서 1기만 분포하는지 단언할 수 없다.

③상석의 장축방향이 묘역의 장축방향과 직교한다. 일반적인 묘역식지석묘의 상석 장축방향은 묘역과 평행하다. 최근 포항 조사리유적에서 조사된 묘역식지석묘는 묘역의 길이가 38.9m에 이르는데 중앙에 매장주체부가 묘역의 방향과 직교하게 설치되었다. 상석은 확인되지 않았지만 매장주체부가 있는 곳은 타원형의 형태로 돌이 쌓여 있는데 역시 묘역의 장축방향과 직교한다. 상석이 있었다면 직교되게 놓여 있었을 가능성이 있다.[10]

이 외에도 제단지석묘라고 알려진 밀양 살내유적 1호, 밀양 신안유적 1호, 밀양 용지리유적 지석묘의 상석이 묘역의 장축방향과 직교하게 놓여 있다.

④매장주체부가 일반적인 석관이 아니라 목관이다. 전형적인 지석묘의 매장주체부라고 할 수 없다. 영남지역의 묘역식지석묘를 대표하는 이금동유적, 진동리유적, 율하리유적에서도 목관이 대형묘의 매장주체 시설로 이용된 사례는 없다. 석개토광과 같이 목관의 존재를 유추할 수 있는 사례는 있지만 구산동지석묘와 같이 새로운 시대의 묘제인 목관을 하부구조로 채용한 것은 대단히 이채롭다.

⑤출토유물 역시 전형적인 지석묘의 부장품인 적색마연토기+석검+석촉+옥이 아니라 옹 1점과 두형토기 1점이다. 유물이 빈약한 것은 재지의 지석묘 전통이라고 할 수 있겠지만 토기의 기형은 전통에서 완전히 벗어났다고 할 수 있다. 세형동검이 출토되는 석관묘의 경우에도 토기는 청동기시대의 적색마연토기가 출토되는데 구산동지석묘의 경우 새로운 기종

---

10) 지석묘 상석의 장축방향에 대해서는 안재호 선생님의 조언이 있었다. 조사리유적은 아직 보고서가 간행되지 않았다. 관련 자료를 지원해 준 삼한문화재연구원 관계자께 감사드린다.

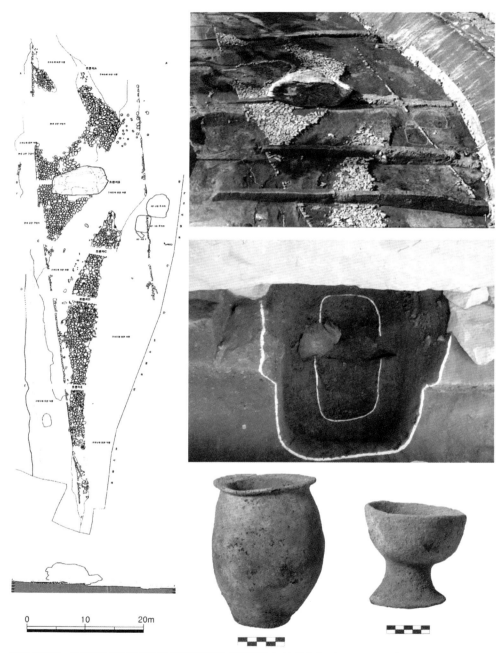

그림 XVII-7. 구산동지석묘 배치도 및 매장주체부와 출토유물(삼강문화재연구원 2021에서 수정)

인 두형토기와 옹형토기가 부장되는 것은 결국 신문물을 받아들였고, 또한 그만큼 축조 시기가 늦다는 것을 반증하는 것이라고 할 수 있다.

⑥인근 구릉에 분포하는 취락의 중심시기가 청동기시대가 아니라 초기철기시대이다. 또한, 야요이토기가 출토되는 주거가 많아 당시 야요이인들이 대거 이주하여 마을을 이루었던 곳이다. 2차 조사 결과 구산동지석묘 역시 초기철기시대에 축조된 것이 확실한데 오히려 구릉에 있는 마을보다 축조시기가 늦을 가능성이 높다.[11]

이상 6가지 구산동지석묘의 특징을 바탕으로 다음 장에서 구산동지석묘의 성격에 대해서 살펴보겠다.

6. 구산동지석묘의 성격

본 절에서는 제단식지석묘에 대한 필자의 견해를 밝히고, 무덤으로서 구산동지석묘의 성격에 접근해 보고자 한다. 필자는 무덤 자체가 의례공간이며 의례공간으로서의 묘역은 제단의 기능을 하였을 것으로 생각한다. 매장주체부의 유무로 무덤인지의 여부를 판단할 수 있을지에 대한 의문도 가지고 있다.

1) 제단식지석묘(적석제단) 단상

21세기 들어 함양, 산청, 밀양, 경주 등 영남 각지에서 상석 혹은 포석 아래에 매장주체부가 없는 유구가 많이 확인되었다. 매장주체부가 없기 때문에 무덤이 아니고, 제단으로 이용되었을 것이라고 하여 적석제단이라고 하거나, 무덤은 아니지만 묘역식 지석묘와 형태와 유사하기 때문에 제단지석묘라고 부른다(김병섭 2009).

그런데 매장주체부가 확인되지 않은 제단식지석묘가 모두 무덤이 아니라고 단정할 수 있는지의 문제이다. 필자는 제단식지석묘라고 알려진 모든 유구가 첫 번째 축조 목적은 무덤이 아니었을까 하고 생각한다. 이에 대해서는 청동기시대 장법에 대해서 살펴볼 필요가

---

11) 이재현(2019)은 구산동유적 취락에서 출토된 야요이 토기는 야요이 중기전반의 죠노코식과 수구Ⅰ식으로 일본연구자의 역연대 견해는 대체로 기원전 350~200년이라고 하였다. 이 역연대를 인정한다면 지석묘는 이보다 늦게 축조되었을 것이다.

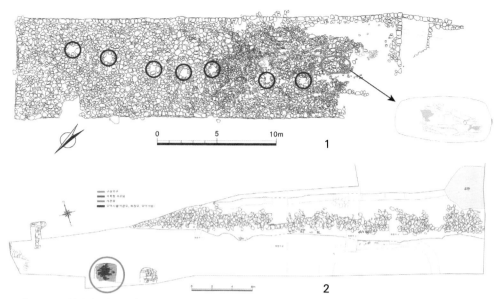

그림 XVII-8. 화장 흔적(붉은색)과 **매납공간**(푸른색 원형)이 **확인된 지석묘**(1:경주 전촌리유적 2-1호, 2:경주 석장동 876-5번지 유적 1호 묘역)

있다. 대체로 송국리문화 분포권은 시신을 직접 안치하는 신전장이 대부분이며, 검단리문화분포권은 화장이나 세골장 등으로 시신을 처리했었을 것이다(이수홍 2011). 그것은 일단 무덤의 숫자에서 압도적인 차이를 보이기 때문에 무덤이 많이 확인되지 않은 검단리문화분포권이 송국리문화권에 비해 시신을 바로 안치하는 무덤이 적었다는 것은 명확하다. 제단식지석묘라고 알려진 전촌리유적 2-1호에서 화장묘로 추정되는 토광이 확인되었고, 장축을 따라 확인되는 둥근 홈은 화장한 뼈를 안치한 공간일 가능성이 있다(최종규 2023b).**12)** 경주 석장리 876-5번지 묘역지석묘 내부에서도 전촌리유적 2-1호와 동일한 화장묘가 확인되었다. 전촌리유적의 경우 화장묘의 존재를 통해서 무덤으로 이용된 것은 명확한데 굳이 제단지석묘라고 할 필요는 없을 것 같다. 이 두 사례 외에도 경주 도계동유적의 묘역지석묘에서 화장한 흔적이 확인된 사례가 있다. 화장묘가 발견되지 않더라도 화장한 인골을 산골한 곳이라면 그 역시 무덤이라고 인정할 수 있을 것이다. 시신을 바로 매장하는 신전장의 공간이 지하에 확인되어야만 무덤이라고 단정할 필요는 없다.

---

12) 최종규(2023b)는 사체처리장이라고 표현하였다.

무덤은 축조와 동시에 제사공간이 된다. 축조가 완료되고 장송의례가 종료된 이후에도 지속적으로 의례활동은 그곳에서 이루어질 것이다. 따라서 모든 묘역식지석묘의 묘역은 제단으로 이용되었을 것이다. 그런 의미에서 구산동지석묘는 제단으로 이용되었을 테지만 기본적으로 무덤의 기능을 목적으로 축조되었을 것이다. 현 상태에서 상석이 놓인 시점과 매장주체부가 축조된 시점의 차이를 확인할 수 없을 뿐이다. 이런 필자의 사고를 바탕에 두고 구산동지석묘의 성격에 대해 접근해 보고자 한다.

2) 구산동지석묘의 성격

구산동지석묘의 서쪽 구릉에 있는 취락의 성격에 대해서는 많은 연구자들의 견해가 있다. 야요이인의 집단 거주지(武末純一 2010), 교역을 담당한 왜인집단(이동희 2019), 구산동 출토 야요이계 토기는 무문토기 요소와 섞여 있는 무문토기로 보아도 무방하기 때문에 야요이인 밀집거주지 견해에 대한 재검토 필요(이재현 2019), 공적 무역 대표부로서 지금의 대사관-문화원과 같은 정치기구의 일원(이양수 2019), 북부구주에서 피난한 논농사를 하던 농경민(안재호 2022)이라는 견해가 있다.

매장주체부 조사가 늦어졌기 때문이라고 생각되지만, 그럼에도 불구하고 구산동지석묘의 성격에 대해서는 의견이 많지 않다. 박진일(2022a)은 김해지역이 점토대토기를 비롯한 신문물의 유입이 시기적으로 늦은데 그것은 청동기문화가 이 지역에 강력한 세력을 형성하고 있었고, 구산동지석묘는 그것을 상징하는 것이라고 하였다. 이동희(2022)는 외형적인 규모와 매장주체부·유물이 일치하지 않는다는 점에서 청동기시대에서 철기시대로의 전환기의 사회상을 보여주는 제단식지석묘라고 하였다.

구석기시대부터 지속적으로 중국 동북지역이나 한반도 북부지역에서 한반도로 주민이 남하해 왔을 것이다. 생계를 위해 따뜻한 곳을 찾아왔을 수도 있고, 불안한 정세에 의한 정치적인 혹은 노역을 피하기 위한 유이민도 있을 것이다. 원형점토대토기문화를 가지고 남하한 이주민은 특히 정치적, 정세적인 이유가 컸을 것이다.

청동기시대-초기철기시대 전환기는 고고학적인 증거뿐만 아니라 문헌에서도 그러한 사실을 뒷받침한다. 대표적으로 『三國志』魏書 東夷傳에 아래와 같은 기사가 있다.

①自言古之亡人避秦役 來適韓國.(기원전 3세기 말)
②將其左右宮人走入海, 居韓地, 自號韓王.(기원전 2세기 초)

삼국유사에도 후한서의 기록을 인용해 '辰韓의 늙은이가 秦나라에서 망명하였다고 말했다'는 기사가 있으며 삼국사기에도 '고조선 유민이 처음 경주지역에 들어와서는 산간에 자리를 잡았다'는 기사가 있다. 이 시기에는 중국의 정세에 따라 한반도 남부로 이주해 오는 유민이 많았다는 것을 알 수 있다.

김해지역에도 원형점토대토기, 세형동검(문화), 철기, 목관묘 등 새로운 문물이 시기를 달리하며 호서지역이나 호남지역 혹은 경북지역을 거쳐 유입된다. 초기철기시대의 표지적인 문물인 점토대토기, 세형동검, 철기, 목관묘, 부뚜막주거지 등은 동시에 김해지역에 등장하는 것이 아니라 시간차를 두고 점진적으로 유입된다. 신문물은 점차 재지민에 흡수되고, 새로운 것이 들어올 때는 이전의 신문물은 이미 토착화 되었을 것이다. 또, 남부지역은 지리적인 근접성으로 인해 왜와의 거래가 한층 활발해진다. 이렇게 다양한 이주, 교류가 무덤에 조금씩 반영되는 것이다.

김해와 인근지역에서 가장 먼저 초기철기시대와 관련되는 유입품이 출토되는 무덤은 창원 진동리 지석묘(동아대)와 김해 신문리유적 3호 석관묘이다. 매장주체부는 전형적인 청동기시대의 석관이다. 석검, 석촉, 적색마연토기와 함께 변형비파형동검이 출토되었다. 진동리식동검으로 불리는 것으로 초기철기시대에 제작된 것인데 세형동검의 영향을 받아 변형된 것이다(이양수 2016·2019).

창원 덕천리 1호 지석묘의 매장주체부는 청동기시대의 전형적인 할석형석관이다. 매장주체부에서 석촉, 관옥이 출토되었는데, 묘역에서는 점토대토기가 출토되었다. 뿐만 아니라 4호 지석묘에서 단면 삼각형점토대토기가 출토되었고, 7호와 21호에서는 점토대토기 단계의 석촉이 출토되었다.

김해 율하리 B-9호는 할석형석관묘인데 세형동검과 검파두식이 출토되었다. 목관 외부에 돌을 채워 넣었을 가능성도 있는데 청동기시대 석개토광묘에도 이런 형태가 있기 때문에 매장주체부는 재지의 요소이다.

김해 내동 1호 지석묘는 전형적인 기반식(?)지석묘인데 세형동검과 흑도장경호가 출토되었다. 2호와 3호 지석묘도 형태는 동일한데 야요이식토기가 출토되어 바다 건너 일본과도 교류가 시작되었음을 알 수 있다.

이렇게 외부에서 유입된 신문물이 부장품으로 출토되지만 매장주체부만은 전형적인 청동기시대의 전통을 간직한 석관임을 알 수 있다. 그러던 것이 구산동지석묘에서 일변한다. 상석이나 묘역은 재지의 전통으로 가장 거대하고 장엄하게 축조하였는데 매장부만 새로운 요소인 목관을 채용하였다. 유물 역시 전통적인 청동기시대의 석검+석촉+적색마연토기가 아니라 새로운 기종인 두형토기와 옹형토기이다.

세형동검이 출토되는 지석묘나 석관묘를 통해서 볼 때 새로운 시대가 도래하여 신문물이 유입될 때도 청동기시대 무덤의 전통을 지속적으로 유지하고 있었던 것을 알 수 있다. 구산동지석묘는 최후까지 전통을 장대하게 유지하다가 결국 목관이라는 신문물을 받아들였다고 할 수 있겠다.

초기철기시대 재지민의 전통을 유지한 군장묘가 경주-대구지역과 김해 혹은 김해와 인접한 곳에서 집중적으로 확인된다. 청동기시대 영남지역 각지에 흩어져 있던 족장을 중심으로 하는 집단의 에너지가 초기철기시대가 되면 김해지역과 경주-대구지역에 집중되는 것이다. 김해지역은 낙동강하류역이라는 입지적 특징 즉 군장의 대외교섭권이 강화되는 것과 관련될 것이다. 그 외 세형동검이 출토되는 곳은 사천과 창원 해안가인데 군장이 소지역 단

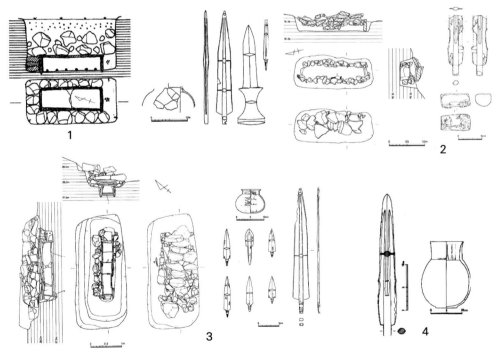

그림 XVII-9. 동검이 출토된 지석묘와 석관묘(1:창원 진동리유적(동아대), 2:김해 율하리 B-9호, 3:김해 신문리 3호, 4:김해 내동 1호 지석묘)

위를 벗어난 해상 원거리 교역권을 장악하였다는 것을 의미한다. 그러면서 점차 청동기시대는 종언을 고하고 철기로 상징되는 새로운 시대가 열리는 것이다.

재지의 청동기시대인들(송국리·검단리유형)은 점토대토기인들이 남하한 이후 바로 소멸(?)되지 않는다. 초기 점토대토기인들이 한반도 남부지역에 안정적으로 정착하지 못했을 정도이다. 특히 김해지역은 강력한 세력이 있었을 것이다(박진일 2022a). 위축되지 않았고, 시대 변혁의 주체로 변화에 적극적으로 대응하였다. 평등사회에서 불평등사회로 당시의 일반적인 사회발전단계로 진화하였다. 구산동유적 A2-1호 지석묘는 초기철기시대 재지민이 축조한 최후의 지배자 무덤이며, 청동기시대가 종언하는 시점에 변화를 받아들이는 모습을 상징적으로 보여준다.

7. 맺음말

구산동지석묘는 초기철기시대 재지민이 축조한 최후의 군장묘이다. 청동기시대가 끝나는 전환기에 변화를 받아들이는 모습을 상징적으로 보여준다. 이후 청동기시대는 종언하고 새로운 시대가 개막한다.

구산동지석묘가 축조되던 시기의 김해는 북쪽의 대구-경주지역, 서쪽의 호남지역, 그리고 바다 건너 일본과도 교류가 이루어진 역동적인 상황이었다. 그만큼 당시 사회의 전모를 입체적으로 들여다봐야 하는데, 본 장에서는 그렇게 하지 못했다. 앞으로의 과제이다.

아무튼 구산동지석묘는 청동기시대의 최후와 구야국의 시작을 지켜봤을 것이다. 시작의 장대함보다 종말의 애틋함이 더 크게 느껴지는 것이 솔직한 심정이다. 격변하는 시대의 수수께끼를 품고 2천 년이 넘게 우리를 기다리고 있었던 것이다.

구산동지석묘는 참 여러 번 세상을 놀라게 한다. 김해 시내 지하에 이렇게 중요한 무덤이 있었다는 사실. 또 그 거대함. 상석 아래 매장주체부가 석관이 아닌 목관이라는 점. 또 출토유물의 이질감. 무엇보다 그 중요한 지석묘가 21세기 사람들에 의해 훼손되었다는 점. 복원 중에 봤던 묘역의 처참함 등등.

사람들의 무지로 몸체는 상처받고 훼손되었지만, 구산동 지석묘의 가치가 훼손되지는 않아야 한다.

수장 권력 변화와 다호리 군장의 특징

청동기시대부터 원삼국시대까지 우두머리의 명칭과 성격이 어떻게 변화하는지를 살펴보고 다호리 유적 군장의 특징을 살펴보았다.

'首長'이라는 용어는 불평등사회의 지배자라는 뜻으로 받아들여졌지만, 본 고에서는 말 그대로 각 사회의 우두머리란 뜻으로 사용하였다.

족장은 혈연적 평등사회의 지도자, 군장은 불평등사회의 지배자를 의미한다. 다호리유적의 군장은 『三國志』魏書 東夷傳에 主帥 혹은 臣智라고 기록되어 있다.

청동기시대 족장은 평등사회의 지도자인데 이때는 정치와 종교가 분리되지 않아 족장이 巫의 역할을 같이 담당하였다.

초기철기시대가 되면 巫는 祭司長으로 변화한다. 불평등사회의 지배자인 군장이 등장하며 점차 정치와 종교가 분리되기 시작한다. 원삼국시대 다호리유적 단계가 되면 정치·종교 분리가 가속화된다. 원삼국시대 사라리유적 130호 단계가 지나면 군장에서 종교적 이미지가 거의 사라진다.

다호리유적에서 동검과 동경이 부장된 9기의 무덤 피장자가 君長(主帥 혹은 臣智)이다. 主帥의 권한을 계승하였을 것이다. 군장은 마을을 총괄하고 그 아래 우두머리 층에서 어느 정도 업무가 분장되었다. 직능별로 채광, 철기제작, 농지개간, 조세와 교역, 식량생산, 전사, 외국과의 교류 등을 담당하며 분업화하였다.

사회적 분업이 커질수록 경제적 차별성이 커진다고 한다면 다호리유적은 청동기시대나 초기철기시대에 보이는 단순한 협력체제가 아닌 원삼국시대의 본격적인 분업체제를 보여준다.

1. 머리말

앞의 여러 장에서 청동기시대부터 초기철기시대까지 족장, 군장의 무덤 양상과 그 의미를 살펴보았다. 본 장에서는 그 범위를 원삼국시대 초기까지 넓혀 보고자 한다.

영남지역에서 당시 지배층의 향방을 알려주는 가장 좋은 유적이 다호리유적이다. 다호리유적에 중요성에 대해서는 여기서 부연이 필요 없을 정도이다.

다호리유적과 관련하여 수장 권력의 변화를 검토하기 위해 두 가지 과정으로 접근하고자 한다. 첫째는 청동기시대부터 다호리에 무덤이 축조되는 시점까지 수장 권력이 어떻게 변화하였는지, 둘째는 다호리유적에서 보이는 수장 권력은 이전 시기 혹은 동시기 다른 유적과 비교할 때 어떤 특징이 있는가이다. 다호리유적에 초점을 맞추어 수장 권력의 변화 과정과 고고학적 증거, 다호리 군장 권력의 특징에 대해서 살펴보겠다.

XIV장에서 언급한 대로 '首長'은 시대와 성격에 관련 없이 우두머리를 지칭하는 단어인데 평등사회의 지도자, 불평등사회의 지배자를 모두 포함한다. 그 수장이 시대에 따라 촌장-족장-군장으로 성격이 변화하는 것으로 이해하고자 한다.

또, 다호리 단계의 기록을 담고 있다고 할 수 있는 『三國志』 魏書 東夷傳에는 변진지역 최고의 우두머리를 主帥 혹은 臣智라고 표현하고 있다. 그렇다면 다호리 1호묘 피장자는 시대를 불문하고 우두머리를 지칭하는 首長이자, 불평등사회의 우두머리인 君長이며, 『三國志』 魏書 東夷傳의 기록을 따르면 主帥 혹은 臣智라고 할 수 있겠다.

2. 수장 성격의 변화

수장이 어떤 성격을 내포하고 있는지를 알아보기 위해 시대별로 우두머리를 상징하는 유물이나 유구의 양상이 무엇인지에 대해 살펴볼 필요가 있다.

무덤의 군집 양상, 석검이나 동검과 같은 위신재, 철기 보급 등 여러 가지 요소가 있는데, 어떤 한 요소가 전 시대에 동일하게 적용되는 것은 아니다. 한반도 북부지역, 호남·호서지역, 영남지역 등 지역적으로도 약간의 차이가 있다. 영남지역에 한정한다면 표 XVIII-1과 같은 변화양상을 보인다. 통시대적인 연구가 필요할 때 역시 초기철기시대와 원삼국시대 취락 자료가 부족하다는 것이 난관이다. 본 절에서는 부장품과 의례, 수장에 중점을 두고 시대별로 살펴보겠다.

표 XⅧ-1. 영남지역 시기별 고고양상 변화

시대 구분	청동기시대		초기철기시대	원삼국시대	
	전반	후반		전반	후반
주거(군)	2~3동	10동 내외	자료 희박	자료 희박	군집
취락	小村+村 촌락	小村+村+大村 읍락	小村+村+大村 읍락+읍락+(국읍)	小村+村+大村 읍락+읍락+(국읍)	小村+村+大村 읍락+읍락+(국읍)
무덤 (분포)	지석묘, 석관묘	지석묘, 석관묘	적석목관묘, 목관묘, 1인 거대지석묘	목관묘	목곽묘
	1~3동	군집	단독	군집	군집
부장품 (의미)	석검, 석촉, 토기	석검, 석촉, 토기	동검, 청동기, 토기	(동검, 청동기), 토기, 철기 (무기, 농공구)	토기, 철기 (무기, 농공구)
	위신재 · 생업	위신재 · 생업	위신재	(위신재), 군사, 경제	군사, 경제
의례	巫	巫	祭司長, 天君, 蘇塗 정 · 교 분리 시작	祭司長, 天君, 蘇塗 정 · 교 분리 과정	祭司長, 天君, 蘇塗 정 · 교 분리
도구	석기	석기	석기, (철기)	철기	철기
무기	석검(위신재) 촉 · 창(생업용)	석검(위신재) 촉 · 창(생업용)	동검, 동촉, 동모, 동과(위신재)	동검(위신재) 철제 무기(전투용)	철제 무기(전투용)
토기	무문토기	무문토기	점토대토기	점토대토기, 와질토기	와질토기, 연질토기
우두머리 (명칭)	혈연적 가장	(혈연적)지도자	(제사장)지배자	(정치적)지배자	정치적지배자
	촌장	족장	군장 (臣智 · 主帥)	군장 (臣智 · 主帥)	군장(臣智 · 主帥 · (王?))
유구 (무덤)	월산리유적 월곡리유적	이금동유적 상동유적	구산동유적 문당동유적 용전리유적	팔달동유적 조양동유적 다호리유적	하대유적 양동리유적 대성동유적

1) 청동기시대

청동기시대 전기는 무덤을 축조하는 것 자체가 우두머리의 존재를 암시한다고 할 수 있다. 조상신에 대한 애도, 기념물로서의 무덤 축조가 시작되는 것이다. 단독 혹은 3기 이내로 군집하는데, 단독으로 분포한다고 하더라도 초기철기시대의 단독묘와 같은 의미가 아니다. 소촌과 촌이 결합된 촌락을 이루는데 촌락의 지도자를 촌장이라고 한다(이청규 2019).

후기가 되면 무덤이 군집해 공동묘지를 이루는 것이 특징이다. 그중 길이가 40m 이상의 묘역지석묘가 축조되기도 하고, 길이 50cm 이상 되는 장신의 마제석검이 제작 부장되기

그림 XVIII-1. 청동기시대 무덤 출토품(국립진주박물관 2002)

도 한다. 대평리유적과 같은 대촌이 등장하며 이런 대촌과 촌, 소촌이 결합된 것을 읍락이라고 한다면 읍락의 지도자를 혈연적인 의미의 족장이라고 할 수 있다(이청규 2019).

청동기시대 무덤 부장품은 전후기를 망라해도 석검+석촉+(옥)+토기로 한정된다. 부장유물 사이에 우열 차이가 드러나지 않는다. 석검은 살상용 무기의 의미보다는 위신재의 의미가 강하다. 전기에는 생활의례품으로, 후기에는 매장의례품으로 사용되었다고 한다(황창한 2020). 석촉 또한 인명 살상용의 용도 보다는 사냥용으로 생각되는데 그렇다면 무덤 피장자는 전사 보다는 위신재를 보유한 권위 있는 지도자의 모습이다. 요동지역 본계 신성자, 서풍 동구 유적 석관묘에서 미송리형토기, 방추차, 반월형석도, 석부가 부장되는데 군사적 성격을 강조하지 않는 대신 당시 사회가 식량 생산에 치중하거나 종교 행위를 반영하는 것이라고 한다(이청규 2011). 즉 남한지역 지석묘와 석관묘에 마제석검 등을 부장한 피장자는 동 혈연집단 수준의 성년 남자이며, 단위 마을 중에서 우월한 세대공동체의 지도자 수준이라 할 수 있다(이청규 2010). 청동기시대 지석묘 사회는 근본적으로 평등사회이며 chiefdom 단계보다는 tribe 단계라는 용어가 더 적절하다고 하는데(강봉원 2022), 군장사회론의 경우 지석묘 집단을 tribe 단계로 받아들일 수 없다는 의견(이청규 2019)도 있다.

2) 초기철기시대

청동기시대-초기철기시대 전환기의 여러 가지 특징 중 하나는 종래의 평등사회 지도자가 아닌 불평등사회의 지배자가 등장한다는 점이다. 이때부터 혈연적인 의미보다는 정치적인 의미의 지배자로서 '君長'이 등장한다. 『三國志』魏書 東夷傳에는 세력이 강대한 사람은 '臣智', 國邑[1]에 있는 다스리는 사람은 '主帥'라는 명칭으로 기록되어 있다.

---

1) 國邑이 70여 小國의 중심 邑落 즉 諸國의 중심지가 아니라 인구가 밀집 분포한 大國의 중심지로, 성곽을 갖추고 있던 國中城邑이라고 한다(박대재 2018).

그림 XVIII-2. 대전 괴정동 무덤과 출토유물(國立中央博物館 · 國立光州博物館 1992에서 수정)

무덤은 1인을 위한 거대지석묘가 축조되고, 전통적인 석관묘와 지석묘에 당대 최고의 위신재인 세형동검이 부장된다. 또, 새로운 묘제인 (적석)목관묘가 등장하고, 세형동검과 각종 청동의기가 결합된 한국식동검문화가 출현한다. 이 시기부터 부장품에서 부의 집중현상이 나타나기 시작하는 것이다(이성주 2009). 한국식동검문화의 확산은 지석묘에서 보이는 집단의 례적인 공동방식에서 벗어나 개인의 위신을 중시하는 정치적엘리트가 출현하고 정치권력을 형성해가는 출발점이다(이재현 2003).

세형동검은 위신재인데, 마제석검과 마찬가지로 무기로서 보다는 정치적 의기(윤태영 2010)이며 동경과 방울을 비롯한 각종 의례용 청동기는 농경의례 주재자로서 제사장이 소지하였던 물건으로 정치적, 이념적 기반을 갖추었음을 나타낸다(이희준 2011). 종교적 의례를 주관하는 제사장으로서 전문 장인의 조직을 관리 지원할 수 있는 능력을 갖춘 '군장'이 등장하는 것이다(이청규 2019). 영남지역은 대전 괴정동유적이나 함평 초포리유적과 같이 호서 · 호남지역에서 확인되는 다량의 청동기를 부장한 무덤이 확인되는 사례가 희박하다. 무덤 부장품의 양상으로 볼 때는 제정일치의 모습을 보인다. 하지만 『三國志』魏書 東夷傳이 어느 시기까지의 기록인지 알 수 없지만 天君을 두어 제사를 주관하는 모습이 초기철기시대에도 해당된다면 이 때부터 정치와 종교가 분리되기 시작하였다고 할 수 있다.

3) 원삼국시대

원삼국시대 시작의 고고학적 지표는 목관묘가 군집하는 것과 와질토기의 등장이다. 원삼국시대를 목관묘가 축조되는 전반과 목곽묘가 축조되기 시작하는 후반으로 나누어 간략하게 언급하겠다.

원삼국시대 전반 우두머리의 성격과 관련하여 다호리유적만으로 한정해서 의미를 부여하자면 다호리 1호분 이전 단계의 우두머리 무덤에는 세형동검, 동모, 동과와 같은 청동무기류와 약간의 청동방울이 부장되는데 반해 다호리유적에는 전통적인 세형동검문화의 유물도 포함되지만 漢과의 교섭을 통해 입수한 유물과 각종 철제 농공구와 무기가 다량으로 부장된다는 특징이 있다(이청규 2002). 위신재가 감소하고 실용적인 물품의 생산 및 부장이 증가하는 것이다.

이 때 등장하는 우두머리는 전문 장인 조직을 후원하고 분배 유통할 수 있는 기술과 경제적인 능력을 갖춘 '군장'이다(이청규 2019).

원삼국시대 후반은 그야말로 국가 성립 직전 단계라고 할 수 있다. 초기국가는 小國(chiefdom)과 율령에 의해 광역으로 중앙집권화 된 고대국가의 정치시스템 이전 단계의 연합정치제, 즉 소국보다 발전된 소국연맹 단계(이성주 2016b) 혹은 보편적인 고대국가의 앞 단계(강봉원 1995), 중앙집권적인 성숙국가 이전의 국가(박대재 2013)를 말한다.[2] 이때 목곽묘가 등장하여 유행한다. 목곽묘는 동북아시아에서 계급 발생 혹은 국가형성기에 등장한다(이재현 2003). 부장용이 아닌 일상토기 조차도 전통적인 가내수공업 체재에서 생산되었던 무문토기가 소멸하고 타날기법과 회전법이 채용된 적갈색연질토기가 등장한다(이수홍 2023b). 무덤에서 위신재는 대부분 사라지고 다량의 철제무기와 농공구가 집중적으로 부장된다. 정치와 종교는 분리되고 정치적·경제적·행정적으로 주변을 통합한 강력한 '군장'이 등장하는데, 고대국가 성립을 눈앞에 둔 시점이다.

그림 XVIII-3. 원삼국시대 후반 양동리 235호 목곽묘

---

2) '초기국가'의 정의와 학술적 논의 및 우리나라 국가형성과 관련한 연구사에 대해서는 김대환(2016b)의 글에 잘 정리되어 있다.

3. 다호리유적의 특징

다호리유적에 대해서는 학계에 널리 알려져 있기 때문에 별도의 설명은 생략한다. 본 절에서는 본고의 취지에 맞게 수장의 권력과 관련되는 다호리유적의 특징에 대해서 살펴보겠다.

1) 목관묘 군집

초기철기시대가 되면 목관묘에서 세형동검이 등장하는데, 초기에는 1기만이 독립적으로 분포한다. 국 성립의 고고학적 지표가 되기도 한다. 영남지역에서 목관묘가 군집하는 현상은 경북지역이 경남지역보다 이르다. 기원전 2세기부터 대구 팔달동유적에서 목관묘와 토광묘 102기가 군집해 축조된다. 경남지역의 경우 다호리유적이 가장 이르게 나타나 기원전 2세기 후엽부터 군집해 축조된다.

많은 연구자가 목관묘가 군집하는 현상을 본격적인 국 성립의 근거로 제시한다.[3] 공동체의 분해가 시작되었음을 반영하는데, 이때부터 철기가 부장되기 시작한다. 종족, 혹은 동족을 중심으로 하는 수장 및 그 직속집단들이 형성하는 것으로 진·변한 국의 성립을 의미한다고 한다(이희준 2011). 목관묘가 군집하는 현상에 대해 국의 주수나 읍락의 거수가 종교적 기능을 점차 천군에게 위임하면서 司祭나 巫로서의 속성을 잃어갔고, 공동체의 수장층

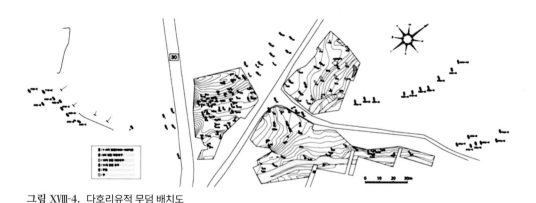

그림 XVIII-4. 다호리유적 무덤 배치도

---

3) 필자는 세형동검이 부장된 단독묘가 출현하는 시점부터 국이 성립되었다고 생각한다. 목관묘 군집은 국 성립의 확실한 이유 중 하나라는 의미이다. 국 성립 시점에 대해서는 별고를 통해 검토하겠다.

은 일반성원과 분리하여 외경심을 조장하는 방식 탈피하는 현상이 원인이라고 한다(권오영 2000). 목관묘 군집은 취락의 장기지속을 나타내는 의미(이재현 2003)로 파악할 수 있고, 취락의 장기지속성은 삼한 국의 성립 배경이 된다(이희준 2000).

2) 전통적(?)인 무문토기(송국리식토기)의 부재

다호리유적에서 무문토기는 1세기 중엽 부장품에서 사라진다(박진일 2013). 무문토기는 모두 삼각형점토대토기 혹은 관련 유물이다. 삼각형점토대토기(군)은 여러 요소가 결합되어 형성되었고, 그 중에는 송국리식토기도 포함된다(이재현 2004). 그렇다면 다호리유적에서 송국리식토기와 유사한 기종이 한 점도 없다는 것은 그 만큼 다호리유적은 적어도 송국리문화와 확실히 단절되었다고 할 수 있다.

3) 와질토기의 등장과 기종의 다양화

다호리유적에서 부장용토기는 무문토기에서 와질토기로 완벽하게 대체된다. 와질토기

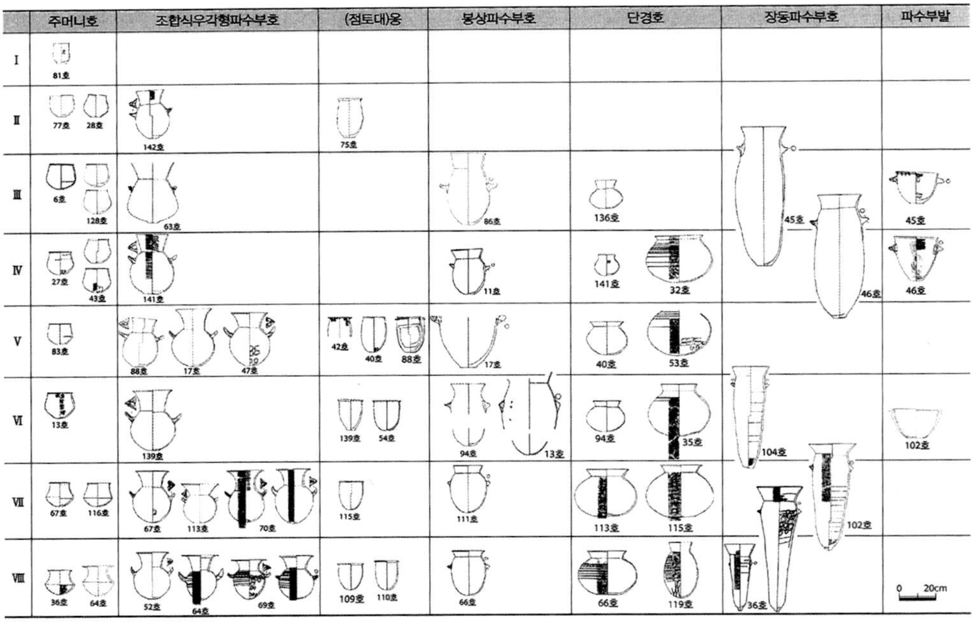

	주머니호	조합식우각형파수부호	(점토대)옹	봉상파수부호	단경호	장동파수부호	파수부발
I	81호						
II	77호 28호	142호	75호				
III	6호 128호	63호		86호	136호	45호	45호
IV	27호 43호	141호		11호	141호 32호	46호	46호
V	83호	88호 17호 47호	42호 40호 88호	17호	40호 53호		
VI	13호	139호	139호 54호	94호 13호	94호 35호	104호	102호
VII	67호 116호	67호 113호 70호	115호	111호	113호 115호	102호	
VIII	36호 64호	52호 64호 69호	109호 110호	66호	66호 119호	36호	

그림 XVIII-5. 다호리유적 토기 편년표(박진일 2022b 그림 5-20 전제)

의 등장 시기와 배경에 대해서는 이견이 있지만, 수장권과 관련하여 무문토기와 가장 큰 차이점은 부장된 토기 기종이 다양화된다는 점이다.[4] 이것은 장송의례가 정교화 되었음을 의미하는데 수장권의 이념 기반 공고화 중 하나이다(이희준 2011).

4) 세형동검문화

다호리유적에서도 세형동검, 동경, 동모와 같은 청동제 무기류가 많이 출토되지만, 영남지역은 실제 이미 다호리유적보다 이른 시기에 철기가 출현하였다. 팔달동유적 단계부터 철저한 철기문화였다. 동검문화는 지속되는데, 수장층의 전통적인 권위와 위세를 드러내는데 가장 부합하는 유물이기 때문이다. 창원 다호리유적은 칠제칼집과 부속금구가 처음으로 정형화, 완비된 곳이라는 점에서, 동검만을 기준으로 할 때, 이 시기 최중심유적이다(오강원 2022b). 진변한지역 동검 네트워크의 형성과 확산은 결국 수장층의 권력 강화와 주변 집단과의 관계망과 직접적인 연관이 있다(오강원 2022b).

5) 철기

다호리유적이 형성되기 전 이미 이 지역에 철기가 보급되었겠지만 다호리유적 단계에서 폭발적으로 증가한다. 철기의 종류에서 무기와 농공구가 차지하는 비율이 압도적으로 높아진다. 수장묘에 부장된 위세품의 변화과정에서 시간이 갈수록 결국 가장 많은 양으로 인상깊게 부장되는 물품은 철소재와 철제 무기류이다(이성주 2016b). 한반도 남부지역 철기문화의 조형으로 알려진 세죽리-연화보 유형이 燕이 아니라 고조선이고(정인성 2016), 燕의 영역에서는 부장품이 아닌 철제 농공구가 고조선에서 무덤 부장품으로 사용된다(김동일 2022). 다호리유적에서 철제 농공구가 부장되는 것은 이런 철기 문화의 전파 배경과 함께 정치체의 고위인물이 장인 업무를 겸직한 것도 원인이 되었다(김동일 2022).

청동기 즉 세형동검 문화는 대구, 경산, 영천, 경주, 김해, 창원이 중심지였는데 철기는 철광이 발달한 김해와 울산(경주) 지역에서 발달한다(이재현 2016). 낙동강하류역의 김해가 점차 역사의 중심지로 떠오르는데 철기라는 유물이 큰 역할을 하게 된 것을 알 수 있다. 64호에서 무게가 6kg이나 되는 철광석이 출토된 점은 대단히 이채롭다.

---

4) 이 외에도 저부의 원저화, 타날기법의 채용, 새로운 가마의 채용 등 여러 가지 요소가 있다(정인성 2009; 이성주 2011 등). 와질토기의 등장은 사회 변혁의 원인이자 결과의 한 부분이라고 할 수 있다.

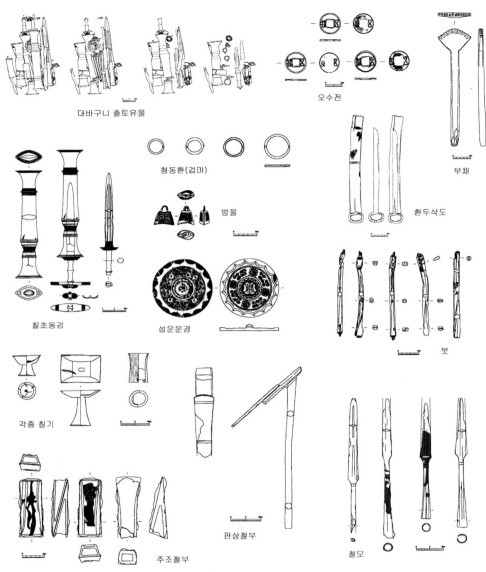

대바구니 출토유물

오수전

부채

청동환(겁마)

방울

환두삭도

칠초동검

성운문경

붓

각종 칠기

판상철부

주조철부

철모

그림 XVIII-6. 원삼국시대 전반 다호리유적 1호묘 출토유물

6) 무기의 조합

무기조합과 전쟁 · 사회유형을 검토한 조진선(2020a)은 투사용무기+단병충격무기+장병

충격무기가 모두 갖추어
진 원격전과 근접전은 조직
화된 강제력을 수반한 수
장권이 형성된 군장·국가
사회에서 가능하다고 하였
다. 다호리유적은 활과 철
촉, 철검, 각종 철모와 철창

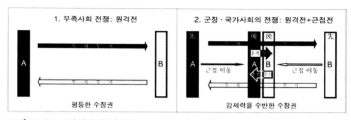

그림 XVIII-7. 전쟁개념도(조진선 2020a 그림 3 전제)

이 모두 출토되는 것으로 볼 때 국가사회까지는 아니더라도 앞 시기와는 확연히 다른 무기
조합 요소를 갖추고 있다.

7) 닻형철기

닻 모양의 철기를 말하는데 1호, 19호, 23호, 74호에서 모두 7점이 출토되었다. 마구, 수
레와 관련된 유물이다(고상혁·김훈희 2014). 닻형철기는 영천 용전리, 경주 입실리·조양동·
사라리, 밀양 교동유적 등 그 지역의 우두머리급 유구에서만 출토된다.

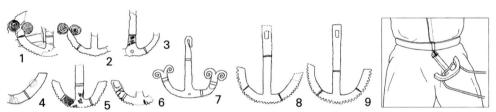

그림 XVIII-8. 각종 닻형철기(1:다호리 1호, 2·3:同 19호, 4:同 23호, 5·6:同 74호, 7:사라리 130호, 8·9:밀양 교동 3호,
右:착장 추정도)(고상혁·김훈희 2014 도4, 도15에서 수정)

8) 砝碼(청동환)의 존재

1호에서 청동환 4점이 출토되었다. 무게가 각각 5.3g, 10.2g, 11.6g, 22.8g으로 1:2의 비율
로 증가하여 저울추인 겁마라고 한다. 겁마는 도량형이 사용되었다는 것을 의미한다. 산물
의 거래와 조세, 대내외 교역에 규정화된 도량형을 사용하였고, 이것을 관리 감독한 정치제
의 존재를 시사한다(김일규 2022).

9) 붓과 환두삭도의 존재

1호묘에서 붓과 환두삭도가 출토되었다. 붓은 글쓰는 용도, 옻칠용, 화장용, 그림 그리는 용도 등 여러 견해(이건무 1992)가 있지만 글을 쓰는 필기용 붓이며 소형의 환두도는 목판의 글을 지우는 書刀로 판단된다(이성주 2009; 김일규 2022). 붓과 삭도는 중국의 전국시대에서 漢代에 제작된 것과 동일한데 중국에서는 동전, 천평, 겁마 등과 함께 출토된다고 한다(이건무 1992). 문자의 사용은 특히 상위계급이 독점함으로서 계급의 분화를 촉진하고 사회체계를 유지하면서 합리화한다(이성주 2009). 동전, 천평, 겁마는 모두 교환, 조세와 관련되는 물품이다. 최초의 문자는 주로 조세와 관련되는 사례가 많다. 이미 다호리유적보다 이른 초기철기시대에 출토된 동사가 문자사용과 관련되었다는 견해(윤태영 2010)도 있다. 다호리유적 단계에 세금 징수와 같은 행정적인 조직 체계가 초보적이었겠지만 시작되었을 것이다.

10) 동경 출토

1호에서 전한경인 성운문경이 출토되었다. 동경이 부장된 무덤 피장자는 최초의 '國' 우두머리라고 할 수 있다(이청규 2000b). 다뉴경 대신 한경이 부장된 것은 漢과의 교역을 권위의 기반으로서 상징한다(이청규 2002). 한경은 검과 경을 통한 수장권 현시의 전통을 계승함과 동시에 다른 한편으로 낙랑군과의 교역 능력을 드러내는 효과가 있다(오강원 2022b).

11) 중국 동전(오수전과 반량전) 출토

반량전은 104호에서 1점 출토되었고, 1호에서는 오수전 3점이 출토되었다. 중국에서 귀족이나 관료의 무덤에 부장해, 재부의 상징으로 이용되는 동전이다. 요갱에서 출토된 것을 볼 때 목관 안치 전 제의행위에 반량전이 사용된 것을 알 수 있다. 화폐는 보유 수량이 적고, 획득하기가 어려워 소량으로 제의행위에 사용되었다고 한다(권욱택 2013).

분묘에서 출토되는 오수전은 노잣돈의 역할을 하였다고 한다(이영훈·이양수 2007). 영천 용전리유적에서도 다호리 출토품과 유사한 오수전이 3점 출토되었는데, 견갑형동기와 같이 3점이 세트를 이룰 수도 있겠다.

12) 칠기

다호리유적은 목관묘의 바닥이 지하수위보다 낮은 곳에 있어서 다종다양한 칠기가 잔존하여 출토되었다. 동시대 우리나라에서는 광주 신창동유적에서 몇 점이 출토되었을 뿐이다. 낙랑무덤의 경우 대형무덤에 많은 수의 칠기가 부장되는데 묘주인의 신분을 알려주는 기물이며, 중국 내지에서도 漢代 이래 칠기가 점차 청동기를 대신하여 예기로 사용되었다 (王培新 2009).

13) 부채

부채는 1호, 24호, 101호에서 출토되었다. 지휘자가 사용하거나 무구로 사용되었을 가능성이 있다(이건무 2009).

4. 다호리 군장의 등장과 특징

앞서 살펴본 수장의 변화 양상 및 수장 권력과 관련한 다호리유적의 특징을 근거로 하여 다호리유적 당시 군장의 특징에 대해 검토하겠다. 결론적으로 다호리 단계에서 점차 종교와 정치의 분리가 가속화되고, 수장층에서 직능별로 분업화한다는 것이다. 각각에 대해서 살펴보겠다.

1) 정치와 종교의 분리

청동기시대에 정치(?)와 종교가 분리되었다는 고고학적 증거를 찾을 수는 없다. 선사시대에는 마을을 이끄는 지도자가 의례 행위를 주관하였음을 짐작할 수 있다. 비교

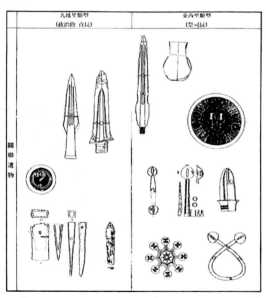

그림 XVIII-9. 정치적 수장과 제사장(이양수 2004 그림 21 전재)

적 규모가 큰 무덤에서 청동기시대 최고의 위신재 조합이라고 할 수 있는 마제석검과 옥이 같이 출토되는 사례가 많기 때문이다.

초기철기시대는 이른 시기 (적석)목관묘 부장양상에서는 제정일치사회의 모습이 보이지만, 점차 정치와 종교가 분리되기 시작한다고 할 수 있다(이상길 2000). 『三國志』魏書 東夷傳에 '國邑雖有主帥 一 國邑各立一人主祭天神, 名之天君 又諸國各有別邑, 名之爲蘇塗'라는 기록이 있다. 삼국지 기록의 연대적인 상한이 어느 시점에 이르는지는 알 수 없지만 '主帥'라는 지배자가 있는데, 국읍에서 각각 '天君'이라는 제사를 주관하는 이를 둔다는 내용이 있다. 초기철기시대에 출토되는 다뉴세문경 중 크기가 작은 2구 분할된 세문경은 소형군집묘에서 무기류와 공반하고, 3구 분할된 세문경은 단독묘에서 방울류와 공반하는데 각각 정치적 지배자와 제사장으로 구분한 견해(이양수 2004)도 있다.

제정분리의 문제와 관련 없이 청동기시대 제사를 주관하는 巫(shaman)와 초기철기시대 제사를 주관하는 祭司長(priest)과는 차이가 있다고 한다. 巫(shamam)가 개인을 대상으로 독립적인 일을 하는 부족사회의 일원이라면 祭司長(priest)은 조직사회의 일원으로 집단의식을 인도하는 전문가 역할이며 나아가 국가 형성과 밀접한 관련이 있다고 한다(박대재 2018).

즉 선사시대 마을의 지도자가 巫의 역할을 하였는데 점차 祭司長으로 전문화되었으며, 정치적 지배자와 제사장이 분리되는 과정을 거친다고 할 수 있다. 다호리유적에서 무기 부장량이 증가하는 것은 이념에서 군사력으로 권력 기반이 바뀌었다는 것을 증명한다.

수장의 성격이 巫에서 祭司長으로 변화한 후 점차 군사적 통치자로 변화하는데 다호리유적은 의례적인 요소가 약화되고 군사적인 요소가 한층 강화되는 단계이다. 기원전 2세기대로 추정되는 전 상주 출토 일괄 유물은 최초 국의 수장이면서 전형적인 제사장의 모습을 알려주는 자료이다(이청규 2002). 최고 수장이 제사 주재 기능을 담당하지 않기 시작한 것은 동탁과 동령구가 부장되지 않는 기원 1세기 이후라고 한다(이청규 2002). 수장의 제사장적 성격이 원삼국시대 초에 이르면 대체로 소멸하는 것(이희준 2011)이다.

이상 정치·종교 분리에 대한 설명을 모식도로 표현하면 그림 XVIII-10과 같다. 초기철기시대 군장과 제사장이 분리되고 다호리단계에서 가속화된다. 그러다가 원삼국시대 후반이 되면 사라리 130호 무덤 이후 제사장의 역할이 축소된다. 사라리 130호는 최고의 위세품인 세형동검이 부장되는 마지막 무덤이다.

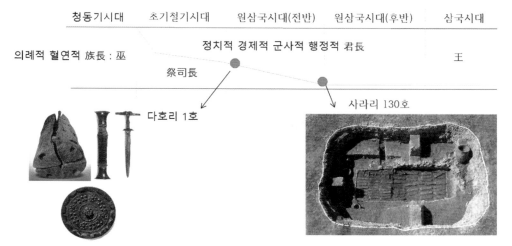

청동기시대　　　초기철기시대　　　원삼국시대(전반)　　　원삼국시대(후반)　　　삼국시대

의례적 혈연적 族長 : 巫　　　　　　　정치적 경제적 군사적 행정적 君長　　　　　　　　王

祭司長

다호리 1호

사라리 130호

그림 XVIII-10. 시대별 정치 · 종교 분리 모식도

2) 수장층의 서열화와 직능별 분업화

앞서 언급하였듯이 다호리유적은 군집묘이다. 청동기시대 지석묘가 군집하는 현상에는 공동묘지, 안정적인 정착의 의미가 강조된다면 다호리유적 단계의 무덤 군집은 수장층이 형성되는 것을 의미한다.

다호리집단은 1호묘를 비롯하여 동경 · 동검 부장 무덤의 피장자를 정점으로 서열화한다. 여기에서 주의해야 할 사항이 이재현(2016)의 지적과 같이 분묘의 규모나 부장품의 양으로 설정한 등급, 서열, 위계는 '계층'이 아니라는 점이다. 무덤간 서열을 계층으로 오해하는 경우가 많다(이재현 2016).

우두머리의 성격과 변화를 파악하기 위해 김동일(2022)의 편년표를 참고하겠다. 다호리유적의 편년에 대해서는 이미 안재호의 9단계(2000), 박진일의 8단계(2013) 편년안이 있지만, 직능별 분업화를 파악하기 위해 한 단계에 가능한 많은 유구가 있고, 대부분의 유구를 단계에 귀속시킨 김동일의 편년안을 참고하였다. 물론 김동일의 한 단계에 속하는 유구의 피장자가 모두 동시기에 존재했었다는 의미는 아니다.

표 XVIII-2. **다호리유적 편년표**(김동일 2022 표2 전제)

단계	무덤 번호
I	12, 19, 28-29, 73, 132-133, 135-136
II	1-4, 7, 9, 16-18, 34, 41-42, 44, 58, 63, 68, 75, 77, 81, 84-85, 87-89, 94-95, 97-99, 103, 106, 123, 126-127, 129, 130, 134, 138-139, 141-142, 145, 148-150
III	5-6, 8, 10-11, 13, 20, 23-27, 35, 38, 40, 43, 45-48, 53, 57, 61-62, 72, 74, 76, 79, 80, 82-83, 86, 91, 93, 96, 100, 104-105, 120-122, 128, 137, 140, 144, 146
IV	22, 30-33, 36-37, 49-52, 54-56, 60, 64-67, 69-71, 102, 107-119, 124-125, 131, 147, 151

다호리유적에서 최고의 위세품이라고 할 수 있는 동경과 동검이 부장된 무덤은 9기인데 출토유물을 정리한 것이 아래 표 XVIII-3이다.5) 이 표를 통해서 당시 무덤 구조와 부장양상의 흐름을 알 수 있다. 우선 요갱은 점차 사라진다. 칠기는 김동일의 III단계부터 점차 부장되지 않는데 와질토기가 점차 칠기의 대체재로 이용되었을 것이다.

최고의 위세품이라 할 수 있는 동검 혹은 동경이 부장된 무덤이 9기이다.6) 다호리유적의 존속기간이 200년 전후라는 점을 감안한다면 이 9기의 무덤 피장자가 군장,『三國志』魏書 東夷傳의 主帥 혹은 臣智라고 할 수 있겠다.

우리는 늘 다호리유적에서 1호묘가 정점에 있었다고 생각하지만, 이 9기의 무덤이 어느 한 단계에 집중되지 않고 고루 분포하는 것으로 볼 때 主帥의 권한이 계승되었다고 할 수 있지 않을까. 즉 9기의 무덤이 주수로서 취락을 총괄하고 그 밑의 수장층에서 아래와 같이 직능별로 분업화하여 역할을 담당하였던 것으로 생각된다.

---

5) 김동일의 편년안에 공감한다. 하지만 6호를 III단계에 귀속시킨 부분에 대해서는 이견이 있다. 필자는 6호에서 출토된 점토대토기의 단면형태가 원형이기 때문에 I단계, 늦어도 II단계에 해당된다고 생각한다. 그렇다 하더라도 본 논문의 개요와 큰 차이가 없기 때문에 이 부분에 대해서는 별고를 통해 검토하도록 하겠다.

6) 당시 학회 토론장에서 이재현, 이양수 두 분이 다호리유적의 동검과 동경에 대해 언급하였다. 다호리유적의 목관묘가 대부분 도굴의 피해를 입어 발굴조사에서 출토된 것보다 실제 훨씬 많이 부장되었다는 것이다. 국립중앙박물관의 이건희 기증품 중의 동검도 대부분 다호리유적 피장자 소유품이 많다고 한다. 다호리유적은 우리나라에서 전례가 없는 동검, 동경 보유집단인 것이다. 발굴에서 출토된 자료를 바탕으로 논문을 작성할 수 밖에 없었다. 또 발굴조사 출토품 보다 훨씬 많은 동검이나 동경이 부장되었다 하더라도 그 피장자가 군장이었다는 견해에는 변함이 없다. 이 부분에 대해서는 앞으로의 과제이다.

표 XVIII-3. 다호리유적 동검 · 동경 출토 목관묘 출토유물

단계	호수	요갱	출토유물				
			토기	청동기	철기	목 · 칠기	기타
I	19	有		칠초동검1, 쌍두관상동기1, 우각형동기1, 유구동기1	철모2, 철착2, 철모편1, 재갈2, 단조철부1, 닻형철기2, 따비1, 궐수형장식철기1, 이형철기편6, 환형철기편3	칠초2, 원형칠기, 칠기신발	바구니
II	1	有	무문호편5, 주머니호편1	칠초동검2, 검파반부1, 동모1, 청동대구1, 거치문동환1, 동환4, 소동탁1, 성운문경1, 오수전3	칠초철검1, 목제검파부철검1, 철검편2, 철모4, 철과1, 칠초철제환두도자1, 목병부판상철부3, 판상철부12, 방주상철부1, 단조철부3, 주조철부6, 따비2, 겸형철기1, 닻형철기2, 철촉1, 작살1	칠기원형두1, 칠기방형두1, 칠기배1, 유개통형칠기1, 원통형칠기2, 칠기배3, 칠반1, 목제합1, 칠기바구니1, 소쿠리테1, 활3, 화살대, 칠봉1, 칠걸이, 칠기붓5, 봉상칠초1, 대형칠기편	유리구슬298, 노끈, 동아줄, 밤, 율무, 감, 나뭇잎
	63	無	두1, 주머니호1, 조합우각형파수부호1	동검1, 청동검파두식1	철모1, 단조철부1, 이형철기편4	원통형칠기흔, 잔형칠기흔, 원반형칠기흔, 칠기국자	지석1
III	6	無	유개점토대토기1, 점토대토기편1, 무문저부편4, 주머니호1, 주머니호편2, 호편2, 파수편1	동검1	철검1, 철검편1, 철모4, 철과편1, 판상철부6, 방주상철부1, 단조철부1, 주조철부2, 철착1	원형두1, 원통형칠기, 장경호, 칠기바구니	마제석부1, 조약돌1, 유리구슬15
	24	有	조합우각형파수부호2	동검1, 동모1	철착1	칠초1, 칠잔1, 통형칠기3, 고배, 부채	지석2, 바구니
	93	無	소호1, 방추차2	칠초동검1	도자1, 주조철부4, 판상철부2, 단조철부1, 철모1		
	120	無		칠초동검1	주조철부7, 판상철부1, 철모3, 철사2, 단조철부1, 철착1, 환두도1, 불명1		
IV	119	無	장동옹1, 소옹1, 대부완1, 조합우각형파수부호3	동경1, 동환1, 청동교구1, 청동검파부철검1	철촉(군)9, 표비1, 철촉1		유리옥2
	125	無	주머니호1	칠초동검1, 청동반부장식철검1	공부편1, 철모3, 철과1, 주조철부2, 판상철부1, 단조철부1, 원통형철기1		지석1

갑옷:2호

낚시 바늘:32호,30호

쇠스랑:104호

각종무기:69호 등

재갈:48호,69호,70호

낫:26호,30호

철서:61호

흑칠판(악기):17호

반량전:104호

야요이토기:전다호리

철광석:64호

망치:17호

청동환(겁마):151호

그림 XVIII-11. 다호리유적 출토 각종 유물

    수장층에서 직종별이라고 말할 수 있을지 모르겠지만 분업화하는 양상을 보인다. 지배자 간 어느 정도 업무 분장이 되었다고 할 수 있겠다. 몇 가지 예를 들자면 64호에서 출토된 철광석은 채광과 관련된 인물일 가능성이 있다. 망치가 출토된 17호 피장자가 철기제작을 통제한 인물이라면 철기와 관련된 공정을 각각 담당하는 우두머리의 존재를 상정할 수 있다. 11호, 15호, 17호에서 출토된 장방형의 흑칠판은 현악기였을 가능성이 있는데 그렇다면 음악을 담당하는 우두머리가 있었을 가능성도 있다(이건무 2009). 1호 외에 청동환이 출토된 151호는 조세나 교역을 담당하였을 가능성이 있다. 유리구슬이 많이 출토된 69호나, 중국 동전인 반량전이 출토된 104호는 중국과의 교류를 담당하였을 가능성이 있다. 또, 전 다호리 출토품이라고 알려진 야요이토기나 138호 상부에서 수습된 야요이토기를 통해서 볼 때 왜와 교류를 담당한 우두머리도 있었을 것이다. 이 외 농공구 제작, 전사집단, 칠기제작, 옥 제작, 교역 관련 등 각종 직무를 담당한 우두머리가 존재했었을 가능성이 있다. 이상을 정리 하면 아래와 같다.

19호, 1호, 63호, 6호, 24호, 93호, 120호, 119호, 125호 : 동검 혹은 동경 보유
主帥(臣智) : 마을 총괄

64호 : 철광석 – 채광
17호 : 망치 – 철기 제작
11호, 15호, 17호 : 장방형 흑칠판(악기) – 음악
61호, 71호 : 철서 – 농지 개간
151호 : 청동환(겁마) – 조세, 교역
104호 : 반량전 – 중국과의 교류
69호 : 유리 구슬 – 중국과의 교류
2호 : 갑옷 편 – 전사
69호, 70호 : 재갈 – 전사
30호 : 낚시 바늘 – 어로 등 식량 생산
지표 채집 : 야요이토기 – 왜와의 교류

김동일의 IV단계에 다호리 마을의 직능별 분업화를 모식도로 나타내면 다음과 같다.

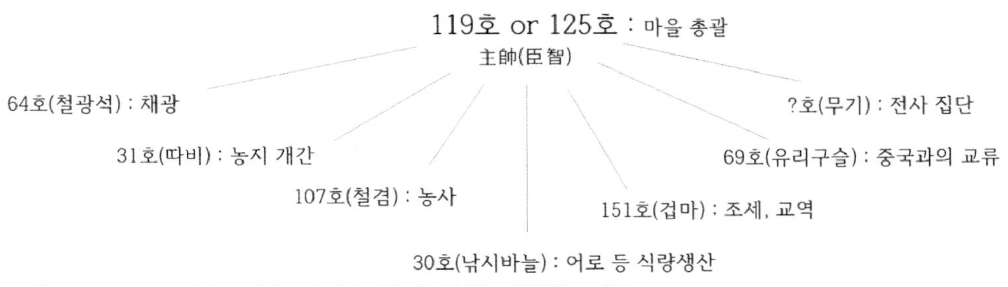

119호 or 125호 : 마을 총괄
主帥(臣智)

64호(철광석) : 채광
31호(따비) : 농지 개간
107호(철겸) : 농사
30호(낚시바늘) : 어로 등 식량생산
151호(겁마) : 조세, 교역
69호(유리구슬) : 중국과의 교류
?호(무기) : 전사 집단

그림 XVIII-12. 김동일의 IV단계 주수와 수장층의 서열화 · 분업화 모식도

농업 이외의 전문수공업과 상업 등 사회적 분업이 커질수록 경제적 차별은 커진다(이재현 2016)고 한다면 다호리유적은 청동기시대나 초기철기시대에 보이는 단순한 협력체제가 아닌 원삼국시대의 본격적인 분업체제를 보여 주는 것이다.

5. 맺음말

이상 우두머리의 변화 양상을 살피고 다호리유적 군장의 성격, 특징에 대해서 살펴보았다. 다호리유적이 국읍의 중심지였음은 의심의 여지가 없다. 1호묘를 비롯해 동검이나 동경을 부장한 피장자는 당시 최고의 우두머리로 『三國志』 魏書 東夷傳에 등장하는 '主帥' 혹은 '臣智'였을 것이다.

아직 다호리유적과 관련하여 풀어야 할 사항이 너무 많다. 가장 먼저 짚어 볼 부분이 다호리집단은 어디서 왔고, 어디로 갔느냐의 문제이다. 어디서 왔는지에 대한 즉 出自에 대해서도 이주민설(이재현 1992; 이동희 2021 등), 토착주민설(최성락 2009 등)로 나뉜다. 어디로 갔느냐(어떻게 소멸했는지)에 대해서도 다호리집단이 고김해만으로 이동해서 변한사회 성장의 계기가 되었다는 견해(이창희 2016b)가 있고, 구야국이 성장함에 따라 복속되었다는 견해(김양훈 2016)도 있다.

다호리 일대는 국읍의 중심지이며 1호묘는 국읍의 주수라고 단언할 수 있지만 그 외 무덤 피장자가 어떤 신분이었는지, 위지동이전의 어떤 관직명과 대응하는지에 대해서도 밝힐 수 없었다. 앞으로의 과제이다.

이때는 천천히 흐르는 강물이 급류를 만나듯 우리 역사에서 처음 맞닥뜨리는 역동적이면서 급진적인 시기이고, 또 다른 면으로는 국제사회에 우리가 등장하는 시기라는 점에서 의미가 깊다. 선사가 역사를 만나는 것이다. 한반도 남부지역에서 이 시기 중심에 있는 다호리유적의 중요성을 새삼 느끼게 된다.

Chapter 8
토기

XIX. 토기를 통해 본 청동기시대 사회상

XX. 삼각형점토대토기의 등장과 소멸, 무문토기의 종말

울산 달천유적 트렌치 출토 삼각형점토대토기

토기를 통해 본 청동기시대 사회상

　가장 많이 잔존하는 고고자료인 토기를 활용해 청동기시대 사회상에 접근하고자 하였다. 기존의 토기 연구가 편년에 집중되어 있었는데, 편년 외에 토기를 통해 밝힐 수 있는 것이 무엇인지에 대한 고민에서 시작되었다.

　토기의 표면에 잔존하는 흑반의 관찰을 통해 어떻게 소성되었는지, 그을음과 탄착흔의 관찰을 통해 어떻게 취사하였고, 어떤 음식을 조리하였는지에 대해서 접근할 수 있다.

　토기의 기종 차이는 지역성을 나타내기도 하는데, 생업의 차이를 반영하는 것이다. 동일한 기종이라도 기형이나 문양에서 지역성을 보인다. 동남해안지역의 검단리식토기, 부산지역의 연지동식토기, 호서지역의 플라스크형 적색마연토기, 경남지역의 함안식적색마연토기, 서부경남과 동부전남지역의 채문토기는 특정지역에서만 출토되어 지역상을 보인다.

　돌대문토기, 횡대구획문토기, 타날문토기, 점토대토기는 이주의 결과 한반도 남부지역에 출현하였으며, 파수부 심발형토기, 파수부 적색마연토기, 플라스크형 적색마연토기는 주민의 왕래에 의해 인접한 곳으로 전파되었다.

　토기의 분포권을 집단과 연결시킨 최초의 사례는 고조선의 표지적인 유물로 인식되어 온 미송리형토기이다. 최근에는 점토대토기를 고조선과 연결시키기도 한다. 집단의 정체성에 대한 연구는 고고학에서 끊임없이 추구해야 할 연구 분야지만 신중을 기할 필요가 있다.

1. 머리말

토기는 인류 최초로 재료의 화학적 변화를 일으킨 발명품이자 인간이 제일 흔하게 사용한 도구이다. 유기물로 제작된 도구와 달리 부식되지 않고 잔존하기 때문에 고고자료로 가장 많이 활용되고 있다. 고고학연구의 기본이라고 할 수 있는 편년의 틀을 제공하는 재료로 이용될 뿐만 아니라 지역성을 가늠하는 기준이 되기도 한다.

형식학에 바탕을 둔 편년과 지역성의 탐구에서 점차 토기의 제작과 사용법으로 연구의 영역이 확장되어 당시 사람들의 식생활에 대한 접근까지 이루어지고 있다(김춘영 2001; 김지현 2009; 김은정 · 변희섭 · 이은정 2009; 신경숙 · 오민미 2010; 김미영 2012; 이정은 · 황재훈 2020 등). 하지만 이런 연구는 토기를 직접 관찰해야 되기 때문에 그 연구의 중요성에도 불구하고 현실적으로 어려움도 많다.

최근에는 토양시료 분석을 통해 생계경제에까지 접근하기도 하고(郭丞基 · 金庚澤 2019), 토기를 통해 선사시대인들의 교류까지 연구의 영역이 넓어지고 있다(천선행 2009 등). 사람이 이동할 때에는 최소한으로 가볍게 움직여야 하는데, 그렇다면 토기는 이동할 때 1차적으로 소유하는 물건은 분명히 아니다. 그렇기 때문에 교류보다는 지역성의 근거로 많이 활용되었을 것이다. 하지만 이동 후 원래 지역의 토기를 제작하여 사용하였을 가능성이 있기 때문에 교류의 흔적도 분명히 남겼을 것이다.

본 장에서는 토기고고학의 현황을 검토하고 토기를 통해 청동기시대 사회상에 접근해 보고자 한다. 토기 자체의 관찰에 대해서는 선행연구를 참조하였다. 주거 · 취락고고학에서 토기를 통해 접근할 수 있는 부분이 무엇인지에 대해서 고민해 보았다. 주거지에서 출토된 토기와 출토 위치 등을 통해 주거의 성격에 접근할 수 있는지를 검토하였다. 또 거시적으로 문화전파가 장거리 이주, 단거리 왕래를 통해 이루어졌다고 보고 어떤 토기가 이런 이주와 왕래를 보여주는 지에 대해서도 살펴보았다. 마지막으로 토기를 통해 집단을 찾아가는 사례와 그 어려움에 대해서도 언급하겠다.

2. 미시적 관찰-소성과 취사에 관한 선행연구

20세기 토기고고학의 기본은 형식학을 바탕으로 하는 편년과 지역성에 대한 탐구였다. 현재 다양한 방면으로 연구의 범위가 확장되는 것도 그러한 선학들의 선행연구가 바탕이 되었기 때문에 가능한 것이다.

21세기에 들어와서는 토기표면의 관찰을 통해 소성방법과 취사방법에 대한 연구가 활발히 진행되었다. 토기의 내외면에 남은 흑반, 그을음, 탄착흔 등의 관찰을 통해 소성흔적과 취사방법(불때기), 나아가 취사음식의 종류까지 접근하기에 이르렀다. 본 절에서는 소성흔적과 취사흔적으로 구분해 선행연구 성과를 살펴보겠다.

1) 소성흔

흑반은 토기를 소성할 때 유기물과 접해 표면에 탄소가 부착되어 흑색화된 부분이다(庄田愼矢 2006). 흑반의 위치에 따라 소성시 토기가 어떻게 놓여 있었는지 또, 그에 따라 가마 구조까지 추정할 수 있다. 그림 XIX-1의 1 우측 상단 <접지 각도>에 표현된 토기와 같이 흑반이 부착되었다면 토기는 옆으로 기울어진 상태로 구워졌으며 가마는 덮개가 있었던 것으로 추정할 수 있다(庄田愼矢 2006). 흑반의 관찰을 통해서 송국리식옹관은 수직에 가깝게 놓고 소성했으며 최초 저장용으로 제작되었다가 옹관으로 전용되었다고 한다(孫晙鎬 · 庄田愼矢 2004). 또 청동기시대 전기에는 개방형으로 야외소성이었는데 후기에는 덮개형 야외소성으로 변화하였다고 하는데 이것은 청동기시대 가마에 대한 김현(2002)의 연구와 부합한다.

2) 취사흔

그을음은 땔나무와 같은 유기물이 연소하면서 발생하는 탄소가 토기 표면에 부착된 것

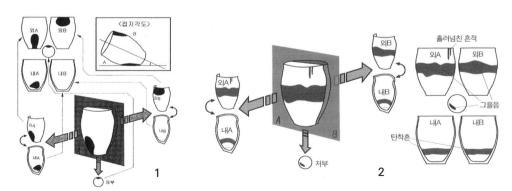

그림 XIX-1. 흑반(1)과 그을음 · 탄착흔(2)(庄田愼矢 2006, 2008에서 전재)

인데, 연료가 타면서 나오는 연매에 의해 토기 외면이 검게 그을려서 형성된 흔적이다(정수옥·나가토모 토모토 2009). 취사 시 토기 표면에 직접 열을 받은 부분은 산화되어 그을음이 부착되지 않는다. 이 부분을 산화부라고 하는데 그을음은 산화부 위쪽에 형성된다. 흑반이 집중적으로 밀집형태를 이루는데 반해 그을음은 수평 방향의 띠 모양을 이루는 것이 많다(庄田慎矢 2008). 그을음의 관찰을 통해 취사 때 불을 지핀 방법이나 조리 시설 등을 유추할 수 있다. 탄착흔은 조리하면서 토기 내면의 기벽에 조리 내용물이 흡착된 흔적이다(정수옥·나가토모 토모토 2009). 토기 외면의 산화부와 대응되는 경우가 많다. 탄착흔의 관찰을 통해 스프형조리인지, 푹 삶는 조리인지, 밥 짓는 조리인지를 추정할 수 있다(정수옥·나가토모 토모토 2009).

그을음과 탄착흔의 관찰을 통해 발형과 옹형은 모든 조리에 이용되었고, 호형과 완형은 밥 짓기에 사용되지 않았다고 한다(손준호·최인건 2012). 크기별로 본다면 밥 짓기는 중형 이상의 토기가 주로 사용되었고, 수분이 많이 유지되는 조리와 물 끓이기는 소형에서 대형까지 모든 크기의 토기가 사용되었다고 한다(손준호·최인건 2012). 시기별로는 후기가 되면 중대형 토기가 조리에 이용되는 사례가 줄어든다고 하는데, 주거지의 규모가 전기의 대형 세장방형에서 후기의 소형 (장)방형·원형으로 변화하는 것과 연동한다. 즉 취사가 대가족 단위로 이루어졌던 것이 점차 주거별 소규모 단위로 이루어진 것을 추정할 수 있다.

저부에 구멍이 한 개 뚫린 토기에 대해서 庄田慎矢(2008)는 모두 소성 후에 천공되었고, 직접 가열된 흔적이 나타나기 때문에 시루로 사용되었다고 보기 어렵다고 하였다. 반면 손준호·최인건(2012)은 저부천공토기를 이용해 찌는 조리가 이루어졌다고 한다. 산청 옥산리 유적에서 저부에 구멍이 6개 뚫린 천발형토기가 출토되어 청동기시대에 찌는 조리방법으로 음식을 조리하였다는 것을 알 수 있다(그림 XIX-2 참조). 그렇다면 구멍이 하나인 천공토기도 시루로 이용되었다고 할 수 있겠다.

취사흔의 관찰을 통해 토기를 지면에 세우고 그 주변으로 연료를 돌려놓고 가열하는 방식으로 취사가 이루어 진 것이라고 한다(손준호·최인건 2012).

그림 XIX-2. 산청 옥산리유적 출토 시루(국립중앙박물관 2010)

3. 취락고고학에서의 토기-용도

토기를 직접 관찰하는 것은 가장 기본적인 연구방법이지만 현실적으로 여러 가지 제약이 있을 수밖에 없다. 본 절에서는 토기를 직접 관찰하지 못하는 현실적인 상황에서 다른 방법으로 취락고고학에서 토기를 활용하는 안을 모색해 보고자 한다. 주거와 취락의 양상을 통해 토기의 용도를 검토할 뿐만 아니라 출토된 토기를 통해 주거의 성격에 접근해 보겠다.

토기의 기형과 용도에 대한 일반적인 인식은 호형토기는 저장용, 발형토기는 취사용이라는 것이다. 실제 후기에 송국리문화 분포권에서는 송국리식토기라는 새로운 기종이 확산되는데 이것은 농경의 증가로 인한 잉여생산물의 저장과 관련시킬 수 있다. 송국리문화가 분포하지 않는 곳은 심발형토기의 비율이 높은 것도 같은 맥락이다. 즉 검단리문화분포권은 송국리문화분포권에 비해 상대적으로 전기부터 지속된 수렵·채집·어로의 비율이 높았다고 할 수 있다(安在晧·金賢敬 2015). 즉 검단리문화분포권은 기형과 관련 없이 동일한 심발형이라도 대형토기가 저장에 이용된 것이다. 주거지에서 토기가 어떻게 저장용으로 이용되었는지 또, 대형토기는 어떤 주거지에서 사용되었는지를 알려주는 주거가 울산 교동리 456유적 11호와 12호 주거지이다.

12호 주거지는 필자가 그동안 조사했던 유구 중 폐기 당시의 상황이 가장 잘 잔존한 사례이다(그림 XIX-3 참조). 평면형태는 장방형이며 기둥배치는 6주식이다. 유물이 모두 27점이 출토되었는데 그중 토기는 22점이다. 적색마연토기는 9점이 출토되었는데 그중 3점이 전형이다. 완형의 심발형토기는 6점인데 기고가 13.6~39㎝이며, 평균 기고는 25.5㎝로 일반적으

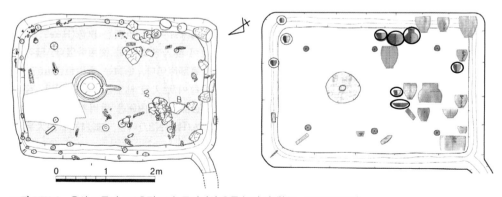

그림 XIX-3. 울산 교동리 456유적 12호 주거지와 유물 놓인 상태(○는 적색마연토기)

로 주거지에서 출토되는 규모이다. 출토된 토기를 그 자리에 놓아 본 것이 그림 XIX-3이다. 노지가 있는 부분의 공간에는 벽주구 내부와 주변에 호형적색마연토기 3점과 기둥구멍 근처에서 소형 천발 1점이 출토되었을 뿐 기둥이 이루는 방형의 공간 내에서는 유물이 1점도 출토되지 않아 노지 주변이 생활공간 혹은 수면공간으로 이용되었고 노지가 없는 주거의 절반이 저장공간으로 이용되었다. 특히 남서쪽 1/4 공간은 오롯이 저장공간으로 이용되었다는 것을 알 수 있다. 남쪽 단벽 양쪽 모서리에는 가장 큰 심발형토기가 놓여 있고 벽을 따라 토기가 놓여 있어 남서쪽 1/4 공간과 벽을 따라 토기를 놓아 공간활용도를 높인 것으로 판단된다.

11호 주거지는 8주식인데 규모는 39.5㎡로 대형급이다. 노지는 하나이다. 전기의 세장방형주거지가 아니라 후기의 유력개인의 주거이다. 토기 24개체분과 석기 8점이 출토되었는데 석기는 대부분 박편 혹은 미완성품이다. 도면으로 복원 가능한 토기는 5점인데 기고가 33.5~60.0㎝이며 평균기고는 49.0㎝이다. 그 외 출토된 토기 저부도 대형토기의 저부인 것을 볼 때 본 주거는 마을의 공동잉여물을 관리하는 유력개인의 주거이며 대형토기가 저장용으로 이용된 것을 알 수 있다(이수홍 2014).

즉 검단리문화권에서는 일반적으로 저장용으로 알려진 호형토기가 적은데 대형 심발형토기가 저장용으로 이용된 것을 알 수 있다.

미국 남서부 선사시대에는 발형토기와 채색토기는 식기로 이용되었고 호형토기와 무문토기는 조리에 이용되었다고 한다(칼라 시노폴리 지음(이성주 역) 2008). 지역과 시기에 따라 기종과 용도가 일치하지 않는 것을 짐작할 수 있다. 여기에는 토기의 크기에 대한 고려가 반드시 선행되어야 한다. 청동기시대 그릇은 많은 부분 목기가 사용되었기 때문에 출토되는 토기만으로는 당시 식생활의 전모를 알 수 없다. 소형 천발은 식기로 이용되었을 것이다. 뿐만 아니라 저부와 동체 아랫부분만 잔존하는 토기편의 경우 동체와 연결되는 파손면이 다듬어진 경우가 있는데, 이중 일부도 식기로 이용되었을 가능성이 있다(그림 XIX-4 참조). 또 저부와 동체 재가공품은 방추차 등과 같은 실용품뿐만 아니라 부리형토제품 등 의기화된 물품으로 재

그림 XIX-4. 진주 대평리유적 출토 토기 재가공품(국립진주박물관 2002)

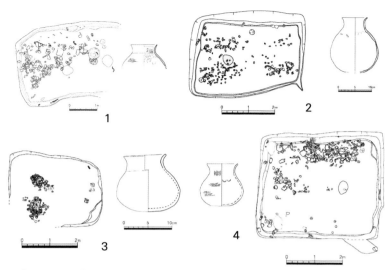

그림 XIX-5. 울산 매곡동 330-2유적 적석주거지와 출토된 적색마연토기(그림 VIII-4와 동일)

탄생되기도 하였다.

출토된 토기를 통해 주거지의 성격을 유추할 수도 있다. 청동기시대에는 주거의 수에 비해 무덤의 수가 턱없이 부족하다. 땅을 굴착하고 시신을 안치하는 우리가 생각하는 무덤매장 외에 다양한 시신처리 방법이 있었을 것이다. 그중 하나가 주거의 마지막 구성원이 사망했을 때 그 주거가 무덤으로 전용되었다는 견해이다. 유병록(2010)이 처음 가옥장의 가능성을 제기한 이후 안재호(2010a · 2013), 이수홍(2014 · 2017 · 2020)에 의해 가옥장의 사례가 추가 · 보완되었다. 필자(2020)는 울산 매곡동 330-2번지 유적에서 조사된 적석된 주거지와 적색마연토기 출토 주거지를 검토해서 적석된 주거지가 무덤일 가능성을 다시 한번 검토한 바 있다. 매곡동유적에서 조사된 74동의 주거지 중 적석주거는 32동이다. 적색마연토기는 16동의 주거에서 출토되었는데 그중 14동의 주거가 적석된 주거지이다(이수홍 2020). 적색마연토기는 대부분 한 주거지에서 1점만 출토된다(배진성 2020). 무덤에서도 대부분 1점이 출토되고 많은 경우 2점이 출토되지만 3점 이상이 출토되는 경우는 전무하다. 적석된 주거지가 일반적인 주거의 폐기라면 적색마연토기가 3점 이상 출토되는 사례도 있을 것인데 대부분 1점씩 출토되는 것도 무덤으로 전용되었을 가능성을 높여 준다. 앞서 언급한 교동리 456유적 12호 주거지에서 전형적색마연토기 3점을 포함해 9점이 출토되었는데 이것이 일반적인 주거에서의 유물 출토 모습일 것이다.

4. 지역성과 지역상

지역성이란 하나의 지역에서 자연환경과 인문환경이 상호작용하여 나타나는 그 지역만의 성격을 말한다. 고고학에서는 고고자료를 통해 지역적인 특징이 보이는 것을 대개 지역성이라고 한다. 결국 지역적인 차이를 의미한다. 하지만 지역적인 차이는 크게 두 가지로 나눌 수 있다. 첫째는 동일한 속성에서 양 지역이 다르게 나타나는 것으로 이것이야 말로 엄밀히 '지역성'이라고 할 수 있다. 둘째는 어떤 기종 혹은 속성이 다른 지역에는 없고 그 지역에서만 보이는 것이다. 지역상의 사전적인 의미는 '어떤 지역의 자연 지리적인 모든 요소를 통틀어 본 모양'인데, 그 지역만의 특징이라는 점에서 본 절에서는 '지역상'이라는 용어를 사용하겠다. 본 절에서는 토기에서 보이는 지역성과 지역상에 대해서 살펴보겠다.

1) 지역성

본 절에서는 지역성을 보여주는 대표적인 몇 가지 사례에 대해서 살펴보겠다.

(1) 심발형토기와 옹형토기(송국리식토기)

청동기시대 후기가 되면 한반도 서남부지역의 송국리문화분포권은 기존의 심발과 함께 새로운 기종인 옹형토기(송국리식토기)가 토기에서 차지하는 비율이 높아진다. 하지만 검단리문화 분포권은 기존의 심발형토기가 후기에도 토기 기형의 대부분을 차지하고 호형 또는 옹형토기는 극소수이다. 토기의 기종이 변화하였거나 그대로 유지되는 것은 결국 생계경제가 변화하였거나 유지되는 것과 연동될 것이다. 즉 송국리문화 분포권은 새로운 생계방법이 도입되었는데 그것은 역시 수도작일 것이다. 쌀은 1년 중 수확기가 한정되기 때문에 다른 밭작물에 비해 장기간 보관을 해야 한다.[1] 그렇기 때문에 저장용기인 호형토기가 차지하는 비율이 높을 것이다. 반대로 검단리문화 분포권은 송국리문화분포권에 비해 수렵, 어로, 채집의 비율이 높고, 농경에서도 밭작물이 차지하는 비율이 높을 것이다. 그것이 취사용 발형토기가 대부분을 차지하는 이유이다.

---

1) 어떤 밭작물이라도 수확기는 한정된다. 하지만 밭작물은 기본적으로 여러 품종을 동시에 재배하기 때문에 수확 시점이 다르고 따라서 수도작에 의존하는 농경생활보다는 보관하는데 비용이 적게 소요될 것이다.

(2) 적색마연토기의 지역성

적색마연토기는 전국적으로 출토된다. 그렇기 때문에 미세하지만 지역적인 기형차이가 나타난다. 전시기마다 지역색이 확인되지만 시각적인 관찰로 가장 뚜렷이 드러나는 시기는 송영진(2016)의 마연토기 Ⅱ기인데 전기후반~후기전반에 해당된다. 이 때 한반도 남부지역 남서쪽인 아산만-금강-호남-남강-낙동강중상류역은 편구외반구연호권이며 남부지역 북동쪽인 한강-동해안-동남해안지역은 장동외반구연호 · 장각대부호권이다(송영진 2016). 동체의 형태가 각각 원형 · 편구형과 장동형으로 확연히 구분된다.

그림 XIX-6. 전기후반~후기전반 적색마연토기 지역성(송영진 2016)

(3) 토기문양의 지역성

심발형토기의 구연단 아래에 새겨진 문양은 편년의 근거가 되어왔다. 복합문→단독문→무문양으로 변화한다는 것이 일반적인 견해인데, 자료가 증가할수록 시간적으로 공간적으로 복잡한 양상을 보인다.

지역성이 분명하게 드러나는 것은 전기의 호서지역이다. 금강유역에는 이중구연+단사선문의 소위 가락동식토기가 집중적으로 분포하고 그 외 지역은 구순각목+공열문이 결합된 소위 역삼동식토기와 이중구연+단사선문+구순각목+공열문이 결합된 소위 흔암리식토기가 분포한다(이형원 2002; 천선행 2003). 영남지역의 경우 다른 지역에 비해 돌대문이 후기의 늦은 단계까지 존속하는 것이 특징이다(천선행 2009; 정지선 2013).

후기가 되면 토기문양에서 명확하게 구분되는 것은 아니지만 지역에 따른 경향성은 보인다. 동남해안지역은 낟알문이 유행하고, 대구지역은 구순각목문이, 경기지역은 역삼동식토기가 늦은 시기까지 존속(김한식 2006)하는 것이 특징이다.

2) 지역상

특정지역에서만 출토되는 토기는 그 지역만의 특색을 보여준다. 청동기시대 전국 각지에 그 지역의 지역상을 보여주는 토기가 존재하였다. 대표적인 토기 몇 가지 사례에 대해서 살펴보겠다.

(1) 검단리식토기

　심발형토기의 구연단 아래에 사방향·횡방향의 낟알문이 새겨진 토기[2]를 말한다(李秀鴻 2005). 청동기시대의 일반적인 단사선문은 길이가 길고 폭이 가늘어 예리한 도구로 그어서 시문한 것인데 반해 낟알문은 문양의 폭이 두터워 눌러 찍어 시문한 듯 하다. 시기적으로는 청동기시대 후기, 지역적으로는 포항-경주-울산-양산을 비롯한 동남해안지역에 집중되어 출토된다. 분포범위는 남쪽으로 양산 혹은 부산지역까지만 출토된다. 북쪽으로는 경상북도 안동지역까지 출토되기 때문에 소백산맥까지 분포범위가 확대될 가능성이 있다. 하지만 경북내륙지역이라도 송국리문화가 분포하지 않는 곳에 출토되는 것은 확실하다.

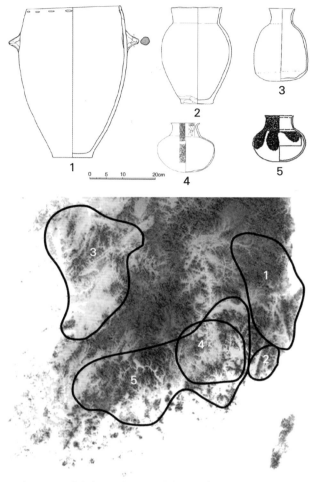

그림 XIX-7.　지역상을 보여주는 토기와 분포권(1:검단리식토기, 2:연지동식토기, 3:플라스크형 적색마연토기, 4:함안식 적색마연토기, 5:채문토기. 아래 도면 번호는 토기 번호와 동일)

---

2) 배진성(2005)은 단독문양으로서의 공열문·단사선문·횡선문토기, 그리고 파수부심발형토기와 적색마연옹형토기 등을 특징으로 하는 양식화된 토기군을 검단리식토기라고 하였다. 필자는 시간적으로나 공간적으로 한정되는 특징적인 유물이나 유구를 나타낼 때 사용하는 '~식 ○○'라는 용어는 가능한 범위를 좁혀 명확하게 성격을 규정하는 것이 좋다고 생각한다. 배진성의 견해대로 검단리식토기를 지칭하면 시간적으로나 공간적으로 범위가 너무 넓어져 원래의 지역성과 시간성을 대별하지 못할 수 있기 때문이다.

(2) 플라스크형 적색마연토기

1970년대 부여 송국리유적의 발굴조사에서 출토된 이후 우리나라에서 최근까지 출토된 유물은 50점 정도이다(배진성 2016). 일반적인 적색마연토기가 무덤에서 주로 출토되는 것에 반해 이 토기는 주거지에서만 출토되는 것이 특징이다. 송국리문화의 상징처럼 알려져 있으나 송국리문화 분포권 전체에서 출토되는 것이 아니라 송국리유적을 비롯한 공주 · 부여 · 논산지역을 중심으로 북쪽으로는 아산 명암리유적, 남쪽으로는 정읍 상평동유적, 동쪽으로는 대전 복룡동유적까지만 출토된다. 적색마연토기 중 가장 지역색이 강하다고 할 수 있다. 이 토기의 기원에 대해서는 외부에서 비슷한 요소를 찾기 어렵고, 적색마연호의 동체부가 길어지면서 플라스크형으로 변화하였다는 견해(송영진 · 김규정 2014)가 있다.

(3) 함안식 적색마연토기

전형적색마연토기 중 편구형의 동체부, 직선적으로 내경하는 구경부, 외반하는 구연부라는 하는 세 가지의 주속성이 일체를 이루는 것을 말한다(배진성 2008a). 플라스크형 적색마연토기와는 달리 무덤에서 주로 출토된다. 함안지역을 비롯하여 동 · 남쪽의 거제-창원-김해지역에 집중적으로 출토된다. 적색마연토기가 가장 많이 출토된 진주지역에서 출토된 사례가 없을 정도로 지역색이 강한 토기라고 할 수 있다.

(4) 연지동식토기

청동기시대 무덤에서 출토되는 토기는 전형적색마연토기이다. 구형 혹은 양파형의 동체부가 경부가 접합된 기형을 말한다. 그런데 유독 부산지역 무덤에서는 적색마연호형토기가 출토된다. 저부가 굽이 있는 평저이며 동체는 장란형, 경부가 직선적으로 곧은 호형이다. 산화철이 박리되어서 그런지 적색마연 여부가 불분명해 일반 무문호형토기로 보고된 사례도 있는데, 안료가 도포되지 않은 갈색마연토기(송영진 2016)일 가능성도 있다(이수홍 2019). 부산 이외의 지역에서는 이러한 사례가 거의 없어 부산식토기(이수홍 2012; 배진성 2020)라고도 한다.[3]

---

3) '~식 토기' 등 특정지역이나 시간성을 가지는 유물을 명명할 때 지역명을 사용하는 것보다는 유적명을 사용하는 것이 일반적이다. 최초로 출토된 지역은 사하구 괴정동이지만 충청도에 학사적으로 유명한 괴정동유적이 있기 때문에 '부산식토기', '괴정동식토기'보다는 '연지동식토기'라고 하는 게 좋을 것 같다(이수홍 2019). '함안식 적색마연토기' 역시 함안지역의 대표적인 청동기시대 유적의 명칭을 이용해 '오곡리식 적색마연토기' 등으로 명명하는 것이 좋을 것 같다.

부산지역 무덤에서만 출토되기 때문에 강한 지역성을 가지는 것은 분명하다.

(5) 채문토기

채문토기는 적색마연토기 중 동체 상부에 가지 또는 W자 모양의 검은 문양이 장식된 원저호를 말한다. 주로 무덤에서 많이 출토된다. 압록강이나 두만강유역에서도 확인되는데, 남부지역에서는 남강을 중심으로 하는 서부경남에서 가장 많이 출토되고, 그 다음은 전남지역인데 화순, 승주, 순천, 고흥 일대에서 많이 출토된다(平郡達哉 2012; 송영진 2016). 한반도 남부지역에서는 지역상을 강하게 나타내는 토기이다.

5. 교류와 집단

선사시대 문화 교류는 이주와 전파가 원인이 되었다고 한다. 이주는 말 그대로 사람이 이동하여 거주지를 옮기는 것 즉 이주민이 새로운 문화요소를 가지고 온 경우이고, 전파는 인간의 이동이 없거나 교역의 증가가 미약함에도 불구하고 특정문화요소 또는 기술이 공간적으로 이동하는 경우를 가리킨다(김장석 2002).

전파라는 용어가 '전하여 널리 퍼뜨림'이라는 사전적 의미를 감안한다면 이주 역시 최성락(2001)의 견해대로 전파에 포함된다고 할 수 있겠다. 선사시대에 새로운 발명이나 발견이 없는 상태에서 과연 사람의 이동 없이 인근의 문화요소가 등장 할 수 있을지도 의문이다. 전파의 사전적 의미를 감안하고 문화전파의 가장 큰 원인이 사람의 이동이라는 것을 전제로, 교류 즉 문화전파의 동인을 이주와 왕래로 구분해서 살펴보겠다. 이주라는 것은 말 그대로 거주지를 옮기는 것으로 장거리 문화전파의 의미를 내포하고 왕래는 이동하여 돌아오는 것으로 단거리 문화전파를 의미한다. 왕래에는 교역, 교류의 의미도 포함된다.

본 절에서는 토기에서 보이는 이주와 왕래의 요소를 찾아보겠다.

1) 이주

구석기시대부터 중국 동북지역에서 따뜻한 곳을 찾아 한반도 남부지역으로 지속적으로 사람들이 이주해 왔을 것이다. 청동기시대에도 그림 XIX-8과 같이 지속적으로 따뜻한 곳을 찾아서 남쪽으로 남하하였는데, 그 흔적을 토기에서 찾을 수 있을 것이다. 청동기시대에 그

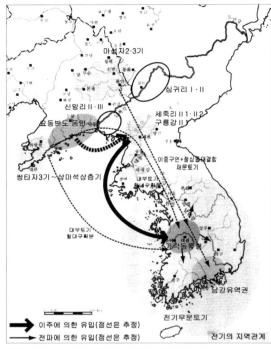

그림 XIX-8. 전기의 이주와 지역관계(천선행 2014)

런 이주의 흔적을 보여주는 토기자료를 살펴보았다.

(1) 돌대문토기

돌대문토기는 일반적으로 요동지역에서 한반도 남부지역으로 이주해 온 이주민에 의해 전파된 것이라고 알려져 있다. 요동지역에서 바로 한반도 남부지역으로 이주한 것이 아니라 우선 압록강유역으로 이주하였는데 주민의 집단이주에 의해 재지의 발형에서 원래 돌대문토기 기형인 호와 옹 중심으로 교체된 반면 남부지역은 돌대문토기가 유입되었지만 재지의 발형이 유지되는데 이것은 돌대문토기인과 재지의 신석기시대인들의 접촉을 통하여 청동기시대 문화가 확산된 것이라고 한다(안재호 2010b). 신석기시대인들과의 접촉 또한 요동이건 압록강유역이건 그 쪽의 주민들이 이주해온 결과일 것이다. 즉 현 시점에서 주민이 교체되었는지 여부는 판단하기 어려우나 남부지역으로의 돌대문토기 확산은 한반도 서북지역으로부터의 이주가 원인이 된 것임은 확실하다. 이후 이견이 있지만 전기후반까지 지속된 영남지역의 돌대문토기는 일본의 중부 瀬戸內지역으로 전파(천선행 2009)되었는데 역시 일본열도로 주민이 이주한 결과일 것이다.

(2) 횡대구획문토기

환호는 청동기시대 후기에 활발하게 축조된다. 청동기시대 전기에 축조된 환호는 청원 대율리유적, 구리 토평동유적 등이 있다. 청원 대율리유적의 구성원은 중국 동북지역 혹은 한반도 서북지역에서 직접 내려온 이주민 1세대라는 견해(安在晧 2009)가 있다. 주거의 배치, 석촉과 석도의 외래계요소와 함께 횡대구획문토기가 근거가 되었다. 구리 토평동유적에서도 환호 내에서 횡대구획문토기가 1점 출토되었는데 대율리유적과 마찬가지로 이주민 집단일 가능성이 있다.

횡대구획문토기는 요동반도에서 쌍타자III~상마석A구하층·타두적석묘에서 성행하였고, 남한에서는 호서지역을 중심으로 하는 중서부지역에서 주로 출토되는데 중국 동북지역에서 분묘, 비파형동검과 함께 전파되어 한반도 남부지역 전기 후반 사회 변화의 원인이 되었다고 한다(裵眞晟 2008b). 전기 무문토기 중 이주민의 남하를 보여주는 유물이라고 할 수 있다.

(3) 타날문토기

타날기법은 와질토기의 등장과 함께 널리 보급된 토기성형기법인데 이미 청동기시대 무문토기에도 사용된 사례가 있다. 주로 호서지역 서해안지역에서 출토되는 송국리식토기에서 확인되는데 산동반도에서 전래된 것이라고 한다(深澤芳樹·李弘鍾 2005; 안재호 2019). 송국리문화의 기원에 대해서는 재지설과 외래기원설로 나뉘었는데 안재호는 타날기법은 중국계 토기저부와 함께 산동반도의 주 문화의 산물이고 산동반도에서 호서지역으로 이주한 사람들에 의해 송국리문화가 전파되었다고 하며 토착계설과 외래계설의 절충형을 주장하였는데 실제로는 외래계설에 가까우며 사람의 이주를 전제로 하고 있다.

(4) 점토대토기

점토대토기의 중국 동북지방 발생지에 대해서는 다양한 견해가 있지만 이 토기가 한반도 남부로 이주해온 유이민에 의해 남부지방에 등장하였다는 데에는 이견이 없어 이주를 상징하는 가장 확실한 유물이라고 할 수 있다. 단, 평양 남경유적 3호 출토품의 성격에 따라 평양경유설과 해로를 통해 중국동북지역에서 한반도 남부로 직접 이주해 왔다는 견해로 나누어진다. 박순발(2004)은 남경유적 3호 출토품이 점토대토기라고 판단하여 해로뿐만 아니라 육로를 통해 한반도 남부지역으로 전파되었다고 하였다. 이에 반해 박진일(2013)은 이 유물이 점토대토기가 아니라 팽이형토기이며 따라서 점토대토기인들의 이주와는 무관하다는 것이다. 필자는 토기의 성격은 박진일의 견해에, 전파루트는 박순발의 견해에 따르고자 한다. 이 토기는 박진일의 견해대로 점토띠에 단사선이 시문되어 있는데 이것은 점토대토기보다는 팽이형토기에 가깝다. 단, 점토대토기가 한반도 남부지역 일부에 혹은 선형적으로 출토되는 것이 아니라 전지역에서 출토되는 현재의 발굴성과로 보아 점토대토기인들이 1회성으로 단기간에 남하한 것이 아니라고 판단되기 때문에 전파루트(이주경로)도 다양하였을 것으로 보는 것이 합리적이다.

2) 왕래

단거리 이주는 왕래와 구분하기 어렵지만 쉽게 본래의 근거지로 돌아갈 수 있는 거리라면 왕래로 볼 수 있겠다. 근거리에서 일어나는 교류의 현황을 보여주는 토기자료를 살펴보았다.

(1) 파수부 심발형토기

파수부 심발형토기는 동남해안지역에 집중적으로 분포하고 점차 서쪽으로 갈수록 출토량이 줄어드는데 경상북도 지역은 대구와 청도지역까지, 경남지역은 진주지역까지 확인되는데 점차 그 수는 줄어든다. 이 토기의 기원지는 한반도 동북지역이다. 함경북도 웅기패총 등에서 출토되었는데 기형적 특징이라면 파수에서 저부까지 직선에 가깝게 이어지는 점과 화분형토기처럼 바닥의 굽이 강조되지 않은 점이다. 이런 기형은 울산 입암리유적 7호 · 8호 주거지 출토품과 거의 유사하다. 그렇다면 한반도 동북지역이 기원지라고 해도 무방할 것이다. 즉 함경북도 지역에서 동해안을 따라 동남해안지역으로 이주한 이주민들에 의해 이 토기가 전파되었고, 점차 영남지역으로 단거리 왕래에 의해 확산된 것이다. 경남지역의 경우 파수부 심발형토기는 양산 신평유적, 김해 율하리유적, 함안 가마실유적, 거제 대금리유적, 진주 대평리유적 등에서 출토되었고 경북지역은 대구 상동 · 대봉동유적, 청도 진라리

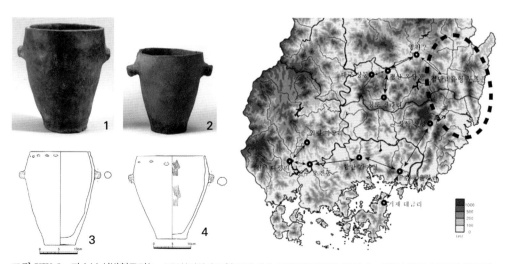

그림 XIX-9. 파수부 심발형토기(1 · 2:북한지역 출토(출토지 미상, 국립중앙박물관 1993), 3 · 4:울산 입암리유적)와 분포권

유적 등에서 출토되었다. 집중 출토되는 포항-경주-울산 지역 외에 이 토기가 출토되는 유적이 모두 교통로에 위치하고 있기 때문에 단거리 왕래에 의해 서부경남지역으로까지 분포권이 확대된 것으로 생각된다. 검단리문화 분포권에서 송국리문화 분포권으로 전파된 유물 중 하나(유병록 2019b)라고 할 수 있다.

(2) 파수부 적색마연토기

전형적색마연토기의 동체부 상단 양쪽에 파수가 부착된 것을 말한다. 파수의 형태는 구멍이 뚫린 환형과 구멍이 없는 뉴상으로 구분되는데 모두 경부가 짧은 것이 특징이다. 송영진(2016)은 평저→환저로 변화하였고, 금강유역→남강유역→경북내륙→밀양강→동남해안지역으로 전파된다고 하였다. 필자는 평저보다는 환저가 대부분을 차지하고, 늦은 시기에도 평저가 출토되기 때문에 평저와 환저는 시간성이라기보다는 기형의 차이일 것으로 생각한다. 한반도 남부지역 전역에 분포하는 기종인데 특히 대구지역에 집중적으로 분포한다. 이 기종은 송국리문화분포권뿐만 아니라 검단리문화분포권인 동남해안지역에서도 출토되고 있어 양 지역의 교류(송영진 2016; 유병록 2019b)를 짐작할 수 있다. 파수부 심발형토기와는 반대로 송국리문화권에서 검단리문화권으로 전파된 유물이다(유병록 2019b). 유적이 곳곳에 분포하기 때문에 단거리의 지속적인 왕래를 통해 전파되었을 것이다.

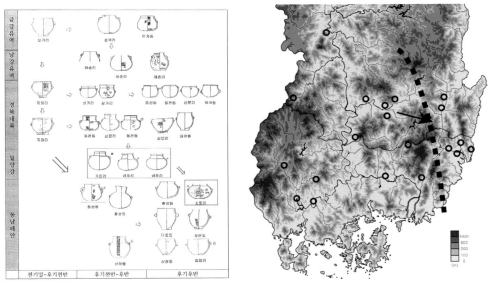

그림 XIX-10. 파수부 적색마연토기의 전개(좌:송영진 2016)와 영남지역 분포도

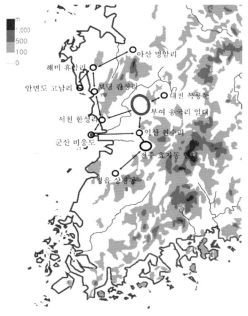

(3) 플라스크형 적색마연토기

앞 절에서 살펴보았듯이 플라스크형 적색마연토기는 부여를 중심으로 북쪽으로 공주, 남쪽으로 논산에 이르는 직경 25km의 범위에서 집중적으로 출토된다. 전체 48점 중 29점이 출토되어 60.4%를 차지할 정도이다. 이 정도 좁은 면적에서 이렇게 많이 출토되었다면 이곳이 기원지일 가능성도 있겠다. 그 외에는 전주와 인접한 진안지역에서 모두 6점이 출토되었는데 12.5%이다. 그 외에는 모두 1~2점씩 출토되어 부여 일대에서 각 지역으로 왕래를 통해 이 토기가 전파된 것으로 추정된다. 산맥을 감안한다면 기원지인 부여에서 북으로는 부여↔서천↔보령↔해

그림 XIX-11. 플라스크형 적색마연토기를 통해 본 왕래

미↔아산의 루트로 남으로는 부여↔익산↔전주↔정읍의 루트로 왕래를 통해 토기가 전파되었을 것이다.

3) 집단 문제의 접근

토기의 공간적인 차이를 집단의 차이로 보고자 하는 것이 고고학의 궁극적인 목적인지도 모르겠다. 이미 유형론이 주장될 때부터 '동질적 문화전통을 가진 제작 · 사용 집단'(박순발 1999)으로 명시되어 있듯이 토기가 집단의 정체성을 반영하는 자료로 이해되고 있다. 물론 삼국시대의 신라 · 가야토기, 또는 외절구연고배=금관가야 권역 등 토기의 차이로 집단 혹은 국가의 차이로 인식되는 자료도 있다. 문제는 선사시대에도 적용할 수 있는가의 문제이다. 그리고 여기서 말하는 집단의 범위가 어떤 것인지에 대해서도 너무 모호하다. 집단은 가족, 친족, 종족, 민족, 국가 등 다양한 의미로 이해될 수 있기 때문이다. 토기의 차이가 집단의 차이를 반영한다고 하더라도 과연 어떤 집단인지에 대해서는 명확하게 말할 수 없는 것이 현실이다.

우리나라에서 선사시대 토기의 권역을 국가의 권역으로 최초로 인식한 것이 미송리형토

기이다. 미송리형토기는 비파형동검, 지석묘, 조문경과 함께 고조선의 특징적인 유물로 간주된다고 고등학교 국정교과서에도 명시되어 있을 정도이다.

그런데 최근에는 절대연대의 비정을 통해 기원전 8~2세기에 요서와 요동지역에 존재했던 점토대토기 관련 물질문화가 고조선과 연결된다는 견해(이형원 2018)가 나와 주목된다. 미송리형토기는 기원전 12세기까지 상향되어 『관자』에 기록된 고조선의 시기인 기원전 8~7세기와 일치하지 않는다는 점도 고려되어야 한다.

필자는 국정교과서처럼 지석묘, 조문경, 비파형동검, 미송리형토기가 고조선을 상징하는 유물이라는, 이렇게 일원적이고 단순한 시각으로 고조선이라는 거대한 담론을 수용하는 것이 애초에 불가능하다고 생각한다. 먼저 고조선의 강역문제가 있다. 아직까지도 고조선의 위치 비정에 대한 견해가 통일되지 않았다. 대동강유역설(송호정 2003 등), 요령성유역설(리지린 1963 등), 요령성에서 대동강유역으로 이동했다는 설(서영수 1988; 이청규 2005 등) 등으로 구분될 뿐만 아니라 요령성 내에서도 요서지에서 요동으로 이동하였다가 대동강으로 이동했다는 견해(이청규 2005 등)와 애초에 요동에서 고조선이 건국되었다는 견해(서영수 1988 등) 등 다양하다. 고조선의 존속시기도 하한은 기원전 108년으로 기록에 명시되어 있지만 상한에 대해서는 명확하게 알 수 없다. 관자의 기록에 의하면 적어도 기원전 8세기에는 존재했었던 것을 알 수 있는데, 그렇다면 최소 700년간 존속하였던 것이다.

지석묘나 조문경을 예맥이나 조선에 곧바로 대응시키기 어렵다는 견해가 있다. 산동반도의 제나라와 교역한 요동반도 끝단에서 확인되는 고조선의 무덤은 지석묘가 아니라 적석묘라는 것이고, 조문경도 고조선과 권역을 대응시키기 어렵다는 것이다(이청규 2017).

이렇듯 고조선이 존재했던 시간과 공간적 범위를 고려한다면 하나의 토기양식으로 고조선을 정의할 수 있을지 의문이다. 박진일의 지적(2017)대로 기원전 8~2세기 요서~한반도에는 미송리형토기, 팽이형토기, 점토대토기, 화분형토기, 초기 환원염소성 토기 등 다양한 토기양식이 존재했었기 때문에 이 중 어느 하나를, 그것이 미송리형토기건 점토대토기건 고조선의 토기라고 단정할 수 있을지 의문이다.

이 시기의 토기를 규정하는 데에 공간적 요소뿐만 아니라 시간적인 요소 즉 토기의 편년이 중요한데 최근 AMS분석결과의 수용 여부가 중요한 판단 기준이 되어 가는 듯 하다. 즉 종래 미송리형토기와 공반한 유물의 AMS분석결과가 기록에 보이는 고조선의 존속기간보다 오래된 것으로 도출되었기 때문이다. 여기에는 학계에서 아직 통일된 견해가 없는 청동기시대 주요 논점이 복잡하게 얽혀 있다. 마제석검 동검기원설, 비파형동검 요서기원설과

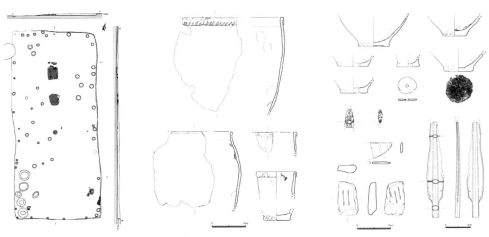

그림 XIX-12. 청주 학평리유적 주거지와 출토유물

요동기원설 등이 이 문제에 포함되어 있는 것이다. 자연과학분석결과 유물의 연대는 상향되는데 반해 기록으로 잔존하는 고조선의 연대는 고정되어 있기 때문에 더욱 혼란스럽게 느껴진다.

본 절에서 마제석검의 기원이나 비파형동검의 기원지를 논의하자는 것이 아니라 선사시대 토기를 집단의 정체성에 대비하는 문제는 보다 신중할 필요가 있다는 점을 강조하고 싶다. 비파형동검 요서기원설(기원전 9~8세기)은 기년자료에 근거하였고, 요동기원설(기원전 12~10세기)은 탄소 14연대가 가장 강력한 근거이다(조진선 2020b). 즉 요동기원설의 입장에서는 비파형동검과 공반하는 미송리형토기 역시 연대가 기원전 12세기까지 상향되기 때문에 고조선의 토기가 될 수 없다는 것이다(이형원 2018). 남한지역에서 최신 자료 중 이 근거를 뒷받침하는 자료가 비파형동검이 출토된 청주 학평리유적의 주거지이다.

청주 학평리유적에서는 위석식노지가 설치된 장방형주거지에서 비파형동검이 이중구연단사선문토기, 이중구연토기,[4] 석촉, 방추차, 반월형석도 등과 함께 출토되었다. 이 주거지의 AMS측정결과는 B.P.2896±20이며 역년변환연대는 1280BC~990BC(95.4%)이다. 하지만 탄소 14연대를 전적으로 받아들이는 데는 아직 신중할 필요가 있다. 탄소연대를 무조건

---

4) 필자는 학평리유적에서 출토된 이중구연토기가 절상돌대문토기일 가능성이 있다고 생각하였다. 하지만 이중구연의 일부가 탈락되었다는 전문가의 견해를 받아들인다. 유물을 직접 관찰하지 못했지만 신중하지 못했던 점을 인정한다.

배척하자는 것이 아니라 실제 유적에 적용할 때는 기년자료와 300~500년의 간극이 있어 이 연대만큼 하한해서 적용해야 한다는 의견도 있기 때문이다(조진선 2020b).

이상과 같이 여러 가지 이유로 미송리형토기뿐만 아니라 점토대토기를 고조선을 대표하는 것으로 인식하는 것에는 신중할 필요가 있다. 하지만 토기를 통한 집단의 정체성 확인 작업은 계속되어야 함은 물론이다. 이청규(2017)의 지적대로 고고자료를 통해 집단을 찾는 것은 불가능할지 모르지만, 집단을 찾아가는 것은 고고학만이 가능하기 때문이다.

6. 맺음말

토기를 통해 선조들의 어떤 생활을 밝힐 수 있는지 선학들의 연구를 바탕으로 살펴보았다. 선행 연구에 대한 필자의 견해를 제시하였는데, 문제점을 지적한 것이 아니라 토기를 통해 그러한 연구에 접근하는 작업의 어려운 점을 강조하고 싶었다. 불가능해 보일 정도로 어려운 작업이지만, 집단의 정체성에 접근하는 시도는 높이 평가받아야 한다.

토기의 제작·사용 흔적을 찾기 위해서는 직접 해당 토기를 육안으로 관찰하는 것이 최선의 방법이다. 하지만 일일이 토기를 실견할 수 없는 현실적인 상황에서 보고서 도판이라도 칼라로 발간된다면 많은 도움이 될 것 같다. 탄착흔이 남아 있는 경우 토기 내면에 대한 사진도 보고서에 추가되었으면 좋겠다.

필자의 첫 논문(2005년 석사학위논문)은 토기를 소재로 작성한 것이었다. 그 이후 이 논문을 발표(2020년)하기 전까지 15년 동안 토기에 대한 논문을 한 편도 쓰지 않았다. 석사논문을 준비하면서 토기 연구의 어려움(특히 편년)에 대한 트라우마가 생긴 것 같다. 이 논문은 그 트라우마를 이겨내기 위한 시도였는데, 역시 어렵다는 점을 재확인한 게 아닌가 싶다. 하지만, 고고 자료 중 가장 중요한 소재라고 생각하는 마음은 변함없다.

삼각형점토대토기의 등장과 소멸, 무문토기의 종말

-다호리유적을 비롯한 낙동강 하류역을 중심으로-

삼각형점토대토기는 최후의 무문토기이다. 영남지역에는 기원전 3세기 말에서 2세기 중엽 사이에 등장한다. 삼각형점토대 자체는 점토띠를 단단하게 부착시키기 위한 방안으로 원형점토대를 누르는 과정에서 만들어지게 되었다. 삼각형점토대토기와 공반되는 토기들은 여러 요소가 복합되어 등장하게 되었다. 영남지역에서 삼각형점토대토기 문화의 등장은 철기문화의 확산과 관련된다.

삼각형점토대토기 단계에는 토기의 기종과 크기가 다양해진다. 이것은 생업과 조리법이 다양해졌다는 것인데 그만큼 생산력이 증대된 것을 의미한다. 잉여생산물의 증가는 '國' 성립의 배경이 되었으며 이런 사회적 배경이 토기에서 기종과 크기의 다양화로 표출되었다.

기원전 1세기 와질토기가 등장하여 무덤에 부장되는데, 다호리유적에서는 기원후 1세기까지 삼각형점토대토기가 부장된다. 낙동강하류역의 생활유적에서는 기원후 2세기까지 사용되다가 적갈색 연질토기로 대체된다. 무문토기가 적갈색연질토기로 대체되는 것이다.

삼각형점토대토기의 시작은 본격적인 철기문화의 시작을 의미한다. 삼각형점토대토기의 종말은 무문토기의 종말이다. 무문토기의 종말은 가내제작, 비전업적 생산체계라는 전통적인 생산체계의 종말을 의미한다. 삼각형점토대토기의 종말과 연질토기의 등장은 생활토기까지 회전판과 타날기법이라는 새로운 제도술에 의해 제작된다는 것이고, 그것은 구시대의 종말, 새로운 시대의 개막을 의미한다.

1. 머리말

토기에 문양이 새겨지지 않았다고 이름이 붙여진 무문토기는 마제석검, 비파형동검 등과 함께 청동기시대를 대표하는 유물이다. 무문토기라는 명칭이지만 토기 중에는 구연단 아래에 단순한 문양이 새겨진 것이 많다. 시간이 흐를수록 문양은 단순화되고 결국 문양을 새기지 않게 된다. 토기표면에 다양한 기하학적 문양이 새겨진 즐문토기는 신석기시대를 대표하는데 즐문토기 중에서도 문양이 없는 것이 있다. 최후의 즐문토기는 문양이 없는 이중구연토기이며, 최후의 무문토기는 역시 문양이 없는 점토대토기이다. 명칭만 다를 뿐 구연단에 점토띠를 덧붙여서 제작한다는 점은 동일하다. 형태만을 고려하면 이중구연토기도 점토대토기이며, 점토대토기 역시 이중구연토기라고 할 수 있다.

즐문토기의 시작과 끝은 신석기시대의 시작과 끝과 일치한다. 한반도 남부지역의 경우 무문토기의 시작은 청동기시대의 시작과 일치한다.[1] 하지만 청동기시대를 대표하는 유물인 무문토기의 종말은 청동기시대의 종말과 일치하지 않는다. 점토대토기는 새로운 시대의 상징적인 유물로 인정받아 이 토기의 등장이 청동기시대와 초기철기시대를 나누는 기준이 되기도 한다. 그만큼 이 토기와 당시 사회상의 변화가 갖는 학사적 가치가 중요하다는 의미이기도 하다. 점토대토기는 단면 형태에 따라 원형점토대토기와 삼각형점토대토기로 구분된다. 원형점토대토기가 한국식동검문화로 대표되는 신시대의 개막을 알린다면 삼각형점토대토기는 철기라는 신문물의 등장과 연관된다.[2] 또, 원형점토대토기단계까지가 청동기시대이고, 원형점토대토기와 삼각형점토대토기가 공존하는 단계부터 원삼국시대라는 견해(박진일 2022b 등)가 있다. 무문토기임에도 이때는 청동기시대가 아니고, 또 시대구분에 대해 연구자마다 다양한 견해가 있다는 것은 그만큼 점토대토기가 제작될 때가 급변하는 역동적인 시대이기 때문일 것이다.

청동기시대의 종말과 새로운 시대인 초기철기시대(혹은 철기시대)의 시작은 기계적으로 연속되는 것은 아니다. 상당 기간 양 문화가 공존했던 것으로 밝혀지고 있다. 종말기 무문토기는 삼각형점토대토기로 대표되었고 지금도 유효하다. 그러나 청동기시대 문화가 일시에 사라지지 않았다면 기존의 송국리·검단리문화 토기도 존속했을 것이고, 그렇다면 '종말기'의 토기 양상이 우리가 생각했던 것 이상으로 다양했을 것이다.

삼각형점토대토기가 영남지역에서 많이 출토되어 영남지역이 주 분포권인 것으로 부지불식간 인식하는 경우가 많다. 하지만 실제 강원도 지역을 제외한 전국에서 출토되고, 지역

---

1) 한반도 서북지방에서 출토되는 출현기 무문토기와 즐문토기는 구분이 모호한 경우도 있다.
2) 원형점토대토기와 세형동검이 한반도 남부에 출현한 시점이 다르다는 견해(李淸圭 2000 등)가 많다. 하지만 이주민의 남하가 사회변화의 원인이 되었다면 원형점토대토기의 등장이 새로운 시대의 서막을 열었다고 할 수 있다.

적인 연구(서길덕 2006; 최정아 2012; 김경주 2018; 김규정 2020; 한수영 2021 등)도 활발한 편이다. 하지만 점토대토기 연구는 대부분 원형점토대토기 중심으로 이루어지고 있다.

본 장에서는 관련 유적이 비교적 많이 조사된 낙동강하류역에서 삼각형점토대토기가 등장하고 소멸하는 과정과 이유, 당시의 시대적 배경에 대해서 살펴보겠다. 그리고 최후의 무문토기인 삼각형점토대토기가 소멸하는 것이 어떤 역사적 의의가 있는지 다호리유적을 비롯하여 낙동강하류역을 중심으로 서술하겠다.

2. 청동기시대 후기와 종말기의 창원 · 김해

무문토기의 종말을 얘기하기 위해서는 앞 시기의 상황도 이해해야 한다. 본 절에서는 청동기시대 후기와 초기철기시대의 시대적 · 지역적 상황을 무덤을 중심으로 간략하게 검토하고, 종말기 토기양상의 개요에 대해 살펴보겠다.

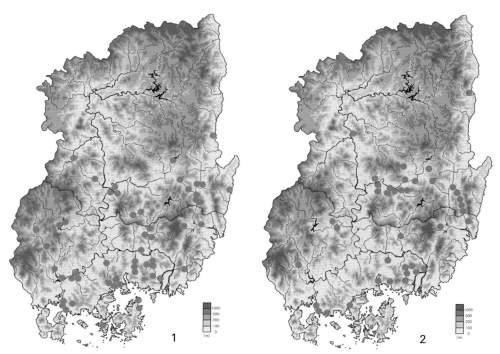

그림 XX-1. 영남지역 묘역식지석묘 유적⑴과 세형동검 · 동경 출토 유적⑵ 분포도

1) 시대적 · 지역적 양상

청동기시대 후기(송국리·검단리문화 단계)에는 각지에 묘역식지석묘의 축조가 활발해진다. 비파형동검이 많이 출토되지 않는 경남지역과 대구지역의 경우 규모가 큰 묘역식지석묘와 장신의 마제석검이 각각 족장의 상징이다(이성주 2016; 이수홍 2020a). 이런 족장의 무덤이 영남 각지에 분포하는데, 대체로 지금의 군 단위에 최소 1개소 이상 확인된다. 족장이라는 용어에는 혈연적인 관계가 내포되어 있다. 초기철기시대가 되면 혈연적 의미의 족장에서 정치적인 의미를 가진 군장으로 대체된다(이청규 2019; 이수홍 2020c). 공동지향의 지도자에서 개인지향의 지배자로 바뀌는 것이다(이재현 2003). 이런 군장묘는 영남지역에서 대구·경주를 잇는 곳과 창원·김해를 중심으로 하는 낙동강 하류역에 집중적으로 분포한다.

2) 종말기 토기 개요

영남지역의 경우 표 XX-1과 같이 토기의 변화에 따라 시대가 구분되는 것으로 널리 알려져 있다. 물론 이 변화는 아직도 유효하다. 하지만 자료가 증가할수록 이 표와 같이 단순하고 단선적인 변화가 아니라 보다 복잡한 양상을 보인다. 표 XX-2와 같이 청동기시대와 초기철기시대가 장시간 겹치면서 지역에 따라 청동기시대 토기는 와질토기와 접점이 있기도 하다. 또, 원삼국시대에 일상토기로 적갈색연질토기가 등장한다.

표 XX-1. 영남지역 토기와 시대구분(신경철 1995에서 참조)

토기	송국리·검단리식토기	원형점토대토기	삼각형점토대토기	고식와질토기	신식와질토기
시대	청동기시대	초기철기시대(삼한시대 전기)		원삼국시대(삼한시대 후기)	

표 XX-2. 영남지역 청동기시대~원삼국시대 토기

본 장의 종말기란 청동기시대의 마지막 기간을 의미하는데 초기철기시대와 겹친다. 아무튼 무문토기의 마지막은 역시 삼각형점토대토기이다. 말 그대로 구연단에 삼각형의 점토띠가 부착되었는데 기형은 '옹'이 대부분이다. 넓은 의미의 삼각형점토대토기문화라면 삼각형점토대토기와 공존한 파수부호, 뚜껑, 두형토기, 대부완 등 토기복합체를 의미한다(이재현 2004). 송국리문화 단계의 무문토기에 비해 기종이 다양하고, 또 토기의 크기가 다양한 것이 차이점이다.

종말기에도 송국리식토기나 검단리식토기가 제작되었을 것이다. 송국리형주거지와 지석묘에서 점토대토기 관련 유물이 출토되는 사례가 있다. 무덤의 경우 매장주체부에서는 송국리문화 단계의 적색마연토기가 출토되고 묘역식지석묘의 상부에서는 점토대토기 관련 유물이 출토되는 사례가 많다. 많은 유적이 있지만 대표적인 세 유적의 사례를 소개하겠다.

(1) 창원 덕천리유적

거대한 묘역식지석묘 1기와 그 주변에 무덤 22기가 분포한다. 1호 묘의 매장주체부에서는 석촉 22점과 관옥 5점, 주변 구와 석축에서는 각종 무문토기편과 석기편이 출토되었는데 그 중에는 점토대토기 구연부편도 있다.

(2) 김해 대성동고분 지석묘

김해 대성동고분이 분포하는 구릉에 단독으로 1기의 지석묘가 위치한다. 매장주체부 내에서 적색마연토기 1점과 석촉 28점이 출토되었다. 충전석에서 무문토기 완 1점이 출토되었는데, 와질토기 완과 기형이 동일한 것으로 보아 모방한 것으로 판단된다.

(3) 경주 전촌리유적

3기의 묘역식지석묘가 분포한다. 묘역의 형태를 보면 1호는 단독원형인데, 2호와 3호는 여러 차례 덧대어진 형태이다. 정연한 매장주체부가 확인되지 않아 적석제단으로 알려져 있지만, 2-1호에서 화장을 했던 것으로 추정되는 묘광이 확인되었다. 묘역 상부 포석에서 삼각구연점토대토기, 공심형의 두형토기 등이 출토되었는데 2-2호에서는 전형적인 검단리식토기가 출토되었다.

이 문제는 유구의 편년 문제와도 관련이 있다. 청동기시대에 무덤이 축조된 이래 의례가

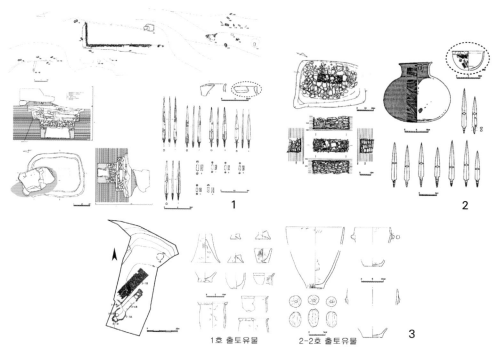

그림 XX-2. 초기철기시대 축조된 지석묘(1:창원 덕천리유적, 2:김해 대성동고분 지석묘, 3:경주 전촌리유적)

지속적으로 초기철기시대까지 이어졌고, 따라서 점토대토기 관련 유물은 최초 무덤 축조 이후 어느 정도 시간이 흐른 후에 놓였거나, 대형묘가 청동기시대에 축조된 이후 주변에 소형묘가 초기철기시대까지 지속적으로 축조되었다고 하는 견해가 있다(윤형규 2019a). 송국리문화 단계의 전형적인 부장품인 적색마연토기와 마제석촉은 매장주체부에 내에서 출토되고 점토대토기 관련 유물은 매장주체부 상부 적석부나 묘역식지석묘의 포석에서 출토되기 때문이다.

  하지만 필자는 위 세 무덤이 초기철기시대에 축조되었다고 생각한다. 보수성이 강조되는 무덤이라면 더군다나 부장품으로 계속해서 전통적인 제기를 사용하였을 것이다. 원형점토대토기 문화가 유입되더라도 지석묘와 같은 유구뿐만 아니라 토기와 같은 부장품이나 실생활용품은 기존의 것이 상당 기간 계속 제작·사용되었을 것이다. 압도적인 크기의 대형묘에만 초기철기시대의 유물이 출토되는 것은 그것이 바로 그 시대에 축조되었고, 매장주체부 내의 시신 근처 부장품은 전통적인 적색마연토기와 마제석촉을 부장하였기 때문이다.

즉 종말기 토기란 삼각구연점토대토기와 함께 전통적인 송국리·검단리문화의 토기도 일부 포함된다고 할 수 있다.

3. 삼각형점토대토기의 등장과 사회 변화

본 절에서는 삼각형점토대토기의 등장 시점과 배경, 그리고 철기와 함께 등장한 삼각형점토대토기가 사용되는 기간 동안 어떤 사회변화가 동반되었는지에 대해 살펴보겠다.

1) 등장의 시점

선사시대에는 중국 동북지역에서 지속적으로 사람들이 남하하였는데, 때로는 그 영향력이 지대해서 시대구분의 기준이 되기도 한다. 이주민들은 그들의 토기를 가져오거나 한반도 남부지역에서 토기 제작에 영향을 끼쳤는데 대표적인 것이 원형점토대토기이다. 중국 동북지역의 정세 불안에 의해 남하한 이주민이 가져왔거나, 이곳에서 원래 지역에서 사용하던 것을 그대로 제작한 토기라는데 이견이 없다.

새로운 토기가 유입(발생)하면 원래 토기는 재지계토기로 부르기도 하는데, 새로운 토기가 세월이 지나면 다시 재지계토기가 된다. 송국리식토기(재지계토기)-점토대토기(신문물)의 관계는 점토대토기(재지계토기)-와질토기(신문물)의 관계와 같다.

낙동강 하류역 삼각형점토대토기의 등장 시점에 대한 연구자들의 견해는 다음과 같다.

- 정징원·신경철(1987) : 철기문화·위만조선과 관련. 기원전 2세기 중엽 출현.
- 안재호(1989) : 요동 혹은 청천강 이북에서 남해안지역에 직접 전파. 기원전 3세기 말 등장. 기원전 2세기 전엽까지 원형점토대토기와 공존.
- 이재현(2003) : 삼각형점토대토기는 영남지역 중심의 토기양식. 전형적인, 즉 봉상파수가 붙은 호와 두형토기, 삼각형점토대토기 옹, 시루 등의 기종구성이 갖추어지는 넓은 의미로서의 삼각형점토대토기는 최소한 기원전 2세기 중엽 이후에 출현.
- 박진일(2013) : B.C. 4, 3세기에 영남지역에 전파된 원형점토대토기문화가 영남해안지역에서 기원전 200년을 전후한 시점에 삼각형점토대토기로 교체.

대부분의 연구자가 기원전 3세기 말에서 기원전 2세기 중엽에 삼각형점토대토기가 등장하였다고 한다. 철기문화와 함께 등장하였다는 데는 견해가 일치한다.

2) 등장의 배경(기원)

이 부분에 대해서는 삼각형점토대가 부착된 말그대로 삼각형점토대토기 자체의 제작 배경과 이 토기와 공반한 각종 토기 즉 삼각형점토대토기문화의 등장 배경으로 나누어서 살펴볼 필요가 있다.

삼각형점토대토기의 점토대 자체는 대부분 점토띠가 원형에서 삼각형으로 변화하였다고 한다(이재현 2003; 서길덕 2006; 최정아 2011; 박진일 2013). 이렇게 점토띠의 형태가 원형에서 삼각형으로 변화하는 것은 실용적인 측면과 함께 구연단의 견고함을 유지하기 위한 것이라고 한다(서길덕 2006). 점토대의 접합과정에서 점토대가 떨어져 나가는 것을 막기 위해 누르는 과정에서 삼각형으로 변형되었다는 것이다(노미선 1998).

삼각형점토대토기의 기형에 대해서는, 송국리형토기의 중소형 옹과 동체의 형태가 동일하고 점토대구연은 원형점토대토기와 명사리식토기 옹의 요소가 결합되어 나타났기 때문에 송국리식토기, 원형점토대토기, 명사리식토기의 요소가 결합한 것이라고 한다(이재현 2004).

삼각형점토대토기와 공반하는 각종 토기는 다양한 문화요소가 융합되어 있다(이재현 2004). 그림 XX-4의 붉은

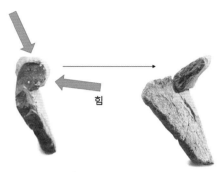

그림 XX-3. 점토대 모양 변화 원인

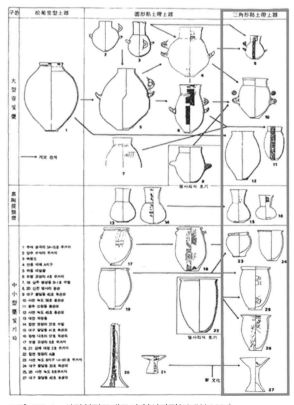

그림 XX-4. 삼각형점토대토기 형성과정(이재현 2004)

부분이 넓은 의미의 삼각형점토대토기 군이라고 할 수 있다. 파수부호는 명사리식토기의 영향, 호와 옹류, 뚜껑, 두형토기는 원형점토대토기 단계의 유물을 계승하였다고 한다(이재현 2004). 이렇게 삼각형점토대토기 단계 토기 중 일부가 명사리식토기의 영향을 받았다는 견해(이재현 2004; 박순발 2004)가 있다.

반면 명사리유적 출토 삼각형점토대토기의 단면 형태가 횡타원형으로 오히려 늑도유적보다 선행하지 않기 때문에 명사리식토기와의 관련을 부정하고, 남부지방의 원형점토대가 삼각형점토대로 변화하였다는 견해가 있다(박진일 2013). 그림 XX-5는 명사리식토기가 출토된 주요유적이다. 윤가촌 하층의 영향을 받았다고 알려진 명사리식토기가 남부지역으로 전파되었는데, 실제 명사리식토기의 삼각구연 형태는 퇴화형이기 때문에 늑도유적이 직접적인 영향을 받은 것은 아니라는 것이다.[3] 이상은 토기의 형태에 대한 출현 배경이다.

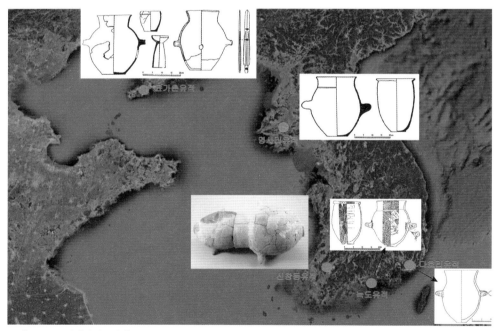

그림 XX-5. 명사리식토기 출토 주요 유적

---

3) 하지만 실제 명사리유적에서 조사된 유구는 소위 명사리식토기(파수부 장경호)와 삼각형점토대

토기의 형태가 아닌 이 토기 자체가 영남지역에 등장한 배경은 모두 철기문화의 유입과 관련 짓는다. 중국 동북지방의 연나라가 고조선을 침공하여 그 여파로 이주민이 남하하면서 원형점토대토기가 삼각형점토대토기로 변화하였는데 영남지역에 영향을 준 최초 지역은 연구자마다 견해가 다양하다. 대동강유역(박순발 2004), 전북지방 삼각형점토대토기의 영향을 받은 상주 등 영남내륙지역(이재현 2004), 전북 완주지역(신경철 2012) 등 다양하지만 전국각지에서 삼각형점토대토기가 출토되는 것으로 볼 때 박진일(2013)의 견해처럼 재지에서 점토대의 형태가 원형에서 삼각형으로 변화하였고, 전국적으로 확산되는 것은 역시 철기문화의 확산과 관련된다. 철기문화가 확산될 때 중국 동북지방의 제도, 기술 등 여러 영향이 한반도 남부지역으로 전파되었을 것이다.

3) 삼각형점토대토기와 사회 변화

삼각형점토대토기가 제작·사용되는 것이 원인이 되어 당시 사회가 변화하는 것은 아니다. 또 당시 사회의 시대상을 반영해 삼각형점토띠가 덧붙여진 토기가 제작되는 것도 아니다. 본 절에서는 당시 사회 변화가 토기문화에 어떻게 반영되었는가에 대해 살펴보겠다. 필자는 토기의 기형과 크기에 주목하고자 한다.

청동기시대 토기의 기형은 호와 발이 대부분이다. 물론 천발, 적색마연토기, 소옹 등 다양한 기종이 있지만 소수이고 대부분의 주거지에서 출토되는 유물은 호와 발이다. 원형점토대토기 단계가 되면 호와 발, 옹에 뚜껑, 두형토기 등이 추가된다. 삼각형점토대토기가 등장하면서부터 기종과 형태적 다양성이 급증한다(이창희 2005). 이렇게 기종과 크기가 다양해진다는 것은 삼각형점토대토기문화기에 활발한 농경활동(다양한 토기 기종)과 의례행위(소형토기, 두형토기 등)가 이루어졌다는 것을 유추할 수 있다. 삼각형점토대토기 단계가 되면 점토대가 부착된 기종도 다양해지는데, 생활이 풍족해지고 그 과정에서 다양한 기능의 용기가 필요해진 것이다(임설희 2009). 삼각형점토대토기 단계에 본격적인 시루가 등장하는데 이것은 조리 방법 역시 다양해 졌다는 것을 의미한다.[4)]

토기(옹)가 합구된 옹관묘 1기와 토광묘 1기 뿐이다. 자료가 적어 단정하기 어려울 정도이다. 다만 옹관묘의 구성이 파수부장경호+옹의 형태인 점에서는 명사리유적과 신창동유적, 늑도유적이 동일하다. 형태적인 면에서 볼 때 박진일의 견해에 동감하지만 명사리유적 자료가 너무 적어 단정하기 어려운 면이 있다.

4) 청동기시대 송국리문화 단계의 산청 옥산리유적에서 저부에 구멍이 뚫린 천발이 출토된 사례가

그림 XX-6. 점토대토기 단계의 유물(1:원형점토대토기 단계, 2:삼각형점토대토기 단계)

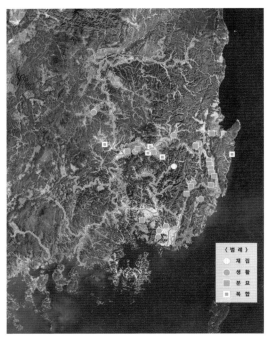

〈범례〉
◑ 채 집
● 생 활
■ 분 묘
□ 복 합

그림 XX-7. 삼각형점토대토기 단계의 유적(구숙현 2022)

청동기시대 유적에 비해 초기철기시대 유적의 수는 그림 XX-7과 같이 급감한다. 이런 현상에 대해 수도작을 비롯한 농경활동이나 사회 복합도, 인구가 낮아지거나 감소하였다는 견해가 있다(송만영 2011). 하지만 표 XX-2와 같이 송국리·검단리식토기가 기원전후까지 사용되었다면 결코 유적의 수가 적어졌다고 할 수 있을지 세심한 검토가 필요하다.[5]

이 시기는 國이 성립될 때이다. 辰國(衆國)사회는 농업생산력과 교역이 발전 동인(이현혜 1987)이고, 국 성립에는 취락군의 장기지속성이 중요 원인이라는 견해(이희준 2000)도 있다. 또, 청동기시대 이후 쌀농사의 비중이 높아지면서 인구의 증대와 가경지의 부족 결과 분촌화가 진행되었다고 한

있다. 이 토기는 분명 시루라고 판단되지만, 전형적인 형태의 시루가 등장하는 것은 현재의 자료로 볼 때 삼각형점토대토기 단계이다.

5) 한반도 남부지역은 전 지역에서 기원전 3세기부터 길게는 기원후 2세기까지 300~500년간 고고유적의 공백기간이 있다. 우리의 편년관에 큰 선입견이 작용하는 것은 아닌지 의문이다. 이 부분은 별고를 통해 검토하겠다.

다(권오영 1996). 나아가 삼한사회를 지탱하는 경제적 근거가 농업과 철(소금)의 생산과 교역(권오영 1996)인데 실제 『三國志』魏書 東夷傳에 '토지가 비옥해서 오곡과 벼를 심기에 적합하다'라는 기록(土地肥美 宜種五穀及稻)이 있을 정도이다. '대국 4~5천가, 소국 6~7백가, 총사오만호가 있었다'는 기사(大國四五千家, 小國六七百家, 總四五萬戶) 역시 기원후 3세기의 기록이라고 하더라도 현재 조사된 영남지역 3세기 대 취락유적의 수와 차이가 있고, 경작 관련 유적의 수와도 너무 동떨어진 숫자이다. 그러한 고고학적 결과를 토대로 위의 기록을 부정할 수는 없다.

삼각형점토대토기가 사용되던 시기는 철기가 보급되면서 생산력이 증가하였고, 잉여생산물의 증가에 따라 지배자의 위치가 공고해지고 이것이 '國' 성립의 배경이 되었을 것이다. 이러한 사회 현상이 토기에서는 기종과 크기의 다양화로 나타나는 것이다.

삼각형점토대토기가 사용될 때 와질토기가 등장한다. 무덤 부장품은 와질토기로 대체된다. 와질토기가 등장한다는 것은 고조선 유민들에 의해 한반도 각지로 신기술이 급격하게 파급되어 철기가 청동기를 대체하고, 타날문 성형, 환저화, 환원염소성, 물레 사용 등의 제도기술이 무문토기 제작기술을 대체해가면서, 한반도와 요동 곳곳에서 정치체가 본격적으로 형성되는 것을 의미한다(천선행 2022). 하지만 이런 변화가 수반함에도 와질토기는 무덤 부장품에 한정되고, 실생활에서는 아직 삼각형점토대토기 즉 무문토기가 계속 사용되고 있었다.

4. 다호리유적과 삼각형점토대토기

본 장에서는 다호리유적에서 어떤 무문토기가 부장되었는지에 대해 선학들의 연구를 바탕으로 간략하게 검토해 보겠다. 삼각형점토대토기가 다호리유적에서 부장되는 시기를 알아보고 전후 시기의 부장용토기와 어떤 차이점이 있는지에 대해서도 살펴보겠다.

1) 다호리유적 무문토기

다호리유적에서 출토된 무문토기는 점토대토기, 두형토기, 뚜껑, 파수부 호 등이다. 다호리유적에 대해서는 박진일과 안재호에 의해 편년이 이루어졌다. 박진일(2013)은 9차 발굴까지의 자료로 유적 전체를 Ⅰ~Ⅷ기로 나누고 각각 기원전 2세기 후엽에서 기원후 2세기 전엽으로 편년하였다. 안재호(2000)는 7차 발굴까지의 자료를 검토하여, Ⅰ기에서 ⅪI기로 나누고

기원전 1세기 2/4분기에서 기원후 2세기 2/4분기로 편년하였다. 안재호와 박진일의 다호리
유적 편년표는 표 XX-3과 같다. 전반적으로 박진일이 절대연대로 약 30~50년 이르게 편년
하고 있다. 필자는 기원전 1세기 전엽 다호리유적에서 무문토기 부장이 사라지는 것에 주목
하고자 한다. 이때부터 부장토기는 모두 와질토기로 대체된다.

표 XX-3. 안재호(2000b)와 박진일(2013)의 다호리유적 편년표

안재호(2000b)			박진일(2013)		
유 구	단계	절대연대	단계	유 구	
		B.C.2세기 후반	I 기	34, 73, 77호	
9, 12, 28, 34, 58, 72호	I 기	B.C.1세기 전엽	II 기	63, 84호	
51, 61, 63호	II 기	B.C.1세기 중엽	III 기	25, 27, 38, 43, 45호	
25, 26, 54호	III 기				
6, 17, (29), 38, 39, 48, 53, 62, 67호	IV 기	B.C.1세기 후엽	IV 기	1, 24, 33, 40, 46호	
5-2, 15, 33, (35), 40, 45, (57)호	V 기	기원 1세기 전엽 무문토기 부장이 사라짐	V 기	35, 37, 48, 51, 88, 96호	
32, 37, 46, 52호	VI 기	기원 1세기 중엽	VI 기	22, 32, 49, 52, 104호	
22, 49, 66, 69, 71호	VII 기	기원 1세기 후엽	VII 기	31, 69, 102호	
31, 68, 70호	VIII 기	기원 2세기 전엽	VIII 기	36, 64호	
36, 64호	IX 기				

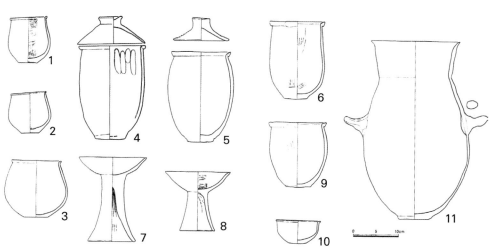

그림 XX-8. 다호리유적 출토 무문토기(1:77호, 2 · 10:82호, 3 · 6:89호, 4:6호, 5:83호, 7 · 8:100호 9:81호, 11:86호)

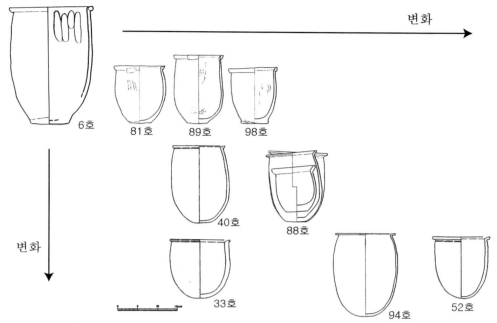

변화 →

변화 ↓

그림 XX-9. 다호리유적 출토 옹의 형태 변화(박진일 2013 도면 54에서 6호 토기 추가)

대표적 기종인 점토대토기의 형태 변화는 다음과 같다. 저부는 굽상저부→말각평저→원저로 변화하고 구경부는 원형점토띠→삼각형점토띠→홑구연으로 변화한다. 파수부 호는 저부가 굽상→원저, 파수가 봉상→우각형→뉴상으로 변화한다.[6] 두형토기는 단각에서 장각으로, 장각은 대각의 내부가 비어있는 공심형에서 실심형으로 변화하는 것(박진일 2013)으로 알려져 있다. 다호리유적 출토품도 대부분 이 변화에 연동한다. 두형토기의 경우 실심형과 공심형의 구분이 모호할 뿐만 아니라 대각이 길고 배신이 작은 것과 대각이 짧고 배신이 넓은 것은 계통 차이가 있어 대각의 길이 및 실심형과 공심형 여부로 세밀한 편년을 제시하기 어려운 면이 있다.

아무튼 다호리유적 출토 토기의 가장 큰 변화는 무문토기에서 와질토기로 변화하는 것이다. 무문토기는 박진일의 V기 즉 기원후 1세기 전엽에 부장품에서 사라진다. 영남지역

---

6) 점토대토기 구연부를 세분하면 점토띠가 없어지고 짧게 외반하고, 구연단이 편평한 面을 이루다가 凹面을 이루는 형태로 변화한다(박진일 2013).

전역에서 동시에 일어나는 현상은 아니다. 경북지역은 대구 팔달동유적이나 경주 조양동유적 등의 사례에서 볼 때 기원전 1세기 혹은 기원전후 시점에 무문토기 부장이 사라지지만 낙동강 하류역은 기원후 1세기대에 무문토기 부장이 사라진다(이창희 2005; 박진일 2013). 원형점토대토기와 송국리식토기는 공반되는 사례가 많다. 다호리유적도 6호 출토품은 원형점토대토기로 판단된다. 하지만 송국리문화 단계 토기는 1점도 없는 것으로 볼 때 적어도 그 시대와는 확실히 단절된 모습을 보인다.

2) 무덤 부장과 실생활 토기

삼각형점토대토기는 무덤에도 부장된다. 삼각형점토대토기의 등장부터 와질토기 등장시점까지는 우리나라 선원사시대에서 유일하게 실생활토기가 부장되는 기간이다. 청동기시대의 적색마연토기, 초기철기시대 흑도장경호, 원삼국시대의 와질토기는 주거지와 같은 생활유구보다는 무덤에서 주로 출토된다. 이와 달리 실생활에서 가장 많이 출토되는 삼각형점토대토기가 무덤에도 부장되는 것이다. 무덤에 부장될 때의 삼각형점토대토기는 부장유물로서의 의미보다 토기 내에 담기는 저장물이 더 중요하게 간주 되었을 것이다. 부장품의 양상이 토기에서 철기와 같은 당대 실용구나 청동기와 같은 이기로 바뀌는 것을 의미한다. 청동제품은 소재 자체가 갖는 희귀성으로 인해 일부 무덤에만 부장된다고 하더라도, 부장품으로서 토기가 가지는 가치를 철기나 칠기 등이 대체하는 것이다.

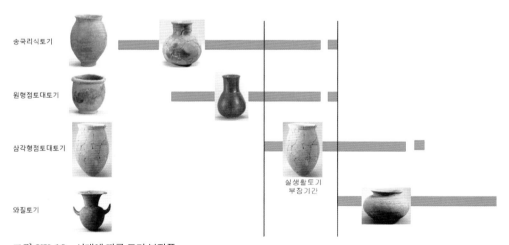

송국리식토기

원형점토대토기

삼각형점토대토기

와질토기

실생활토기
부장기간

그림 XX-10. 시대에 따른 토기 부장품

원삼국시대가 되면 회전판과 타날이라는 새로운 제도술로 제작되는 와질토기가 무덤에 부장된다. 와질토기는 등장시점부터 무덤에 부장되기 때문에 처음부터 부장품으로 제작되었을 것이다. 그러면서 삼각형점토대토기를 대체하기 때문에 삼각형점토대토기가 무덤에 부장되는 기간은 짧았다.

5. 무문토기의 종말

삼각형점토대토기도 결국 역사속으로 사라진다. 와질토기는 무문토기의 기형을 많이 따르고 있지만, 새로운 제도술과 함께 등장하고 삼각형점토대토기는 적갈색 연질토기로 대체된다. 본 절에서는 무문토기 종말의 과정과 그것이 가지는 역사적 의미에 대해서 살펴보겠다.

1) 삼각형점토대토기의 종말

소멸의 시점에 대해 자료가 빈약했던 예전에는 와질토기가 등장하면서 사라진다는 견해가 있었으나, 최근에는 와질토기의 등장 이후에도 실생활에서는 계속 사용된다고 알려져 있다.

다호리유적에서 무문토기는 기원후 1세기 전엽에 사라지지만 생활유적에서는 2세기 중엽까지 사용되면서 점차 연질토기로 대체된다(이재현 2004; 이창희 2005). 지역적으로도 차이가 있는데 낙동강하류역이 연질토기로의 진행이 빨랐고, 후기 와질토기의 존재가 뚜렷하지 않은 서부경남은 이보다 더 늦었을

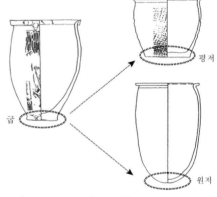

그림 XX-11. 저부 형태 변화

것이다(이재현 2004). 삼각구연점토대토기와 공반하는 격자타날된 와질토기는 목곽묘 단계에서 출토되는 것이기 때문에 기원후 3세기대까지 삼각구연점토대토기는 존속했을 가능성이 있다(박진일 2013).

무문토기는 연질토기로 대체되는데 두 토기의 차이는 다음과 같다(이재현 2004).

- 후기무문토기 : 물손질, 마연, 목리조정, 바닥은 굽, 홑구연(壺), 점토띠(甕or鉢)
- 연질토기 : 회전물손질, 마연, 목리조정, 타날의 본격채용, 굽의 소멸(평저or환저), 홑구연.

이 중 가장 큰 변화는 굽의 형태와 타날 기법의 채용이라고 할 수 있다. 무문토기와 연질토기의 차이 중 저부의 형태에 주목하고 싶다. 토기의 저부가 평저에서 환저로 바뀌는 시점에 점토대를 붙이는 전통이 사라지고(서길덕 2018), 삼각형점토대토기는 마지막 단계에 이르러 이중구연이 홑구연화하면서 연질토기의 외반구연으로 변화한다(이창희 2005).

정인성(2009)은 다호리유적 토기의 바닥이 원저화 되는 것에 대해 와질토기화하는 과정에서 전국시대 회도의 영향을 받았다고 한다. 와질토기가 낙랑토기 제도술의 영향을 받은 것이 아니라 중국 연나라 회도의 제작기술을 받았다고 주장하면서 외반구연옹, 조합우각형파수부 장경호, 주머니호, 양이부광구호의 바닥의 원저화를 설명하였다.

저부 형태 변화는 두 가지 측면에서 중요하다. 첫째는 굽상 저부에서 평저 혹은 원저형태로 바뀌는데 이것은 회전판이나 녹로가 사용되기에 가능한 변화이다. 이런 형태 변화는 무문토기 종말 시점보다 2~300년 빨리 와질토기의 등장부터 나타난 것이다. 와질토기는 부장용토기로 전문 장인에 의해 제작된 것으로 추정되는데, 삼각형점토대토기에서 연질토기로의 전환은 생활토기 역시 전문 제작 집단에 의해 만들어진 것을 의미한다. 둘째 실생활에서도 원저토기가 많아지고 다양해진다는 것이다. 바닥이 둥근 토기는 납작한 바닥에 비해 열이 고르게 전달되기 때문에 열에 의해 잘 깨지지 않아 조리용으로 적당하다(칼라 시노폴리(이성주 역) 2008). 즉 와질토기 제작기술의 영향을 받은 연질토기를 주민들 전체가 사용할 때는 조리법이 다양해 졌다는 것이고, 그것을 통해 생산물이 증가되었고 다양화되었다는 것을 유추할 수 있다. 그림 XX-12는 수날, 권상, 윤적법으로 성형한 무문토기와 회전판을 이용해 제작한 토기의 저부 형태이다. 무문토기는 원형점토판을 만들고 그 위에 점토띠를 덧붙여 성형하기 때문에 그림 XX-12의 좌측과 같이 파손되는 사례가 많다. 그림 XX-12의 우측은 회

그림 XX-12. 무문토기(1)와 회전판을 이용해 성형한 토기(2) 저부

전판을 이용해 성형한 토기의 저부가 깨어진 모습이다. 회전판을 이용하여 성형한 토기가 모두 이렇게 파손되는 것은 아니나 적어도 무문토기는 이렇게 파손되는 사례가 없다.

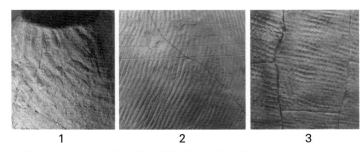

그림 XX-13. 무문토기(1), 와질토기(2), 연질토기(3) 타날

타날기법은 점토 내에 들어있는 공기를 빼내고, 기벽을 단단하게 하는 기법이다(복천박물관 2003). 청동기시대에도 타날된 토기가 있지만 와질토기나 연질토기의 타날과는 격이 다르다. 새로운 시대의 타날기법은 전문장인집단에 의해 대량생산이 이루어졌음을 의미한다. 타

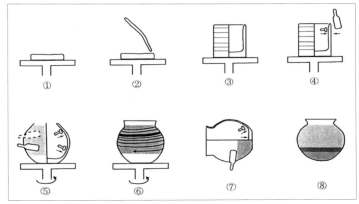

그림 XX-14. 회전판과 타날을 이용한 단경호 제작 과정 모식도(김경열 2014)

날기법만으로도 저부가 둥근 토기의 제작이 가능하다고 한다(이성주 2014).

2) 무문토기 종말의 의미

삼각형점토대토기가 소멸되는 것은 재지 토기 생산체계의 조업이 중단되었고, 이것은 주민의 일상생활용 토기가 전업화된 대량생산체계에서 제작되어 공급된 것을 의미한다. 즉 삼각형점토대토기 생산체계가 와질토기 생산체계에 흡수되어 원저의 발과 옹, 시루 등이 격자타날법에 기초하여 와질토기로 생산되어 공급되었다(이성주 2011). 와질토기가 등장할 때 부장품만 전문장인이 생산하였던 것인데, 토기제작 작업 전체가 세대별로 이루어지거나 임시 수공업자에 의한 것이 아니라, 전문수공업자에 의해 이루어진다는 것이다. 토기생산의 전문화는 사회적·경제적 배경 없이는 이루어질 수 없는데, 이것도 농업생산력이 증가되어 사회적인 잉여가 축적되어야만 가능한 것이다(칼라 시노폴리(이성주 역) 2008). 표 XX-4와 같이 무

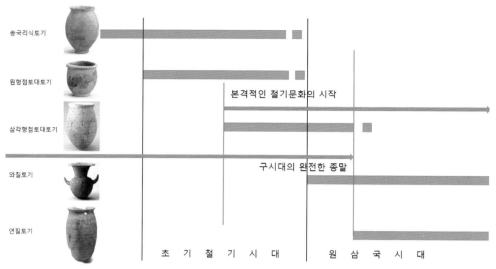

송국리식토기				
원형점토대토기			본격적인 철기문화의 시작	
삼각형점토대토기				
와질토기		구시대의 완전한 종말		
연질토기				
	초 기 철 기 시 대		원 삼 국 시 대	

그림 XX-15. 토기 등장과 소멸이 보여주는 시대구분과 역사적 의미

문토기는 대부분 가내제작으로 생산되었을 것이다. 적색마연토기와 같이 일부 토기는 가내공작으로 생산되었겠지만 가내제작의 비율이 압도적으로 높았을 것이다.

표 XX-4. 칼라 시노폴리(이성주 역)의 토기 생산 조직

생산체계	특징
가내제작(家內製作) Household production	개별 가족 안에서 소비하기 위한 소규모 토기생산
가내공작(家內工作) Household industry	한 가족 수준의 토기 제작이지만 소비의 범위는 한 가족의 수준을 넘어서는 토기생산
공방공작(工房工作) Workshop industry	생산의 규모와 효율성이 증대된, 전문가에 의한 생산방식으로 한 가족이 담당하는 정도의 소규모이긴 하지만 공방을 갖춘 토기생산
대규모공작 Large-scale industry	여러 명의 공인을 고용하여 대량의 생산이 가능한 수준으로 높은 정도의 전문화가 이루어진 토기생산

삼각형점토대토기가 적갈색연질토기로 대체될 시점에 목곽묘가 등장한다. 목곽묘는 동북아시아지역에서 계급발생 혹은 국가 형성기시에 등장하는데(이재현 2003) 토기제작 역시 연질토기가 등장하는 사회적 · 경제적 양상의 변화와 연동한다.

신석기시대 이후는 토기를 통한 시대구분이 적절하지 않다는 의견(천선행 2022 등)이 많고

필자 역시 그렇게 생각하고 있다. 하지만 삼각형점토대토기의 등장과 소멸은 시대구분의 기준과 관련없이 당시 사회상을 극도로 반영하고 있다. 삼각형점토대토기의 등장은 본격적인 철기문화의 시작을 의미한다. 삼각형점토대토기가 역사 속으로 사라지는 무문토기의 종말은 단순한 토기 생산 방법의 변화가 아니라 비전업적 생산체계, 가내공작이라는 오래전부터 이어져 오는 생활 속 선사시대 전통이 사라지는 구시대의 종말이며 그것은 바로 새로운 시대가 시작되는 것을 의미한다고 해도 과언이 아니다.

6. 맺음말

이상으로 삼각형점토대토기 등장 당시의 시대 상황과 이 토기의 등장과 소멸 시점, 아울러 무문토기의 종말에 대해서 살펴보았다.

삼각형점토대토기가 사용되는 시점은 한반도 남부지역이 역사 기록에 나타날 때이다. 동사시아 역사의 무대에 등장하는 것이다. 그만큼 이 시대는 역동적이고 물질문화의 소멸과 등장이 빨리 진행된다. 무문토기의 종말과 연질토기의 등장은 생활토기까지 회전판과 타날이라는 새로운 제도술에 의해 제작된다는 것이고, 그것은 구시대의 종말, 새로운 시대의 개막을 의미한다.

※ 유물 특히 토기에 대해 감수성을 가지는 방법에 왕도는 없다. 발굴현장에서 완형으로 유물이 출토되는 경우는 거의 없다고 봐야 한다. 그런 현실에서 작은 편으로 기형을 유추할 수 있어야 한다. 작은 파편으로 청동기시대 무문토기와 삼국시대 적갈색연질토기를 구분할 수 있을 정도로 많이 씻고(세척), 많이 붙이고(복원), 많이 그리는(실측) 방법밖에 없다.

필자는 고고학의 과정 중 토기복원을 가장 재미있게 한 것 같다. 파편을 찾아 저부에서 구연까지 올리는 작업은, 미리 답이 나와 있는 직소퍼즐의 재미에 비할 정도가 아니다. 구연까지 다 올렸는데 곡률이 미세하게 맞지 않아 아세톤으로 세멘다인C를 녹여 다시 붙인 적이 한두 번이 아니다. 편법이지만 단면이 마모되어 빨리 붙지 않을 때 불쇼를 하고, 다 붙였다고 생각했는데 이후 찾아진 편을 끼우기 위해 사포를 이용하기도 했다.

필자 개인적인 견해이지만, 같이 작업했던 많은 분들 중 토기 복원 작업은 공주대학교의 홍보식 선배님이 가장 잘하셨던 것 같다. 복천동고분 5차 발굴 때(필자는 학부생이었다), 발굴 현장에서 15분간의 휴식 시간에 99호 출토 통형기대를 한 번에 올리는 것을 보고 감탄한 적이 있다. 그 얘기를 하면 당신은 고 송계현 선생님께서 복원을 정말 잘하셨다고 하시고. 예전 현장을 누볐던 선배들에게서 땅 파는 사람만이 가지는 匠人의 느낌을 받은 적이 있다. 지금은 추억이다. 그분들이 이제 은퇴하셨거나 앞두고 있다. 홍보식 선배님을 비롯하여 발굴 현장에서 만났던 많은 분들 모두 건승하시길 바란다.

Chapter 9
종말 -
새로운 시작

울산 교동리유적 1호 목관묘 출토 주조철부

검단리문화 종말기의 울산

울산지역 청동기시대 종말기의 양상을 검토하였다. 검단리유형의 마지막 단계 유적과 초기철기시대 유적을 검토하여 울산지역의 양상이 한반도 다른 지역과 어떤 공통점과 차이점이 있는지를 살펴보았다.

검단리유형은 새롭게 유입된 점토대토기문화와 함께 와질토기 등장시점까지 존속한다. 울산지역은 지역적인 특성상 한반도 점토대토기의 종착지이다. 달천철장에서 알 수 있듯이 철광상을 발견하여 이용하였으며, 그 철을 매개로 낙랑, 일본 등과 활발한 대외교류 활동을 하였다. 점토대토기인의 생활 터전이 이미 무문토기인들의 점유지였던 것으로 볼 때 양 집단의 갈등이 상대적으로 미약했다고 할 수 있다.

무문토기인들이 와질토기 등장시점까지 원래의 생활방식을 유지하면서 새로운 점토대토기문화를 자연스럽게 받아들였다. 우리가 청동기시대의 유구라고 인식하였는데 실제 초기철기시대에 존속하였던 것이 많을 것이다.

초기철기시대의 청동기시대적 요소는 목관묘 문화가 자리 잡으면서 완전히 소멸한다. 철광산을 이용하여 본격적으로 철기가 등장하고, 중원문화가 유입된다. 한반도 남부지역이 동아시아 질서에 편입되는 시점이라고 할 수 있다.

1. 머리말

청동기시대 종말의 시점에 대해서는 연구자마다 차이가 있는데 이것은 시기구분의 견해 차이이기도 하다. 이 책 같이 송국리문화 단계를 청동기시대 후기라고 하는 연구자도 있고,

송국리문화 단계를 중기, 점토대토기 단계를 후기로 비정하는 연구자도 있기 때문이다. 하지만 '청동기시대 종말기'라면 송국리문화단계에서 초기철기시대로 넘어가는 과도기를 말하는 듯하다. 이 과도기에 대한 연구는 새로운 요소인 점토대토기문화가 파급되는 것에는 많은 관심이 쏠리지만 그와 동시기에 존재한 기존의 청동기시대 문화가 어떻게 소멸되는지에 대해서는 관심이 부족한 것이 사실이다. 선사시대는 문화의 종말을 나타내는 지표를 찾기 어렵기 때문이다. 대부분 새로운 문화의 등장을 통해 시대를 구분하고 직전 시대 문화의 종말기 양상을 유추할 뿐이다.

재지의 청동기시대 문화에서 새롭게 유입되는 점토대토기문화로 급속하게 교체되는 것이 아니라 비교적 장시간 공존했던 것으로 밝혀지고 있기 때문에 '청동기시대 종말기'의 시간적 폭은 예상외로 넓다고 할 수 있다. 종말기의 기간이 후행하는 초기철기시대와 대부분 겹치기 때문에 청동기시대의 종말을 탐구하기 위해서는 초기철기시대 뿐만 아니라 원삼국시대 초반까지 가시권에 두어야 한다.

청동기시대 종말기와 초기철기시대에 대해서는 그동안 연구 성과가 축적되면서 당시 사회의 양상이 점차 뚜렷해지고 있다. 1990년대 이후 현재까지의 연구 성과는 다음과 같다.

①청동기시대 송국리문화(울산지역의 경우 검단리유형)와 점토대토기문화의 공존 시기는 예상외로 길다(이홍종 2006; 李盛周 2017b). 즉 지석묘가 초기철기시대에도 지속적으로 축조되었다(李榮文 2003; 李相吉 2003; 趙鎭先 2004; 김승옥 2006b). ②원형점토대토기와 세형동검의 출현은 시간 차이가 있는데, 원형점토대토기의 절대연대 상한이 더 소급된다(이청규 2000b). ③AMS연대 분석을 활용하여 원형점토대토기의 상한이 상당히 소급되었다(이창희 2013). ④점토대토기문화는 요령지역에서 한반도 남부지방으로 내려왔다(李在賢 2003; 朴淳發 2004; 李成載 2007; 朴辰一 2013). ⑤전파경로는 요녕지역에서 한반도 중서부로 직접 이주 후 남해안을 경유해 동남해안지역으로 전파했다는 견해(朴辰一 2013)와 평양을 경유해서 한 갈래는 중서부지역을 거쳐 남해안으로, 또 한 갈래는 원산만을 경유해 동해안을 따라 남하하였다는 견해(朴淳發 2004; 朴榮九 2015)가 있다. ⑥점토대토기인이 한반도 남부지역에 이주했을 초기에는 청동기시대인들과 다른 지역에 살면서 점차 교류를 확대해 나갔다(鄭仁盛 1998; 李亨源 2005; 申英愛 2011). ⑦점토대토기 사회는 이전과는 다른 원거리 교역망을 가지고 있었다(鄭仁盛 1998; 李在賢 2002). ⑧청동기시대의 종말·철기시대의 시작은 한반도가 동아시아의 세계질서에 편입되는 것을 의미한다(李盛周 2017b).

필자(2007)는 10여 년 전 울산을 비롯한 동남부지역의 청동기시대·초기철기시대 주거지 변화와 지역성에 대해서 검토한 바 있다. 그때는 원형점토대토기 관련 유적이 정식으로 발굴조사된 사례가 없어 울산지역은 원형점토대토기문화의 파급이 미약했던 곳이며 재지의 검단리유형이 삼각구연점토대토기가 발생할 때까지 이어진 것으로 파악하였다. 하지만 그 후 원형점토대토기가 출토되는 유적이 증가함에 따라 편년을 수정해야 함은 물론이고, 검단리식주거지에서 점토대토기 관련 유물이 출토되는 사례가 증가해서 이제 보다 새로운 관점에서 검토해야 할 필요를 느꼈다. 울산지역이 결코 원형점토대토기문화의 공백지가 아니면 기존의 검단리유형이 보다 오랜 기간 지속되어 초기철기시대 전 기간과 공존하는 것으로 견해를 수정할 필요가 있다.

본 장에서는 전국에서 청동기시대 주거지가 가장 많이 분포하는 울산지역을 대상으로 하여 청동기시대의 종말과 새로운 시대의 시작이 어떻게 고고자료에 반영되었는지를 검토하겠다. 또 기존의 필자 견해를 수정하고 새로운 자료를 근거로 하여 울산지역 청동기시대 종말기의 양상이 다른 지역과 비교할 때 위 선행연구 ①~⑧과 어떤 공통점이 있고 차이점이 있는지에 대해서도 살펴보겠다.

2. 종말기의 유적 현황

청동기시대 검단리식주거지에서 점토대토기 관련 유물이 출토된 유적과 전형적인 초기철기시대 유적, 목관묘가 조사된 원삼국시대 유적도 같이 검토해야 한다. 현재까지 울산에서 발굴조사가 이루어지고 보고서가 간행된 유적은 41개소에 이른다.[1]

그림 XXI-1에서 알 수 있듯이 종말기의 유적은 울산 전역에서 확인되는데 특히 태화강과 회야강, 동천변의 교통 요지에 집중적으로 분포하고 있다. 그런데 유적이 분포하는 41곳 모두에서 앞 시기의 청동기시대 유구가 확인되었다. 보령 교성리유적과 같이 독립된 산 정상부에 분포하는 유적이 없고, 지표조사에서도 그러한 유적이 보고된 사례가 없다. 즉 점토대토기인들과 관련되는 유구가 분포하는 전역이 앞 시기 혹은 동시기의 무문토기인들이 이미 점유한 곳이다. 송국리문화집단과 점토대토기문화집단이 배타적 점유관계를 가지며 상호 교류했다는 견해(鄭仁盛 1998, 李亨源 2005; 申英愛 2011)가 일반적이지만 울산지역에서는 그러한 사실을 뒷받침하는 유적이 확인되지 않아 이곳에서는 실제 배타적으로 점유되지 않았던 것을 알 수 있다. 유적의 입지에 대해서는 5절에서 다시 상술하겠다.

---

1) 원삼국시대 유적 중 목곽묘가 확인된 곳은 본고의 검토 대상인 '청동기시대 종말'과 무관하다고 판단되어 제외하였다.

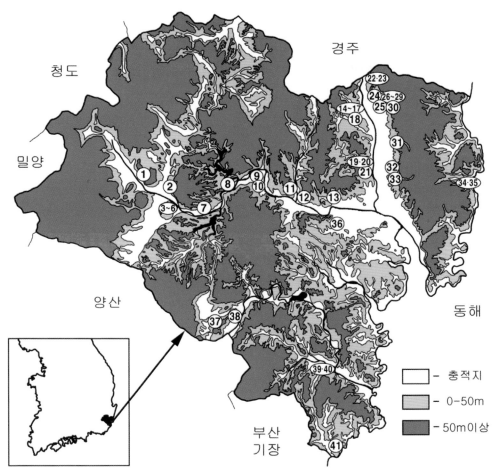

그림 XXI-1. 울산의 청동기시대 종말기 유적 분포도(번호는 표 XXI-1의 연번과 동일)

3. 종말기의 주거지와 무덤

본 절에서는 고고자료 중 가장 많은 수를 차지하고 당시의 생활과 밀접한 관련이 있는 주거와 무덤에 대해서 살펴보겠다. 주거와 무덤에서 앞 시기와는 다른 요소가 나타나는데 이런 변화는 단순한 구조의 변화가 아니라 주민의 이주 혹은 이데올로기의 변화를 나타내기 때문이다.

표 XXI-1. 울산지역 초기철기~원삼국시대 유적 일람표(유적명은 보고서명에서 울산이나 유적을 생략하고 표기하였으며 연도는 보고서 발간년. 시기는 보고서의 견해를 존중하였음. 연번은 그림 XXI-1의 번호와 일치함)

연번	유적명	입지	유구	시기	연도	조사기관	비고
1	향산리 청룡유적	구릉말단	목관1	1C후엽	2005	울산문화재연구원	주머니호, 완, 호, 철모, 점토 출토
2	직동리 335-1유적	구릉사면	주거1, 수혈4, 구1	기원전후	2018	울산문화재연구원	삼각형점토대토기, 개 등 토기류 출토
3	교동리 192-37유적	구릉	환호, 수혈8	BC1C4/4~AD1C1/4	2009	울산문화재연구원	삼각형점토대토기, 두형토기, 봉상파수 출토
4	교동리유적	구릉	수혈273, 구15, 건물지284, 묘30, 목책2	BC1~AD3	2013	울산문화재연구원	울산 최대집락. 세형동검 등 출토. 우사신국?
5	신화리유적	구릉	목관2, 옹관2	AD1C초	2011	한국문물연구원	두형토기, 주머니호. 옹관은 항구형치
6	신화리유적II	구릉사면	목관8	AD1C	2011	동아대학교박물관	두형토기 등의 토기류, 철겸, 주조철부 등 출토
7	반송리 425-1유적	구릉사면	수혈28, 굴립주6	기원전후	2013	울산문화재연구원	주머니호, 두형토기, 동복형옹형토기 등 출토
8	사연리 늠네유적	구릉말단	주거1, 옹관2	1C말~2C초	2003	울산문화재연구원	원형주거에서 고래시설 확인
9	임암리 48-10유적	평지	수혈3	?	2016	울산문화재연구원	유물 없음. 삼한시대로 추정
10	임암리유적	평지	옹관3, 수혈9, 주혈	BC3~2C	2015	울산발전연구원	원형점토대토기, 두형토기, 야요이토기 출토
11	다운동유적II	구릉사면	목관4	2C전후	2006	창원대학교박물관	전·후기와질토기
12	다운동 436-5유적	구릉사면	수혈1	1C 후엽?	2008	울산문화재연구원	연질완, 조합우각형파수 등 출토. 청동기시대1호, 2호 주거지는 초기철기시대 가능성
13	유곡동·우정동유적	평지	토광2	BC1C	2012	중앙문화재연구원	토광묘에서 원형점토대토기, 두형토기 등 출토
14	달천유적1차	구릉사면	주거1, 무덤, 수혈4	BC 1C중반	2008	울산문화재연구원	단면3차지역의 시굴조사, 야요이토기 출토
15	달천유적2차	구릉사면	수혈11		2008	울산문화재연구원	3차지역에 연접
16	달천유적3차	구릉사면	주거7, 수혈27, 환호, 구, 굴립주, 채광장 등	BC 1C중엽~기원전후	2010	울산문화재연구원	점토대토기, 와질토기, 야요이·낙랑계토기 출토. 가장 이르게 채광유구 확인.
17	천곡동유적 나지자	구릉	수혈6	BC3C	2005	울산발전연구원	원형점토대토기, 두형토기
18	상안동유적	구릉사면	수혈2	BC2C	2010	울산문화재연구원	원형점토대토기, 두형토기, 야맹주 출토
19	창평동유적 I 지구	구릉사면	주거2, 수혈3	초기철기	2013	울산문화재연구원	원형, 방형 주거. 두형토기, 개 출토
20	창평동유적IV지구	구릉사면	목관 19, 목곽36, 토광4, 옹관16, 구	기원전후~3C	2013	울산문화재연구원	목관묘에서 목곽묘까지 지속적으로 축조
21	약사동 원아유적	구릉사면	주거1	?	2013	한겨레문화재연구원	방형주거. 원형점토대토기 출토

연번	유적명	입지	유구	시기	연도	조사기관	비고
22	중산동 547-1유적	구릉사면	목관1, 목곽1	목관은 2C중엽	2008	울산문화재연구원	청동검파부철검, 주머니호 출토
23	중산동 542유적	구릉사면	목관5	2C중엽~후반	2011	울산문화재연구원	단경호, 표비 등 출토
24	중산동 약수유적II	구릉	주거4, 수혈5, 옹관1, 논	BC2~1C	2009	울산문화재연구원	삼각형점토대토기, 원형점토대토기는 1점, 야요이계토기 출토, 삼한시대 논 확인
25	신천동 585-6유적	구릉사면	목관1	기원전후	2009	울산발전연구원	삼각형점토대토기 출토
26	매곡동유적 I 지구	구릉사면	주거1	초기철기	2005	울산문화재연구원	무문4호 주거가 삼한시대일 가능성
27	매곡동유적II지구	구릉사면	주거3, 수혈1	초기철기	2005	울산문화재연구원	무문3호 주거가 삼한시대일 가능성, 주거와 수혈이 청동기시대와 혼재. 야요이계토기 출토
28	매곡동유적III-2지구	구릉사면	수혈1	초기철기	2007	울산문화재연구원	청동기시대 주거, 수혈과 혼재. 원형점토대토기, 반월형석도 출토
29	매곡동 330-2번지유적	구릉사면	수혈4, 옹관2	초기철기	2010	한국문물연구원	원형점토대토기 출토
30	호계동 28-1유적	구릉사면	주거2, 수혈1, 구 3	초기철기	2016	울산문화재연구원	주거 방형. 구에서 원형점토대토기 출토
31	창평동 810번지유적	구릉	주거12, 목관10, 토광4, 옹관7 등	BC1C	2012	우리문화재연구원	2호 목관에서 BC1세기대의 전한경 2점 출토
32	상연암유적	구릉사면	무덤1	초기철기?	2010	울산문화재연구원	삼각점근형 석장과 석촉 출토
33	효문동 산68-1유적	구릉사면	주거1	초기철기	2011	대동문화재연구원	원형주거, 원형점토대토기 출토
34	신화동 화암고분군	구릉사면	구1	초기철기	2011	울산발전연구원	청동기시대 2조 구상유구에서 출토된 구연부편이 초기철기시대에 해당됨
35	신화동유적	구릉사면	구1	초기철기	2014	울산문화재연구원	C지구 구에서 검단리식토기와 함께 구연이 외반하는 야요이계토기 3점이 출토
36	신정동유적	구릉사면	주거	초기철기?!	2003	울산문화재연구원	12호를 비롯한 일부 주거지는 초기철기시대
37	검단리마을유적	구릉사면	주거 다수	초기철기?!	1995	부산대학교박물관	환호유적. 주거 93동 중 107호를 비롯한 일부 주거는 초기철기시대일 가능성
38	대대리 중대유적	구릉사면	목관1	BC 1C후엽	2006	울산문화재연구원	주조철부, 삼각형점토대토기 출토. 수혈로 보고되었으나 목관묘일 가능성
39	발리 456-1유적	구릉끝자락	목관10, 옹관2	3C중엽	2013	가교문화재연구원	후기와질토기. 목곽일 가능성
40	대안리유적	구릉끝자락	목관65, 옹관9	2C중엽	2002	울산대학교박물관	주머니호, 주조·단조철부, 철촉 등 출토
41	명산리 314-1유적	구릉사면	주거11, 수혈2, 구1	BC2C말~기원전후	2009	울산발전연구원	원형(고래시설), 방형주거. 방향이 先(?) 원형, 삼각형점토대토기(主)

1) 주거지

초기철기시대의 주거지는 평면형태나 내부시설이 정연하지 않고, 수혈의 깊이가 얕기 때문에 장기간 존속을 염두에 두고 축조된 것이 아님은 확실하다. 이때의 주거는 바닥의 수평을 맞추기 위해 구릉의 위쪽만 얕게 굴착하였거나 혹은 아예 수혈을 굴착하지 않고 벽과 지붕을 결구하였을 가능성도 배제할 수 없다. 특히 울산지역에서는 노지가 설치되지 않은 주거가 많은데 이것은 역시 상시적인 이동을 전제로 한 주거라고 할 수 있다.

이 시대 울산을 비롯한 동남해안지역 주거지의 평면형태는 방형이 선행하다가 점차 원형으로 변화한다고 한다(金羅英 2007; 이정은 2011). 송국리문화분포권의 경우 앞 시기인 청동기시대의 대표적인 주거지가 송국리형 원형주거지이기 때문에 방형주거지의 경우 새롭게 유입된 주거형태라는 것이 뚜렷이 확인된다. 하지만 청동기시대 후기에도 방형계 주거지가 지속적으로 이용된 검단리문화분포권의 경우 평면형태가 방형인 경우 전단계인 청동기시대 주거지의 변형인지 새롭게 유입된 요소인지 구분이 모호하다. 출토된 유물을 통해서 볼 때 수혈의 깊이가 얕고 주혈이 정연하지 않고 벽구가 없는 주거가 청동기시대 늦은 단계에 유행하는 것은 확실하다(李秀鴻 2007; 申英愛 2011). 기존의 무문토기인들이 이주한 점토대토기문화인들의 주거를 모방하였을 가능성이 있다. 기존의 청동기시대 사회에 장기존속이 어려운 환경이 도래하였을 가능성도 배제할 수 없다. 현재까지의 자료로는 효문동 산68-1유적의 원형주거지(그림 XXI-5의 3)가 가장 이른 점토대토기인의 주거이다.[2] 울산에서는 평면 원형이 앞 시기에 전혀 보이지 않는 형태이기 때문이다.

이정은(2011)은 방형계 주거→방형과 원형이 혼재하며 무시설식노지와 함께 부뚜막과 고래시설이 축조되는 단계→원형계 주거지에 부뚜막과 고래시설이 설치되는 단계로 변화한다고 하였다. 울산지역에서 종말기 중에서도 마지막 단계의 대표적인 주거는 사연리 늠네유적 5호 주거지(그림 XXI-7의 1)와 명산리 314-1유적의 주거지(그림 XXI-7의 2)이다. 이 주거지는 평면형태가 타원형이며 무엇보다 한쪽 벽면에 고래시설이 설치되는 것이 특징이다.

2) 무덤

지석묘, 주구묘, 석관묘, 단옹직치의 옹관묘 등이 청동기시대의 묘제라면 점토대토기인

---

2) 효문동 산68-1의 주거지는 구릉 아래쪽 절반이 유실되어 전모를 알 수 없지만, 구릉 위쪽 잔존하는 벽면의 형태가 弧狀이고, 주거 위쪽에 설치된 주구 역시 형태가 弧狀이기 때문에 원형으로 판단하였다.

들의 묘제는 토광적석묘, 목관묘 등이라 할 수 있다. 하지만 지석묘를 비롯한 청동기시대의 무덤이 초기철기시대까지 지속적으로 축조되는 것으로 알려져 있다(李榮文 2003; 李相吉 2003; 趙鎭先 2004; 김승옥 2006). 점토대토기인들이 한반도에 등장하였다고 해서 기존의 무문토기인들이 일시에 사라진 것이 아니기 때문에 어쩌면 당연한 사실이다.

　　울산지역은 조사된 청동기시대의 무덤이 다른 지역보다 확연히 적은데, 종말기의 무덤 역시 마찬가지이다. 현재까지 울산지역에서 확인된 명확한 종말기 점토대토기인의 무덤 중 가장 시기가 이른 것은 상연암유적의 토광적석묘이다.

　　상연암유적의 토광적석묘(그림 XXI-2의 1)는 관의 흔적은 확인되지 않고 유구 전체에 할석과 천석이 쌓여 있는 형태이다. 이런 형태의 무덤은 완주 반교리 유적과 정읍 정토유적에서 확인된 사례가 있다(서길덕 2018). 출토된 석촉과 석검3)을 통해서 볼 때 점토대토기 단계에서도 이른 시기에 축조된 것이 확실하다. 이 석검이 보령 교성리유적에서 원형점토대토기와 함께 출토되었으며 포항 학천리유적 석관묘에서는 점토대토기 단계의 검파두식과 함께 출토되었기 때문이다.

　　달천유적 1차 조사에서 확인된 소형할석석관묘(그림 XXI-2의 2)는 유물은 출토되지 않았지만 삼한시대 유구와 함께 분포하기 때문에 종말기의 유구

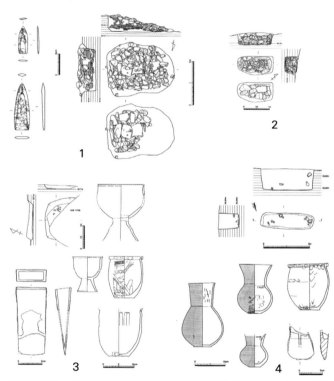

그림 XXI-2. 종말기의 무덤(1:상연암유적 토광적석묘, 2:달천유적 1차 2호 석관묘, 3:대대리 중대유적 추정 목관묘, 4:유곡동유적 1호 목관묘)

---

3) 필자(2012a)는 이러한 형태의 석검을 석창이라고 하였다. 그러나 포항 학천리유적 4호 석관묘에서 검파두식과 함께 공반되어 출토된 사례가 있고 최근 울산 두왕동유적에서도 검파두식과 공반되어 출토되었기 때문에 석검으로 보는 것이 타당하다.

그림 XXI-3. 두왕동유적 석관묘와 출토된 석검 · 검파두식

일 가능성이 있다. 최근 울산 두왕동유적에서 조사된 할석석관묘(그림 XXI-3)에서 석검과 검파두식이 함께 출토된 사례가 있기 때문에 종말기에 축조된 앞 시기의 전통을 가진 무덤이라고 할 수 있다.

이 후 울산지역도 다른 지역과 마찬가지로 목관묘가 축조된다. 대대리 중대유적의 목관묘(그림 XXI-2의 3)와 유곡동유적의 목관묘(그림 XXI-2의 4)가 울산 지역에서는 목관묘 중에서 가장 시기가 이르다고 할 수 있다. 토광적석묘와 할석석관묘에서 목관묘로의 변화는 새로운 무덤 재료, 신문물의 유입 등을 고려한다면 이데올로기의 변화, 대외교류의 확대를 반영한다. 바야흐로 울산지역에서 철기문화가 시작되는 시점과 일치할 뿐만 아니라 낙랑, 일본과의 교류도 이 시점부터 활발해진다.

4. 울산지역 종말기 편년

이 시기의 세밀한 편년작업은 난해하다. 무엇보다 점토대토기가 파편으로 출토되는 경우가 많기 때문에 기형 혹은 점토대의 형태로 세밀한 편년이 어렵기 때문이다. 이 시기의 편년에 대한 대표적인 선행연구는 다음과 같다.

박진일(2013)은 출토유물의 조합을 통한 발생순서에 의해 한반도 남부지역을 5단계로 분류하였는데, 그의 3단계(기원전 4~3세기)에 울산을 비롯한 동남해안지역에 점토대토기문화가 전파된다고 한다. 신영애(2011)와 이정은(2011)은 원형점토대토기단계→원형과 삼각형점토대토기가 공존하는 단계→삼각형점토대토기 단계로 3단계로 구분하였다. 필자(2007)는 울산식주거지에서 원형점토대토기와 관련된 유물이 출토되거나 변형된 울산식주거지에서 무문토기가 출토되는 단계→변형된 울산식주거지에서 삼각형점토대토기가 출토되는 단계→벽부식노지가 설치된 원형주거지에서 삼각형점토대토기와 와질토기가 출토되는 단계의 3단계로 구분하였다. 기존의 신영애 · 이정은의 단계구분을 참조하고 최근의 자료를 추가하여 새롭게 3단계로 구분해 보았다.

1단계 : 원형점토대토기와 관련된 유물이 출토되는 단계이다. 울산지역에서 초기 점토대

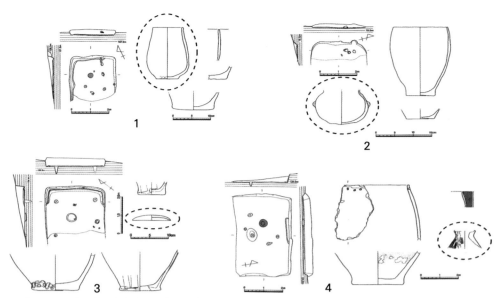

그림 XXI-4. 점토대토기 관련 유물이 출토된 재지계주거지(1:매곡동유적 Ⅰ지구 4호, 2:신정동유적 12호, 3:검단리유적 107호, 4:매곡동유적 Ⅱ지구 3호)

토기인들의 유적은 입암리유적, 천곡동유적 나지구, 상안동유적, 매곡동유적 Ⅲ-2지구, 효문동 산68-1유적, 상연암유적 등이다. 기존의 방형계 주거지에서 원형점토대토기와 관련된 유물이 출토되기도 하고, 효문동 산68-1유적과 같이 이주민의 주거가 확실한 원형주거지도 확인된다. 매곡동유적 Ⅰ지구 4호 주거지 출토품(그림 XXI-4의 1)은 점토대의 부착 여부는 모호하지만 기형은 원형점토대토기의 이미지이다(李秀鴻 2007, 申英愛 2011). 검단리유적 107호 주거지 출토품(그림 XXI-4의 3)은 청동기시대에 확인되지 않은 뚜껑인데 새로운 요소라고 할 수 있다(申英愛 2011). 신정동유적 12호 주거지 출토품(그림 XXI-4의 2)은 동체 상단에 꼭지형 뉴가 부착된 적색마연토기인데, 점토대토기가 출토된 하양 대학리유적 1호 주거지 출토품과 유사하다. 마찬가지로 매곡동유적 Ⅱ지구 3호 주거지에서 출토된 개(그림 XXI-4의 4) 역시 점토대토기 단계의 유물이다.[4] 따라서 그림 XXI-4는 기존의 전통을 이어받은 방형계 주거지에서 점토대토기 관련 유물이 출토된 것으로, 재지의 무문토기인과 점토대토기인과의 교류가 있

---

4) 매곡동유적 Ⅱ지구 3호 주거지는 주거지의 형태, 공반된 공열토기를 감안하여 1단계로 판단하였지만, 출토된 '개'는 삼각형점토대토기 단계에 많이 출토되는 유물이기 때문에 2단계에 해당될 가능성도 있다. 그렇다면 울산지역은 공열토기는 물론이고 복합문양이 시문된 토기의 하한도 기존의 견해보다 더 내려올 가능성을 배제할 수 없다.

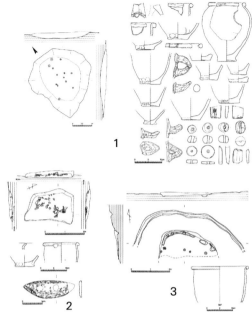

었다는 것을 알 수 있다.

이 시기 명확하게 점토대토기인의 주거라고 판단되는 것은 효문동 산68-1유적에서 확인된 원형주거지(그림 XXI-5의 3)이다. 송국리문화가 분포하지 않은 울산은 전기부터 방형계 주거지가 이어져 내려오는데 원형주거지는 새로운 문화요소라고 할 수 있다. 이 외에는 대부분 수혈유구에서 원형점토대토기가 출토되었다. 그런데 수혈유구에서 점토대토기와 함께 앞 시기의 무문토기가 공반되는 점이 특징이다. 수혈을 조성한 점토대토기인들이 재지의 무문토기인들의 문물을 활발히 받아들인 것을 알 수 있다. 점토대토기인들의 주거지가 1동 이외에 확인되지 않는 것은 앞서 언급하였듯이 주거의 수혈이 얕거나 지상화된 주거형태이며 그것은 장기적인 정착을

그림 XXI-5. 1단계의 유구(1:천곡동유적 나지구 1호 수혈, 2:중산동 약수유적Ⅱ 1호 수혈, 3:효문동 산68-1유적 Ⅲ-2구역 주거지)

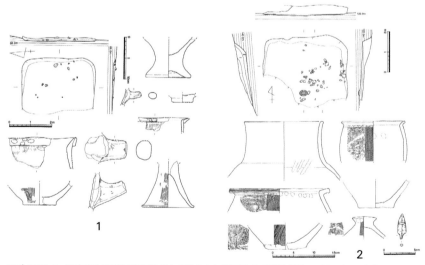

그림 XXI-6. 2단계의 주거(1:중산동 약수유적Ⅱ 1호 주거지, 2:매곡동유적 Ⅱ지구 2호 주거지)

염두에 두지 않았기 때문이다.

2단계 : 삼각형점토대토기가 출토되며 원형점토대토기가 소량 확인되는 단계이다. 중산동 약수유적Ⅱ, 매곡동유적 Ⅱ지구, 달천유적 등 삼각형점토대토기가 출토되는 대부분의 유적이 이시기에 해당된다. 일부 유적은 3단계까지 이어져 1단계에 비해 상대적으로 정착성이 강화되었다고 할 수 있다. 중산동 약수유적Ⅱ 1호 주거지(그림 XXI-6의 1)와 매곡동유적 Ⅱ지구 2호 주거지(그림 XXI-6의 2)는 방형계인데 이때까지 무문토기인의 주거가 계속 이용되었던 것을 알 수 있다. 2단계부터 울산지역에서 야요이계토기가 출토되는 등 외래계토기가 나타난다. 물론 아직 확인되지는 않았지만 1단계에 효문동 산68-1유적에서 원형주거지가 확인되었기 때문에 앞으로 이 시기의 원형주거지가 확인될 가능성이 높다.

3단계 : 삼각형점토대토기와 와질토기가 공반되는 단계이다. 간혹 원형점토대토기 파편이 공반되기도 한다. 사연리 늠네유적, 명산리 314-1유적, 신화리 · 교동리유적 등 유적의 수가 2단계에 비해 증가하는데 그 중에서도 목관묘유적이 급격하게 증가한다. 달천유적 등에서 원형점토대토기편이 삼각형점토대토기, 와질토기와 함께 공반되기도 하는데 이것으로 볼 때 울산지역은 원형점토대토기가 한반도 남부지역에서 가장 늦게까지 존속했을 가능성이 있다. 사연리 늠네유적 5호 주거지(그림 XXI-7의 1), 명산리 314-1유적 주거지(그림 XXI-7의 2)의 사례와 같이 원형주거지가 본격적으로 축조되

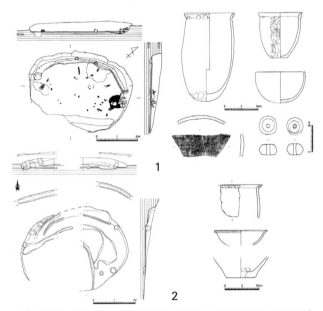

그림 XXI-7. **3단계의 주거**(1:사연리 늠네유적 5호, 2:명산리 314-1유적 3호)

는데 재지의 무문토기인들이 새로운 주거양식을 본격적으로 받아들였을 것이다. 새로운 주거양식이란 노지를 벽에 붙여 만들고 고래시설을 설치하는 것을 말한다. 무덤은 새로운 목관묘가 주묘제로 채택되면서 목관묘집단을 중심으로 사회가 재편된다. 이 시기부터 완전히 새로운 시대의 시작이라고 할 수 있겠다.

5. 울산지역 종말기의 특징

울산지역은 지리적인 요건으로 인해 한반도의 다른 남부지역에 비해 점토대토기문화가 늦게 전파된 곳이었던 것 같다. 점토대토기문화라는 커다란 공통점이 있지만 다른 지역과 차이점도 보인다. 아래에서는 울산지역의 종말기 특징에 대해서 살펴보겠다.

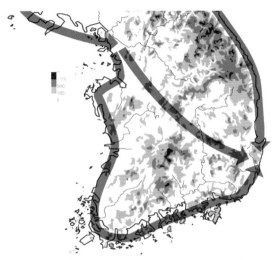

그림 XXI-8. 울산지역으로의 점토대토기문화 전파 모식도

1) 점토대토기의 종착지

요령지역에서 서해안으로 남하한 점토대토기문화가 남해안을 따라서 동진하여 울산지역으로 전파되었건(朴辰一 2013), 일부가 소백산맥을 넘어 낙동강을 따라 남하하다가 대구와 경주를 거쳐 울산으로 전파되었건(鄭仁盛 1998; 이정은 2011), 일부가 대동강지역에서 원산만을 경유해 동해안을 따라 남하하였던(朴淳發 2004; 朴榮九 2015) 울산지역이 점토대토기의 종착지인 점은 명확한 것 같다. 하지만 유물상 혹은 과학적인 연대측정에 의한 가설은 아니다. 울산이 한반도의 남동쪽에 위치하고 있다는 지형적인 원인이 가장 큰 이유이지만 현재로는 이견이 없을 것 같다. 다만 한반도 내에서 종착지라는 것이지 이곳에서 점토대토기문화가 종언되었다는 의미는 아니다. 일본과 교류활동이 활발히 이루어진 것으로 볼 때 일본열도에 진출했을 것이다.

2) 점토대토기인 분포입지의 특징

한반도 남부지역에서 초기 점토대토기집단은 기존의 무문토기집단과 점유지를 달리하면서 점차 접촉의 범위를 확대해 나가다가 결국은 점토대토기집단이 확산되는 양상을 보인다. 초기철기시대인들의 주거는 정주성이 낮고 안성 반제리유적이나 강릉 방동리유적과 같이 중소규모의 취락 형태를 갖춘다 하더라고 고지에 입지하여 송국리문화와 공존을 허락하지 않았다(이창희 2016c)는 표현에는 동시기에 광역의 일정지역에서 점토대토기인과 무문토기인들이 병존하였음을 의미한다. 하지만 울산지역에서는 점토대토기집단이 분포하는 곳은 모두 기존의 무문토기인들이 이미 점유하고 있던 곳이었다. 먼저 점유된 취락이 폐기되고 점토대토기인들이 점유를 하였는지 정말로 동시기에 공존했는지는 명확하지 않지만 점토대토기인들만의 유구만 분포하는 곳은 확인되지 않았다. 즉 동일공간 혹은 지근거리에 두 집단이 공존했던 것이다. 마치 일본열도에서 점토대토기집단이 야요이취락과 거의 동일한 입지를 갖는 것(이창희 2016c)과 동일한 양상이다. 이미 점토대토기인들이 울산지역에 확산될 시점에는 기존의 무문토기인들과의 갈등이 완전히 해소되었을 시점이거나 적어도 울산지역에서는 새로운 문화의 유입에 대한 갈등이 현저히 적었다고 할 수 있겠다. 즉 무문토기인을 점토대토기인들이 대체한 것이 아니라 상당기간 공존하면서 점차 다수의 무문토기인들이 소수의 점토대토기인들이 보유한 새로운 문화를 받아들이는 것으로 이해해야 할 것이다.

3) 철광상의 발견

초기 점토대토기인들의 취락은 대규모 혹은 장기간 존속했던 취락이 아니고 한시적으로 생활했던 것으로 알려져 있다. 이동이 전제된 주거형태인데 이동의 원인은 철과 같은 광상의 발견이라는 견해가 있다(李在賢 2002). 이 시기 유적에서 출토되는 유구석부나, 석창, 합인석부, 석창, 석착, 등은 군사적인 성격뿐만 아니라 생업활동과 관련되는데 그것이 광상의 파악과 개발과 관련된다는 것이다. 그것을 뒷받침하는 유적이 철을 채광한 흔적이 확인된 달천유적이다. 달천유적에서는 우리나라에서 최초로 철을 채광한 채광수혈, 채광장이 조사되었다. 달천유적이 점토대토기문화인들이 원했던 철의 발견지인 것이다. 그림 XXI-1에서 알 수 있듯이 종말기의 유적이 특히 달천철장 근처의 동천 주변에 밀집해서 분포하는 것도 달천철장의 철이 배경이 되었을 것이다.

4) 활발한 대외교류 활동

전국에서 청동기시대 유적이 가장 많이 분포하는 곳인 울산지역에서 검단리유형 단계에 타지역과 관련된 유구가 확인되거나 타지역에서 제작된 유물의 출토사례는 많지 않다. 청동기시대에 이미 다양한 네트워크가 있었다고 알려져 있으나 기본적으로는 자급자족에 의존하는 경향이 높았을 것이다.

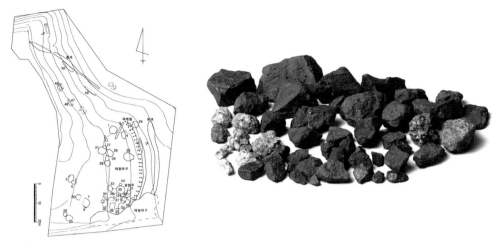

그림 XXI-9. 달천유적 초기철기시대 유구배치도와 채집된 철광석

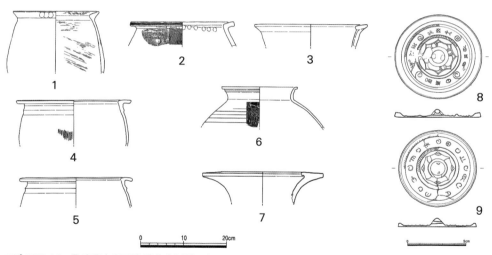

그림 XXI-10. 울산에서 출토된 외래계유물(1:매곡동 Ⅱ지구 1호, 2:同 2호, 3:중산동 약수유적Ⅱ 채집품, 4~6:달천유적 48호, 7:同 채광갱, 8 · 9:창평동 810번지 유적 2호 목관묘)

하지만 점토대토기문화 단계가 되면 울산에서도 활발한 대외교류 활동이 이루어졌음을 알려주는 유물이 출토된다. 점토대토기 단계의 대외교류를 보여주는 유물은 그림 XXI-10과 같다.

그림 XXI-10의 1~5는 야요이계 토기인데 울산의 재지인이 야요이토기를 모방하여 제작한 것이다.[5] 그림 XXI-10의 7은 야요이인이 제작한 토기일 가능성이 있다. 모방품이건 유입품이건 야요이사회와 활발한 교류가 이루어졌던 것은 확실하다. 뿐만 아니라 그림 XXI-10의 6은 낙랑계토기인데 야요이사회 뿐만 아니라 낙랑과도 교류가 있었음을 알 수 있다. 그림 XXI-10의 8 · 9는 창평동 810번지 유적 2호 목관묘에서 출토된 전한경인데 재지에서 한경을 모방하여 만들었을 가능성도 있지만(이양수 · 김지현 2012) 이 유물을 통해서 볼 때 중국의 중원지역과도 교류 혹은 정보교환이 있었음을 알 수 있다. 그런데 울산에서 대외교류를 알려주는 자료가 대부분 달천유적 인근에 위치한다는 점이 이채롭다. 역시 교류의 계기는 달철철장에서 채광된 철을 생각하지 않을 수 없다. 굳이 삼국지의 기록을 인용하지 않더라도 철이 매개가 되어 활발한 교류가 진행되었음을 유추할 수 있다.

6. 청동기시대의 종말 시점과 의미

이 시기는 유적과 주거지 숫자의 급격한 감소, 지석묘의 소멸(급격한 감소), 세형동검의 등장, 철기의 등장과 같은 고고학적인 양상이 뚜렷함에도, 이 고고양상에는 논리적으로 이해하기 어려운 점이 다음과 같이 많다. 이것은 울산지역 뿐만 아니라 한반도 남부지역 전체에 해당되는 사항이다.

①유적의 수가 전시기에 비해 급격히 감소, ②앞 시대 주민들의 행방, ③주거지의 퇴화, ④생계경제의 의문 등이다. 울산의 유적 검토를 통해 이러한 의문점에 대한 필자의 견해는 다음과 같다.

①유적의 수 감소와 ②앞 시대 주민들의 행방은 연결되는 문제이다. 점토대토기문화 유입시기에 유적의 수가 적은 것은 이주민 집단이기에 당연한 결과이다. 땅을 굴착한 수혈의 형태만 후대까지 잔존할 수밖에 없는 현실적인 면을 고려한다면 주거의 깊이가 얕기 때문에 실제로는 현재 확인된 유적보다는 더 많이 존재했을 가능성이 높다. 하지만 폭발적으로 많지는 않았을 것이다. 앞 시대 주민들이 일시에 사라졌다기 보다는 와질토기 출현 전까지 선주민들이 원래의 생활방식을 유지하다가 점차 선진적인 점토대토기인들에 동화되어 갔

---

5) 야요이계 토기에 대해서는 보고서 작성시 武末純一선생의 조언이 있었다. 반면 이창희선생 (2018b)은 그림 XXI-10의 4 · 5 역시 일본에서의 반입품이라고 하였다. 모방품이건 반입품이건 달천유적을 중심으로 활발한 대외교류가 활발하였음은 명확하다.

을 것이다. 즉 우리가 청동기시대(울산은 검단리유형) 단계로 인식하였는데 실제 초기철기시대에 존속했었던 유구와 유물이 많을 것이다. 아무튼 점토대토기인들의 선진적인 문물 혹은 생활방식은 철의 이용과 그 철을 매개로 한 넓은 범위의 대외교류를 말한다. ③얕은 수혈, 정연하지 않은 주혈과 노지 등 주거 형태가 무문토기인들의 그것보다 퇴화된 양상인데 점토대토기 문화 출현기에는 정착 보다는 이동에 주안점을 두었기 때문이다. 4절의 3단계 주거는 평면형태가 타원형으로 정형화되며 수혈의 깊이도 깊어지고 고래시설이 설치된다. 점토대토기 문화가 이 지역에 안정적으로 정착하는 모습을 반영하는 것이다. ④초기철기시대의 생계경제에 대한 의문은 앞 시기 청동기시대에는 많이 확인되는 경작유구가 거의 확인되지 않기 때문이다. 생계경제가 달랐다 하더라도 기존의 무문토기인들이 지속적으로 생활했다면 초기철기시대에도 밭이나 논과 같은 생산유구가 존재했을 것이다. 울산지역의 경우 중산동 약수유적Ⅱ의 계곡부 토층 분석 결과 이 시기의 논층일 가능성이 높다는 결과가 도출되었다. 계곡부를 이용한 논경작은 소규모로 지속되었을 것이다. 광주 신창동유적에서 다량의 탄화미가 출토된 것도 시사하는 바가 크다. 물론 그렇다고 벼농사가 주식으로 이용되었다는 것은 아니다. 밭은 구릉에 위치하면 삭평되어 현재까지 잔존할 가능성이 없기 때문에 현재의 자료로 판단할 수 없다. 이 시기 수렵, 어로, 채집, 밭작물 재배, 벼농사 등 다양한 식료획득방법이 있었을 것이다.[6]

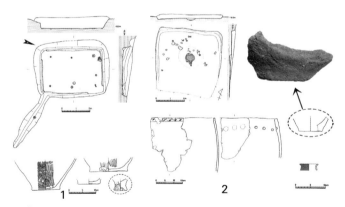

그림 XXI-11. 초기철기시대의 울산식주거지(1:천곡동유적 '나'지구 1호, 2:매곡동유적 Ⅱ지구 18호 주거지)

울산의 청동기시대는 삼각형점토대토기가 유행할 때까지 기존의 검단리유형이 지속된다(李秀鴻 2007; 申英愛 2011). 대체로 주거지의 규모가 작고 주혈이 정연하지 않으며 벽구가 설치되지 않은 주거지가 전형적인 검단리식주거지와 병행하다가 점차 증가하는 것으로 생각되나, 전형적인 검단리식

6) 한반도 남부지역에 유입된 점토대토기문화는 복합적 생업구조의 삼림석기문화인데, 검단리유형 분포권에 이주한 원형점토대토기 집단은 재지주민과 생업구조가 유사하여 쉽게 동화되었다는 견해(이창희 2018)가 있다.

주거지 조차도 초기철기시대의 마지막까지 존속하였을 가능성이 높다. 그림 XXI-11은 천곡동유적 '나'지구 9호 주거지(그림 XXI-11의 1)와 매곡동유적 II지구 18호 주거지(그림 XXI-11의 2) 출토유물이다. 천곡동 '나'지구 9호 주거지는 전형적인 검단리식주거지인데 출토된 유물 중 저부라고 보고된 유물은 초기철기시대의 토기 중 '개'일 가능성이 있다. 또 매곡동유적 II지구 18호 주거지에서 출토된 저부를 관찰하면 저부와 동체부의 접합흔이 두터운 것을 알 수 있는데 이점은 점토대토기의 저부와 동일한 양상이다. 저부의 두께로 토기를 판별하는 객

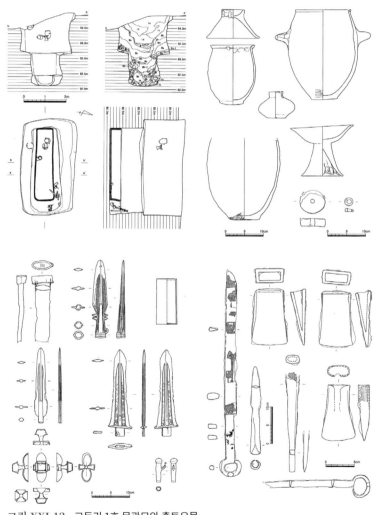

그림 XXI-12. 교동리 1호 목관묘와 출토유물

관적인 계측치는 알 수 없으나 이 토기편이 점토대토기의 저부이거나 점토대토기의 영향을 받아 제작되었을 가능성이 있다. 앞으로 초기철기시대 유물이 출토되는 검단리식주거지의 조사 사례가 증가할 것으로 기대된다.

청동기시대 검단리유형은 지속적으로 점토대토기문화와 공존하면서 서서히 점토대토기 문화에 동화된다. 검단리유형은 와질토기 등장기까지 존속한다.

청동기시대가 환호를 중심으로 대규모 취락을 이루었다면(李秀鴻 2008) 종말기의 마지막 단계에는 목관묘를 중심으로 중심지가 집결되었다. 그중 울산지역에서 가장 정점에 있는 무덤이 교동리 1호분(그림 XXI-12)이라고 할 수 있겠다. 목관묘 유적은 앞 시기의 환호가 확인된 곳이거나 그 주변에 인접하여 분포하고, 환호 역시 초기철기시대에도 계속 축조되는 것으로 볼 때 중심지의 입지는 청동기시대에서 초기철기시대까지 이어지는 것을 알 수 있다.

초기철기시대의 청동기시대적인 요소는 목관묘문화가 자리 잡으면서 완전히 소멸한다. 철광산을 이용하고 본격적으로 철기가 등장하며 전한경의 출토에서 알 수 있듯이 중원문화가 유입된다. 새로운 묘제인 목관묘가 정착하고, 신제도술에 의해 와질토기가 등장한다. 이때야말로 청동기시대가 종언하고 새로운 시대가 열리는 시점이다. 한반도 남부지역이 동아시아의 질서에 편입되는 시기이기도 하다(李盛周 2007).

7. 맺음말

종말기라는 용어를 사용하였지만 청동기시대 후기의 일정기간과 초기철기시대가 공존하는 양상이며 청동기시대의 완전한 종말은 목관묘 문화의 정착과 와질토기의 등장시점이다. 청동기시대에서 초기철기시대로 넘어가는 과도기가 아니라 초기철기시대를 거쳐 원삼국시대로 이행되는 과도기라고 할 수 있겠다.

우리가 청동기시대라고 인식하였는데 실제 초기철기시대에 존속하였던 유구가 많을 것이다. 발굴조사 시 유의해야 할 부분이다.

본 장을 작성하면서 청동기시대·초기철기시대·원삼국시대라는 시대(시기) 구분에 대해서 다시 한번 숙고하게 되었다. 청동기시대 전공자의 입장에서 보면 주거와 무덤이 군집하는 청동기시대 후기(송국리문화·검단리문화)와 초기철기시대가 진정한 의미의 청동기시대가 아닐까 생각한다. 하지만 한국사 전체에서 원형점토대토기문화·세형동검문화의 출현은 분명 역사의 한 장에 획을 긋는 중요한 사건이다. 새로운 시대가 시작하는 것이 아닐까. 초기 철기시대를 청동기시대 후기라고 한다면 이 시대의 역동적인 사회상을 선명하게 부각시킬 수 있을까. 초기철기시대 혹은 삼한시대라는 시대 명에 대해서도 다시 한번 고심할 필요가 있음을 느꼈다.

검단리문화 종말기의
경주지역 지석묘 문화 특징

경주지역 청동기시대 무덤 문화를 검토하고 지석묘의 종말기 양상을 살펴보았다. 청동기시대 무덤 유적 18곳, 초기철기시대 이른 시기 즉 종말기의 무덤 유적 9곳을 분석하였다.

경주는 검단리문화분포권에 포함된다. 현재까지 경주지역에서 조사된 청동기시대 무덤은 약 120기 정도이다. 주거지의 수에 비해 무덤의 수가 부족한 편인데, 검단리문화권의 일반적인 특징이다. 무덤의 수가 적어도 매장주제부의 구조는 다양하다. 경주지역 청동기시대 무덤의 특징은 토광묘와 묘역식지 석묘·적석제단이 다른 지역에 비해 많다는 점이다. 토광묘는 동산리유적 부장품인 방추차를 통해서 볼 때 북한 동북지역의 영향을 받았을 가능성이 높다. 묘역식지석묘와 적석제단은 송국리문화권에 주로 분포하는데, 특이하게도 검단리문화권인 경주지역에서 많이 확인된다.

초기철기시대가 되어도 청동기시대의 영향이 이어진 묘역식지석묘와 적석제단이 계속 축조된다. 새롭게 이주한 점토대토기 문화인들은 목관묘를 축조하였다.

초기철기시대의 화천리 산251-1유적과 죽동리유적은 고소의례의 양상을 잘 보여주는 곳이다. 國邑에서 주재하는 天神祭祀의 장소일 것이다. 이러한 고소의례에도 묘역식지석묘와 동일한 형태의 적석제단이 축조되고 지석묘의 상석과 유사한 바윗돌이 이용되었다. 초기철기시대에도 청동기시대 전통을 유지한 묘역식지석묘와 적석제단이 계속 축조, 이용되는 것은 새로운 시대가 되었어도 지석묘가 가진 권위가 계속 유지되었기 때문이다.

기원전 2세기 후반이 되면 목관묘가 군집하기 시작한다. 철기문화가 확산하고, 중국 중원의 유물이 유입되는 등 경주지역을 비롯한 남부지역이 동아시아 네트워크에 포함되는 시점이다. 이때 지석묘 문화는 역사 속으로 사라지고 새로운 시대가 시작되는 것이다.

1. 머리말

신라의 수도였던 경주는 그 위상에 걸맞게 매장문화재의 보고이다. 청동기시대에도 전역에 생활유적이 분포하는데 유독 무덤 자료는 빈약하다. 무덤을 많이 남기지 않았던 검단리문화 분포권의 보편적인 양상이다. 하지만 무덤의 숫자가 적음에도 불구하고 검단리문화 분포권 내에서 경주지역만의 독특한 특징을 보이기도 한다.

본 장에서는 경주지역 청동기시대 무덤문화를 살펴보고 경주지역만의 특징이 무엇인지 살펴보겠다. 경주지역은 지석묘문화의 종말기[1]에 제단식지석묘라고 불리는 적석제단이 축조되는데 그 양상과 의미가 무엇인지에 대해서도 검토하겠다.

청동기시대의 마지막 기간이 새로운 시대인 초기철기시대와 상당기간 겹친다는 것이 현재의 학계 분위기이다. 호남지역뿐만 아니라 동남해안지역에서도 지석묘가 초기철기시대까지 축조되고 기념물적 무덤 주위에서 제의행위도 지속되었다. 그렇다면 청동기시대 종말기의 무덤은 초기철기시대의 새로운 무덤과 동시기에 공존했을 것이다. 따라서 새로운 무덤인 이른 시기 목관묘도 같이 검토해서 경주지역 지석묘사회 종말기의 양상에 대해서 살펴보겠다.

주지하다시피 지석묘는 청동기시대를 대표하는 무덤이다. 지석묘라는 용어가 가진 문제점에도 불구하고 이미 고유명사화 되었을 정도이다. 지석묘의 하부구조와 일반적인 석관묘의 매장주체부는 구별이 사실상 불가능하기에 청동기시대 무덤문화라는 보다 폭넓은 시각에서 바라볼 필요가 있다. 따라서 본 장에서는 지석묘를 중심으로 청동기시대부터 초기철기시대까지 축조된 모든 무덤을 검토대상으로 삼고 논의를 진행하겠다.

2. 유적의 검토

본 절에서는 경주지역에서 조사된 청동기시대 무덤과 초기철기시대 이른 시기의 무덤이 어떤 유적에서 조사되었는지 살펴보겠다. 청동기시대의 종말기는 초기철기시대와 중복되기

---

1) 지석묘는 초기철기시대에도 축조된다. 본 장에서 말하는 '지석묘문화의 종말기'는 초기철기시대 지석묘가 존속한 기간을 말한다.

표 XXII-1. 경주지역 청동기시대·초기철기시대 초현기 무덤 유적(1~18:청동기시대, A~I:초기철기시대)

연번	유적명	지역	유구	유물	시기	입지	군집	조사기관	연도	비고
1	다산리지석묘	강동면	지석묘8(하부구조 없음)		후기	구릉말단구부	중군집	경주문화재연구소 외	1994	
2	신당리유적	천북면	주구묘(세장방형1, 방형?1)	석촉(유경식), 무문토기	전기(?)	하천변충적지	단독	경상북도문화재연구원	2004	
3	동산리유적 I	천북면	토광(목관)1, 주구묘4	적색마연, 방추차, 관옥	전기(?)~후기	구릉사면부	단독	신라문화유산연구원	2010	
4	황성동 537-2번지 유적	시내권	소형판석석관1	석촉(무경식3, 유경식3)	전기말~후기초	하천변충적지	단독	한국문화재보호재단	2001	
5	황성동 575번지 고분군	시내권	할석석관1	발형무문토기1	?	하천변충적지	단독	영남문화재연구원	2010	기원후 목관묘 분포
6	황성동유적	시내권	묘지석묘·석석제단8(?)(석관1)			하천변충적지	군집	경북대학교박물관	2000	석곽유구 보고
7	석장동 876-5번지 유적	시내권	묘곽지석묘1(석관1, 토광화장묘1), 석관2	석검 등	후기	국간충적지	소군집	계림문화재연구원	2012	
8	충효동 도시개발 부지 유적	시내권	연암동석수구(주구묘)4	적색마연, 무문토기 등	후기	하천변충적지	소군집	신라문화유산연구원	2009	
9	건천휴식소신축 부지 유적	건천읍	위석형지석1석묘5, 할석석관1		후기	구릉말단평지	소군집	경주문화재연구소	1995	
10	도리리지석묘군 II	서면	묘역식·석석제단6(석관1, 토광10), 상석6	석검	후기	선상지	대군집	삼한문화재연구원	2020	토광묘 화장 가능성
11	화곡리제단유적	내남면	석석제단1(상석)		?	구릉말단	단독	성림문화재연구원	2008	
12	상신리지석묘	내남면	지석묘4(1기는 원형묘역식)	석촉, 무문토기편	?	구릉말단부	소군집	국립박물관	1964	
13	덕천리유적 I	내남면	할석석관1	석검, 석촉3(무2), 적색마연	전기	하천변충적지	단독	영남문화재연구원	2008	
14	월산리 입석유적	내남면	적석제단(입석)		?	구릉사면	단독	영남문화재연구원	2017	시기불명으로 보고

연번	유적명	지역	유구	유물	시기	입지	군집	조사기관	연도	비고
15	월산리 산137-1번지 유적	내남면	할석석관1	이단병식석검, 무경식석촉 17, 옥4	전기	구릉사면부	단독	영남문화재연구원	2006	주열로 묘역 조성
16	죽동리유적	외동읍	토광1	적색마연, 무문저부	전기(?)	구릉사면	단독?	부경물질연구원	2013	전기?
17	문산리 청동기시대 유적 II구역	외동읍	지석묘1, 판석석관5, 할석석관5, 석개토광1	석검, 적색마연토기, 무경식석촉	전기~후기	구릉말단부	중군집	성림문화재연구원	2010	석개토광묘 (II나-2호는 전기)
18	봉길리유적	양북면	석개토광(?)1	불명석기(합인?)	?	구릉사면부	단독	영남문화재연구원	2005	석관형 유구로 보고
A	감산리유적	안강읍	석재석관1		후기~초기철기	구릉정부	단독	경상북도문화재연구원	2006	
B	하구리유적	현곡면	목관4	흑도장경호, 적색마연토기, 삼각형점토대토기	BC2C전반~후반	구릉사면	소군집	신라문화유산연구원	2010	
C	하구리 옹관묘유적	현곡면	옹관13	원형점토대토기, 삼각형점토대토기, 파수부옹	BC1C전반~후반	구릉말단평지	중군집	성림문화재연구원	2013	
D	화천리 산251-1유적	건천읍	석재제단1	삼각형점토대토기	초기철기시대	구릉정상부	단독	영남문화재연구원	2012	제단유구로 보고
E	조양동유적	시내권	목관29, 목곽12, 옹관15	삼각형점토대토기, 주머니호, 동검, 주조철부 등	BC2C~삼국시대	구승사면	군집	국립경주박물관	2003	13호기 가장 이른시기
F	북토리고분군	외동읍	목관15, 옹관3	흑도장경호, 삼각형점토대토기, 단조철부	BC2C후반~AD2C중반	구릉사면	중군집	신라문화유산연구원	2011	
G	북토리 39-1번지 유적	외동읍	목관2	두형토기, 흑도장경호, 삼각형점토대토기	BC2C후반~BC1C전반	구릉평탄면	소군집	계림문화재연구원	2014	
H	문산리유적 I	외동읍	목관2	두형토기, 주머니호, 석촉, 철촉, 주조철부	BC2C말~BC1C전반	구릉사면	소군집	신라문화유산연구원	2009	
I	전촌리유적	감포읍	묘역식·석재제단7, 토광화장묘	삼각형점토대토기 등	초기철기	국간총직지	소군집	경상북도문화재연구원	2015	

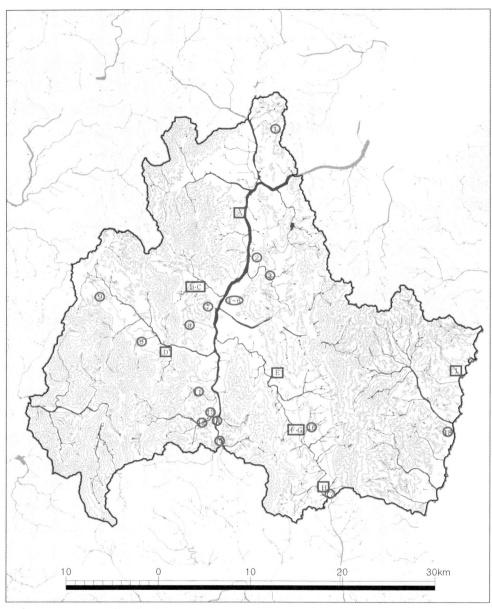

그림 XXII-1. 경주지역 청동기시대~초기철기시대 이른 시기 무덤 분포도(1~18:청동기시대, A~I:초기철기시대. 번호는
표 XXII-1의 연번과 동일함)

때문에 청동기시대 무덤과 공존했던 초기철기시대 이른 시기의 목관묘도 같이 검토하였다.

경주지역에서 청동기시대 무덤은 18곳, 초기철기시대 이른 시기의 무덤[2]은 9곳의 유적에서 조사되었는데 개요는 표 XXII-1과 같다.[3] 초기철기시대 목관묘 유적 중 청동기시대 종말기의 무덤과 병행한다고 생각하는 이른 시기의 목관묘 유적만 제시하였다.

청동기시대 유적은 야트막한 구릉이나 하천변의 충적지 등 경주지역 전역에 분포한다. 취락 내에서 주거 공간과 무덤 공간이 어느 정도 분리되었을 가능성은 있지만, 무덤만 독립적으로 별도의 구릉에 분포하는 양상은 아니다. 즉 청동기시대 무덤이 확인되는 곳은 예외 없이 주거지도 같이 분포한다. 청동기시대 무덤은 120기 정도가 조사되어 같은 시기의 주거지에 비하면 유구의 수가 매우 적은 편이다. 하지만 적은 숫자임에도 불구하고 매장주체부의 구조는 다양하다.

종말기의 무덤은 대체로 하천변의 야트막한 구릉 사면에 분포하는데 도계리 지석묘 · 하구리 옹관묘 유적과 같이 구릉 끝자락의 평지, 황성동유적 · 충효동유적과 같이 하천변 충적지에 입지하는 유적도 있다. 목관묘가 가장 많은 수를 차지하고 지석묘문화의 전통을 간직한 적석석관묘나 적석제단, 묘역식지석묘는 10기 내외이다.

3. 경주지역 청동기시대 무덤 문화의 특징과 종말기의 양상

본 절에서는 경주지역 청동기시대 무덤 문화의 특징과 종말기 무덤의 양상이 어떠한지, 또, 청동기시대 종말기의 무덤과 공존했던 목관묘의 양상에 대해서도 간략하게 살펴보겠다.

---

2) 경주지역 목관묘에 대한 선행연구자의 견해에 따르면 박정욱(2012)의 초현기, 채상훈(2015)의 I 단계에 해당한다. 경주지역에 목관묘가 처음 출현하는 시기인데 삼각구연점토대토기, 흑도장경호, 두형토기 등이 출토되고, 아직 철기 유물이 거의 없는 단계이다. 김용성(2016)은 이른 시기의 목관묘 문화는 준왕의 남래가 원인이라고 하였고 이주헌(2009)은 서남부지역의 적석목관묘가 영남지역에 전파되었다고 하였다.

3) 황성동유적(표 XXII-1의 6)은 석관묘 1기와 다수의 석열유구로 보고되었다. 우명하(2016)와 박영구(2017)의 논고를 통해 묘역식지석묘임을 알게 되었다. 14호 석관묘는 석열유구의 중앙에 위치해서 묘역식지석묘임이 확실하다. 윤형규(2020)는 묘역식 지석묘 6기로 파악하였다. 13호의 석열유구 북쪽에 2기의 석열유구가 분포하는 것을 고려하면 모두 8기일 가능성이 있다.

1) 경주지역 청동기시대 무덤 문화의 특징

청동기시대 무덤 문화를 이해하기 위해서는 우선 정확한 편년 작업이 이루어져야 한다. 하지만 유물이 출토되지 않는 사례가 더 많기 때문에 선행연구를 참조하여 대략적으로 표 XXII-2와 같이 편년하였다. 전기 무덤으로 판단하는 근거는 분포상태의 경우 1~3기 정도의 소군집, 부장유물에서는 전기의 표지적인 유물인 이단병식석검과 무경식석촉이 출토된 점이다. 초기철기시대로 판단한 근거는 점토대토기 관련 유물 출토, 유물이 없는 경우 인근 유구의 시기, 또 인근 지역의 동일한 유구에서 출토된 유물을 참고하였다. 이를 참조하여 경주지역 무덤 문화의 특징에 대해서 살펴보겠다.

전기 무덤은 모두 7기이다. 표 XXII-2에서는 대부분 전기 후반에 해당되는 것으로 표현되었는데, 유물을 통해 전기 전반과 후반을 구분할 수 없기 때문에 무덤의 출현 시점을 전기 후반으로 고정할 필요는 없다. 특히 토광묘는 신석기시대부터 이어진 전통(金賢 2006b)이기 때문에 전기 전반부터 축조되었을 가능성이 높다.

전기에 축조된 무덤은 모두 단독으로 분포하는 특징을 보인다. 전체 유적에서 발굴된 범위를 고려한다면 1~3기 정도로 단독 혹은 소군집하였을 것이다(배진성 2011; 이수홍 2020c). 전기부터 토광, 소형판석석관, 할석석관, 석개토광 등 매장주체부의 구조가 다양할뿐더러 신당리유적에서는 매장주체부가 잔존하지 않지만 세장방형의 주구묘도 확인되었다. 매장주체부의 구조가 시기를 반영하는 것이 아니라 출현기부터 다양한 구조의 무덤이 공존했던 것을 알 수 있다.

경주지역 청동기시대 무덤문화의 특징이라면 토광묘와 묘역식지석묘(적석제단 포함)[4]의 비

---

4) 무덤 주위를 돌로써 구획한 무덤의 명칭에 대해서는 적석부가지석묘(노혁진 1986), 돌깐무덤(하문식 1990), 구획묘(이상길 1996), 용담식지석묘 · 묘역식지석묘(김승옥 2006c) 등 다양한데, 본 고에서는 묘역식지석묘라는 용어를 사용하겠다. 문제는 묘역식지석묘와 동일한 형태인데 매장주체부가 없는 유구에 대한 명칭이다. 제단으로 이용되었기 때문에 적석제단, 석축제단 등의 용어로 불리기도 한다. 지석묘의 큰 범주에 포함하되, 무덤의 기능에서 제단의 기능인 강화된 것으로 변화하였기 때문에 '제단지석묘'(김병섭 2009)라고도 한다. 본 고에서는 묘역식지석묘와 동일한 형태인데 명확하게 매장주체부가 확인되지 않는 것을 '적석제단'이라고 하겠다. 제단으로 이용되었다는 견해가 많고, '적석'이라는 용어의 의미에는 '고인돌이나 돌널무덤 둘레에 보호물로 쌓아 둔 돌 더미'라는 사전적 의미도 있기 때문이다. 필자는 적석제단 역시 시신을 안치 혹은 처리한 곳이라고 생각한다. 이 부분에 대해서는 본문과 XVII장에서 후술하겠다. 즉 묘역식지석묘, 제단식지석묘 등 보고서에 따라 다른 명칭으로 불리는 유구를 매장주체부가 있는 것은 묘역식지석묘, 없는 것을 적석제단으로 구분하여 논지를 진행하겠다.

율이 높다는 점이다.

청동기시대 무덤 유적 18곳 중 6곳의 유적에서 모두 15기가 토광묘가 확인되었다. 도계리지석묘군에서는 묘역식 50기 중 매장주체부가 확인된 유구가 11기인데 그중 석관은 1기이고, 10기가 토광형일 정도이다.

표 XXII-2. 경주지역 청동기시대 · 초기철기시대 무덤 편년

시대 / 무덤 분류		청동기시대		(종말기)
		전기	후기	초기철기
토광계	석개토광	문산리II		
	토광	동산리 I , 죽동리	도계리	
	화장용		석장동 876-5	전촌리
석관계	할석석관	덕천리 I , 월산리	문산리II	
	판석석관	황성동 537-2	문산리II	
	적석석관			갑산리
지석묘	위석형		다산리, 도계리, 건천	
	할석석관?		문산리II	
	제단형		석장동 876-5, 도계리	전촌리, 화천리
주구묘	세장방형	신당리		
	방형 · 원형		충효동, 동산리 I	
목관묘				조양동, 하구리, 문산리, 북토리

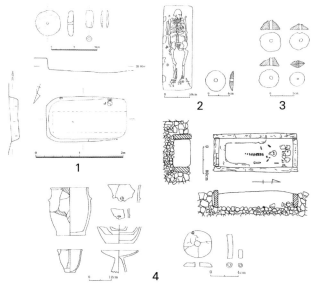

동산리유적 Ⅰ의 토광묘(그림 XXII-2의 1)는 바닥에서 목관의 범위로 추정되는 유기물의 흔적이 잔존해서 목관을 사용한 것으로 보고되었다. 내부에서 방추차, 관옥, 적색마연토기편 등이 출토되었는데 방추차는 무덤에서 일반적으로 출토되는 유물이 아니다. 북한지역에서는 함경북도 무산 지초리유적의 석관묘, 회령시 남산리 검은개봉유적 1호와 8호 토광묘에서 방추차가 출토된 사례(그림 XXII-2의 2~4)가 있다. 서북한 쪽인 평안도, 황해도의 무덤유적에서는 방추차

그림 XXII-2. 동산리유적 토광묘와 북한에서 방추차가 출토된 무덤(1:동산리유적, 2:검은개봉유적 1호, 3:同 8호, 4:지초리유적)

가 출토된 사례가 없다. 물론 중국 동북지역인 요녕성 일대의 무덤에서는 방추차가 출토되는 사례가 많기 때문에 요녕성일대와 북한 일대에 방추차를 부장하는 습속이 있었을 가능성이 있으나 현재까지의 자료로 볼 때 동산리유적의 토광묘는 동북한지역의 영향을 받았을 가능성이 높다.[5] 한반도 남부지역 청동기시대 문화는 서북한지역의 영향을 많이 받았으나 경주지역은 지리적인 원인으로 동북한지역의 영향도 많이 받았던 것을 알 수 있다. 토광묘 중에서는 화장의 흔적이 확인되는 사례가 많은 것도 특징이다. 도계리지석묘군, 석장동 876-5번지 유적(그림 XXII-3의 1), 전촌리유적 등 제단식지석묘의 매장주체부는 토광이 많고 또 화장을 했던 흔적이 남아있다.

돌을 이용해 묘역을 조성한 소위 묘역식지석묘는 남부지방 전역에서 확인되는데, 특히 송국리문화권에 많이 분포한다. 검단리문화권은 돌을 이용한 묘역식지석묘보다는 주구를 이용하여 묘역을 구분한 주구묘가 많이 분포한다(안재호 2020). 그런데 검단리문화권인 경주지역에 유독 묘역식지석묘와 함께 묘역식지석묘와 형태가 동일한 적석제단이 많이 축조된

---

5) 한반도 남부지역 주거지에서 출토되는 방추차는 석제품과 토제품이 모두 확인된다. 함경도유역 무덤에서 출토되는 방추차도 마찬가지이다. 요녕성에서는 쌍방유적의 지석묘, 단동시 봉성현 동산유적의 지석묘 등에서 방추차가 출토되었는데, 토제품도 있지만 석제품의 비율이 높다.

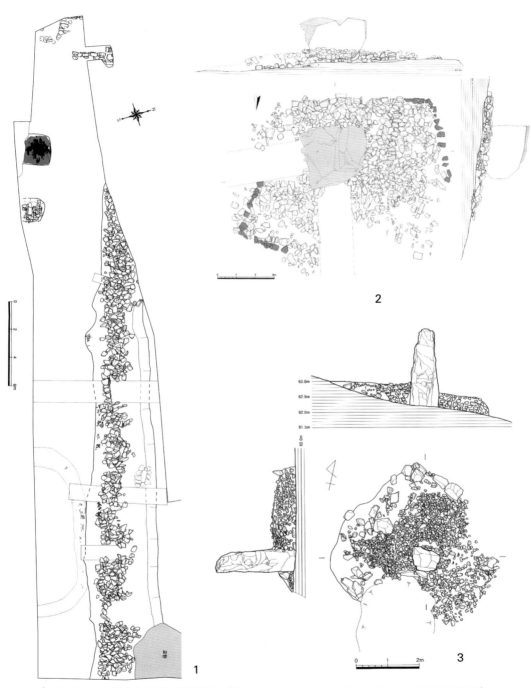

그림 XXII-3. **묘역식지석묘**(1)와 **적석제단**(2 · 3)(1:석장동 876-5번지 유적, 2:화곡리 제단유적, 3:월산리 입석유적)

다. 월산리 입석유적(그림 XXII-3의 3)에서 확인된 유구는 적석제단 가운데 입석이 세워져 있다. 화곡리제단유적에서 확인된 적석제단(그림 XXII-3의 2)은 매장주체부만 없을 뿐 상석이 있는 묘역식지석묘와 동일한 형태이다. 도계리지석묘군에서는 묘역식 50기와 지석묘 6기가 조사되었다고 보고되었다. 묘역식 50기 중 매장주체부가 확인된 유구는 11기에 불과하고, 지석묘 6기 역시 하부구조는 확인되지 않았다. 매장주체부가 존재하는 것을 무덤이라고 한다면 묘역식지석묘는 11기이고 대부분은 적석제단 유구인 것이다.

반드시 땅을 파고 시신을 안치한 유구만이 아니라 화장한 유기물 용기에 담아 안치하거나, 뼈를 산골한 곳도 무덤의 범주에 포함시킨다면 적석제단도 무덤이라고 생각한다. 이후 묘역에서 장송의례가 행해졌다면 제단의 역할도 하였을 것이다. 아무튼 경주지역에 유독 묘역식지석묘 · 적석제단이 많이 분포하는 것은 분명하다. 윤형규(2019)는 경주지역의 제단식지석묘는 묘역식지석묘라는 송국리문화권의 특징과 토광과 화장을 통한 이차장이라는 검단리문화권의 특징이 결합한 것이라고 하였다.

2) 종말기 청동기시대 무덤의 양상

명확하게 초기철기시대에 축조 혹은 이용되었다고 할 수 있는 청동기시대 재지의 전통을 가진 유구는 전촌리유적의 묘역식지석묘와 적석제단(그림 XXII-4)이다.[6] 시기 판단의 근거는 제단으로 추정되는 포석에서 삼각구연점토대토기가 출토되었기 때문이다. 출토된 검단리식토기와 AMS결과 등을 근거로 청동기시대 후기에 축조되었고 삼각구연점토대토기가 사용되는 초기철기시대까지 의례행위가 지속하였다고 한다(조미애 2015; 박영구 2017). 2-1호 내부시설인 화장묘의 목탄에 대한 AMS결과가 2440±40B.P., 2520±40B.P., 2500±40B.P.로 도출되었다. 교정연대는 95.4% 신뢰구간에서 최상한선이 기원전 800년이며 최하한선은 기원전 400년이다. 실제로 2-2호에서 낟알문이 새겨진 검단리식토기가 출토되었기 때문에 보고자의 견해대로 최초 청동기시대에 축조되었다고 할 수 있겠지만 원형점토대토기와 흑도장경호, 비파형동검이 출토된 김천 문당동유적 목관묘의 경우 AMS결과가 2710±60B.P.까지 올라가는 것으로 도출된 사례가 있기 때문에 AMS연대 결과에 대해서는 신중하게 접근

---

6) 제단식지석묘로 보고되었으나 화장한 토광묘가 확인되었기 때문에 무덤으로 이용된 것은 확실하다. 따라서 본 장에서 토광이 확인된 2-1호는 묘역식지석묘라 하였고, 매장주체부가 확인되지 않은 나머지 유구는 적석제단으로 표현하였다. 물론 2-1호 역시 무덤 축조 후에는 의례행위가 행해졌을 것이기 때문에 제단으로도 이용되었을 것이다.

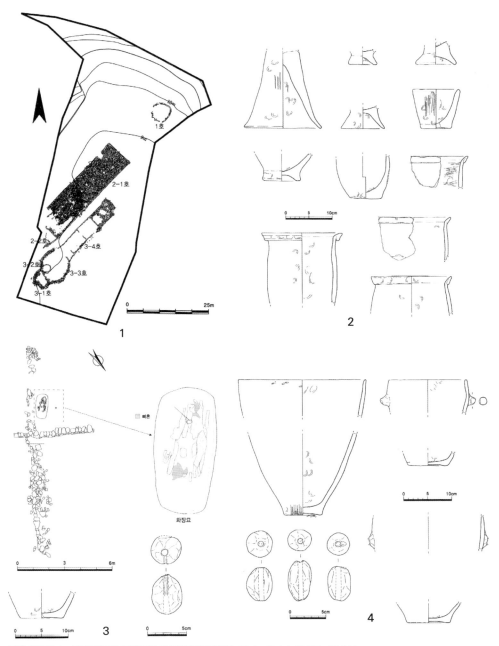

그림 XXII-4. 전촌리유적 배치도와 출토유물(1:배치도, 2:1호, 3:2-1호 화장묘, 4:2-2호)

할 필요가 있다. 필자는 축조 자체가 초기철기시대에 이루어졌을 가능성도 있다고 생각한다. 검단리식토기가 출토된 것을 근거로 유구가 청동기시대 후기에 축조되었다고 할 수도 있지만 검단리식토기가 초기철기시대까지 사용되었을 수도 있기 때문이다. 전촌리유적의 지석묘가 청동기시대 후기에 축조되었다 하더라도 의례행위가 초기철기시대까지 이어져 왔다는 것은 선조에 대한 숭배(?)가 이어진 것이다. 새로운 시대가 도래했음에도 선주민의 축조물이 제단으로 이용된다는 것은 재지민과 새롭게 들어온 유이민간의 갈등이 그렇게 강하지 않았다고 할 수 있다.

화천리 산252-1유적의 정상부에서도 유사한 유구가 확인되었다. 제단유구로 보고되었는데 평면형태는 세장방형으로 추정되며, 규모는 장축 5.3m, 단축 3.1m이다. 잔존한 남동쪽 모서리 부분의 축조상태가 전촌리유적의 지석묘와 유사하다. 유적의 가장 정상부에 위치하는데 주변을 조망하기 좋은 곳임과 동시에 동쪽 벌판에서 잘 보이는 곳이기도 하다. 역시 의례유구로 추정되는 주구형유구 1~4호와 인접해 있다. 전촌리유적의 적석제단과 같은 성격의 유구로 판단된다.

이 외에도 갑산리유적의 적석석관묘(그림 XXII-5의 1)도 초기철기시대에 축조된 무덤일 가능성이 높다. 갑산리유적의 석관묘는 이단으로 묘광이 굴착된 것에 기인해 창원 덕천리유적, 전남 보성 동천리유적의 지석묘 등과 유사성이 인정되어 시기적으로도 상응한다고 한다. 필자 역시 공감하지만 주목하고 싶은 점은 이단굴광 보다는 매장주체부 상부와 주위에 적석이 이루어진 점과 시상석의 구조이다. 갑산리유적의 경우 생토면 위에 잔자갈을 두 벌 정도 깔고 그 위에 판석을 깔았다. 매장주체부 상부와 주변에는 돌을 쌓았다. 이런 형태의 무

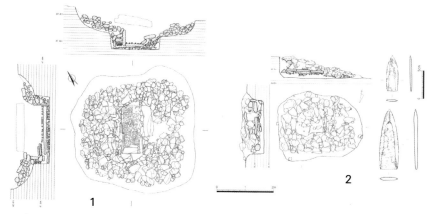

그림 XXII-5. **초기철기시대 적석묘**(1:경주 갑산리유적, 2:울산 상연암유적)

덤은 울산 상연암유적에서 조사된 적석토광묘, 포항 원동유적 IV구역 1호 묘와 유사하다. 상연암유적 적석토광묘(그림 XXII-5의 2)는 갑산리유적과 유사하지만 매장주체부의 재질만 차이가 있다. 상연암유적 적석토광묘에서는 무경식이지만 만입부가 없이 편평한 삼각형석촉, 무경무병식석검이 출토되었다. 포항 원동유적 IV구역 1호에서도 무경무병식석검이 한 점 출토되었다. 이런 형태의 석촉은 석촉 중에서 시기적으로 가장 늦은 단계의 것(정인성 2002; 손준호 2007; 송효진 2018)으로 원형점토대토기와 공반한다. 무경무병식석검 역시 보령 교성리유적에서 원형점토대토기와 공반하기 때문에 초기철기시대의 유물이 확실하다. 따라서 매장주체부의 구조적인 차이는 있지만 갑산리유적의 적석석관묘도 초기철기시대에 축조되었을 가능성이 높다.

3) 청동기시대 종말기 무덤과 공존하는 목관묘

경주지역에서 목관묘는 기원전 2세기에 등장한다. 이른 시기의 목관묘는 전촌리유적의 제단식지석묘 등 청동기시대 종말기의 무덤과 공존하였다. 경주지역 목관묘를 검토한 박정욱(2012)의 네 단계(초현기-성립기-확산기-발전기) 중 초현기, 채상훈(2015)의 세 단계(I단계-II단계-III단계) 중 I단계의 목관묘가 전촌리유적의 제단식지석묘와 동시기에 존재했었다.

이 단계의 목관묘와 옹관묘는 조양동유적, 하구리유적, 북토리유적, 문산리유적 등에서 조사되었다. 하구리유적(신라문화유산연구원 2010)에서는 구릉 사면에 목관묘가 분포하고 구릉 아래쪽 평지에는 목관묘(신라문화유산연구원 2013)와 옹관묘(성림문화재연구원 2013)가 분포한다. 목관묘에서는 삼각구연점토대토기, 두형토기, 흑도장경호가 출토되었는데 기원전 2세기에 해당한다. 옹관묘는 삼각구연점토대옹과 파수부호 등 두 점을 횡치한 합구식이다. 시기는 기원전 1세기 전반~후반에 해당한다.

조양동유적에서는 목관묘 29기가 조사되었는데 그중 13호가 가장 이른 시기에 축조된 것이다. 바닥에 삼각구연점토대토기 5점이 나란히 놓여 있었는데 목관 상부에 매납되었던 것으로 보고되었다. 소형 토제원판 1점도 같이 출토되었다. 조양동유적은 삼국시대까지 지속해서 무덤이 축조되었는데, 가장 이른 13호는 기원전 2세기 전반에 해당한다.

북토리 39-1번지 유적(계림문화재연구원 2014)에서는 2기의 목관묘가 조사되었는데 1호는 통나무관이고 2호는 판재관이다. 삼각구연점토대토기, 두형토기, 흑도장경호가 출토되었다. 보고자는 기원전 2세기 후반~기원전 1세기 전반에 해당한다고 하였다.

북토리고분군에서도 목관묘 15기와 옹관묘가 조사되었는데 기원전 2세기부터 기원후 2

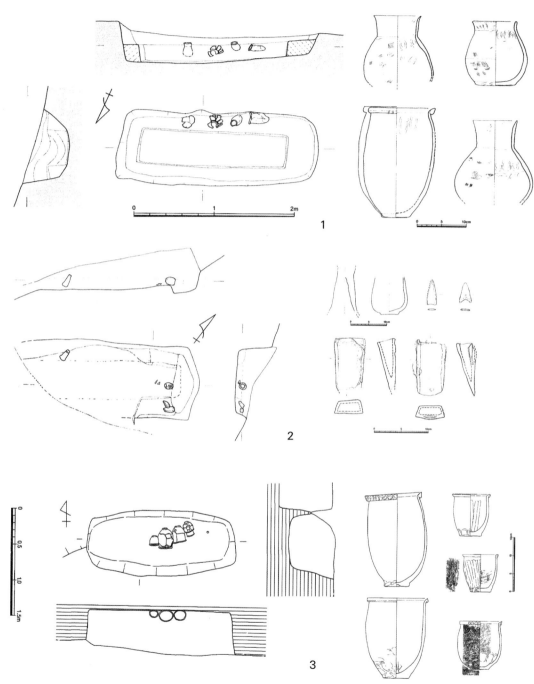

그림 XXII-6. 경주지역 초기 목관묘(1:하구리유적 4호, 2:문산리유적 2호, 3:조양동유적 13호)(박정욱 2012에서 전제)

세기까지 지속해서 조성되었다. 그 중 5호 · 6호 목관묘가 전촌리유적과 동시기에 해당한다. 모두 판재관이다. 삼각구연점토대옹, 흑도장경호와 소형판상철부가 출토되었다.

경주지역에서 원형점토대토기는 화천리 산251-1번지 유적을 고려한다면 늦어도 기원전 4세기 후반에는 출현한다. 하지만 현재까지의 자료로 볼 때 목관묘는 기원전 2세기에 출현한다. 원형점토대토기와 목관묘의 출현 사이에는 적어도 200년 가까운 공백이 있다. 적석목관묘가 순수목관묘보다 먼저 경주에 전파되었다고 하지만(이주헌 2009; 김용성 2016) 현재까지의 자료로 볼 때 경주지역의 초기목관묘는 순수목관묘이다. 적석목관묘는 조양동 5호 묘 단계에서 확인된다. 현재까지 경주지역의 목관묘 조사성과로 볼 때 적석목관묘에서 순수목관묘로 변화하는 것도 아닌 것 같다. 그렇다고 순수목관묘에서 적석목관묘로 변화하는 것도 아니기 때문에 한반도 남부지역의 발굴성과를 고려한다면 앞으로 더 이른 시기의 적석목관묘가 경주지역에서 확인될 가능성도 있다. 경주지역 목관묘는 대부분 판재관이지만 북토리 39-1번지 1호는 통나무관으로 알려져 목관묘 출현기부터 통나무관과 판재관이 혼재했던 것을 알 수 있다. 유물은 삼각구연점토대옹, 두형토기, 흑도장경호가 대분이다. 철기는 일부 무덤에서만 출토된다. 철기문화를 동반한 유민집단이라는 점은 인정되나 철기제작기반은 아직 미약했다(박정욱 2012).

4. 점토대토기 문화의 유입과 적석제단

앞 장 2 · 3절에서 초기철기시대까지 존속한 청동기시대 무덤과 그러한 무덤과 동시기에 공존한 새롭게 유입된 목관묘에 대해서 살펴보았다. 새로운 무덤 문화인 목관묘가 경주지역에 출현하는 것과 목곽묘 문화와 함께 남하한 점토대토기 문화가 출현하는 시점은 시기적인 차이가 있다. 이 차이점을 고려하여 경주지역 청동기시대 종말기 무덤이 가지는 의미에 대해서 살펴보겠다.

1) 점토대토기문화 유입과 무덤 문화의 공백

경주지역에서 목관묘가 출현하는 시점은 기원전 2세기 전반이다. 초기철기시대는 화천리 산251-1유적의 사례를 볼 때 늦어도 기원전 4세기에는 시작되었을 것이다. 앞으로 화천리유적보다 시기적으로 이른 유적이 발견될 가능성 있다. 결국 점토대토기문화가 경주지역에 유입된 이후 그들의 무덤 문화인 목관묘가 축조되기 전까지는 일정 기간 공백이다. 갑산리유적의 적석석관묘가 새로운 시대의 무덤이라고 하더라도 판석을 사용하고 돌을 적석하는 점은 한반도 남부지역에서 보이는 요소로서 새로운 것은 아니다. 전촌리유적의 묘역식 지석묘, 화천리유적의 적석제단도 마찬가지이다. 그렇다면 신문물을 가지고 유입된 이주민들이 초기에는 무덤을 축조하지 않았다고 할 수 있는데, 그만큼 안정적인 정착생활이 이루어지지 않았던 것을 반영하는 것이라고 할 수 있겠다.[7]

초기 점토대토기인들이 재지의 청동기시대인들은 주거지역으로 선호하지 않았던 고지에 마을을 형성한 것은 재지민들과의 갈등관계로 인한 방어용 취락(權五榮 1996), 철광상의 개발을 위한 이동식 임시 마을(李在賢 2002)이라고 한다. 하지만 경주지역의 경우 서로 배타적으로 취락지가 점유된 양상은 보이지 않는다. 이점은 인근의 울산지역도 마찬가지이다. 호서지역에 처음으로 점토대토기인들이 정착한 이후 적어도 경주와 울산지역으로 파급될 때는 갈등이 완전히 해소되었거나 새로운 문화의 유입에 대한 저항이 거의 없었다고 할 수 있겠다(이수홍 2019). 그런데도 무덤을 축조하지 않았던 점은 역시 이동을 전제로 한 짧은 기간의 정착생활이 바탕이 된 생활 형태에 기인할 것이다.

2) 고소의례[8]

초기철기시대가 되면 새롭게 나타나는 현상 중 하나가 고지에 방어와는 거리가 멀 정도

---

7) 필자는 경주지역에 점토대토기 문화가 등장하는 것을 『三國志』 魏書 東夷傳과 같은 문헌 자료에서 辰韓 사람들이 秦의 苦役을 피하여 왔다는 기사를 근거로 주민 이주의 결과라고 판단하였다. 또 목관묘 1차 파급은 준왕의 남래, 2차 파급은 고조선 멸망과 관련된 유이민과 관련되었다는 김용성(2020)의 견해도 있다.
   하지만 주민교체와 같은 급격한 변화가 있었던 것은 아니다. 기존의 청동기시대 주민이 문화교류를 통해 새로운 점토대토기 문화를 받아들였을 가능성도 있다. 아무튼 다수의 재지민이 소수의 이주민들이 가져온 선진문물을 수용하였을 것이다.

8) 구리 토평동유적, 평택 용이동유적의 구릉 정상부에서 청동기시대 전기에 축조된 원형 환호가 조사되었다. 전기부터 의례를 위해 환호가 축조된 것을 알 수 있다. 청동기시대에 환호가 의례, 마을을 둘러싸는 담장 등과 같이 다양한 용도에서 초기철기시대에는 의례적 기능으로만 축조되는 것이다. 초기철기시대에는 바위, 적석제단과 같은 시설을 이용한 점이 차이점이며, 이러한 고소의례 즉 천신제사가 청동기시대 전기에는 중부지역을 중심으로 산발적으로 분포하는데, 초기철기시대가 되면 광범위하게 전국적으로 확산하였다고 할 수 있다. 이 시대에 공동체 통합의 필요성이 제기되었던 것으로 판단된다.

그림 XXII-7. 화천리 산251-1유적 초기철기시대 유구 배치도와 주구형유구 · 석축제단(이수홍 2020b)

로 폭이 좁은 환호가 구릉 정상부를 에워싸듯이 설치되는 점이다. 환호는 이미 청동기시대에도 활발히 축조가 되었지만 청동기시대의 것은 마을을 둘러싸거나 폭이 작아도 1m보다는 넓어 규모로 볼 때 적어도 최소한의 방어기능은 갖추었다고 할 수 있다.[9] 하지만 초기철기시대 환호는 환호가 둘러싸는 공간이 좁거나 환호 자체의 규모가 작고 구릉 정상부에 위

---

9) 그렇다고 해서 환호의 주기능이 방어라는 것은 아니다. 내부의 신성한 공간을 사람이나 짐승이 물리적으로 쉽게 넘어갈 수 없다는 의미이다.

그림 XXII-8. 죽동리유적 전경과 정상부 환호

치하는 경우가 많아 의례의 기능이 극대화된 것이다. 초기철기시대 고지성 환호의 증가는 천신의례의 확산과 관련된다(김권구 2012). 경주지역에서 초기철기시대 고소에서 행해진 의례를 가장 잘 나타내는 곳이 화천리 산251-1번지 유적과 죽동리유적이다.

죽동리유적(그림 XXII-8)은 평지에 솟은 독립된 구릉에 분포하는데 마치 평야에 떠 있는 섬과 같이 정상부는 주변에서 멀리서도 보일 수 있는 곳이다. 구릉 정상부에는 마치 지석묘의 상석과 유사하게 바위가 노출되어 있다. 정상부를 폭이 좁은 2열의 환호가 감싸는 형태이다. 환호 내부에서는 삼각형점토대토기가 출토되었다. 부천 고강동유적, 안성 반제리유적, 합천 영창리유적과 입지 혹은 구의 형태가 유사하다.

화천리 산251-1유적(그림 XXII-7)의 정상부에는 의례용유구로 추정되는 주구가 4기 설치되어 있고, 주구에서 10m 떨어진 곳에 역시 의례에 이용되었을 적석제단이 위치한다. 구릉 정상부의 '신성성'을 극단적으로 보여준다.

초기철기시대 등장한 '고소의례'의 특징이라면 ①高所, ②돌(바위), ③형식화한 小溝라고 할 수 있다. 『三國志』魏書 東夷傳의 국읍과 소도의 제의에 관해서는 國邑에서 상위의 天神祭祀를 주관하고, 別邑인 蘇塗에서는 따로 巫的 존재가 하위의 鬼神祭祀를 이끌었다고 한다(문창로 2017). 마한지역의 초기철기시대~원삼국시대에 해당하는 고창 죽림리유적, 홍성 석택리유적, 순천 덕암동유적, 보령 명촌리유적 등에서 조사된 환호유적에 대해 '소도'라는 견해가 있다(나혜림 2017). 하늘과 가까운 곳에서 이루어진 의례행위라면 '소도'보다는 국읍에서 주관한 천신제사의 장소였을 가능성이 있다. '소도'나 '국읍'의 의례공간 여부에 대해서는 신중하게 접근할 필요가 있겠지만 죽동리유적과 화천리 산251-1유적도 동일한 성격임에는 분명하다. 무엇보다 청동기시대에는 보이지 않는 새로운 高所議禮에 청동기시대의 전통을 간직한 묘역식지석묘와 동일한 적석제단이 이용되었고, 지석묘의 상석과 유사한 바위가 있는 곳에서 의례행위가 행해졌다는 점에 주목하고 싶다.

3) 지석묘 사회의 종언

경주지역은 검단리문화가 서서히 해체되는 과정에서 고유의 물질문화가 점차 사라지는데 유독 묘역식지석묘와 적석제단은 명맥을 유지한다. 새로운 문화가 파급되는 상황에서 기존 재지민의 전통을 가장 잘 보여주는 것이 묘역을 가진 지석묘와 그것의 상석이고, 상석을 옮기지 못하는 곳은 상석과 같은 모양의 자연 바위를 이용한 것이다. 그것은 역시 지석묘가 수백 년간 이어온 기념물로서의 상징성(李盛周 2012)이 유지되었기 때문이다. 철기라는 강력한 신문물에 위축된 재지의 청동기시대인들도, 새롭게 내려온 점토대토기인들도 지석묘가 가지는 권위를 한꺼번에 무너뜨리기 어려웠을 것이다. 경주지역에 유독 묘역식지석묘와 적석제단이 많은 이유에 대한 해답이 될 수 있겠다. 석장동유적, 도계리유적, 화곡리제단유적 등 경주지역의 적석제단이 전촌리유적과 같이 초기철기시대까지 지속해서 사용되었을 가능성이 있다.

이렇게 재지의 전통을 유지하는 묘역식지석묘와 적석제단을 이용한 의례행위는 기원전 2세기 후반부터 점차 사라진다. 이 시기가 되면 목관묘는 군집한다. 이것은 동족지배집단 즉 지배자층이 형성되는 것을 의미(李熙濬 2011)하는데 철기의 확산, 새로운 제도술에 의한 와질토기의 등장, 한식유물의 유입 등에서 알 수 있듯이 동아시아 네트워크의 시작과 함께 나타나는 현상이다(이성주 2017; 이수홍 2020a). 바야흐로 새로운 시대의 개막을 의미하는데 경주를 비롯한 한반도 남부지역이 동아시아 질서에 편입되는 것이며 역으로 지석묘 사회가 역사 속으로 사라지는 것을 의미한다.

5. 맺음말

이상으로 경주지역의 청동기시대 무덤 양상과 지석묘사회의 종말기 양상에 대해서 검토해 보았다. 청동기시대 후기는 초기철기시대와 상당기간 공존하는데 그 기간을 청동기시대 입장에서 종말기로 표현하였다.

지석묘의 종언은 한 시대가 마감하는 것임과 동시에 새로운 시대의 서막을 알리는 것이다. 드디어 우리 역사가 『三國志』魏書 東夷傳과 같은 문헌에 나타나는 시점이기도 하다. 역시 이 시대를 파악하기 위해서는 '읍락', '국읍', '별읍', '소도', '천군', '주수' 등 문헌에 나타나는 용어를 고고학 자료에 적용할 수 있어야 하며 복합사회에 대한 개념이 정립되어야 한다. 어려운 문제이다.

청동기시대 종말기가 지나면 경주는 바야흐로 영남의 강자로 부상한다. 새로운 시대가 시작되는 이곳에 유독 청동기시대 재지민의 문화 성격이 강한 지석묘가 오랫동안 축조되는 것이 어떤 상관관계가 있지 않을까 생각한다. 또, 왜 하필 경주인가라는 의문을 항상 가지고 있다. 역시 새롭게 밀려 들어오는 목관묘 문화와 어떤 관계를 정립했는지가 관건인 것 같다.

송국리문화 종말기의 김해와 가락국 태동

낙동강 하류역에서 송국리문화의 소멸부터 가락국이 성립하는 과정을 살펴보았다.

송국리문화는 소멸되었지만 송국리인은 시대 전환의 주체가 되었다. 남부지역 전역에서 보이는 시간적 공백을 해결하기 위해 기존의 편년을 재정립할 필요가 있을 것 같다. 대부분의 지역에서 기원전 300년부터 기원전후 혹은 기원후 200년까지 공백에 가깝다.

변한은 국이 성립되기 이전 이미 존재했었다. 국 성립은 다뉴경이나 세형동검을 부장한 목관묘의 등장이 지표인데, 거대한 묘역을 갖춘 지석묘나 세형동검을 부장한 석관묘나 지석묘 역시 국 등장의 지표가 될 수 있음을 조심스럽게 제시해 본다. 국 성립 시점은 원삼국시대 이전으로 보았다. 사회 변혁의 주체를 재지민, 그것도 최근 연구경향을 따라 점차 재지 송국리인의 주체적인 활동에 초점을 맞추고 싶었다. 하지만 명확한 근거를 제시하지는 못하였다.

다호리유적을 가락국 자체로 보는 견해를 따랐으며 현재 고고학적 정황은 다호리에서 김해 각지역으로 국읍이 이동했다는 것을 보여준다. 이와 관련한 앞으로의 자료 증가를 기대해 본다.

1. 머리말

청동기시대가 저물어 갈 즈음부터 국가체제를 갖춘 가야가 건립되는 3세기 말까지는 우리 역사에서 이전에 볼 수 없었던 사회적 격변기였다. 그것은 정착 농경생활이 안정되면서 사회 발전에 따른 내적 변화와 외부 사회의 충격이 함께 작용하였기에 가능하였다. 특히 김해로 대표되는 낙동강하류역은 그 변화의 중심에 있었다.

이때 크게 세 번의 격동기가 있었다. 첫째는 세형동검으로 대표되는 한국식동검문화가 유입되는 시점인데, 점차 기존의 평등사회가 불평등사회로 바뀌어 간다. 공동체 지향의 지도자에서 1인 지향의 지배자로 바뀌는 것이다. 둘째는 기원 전후 가락국의 성립이다. 삼국유사 기록에 42년 가야가 건국되었다고 하는데, 기원 전후 100년 정도의 기간에 김해지역이 전에 없는 괄목한 성장을 한 것은 분명한 것 같다. 우리 역사가 중국의 문헌뿐만 아니라 삼국사기나 삼국유사 등 우리 기록에도 등장한다. 이 시대를 제대로 이해하기 위해서는 동아시아라는 거시적인 관점에서 바라볼 필요가 있다. 셋째는 3세기 말 국가체제를 갖춘 명실상부한 가야가 성립되는 시점이다. 가야뿐만 아니라 한반도 남부지역은 이때 국가체제를 완성한다.

변한·가야의 태동은 청동기시대-초기철기시대-원삼국시대 이렇게 세 시대의 전환기가 모두 맞물려 있다. 종래에는 중국동북지역으로부터 남하한 이주민들에 의해 한반도 남부지역에 새로운 문물이 유입되고 그것이 사회변화의 촉매가 되었다는 것이 일반적인 학설이었다. 하지만 점차 재지민, 그것도 청동기시대인들이 주체적으로 신문물을 받아들여 사회를 변혁시켰다는 의견이 많아지고 있다.

여기에는 청동기시대의 하한이 원삼국시대에 맞물려 청동기시대의 종말기가 초기철기시대와 대부분 접한다는 최근의 견해가 반영되어있다. 그러므로 변한·가야의 태동은 단순히 새로운 시대의 시작만을 다루어서는 안 되고 기존의 청동기시대-김해라면 송국리문화가 어떻게 소멸했는지도 같이 검증해야 한다.

한편, 이 시기 다호리라는 강력한 집단의 존재를 무시할 수 없다. 문제는 다호리유적이 위치하는 곳이 금관가야의 핵심지역에서 직선거리로 20㎞ 떨어져 있다는 점이다. 다호리유적과 가락국의 관계도 해결해야 할 문제이다.

또, 변한과 가야의 태동을 파악하기 위해서는 '변한', '국' 성립의 시점과 고고학적 근거를 확인해야 한다. 국의 성립에 대해서는 목관묘가 군집하는 팔달동유적·다호리유적 단계라는 의견과 1인을 위한 무덤인 세형동검이나 다뉴경이 출토되는 단독묘 시기라는 의견이 있다. 필자는 후자의 입장이다.

본문에서는 이러한 목적에 부합하기 위해 우선 송국리문화의 소멸에 대해 살펴볼 것이다. 이후 '國' 성립에 대한 여러 연구사를 정리할 것이다. 다호리유적, 양동리유적, 신문리유적, 내덕리유적, 대성동유적 등 이 시기의 주요 목관묘 유적을 망라하여 가야 태동의 동인,

다호리집단과 대성동집단의 관계에 대해 살펴볼 것이다.

2. 청동기시대~원삼국시대 전환의 격변기와 연구의 변화

청동기시대부터 가야가 성립할 때까지 시대를 구분한다면 청동기시대→초기철기시대→
원삼국시대→삼국시대로 이어진다는 것이 일반적이다. 이 견해에 필자도 동의하지만 격변
기인만큼 보다 복잡한 양상이다.

그림 XXIII-1과 같이 청동기시대 종말기는 대부분 초기철기시대와 겹치고 지역에 따라
어떤 물질문화는 원삼국시대까지 존속한다. 선원사시대 물질문화가 어떤 하나의 계기로 일
시에 소멸되어 버리지는 않기 때문에 어쩌면 당연한 결과이다. ①의 시점에는 청동기시대와
초기철기시대의 물질문화가 공존하고, ②의 시점에는 청동기시대의 물질문화가 초기철기
시대 뿐만 아니라 원삼국시대의 물질문화와도 공존할 것이다.

각 시대의 시작은 역사적 의미가 있다. 초기철기시대에 韓이 태동하고 원삼국시대가 시
작되면서 가락국이 태동하며 삼국시대가 시작되면서 국가로서의 가야가 태동한다.[1] 각 전
환기에는 중국동북지역으로부터 남하한 이주민의 역할이 강조되어 왔다. 초기철기시대 이
주민A가 내려 올 때 재지민(선주민)은 청동기시대인이다. 그렇다면 원삼국시대 이주민B가 내

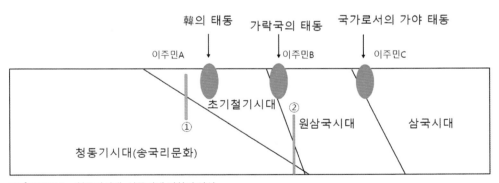

그림 XXIII-1. 청동기시대~삼국시대 전환기 양상

---

1) 문헌에 기록된 가야 시작 시점과 원삼국시대의 시작시점은 차이가 있다. 삼국유사에 의하면
A.D.42년 가야가 건립되었는데, 실제 고고학적 정황으로 보면 국가체제를 갖춘 가야는 3세기 후
반 설립되었고, '國'으로서의 가락국은 원삼국시대의 시작과 같이 보아도 무방하다고 생각한다.

려올 때 재지민은 청동기시대인인지 이주민A인지, 혹은 청동기시대인과 이주민A가 동화된 사람들인지 우리는 알지 못한다.

본고에서는 첫째와 둘째의 격변기에 대해 선행연구를 바탕으로 살펴보겠다. 이 시기 낙동강하류역(의 정치체)을 비롯하여 시대상을 반영하는 용어로는 弁韓, 國, 狗倻國, 駕洛國, 伽耶 등이 있다. 국가 체계를 갖춘 금관가야 성립 이전의 정치체에 대해서 삼국유사에 기록된 가락국이라는 용어를 사용하겠다.

아무튼 그림 XXIII-1과 같이 가락국이 태동할 때의 상황을 이해하기 위해서라도 송국리문화의 종말, 송국리인의 향방에 대해 알아볼 필요가 있다.

3. 연구약사

본 절에서는 송국리문화의 소멸, 국 성립 시점 및 변한과 가락국 태동, 낙동강 하류역 국 성립과 다호리 세력의 출자와 소멸 등과 관련한 그동안의 연구를 살펴보겠다. 송국리문화의 소멸부터 가락국 성립까지의 연구사를 검토하여 연구의 경향이 어떻게 변화되어 가는지를 보는 것도 의미 있는 일이다.

1) 송국리문화의 소멸

• 박순발(1997) : 고조선과 전국 연의 충돌로 인한 유이민의 남하. 선진 정치 · 사회 경험으로 지석묘사회를 장악하고 새로운 질서에 의해 재편.

• 정인성(1997) : 세형동검문화는 지석묘 사회가 주축이 된 문화전파가 아니라 이주민에 의한 문화변동.

• 김장석(2009) : 세형동검의 등장이 송국리유형의 와해를 가져온 것은 아님. 송국리유형의 하한을 기원전 2세기 중후엽까지 내려야 이 시기의 정치적 발전과정을 이해할 수 있음.

• 송만영(2011) : 청동기시대 읍락사회는 점토대토기 단계에 촌락사회로 복합도가 감소. 점토대토기 단계에 인구가 감소. 점토대토기 문화의 유입에 의해 청동기문화가 해체된 것은 아님.

• 이희진(2016) : 환위계적 적응순환 모델. 사회복합화, 미시적인 기후진동(한랭화), 점토대토기문화 집단의 존재가 송국리문화 쇠퇴에 기여. 소멸기 혹은 그 직전의 기온저하기는 중

대형취락의 해체를 유발. 취락의 성장과 생성주기의 흐름이 단절되고, 분업적 교류망 체제의 붕괴 즉 복합도의 감소 유발.

• 이성주(2017) : 세형동검기 이후 물질문화의 변동 원인은 외부 전파에 의한 수혜가 아니라 이를 수용할 수 있는 재지계 사회의 역량 성숙. 인구가 집중된 거대 취락의 내부시스템이 그러한 규모를 견디지 못하게 된 내부적 요인으로 송국리문화는 쇠퇴·붕괴됨. 전환기는 송국리사회의 붕괴로부터 시작됨.

송국리문화의 소멸 자체에 대해서는 의외로 연구성과가 많지 않다. 연의 동침으로 인한 유이민의 남하, 즉 외부 충격에 의한 결과에서 점차 내부적인 요인으로 인한 견해가 많아진다. 그 중에는 기후 변화도 중요한 근거로 제시되는데, 사실 현 상황에서 고고학적으로 증명하기는 어렵다.

2) 국 성립 시점, 변한과 가락국 태동

• 권오영(1996) : 삼한사회 '국'의 성립은 이주나 전파를 통한 외부적 요인보다는 청동기시대에 발생한 다양한 사회 내적 불평등 관계가 핵심적인 메커니즘.

• 이현혜(1987) : 辰國(衆國) 사회는 농업생산력과 교역이 발전 동인.

• 이희준(2000) : '국' 성립의 지표는 취락군의 장기지속성이며 목관묘의 군집으로 나타남. 국의 등장 시점은 기원전 2세기후엽~기원전 1세기 초.

• 백승옥(2003) : 국 성립 이전 한족 사회는 존재했기 때문에 변한의 태동은 기원전 3세기 이전. 삼한 소국의 형성은 기원전 3세기.

• 전성남(2007) : 대성동 목관묘 집단의 종말기인 2세기 말이 '小國' 단계를 형성해가는 과정. 대성동 목관묘 사회는 몇 개 집단의 결합단위였고, 변진구야국은 이러한 몇 개의 읍락이 모여서 형성된 '소국'.

• 이청규(2015) : '국' 성립의 지표는 다뉴경 등 청동기를 부장한 무덤의 등장. 영남지역은 기원전 3세기.

• 이양수(2019) : 가야라는 정치체의 연합은 청동기시대 한반도 남해안을 중심으로 산재하던 마을 사람들을 선조로 하여 점차 성장하고 통합되면 만들어진 국가. 직접적인 선조는 농경을 바탕으로 정착생활을 시작한 한반도 남해안 청동기시대 사람들.

• 최병현(2022) : 해반천지구와 조만강지구의 중심유적에서 목관묘가 본격적으로 축조되

고, 지석묘 축조가 중단되는 기원전 1세기 중엽 가락국 성립. 철기문화를 소유한 목관묘 사회가 지석묘 사회를 흡수.

• 조진선(2023) : 세형동검문화와 낙동강 서쪽의 송국리유형이 결합하여 弁韓이 형성하고, 세형동검문화와 낙동강 동쪽의 검단리유형이 결합하여 辰韓 형성. 세형동검문화를 가진 사람들이 상층부를 형성하고 송국리유형과 검단리유형 사람들이 기층부를 형성.

국 성립 시점에 대해서는 목관묘사회가 군집하는 기원전 1세기 설과 다뉴경을 부장한 무덤이 등장하는 그 이전 시기로 나뉜다. 또, 한반도 남부지역은 지역적으로 시기 차이가 있다. 국 성립 주체에 대해서도 최근에는 청동기시대인이 주체적이었다는 견해와 세형동검문화인이 상층부, 청동기시대인이 기층민을 형성했다는 견해로 나뉜다. 아무튼 청동기시대인(송국리인)의 역할이 점차 강조되어가는 분위기인 것은 분명하다.

3) 낙동강 하류역 국 성립과 다호리유적

• 임효택(1992) : 서북한 주민이 남하한 후 토작 주민들과 결합했을 것.

• 이재현(2003) : 통나무목관은 중국 서남부지역 특히 파촉지역의 특징적인 목관형태이며, 요갱시설도 황하 이남지역에 유행하는데 요갱 내에 동기를 부장하는 것은 광동성, 사천성, 운남성 등 서남부지역에 유행하는 것으로 볼 때 이 지역에서 戰國~漢初 혼란기에 이주민에 의해 전래됨.

• 최성락(2009) : 다호리유적 피장자는 점토대토기가 유입되는 기원전 4~3세기경부터 이 지역에 자리잡았던 주민.

• 이창희(2016) : 다호리집단이 기원후 1세기 대외교역의 지리적 이점 및 철광석의 안정적 공급을 위해 고김해만지역으로 이주하며 금관가야의 맹주가 됨.

• 김양훈(2016) : 다호리집단은 고김해만의 가락국이 성장함에 따라 복속됨.

• 이동희(2021·2024) : 다호리세력은 이주민(漢 또는 樂浪과 연계된 세력)의 후손. 인접해 지석묘군이 없고 갑자기 이질적인 목관묘군이 등장하는 것은 새로운 집단이 이주해왔을 가능성. 고조선 멸망. 육로를 거쳐 들어온 영향을 더 많이 받았을 것.

• 이원태·박종필·안재호(2024) : 다호리집단은 기원후 60년대까지 다호리에서 국읍을 유지하다가 점차 가락국의 읍락이 소재하였던 신문리, 무계리, 회현리로 이동함.

이 외에도 김해지역 목관묘 사회의 계층을 연구한 윤형준(2015), 박선하(2020) 등의 연구가 있다. 윤형준(2015)에 의하면 최고위층은 위신재의 성격이 강한 유물을 부장하고 그 아래 전사 집단과 생산자 집단이 사회를 이끌어가는 양축의 기능을 하였으며, 사회적 지위의 서열은 경제력에 의해 좌우되었다고 한다. 박선하(2020)는 경주지역이 김해지역에 비해 이른 시기부터 형성되어 안정적으로 발전하는 반면 김해지역은 짧은 시간에 급격하게 발전하는 양상을 보인다고 한다. 또, 오강원(2022a)은 남한지역 통나무관은 입대목 제의에 사용된 거목을 통나무관으로 전환, 즉 자생한 것이라고 하였다. 통나무관은 전남 내륙지역에서 발생하여 기원전 100년을 기점으로 동남한 지역으로 확산되었다고 한다.

다호리유적의 출자, 즉 어디서 왔는지? 또 어디로 갔는지에 대한 이견이 많다. 다호리유적 자체가 가락국인지 여부에 대해서도 마찬가지이다. 현재 금관가야의 핵심지역인 봉황대·대성동유적 인근에 다호리유적과 같은 시기의 군장묘가 확인되지 않기 때문이다. 하지만 청동기시대 족장의 무덤인 대형 묘역식지석묘가 경남지역 각지에 분포하는데 세형동검·동경이 출토되는 목관묘는 낙동강하류역에 집중되는 것은 분명하다.

4. 송국리문화 소멸의 실체

물질자료는 시원-증가-정점-감소-소멸의 단계를 거치는데 송국리문화는 가장 극성기에 갑자기 소멸하는 과정을 밟는 것처럼 보인다. 진주 대평리유적을 예로 들자면 원형점토대토기가 출토된 주거지가 단 1기도 없다. 대평리유적을 비롯한 남강일대에는 청동기시대 문화가 감소의 과정 없이 정점에서 바로 소멸되는 것처럼 보이는 것이다.

송국리문화 쇠퇴의 원인에 대해서는 크게 두 가지 견해가 있다. 첫째는 점토대토기인의 남하를 가장 큰 원인으로 보는데, 남하한 이주민이 우수한 선진문물로 토착 지석묘 사회를 장악하고 새로운 사회질서에 재지민을 재편하였다는 것이다(박순발 1997 등). 둘째는 잠재되어 있던 내재적 문제로 인해 스스로 붕괴되었다는 것이다(이희진 2016; 이성주 2017b). 아직까지 첫째 이유가 학계의 대세인 듯 하나 점차 둘째 이유가 중요시되는 분위기인 것 같다.

그런데 송국리문화의 쇠퇴와 더불어 생각해야 할 문제가 송국리인의 향방이다. 단순히 이주민 남하에 의해 산간지역으로 뿔뿔이 흩어지지도, 남하한 이주민이 선주민을 소멸시키지도 않았을 것이다.[2] 기후변화와 같은 갑작스런 재해로 남강유역 일대 충적지가 장시간 매몰된 것이 청동기시대 취락 해체의 원인(배덕환 2022)이라고 하지만, 충적지는 범람이 쉽게 되는 만큼 회복도 빠른 기간에 가능한 곳이다. 그 비옥한 옥토를 장기간 방치하였을 리가 없다.

필자는 편년의 문제가 아닐까 생각하고 있다. 진주 대평리취락의 하한이 초기철기시대 마지막까지 내려올 여지에 대해 여러 가능성을 염두에 둘 필요가 있다. 비단 대평리유적 뿐만 아니라 창원 남산유적, 춘천 중도유적 등 우리나라 각지에서 기원전 3세기부터 기원전후 혹은 기원후 2세기대까지 시간적 공백을 보이는 곳이 많다. 실제 그 기간에 사람이 살지 않았던 것이 아니라 어떤 커다란 선입견 때문에 시간적 공백을 만들지 않았는지 생각해 본다. 남강유역의 유적 뿐만 아니라 경남 일대의 청동기시대 유적의 하한이 기원전후까지 내려온다면 해결되는 문제이다. 이 부분에 대해서는 별고를 통해 검토하겠다.

아무튼 송국리문화는 쇠퇴해서 소멸했다기보다 변화·성장하여 새로운 시대로 나아간 원동력이 되었다. 송국리문화는 역사속으로 사라지지만 송국리인은 시대 전환의 주체가 된다. 國을 성립하고 나아가 국가 성립의 토대를 마련하는 것이다. 역사 발전 단계에 따라 진행된 일반적인 발전 방향이다. 도구의 발달과 선진 사회의 정보 유입으로 사회의 구조가 복잡해지고 계층화가 더욱 진전되었을 것이다.

정치제의 성립은 안정된 농경활동에 기반한다. 인구감소, 복합화 축소, 수도작 축소는 역사발전단계에 역행하는 것이다. 소수의 점토대토기 집단에 의해 다수의 농경민인 송국리인이 재편될 수 없다.

청동기시대 계층화의 정점에서 내재된 에너지가 폭발할 때가 되었을 것이다. 농업생산력 확대로 인해 잉여물이 증가하였고, 국가를 경험한 이주민들의 정치·제도를 흡수하였으며 철기의 보급, 엘리트의 등장 등이 송국리문화를 벗어던지고 새로운 사회로 나아가게 한 원동력이다.

경주·김해지역이 새로운 문화를 보다 적극적으로 받아들여 '國' 성립을 선도하였다고 할 수 있다.

---

2) 산간지역으로 이주하였다면 구릉에 대단위 취락유적이 발견되어야 하는데 그렇지 못한 상황이다. 사석에서 얘기를 나누다가 이주민이 가져온 바이러스에 의해 대평리인들이 절멸했을 수도 있다는 가설을 들었다. 코로나19를 겪으면서 그런 가능성이 전혀 없다고 할 수 없게 되었다. 하지만 고고학적으로 증명할 수가 없다.

5. 유적과 유물

    본 절에서는 정치체의 형성과 관련되는 무덤 유적을 검토하겠다. 국의 성립, 가락국의 성립 시점이 격변기인 만큼 어느 한 무덤만을 검토해서는 당시 사회의 모습을 뚜렷하게 바라볼 수 없기 때문에 ①1인을 위한 초기철기시대의 거대한 지석묘, ②초기철기시대 관련 유물

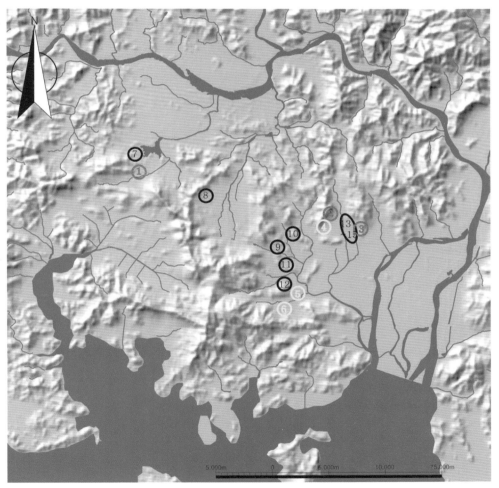

그림 XXIII-2. 검토대상 유적 위치(붉은색 : 초대형 지석묘, 노란색 : 초기철기시대 유물이 출토된 석관묘와 지석묘, 검은색 : 목관묘. 번호는 표 XXIII-1과 동일함)(바탕 원도는 김현식 제작)

이 출토된 지석묘와 석관묘, ③김해지역 목관묘 유적으로 나누어서 살펴보겠다.[3]

표 XXIII-1. 초기철기시대~원삼국시대 김해와 인근 지역 무덤 일람표

연번	유적명	유구(대표)	시기	특징 및 대표유구	조사기관
1	덕천리유적	지석묘	초기철기	1호 거대 묘곽. 주구에서 점토대토기 출토	경남대박물관
2	구산동유적	지석묘	초기철기	A2-1호 거대 묘역, 상석, 매장주체부 목관	삼강문화재연구원
3	대성동유적	지석묘	초기철기	거대 구릉위 단독묘. 매장주체부에서 적색마연토기와 석촉, 충전석에서 완 출토	대성동고분박물관
4	신문리유적	석관묘	초기철기	3호 석관묘에서 적색마연토기, 석촉, 변형 비파형동검 출토	한겨레문화재연구원
5	율하리유적	지석묘 외	B-9호는 초기철기	B-9호(석개토광)에서 세형동검 출토	경남연구원
6	내동지석묘	지석묘	초기철기	1호에서 세형동검과 장경호 출토, 2호와 3호에서 적색마연토기와 야요이식토기 출토	부산대박물관 외
7	다호리유적	목관묘	B.C.2C~A.D.2C	목관묘 151기, 낙동강 하류역 최대 유적	국립중앙박물관 외
8	시례리유적	목관묘 14기, 옹관 3기	B.C.1C~A.D.1C	13호 목관에서 단면원형점토대토기 출토	강산문화재연구원
9	양동리유적	목관묘 73기	B.C.1C~A.D.2C	70호 목관 가장 이른 시기. 55호, 427호 목관에서 방제경 등 출토	동의대박물관 외
10	망덕리유적	목관묘 3기, 옹관 5기	B.C.1C~A.D.1C	목관 3기에서 철모, 철검, 철부 등 출토	동서문물연구원
11	내덕리유적	목관묘 외	B.C.1C~	19호 목관에서 방격규구사신경, 동검, 광형동모, 통형동기 등 출토	동의대박물관
12	신문동유적	목관묘 1기	B.C.1C	이체자대명경, 주머니호, 점토대토기 출토	두류문화재연구원
13	구지로유적	목관묘 14기	A.D.2C	12호에서 머리에 두른 철대, 철부, 철검, 청동팔찌 등 출토	경성대박물관
14	대성동유적	목관묘 58기	A.D.1C~A.D.2C	대형목곽묘 입지하는 구릉아래쪽에 분포	경성대박물관 외
15	가야의 숲	목관묘 3기	B.C.1C 후반~A.D.1C 초반	3호 목관묘에서 소문경, 동과 등 출토	동아세아문화재연구원

---

3) 필자의 검토대상 지역은 김해지역이지만 지석묘의 경우 창원 덕천리지석묘, 목관묘의 경우 창원 다호리유적을 포함하였다. 덕천리유적과 다호리유적이 위치하는 창원 동읍 일대는 사실상 김해 지역과 분리해서 생각할 수 없는 곳이다.

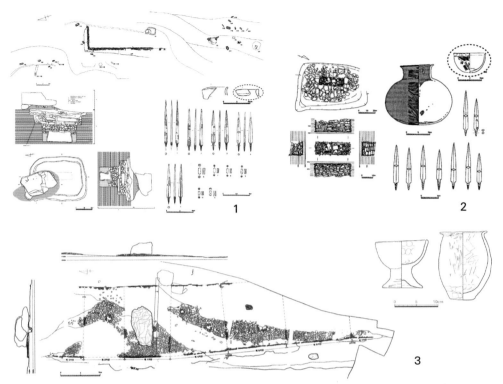

그림 XXIII-3. 1인을 위한 초기철기시대 거대 지석묘(1:덕천리 지석묘, 2:대성동유적 지석묘, 3:구산동 지석묘)

1) 1인을 위한 초기철기시대의 거대한 지석묘

창원 덕천리유적 1호 지석묘, 김해 구산동유적의 거대 지석묘, 대성동고분 정상부의 지석묘가 대표적이다.

종래 청동기시대에 볼 수 없었던 엄청난 규모가 특징이다. 창원 덕천리유적 1호 지석묘는 잔존한 묘역의 규모가 56m인데 지석묘 조성 당시 규모는 100m 정도로 추정된다. 구산동지석묘는 잔존 묘역의 규모만 86m에 이르는데 상석의 길이가 10m, 무게 350톤 내외일 정도로 규모에서 탁월하다. 대성동고분 정상부의 지석묘는 대성동고분군이 위치하는 지석묘는 묘역을 따로 설치하지 않았지만 길이 280m의 구릉 전체를 묘역으로 이용했을 것이다. 이 세 유적을 관통하는 이미지는 '탁월한 규모'이다.

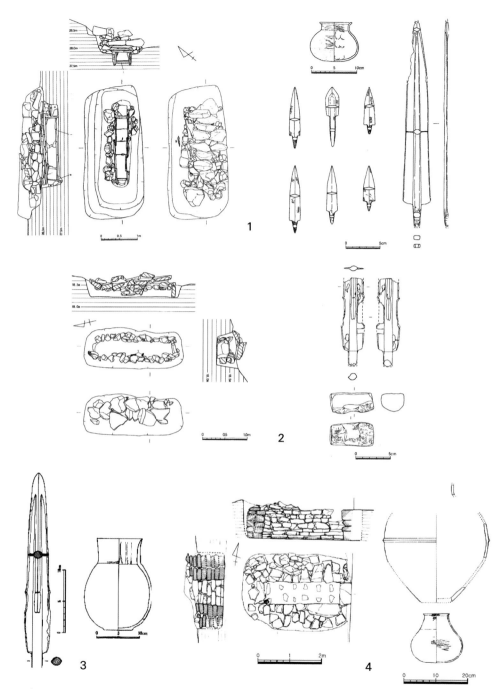

그림 XXIII-4. 초기철기시대 관련 유물이 출토되는 지석묘와 석관묘(1:신문리유적 1호, 2:율하리유적 B-9호, 3:내동 지
석묘 1호, 4:내동지석묘 2호)

2) 초기철기시대 관련 유물이 출토된 지석묘와 석관묘

내동 지석묘, 신문리 석관묘, 율하리 B-9호가 대표적이다.

내동 지석묘는 3기가 조사되었다. 1호 지석묘에서 세형동검과 장경호가 출토되었고, 2호와 3호 지석묘에서 적색마연토기와 함께 야요이식토기가 출토되었다. 일본과의 교류를 직접적으로 보여준다. 신문리 3호는 전형적인 판석형석관묘인데 진동리식동검이라고 불리는 변형비파형동검(이양수 2016)이 적색마연토기, 석촉 6점과 함께 출토되었다. 율하리 B-9호는 석개토광묘이다.[4] 파손된 세형동검 1점과 석제 검파두식이 출토되었다. B-9호는 다른 무덤 공간에 공존하는데, 청동기시대라고 알고 있는 무덤 중에는 실제 초기철기시대에 축조된 것이 많이 있을 것이다. 망덕리 I -3호는 석개토광묘인데 가장 늦은 시기의 석검이 출토되었다. 이 세 무덤을 관통하는 이미지는 '재지무덤, 새로운 시대의 유물'이다.

3) 김해지역 목관묘

김해에 인근한 다호리유적을 비롯하여 각지에서 목관묘가 조성되었다. 기원전 2세기부터 목곽묘가 등장하는 기원후 2세기 중엽까지 중심 묘제이다.

• 다호리유적은 151기의 무덤이 조사된 낙동강하류역 최대의 목관묘 군집유적이다. 기원전 2세기 후엽 낙동강 하류역에서 가장 이르게 목관묘가 군집되어 축조되었고 기원후 2세기까지 점유되었다. 대체로 각종 동검과 동경 등의 청동기류, 각종 철기류, 중국 동전, 도량형을 보여주는 청동환, 붓, 악기, 칠기 등이 출토되었는데 당시 '국'의 전모를 보여준다.

• 시례리유적에서는 목관묘 14기와 옹관묘 3기가 조사되었다. 보고자는 기원전후~기원후 100년까지 조성되었다고 했는데 13호 목관묘에서 출토된 단면원형점토대토기를 고려하면 일부 무덤은 기원전부터 조성되었을 것이다. 주머니호, 조합우각형파수부호, 흑도장경호 등의 토기류와 철부, 철검, 철겸 등의 철기류가 출토되었다.

• 신문동유적(두류문화재연구원)에서는 목관묘 1기가 조사되었다. 점토대토기, 주머니호와 함께 철검, 옥 27점, 이체자대명경이 출토되었다. 시기는 기원전 1세기대이다.

• 내덕리유적은 지석묘, 목관묘 등 다양한 무덤이 조사되었다. 그 중 19호 목관묘는 요갱

---

4) 보고서에는 석축석관묘라고 하였지만 측벽의 축조상태가 엉성하여 토광묘의 충전석일 가능성이 있다고 언급되어 있다. 벽석이 바닥에서부터 시작하지 않기 때문에 토광묘일 가능성이 높다고 판단된다.

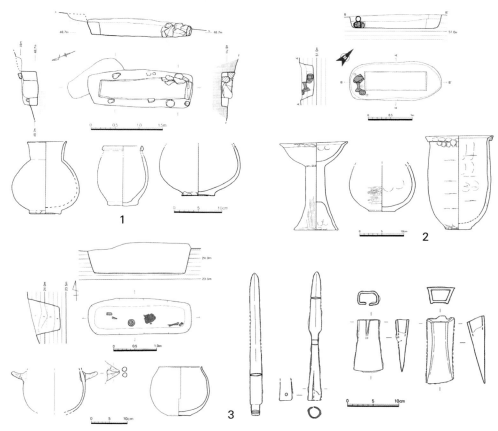

그림 XXIII-5. 김해지역 이른 시기 목관묘(1:양동리유적 70호, 2:시례리유적 12호, 3:망덕리유적 1호)(그림 출전 : 보고서 도면 필자 편집)

이 있는데, 단경호, 우각형파수부호 등의 토기류와 방격규구사신경, 동검, 광형동모, 통형동기, 청동제 칼집장식 등의 동기류가 출토되었다. 19호 목관묘의 연대는 기원전 1세기대이다.

　• 양동리유적은 그동안 여러 기관에서 조사가 이루어졌는데 목관묘가 모두 73기 조사되었다. 중심시기는 기원후로 알려져 있는데, 점토대토기와 흑색마연장경호가 출토된 70호 목관묘를 볼 때 김해지역에서 가장 이른 시기부터 무덤이 조성되었다. 55호 목관묘에서는 철검, 철촉, 철모, 철부 등의 철기류와 방제경과 검파두식, 청동환, 옥 등이 출토되었고, 427호 목관묘에서는 철촉, 철부, 따비, 등의 철기류와 방제경 3점, 동검 1점, 옥 등이 출토되었다. 양동리유적 목관묘의 조성시기는 기원전 1세기대에서 기원후 2세기인데 이후 목곽묘와 석곽묘가 지속적으로 축조되었다.

• 망덕리유적에서는 목관묘 3기, 옹관묘 5기가 조사되었다. 목관묘는 판재관이며 조합식 우각형파수부호, 주머니호, 두형토기 등의 토기류와 주조철부, 단조철부, 철검, 철모 등의 철기류가 출토되었다. 조성 시기는 기원전 1세기에서 기원후 1세기까지이다.

• 대성동유적의 목관묘는 대형목곽묘가 입지하는 구릉 아래쪽에 위치한다. 모두 58기가 조사되었다. 대부분 판재관이다. Ⅰ지구 13호에서는 주머니호, 조합우각형파수보 호 등의 토기류와 철부, 철모, 철겸, 철촉 등이 출토되었다. 조성시기는 기원후 1세기부터 2세기까지 이다.

• 구지로유적에서는 14기의 목관묘가 조사되었다. 2기는 통나무관인데 칠기류만 부장되었다. 12기는 판재관이다. 12호 목관묘는 판재관인데, 주머니호, 조합우각형파수부호 등의 토기류와 함께 머리에 두른 철대, 철부, 철겸, 청동팔찌, 골제 귀걸이, 유리제 목걸이 등이 출토되었다. 구지로 목관묘의 조성시기는 기원후 2세기대이다.

• 가야의 숲 조성부지 유적에서는 목관묘 3기가 조사되었다. 통나무관으로 보고되었다. 3호 목관묘에서 주머니호, 양이부호 등의 토기류, 칠초철검, 철환, 철모, 따비 등 다양한 철기류 등과 함께 소문경, 동과, 원통형칠기, 부채 등 다양한 유물이 출토되었다. 조성시기는 기원전 1세기 말에서 기원후 1세기 초반이다.

이상의 검토 유적은 각각 이명훈의 지석묘사회에서 목관묘사회 전환 Ⅰ~Ⅲ단계와 부합한다. Ⅰ단계는 지석묘 묘역에서 목관묘사회의 유물이 출토하고, Ⅱ단계는 지석묘나 석관묘에 목관묘사회의 유물이 부장되며, Ⅲ단계는 목관묘가 축조되는 단계이다(이명훈 2024). 목관묘 유적을 관통하는 이미지는 '새로운 묘제, 그리고 철기, 와질토기'이다.

위 유적을 정리한 것이 표 XXIII-1이며 위치를 표기한 것이 그림 XXIII-2이다.

6. 정치체의 형성(변한-가야의 태동)

본 절에서는 앞서 검토한 유적과 선행연구를 토대로 변한-가락국 태동과 관련한 사항을 알아보겠다.

변한의 태동, 국의 태동, 가락국의 성립에 대해서는 밝혀진 것이 너무 없는 만큼 이견이 많다. 발굴자료는 증가하지만, 문헌자료가 여전히 너무 빈곤하기 때문이다. 辰韓과 弁韓에는 각각 12개의 國이 있었는데, 韓의 성립과 國의 성립을 동일한 시기로 봐야 할지도 의문이다.

변한 성립 시기에 관해 조진선(2023)의 최신 연구에 의하면 진한은 초기철기시대에서 원삼국시대로 전환되는 기원전 100년경에 성립하였다고 한다. 진한의 선주민들이 한반도에 들어온 시기는 기원전 3세기 후엽이며 이들이 辰國을 구성하였고, 진한은 기원전 2세기 후엽 이후에 성립하였다는 것이다. 여기서 진한의 선주민은 秦役을 피해 온 망명인일 수도 있고, 기원전 108년 멸망한 조선유민, 혹은 위만에 밀려난 준왕과 관련될 수도 있다고 한다(조진선 2023). 여기에 반해 국의 형성과 한족 사회의 형성을 같이 볼 필요가 없다는 의견이 있다. 백승옥(2003)은 국 형성 이전에 한족 사회는 이미 존재하고 있었다는 한다. 韓의 시작이 청동기시대인지 초기철기시대인지에 대해서는 이견이 있으나 적어도 준왕 남래 이전에 韓에 대한 칭호가 있어 왔고 따라서 韓族의 기원은 기원전 3세기 이전으로 올라간다는 것이다(백승옥 2003).

국 성립 시기에 대해서도 커다란 이견이 있다. 이희준(2000)은 소국 성립과 관련지을 수 있는 가장 중요한 지표는 취락의 장기지속성이며 이것을 보여주는 고고학적 근거는 분묘가 지속적으로 조영되는 것이라고 하였다. 그렇다면 영남지역 목관묘 군이 군집되어 축조되기 시작하는 기원전 2세기 말~기원전 1세기 초가 國이 형성되는 시점인 것이다. 이에 반해 이청규(2015)는 다뉴경이 그 자체의 문양과 용도, 제작의 난이도를 고려할 때 '國'의 우두머리 상징물일 가능성이 높고, 따라서 다량의 청동기를 부장한 무덤이 등장할 때가 國이 성립하는 시점이라고 하였다. 그렇다면 영남지역은 기원전 3세기 무렵에 국이 성립하는 것이다. 결국 두 연구자의 견해 차이는 단독으로 분포하는 동검 부장묘의 출현이냐, 목관묘가 군집하는 시점인가의 차이이다.

필자는 변한 성립, 국의 성립에 재지의 송국리문화인들이 주도적인 역할을 하였다는 입장에서 韓族사회는 국 성립 이전부터 존재했다는 백승옥의 견해를 따른다. 즉 변한 태동 시점이 언제인지는 알 수 없지만, 기원전 3세기 이전에 성립하였다고 생각한다. 청동기시대와 초기철기시대의 사회 변화 중 가장 두드러지는 점은 불평등사회의 1인을 위한 지배자가 등장한다는 점이다. 공동체 지향의 평등사회가 1인 지향의 불평등사회로 전환되었다는 것이다. 최고의 위신재인 동검이나 동경을 보유한 자가 당시 최고 권력을 갖추었다면 당시 그 권력을 지탱하는 정치체가 있었을 것이고 그것이 '국'이라고 할 수 있다. 낙동강 하류역에서 아직 다호리유적에 비해 유물 부장양상에서 더 탁월하고 시기가 이른 목관묘는 발견되지 않았다. 다호리유적은 잘 알려진 바와 같이 세형동검, 동경을 비롯한 각종 동기류, 각종 철기류 뿐만 아니라 붓과 환도삭도가 출토되어 문자를 사용하였고, 겁마(청동환)가 출토되어 도량형이 사용되었다는 것을 알려준다. 대외교역 용품과 문자사용의 증거로 보아도 경제적으로 상당한 부를 쌓았으며 대국 규모에 버금가는 것이다(이건무 2023). 세금 징수와 같은 초보적인 행정 조직 체계가 시작되었을 가능성이 높으며 정치와 종교가 분리되고 수장층에서 직능별 분업화하는 양상을 보여준다(이수홍 2023a). 이런 모습은 초기 國이 아니라 이미 존재했었던 소규모의 國이 고도로 발전된 것이므로 다호리집단 이전에 어딘가에 小國이 존재했었을 가능성이 높다.

지금으로서는 변형비파형동검이 출토된 신문리석관묘, 내동지석묘나 거대한 묘역을 가진 덕천리지석묘나 구산동지석묘가 당시 국의 시작을 알리는 지표가 될 수 있지 않을까. 물론 이것은 지석묘사회의 역할을 강조하는 입장이다.

지석묘사회에서 목관묘사회로의 전환은 재지의 지석묘사회가 새로운 목관묘사회의 문화를 단계적으로 수용하였으며, 전환의 주체는 재지의 지석묘사회라는 견해(이명훈 2024)가 있다. 즉 지석묘사회의 잠재력이 있었기 때문에 지석묘사회가 이주민인 목관묘사회의 문화를 수용하였다는 것이다.

7. 다호리유적과 가락국

본 절에서는 이 당시의 시대상을 살피는데 빠질 수 없는 다호리유적이 가락국 발생과 어떤 관련이 있는지 알아보겠다.

다호리유적은 명실공히 낙동강하류역 最古 · 最大의 목관묘 유적이다. 이 유적의 학사적 중요성으로 인해 변한 혹은 가락국 태동을 이야기할 때 빠뜨릴 수 없다. 다호리유적은 당연히 국의 면모를 갖추었다. 그렇다면 필자와 같이 원삼국시대 개시 이전에 국이 성립되었다고 보는 입장에서는 다호리 이전 국의 모습을 어떻게 설명해야 할지 숙제이다.

다호리유적이 어디서 와서 어디로 갔는지? 구야국과의 관계는 어떻게 되는지에 대해 의문이 너무 많다. 다호리 주민이 고조선 멸망 세력이라고 단정할 수 없다. 고조선 멸망보다 이른 시기에 다호리에 사람들이 정착하였을 것이다. 다호리유적과 1㎞ 내에 지석묘집단이 없다고 해서 이주민 세력이라는 견해(이동희 2024)가 있지만 그 당시 1㎞가 그렇게 먼 거리인지 의문이다. 기원전 2세기 말에 등장해 기원후 1세기까지 그렇게 강력했던 집단이라면 당연히 國의 중심지라고 생각되는데 지금 창원 동면 일대에 존재했었다고 알려진 국은 없는 실정이다. 이 문제에 대해 앞서 언급하였듯이 다호리세력 그 자체를 가락국으로 보는 견해(이원태 외 2024)가 있다.

우선 다호리유적은 현재 행정구역으로 창원시에 속하지만 고대산만과 고김해만이라는 지형을 고려한다면 인문지리학적으로 낙동강수계의 김해권역에 속한다(안재호 2000). 현재 창원 신시가지와 산지로 막혀있으나 김해 쪽으로는 습지와 평야로 연결되어 있어 김해권역이라고 할 수 있다(이희준 2008).

다호리유적과 가락국의 관계가 어떠한가에 접근하기 위해 김해지역에서 조사된 목관묘 유적의 연대를 살펴보겠다. 현재까지 조사된 다호리유적을 포함한 김해지역 목관묘 유적에 대한 편년표는 표 XXIII-2와 같다.[5]

표 XXIII-2. 김해와 인근지역 목관묘 연구자 별 편년표(다:다호리, 망:망덕리, 시:시례리, 신:신문동, 양:양동리, 대:대성동, 구:구지로, 가:가야의 숲 부지)

최병현(2022)		채상훈(2017)		박선하(2020)		정용남(2023)		연대
단계	유구	단계	유구	단계	유구	단계	유구	
1a	가1 망1,2 시5,7,12	I	망1,2 양70 다9,12,3,28, 34 외	1	양70	1	양70 신1 시1	B.C.2C후엽~ B.C.1C전엽
2a	망3 시8,10	II	망3 가1 양1 다1,6,19,24, 120,63,125 외	2	망1,3	2	내19 양17,55,99,427 외	B.C.1C전엽~ B.C.1C후엽
2b	시3,9			3	가1,3 대27,53,60 구23 양(문)2			B.C.1C후엽~ A.D.1C중엽
2c	시1,11							
3a	대67, V-11 가3	III	대27,83 구7,10,11,12, 23,25,40 가3 다31,36,49,56, 64,110,119 외			3	가3 대67,115	A.D.1C중엽~ A.D.2C중엽
3b	대60, V-3,10 구23 양17,52 가3			4	대67 대 I-13 구10,11,12, 25 양17,52,55, 59,151,427 외			
4a	대27 I-27 양427 내19							
4b	대79 구7,11,12,25 양55,99							

5) 이 표는 네 연구자의 성과를 필자가 편집한 것이다. 절대 연대는 연구자들 마다 차이가 있는데 필자의 견해를 반영하였다. 다호리유적의 편년에 대해서는 위 표에서 19호는 I 단계에 해당되고 125호는 III단계에 해당된다고 생각하는 등 채상훈의 견해에 이견이 있다. 논지 전개상 큰 흐름에는 변화가 없기 때문에 연구자의 견해를 그대로 채용하여 표를 작성하였다.

대체로 양동리 70호가 가장 이르고 신문동, 시례리유적에 비교적 이른 시기 목관묘가 있으며 늦은 시기로 갈수록 대성동을 중심으로 하는 해반천 유역에 유구가 많아진다. 양동리유적에서는 지속적으로 목관묘가 축조되어 목곽묘 축조로 자연스럽게 이어진다. 양동리유적에서 이른 단계의 목관묘가 조사되었지만 다호리 급에 미칠 정도의 수장묘는 아니다. 또, 해반천 유역에는 기원 후에 해당하는 수장급의 무덤이 확인된다. 이 때문에 다호리집단의 이동론이 지속적으로 제기되는 상황이다.

다호리유적에서 목관묘가 이른 시기부터 수장묘의 위상을 보인다. 다호리유적에 대해서 필자는 위 표의 채상훈(2017)과 조금 다른 편년안을 가지고 있는데 김동일(2022)의 견해에 따라 네 단계로 나눈다면 동검이나 동경을 소유한 수장묘(主帥 혹은 臣智)는 19호-1호 · 63호-6호 · 24호 · 93호 · 120호-119호 · 125호로 이어진다고 하였다(이수홍 2023a). 다호리유적 출현기부터 19호 목관묘와 같이 국의 위상을 보이는 칠초동검을 부장한 무덤이 축조된다. 다호리에서 무덤이 축조될 때부터 수장의 존재는 부각되었으며 이것은 기원전 1세기 1호묘에서 정점을 이루지만 마지막 단계인 기원후 1세기 중엽까지는 이어지고 이후 갑자기 사라진다.

이창희(2016b)는 기원후 100년경 다호리집단이 고김해만지역으로 이주하여 양동리와 대성동유적군을 중심으로 새로운 네트워크가 형성되고 김해지역은 점차 금관가야의 맹주가 되어간다고 하였다. 다호리집단이 대외교역의 지리적 이점과 철광석의 안정적 공급을 위해 김해지역을 혁신지구로 선정했다는 것이다. 이원태 · 박종필 · 안재호(2024)는 다호리유적 초기부터 수장묘는 있었지만 수장층은 기원후 1세기 초에 형성되었고, 이때부터 가락국이 시작된 것으로 보았다.[6] 다호리유적 자체를 가락국의 국읍으로 본 것이 특징이다. 다호리집단은 기원후 60년까지 가락국의 국읍을 존속 유지하다가 읍락이 소재하였던 신문리, 히현리, 무계리, 천곡리로 국읍을 옮겼다고 한다.

현시점에서 다호리유적에서 이른 시기부터 수장묘가 축조되는 점, 다호리유적에서 목관묘 축조가 중단 될 때 김해 각지에서 수장묘가 등장하는 점 등을 고려하면 중심지(국읍) 이동설에 무게가 실릴 수 밖에 없다.

---

6) 이원태 등은 다호리유적의 연대를 10단계로 나누었는데 가락국이 형성되었을 때는 그들의 두 번째 단계인 I b기에 해당되면 기원전후부터 기원후 20년까지라고 하였다. 다른 연구자들보다 100여 년 정도 늦은 편년관이다. 다른 연구자들의 연대관으로 본다면 기원전 1세기 초엽 정도에 해당된다.

그림 XXIII-6. 김해지역 목관묘에서 출토된 동경과 공반유물(1:내덕리 19호, 2:신문동 1호, 3:양동리 55호, 4:양동리 427호, 5:가야의 숲 3호)(출전 1:국립김해박물관 2018, 2:보고서, 3 · 4:국립김해박물관 2012, 5:보고서)

이에 대해 김양훈(2016)은 해반천 유역의 구야국이 성장함에 따라 복속되었다고 하며, 최병현(2022) 역시 다호리 지역 외에 김해지역에서도 고식와질토기 출현기부터 목관묘가 축조되고 있었고, 양동리유적에서 초기철기시대 목관묘와 고식와질토기가 부장된 목관묘 사이에 연대적으로 위치하는 이른 시기 목관묘가 분포할 것이기 때문에 다호리집단의 이주설에 반박한다. 반박설은 다호리집단을 가락국과 별개로 본다.

필자는 다호리유적이 위치하는 동면 일대는 김해권역이며 따라서 다호리집단을 가락국의 일원으로 보는 것이 타당하다고 생각한다. 고고학적 정황은 이주설을 이야기하고 있다. 하지만 봉황대나 대성동 고분 주변에서 이른 시기 목관묘가 발견될 가능성을 배제할 수 없다. 앞으로의 자료 증가를 기대해 본다.

8. 맺음말

사회 변혁의 주체를 재지민, 그것도 최근 연구경향을 따라 점차 재지 송국리인의 주체적인 활동에 초점을 맞추고 싶었으나 역시 명확한 근거를 제시하지는 못하였다.

이 시기에 우리가 역사의 무대에 등장하기 때문에 문헌자료는 매우 중요하다. 필자는 당연히 문헌자료를 적극 활용해야 한다는 입장이다. 단, 100% 역사적 사실인지에 대해서는 숙고가 필요한 면이 많다는 점도 인지해야 한다.

당시 사회상에 대해 접근할 때 가설을 검증하기 위해서는 ①선행연구, ②고고자료, ③문헌자료, ④자연과학적 분석 결과, ⑤일반적인 상식 등 이 모든 게 증명된다면 좋겠지만 실제 모든조건을 충족시키기 어렵다. 낙동강 하류역의 가야 건국과 관련한 시기는 더더욱 그러하다. 하지만 발굴자료가 증가할수록 당시 사회를 보는 시각이 점차 선명해지고 있다. 위의 다섯가지 조건을 모두 충족시키는 가설을 설정할 수 있도록 노력해야 할 것 같다.

울산 언양(검단리문화권)에서 경남 김해(송국리문화권)까지 지금은 40분이면 이동이 가능한 거리이다. 청동기시대에 그 짧은 거리에 있던 사람들의 생활방식이 그렇게 달랐다는 게 신기할 정도이다. 하지만 목관묘가 축조될 때 이 이질성은 해소된다. 갑작스런 교통수단의 발달이 원인일까. 역시 네트워크 구축이 빠르게 진행되었으며 그것은 기존의 질서 속에서 더 이상 평화롭게 살 수 없다는 것을 깨달은 결과일 것이다.

나가며

마지막 좌판을 두드리고 되돌아보니 결국 결정적인 한 방 없이 잽만 날리고 끝난 느낌이다. 이제 이 책을 다시 보지 못할 것 같다. 제일 이루지 못한 것은 청동기시대 인간에 다가가지 못한 점이다. 유물이나 유구, 유적을 분석하는 것도 결국 인간에 도달하기 위한 방편인 것을. 아직 내공이 부족하다는 것을 깨달은 것은 개인적인 성과이다.

송국리·검단리문화의 시작에 대한 과정이 없고, 도구에 관한 내용이 없다. 필자보다 뛰어난 분들이 있기에 접근 자체를 하지 않았다. 청동기시대에 다가가는 과정에서 발휘한 상상력이 빈곤한 것도 인정하지 않을 수 없다.

원래 논문을 발표했을 때와 생각이 바뀐 부분이 많다. 대표적으로, 청동기시대 전기 환호는 대율리유적 외에 없다고 했는데 구리 토평동유적과 당진 수청동유적이 조사됨으로써 수정할 수밖에 없었다. 저포 E지구 5호, 진주 이곡리 30호 묘역식지석묘와 같이 반지상식(반지하식) 묘역식지석묘를 전기 말에 축조된 것이라고 했는데, 이번 책에서 후기 초에 축조된 것으로 수정하였다. 수장을 불평등사회의 지배자라는 의미로 사용했다가 시기나 평등·불평등과 상관없이 집단의 우두머리라는 뜻으로 용어의 의미를 수정하고, 불평등사회의 지배자를 군장이라고 하였다. 가옥장, 지석묘의 하한과 관련한 사항 등과 같이 반복되는 표현이 많았다. 이 외에도 중심을 잡지 못하고, 가볍게 판단한 부분이 많았다. 큰 흐름에는 변동이 없고, 그만큼 많이 심사숙고했다고 변명한다. 여러분의 질책과 조언을 구한다.

문자가 없는 사회의 연구, 특히 유구의 성격을 밝히는 작업에는 가설을 증명하는 과정에 억측으로 보이는 부분이 있을 수밖에 없다. 그렇다 하더라도 그런 작업을 계속해야 한다. 당시 사회의 실상에 다가가기 위해서는 우리가 현장에서 접하는 유구나 유물이 실제 어떤 목적으로 이용 혹은 사용되었는가를 이해하는 것이 최우선이기 때문이다. 당연히 이에 대한 반대 의견도 다양하게 표출되어야 한다. 다양한 견해가 나와야 논의가 풍성해진다. 인간을 탐구하는 학문의 특성상 실체에 접근하기까지 수많은 가설이 실타래처럼 얽혀 있는 것이다. 그런데, 근거가 부족하다는 정말로 근거 없는 이유로 아니라고만 하는 것은 오히려 관련 쟁점을 수면 위로 올리지도 못하게 한다. 반대하는 견해가 있다면 글로써 응답하면 되는 것이다. 요즘, 선사시대 연구는 어쩌면 커다란 선입견과의 대립이라는 생각이 든다. 다양성의 시대에 다양한 쟁점으로 활발한 논의가 이루어지길 기대한다.

청동기시대 종말이 미약했을지 모르겠지만 새로운 시대가 시작되었듯이, 이 책은 미약하더라도 필자에게 새로운 시작이 되도록 마음을 다잡을 것이다. 선사시대인의 생활을 선명하게 상상하는 재능을 갖고 싶은데, 결국 재능이라는 것도 목적을 이룰 때까지 노력을 멈추지 말자고 자신을 설득하는 능력이라고 하니 스스로에게 엄격해져야 한다.

흰머리가 많아지는 나이가 되니 본인과 생각이 다른 연구자에게 질문을 해야 하는데, 그의 견해에 대해 평가를 하려는 경향이 많아지는 것 같다. 이 세계에서 卑老하지 않으려면 다른 의견을 존중하고, 끝까지 질문을 하는 사람이 되어야 한다. 무엇보다 중요한 건 연구 대상과 어떻게 정면에서 마주할 것인가이다. 그 매개는 유구이고 유물이며 사색이라고 감히 단언한다. 그리고 그것은 현장에 있다.

자료가 너무 폭증하였다. 지석묘만 하더라도 현재의 분류 안으로 그 많은 자료를 담아내지 못한다. 주거자료 역시 마찬가지이다. 획일적인 지역성 · 시간성에 전국에서 쏟아져 나오는 보고서의 유구를 모두 넣을 수 없다. 어느 한 지역의 자료만으로 사회상을 밝히기는 더 어려운 상황이다. 모순인 것 같지만, 치밀한 분석과 넓은 시선이 필요하다.

필자는 이제 우선 무덤에 집중하려고 한다. 청동기시대 무덤을 장법(시신처리 방법), 제사의 관점에서 접근하여 무덤이 과연 무엇인가에 대해 고민하고자 한다. 최종적으로 이 시대 무덤을 단순 · 명확하게 분류하고 무덤 관련 용어를 정리하고 싶다. 日暮途遠의 심정이지만.

참고문헌

국내 논문 및 도록

강봉원, 1995,「국가와 군장사회 사이의 중간 단계에 대한 고찰」,『韓國考古學報』33, 韓國考古學會.

姜奉遠, 1996,「고고학 자료를 통한 사회 진화 단계의 인식 : 국가 단계의 파악」,『고고학상으로 본 국가』, 제15회 한국상고사학회 학술발표회 자료집, 한국상고사학회.

강봉원, 1998,「한국 고대 복합사외 연구에 있어서 신진화론의 적용 문제 및 '국가' 단계사회 파악을 위한 고고학적 방법론」,『韓國上古史學報』28, 韓國上古史學會.

강봉원, 2022,『한국 지석묘 연구 : 정치·사회 발전단계와 관련하여』, 학연문화사.

강지원, 2018,「밀양강유역의 청동기시대 문화」,『대구·경북 청동기시대 문화』, 삼한문화재연구원.

高旻廷, 2003,「南江流域 無文土器文化의 變遷」, 慶北大學校大學院 碩士學位論文.

高旻廷·Martin T. Bale, 2008,「청동기시대 후기 소공업 생산과 사회 분화」,『韓國青銅器學報』2, 韓國青銅器學會.

고민정·Martin T. Bale, 2009,「청동기시대 후기 농경 집약화와 사회조직」,『慶南研究』1, 경남발전연구원 역사문화센터.

高旻廷, 2010,「南江流域 青銅器時代 後期 聚落構造와 性格」,『嶺南考古學』54, 嶺南考古學會.

고상혁·김훈희, 2014,「영남지역 목관묘 출토 닻형철기 연구」,『嶺南考古學』68, 嶺南考古學會.

고일홍, 2010,「청동기시대 전기의 농경방식 재조명-화전농경에 대한 비판적 검토를 중심으로-」,『韓國上古史學報』67, 韓國上古史學會.

郭丞基·金庚澤, 2019,「先史 土器와 土壤試料 分析을 통한 韓半島 新石器·青銅器時代 生計經濟 研究」,『湖西考古學』40, 湖西考古學會.

郭鍾喆, 1997,「沖積地遺蹟·埋沒 논의 조사법 소개(上)·(下)」,『韓國上古史學會』24·25, 韓國上古史學會.

곽종철·문백성, 2003,「논유구 조사법 재론」,『湖南考古學報』18, 湖南考古學會.

구숙현, 2022,「원형점토대토기 문화의 발생과 전개」,『창원 다호리유적 재조명Ⅱ -토기-』, 국립김해박물관.

구준모, 2013,「청동기시대 주거의 구조와 공간-중서부지역 전기유적을 중심으로-」, 한양대학교대학원 석사학위논문.

國立文化財研究院, 2022,『韓國考古學專門事典 青銅器時代編』.

國立中央博物館·國立光州博物館, 1992,『韓國의 青銅器文化』, 汎友社.

國立中央博物館, 1993,『韓國의 先·原史土器』.

국립중앙박물관, 2010, 『청동기시대 마을풍경』.

국립진주박물관, 2002, 『청동기시대의 大坪 · 大坪人』.

권동희, 2012, 『한국의 지형』, 도서출판 한울.

權五榮, 1996, 「三韓의 國에 대한 硏究」, 서울大學校大學院 博士學位論文.

권오영, 1997, 「한국 고대의 취락과 주거」, 『한국고대사연구』 12, 한국고대사학회.

권오영, 2000, 「무덤에 나타난 불평등성의 발생과 심화과정」, 『한국도대의 신분제와 관등제』, 아카넷.

권욱택, 2013, 「한반도 · 중국 동북지역 출토 秦 · 漢代 화폐의 전개와 용도」, 영남대학교대학원 석사학위논문.

金敬烈, 2014, 「4世紀代 嶺南地域 短頸壺의 打捺技法 硏究」, 釜山大學校大學院 碩士學位論文.

김경주, 2018, 「제주지역 점토대토기문화의 정착과 변천과정」, 『韓國靑銅器學報』 22, 韓國靑銅器學會.

金庚澤, 2004, 「韓國 複合社會 硏究의 批判的 檢討와 展望」, 『韓國上古史學報』 44, 韓國上古史學會.

金廣明, 2003a, 「嶺南地域의 支石墓社會 豫察」, 『嶺南考古學』 33, 嶺南考古學會.

김광명, 2003b, 「경북지역의 지석묘」, 『지석묘 조사의 새로운 성과』, 제30회 한국상고사학회 학술발표대회 발표요지, 한국상고사학회.

김권구, 2005, 『청동기시대 영남지역의 농경사회』, 학연문화사.

김권구, 2011, 「무덤을 통해 본 청동기시대 사회구조의 변천」, 『무덤을 통해 본 청동기시대 사회와 문화』, 제5회 한국청동기학회 학술대회 발표요지, 한국청동기학회.

김권구, 2012, 「청동기시대-초기철기시대 고지성 환구(高地性 環溝)에 관한 고찰」, 『韓國上古史學報』 76, 韓國上古史學會.

金權九, 2015, 「靑銅器時代와 初期鐵器時代 毁器樣相에 대한 考察」, 『牛行 李相吉 敎授 追募論文集』, 진인진.

김권구, 2016, 「영남지역 읍락의 형성과 변화-경주 · 경산 · 김해지역을 중심으로-」, 『한국고대사연구』 82, 한국고대사학회.

金權中, 2005, 「北漢江流域 靑銅器時代 住居址硏究」, 檀國大學校大學院 碩士學位論文.

김권중 · 박경신 · 황대일 · 공봉석, 2019, 『수혈주거지 조사방법』, 백두문화재연구원.

金權中, 2020, 「嶺西地域 靑銅器時代 文化 硏究」, 嶺南大學校大學院 博士學位論文.

김권중, 2024, 「영서지역 청동기시대 취락유형의 경계와 교류」, 『청동기시대 취락 유형의 경계와 교류』, 2024년 청동기학회 정기학술대회 자료집, 한국청동기학회.

金奎正, 2013, 「湖南地域 靑銅器時代 聚落 硏究」, 慶尙大學校大學院 博士學位論文.

김규정, 2020, 「만경강유역 점토대토기문화의 유입과 그 변화」, 『湖南考古學報』 65, 湖南考古學會.

金羅英, 2007, 「嶺南地域 三韓時代 住居址의 變遷과 地域性」, 釜山大學校大學院 碩士學位論文.

김대환, 2016a, 「진한 '國'의 형성과 발전 : 사로국에 대한 고고학적 논의」, 『辰 · 弁韓 '國'의 形成과 發展』, 제25회 영남고고학회 정기학술대회 발표집, 嶺南考古學會.

김대환, 2016b, 「한반도 국가형성론에서 '초기국가'의 제안」, 『한일지역 고대왕권과 국가의 형성』, 영남고고학회 워크숍 발표자료집, 영남고고학회.

김대환, 2023, 「「다호리 유적을 통해 본 수장 권력의 변화」에 대한 토론문」, 『창원 다호리유적 조사 종합적 평가와 의의』, 국립김해박물관 · 영남고고학회.

金度憲・李在熙, 2004,「蔚山地域 靑銅器時代 聚落의 立地에 대한 檢討-生業과 關聯하여-」,『嶺南考古學』 35, 嶺南考古學會.

김도헌, 2005,「청동기시대 영남지역의 환경과 생업」,『영남의 청동기문화』, 嶺南考古學會.

金度憲, 2010,「嶺南 地域의 原始・古代 農耕 研究」, 釜山大學校大學院 博士學位論文.

김동규, 2012,「청동기시대 영남지역 집석유구의 기능에 대한 연구」, 동아대학교대학원 석사학위논문.

김동일, 2022,「철제 농공구를 통해 본 다호리유적 -중국에서의 유입과정을 중심으로-」,『考古廣場』 30, 釜山 考古學會.

김미영, 2012,「청동기시대 후기 남한지역 적색마연호의 지역별 전개양상-제작기법에 따른 지역성의 확립-」, 『加羅文化』 24, 경남대학교 가라문화연구소.

김민구, 2009,「화재 주거지 출토 탄화물을 통한 식량자원 구성의 복원 : 해남 신금 유적의 예」,『한국고고학 보』 71, 한국고고학회.

김민철, 2019,「對外交流와 威勢品으로 본 首長層의 出現」,『영남지역 수장층의 출현과 전개』, 제28회 영남 고고학회 정기학술대회 발표집, 영남고고학회.

김민철, 2022,「弁・辰韓지역 의례환호와 蘇塗」,『환호의 성격과 의미』, 국립김해박물관.

金範哲, 2005,「錦江 중・하류역 청동기시대 중기 聚落分布類型 研究」,『韓國考古學報』 57, 韓國考古學會.

金範哲, 2006,「錦江 중・하류역 松菊里型 聚落에 대한 家口考古學的 접근」,『韓國上古史學報』 51, 韓國上古 史學會.

金範哲, 2006,「중서부지역 靑銅器時代 水稻生産의 政治經濟」,『한국고고학보』 58, 한국고고학회.

金秉模, 1981,「韓國巨石文化 源流에 관한 研究(1)」,『韓國考古學報』 10・11, 韓國考古學會.

김병섭, 2009,「密陽地域 墓域式 支石墓에 대한 一考察」,『慶南研究』 創刊號. 경남발전연구원 역사문화센터.

김병섭, 2011,「南江流域 下村里型住居址에 대한 一考察」,『慶南研究』 4, 경남발전연구원 역사문화센터.

김병섭, 2013,「영남지역 청동기시대 농경유적 재고」,『慶南研究』 8, 경남발전연구원 역사문화센터.

김상현・윤희경・구자경, 2012,「2)대상유구」,『晋州 草田 環濠聚落遺蹟』, 한국문물연구원.

김승옥, 2006a,「청동기시대 주거지의 편년과 사회변천」,『한국고고학보』 60, 한국고고학회.

김승옥, 2006b,「분묘 자료를 통해 본 청동기시대 사회조직과 변천」,『계층사회와 지배자의 출현』, 한국고고 학회 창립 30주년 기념 한국고고학전국대회 발표요지, 韓國考古學會.

金承玉, 2006c,「墓域式(龍潭式) 支石墓의 展開過程과 性格」,『韓國上古史學報』 53, 韓國上古史學會.

김양훈, 2016,「변한 '국'의 형성과 발전-다호리유적을 중심으로-」,『역사와 경계』 100, 부산경남사학회.

金元龍, 1986,『韓國考古學槪說』, 一志社.

김용성, 2016,「영남지방 목관묘와 사로국」,『韓國古代史研究』 82, 한국고대사학회.

김은정・변희섭・이은정, 2009,「한반도 중서부 이남지역 토기성형기법에 대한 일고찰:토기 바닥면 관찰을 중심으로」,『호남고고학보』 31, 호남고고학회.

김은정, 2022,「마한지역 환구・구상유구・환호의 성격」,『환호의 성격과 의미』, 국립김해박물관.

김일규, 2022,「다호리 1호묘 출토 漢 文物을 통해 본 다호리 사회의 성격」,『창원 다호리』, 창원 다호리고분 군 재조명을 위한 학술대회 자료집, 창원특례시・경남연구원.

金壯錫, 2002, 「이주와 전파의 고고학적 구분: 시험적 모델의 제시」, 『韓國上古史學報』 38, 韓國上古史學會.

김장석, 2006, 「충청지역 선송국리 물질문화와 송국리유형」, 『韓國上古史學報』 51, 韓國上古史學會.

김장석, 2007, 「청동기시대 취락과 사회복합화 과정에 대한 검토」, 『호서고고학』 17, 호서고고학회.

김장석, 2008a, 「무문토기시대 조기설정론 재고」, 『한국고고학보』 69, 한국고고학회.

김장석, 2008b, 「송국리단계 저장시설의 사회경제적 의미」, 『한국고고학보』 67, 韓國考古學會.

김장석, 2009, 「호서와 서부호남지역 초기철기-원삼국시대 편년에 대하여」, 『湖南考古學報』 33, 湖南考古學會.

김장석, 2018, 「한국 신석기-청동기시대 전환과 조기청동기시대에 대하여」, 『한국고고학보』 109, 한국고고
학회.

金載元·尹武炳, 1966, 「大邱 晚村洞 出土의 銅戈·銅劍」, 『震檀學報』 29·30合集, 震檀學會.

金材胤, 2003, 「韓半島 刻木突帶文土器의 編年과 系譜」, 釜山大學校大學院 碩士學位論文.

金正基, 1974, 「無文土器文化期의 住居址」, 『考古學』 3.

金正基, 1976, 「竪穴住居와 半竪穴住居」, 『張起仁先生回甲紀念論文集』.

金貞培, 1986, 『韓國古代의 國家起原과 形成』, 高麗大學校 出版部.

金鐘一, 2006, 「景觀考古學의 理論的特徵과 適用의 可能性」, 『韓國考古學報』 58, 韓國考古學會.

김종일, 2015, 「삶과 죽음의 지도화, 그리고 장(field)-고고학적 시공간, 그리고 그 안의 물질적 자취들에 대한
심층적 이해-」, 『고고학과 현대사회』, 제39회 한국고고학전국대회, 韓國考古學會.

김지현, 2009, 「중서부지역 역삼동·흔암리유형의 취사형토기 연구」, 『韓國青銅器學報』 4, 韓國青銅器學會.

金春英, 2001, 「調理用 無文土器 硏究」, 慶南大學校大學院 碩士學位論文.

金春英, 2015, 「支石墓 分布를 통해 본 南海岸 各 地域의 交通路」, 『牛行 李相吉 敎授 追慕論文集』, 이강길
교수 추모논문집 간행위원회.

김한식, 2006, 「경기지역 역삼동유형의 정립과정」, 『고고학』 5-1호, 中部考古學會.

金賢, 2002, 「Ⅴ. 考察 4. 大坪 無文土器 窯에 대한 一檢討」, 『晋州大坪玉房1·9地區無文時代集落』, 慶南考古
學硏究所.

金賢, 2005, 「慶南地域 無文土器時代 무덤에 대한 硏究」, 釜山大學校大學院碩士學位論文.

金賢, 2006a, 「南海岸 쪽구들住居址 登場에 대한 小考」, 『石軒 鄭澄元 敎授 停年退任記念論叢』, 釜山考古學
硏究會 論叢刊行委員會.

金賢, 2006b, 「慶南地域 青銅器時代 무덤의 展開樣相에 대한 考察」, 『嶺南考古學』 39, 嶺南考古學會.

金賢植, 2005, 「無文土器時代 住居址 內部의 積石現狀과 意味」, 『嶺南考古學』 37, 嶺南考古學會.

金賢植, 2006a, 「蔚山式 住居址 硏究」, 釜山大學校大學院 碩士學位論文.

김현식, 2006b, 「청동기시대 검단리유형의 형성과정과 출현배경-주거지를 중심으로-」, 『韓國上古史學報』 54,
韓國上古史學會.

김현식, 2007, 「세대공동체에 대한 이론적 고찰」, 『東亞文化』 2·3合輯, 東亞細亞文化財硏究院.

김현식, 2008, 「蔚山式住居址의 復元」, 『韓國青銅器學報』 2, 韓國青銅器學會.

金賢植, 2009, 「Ⅴ. 考察」, 『蔚山中山洞藥水遺蹟Ⅱ』, 蔚山文化財硏究院.

김현식, 2013a, 「청동기시대 중기의 역연대」, 『주거의 고고학』, 제37회 한국고고학전국대회 발표요지, 韓國

考古學會.

김현식, 2013b, 「동남해안지역(경주-포항-울산지역) 청동기시대 편년」, 『한국 청동기시대 편년』, 한국청동기학회 학술총서2, 서경문화사.

김현식, 2013c, 「남한 청동기시대 서북한양식 주거지에 대한 고찰」, 『嶺南考古學』 66, 嶺南考古學會.

金賢峻, 1996, 「靑銅器時代 聚落의 立地條件을 통해서 본 生業 硏究-出土遺物을 中心으로」, 漢陽大學校大學院 碩士學位論文.

羅建柱, 2009, 「송국리유형 형성과정에 대한 검토 : 경기·충청지역 자료를 중심으로」, 『考古學』 8-1, 서울경기고고학회.

나혜림, 2017, 「보령 명천동 유적을 중심으로 본 소도(蘇塗)와 의례공간」, 『百濟學報』 22, 백제학회.

盧美善, 1998, 「錦江流域 粘土帶土器의 硏究」, 全北大學校 碩士學位論文.

노혁진, 1986, 「적석부가지석묘의 형식과 분포-북한강유역의 예를 중심으로」, 『한림대학논문집』 제4집 인문·사회과학편, 한림대학교.

董眞淑, 2003, 「嶺南地方 靑銅器時代 文化의 變遷」, 慶北大學校大學院 碩士學位論文.

柳善英, 2012, 「금호강유역 전기 무문토기 편년 연구」, 釜山大學校大學院 碩士學位論文.

柳志煥, 2010, 「大邱 辰泉川 一帶 靑銅器時代 聚落 硏究」, 慶北大學校大學院 碩士學位論文.

柳志煥, 2012, 「대구 진천천 일대 청동기시대 취락의 전개과정」, 『韓國上古史學報』 78, 韓國上古史學會.

류지환, 2015, 「취락과 무덤군의 상관관계로 본 청동기시대 대구 월배지역 취락의 전개과정」, 『嶺南文化財硏究』 28, (財)嶺南文化財硏究院.

리지린, 1963, 『고조선연구』, 과학원출판사.

武末純一, 2002, 「日本 北部九州에서의 國의 形成과 展開」, 『嶺南考古學』 30, 嶺南考古學會.

武末純一, 2010, 「金海 龜山洞 遺蹟 A1區域의 弥生系土器를 둘러싼 諸問題」, 『金海 龜山洞遺蹟X 考察編』, 慶南考古學硏究所.

문창로, 2017, 「문헌자료를 통해 본 삼한의 소도와 제의」, 『百濟學報』 22, 百濟學會.

박대재, 2013, 「국가형성기의 복합사회와 초기국가」, 『先史와 古代』 38, 한국고대학회.

박대재, 2018, 「三韓의 '國邑'에 대한 재인식」, 『한국고대사연구』 91, 한국고대사학회.

박선하, 2020, 「원삼국시대 경주·김해지역 목관묘 사회 비교 연구」, 동아대학교대학원 석사학위논문.

朴淳發, 1997, 「漢江流域의 基層文化와 百濟의 成長過程」, 『韓國考古學報』 36, 韓國考古學會.

朴淳發, 1999, 「欣岩里類型 形成科程 再檢討」, 『湖西考古學』 創刊號, 湖西考古學會.

朴淳發, 2004, 「遼寧 粘土帶土器文化의 韓半島 定着 過程」, 『錦江考古』 創刊號, 忠淸文化財硏究院.

박양진, 2000, 「西紀 1~3세기의 聚落과 社會的 階層化의 初步的 論議」, 『東아시아 1~3世紀의 考古學』, 국립문화재연구소.

朴洋震, 2006, 「韓國 支石墓社會 "族長社會論"의 批判的 檢討」, 『湖西考古學』 14, 湖西考古學會.

朴榮九, 2015, 「東海岸地域 靑銅器時代 後期 聚落의 構造와 展開」, 『牛行 李相吉 敎授 追慕論文集』, 진인진.

박영구, 2017, 「경주지역 청동기시대 무덤의 변천」, 『영남문화재연구』 30, 영남문화재연구원.

朴程郁, 2012, 「慶州地域 木棺墓 展開와 轉換期 樣相 硏究」, 釜山大學校大學院 碩士學位論文.

朴辰一, 2000, 「圓形粘土帶土器文化研究」, 釜山大學校大學院 碩士學位論文.

朴辰一, 2013, 「韓半島 粘土帶土器文化 研究」, 釜山大學校大學院 博士學位論文.

박진일, 2017, 「「토기로 본 고조선 연구의 비판적 검토」에 대한 토론 요지」, 『고고학으로 본 고조선』, 제41회 한국고고학전국대회 발표자료집, 한국고고학회.

박진일, 2022a, 「제4장 초기철기시대 3.문화상」, 『김해시사』, 김해시사 편찬위원회.(미간)

박진일, 2022b, 『삼한의 고고학적 시·공간』, 진인진.

방선지, 2017, 「금호강 상류역 청동기시대 무덤」, 『嶺南文化財研究』 30, 영남문화재연구원.

배군열, 2022, 「청동기시대 환호유적의 성격」, 『환호의 성격과 의미』, 국립김해박물관.

裵德煥, 2000, 「嶺南地方 靑銅器時代 環濠聚落研究」, 東亞大學校大學院 碩士學位論文.

배덕환, 2005a, 「선사·고대의 地上式建物」, 『東亞文化』 創刊號, 東亞細亞文化財研究院.

배덕환, 2005b, 「청동기시대 영남지역의 주거와 마을」, 『영남의 청동기시대 문화』, 第14回 嶺南考古學會 學術發表會, 嶺南考古學會.

배덕환, 2010, 「Ⅴ.고찰 2.진주 이곡리 선사유적의 환호에 대한 소고」, 『晉州 耳谷里 先史遺蹟Ⅱ』, 동아세아문화재연구원.

裵德煥, 2015, 「咸安 鳳城里 靑銅器時代 무덤群 一考」, 『牛行 李相吉 敎授 追慕論文集』, 이강길 교수 추모논문집 간행위원회.

배덕환, 2022, 「대평리 방어취락의 성립과 해체」, 『한국고고학보』 2022권 2호, 한국고고학회.

裵眞晟, 2005, 「檢丹里類型의 成立」, 『韓國上古史學報』 48, 韓國上古史學會.

裵眞晟, 2006, 「無文土器社會의 威勢品 副葬과 階層化」, 『계층사회와 지배자의 출현』, 한국고고학회 창립 30주년 기념 한국고고학전국대회 발표집, 韓國考古學會.

裵眞晟, 2007, 『無文土器文化의 成立과 階層社會』, 서경문화사.

裵眞晟, 2008a, 「전기무문토기 속의 횡대구획문토기」, 『考古廣場』 創刊號, 釜山考古學研究會.

배진성, 2008b, 「咸安式赤色磨硏壺의 分析」, 『韓國民族文化』 32, 釜山大學校 韓國民族文化研究所.

裵眞晟, 2011, 「墳墓 築造 社會의 開始」, 『韓國考古學報』 80, 韓國考古學會.

배진성, 2012, 「지석묘의 기원 연구를 바라보는 一視覺-기원론에서 형성론으로-」, 『무덤을 통해 본 청동기시대 사회와 문화』, 경남발전연구원 역사문화센터, 학연문화사.

배진성, 2016, 「플라스크형적색마연호의 분포와 성격」, 『韓國靑銅器學報』 18, 韓國靑銅器學會.

白承玉, 2003, 『加耶 各國史 研究』, 혜안.

복기대, 2016, 「요서 지역 석제무덤의 특징 연구」, 『신석기·청동기 동북아시아 묘제 문화 연구』, 주류성.

복천박물관, 2003, 『기술의 발견』.

徐吉德, 2006, 「圓形粘土띠土器의 變遷過程 研究」, 世宗大學校大學院 碩士學位論文.

서길덕, 2018, 「한국 점토띠토기문화기 무덤 연구」, 세종대학교대학원 박사학위논문.

徐榮洙, 1988, 「古朝鮮의 위치와 강역」, 『韓國史 市民講座』 2, 一潮閣.

석광준, 1979, 「우리나라 서북지방 고인돌에 관한 연구」, 『고고민속론집』 7.

成璟瑢, 2009, 「韓半島 靑銅武器 研究-中國 東北地域과의 比較」, 全南大學校大學院 博士學位論文.

소배경·강경언, 2021, 「김해 구산동지석묘(도 기념물 제280호) 정비사업부지 내 최신 발굴성과」, 『2021년도 청동기시대 중요유적 조사성과 발표회』, 한국청동기학회.

손정미, 2022, 「호서지역 청동기~초기철기시대 환호 검토」, 『湖西考古學』 53, 호서고고학회.

孫晙鎬·庄田愼矢, 2004, 「松菊里型甕棺의 燒成 및 使用方法 研究」, 『湖西考古學』 11, 湖西考古學會.

손준호, 2004, 「錦江流域 松菊里文化의 貯藏孔 研究」, 『科技考古研究』 10, 아주대학교박물관.

손준호, 2007, 「마제석촉의 변천과 형식별 기능 검토」, 『한국고고학보』 62, 한국고고학회.

손준호·최인건, 2012, 「무문토기 취사흔의 관찰과 해석」, 『考古廣場』 11, 釜山考古學研究會.

宋滿榮, 2004, 「湖南地方 青銅器時代 研究 現況과 展望-湖南地方 松菊里文化 研究 檢討-」, 『밖에서 본 호남고고학의 성과와 쟁점』, 第12回 湖南考古學會 學術大會 發表要旨, 湖南考古學會.

송만영, 2006, 「남한지방 청동기시대 취락구조의 변화와 계층화」, 『계층 사회와 지배자의 출현』, 韓國考古學會.

宋滿榮, 2011, 「中部地域 粘土帶土器 段階 聚落 構造와 性格」, 『한국고고학보』 80, 한국고고학회.

宋永鎭, 2006, 「韓半島 南部地域의 赤色磨研土器 研究」, 『嶺南考古學』 38, 嶺南考古學會.

송영진, 2016, 「韓半島 青銅器時代 磨研土器 研究」, 慶尙大學校大學院 博士學位論文.

송호정, 2003, 『한국 고대사 속의 고조선사』, 푸른역사.

송효진, 2018, 「호서지역 청동기시대 석촉의 시·공간성 연구」, 『韓國青銅器學報』 23, 韓國青銅器學會.

신경숙·오민미, 2010, 「실험고고학을 통해 본 청동기시대 마연토기 제작 복원」, 『야외고고학』 8, 한국문화재조사연구기관협회.

申敬澈, 1995, 「三韓·三國時代의 東萊」, 『東萊區誌』, 東萊區誌編纂委員會.

申敬澈, 2012, 「三韓의 諸問題」, 신라문화유산연구원 강의자료.

申英愛, 2011, 「嶺南地方 粘土帶土器 段階 文化接變」, 慶北大學校大學院 碩士學位論文.

沈奉謹, 1980, 「慶南地方 出土 青銅遺物의 新例」, 『釜山史學』 4, 釜山史學會.

沈奉謹·鄭聖喜, 1982, 「東亞大學校博物館所藏 青銅遺物 新例」, 『古文化』 20, 韓國大學博物館協會.

沈奉謹, 1987, 「本校 博物館의 青銅器 數例에 대하여」, 『考古歷史學志』 3, 東亞大學校博物館.

심상육, 2012, 「부여지역 백제 벽주(늑대벽)건물지」, 『농업의 고고학』, 제36회 한국고고학전구대회 발표자료집, 한국고고학회.

深澤芳樹·李弘鍾, 2005, 「松菊里式土器의 打捺技法 檢討」, 『송국리문화를 통해 본 농경사회의 문화체계』, 서경.

安承模, 2006, 「동아시아 정주취락과 농경 출현의 상관관계-한반도 남부지방을 중심으로-」, 『韓國新石器研究』, 韓國新石器學會.

安在晧, 1989, 「Ⅴ. 考察 -三角形粘土帶土器의 性格과 年代」, 『勒島住居址』, 釜山大學校博物館.

安在晧, 1992, 「松菊里類型의 檢討」, 『嶺南考古學』 11, 嶺南考古學會.

安在晧, 1996, 「無文土器時代 聚落의 變遷-住居址를 통한 中期의 設定-」, 『碩晤尹容鎭教授停年退任紀念論叢』.

安在晧, 2000a, 「韓國 農耕社會의 成立」, 『韓國考古學報』 43, 韓國考古學會.

安在晧, 2000b, 「昌原 茶戶里遺蹟의 編年」, 『韓國 古代史와 考古學』, 學研文化社.

安在晧, 2006, 「青銅器時代 聚落研究」, 釜山大學校大學院 博士學位論文.

安在晧, 2009, 「南韓 靑銅器時代 硏究의 成果와 課題」, 『동북아 청동기문화 조사연구의 성과와 과제』, 학연문화사.

安在晧, 2009, 「靑銅器時代 泗川 梨琴洞遺蹟의 變遷」, 『嶺南考古學』 51, 嶺南考古學會.

安在晧, 2010a, 「韓半島 靑銅器時代의 時期區分」, 『考古學誌』 16, 國立中央博物館.

안재호, 2010b, 「한반도 청동기문화의 성립과 전개」, 『선시시대의 고고학』, 제4기 고고학시민강좌, 복천박물관.

安在晧, 2010c, 「韓半島 靑銅器時代文化의 起源과 傳播」, 『靑銅器時代 蔚山太和江文化』, 蔚山文化財硏究院 開院10週年 紀念論文集.

安在晧, 2011, 「屬性配列法에 따른 東南海岸圈 無文土器 文樣의 編年」, 『韓國上古史學報』 73, 韓國上古史學會.

安在晧, 2012, 「墓域式支石墓의 出現과 社會相」, 『湖西考古學』 26, 湖西考古學會.

안재호, 2013, 「韓半島 東南海岸圈 靑銅器時代의 家屋葬」, 『韓日聚落硏究』, 韓日聚落硏究會, 서경문화사.

안재호·金賢敬, 2015, 「靑銅器時代 狩獵採集文化의 動向」, 『牛行 李相吉 敎授 追慕論文集』, 진인진.

안재호, 2018, 「울산의 청동기시대 문화와 그 역할」, 『울산지역 청동기시대 연구성과와 쟁점』, 2018년 울산대곡박물관·한국청동기학회 공동학술대회, 울산대곡박물관.

安在晧, 2019, 「松菊里文化의 起源 再考」, 『영남고고학』 83, 영남고고학회.

안재호, 2020, 「경주의 청동기시대 문화와 사회」, 『경주의 청동기시대 사람과 문화, 삶과 죽음』, 국립경주문화재연구소·한국청동기학회.

안재호, 2022, 「동북아시아 속의 김해」, 『김해시사』, 김해시사 편찬위원회(미간).

안재호, 2024, 『수장사회로서의 송국리문화』, 진인진.

양송이, 2012, 「(4)대상유구」, 『진주 평거동 유적』, 慶南文化財硏究院.

오강원, 2019, 「동북아시아 지석묘의 표상-전통과 변형-」, 『考古廣場』 25, 부산고고학회.

오강원, 2022a, 「철기시대 남한지역 통나무관의 발생과 전개」, 『嶺南考古學』 94, 영남고고학회.

오강원, 2022b, 「진·변한지역 초기 목관묘문화기의 세형동검과 네트워크-동검, 검병, 칼집의 결합관계를 중심으로-」, 『진·변한지역 초기 목관묘문화기의 물질문화와 네트워크-토기, 청동기, 철기를 중심으로-』, 한국학중앙연구원 한국학기초연구 공동연구팀.

王培新, 2009, 「낙랑문화와 주변지역과의 관련」, 『考古學誌』 特輯號, 국립중앙박물관.

禹明河, 2012, 「嶺南地域 墓域支石墓의 展開」, 嶺南大學校大學院 碩士學位論文.

우명하 2016, 「영남지역 묘역지석묘 축조사회의 전개」, 『嶺南考古學』 75, 嶺南考古學會.

우명하, 2017, 「금호강하류역 지석묘의 변천과 성격」, 『嶺南文化財硏究』 30, 영남문화재연구원.

禹姃延, 2002, 「중서부지역 송국리복합체 연구-주거지를 중심으로-」, 『韓國考古學報』 47, 韓國考古學會.

禹枝南, 2000, 「彩文土器의 연구현황」, 『固城 頭湖里 遺蹟』, (社)慶南考古學硏究所.

유병록, 2000, 「대구 東川洞 마을유적 조사성과」, 『21세기 한국고고학의 방향』, 제24회 한국고고학전국대회 발표자료집, 한국고고학회.

兪炳琭, 2010a, 「慶尙 南海岸 松菊里文化의 特徵과 交流」, 『韓國靑銅器學報』 6, 韓國靑銅器學會.

兪炳琭, 2010b, 「竪穴建物 廢棄行爲 硏究1 -家屋葬-」, 『釜山大學校 考古學科 創設20周年 紀念論文集』, 釜山大學校 考古學科.

유병록, 2015, 「대구 달서지역 청동기시대 문화상」, 『달서지역 선사유적의 역사적 의미와 문화적 가치』, 대구 광역시 달서구 · 세종문화재연구원.

兪炳琭, 2019a, 「嶺南地域 松菊里文化 研究」, 釜山大學校大學院 博士學位論文.

유병록, 2019b, 「적색마연 유공양이파수옹(有孔兩耳把手甕)의 변화상과 그 의미」, 『영남고고학』 83, 영남고고학회.

유병록, 2020, 「청동기시대 말기 이주문화와 사회변동」, 『제63회 전국역사학대회 발표요지』, 한국고고학회.

유병록, 2024, 「청동기시대 송국리문화기 입목수혈에 대한 새로운 접근」, 『嶺南考古學』 98, 嶺南考古學會.

兪炳一, 2005, 「第5章. 檢討 및 考察-3. 몇 가지의 檢討」, 『蔚州 西部里 南川遺蹟』, 蔚山發展研究院 文化財센터.

尹武炳, 1991, 『韓國靑銅器文化研究』, 藝耕産業社.

윤선경, 2013, 「울산 신화리유적 청동기시대 취락의 성격에 대한 연구」, 동아대학교대학원 석사학위논문.

尹容鎭, 1973, 「大邱 七星洞支石墓調査-俗稱 七星岩調査-」, 『大邱史學』 12 · 13合輯.

尹邰映, 2010, 「한반도 鉇의 출현과 전개양상에 대한 연구」, 慶北大學校大學院 碩士學位論文.

尹亨奎, 2017, 「대구 · 경북지역 청동기시대 무덤과 사회변화」, 慶北大學校大學院 碩士學位論文.

윤형규, 2018, 「경북지역 청동기시대 묘역식지석묘의 전개」, 『대구 · 경북지역 청동기시대 문화』, 삼한문화재연구원.

윤형규, 2019a, 「<영남지방 무덤자료를 통해 본 계층화와 수장의 등장>에 대하여」, 『영남지역 수장층의 출현과 전개』, 제28회 영남고고학회 정기학술대회 발표집, 영남고고학회.

윤형규, 2019b, 「대구 · 경북 청동기시대 무덤의 전개를 통해 본 지역사회의 변화」, 『韓國靑銅器學報』 24, 韓國靑銅器學會.

윤형규, 2020, 「검단리문화권 내 묘역지석묘의 형성과정에 대한 검토」, 『경주의 청동기시대 사람과 문화, 삶과 죽음』, 국립경주문화재연구소 · 한국청동기학회.

尹亨準, 2009, 「목관묘문화의 전개와 삼한 전기사회」, 釜山大學校大學院 碩士學位論文.

윤형준, 2015, 「목관묘 유적으로 본 구야국 사회의 일면」, 『구야국과 고대 동아시아』, 인제대학교 가야문화연구소.

윤호필, 2009, 「靑銅器時代 墓域支石墓에 관한 研究」, 『慶南研究』 創刊號, 경남발전연구원 역사문화센터.

윤호필, 2013a, 「부록 2 한반도 출토 경작유구(논유구 · 밭유구) 집성표」, 『농업의 고고학』, 한국고고학회.

윤호필 2013b, 「축조와 의례로 본 지석묘사회 연구」, 목포대학교대학원 박사학위논문.

윤호필 · 장대훈, 2009a, 「석재가공기술을 통해 본 청동기시대 무덤 축조과정 연구」, 『한국고고학보』 70, 한국고고학회.

윤호필 · 장대훈, 2009b, 「청동기시대 묘역지석묘의 복원 실험을 통한 축조과정 연구」, 『야외고고학』 7, 한국문화재조사연구기관협회.

윤호필, 2024, 「<선사시대 군집묘 양상의 변화와 그 의미>에 대한 토론문」, 『분묘군의 고고학』, 영남고고학회 제33회 정기학술발표회 자료집, 영남고고학회.

이건무, 1992, 「茶戶里遺蹟 出土 붓(筆)에 대하여」, 『考古學誌』 4, 韓國考古美術研究所.

이건무, 2009, 「茶戶里遺蹟 發掘의 義意」, 『考古學誌』 特輯號, 국립중앙박물관.

이건무, 2023, 「茶戶里 遺蹟의 社會相」, 『창원 다호리유적 조사 종합적 평가와 의의』, 국립김해박물관 · 영남고고학회.

李建壹, 2011, 「湖西地域 百濟住居址의 地上化過程에 관하여」, 『湖西考古學』 24, 호서고고학회.

이기성, 2012, 「문화사적 시기 구분으로서의 무문토기시대 조기 설정 재검토」, 『韓國上古史學報』 76, 韓國上古史學會.

이기성, 2013, 「주거와 공동체에 대한 고고학적 접근」, 『주거의 고고학』, 제37회 한국고고학전국대회 발표자료집, 한국고고학회.

李東熙, 2002, 「전남지방 지석묘 사회와 발전단계」, 『湖南考古學報』 15, 호남고고학회.

이동희, 2019, 「고김해만 정치체의 형성과정과 수장층의 출현」, 『嶺南考古學』 85, 嶺南考古學會.

이동희, 2021, 「고 대산만 지석묘 사회와 다호리 집단」, 『호남고고학보』 67, 호남고고학회.

이동희, 2022, 「제단식 지석묘로 본 김해 구산동 지석묘」, 『湖南考古學報』 72, 湖南考古學會.

이동희, 2024, 「고고자료로 본 변 · 진한의 기원과 다호리집단의 재검토」, 『한국상고사학보』 123, 한국상고사학회.

이명훈, 2024, 「지석묘 사회에서 목관묘사회로의 전환 –전환의 과정과 주체에 대한 검토를 중심으로-」, 『嶺南考古學』 99, 嶺南考古學會.

李相均, 2000, 「韓半島 新石器人의 墓制와 死後世界觀」, 『古文化』 56, 韓國大學博物館協會.

李相吉, 1996, 「청동기시대 무덤에 대한 일시각」, 『碩晤尹容鎭教授 停年退任紀念論叢』, 碩晤尹容鎭教授停年退任紀念論叢刊行委員會.

李相吉, 2000, 「青銅器時代 儀禮에 관한 考古學的 研究」, 大邱曉星가톨릭大學校 大學院 博士學位論文.

이상길, 2002, 「우리는 왜 남강유적에 주목하는가?」, 『청동기시대의 大坪 · 大坪人』, 국립진주박물관.

이상길 · 김미영, 2003, 「密陽 琴川里遺蹟」, 『고구려고고학의 제문제』, 제27회 한국고고학전국대회 발표자료집, 한국고고학회.

李相吉, 2003, 「慶南의 支石墓」, 『지석묘 조사의 새로운 성과』, 제30회 한국상고사학회 학술발표대회 발표요지, 한국상고사학회.

이상길, 2011, 「남부지방 무문토기시대 거점취락과 그 주변」, 『고고학에서의 중심과 주변』, 제20회 영남고고학회 발표회, 嶺南考古學會.

이석범, 2004, 「慶州 松仙里 青銅器時代 住居遺蹟에 대하여」, 『嶺南文化財研究』 17, 嶺南文化財研究院.

이선복, 1988, 『고고학개론』, 이론과 실천.

李成載, 2007, 「중국동북지역 점토대토기문화의 전개과정 연구」, 숭실대학교대학원 석사학위논문.

이성주, 1998a, 『신라 · 가야 사회의 기원과 성장』, 학연문화사.

李盛周, 1998b, 「韓國의 環濠聚落」, 『環濠聚落과 農耕社會의 形成』, 嶺南考古學會 · 九州考古學會 第3回 合同考古學大會.

李盛周, 2007, 『青銅器 · 鐵器時代 社會變動論』, 學研文化社.

이성주, 2009, 「族長墓와 '國'의 成立」, 『21세기 한국고고학』 II, 주류성출판사.

이성주, 2011, 「原三國時代의 無文土器 傳統 -硬質無文土器 鉢과 甕 製作의 地域性과 그 意味-」, 『韓國基督

教博物館誌』7, 숭실대학교 한국기독교박물관.

李盛周, 2012, 「儀禮, 記念物, 그리고 個人墓의 발전」, 『湖西考古學』 26, 湖西考古學會.

李盛周, 2014, 『토기제작의 技術革新과 生産體系』, 학연문화사.

이성주, 2016a, 「경북지역의 청동기시대 분묘와 부장품」, 『경북지역 청동기시대 무덤』, 경상북도문화재연구원, 학연문화사.

이성주, 2016b, 「複合社會 形成과 發展에 대한 考古學 硏究」, 『辰・弁韓 '國'의 形成과 發展』, 제25회 영남고고학회 정기학술발표회 자료집, 영남고고학회.

이성주, 2017a, 「弁辰韓 '國'의 形成과 變動」, 『영남고고학』 79, 영남고고학회.

이성주, 2017b, 「支石墓의 축조중단과 初期鐵器時代」, 『영남문화재연구30 대구・경북의 지석묘문화』, 영남문화재연구원.

이성주, 2019, 「기억, 경관, 그리고 기념물 축조」, 『묻힌 표상, 드러나는 가치 구산동 고인돌』, 김해 구산동 지석묘 사적지정을 위한 학술대회, 김해시・경남연구원 역사문화센터.

이성주, 2022, 「선사와 원사시대 환호의 성격과 역사적 의의」, 『환호의 성격과 의미』, 국립김해박물관.

이성주・김태희・이수정, 2022, 「지석묘의 축조와 경관의 역사」, 『韓國靑銅器學報』 31, 韓國靑銅器學會.

李秀鴻, 2005, 「靑銅器時代 檢丹里類型의 考古學的 硏究」, 釜山大學校大學院 碩士學位論文.

李秀鴻, 2006, 「嶺南地域 地上式支石墓에 대하여」, 『石軒 鄭澄元敎授 停年退任紀念論叢』, 釜山考古學硏究會 論叢刊行委員會.

이수홍, 2007a, 「경남지역 청동기시대 묘제와 고인돌」, 『아시아 거석문화와 고인돌』, 제2회 아시아권 문화유산(고인돌) 국제심포지움 발표요지, 東北亞支石墓硏究所.

李秀鴻, 2007b, 「大形掘立柱建物의 出現과 그 意味」, 『考古廣場』 創刊號, 釜山考古學硏究會.

李秀鴻, 2007c, 「東南部地域 靑銅器時代 後期의 編年 및 地域性」, 『嶺南考古學』 40, 嶺南考古學會.

李秀鴻, 2008, 「蔚山地域 靑銅器時代 聚落構造의 變化」, 『韓國靑銅器學報』 二, 韓國靑銅器學會.

李秀鴻, 2010, 「蔚山地域 靑銅器時代 周溝形遺構에 대하여」, 『釜山大學校 考古學科 創設20周年 記念論文集』, 釜山大學校 考古學科.

이수홍, 2011, 「檢丹里類型의 무덤에 대한 연구」, 『考古廣場』 8, 釜山考古學硏究會.

李秀鴻, 2012a, 「靑銅器時代 檢丹里類型의 考古學的 硏究」, 釜山大學校大學院 博士學位論文.

이수홍, 2012b, 「釜山 靑銅器時代 後期文化의 地域相」, 『港都釜山』 28, 부산광역시사편찬위원회.

이수홍, 2014, 「청동기시대 주거생활 변화와 지역성의 사회적 의미」, 『한국고고학보』 90, 한국고고학회.

李秀鴻, 2015a, 「韓國靑銅器時代~三韓時代環濠遺蹟의 變化와 性格에 대하여」, 『國立歷史民俗博物館研究報告』 195, 日本國立歷史民俗博物館.

이수홍, 2015b, 「靑銅器時代 前・後期 劃期의 基準에 대한 檢討」, 『牛行 李相吉 敎授 追慕論文集』, 이상길 교수 추모논문집 간행위원회, 진인진.

이수홍, 2016, 「청동기시대 신화리 유적의 성격과 사회상」, 『울산의 시작, 신화리』, 울산대곡박물관 2016년 제2차 특별전, 울산대곡박물관.

이수홍, 2017a, 「대구지역 청동기시대 취락에서의 무덤 축조 변화-월배지역 적석유구와 적석주거지를 검토하여-」, 『嶺南文化財硏究』 30, 영남문화재연구원.

이수홍, 2017b, 「진주 대평리유적 옥방 1지구의 미시적 검토」, 『韓國靑銅器學報』 20, 韓國靑銅器學會.

이수홍, 2019a, 「대구 월배지역 송국리문화 유입 시점 검토」, 『考古廣場』 24, 釜山考古學會.

이수홍, 2019b, 「울산지역 청동기시대 종말기의 지역상」, 『韓國靑銅器學報』 24, 韓國靑銅器學會.

이수홍, 2019c, 「남해안 지역의 묘역식지석묘와 구산동지석묘의 특징」, 『묻힌 표상, 드러나는 가치 구산동
고인돌』, 김해 구산동지석묘 사적지정을 위한 학술대회 자료집, 김해시.

이수홍, 2019d, 「부산지역 청동기시대 무덤 문화 검토」, 『땅 속에서 찾아낸 부산역사의 재발견』, 제40회 부
산 시민의 날 기념 2019 학술심포지엄, 부산박물관.

이수홍, 2020a, 「영남지방 수장묘의 등장과 변화상」, 『영남고고학』 86, 영남고고학회.

이수홍, 2020b, 「경주지역 지석묘 문화의 특징과 종말기의 양상」, 『文化財』 제55권 · 제4호, 국립문화재연구소.

이수홍, 2020c, 「영남지역 지석묘문화의 변화와 사회상」, 『韓國上古史學報』 90, 韓國上古史學會.

이수홍, 2020d, 「울산 청동기시대 매곡동유적의 일상」, 『문물』 10, 한국문물연구원.

이수홍, 2023a, 「청동기시대~원삼국시대 수장 권력 변화와 다호리 군장의 특징」, 『야외고고학』 38, 한국문
화유산협회.

이수홍, 2023b, 「삼각형점토대토기의 등장과 소멸, 무문토기의 종말」, 『영남고고학』 96, 영남고고학회.

이수홍, 2024a, 「Ⅳ. 고찰 –청동기시대 산청 옥산리유적-」, 『山淸 玉山里 遺蹟』, 부산대학교박물관.

이수홍, 2024b, 「「영남지방 취락유형의 분포와 경계-검단리유형을 중심으로-」에 대한 토론문」, 『청동기시대
취락 유형의 경계와 교류』, 2024년 한국청동기학회 정기학술대회, 한국청동기학회.

이수홍, 2024c, 「김해지역 가야의 유적과 유물」, 『가야고분군Ⅸ』 가야고분군 연구총서10, 가야고분군 세계
유산통합관리지원단.

이승일, 2006, 「Ⅴ. 고찰」, 『金海 舊官洞遺蹟』, 대성동고분박물관.

이양수 · 김지현, 2012, 「Ⅴ. 고찰 –울산 창평동 810번지 유적 2호 목관묘 출토 한경에 대하여-」, 『蔚山 倉坪
洞 810番地 遺蹟』, 우리문화재연구원.

李陽洙, 2004, 「多紐細文鏡으로 본 韓國과 日本」, 『嶺南考古學』 35, 嶺南考古學會.

李陽洙, 2015, 「靑銅器와 동반관계로 본 鐵器의 한반도 流入 年代」, 『考古廣場』 16, 釜山考古學硏究會.

이양수, 2016, 「김해 회현동 D지구 옹관묘에 대하여」, 『考古廣場』 18, 釜山考古學硏究會.

이양수, 2019, 「고대 동아시아 세계의 형성과 가야」, 『가야, 동아시아 교류와 네트워크의 중심지들』, 국립중
앙박물관.

李榮文, 1993, 「全南地方 支石墓 社會의 硏究」, 韓國敎員大學校大學院博士學位論文.

李榮文, 2002, 『韓國 支石墓 社會 硏究』, 學硏文化社.

李榮文, 2003, 「韓國 支石墓 硏究의 最新 成果와 課題」, 『지석묘 조사의 새로운 성과』, 제30회 한국상고사학
회 학술발표대회 발표요지. 한국상고사학회.

李榮文, 2011, 「호남지역 지석묘의 형식과 구조에 대한 몇가지 문제」, 『韓國靑銅器學報』 8, 韓國靑銅器學會.

이영훈 · 이양수, 2007, 「한반도 남부 출토 오수전에 대하여」, 『永川 龍田里遺蹟』, 國立慶州博物館.

이원태 · 박종필 · 안재호, 2024, 「다호리유적 묘지의 변천과 사회상」, 『考古廣場』 34, 釜山考古學會.

李恩璟, 2013, 「경남지역 청동기시대 구획묘의 연구」, 釜山大學校大學院 碩士學位論文.

이재현, 1992, 「삼한시대 목관묘에 관한 고찰-특히 중구 유이민의 등장과 관련하여-」, 부산고고학연구회 발표요지.

李在賢, 2002, 「IV. 考察」, 『金海 大淸遺蹟』, 釜山大學校博物館.

李在賢, 2003, 「弁·辰韓社會의 考古學的 研究」, 釜山大學校大學院 博士學位論文.

李在賢, 2004, 「영남지역 三角形粘土帶土器의 성격」, 『新羅文化』 23, 동국대학교 신라문화연구소.

이재현, 2016, 「진·변한사회의 계층분화 과정과 양상」, 『辰·弁韓 '國'의 形成과 發展』, 제25회 영남고고학회 정기학술발표회 자료집, 嶺南考古學會.

이재현, 2019, 「이동희 선생님의 <고김해만 정치체의 형성과정과 수장층의 출현-구야국의 성립과 관련하여> 논문에 대한 토론문」, 『영남지역 수장층의 출현과 전개』, 제28회 영남고고학회 정기학술발표회 자료집, 영남고고학회.

이정은, 2011, 「영남 동남해안지역 점토대토기문화의 변천」, 경북대학교대학원 석사학위논문.

이정은·황재훈, 2020, 「충청·전북지역 적색마연토기의 제작기술적 특징과 성격」, 『호서고고학』 46, 호서고고학회.

李鍾旭, 1980, 「新羅 上古時代의 六村과 六部」, 『震檀學報』 49, 震檀學會.

李鍾旭, 1998, 「韓國 初期國家 形成·發展 段階論의 인류학 이론 수용과 그에 대한 비판의 문제」, 『韓國上古史學報』 29, 韓國上古史學會.

李柱憲, 2000, 「大坪里型 石棺墓考」, 『慶北大學校 考古人類學科 20周年 紀念論叢』.

이주헌, 2009, 「경주지역 목관·목곽묘의 전개와 사로국」, 『문화재』 42, 국립문화재연구소.

이진주·교용수, 「제2장 유적의 입지 및 환경」, 『大邱 月城洞 1275遺蹟』, 嶺南大學校博物館.

李昌熙, 2005, 「三韓時代 南海岸의 日常土器 研究」, 釜山大學校大學院 碩士學位論文.

이창희, 2010, 「점토대토기의 실연대:세형동검문화의 성립과 철기의 출현연대」, 『문화재』 제43권 제3호, 국립문화재연구소.

李昌熙, 2011, 「放射性炭素年代測定法의 原理와 活用(II) -考古學的 活用事例-」, 『한국고고학보』 81, 한국고고학회.

이창희, 2013a, 「청동기시대 조기의 역연대」, 『주거의 고고학』, 제37회 한국고고학회 창립 30주년 기념 한국고고학전국대회 발표요지, 韓國考古學會.

이창희, 2013b, 「철기시대의 역연대」, 『주거의 고고학』, 한국고고학회 창립 30주년 기념 한국고고학전국대회 발표요지, 韓國考古學會.

이창희, 2016a, 「청동기시대의 연대」, 『한국고고환경연구소 학술총서12 청동기시대의 고고학2 編年』, 서경문화사.

이창희, 2016b, 「弁韓社會의 中心地移動論-다호리집단의 이주와 김해지역의 성장-」, 『嶺南考古學』 76, 嶺南考古學會.

이창희, 2016c, 「한국 원사고고학의 기원론과 계통론」, 『한국고고학의 기원론과 계통론』, 제40회 한국고고학전국대회 발표요지, 한국고고학회.

이창희, 2018a, 「"울산지역 청동기시대 종말기의 양상"에 대한 토론문」, 『울산지역 청동기시대 연구성과와 쟁점』, 2018년 울산대곡박물관 · 한국청동기학회 공동 학술대회 발표자료집, 울산대곡박물관.

이창희, 2018b, 「점토대토기문화 유입에 의한 취락과 생업구조의 변화」, 『토지활용과 경관의 고고학』, 제42회 한국고고학전국대회 발표요지, 한국고고학회.

이창희, 2019, 「'대외교류와 위세품의 출현으로 본 수장층의 출현'에 대한 토론문」, 『영남지역 수장층의 출현과 전개』, 제28회 영남고고학회 정기학술대회 발표집, 영남고고학회.

李淸圭, 2000a, 「遼寧 本溪縣 上堡村 出土 銅劍과 土器에 대하여」, 『考古歷史學誌』 16, 東亞大學校博物館.

李淸圭, 2000b, 「'國'의 形成과 多紐鏡副葬墓」, 『선사와 고대』 14, 한국고대학회.

이청규, 2002, 「嶺南지역의 靑銅器에 대한 論議와 解釋」, 『嶺南考古學』 30, 嶺南考古學會.

李淸圭, 2005, 「靑銅器를 통해 본 古朝鮮과 주변사회」, 『북방사논총』 6, 고구려연구재단.

이청규, 2010, 「청동기시대 사회 성격에 대한 논의-남한에서의 고고학적 접근」, 『考古學誌』 16, 韓國考古美術研究所.

이청규, 2011, 「요동과 한반도 청동기시대 무덤 연구의 과제」, 『무덤을 통해 본 청동기시대 사회와 문화』, 제5회 한국청동기학회 학술대회 자료집, 한국청동기학회.

이청규, 2015a, 『다뉴경과 고조선』, 단국대학교 출판부.

이청규, 2015b, 「청동기~원삼국시대 사회적 변천」, 『금호강유역 초기사회의 형성』, 경상북도문화재연구원.

이청규, 2017, 「고고학에서 본 민족 · 종족의 형성과 고조선」, 『고고학으로 본 고조선』, 제41회 한국고고학전국대회 발표자료집, 한국고고학회.

이청규, 2019, 「수장의 개념과 변천:영남지역을 중심으로」, 『영남지역 수장층의 출현과 전개』, 제28회 영남고고학회 정기학술발표회 자료집, 영남고고학회.

이한솔, 2000, 「경인지역 무문토기시대 환호 연구」, 세종대학교대학원 석사학위논문.

이해수, 2007, 「Ⅴ.고찰 1.진주 이곡리 선사유적의 청동기시대 분묘 소고」, 『晉州 耳谷里 先史遺蹟 Ⅰ』, 동아세아문화재연구원.

李炫錫, 2005, 「第5章. 檢討 및 考察 - 1. 遺構 檢討」, 『蔚州 西部里 南川遺蹟』, 蔚山發展研究院 文化財센터.

李賢惠, 1984, 『三韓社會形成科程研究』, 一潮閣.

李賢惠, 1987, 「韓半島 靑銅器文化의 經濟的 背景-細形銅劍文化期를 중심으로-」, 『韓國史研究』 56, 韓國史研究會.

李亨源, 2002, 「韓國 靑銅器時代 前期 中部地域 無文土器 編年研究」, 忠南大學校大學院 碩士學位論文.

李亨源, 2005, 「松菊里類型과 水石里類型의 接觸樣相-中西部地域 住居遺蹟을 中心으로」, 『湖西考古學』 12, 湖西考古學會.

이형원, 2006, 「천전리 취락의 편년적 위치 및 변천-송국리유형의 형성과 관련하여」, 『華城 泉川里 靑銅器時代 聚落』, 한신대학교박물관.

李亨源, 2009, 「韓國 靑銅器時代의 聚落構造와 社會組織」, 忠南大學校大學院 博士學位論文.

이형원, 2010, 「중부지역 점토대토기문화의 시공간적 정체성」, 『중부지방 고고학의 시공간적 정체성』, 2010년 중부고고학회 정기학술대회 발표요지문, 중부고고학회.

李亨源, 2011, 「湖西地域 粘土帶土器文化의 時間性과 空間性」, 『湖西考古學』 24, 湖西考古學會.

李亨源, 2014, 「韓半島の初期青銅器문화と初期弥生文化」, 『國立歷史民俗博物館研究報告』 185, 日本國立 歷史民俗博物館.

이형원, 2018, 「토기로 본 고조선 연구의 비판적 검토-비파형동검 시기를 중심으로」, 『韓國考古學報』 106, 韓 國考古學會.

李弘鍾, 1996, 『青銅器社會의 土器와 住居』, 西京文化社.

李弘鍾, 2002, 「松菊里文化의 時空的 展開」, 『湖西考古學』 6・7, 湖西考古學會.

이홍종, 2006, 「무문토기와 야요이 토기의 실연대」, 『한국고고학보』 60, 한국고고학회.

이홍종・손준호, 2012, 「충적지 취락의 지형환경」, 『嶺南考古學』 63, 嶺南考古學會.

李熙濬, 2000, 「삼한 소국 형성 과정에 대한 고고학적 접근의 틀 -취락 분포 정형을 중심으로-」, 『韓國考古學 報』 43, 韓國考古學會.

이희준, 2008, 「종합토론」, 『昌原 茶戶里遺蹟 發掘 成果와 課題』, 昌原 茶戶里遺蹟 20周年 紀念 국제학술 심 포지엄, 국립중앙박물관.

李熙濬, 2011, 「한반도 남부 청동기~원삼국시대 수장과 권력 기반의 변천」, 『嶺南考古學』 58, 嶺南考古學會.

이희진, 2016, 「환위계적 적응순환 모델로 본 송국리문화의 성쇠」, 『韓國靑銅器學報』 18, 韓國靑銅器學會.

林雪姬, 2009, 「韓國 粘土帶土器의 變遷過程 研究」, 全南大學校大學院 碩士學位論文.

任鶴鍾, 2008, 「新石器時代의 무덤」, 『韓國新石器研究』 15, 韓國新石器學會.

庄田愼矢, 2005a, 「玉 關聯 遺物을 통해 본 晉州 大坪 聚落의 分業體制」, 『嶺南考古學』 36, 嶺南考古學會.

庄田愼矢, 2005b, 「湖西地域 出土 琵琶形銅劍과 彌生時代 開始年代」, 『湖西考古學』 12, 湖西考古學會.

庄田愼矢, 2006, 「青銅器時代 土器燒成技法의 實證的 研究」, 『湖南考古學報』 23, 湖南考古學會.

庄田愼矢, 2008, 「土器 炊事痕의 觀察과 記錄方法 檢討」, 『炊事의 考古學』, 서경문화사.

庄田愼矢, 2009, 『청동기시대의 생산활동과 사회』, 학연문화사.

全成南, 2007, 「金海 大成洞 木棺墓 研究」, 釜山大學校大學院 碩士學位論文.

정석배, 2016, 「몽골-바이칼 지역의 청동기시대 묘제」, 『신석기・청동기 동북아시아 묘제 문화 연구』, 주류성.

정수옥・나가토모 토모코, 2009, 「토기의 탄소부착흔을 통해 본 소성과 조리방법-늑도유적 사례를 중심으 로-」, 『韓國上古史學報』 65, 韓國上古史學會.

정용남, 2023, 「Ⅴ.고찰」, 『김해 신문동 유적』, 頭流文化財研究院.

鄭仁盛, 1997, 「낙동강 유역권 細形銅劍 文化의 전개」, 慶北大學校大學院 碩士學位論文.

鄭仁盛, 1998, 「낙동강 유역권의 細形銅劍 文化」, 『嶺南考古學報』 22, 嶺南考古學會.

정인성, 2002, 「支石墓文化에서 細形銅劍文化로의 移行-낙동강유역권을 중심으로-」, 『전환기의 고고학Ⅰ』, 학연문화사.

정인성, 2009, 「다호리유적에 보이는 중국계 요소-토기를 중심으로-」, 『考古學誌』 特輯號, 國立中央博物館.

鄭仁盛, 2016, 「燕系 鐵器文化의 擴散과 그 背景」, 『嶺南考古學』 74, 嶺南考古學會.

정일, 2018, 「綜合考察 원삼국~삼국시대」, 『保寧 鳴川洞遺蹟』, 대한문화재연구원.

정지선, 2013, 「청동기시대 남강유역 조・전기 주거지 연구 : 돌대문토기와 이중구연토기 출토 주거지를 중심으로」,『韓國靑銅器學報』12, 韓國靑銅器學會.

鄭澄元, 1982,「慶南地方의 靑銅器 遺蹟과 遺物」,『韓國考古學報』12, 韓國考古學會.

鄭澄元·申敬澈, 1987,「終末期 無文土器에 관한 硏究-嶺南地方을 중심으로 한 예비적 고찰-」,『韓國考古學報』20, 韓國考古學會.

鄭澄元, 1991,「初期農耕遺蹟의 立地環境」,『日韓交涉の考古學-弥生時代篇』, 大興出版社.

鄭漢德, 1995,「東아시아의 環濠聚落」,『蔚山檢丹里마을遺蹟』, 釜山大學校博物館.

丁海珉, 2014,「南江流域 靑銅器時代 早·前期 住居址 硏究-복원과 변화를 중심으로-」, 慶尙大學校大學院 碩士學位論文.

조미애, 2015,「Ⅴ. 고찰」,『경주 전촌리 유적』, 경상북도문화재연구원.

조미애, 2016,「경북지역 청동기시대 무덤의 배치양상」,『경북지역 청동기시대 무덤』, 학연문화사.

趙鎭先, 2004,「全南地域 支石墓의 硏究 現況과 形式變遷 試論」,『韓國上古史學報』43, 韓國上古史學會.

조진선, 2020a,「청동기~초기철기시대의 무기조합과 전쟁유형·사회유형」,『한국고고학보』115, 한국고고학회.

조진선, 2020b,「한국 청동기-초기철기시의 시기구분」,『韓國靑銅器學報』27, 한국청동기학회.

조진선, 2023,「진·변한의 형성과 분립 과정」,『한국고대사연구』111, 한국고대사학회.

趙賢庭, 2003,「2. 梨琴洞遺蹟의 地上式建物에 대하여」,『泗川 梨琴洞 遺蹟』, 慶南考古學硏究所.

조형래, 1995,「수혈주거의 벽과 벽구에 관한 연구」, 부산대학교대학원 석사학위논문.

지영준, 2004,「청동기시대 평택 용이·죽백동 취락의 변천 연구」, 동국대학교대학원 석사학위논문.

채상훈, 2015,「영남 동부지역 삼한시대 목관묘의 전개양상에 관한 연구」,『문물』5, 한국문물연구원.

채상훈, 2017,「삼한시대 목관묘사회의 중심지 이동에관한 연구-낙동강하류·태화강지역을 중심으로」,『문물』7, 한국문물연구원.

千羨幸, 2003,「無文土器時代 前期文化의 地域性硏究」, 釜山大學校大學院 碩士學位論文.

천선행, 2009,「무문토기시대 한일간 지역관계변천」,『古文化』73, 한국대학박물관협회.

천선행, 2014,「한반도 무문토기문화 형성기의 중국동북지역과의 관계」,『湖南考古學報』48, 湖南考古學會.

천선행, 2022,「무문토기문화권에서의 청동기시대 시작과 끝」,『湖南考古學報』71, 湖南考古學會.

崔夢龍, 1981,「全南地方 支石墓社會와 階級의 發生」,『韓國史硏究』, 한국사연구회.

최병현, 2022,「원삼국시기 김해지역의 목관묘·목곽묘 전개와 구야국」,『中央考古硏究』39, 中央文化財硏究院.

최샛별, 2003,「남강유역 청동기시대 후기 취락 연구」, 釜山大學校大學院 碩士學位論文.

최성락, 2001,『한국 고고학의 방법과 이론』, 학연문화사.

최성락, 2009,「東아시아에서의 茶戶里遺蹟」,『考古學誌』特輯號, 국립중앙박물관.

최정아, 2012,「서울 및 경기도 지역 삼각형점토대토기에 대하여」, 서울대학교대학원 석사학위논문.

崔鐘龍, 1990,「廣場에 대한 認識」,『歷史敎育論集』13·14合輯.

崔鐘圭, 1996,「한국 원시의 방어집락의 출현과 전망」,『韓國古代史論叢』, 韓國古代社會硏究所.

최종규, 2002,「옥방환호」,『청동기시대의 大坪·大坪人』, 국립진주박물관.

崔鍾圭, 2010,「龜山洞遺蹟 A2-1호 支石墓에서의 聯想」,『金海 龜山洞遺蹟Ⅹ 考察編』, 慶南考古學硏究所.

崔鐘圭, 2023a, 「大坪 環壕」, 『晉州 大坪 玉房 1地區 無文時代 集落-考察編-』, 三江文化財研究院.

崔鐘圭, 2023b, 「고찰 1. 慶尙道에서 支石墓의 존재를 否定함」, 『金海 龜山洞 支石墓』, 三江文化財研究院.

崔憲燮, 1998, 「韓半島 中·南部 地域 先史聚落의 立地類型」, 慶南大學校大學院 碩士學位論文.

平郡達哉, 2012, 『무덤 자료로 본 청동기시대 사회』, 서경문화사.

하문식, 1990, 「한국 청동기시대 묘제에 관한 한 연구-「고인돌」 「돌깐무덤」을 중심으로-」, 『博物館紀要』 6, 단국대 중앙박물관.

하인수, 1989, 「嶺南地方 丹塗磨研土器에 대한 新考察」, 釜山大學校大學院 碩士學位論文.

河仁秀, 1992, 「嶺南地域 支石墓의 型式과 構造」, 『伽耶考古學論叢』 1, 駕洛國史蹟開發研究所.

河眞鎬, 2008, 「大邱地域 青銅器時代 聚落 研究」, 慶北大學校大學院 碩士學位論文.

하진호, 2018, 「금호강유역 청동기시대 취락에 대한 통시적 접근」, 『대구·경북지역 청동기시대 문화』, 삼한문화재연구원.

韓炳三, 1987, 「月城 竹東里 出土 青銅器 一括 遺物」, 『三佛金元龍教授停年退任紀念論叢』 I, 一支社.

한수영, 2021, 「호남지역 점토대토기문화의 전개양상과 과제」, 『韓國青銅器學報』 29, 韓國青銅器學會.

許義行, 2013, 「호서지역 청동기시대 취락 연구」, 高麗大學校大學院 博士學位論文.

洪大雨, 2010, 「大邱 月背地域 青銅器時代 長方形住居址 檢討」, 『大東考古』 2.

洪亨沃, 1992, 『한국住居史』, 민음사.

黃炫眞, 2004, 「嶺南地域의 無文土器時代 地域性 研究」, 釜山大學校大學院 碩士學位論文.

黃昌漢, 2004, 「無文土器時代 磨製石鏃의 製作技法 研究」, 『湖南考古學報』 22, 湖南考古學會.

黃昌漢, 2008, 「青銅器時代 裝飾石劍의 檢討」, 『科技考古研究』 14, 아주대학교박물관.

황창한, 2011, 「청동기시대 혼펠스제 마제석검의 산지추정」, 『考古廣場』 9, 釜山考古學研究會.

황창한, 2013, 「대구지역 청동기시대 석기생산 시스템 연구」, 『嶺南考古學』 67, 嶺南考古學會.

황창한, 2015a, 「석기를 통해 본 대구지역 청동기시대 사회」, 『嶺南文化財研究』 28, 영남문화재연구원.

황창한, 2015b, 「울산 연암동형주거지·주구에 대한 검토」, 『友情의 考古學』, 故孫明助先生追慕論文集刊行委員會, 진인진.

황창한, 2020, 『청동기시대 석기 생산 체계』, 서경문화사.

외국어 논문

宮本長二郎, 1996, 『日本原始古代の住居建築』, 中央公論美術出版.

宮本長二郎, 1998, 「掘立柱建物の出現と展開」, 『先史日本の住居とその周邊』.

吉留秀敏, 1994, 「環濠集落の成立とその背景」, 『古文化談叢』 33, 九州古文化研究會.

都出比呂志, 1975, 「家とムラ」, 『日本的生活の母胎』, 日本生活文化史1.

都出比呂志, 1993, 「環濠集落の成立と解體」, 『考古學研究』 29, 考古學研究會.

藤口健二, 1986, 「朝鮮無文土器と彌生土器」, 『彌生文化の研究3』, 彌生土器 I, 雄山閣.

藤原哲, 2011, 「弥生社會における環濠集落の成立と展開」, 『総研大文化科學研究』 7, 総合研究大學院大學文化科學研究科.

武末純一, 1998, 「日本の環溝(濠)集落-北部九州の弥生早・前期お中心に」, 『環濠聚落과 農耕社會의 形成』, 嶺南考古學會・九州考古學會 第3回 合同考古學大會.

武末純一, 2002, 「遼寧式銅劍墓와 國의 形成」, 『淸溪史學』16・17合集.

武末純一, 2004, 「弥生時代前半期の歷年代」, 『福岡大學考古學論文集-小田富士雄先生退職記念-』, 小田富士雄先生退職記念事業會.

山崎頼人, 2010, 「環濠と集團」, 『古文化談叢』65, 九州古文化研究會.

石井寬, 1998, 「繩文集落からみた掘立柱建物跡」, 『先史日本の住居とその周邊』.

李盛周, 2006, 「考古學からみた新羅の成立とアイデンティティ」, 『東アジア古代國家論-プロセス・モデル・アイデンティティ』, すいれん舍.

前田豊邦, 1996, 「弥生時代の大溝覺書」, 『紀要村川行弘先生古稀記念特輯』, 財團法人のじぎく文化財保護研究財團.

寺澤薫, 1999, 「環濠集落の系譜」, 『古代史研究』146.

片岡宏二, 2003, 「環濠再解釋」, 『三沢北中尾遺跡』, 小郡市教育委員會.

日本國立歷史民俗博物館, 2001, 『繩文文化の扉を開く 三內丸山遺迹から繩文列島へ』.

日本國立歷史民俗博物館, 2004, 『弥生農耕の起源と東アジア』, 國立歷史民俗博物館國際研究集會 2004-3.

日本國立歷史民俗博物館, 2014, 『企劃展示 弥生ってなに?!』.

번역서

고든 차일드(김성태・이경미 역), 2013, 『신석기혁명과 도시혁명』, 주류성.

나폴리언 새그넌(강주헌 역), 2014, 『고결한 야만인』, 생각의힘.

노버트 쉐나우어(김연홍 역), 2004, 『집[6,000년 인류 주거의 역사]』, 다우출판사.

마이크 파크 피어슨(이희준 역), 2009, 『죽음의 고고학』, 영남문화재연구원.

아모스 라포포트(李揆穆 역), 1997, 『주거형태와 문화』, 悅話堂.

알랭 떼스타(이상목 역), 2006, 『불평등의 기원』, 학연문화사.

F・엥겔스(김대웅 역), 1987, 『가족 사유재산 국가의 기원』, 도서출판 아침.

유발 하라리(조현욱 역), 2015, 『사피엔스』, 김영사.

재레드 다이아몬드(김진준 역), 1998, 『총, 균, 쇠』, 문학사상.

제레미 사블로프・램버그 칼롭스키(오영찬・조대연 역), 2011, 『古代 文明과 交易』, 도서출판 考古.

제임스 C 스콧(전경훈 역), 2019, 『농경의 배신』, 책과함께.

칼리 시노폴리(이성주 역), 2008, 『토기연구법』, 도서출판 考古.

보고서

가교문화재연구원, 2013, 『울주 발리 456-1유적』.

강산문화재연구원, 2017, 『김해 퇴래리 소업II 유적』.

강산문화재연구원, 2020, 『김해 시례리유적 I』.

강산문화재연구원, 2020, 『김해 대성동 퇴래리 소업 II 유적』.

강산문화재연구원, 2020, 『김해 대성동 294번지 유적』.

강산문화재연구원, 2024, 『김해 선지리 218-2번지 일원 유적 · 김해 선지리 324-1번지 일원 유적』.

江原文化財研究所, 2007, 『江陵 芳洞里 遺蹟』.

江原文化財研究所, 2007, 『龍岩里』.

강원문화재연구소, 2017, 「춘천 신북읍 천전리(97-8번지외 2필지) 근린생활시설 신축부지 내 유적발굴(정밀)조사 약식보고서」.

겨레문화유산연구원, 2013, 『오산 청학동 유적』.

겨레문화유산연구원, 2020, 『울산 두왕동 동백골 · 본동 유적』.

慶南考古學研究所, 2000, 『道項里 末山里遺跡』.

慶南考古學研究所, 2002, 『晋州大坪玉房1 · 9地區無文時代集落』.

慶南考古學研究所, 2002, 『陜川盈倉里無文時代集落』.

慶南考古學研究所, 2003, 『泗川梨琴洞 遺蹟』.

慶南考古學研究所, 2005, 『梁山 所土里 松菊里文化集落』.

慶南考古學研究所, 2006, 『勒島 貝塚』.

慶南考古學研究所, 2007, 『巨濟 農所 遺蹟』.

慶南考古學研究所, 2009, 『巨濟 大錦里 遺蹟』.

慶南考古學研究所, 2010, 『金海 龜山洞 遺蹟IX』.

慶南大學校博物館, 2013, 『德川里』.

慶南大學校博物館, 2016, 『密陽 琴川里 遺蹟』.

慶南文化財研究院, 2003, 『大成洞 環濠遺蹟』.

慶南文化財研究院, 2006, 『蔚山 蓮岩洞環濠遺蹟』.

慶南文化財研究院, 2003, 『金海 北部 消防道路 開設區間內 大成洞環濠遺蹟』.

慶南文化財研究院, 2007, 『金海 大成洞 · 東上洞遺蹟』.

慶南文化財研究院, 2012, 『진주 평거동 유적』.

慶南發展研究院 歷史文化센터, 2004, 『山淸 明洞遺蹟 II』.

慶南發展研究院 歷史文化센터, 2005, 『密陽 살내遺蹟』.

慶南發展研究院 歷史文化센터, 2007, 『密陽 新安 先史遺蹟』.

慶南發展研究院 歷史文化센터, 2007, 『咸陽 花山里遺蹟』.

慶南發展研究院 歷史文化센타, 2007, 『泗川 芳芝里遺蹟 II』.

慶南發展研究院 歷史文化센터, 2009, 『마산 진북 망곡리유적 I』.

慶南發展研究院 歷史文化센터, 2009, 『金海 栗下里遺蹟 II』.

慶南發展研究院 歷史文化센터, 2010, 『사천 덕곡리유적』.

慶南發展研究院 歷史文化센터, 2011, 『진주 평거 3-1지구 유적』.

慶南發展研究院 歷史文化센터, 2011, 『마산 진북 덕곡리유적』.

慶南發展研究院 歷史文化센터, 2011, 『山淸 下村里遺蹟-III지구-』.

慶南發展研究院 歷史文化센터, 2011, 『馬山 鎭東 遺蹟 II 』.

慶北大學校博物館, 1978, 『永川龍山洞支石墓發掘調査報告書』.

慶北大學校博物館, 1990, 『大邱의 文化遺蹟-先史와 古代』.

慶北大學校博物館, 1991, 『大邱 月城洞 先史遺蹟』.

慶北大學校博物館, 2000, 『辰泉洞 · 月城洞 先史遺蹟』.

慶北大學校博物館, 2000, 『慶州 隍城洞 遺蹟 III 』.

慶尙大學校博物館, 1999, 『晋州 大坪里 玉房 2地區 先史遺蹟』.

慶尙大學校博物館, 2020, 『山淸 玉山里遺蹟-生活遺構-』.

경상문화재연구원, 2018, 『울주 송대리 275-4번지 유적』.

慶尙北道文化財研究院, 2004, 「경주 신당리 토사채취예정부지내 신당리유적」, 『慶州 五柳里遺蹟 發掘調査
     報告書』.

경상북도문화재연구원, 2005, 『浦項 馬山里古墳群』.

경상북도문화재연구원, 2006, 『挑開 新林里遺蹟』.

경상북도문화재연구원, 2006, 『慶州 甲山里遺蹟』.

경상북도문화재연구원, 2006, 『大邱 大鳳洞 마을遺蹟』.

경상북도문화재연구원, 2008, 『김천 문당동유적』.

경상북도문화재연구원, 2008, 『星州 上彦里遺蹟』.

경상북도문화재연구원, 2008, 『大邱 月城洞 777-2遺蹟(II)』.

경상북도문화재연구원, 2008, 『大邱-釜山間 高速道路 建設區間 文化遺蹟發掘調査報告書 -淸道 松邑里 · 楡
     湖里 · 內湖里遺蹟-』.

경상북도문화재연구원, 2009, 『大邱 月城洞 498番地 遺蹟』.

경상북도문화재연구원, 2015, 『대구 월성동 1412번지 유적』.

경상북도문화재연구원, 2015, 『경주 전촌리 유적』.

慶星大學校博物館, 2000, 『金海大成洞古墳群 I 』.

慶星大學校博物館, 2000, 『金海龜旨路墳墓群』.

慶州大學校博物館, 2007, 『대구 대천동 현대 홈타운 신축부지내 발굴조사보고서』.

계림문화재연구원, 2012, 『경주지역 소규모 발굴조사 보고서 II 』.

계림문화재연구원, 2014, 『경주 북토리 39-1번지 유적』.

啓明大學校 博物館, 1989, 『臨河댐 水沒地域 文化遺蹟 發掘調査報告書(III) 臨東地區2』.

啓明大學校行素博物館, 2007, 『金泉松竹里遺蹟 II 』.

高麗大學校 考古環境研究所, 2005, 『梨寺里 · 月岐里遺蹟』.

高麗大學校發掘調査團, 1994, 『渼沙里』 第5卷.

고려문화재연구원 외, 2020, 『春川 中島洞遺蹟』.

公州大學校博物館, 1998,『白石洞遺蹟』.

국강고고학연구소, 2022,『춘천 율문리유적』.

國立慶州文化財研究所, 1994,『경주 다산리 지석묘』.

國立慶州文化財研究所, 1995,『乾川休息所新築敷地 發掘調査報告書』.

國立慶州博物館, 1991,『蔚珍 厚浦里遺蹟』.

國立慶州博物館, 2003,『慶州 朝陽洞遺蹟 II 』.

국립광주박물관, 2009,『安島貝塚』.

國立金海博物館, 2011,『昌原 茶戶里遺蹟』.

국립김해박물관, 2012,『2012 기획특별전 양동리, 가야를 보다』.

國立金海博物館, 2013,『昌原 茶戶里遺蹟』.

國立金海博物館, 2014,『昌原 茶戶里遺蹟』.

국립김해박물관, 2018,『개관 20주년 기념 특별전 김해』.

國立博物館, 1964,『考古美術』 50(경주 상신리지석묘).

국립전주박물관, 2001,「안자동 유적」,『진안 용담댐 수몰지구내 문화유적 발굴조사 보고서III』.

국립중앙박물관, 1985,「월성군·영일군 지표조사보고」,『국립박물관 고적조사보고』 17책.

國立中央博物館, 1993,『梁山 多芳里貝塚 發掘調査報告』.

國立晉州博物館, 1993,『煙臺島 I 』.

國立晉州博物館, 2001,『晉州 大坪里 玉房1地區 遺蹟 I 』.

국립진주박물관, 2002,『청동기시대의 大坪·大坪人』.

國立昌原文化財研究所, 1996,『咸安 岩刻畵 古墳』.

國立昌原文化財研究所, 2001,『昌原 上南先史遺蹟』.

國立昌原文化財研究所, 2003,『晉州 大坪里 玉房 8地區 先史遺蹟』.

국원문화유산연구원, 2024,『아산 상성리 195-1번지 유적』.

군산대학교박물관, 2013,『완주 구암리 유적』.

畿甸文化財研究院, 2004,『水原 栗田洞遺跡』.

畿甸文化財研究院, 2007,『華城 東鶴山遺跡』.

畿甸文化財研究院, 2008,『烏山 佳長洞遺蹟』.

기호문화재연구원, 2012,『華城 雙松里遺蹟』.

누리고고학연구소, 2021,『천안 모전리유적』.

단국대학교박물관, 1988,『소곡리 신월의 청동기시대 무덤』.

大東文化財研究院, 2008,『大邱 月城洞 1363遺蹟』.

大東文化財研究院, 2011,『大邱 上仁洞 119-20遺蹟』.

大東文化財研究院, 2011,『蔚山 孝門洞 山68-1遺蹟』.

大東文化財研究院, 2013,『大邱 月城洞 600遺蹟』.

大東文化財研究院, 2014,『大邱 流川洞 103遺蹟』.

大成洞古墳博物館, 2016, 『金海 大成洞古墳群 -92호분~94호분, 지석묘-』.

대한문화유산연구센터, 2011, 『高興 掌德里 獐洞遺蹟』.

대한문화재연구원, 2012, 『羅州 東水洞 溫水遺蹟』.

대한문화재연구원, 2013, 『保寧 鳴川洞遺蹟』.

東國大學校 慶州캠퍼스 博物館, 1996, 『錫杖洞遺蹟』.

東邦文化財研究院, 2024, 『禮山 倉所里 遺蹟』.

東西文物研究院, 2009, 『統營 藍坪里遺蹟』.

東西文物研究院, 2010, 『晉州 三谷里遺蹟Ⅰ·Ⅱ』.

東西文物研究院, 2011, 『密陽 前沙浦里遺蹟』.

東西文物研究院, 2011, 『晉州 加虎洞遺蹟』.

東西文物研究院, 2012, 『密陽 院西里遺蹟』.

東西文物研究院, 2012, 『晋州 平居 4地區 Ⅱ區域 遺蹟』.

東西文物研究院, 2012, 『馬山 縣洞遺蹟Ⅱ』.

東西文物研究院, 2015, 『金海 望德里遺蹟Ⅰ~Ⅳ』.

東西文物研究院, 2017, 『晋州 草長洞遺蹟』.

東亞大學校博物館, 1990, 「宜寧 石谷里 支石墓群」, 『考古歷史學誌』 5·6合輯.

東亞大學校博物館, 1998, 『梁山 平山里遺蹟』.

東亞大學校博物館, 2001, 『晉州上村里先史遺蹟』.

東亞大學校博物館, 2008, 『泗川龍見遺蹟』.

東亞大學校博物館, 2011, 『彦陽 新華里遺蹟Ⅱ』.

東亞世亞文化財研究院, 2006, 『金海 伽耶의 숲 造成敷地 內 遺蹟 發掘調査 報告書』.

東亞細亞文化財研究院, 2007, 『晋州 耳谷里 先史遺蹟Ⅰ』.

東亞細亞文化財研究院, 2008, 『馬山 鎭北 新村·網谷里遺蹟』.

東亞細亞文化財研究院, 2008, 『密陽 金浦里遺蹟』.

東亞細亞文化財研究院, 2010, 『晉州 耳谷里 先史遺蹟Ⅱ』.

동아세아문화재연구원, 2021, 『창원 화양리 1호 지석묘』.

동양문물연구원, 2013, 『울산 길천유적』.

東義大學校博物館, 1987, 『居昌, 陜川 큰돌무덤』.

東義大學校 博物館, 1999, 『山淸 沙月里遺蹟』.

동의대학교박물관, 2003, 「附錄1·2. 金海內洞2·3號큰돌무덤」, 『金海興洞遺蹟』.

東義大學校博物館, 2008, 『金海良洞里古墳群Ⅰ』.

東義大學校博物館, 2008, 『晋州 大坪里 玉房 4地區 先史遺蹟Ⅰ』.

東義大學校博物館, 2015, 『晋州 大坪里 玉房 4地區 先史遺蹟Ⅱ』.

頭流文化財研究院, 2023, 『김해 신문동 유적』.

馬韓文化研究院, 2010, 『순천 덕암동유적Ⅱ』.

密陽大學校博物館, 2004,『密陽校洞遺蹟』.

密陽大學校博物館, 2004,『佳仁里遺蹟』.

釜慶大學校 博物館, 1998,『山淸沙月里環濠遺跡』.

부경문물연구원, 2013,『慶州 竹東里 遺蹟』.

釜山廣域市立博物館 福泉分館, 1998,『晉州 貴谷洞 대촌遺蹟』.

釜山大學校博物館, 1983,「金海內洞支石墓調査槪報」,『釜山 堂甘洞古墳群』.

釜山大學校博物館, 1985,『金海禮安里古墳群』.

釜山大學校博物館, 1987,『陜川苧浦里E地區遺蹟』.

釜山大學校博物館, 1995,『蔚山檢丹里마을遺蹟』.

釜山大學校博物館, 1998,『金海鳳凰臺遺蹟』.

釜山大學校博物館, 2002,『金海大淸遺蹟』.

부산대학교박물관, 2024,『山淸 玉山里遺蹟』.

釜山博物館, 2013,『分節遺蹟』.

釜山博物館, 2013,『東萊 溫泉洞遺蹟』.

釜山直轄市立博物館, 1990,『釜山 杜邱洞 林石遺蹟』.

사회과학원 고고학연구소, 2009,『조선고고학전서11 평양시 고대집자리』, 진인진.

사회과학원 고고학연구소, 2009,『조선고고학전서12 평안남북도 고대집자리』, 진인진.

사회과학원 고고학연구소, 2009,『조선고고학전서13 황해남북도 고대집자리』, 진인진.

사회과학원 고고학연구소, 2009,『조선고고학전서14 동북조선일대의 고대집자리』, 진인진.

사회과학원 고고학연구소, 2009,『조선고고학전서19 료동 및 길림 장춘지방의 고대집자리』, 진인진.

三江文化財研究院, 2023,『金海 龜山洞 支石墓』.

三江文化財研究院, 2023,『晉州 大坪 玉房 1地區 無文時代 集落』.

삼한문화재연구원, 2010,『大邱 上仁洞 128-8番地遺蹟』.

삼한문화재연구원, 2011,『大邱 上仁洞 112-3番地遺蹟』.

삼한문화재연구원, 2020,『영천 반정리 부흥 · 영천 고지리 팔암 · 경주 도계리 지석묘군 II 외 16개소 유적』.

삼한문화재연구원, 2020,「고속국도 제65호선 포항-영덕간 건설공사(1 · 2공구) 부지 내 중간결과서」.

서울문화유산연구원, 2017,『구리 토평동유적』.

서울문화유산연구원, 2020,『부산 온천2구역 유적』.

聖林文化財研究院, 2008,『慶州 花谷里 祭壇遺蹟』.

聖林文化財研究院, 2009,『大邱 月城洞 591番地 遺蹟』.

聖林文化財研究院, 2010,『慶州 汶山里 靑銅器時代 遺蹟-II구역-』.

聖林文化財研究院, 2013,『慶州 下邱里 初期鐵器時代 甕棺墓 遺蹟』.

聖林文化財研究院, 2020,『慶山 陽地里 遺蹟』.

世宗文化財研究院, 2012,『大邱 上洞 1-64番地 遺蹟』.

세종문화재연구원, 2023,『울산 다운2지구 유적』.

신라문화유산연구원, 2009,『慶州 汶山里遺蹟Ⅰ』.

신라문화유산연구원, 2009,『慶州 忠孝洞 都市開發事業地區 遺蹟』.

신라문화유산연구원, 2010,『慶州의 文化遺蹟Ⅶ』.

신라문화유산연구원, 2010,『慶州 東山里遺蹟Ⅰ』.

신라문화유산연구원, 2011,『慶州 北土里古墳群』.

신라문화유산연구원, 2022,『경주 무열왕릉-제향공간 정비사업부지 발굴조사 보고서』.

嶺南大學校 民族文化研究所, 2006,『大邱 月城洞 1300遺蹟』.

嶺南大學校博物館, 1999,『時至의 文化遺蹟Ⅰ』.

嶺南大學校博物館, 2006,『大邱 月城洞 1275遺蹟』.

嶺南大學校博物館, 2007,『大邱 月城洞 585遺蹟』.

嶺南文化財研究院, 2000,『大邱八達洞遺蹟Ⅰ』.

嶺南文化財研究院, 2001,『慶州舍羅里遺蹟Ⅱ』.

嶺南文化財研究院, 2002,『大邱 西邊洞聚落遺蹟Ⅰ』.

嶺南文化財研究院, 2002,『大邱 東川洞聚落遺蹟』.

嶺南文化財研究院, 2002,『蔚山 川上里聚落遺蹟』.

嶺南文化財研究院, 2003,『清道 陳羅里遺蹟』.

嶺南文化財研究院, 2004,『蔚山 中山洞715-1番地遺蹟』.

嶺南文化財研究院, 2005,『慶山 三省里遺蹟』.

嶺南文化財研究院, 2005,『慶州 奉吉里遺蹟』.

嶺南文化財研究院, 2005,『漆谷 福星里 支石墓群』.

嶺南文化財研究院, 2006,『慶州 月山里 山137-1番地遺蹟』.

嶺南文化財研究院, 2006,『達城 冷泉里 遺蹟 –附錄. 大邱 月城洞 1557-6番地遺蹟』.

嶺南文化財研究院, 2007,『大邱 月城洞 1261番地遺蹟』.

嶺南文化財研究院, 2007,『大邱 上仁洞 152-1遺蹟』.

嶺南文化財研究院, 2007,『大邱 上仁洞 171-1遺蹟』.

嶺南文化財研究院, 2007,『大邱 上仁洞 123-1遺蹟』.

嶺南文化財研究院, 2008,『慶州 德泉里遺蹟Ⅰ』.

嶺南文化財研究院, 2008,『大邱 上仁洞 87遺蹟』.

嶺南文化財研究院, 2008,『大邱 大泉洞 497-2番地遺蹟』.

嶺南文化財研究院, 2009,『大邱 大泉洞 511-2番地遺蹟Ⅰ』.

嶺南文化財研究院, 2009,『大邱 大泉洞 511-2番地遺蹟Ⅱ』.

嶺南文化財研究院, 2010,『慶山 林堂洞 環濠遺蹟』.

嶺南文化財研究院, 2010,『慶州 隍城洞 575番地 古墳群』.

嶺南文化財研究院, 2012,『大邱 梨泉洞 308-10番地遺蹟』.

嶺南文化財研究院, 2012,『慶州 花川里 山251-1遺蹟』.

嶺南文化財研究院, 2017, 『慶州 月山里 聚落·伊助里 聚落遺蹟 外』.

영해문화유산연구원, 2018, 『함평 마산리 표산유적』.

예맥문화재연구원, 2018, 『春川 泉田里遺蹟Ⅰ』.

우리문화재연구원, 2009, 『密陽 龍池里 遺蹟』.

우리문화재연구원, 2010, 『馬山 網谷里 遺蹟』.

우리문화재연구원, 2011, 『山淸 梅村里 遺蹟』.

우리문화재연구원, 2012, 『蔚山 創坪洞 810番地 遺蹟』.

蔚山大學校博物館, 2001, 『울산연암동유적』.

蔚山大學校博物館, 2002, 『蔚山大安里遺蹟』.

蔚山文化財研究院, 2003, 『蔚山泗淵里늠네遺蹟』.

蔚山文化財研究院, 2003, 『蔚山新亭洞遺蹟』.

蔚山文化財研究院, 2005, 『蔚山香山里靑龍遺蹟』.

蔚山文化財研究院, 2005, 『蔚山梅谷洞遺蹟 Ⅰ地區』.

蔚山文化財研究院, 2005, 『蔚山梅谷洞遺蹟 Ⅱ地區』.

蔚山文化財研究院, 2005, 『蔚山梅谷洞遺蹟 Ⅲ地區』.

蔚山文化財研究院, 2006, 『蔚山梅谷洞新基遺蹟Ⅰ』.

蔚山文化財研究院, 2006, 『蔚山梅谷洞新基遺蹟Ⅱ』.

蔚山文化財研究院, 2006, 『蔚山大岱里中岱遺蹟』.

蔚山文化財研究院, 2007, 『蔚山梅谷洞新基遺蹟Ⅲ』.

蔚山文化財研究院, 2007, 『蔚山梅谷洞遺蹟 Ⅲ-2地區·Ⅳ-2地區·Ⅴ-2地區』.

蔚山文化財研究院, 2008, 『蔚山達川遺蹟 1次 發掘調査 -附錄 蔚山 達川遺蹟 2次 發掘調査』.

蔚山文化財研究院, 2008, 『蔚山中山洞547-1遺蹟』.

蔚山文化財研究院, 2008, 『蔚山茶雲洞436-5遺蹟』.

蔚山文化財研究院, 2009, 『蔚山中山洞藥水遺蹟Ⅱ』.

蔚山文化財研究院, 2009, 『蔚山校洞里192-37遺蹟』.

蔚山文化財研究院, 2010, 『蔚山達川遺蹟 3次 發掘調査』.

蔚山文化財研究院, 2010, 『蔚山常安洞遺蹟』.

蔚山文化財研究院, 2010, 『蔚山上蓮岩遺蹟』.

蔚山文化財研究院, 2011, 『蔚山明山里遺蹟』.

蔚山文化財研究院, 2011, 『蔚山中山洞542遺蹟』.

蔚山文化財研究院, 2013, 『蔚山校洞里遺蹟』.

蔚山文化財研究院, 2013, 『蔚山藏現洞遺蹟』.

蔚山文化財研究院, 2013, 『蔚山盤松里425-1遺蹟』.

蔚山文化財研究院, 2014, 『蔚山山下洞遺蹟』.

蔚山文化財研究院, 2016, 『蔚山立岩里48-10遺蹟』.

蔚山文化財研究院, 2016, 『蔚山虎溪洞28-1遺蹟』.

蔚山文化財研究院, 2018, 『蔚山直洞里355-1遺蹟』.

울산문화재연구원, 2025, 「울산 중산스포츠타원 조성사업 부지 내 문화유산 정밀발굴조사 학술자문회의 자료집」.

蔚山發展研究院 文化財센터, 2003, 『蔚山 泉谷洞遺蹟(나地區)』.

蔚山發展研究院 文化財센터, 2007, 『蔚山 梅谷洞 508番地 遺蹟』.

蔚山發展研究院 文化財센터, 2008, 『蔚山 新泉洞 公園敷地遺蹟』.

蔚山發展研究院 文化財센터, 2008, 『蔚山 新泉洞 冷泉遺蹟』.

蔚山發展研究院 文化財센터, 2008, 『蔚山 新泉洞 冷泉遺蹟Ⅱ』.

蔚山發展研究院 文化財센터, 2009, 『蔚山 新泉洞 585-6遺蹟』.

蔚山發展研究院 文化財센터, 2009, 「울주 명산리 314-1유적」.

울산발전연구원 문화재센터, 2011, 「울산 산하동 화암고분군」.

울산발전연구원 문화재센터, 2015, 「울주 입암리유적」.

圓光大學校 馬韓・百濟文化研究所, 2006, 『高敞의 住居址Ⅰ・Ⅱ』.

仁荷大學校博物館, 2000, 『仁川 文鶴洞 先史遺蹟』.

전북대학교박물관, 2001, 「여의곡 A-1유적」, 『진안 용담댐 수몰지구내 문화유적 발굴조사 보고서Ⅷ』.

전북문화재연구원, 2010, 『扶安 白山城』.

中央文化財研究院, 2003, 『蔚山 新峴洞遺跡』.

中央文化財研究院, 2005, 『淸原 大栗-細橋間 道路工事區間內 淸原 大栗里・馬山里・楓井里遺蹟』.

中央文化財研究院, 2008, 『金泉 玉栗里・南山里遺蹟』.

中央文化財研究院, 2011, 『大田 龍溪洞遺蹟』.

中央文化財研究院, 2012, 『蔚山 유곡동・우정동遺蹟』.

中央文化財研究院, 2018, 『청주 오송유적-2지점-』.

중앙문화재연구원, 2019, 『인천 검단 원당동・마전동유적』.

中原文化財研究院, 2007, 『安城 盤諸里遺蹟』.

중원문화재연구원, 2022, 『唐津 水淸洞 고실 遺蹟』.

昌原大學校博物館, 1998, 『蔚山 茶雲洞 雲谷遺蹟』.

창원대학교박물관, 2003, 『昌原 南山遺蹟』.

昌原大學校博物館, 2003, 『蔚山 芳基里 靑銅器時代聚落』.

昌原大學校博物館, 2006, 『蔚山 茶雲洞遺蹟Ⅱ』.

忠淸文化財研究院, 2008, 『牙山 上星里遺蹟』.

충청문화재연구원, 2018, 『인천 검단 당하동 유적』.

한강문화재연구원, 2012, 『원주 문막리유적』.

한강문화재연구원, 2019, 『청주 용암동유적』.

한겨레문화재연구원, 2012, 『山淸 邑淸亭 敷地 및 周邊敷地(江縷地區) 遺蹟』.

한겨레문화재연구원, 2013, 『울산 약사동 원약유적』.

한겨레문화재연구원, 2015, 『金海 新文里 遺蹟』.

韓國考古美術硏究所, 1981, 「昌原 茶戶里遺蹟 發掘調査報告(Ⅰ)」, 『考古學誌』 1.

韓國考古美術硏究所, 1981, 「昌原 茶戶里遺蹟 發掘調査報告(Ⅱ)」, 『考古學誌』 3.

韓國考古美術硏究所, 1981, 「昌原 茶戶里遺蹟 發掘調査報告(Ⅲ)」, 『考古學誌』 5.

韓國考古美術硏究所, 1981, 「昌原 茶戶里遺蹟 發掘調査報告(Ⅳ)」, 『考古學誌』 7.

한국고고환경연구소, 2018, 『울산 창평동 환호 유적』.

한국문물연구원, 2010, 『蔚山 梅谷洞 330-2番地 遺蹟』.

한국문물연구원, 2011, 『昌原 鳳林里遺蹟(Ⅰ)』.

한국문물연구원, 2011, 『彦陽 新華里遺蹟』.

한국문물연구원, 2012, 『晋州 草田 環濠聚落遺蹟』.

한국문물연구원, 2014, 『釜山 加德島 獐項遺蹟』.

韓國文化遺産硏究院, 2017, 『華城 旌門里 環濠遺蹟』.

韓國文化財保護財團, 2001, 『慶州市 隍城洞 537-2番地 賃貸아파트 新築敷地 發掘調査 報告書』.

韓國文化財保護財團, 2005, 『慶山 玉谷洞 遺蹟Ⅰ』.

韓國文化財保護財團, 2010, 『蔚山 新泉洞 遺蹟』.

한국문화재보호재단, 2012, 『大邱 新西洞 遺蹟』.

한국문화재보호재단, 2013, 『淸道 華里 遺蹟』.

韓國文化財保護財團, 2015, 「5. 춘천 천전리 97-1번지 유적」, 『2012년도 소규모 발굴조사 보고서Ⅲ-강원3-』.

한국문화재연구원, 2019, 『울주 발리 499-10번지 유적』.

한성문화재연구원, 2016, 『아산 둔포 운용리 340번지 유적』.

漢陽大學校博物館, 2000, 『富川 古康洞 先史遺蹟 第4次 發掘調査報告書』.

한얼문화유산연구원, 2015, 『홍성 석택리유적』.

한얼문화유산연구원, 2019, 『평택 용이·죽백동유적』.

湖南文化財硏究院, 2006, 『長興 葛頭遺蹟Ⅰ』.

湖南文化財硏究院, 2006, 『춘천 율문리 84-1번지 유적Ⅰ』.

원문 출전

I장 청동기시대 전·후기 획기의 기준

「靑銅器時代 前·後期 劃期의 基準에 대한 檢討」, 『牛行 李相吉 敎授 追慕論文集』, 이상길 교수 추모논문집
간행위원회, 진인진, 2015.

II장 대구 월배지역 송국리문화 유입시점

「대구 월배지역 송국리문화 유입 시점 검토」, 『考古廣場』 24, 釜山考古學會, 2019.

III장 취락의 입지

「취락의 입지」, 『청동기시대의 고고학3 聚落』, 한국고고환경연구소 학술총서 12, 서경문화사, 2014.

IV장 주거와 취락

「주거와 취락」, 『한국청동기문화개론』, 중앙문화재연구원 학술총서 26, 진인진, 2015.

V장 주거생활 변화와 지역성의 의미

「청동기시대 주거생활 변화의 지역성의 사회적 의미」, 『한국고고학보』 90, 한국고고학회, 2014.

VI장 대형굴립주 건물의 출현과 의미

「大形掘立柱建物의 出現과 그 意味」, 『考古廣場』 創刊號, 釜山考古學研究會, 2007.

VII장 청동기시대~원삼국시대 환호 검토(원문에서 대폭 수정)

「韓國靑銅器時代~三韓時代環濠遺蹟の變化と性格について」, 『國立歷史民俗博物館研究報告』 195, 日本國
立歷史民俗博物館, 2015.

VIII장 울산 매곡동유적의 일상

「울산 청동기시대 매곡동유적의 일상」, 『문물』 10, 한국문물연구원, 2020.

IX장 남강유역 구획구의 구조와 성격

「남강유역 청동기시대 구획구의 구조와 성격」, 『嶺南考古學』 93, 嶺南考古學會, 2022.

X장 진주 대평리유적 옥방 1지구의 미시적 검토

「진주 대평리유적 옥방 1지구의 미시적 검토」, 『韓國靑銅器學報』 20, 韓國靑銅器學會, 2017.

XI장 밀양 가인리유적 석관묘의 시상석과 벽석 축조기법

「밀양 가인리유적 석관묘의 시상석과 벽석 축조기법에 대하요」, 『友情의 考古學』, 故孫明助先生追募論文集 刊行委員會, 진인진, 2015.

XII장 영남지역 지상식지석묘에 대하여

「嶺南地域 地上式支石墓에 대하여」, 『石軒 鄭澄元敎授 停年退任紀念論叢』, 釜山考古學硏究會 論叢刊行委員會, 2006.

XIII장 대구 월배지역 취락에서의 무덤 축조 변화

「대구지역 청동기시대 취락에서의 무덤 축조 변화-월배지역 적석유구와 적석주거지를 검토하여-」, 『嶺南文化財硏究』 30, 영남문화재연구원, 2017.

XIV장 지석묘 문화의 변화와 사회상

「영남지역 지석묘 문화의 변화와 사회상」, 『韓國上古史學報』 110, 韓國上古史學會, 2020.

XV장 군집묘의 양상과 그 의미

「청동기시대 군집묘의 양상과 그 의미」, 『嶺南考古學』 100, 嶺南考古學會, 2024.

XVI장 군장묘의 등장과 변화상

「영남지방 수장묘의 등장과 변화상」, 『영남고고학』 86, 영남고고학회, 2020.

XVII장 묘역식지석묘의 특징과 구산동지석묘의 성격

「영남지역 묘역식지석묘의 특징과 구산동지석묘의 성격」, 『考古廣場』 32, 釜山考古學會, 2023.

XVIII장 수장 권력 변화와 다호리 군장의 특징

「청동기시대~원삼국시대 수장 권력 변화와 다호리 군장의 특징」, 『야외고고학』 38, 한국문화유산협회, 2023.

XIX장 토기를 통해 본 청동기시대 사회상

「토기를 통해 본 청동기시대 사회상」, 『考古廣場』 27, 釜山考古學會, 2020.

XX장 삼각형점토대토기의 등장과 소멸, 무문토기의 종말

「삼각형점토대토기의 등장과 소멸, 무문토기의 종말」, 『嶺南考古學』 96, 嶺南考古學會, 2023.

XXI장 검단리문화 종말기의 울산

「울산지역 청동기시대 종말기의 지역상」, 『韓國靑銅器學報』 24, 韓國靑銅器學會, 2019.

XXII장 검단리문화 종말기의 경주지역 지석묘 문화 특징

「경주지역 지석묘 문화의 특징과 종말기의 양상」, 『文化財』 제55권 · 제4호, 국립문화재연구소, 2020.

XXIII장 송국리문화 종말기의 김해와 가락국 태동

「김해지역 가야의 유적과 유물-다호리에서 양동리까지:변한 · 가야의 태동-」, 『가야고분군Ⅸ』, 가야고분군 연구총서 10권, 가야고분군 세계유산통합관리지원단, 2024.

• 이수홍 李秀鴻

고향 : 경상남도 밀양

1970년 부산 출생
1989년 부산고등학교 졸업
1996년 부산대학교 고고학과 학사 졸업
2005년 부산대학교 고고학과 석사 졸업
2012년 부산대학교 고고학과 박사 졸업

학부 졸업 후 부산대학교 박물관 일용직, 경남고고학연구소 연구원으로 근무했으며 2020년부터 현재까지 울산문화유산연구원에 재직 중이다.

학부 때부터 김해 대성동고분군, 부산 복천동고분군, 북정패총, 함양 백천리유적, 산청 옥산리유적, 사천 이금동유적, 늑도유적, 진주 대평리유적, 밀양 가인리유적, 월산리유적, 울산 교동리 · 신화리유적, 매곡동유적, 언양읍성, 기장읍성 외에 고창 사반리유적, 부여 동남리유적 등 전국 각지의 발굴조사에 참여하고 있다.

發掘과 思索 **청동기시대**

초판발행일   2025년 3월 13일
지 은 이   이수홍
발 행 인   김선경
책 임 편 집   김소라
발 행 처   서경문화사
　　　　　　주소 : 서울시 종로구 이화장길 70-14(204호)
　　　　　　전화 : 743-8203, 8205 / 팩스 : 743-8210
　　　　　　메일 : sk7438203@naver.com
신 고 번 호   제1994-000041호
ISBN   978-89-6062-260-9   93910

ⓒ 이수홍 · 서경문화사, 2025